国家出版基金项目
NATIONAL PUBLICATION FOUNDATION

國家出版基金項目

教育部哲學社會科學研究重大課題攻關項目

「十一五」國家重點圖書出版規劃項目·重大工程出版規劃
國家社會科學基金重大項目
北京大學「九八五工程」重點項目

儒藏

精華編二一一冊下

集部

儒藏

精華編

北京大學《儒藏》編

《儒藏》精華編第二一一册

集部

下册

臨川先生文集（卷五十一至卷一百）〔北宋〕王安石……729

臨川先生文集卷第五十一

外制

樞密院編脩周革轉官制❶

勑某：❷語曰「前事不忘，後事之師」也。今吾樞密之府，自祖宗以至於今，不啻百年。捍患持危應變之大計，與夫將相論議之臣密謀要策有補於世者，皆具在此。而文書貿亂，淆雜而無紀，亦何以待後事乎？故擇能臣使序次焉。而爾以才稱，實當其任。今遷爾位，唯是勉哉！可。❸

屯田員外郎任迥等加勳制

勑某等：朕獲休享于神，而嘉與在位同其福禄。爾等並由材選，列在郎位。相時釐事，能勵厥勤。甄序有差，往其祇服。可。

張慎修等改官制❹

勑某等：❺士之選於吏部者多矣，以貌

❶「制」，龍舒本無此字。此篇與下篇原總目合爲一題，曰「周革轉官任迥等加勳制二道」。
❷「勑某」，龍舒本無此二字。
❸「可」，龍舒本無此字。
❹「制」，龍舒本無此字。此篇與下篇原總目合爲一題，曰「張慎修徐師回等改官制二道」。
❺「勑某等」，龍舒本無此三字。

以言而取，吾皆不足以得之。❶此吾所以推耳目之任，而付之刺舉之臣，使各察其所部，而以賢才告上。今爾等從政于外，而爲刺舉者所稱，故吾召見于庭，而秩以省寺之官。往其勉思所以事君，無使稱爾者受不任之咎。可。❷

徐師回等改官制❸

勑某等：❹《詩》曰：「不解于位，民之攸塈。」蓋吏能夙夜不懈於其職事，以無過失，然後民得以服勤，而有勸功樂業之意。吾所以制爲禄位，以待天下之吏，以時論其功狀而進退之，凡以爲民也。爾等並列於朝，❺而久於其職。序遷爾位，惟是勉哉！可。❻

磨勘轉官制二道❼

勑某等：❽有司考爾等之伐閲，而揚爾等於朝廷。朕親覽焉，皆應遷法。夫命官賦禄之事，朕非輕之也。維以章有德，序有功，名在審官，則三歲而一遷，亦維以閔夫職事之勞，而勉之盡力。爾等勿謂名器之

❶「吾」，龍舒本作「而」。
❷「可」，龍舒本無此字。
❸「制」，龍舒本無此字。
❹「勑某等」，龍舒本無此三字。
❺「並」，龍舒本作「久」。
❻「可」，龍舒本無此字。
❼此二篇爲龍舒本卷十三《磨勘轉官三道》之第二、第三道，此篇接第一道後。
❽「勑某等」，龍舒本無此三字。

可計日以自取也，而無報上之意焉。可。❶

二

敕某：❷虞以九載黜陟庶官，周以三歲誅賞群吏。其爲法異，而勸沮之意同。爾之積功，實應遷法。序進厥位，維以勸能。《書》不云乎：「德懋懋官，功懋懋賞。」爾則善也，❸朕何愛焉？可。❹

明堂宗室加恩制❺

敕某：❻朕既肆祀於明堂，而大賚以布神之福。爾列名屬籍，序位内朝，肅雝在庭，克相釐事。以差受寵，其往懋哉！可。❼

皇姪孫左屯衛大將軍登州防禦使世永改隴州防禦使制❽

敕：朕永惟太祖皇帝德加於後世博矣，而諸孫爵位莫有顯者，甚非所以惇叙九族，承宗廟之意也。具官某，躬率德義，克承厥休。方將營衛之屯，而領兵防之任。

---

❶「可」，龍舒本無此字。
❷「敕某」，龍舒本無此二字。
❸「也」，龍舒本作「懋」。
❹「可」，龍舒本無此字。
❺此篇爲龍舒本卷十三《皇親叔敖轉官加勳二》之第二道。
❻「敕某」，龍舒本無此二字。
❼「可」，龍舒本無此字。
❽「制」，龍舒本無此字。此篇與下兩篇原總目合爲一題，曰「皇侄孫世永改隴州防禦使皇侄從古登州防禦使皇侄曾孫令磋右千牛衛大將軍制三道」。

其正使號，稱朕志焉。可。❶

皇姪右衛大將軍蘄州防禦使從古登州防禦使制

敕：朕選於近屬，以治親親，唯賢與能，宜在此位。具官某，躬率德善，自昭于時。以選攝事，久勤不懈。其遷使號而正其職服之名焉。往踐寵榮，愈思慎毖。可。

皇姪曾孫太子右内率府率令磋右千牛衛將軍制

敕某：治天下自人道始，而以治親爲先務。爾序于屬籍，率履不違。遷率東宫，十年於此矣。進踐禄次，往其欽承。可。

鄭穆太常博士制❷

敕某：❸士之著籍審官者，雖在疏逖，猶三歲而一遷，又況以才被選、有職事於禁門之内者哉？嘉爾言行，發聞于世。膺此恩典，往其欽承。可。❹

❶「可」，龍舒本無此字。
❷此題龍舒本作「鄭穆可太常博士」。此篇與下六篇原總目合爲一題，曰「鄭穆錢衮周豫楊南仲姚原道晏崇讓劉温並太常博士制七道」。
❸「敕某」，龍舒本無此二字。
❹「可」，龍舒本無此字。

錢衮授太常博士制❶

勑某：❷太常，古宗伯之官，而博士掌其掾法，增損因革，❸皆合於事。久而不失先王之禮意，然後可以爲能。其任固已重矣。今雖職廢，而非文學出仕，則不得以名官。爾以叙進，而膺此選，其尚能勉以求稱哉！可。❹

集賢校理周豫太常博士餘如故制

勑某：籍於審官之士，雖身在外，有司會其伐閱，歲滿輒遷，況於以才進選而列職祕近者哉？爾維畯良，膺此恩典。往其祗勵，以服寵榮。可。

楊南仲太常博士制

勑某：爾文學藝能，見稱於世。服官惟謹，克以有勞。丞于太常，是謂華選。遷秩博士，往其欽哉！可。

姚原道太常博士制

勑某：爾以藝文出仕，而才諝見稱。備任遠方，有勞當録。博士之選，往其欽哉！可。

❶「制」，龍舒本無此字。
❷「勑某」，龍舒本無此二字。
❸「革」，龍舒本作「造」。
❹「可」，龍舒本無此字。

晏崇讓太常博士制

勑某：爾名臣之子，行義修飭。能以藝文自奮，而於職事有勞。序遷厥官，其往祗服。可。

劉温太常博士制

勑某：爾丞祕書三年矣，故稽爾功狀，秩于太常。爾行義才能，有稱於世。無曰官小，往其欽哉！可。

柴餘慶國子博士制

勑某：爾於爲吏，才敏見稱。會課有司，當得遷位。博士之選，往其勉哉！可。

邵亢太常丞制❶

勑某：❷古者尚賢而輕爵，好藝而賤禄，所以士樂羞其行而爲時用也。爾列于東宫之職事，三年於此矣。群牧之任，開封之選，皆能稱職，遂佐三司。其序爾功，進官一等。若爾之藝文政事，吾豈有愛於爵禄乎哉？往懋厥修，以需其後。可。❸

❶ 此題，龍舒本作「省判邵亢可太常丞」。
❷ 「勑某」，龍舒本無此二字。
❸ 「可」，龍舒本無此字。

蔡説殿中丞制❶

勑某：宗祀之成，慶覃疏逖。爾久於常選，丁此殊恩。甄序有榮，往其祗服。可。

晁仲熙殿中丞制

勑某：爾以謹潔，能不失其世守。故積功久次，致位於朝。往佐一州，又應遷法。愈其懋勉，以稱褒嘉。可。

王元甫殿中丞制

勑某：吏之有籍於審官者，三歲一遷，所以勸勞也。爾以才備任，積課應條。往服命書，愈其思勉。可。

高應之國子博士張俅太常丞范褒殿中丞制❷

勑某等：爾等親吾民于外，而吾使有司會課于中，皆能有勞，以應遷法。夫上之爵賞無私德，惟以治人。臣能率職以治人，則可謂能報上矣。各踐爾位，惟時勉哉！可。

❶ 此篇與下兩篇原總目合爲一題，曰「蔡説晁仲熙王元甫並殿中丞制三道」。

❷ 此題下，原總目有「二道」二字。

胡掖殿中丞制

敕某：汝官在東宮，而得列於朝廷之位。有司奏課，當以時遷。夫禄所以等功，位所以序德。朕所以命汝者，每加厚矣。汝所以報稱者，亦可以勉哉！可。

王介祕書丞制❶

敕某：朕設科以來，異能之士，而親發策問之。爾言不阿，而學問多中乎義理。其遷厥位，以嘉爾之能言。夫士無不能，有不爲爾。若爾之修潔有志，而濟之以明敏之才，惟所施焉，將無不至。況於一官之小，豈以不稱爲患也哉？可。

毛箎祕書丞制❷

敕某：❸古人有言曰：「無常産而有常心者，唯士爲能。」夫所謂士者，不以無常産而變易其心，又奚俟於爵賞而後勸哉！然士之有功則爵賞加焉，天下大公之法也。爾以進士起，❹而序於王官之列，出長一邑之民，有勞而無罪，三年於此矣。其使遷秩，以信大公之法。朝廷之位，亦加顯矣。所以爲士者，可不勉哉！可。❺

❶ 此篇與下四篇原總目合爲一題，曰「王介毛箎許懋傅顔陳舜俞句士良並秘書丞制五道」。
❷ 此題，龍舒本作「毛箎可秘書丞」。
❸ 「敕某」，龍舒本無此二字。
❹ 「以進士起」，中華校排本校據繆氏本謂當作「以進士起家」。
❺ 「可」，龍舒本無此字。

許懋傳顔並祕書丞制

敕某：爾雖任職于外，而功罪之籍，實在審官之府。以時會課，於法當遷。夫三歲而序一官，在會之所同。然材實行治，不有以稱其位，則孰以爲非苟得也？爾以藝文自奮，而由稱舉以至於此，其知之矣，可不勉哉！可。

陳舜俞祕書丞制

敕某：爾以賢良應詔，朕嘗親册而秩以京官。幕府三年，序遷一等，此特有司之常法爾，豈所以待異能之士哉？往其勉之，以俟時用。可。

句士良秘書丞制

敕某：爾佐著作于秘書三年矣，審官稽狀，當進一官。惟爾以文藝起家，而以吏能爲邑。往欽新命，其克勉哉！可。

國子監直講商傳光禄寺丞制❶

敕某：❷爾讀群經，❸而能通知其義，故選於衆，以教國子。有司稽任，當以勞遷。往服爾官，愈其思懋。可。❹

❶「制」，龍舒本無此字。此篇與下三篇原總目合爲一題，曰「商傳張璘王峋王佺並光禄寺丞制四道」。
❷「敕某」，龍舒本無此二字。
❸「爾」下，龍舒本有「博」字。
❹「可」，龍舒本無此字。

張璘光禄寺丞制

敕某：爾父爲吾執政之官，而爾能夙夜祇飭，以修其職事，可謂能世其家矣。今有司會課，而吾以爾丞于光禄。往思勵勉，以永燕譽之終哉！可。

王岣光禄寺丞制

敕某：《詩》曰：「維其有之，是以似之。」以爲賢者之後，功臣之世，非有以存之，則無以似續其前人也。爾以蔭籍入官，而能舉其職以應有司之遷法，可謂知似續其前人矣。❶ 丞于光禄，其往勉哉！可。

王佺光禄寺丞制

敕某：爾大臣之家，賢者之後，能自策勵，不隳其官。序勞當遷，往踐厥位。無忝爾祖，乃惟顯哉！可。

奏舉人前陝州節推郎凡衛尉寺丞制❷

敕某：選於吏部者多矣，非使在位者舉其類，則善人豈能自進乎？爾能勵厥官，以多薦者。丞于衛尉，其愈祇修。可。

❶「知」，宋元遞修本、應刻本作「之」。

❷「郎凡」，各本同，惟卷首目録及總目作「郎几」，中華校排本亦作「郎几」。此篇與下篇原總目合爲一題，曰「郎几孫琪衛尉寺丞張次元並大理評事制二道」。

孫琪衛尉寺丞張次元大理評事制

敕某等：材施於一邑，知效於一官，至于三年，而無職事之負焉，不可以無報也。序進一等，往其懋哉！可。

柴元謹衛尉寺丞制❶

敕某：商之有征久矣，所以銷沮游末，而勸之力本，非特收其贏財，佐公上之急而已也。爾勤其事，以有累日之功。序進一等，以從《大雅》「無德不報」之義。爾維世族，尚克勉哉！可。

奏舉人前梓州郪縣主簿陳巨卿衛尉寺丞 奏舉人前權復州軍事推官孫琬大理寺丞制

敕某：選於吏部者多矣，非使在位者舉其類，則善人豈能自進乎？爾能勵厥官，以多薦者。丞于卿寺，其愈祇修。可。

❶ 此篇與下兩篇原總目合爲一題，曰「柴元謹陳巨卿並衛尉寺丞孫琬大理寺丞制三道」。

張服尹忠恕張慎言孫昱太子中舍制❶

敕某：❷《周官》三歲則大計羣吏之治而誅賞之，故朕時憲以爲考績之法。夫吏者，❸三歲能率職礪行而無罪悔，是宜有賞。❹序官一等，以慰爾勞。❺維爾良能，宜加報稱。可。

薛昌弼雷宋臣太子中舍劉師旦殿中丞制

敕某：審官考課之法，成於先帝之時。朕維奉循，以職名器，無有親疏遠近，使有司一是以待之。嘉爾有勞，序遷一等，勉共爾位，率志忘私。庶乎能稱爵賞之公，而終無尤於職事。可。

方蘋高安世張湜傅充並太子中舍制❻

敕某等：吾於爵禄甚慎，閔仁百姓甚篤。爾等或專一縣，或佐一軍，而皆列於卿丞之籍，蓋嘗有所試矣。今有司序功，當得遷位。吾雖甚慎爵禄，而於爾等無所愛焉。

❶ 此題，龍舒本作「大理寺丞張服改太子中舍」，見卷十一，卷十三又重出，爲《磨勘轉官三道》之第一道，文字略有差異。此篇與下篇原總目合爲一題，曰「張服尹忠恕張慎言孫昱薛昌弼雷宋臣太子中舍劉師旦殿中丞制二道」。

❷ 「敕某」，龍舒本兩處皆無此二字。

❸ 「夫」，龍舒本卷十三無此字。

❹ 「是」下，龍舒本兩處皆有「亦」字。「宜」下，龍舒本卷十三有「於」字。

❺ 「慰」，龍舒本卷十三作「懋」。「勞」下，龍舒本有「績」字。

❻ 此篇與下兩篇原總目合爲一題，曰「方蘋高安世張湜傅充黄汾王塾並太子中舍制三道」。

其勉思拊循百姓，以稱吾閔仁甚篤之意。可。

黄汾太子中舍制

敕某：吾擢天下之才而立民長伯，萬家之縣，又有戎馬之任焉。其稱甚難，而爾能其事。有勞遷秩，毋廢爾成。可。

王塾太子中舍制

敕某：爾丞于理，亦既三年。有職事之勞，無行義之過。使遷厥位，著籍外廷。夫與於燕而坐，於朝報禮，亦云異矣。往祗乃服，其可不思！可。

奏舉人前永興軍節度掌書記王申等太子中允制❶

敕某等：皆以藝文起家，而久於常選。才能行義，數見推稱。揚于朝廷，各命以位。往共厥服，可不勉哉！可。

雷宋臣太子洗馬制

敕某：周人事神以諱，而不諱嫌名。持循至今，遂著爲律。爾以難避之諱，而辭當拜之官。自言冒榮有所不忍，其更位號，以慰孝思。慎爾百爲，勉求稱此。可。

❶ 此篇與下篇原總目合爲一題，曰「王申等太子中允雷宋臣太子洗馬制二道」。

熊本著作佐郎制❶

敕某：❷吾歲取吏部之選者，以爲宫監省寺之官，常不啻乎百人。論者患其多焉。《詩》不云乎：「濟濟多士，文王以寧。」有天下者，豈以士多爲患哉？顧其所取何如爾。汝藝文政事，皆見稱述。往踐禄次，蓋將有補於時。使人視吾所取，而不以爲多，在汝勉之而已。可。❸

高旦可著作佐郎制❹

敕某：❺唐虞以三考黜陟幽明，而其所命，或終身於一職。然則其所謂陟者，蓋爵服之加而已。❻今之增位，猶古之加爵服也。以爾久於職事，而功用應於有司之法，故使增位以報焉。雖考績之歲月，❼與黜陟之方，❽古今不同，而吾所以褒勵庶工，非與唐虞異意。爾其毋怠，思稱厥官。可。❾

---

❶此題，龍舒本作「熊本轉著作」。此篇與下兩篇原總目合爲一題，曰「熊本高旦孫思恭並著作佐郎制三道」。
❷「敕某」，龍舒本無此二字。
❸「可」，龍舒本無此字。
❹「制」，龍舒本無此字。
❺「敕某」，龍舒本無此二字。
❻「之加」，龍舒本作「加之」。
❼「考績」，龍舒本作「所更」。
❽「方」，龍舒本作「法」。
❾「可」，龍舒本無此字。

國子監直講孫思恭著作佐郎制❶

勑某：❷爾才能行義，有超卓之譽於時。故遷於衆以教國子，❸而又寵以校讎之官。有司稽勞，當得遷位。列職東觀，往其懋哉！可。❹

奏舉人前祁州深澤縣令王廣廉著作佐郎制❺

勑某：爾用舉者爲縣，又能修其職事，而舉者衆多。升序厥官，屬之東觀。夫士之有能有爲也，豈必戒敕而後勉哉？爾以才稱，其知自勸矣。可。

奏舉人編校昭文館書籍孫覺著作佐郎制

先帝置校讎之官，所取皆天下望士。爾惇行力學，爲時俊傑。治民有紀，稱者衆多。會課進遷，往共厥服。可。

奏舉人姚闢著作佐郎制

勑某：祕書省有著作之官，所以待藝

❶ 此題，龍舒本作「國子直講孫思恭可著作佐郎」。
❷ 「勑某」，龍舒本無此二字。
❸ 「遷」，龍舒本作「選」。
❹ 「可」，龍舒本無此字。
❺ 此篇與下七篇原總目合爲一題，曰「王廣廉孫覺姚闢游烈張公庠高膚敏崇大年潘及甫阮遨並著作佐郎馬好賢大理寺丞制八道」。

文之士。爾贍辭博學，而爲吏有聲。甄績序材，以登玆選。往共職服，其亦勉哉！可。

奏舉人游烈等著作佐郎制

勑某等：皆以藝文起家，而久於常選。才能行義，數見推稱。揚于朝廷，各命以位。往共厥服，可不勉哉！可。

奏舉人張公庠著作佐郎制

勑某：爾嘗爲令，而能以材諝爲在勢所稱，寘諸京官，以懋乃績。往踐禄次，愈其勉哉！可。

高膺敏崇大年並著作佐郎制

勑某：爾等皆以才能，序于莫府，舉其職事，稱者衆多。會課超遷，往其祇服。可。

潘及甫著作佐郎制

勑某等：選於吏部久矣，皆能以才自奮，爲在位者所稱。稽狀有司，列官省寺。往須器使，無替厥修。可。

奏舉人阮遡著作佐郎馬好賢大理寺丞制

勑某等：省寺之有丞郎，其名位高下不同，而於今皆爲遴選。爾等從事于外，以能見稱。有司書勞，朕所親覽。各踐厥位，往惟慎哉！可。

直講劉仲章大理寺丞制❶

勑某：❷爾方以經術教國子，而有司會課，當得進遷。爾以通經，發聞于世。允蹈所學，尚何訓哉！可。❸

施遜可大理寺丞制❹

勑某：❺三歲一遷，朝廷之法。爾共其職事，在法當遷。往懋厥修，以祗朕訓。可。❻

奏舉人周同大理寺丞制❼

勑某：❽爾能勤厥官，以有舉者。有司條奏，在法宜遷。使得傅籍於審官，以爲大理之屬。當知夫名器之不可以徒得也，往思懋勉以稱之。可。❾

---

❶ 此題，龍舒本作「直講劉仲章可大理寺丞」。此篇與下十七篇原總目合爲一題，曰「劉仲章施遜周同吳安操高定林宗言徐縝李文卿陳仲成張諲鄭民表韓燁吳太元劉公臣白贄錢藻段叔獻于觀馮翊辛景賢朱柬之並大理寺丞制十八道」。

❷ 「某」，龍舒本作「仲章」。

❸ 「可」，龍舒本無此字。

❹ 此題，龍舒本作「施遜可大理寺丞」。

❺ 「某」，龍舒本作「遜」。

❻ 「可」，龍舒本無此字。

❼ 此題，龍舒本作「奉舉録事參軍周同可大理寺丞」。

❽ 「勑某」，龍舒本無此二字。

❾ 「可」，龍舒本無此字。

吳安操大理寺丞制

勑某：爾名臣之家，能自修飭。考論功最，當得進遷。往服官成，勿墮所守。可。

高定大理寺丞制

勑某：朕布功賞之信，苟有功可以中率，則無擇小大遠邇而加焉。今有司條奏爾勞，在法當賞。往丞于理，其懋厥官。可。

林宗言大理寺丞制

勑某：有司言爾當遷，而朕視功狀，如有司之言，故使遷爾位一等。吾嘗詔有司，以時視士大夫功狀而敘進之，毋使自言，欲夫在位知有禮讓而不以官爲利也。爾知之矣，可不勉哉！可。

徐縝大理寺丞制

勑某：爾出於世禄之家，而服勤筦庫之事，行不愆於法，才不曠其官。遷以報功，往其思勖。可。

李文卿大理寺丞制

勑某：吏之近民者莫如令，故位非高也，禄非多也，而吾不輕以與人。爾得爲之，以有稱者，往施於政，又以才稱。寘諸京官，以待任使。思永終譽，厥惟勉哉！可。

奏舉人陳仲成大理寺丞制

敕某：歙之爲州也，窮於山谷之間。吏常患乎州窮，而刺舉者有所不知。爾勤其官，而稱者甚衆，可謂能矣。其進以爲京官，往懋乃成，以終有譽。可。

張諲大理寺丞制

敕某：古之爵賞，與士共之。雖有衆譽，而功實不副焉，亦不可以幸而得也。此吾所以閱稱舉之衆，而又稽歷試之勞，然後命爾以丞于大理也。夫去吏部之選，而有録於審官，能祗慎不懈，以免於文吏之議，則雖高位，尚可以循而至。可不勉哉！可。

鄭民表韓燁大理寺丞制

敕某：爾服勞州縣，才謂見稱。甄序厥功，使丞于理。往祇休命，惟既爾心。可。

吳太元大理寺丞制

敕某：審官之法，三歲一遷。爾嘗有罪，故使序于大理，四年而後遷以爲丞。賞誅黜陟，吾無私焉，皆爾自取也。施於有政，可不勉哉！可。

奏舉人劉公臣白贄並大理寺丞制

敕某等：今吾大吏，舉非其人，有坐斥廢。其於舉人，豈顧不慎哉！然而坐斥廢者時時有之，此殆求舉者不一其始終以負之爾。今爾等皆以衆舉，故吾命以京官，勉思一其始終以無負於舉者。可。

國子監直講編校集賢院書籍錢藻大理寺丞制

敕某：朕設科以招方正之士，而爾應其求；置局以儲儁乂之材，而爾充其選。有司會課，當得進官。若爾之諒直多聞，方且善其行以爲時用。往祇厥位，可不勉哉！可。

段叔獻大理寺丞制

敕某：以爾典京師之獄，滿歲於此矣，而未嘗有失。丞于卿位，以懋爾勞。維朕哀矜庶獄之有不幸，❶爾所知也。守爾常操，尚無誤哉！可。

奏舉人于觀大理寺丞制

敕某：方今漕頻海之鹽以食東南，而收其息以佐有司之急。倉庾之官，一失職而至於耗惡，則足以匱國而傷民。故稱舉能吏，而待之厚賞，所以勸也。爾從其事，能有成勞。丞于理官，往踐無懈。可。

❶「不幸」，中華校排本據繆氏校改作「不辜」。

馮翊辛景賢大理寺丞制

先帝使大吏推舉常選之士，以補省寺之屬。爾能脩其職事，而舉者衆多。率由舊章，命爾以位。往祇厥服，以稱甄升。可。

試大理司直兼監察御史朱柬之大理寺丞制

敕某：爾以幹□謹潔，能舉其職事，而屢爲在位者所舉。歲滿序功，法宜有賞。理官之屬，其往懋哉！可。

陳確大理寺檢法官制❶

敕某：❷朕制中典，以刑四方。非惟不失天下之姦，唯以使人無犯有司而已。❸今明試爾才之可使，而後以爲屬於理官。爾其知恤庶獄之不幸，而求所以出之，❹以稱朕哀矜元元之意。可。❺

魏絪大理評事制❻

敕某：爾備屬奉常，亦已久矣。序進厥等，以旌有勞。夫三歲一遷，雖厚祿可以馴而致，欲爲善者亦如此矣。能積智累勤而不已，則亦何所不至乎？在爾勉之，以

❶ 此題，龍舒本作「陳確授大理寺檢法官」。
❷ 「敕某」，龍舒本無此二字。
❸ 「唯」，龍舒本作「亦」。
❹ 「求」下，龍舒本有「其」字。
❺ 「可」，龍舒本無此字。
❻ 此篇與下四篇原總目合爲一題，曰「魏絪石祖良蘇軾何景先何景元張瑨並大理評事制五道」。

求爲可進也。可。

石祖良大理評事制

勑某：士之有籍於審官者，皆三歲而一遷。今爾歲滿，故吾進爾位，加爾禄。夫禄以等功而不以志，位以序德而不以勞。爾世厥家，其知勉矣！可。

應才識兼茂明於體用科守河南府福昌縣主簿蘇軾大理評事制

勑某：爾方尚少，已能博考羣書，而深言當世之務。才能之異，志力之强，亦足以觀矣。其使序于大理，吾將試爾從政之才。夫士之强學贍辭，必知要然後不違於道。擇爾所聞而守之以要，則將無施而不稱矣。可不勉哉！可。

何景先何景元並大理評事制

勑某：《春秋》之義，以貴治賤，以賢治不肖。今天下人民之衆，賢者不爲不多。爾得列于京官，其賢於人，宜如何也！今爾累日之課，又當遷序其位，亦云不賤矣。其爲賢也，亦可以勉哉！可。

張璯大理評事制

勑某：吾推恩大臣之子，爾得列於祠官。能任事而有勞，其以備士官之屬。爾父起於閭巷，以能大其家室者，豈一日之力哉！爾惟積勤累善，法象而不違，則豈特有慶于而宗？又將有賞于而國。可。

前鄉貢進士許將大理評事簽書昭慶軍節度判官廳公事制❶

勑將：❷先帝親第進士於廷，❸而以爾爲第一。爾於藝文，可謂能矣，所以施於政者，朕將有所試而觀焉。夫士之遇時，不患無位，思所以立。❹往其勵勉，以副柬求。可。❺

臨川先生文集卷第五十一

❶ 此題，龍舒本作「許將可大理評事」。
❷ 「勑將」，原無，據龍舒本補。
❸ 「第」，龍舒本作「策」。
❹ 「思所以立」，龍舒本作「患所以立而已」。
❺ 「可」，龍舒本無此字。

臨川先生文集卷第五十二

外　制

孫寔大理評事制

敕某：爾名臣之子，能飭身慎行，强學自奮。而有司會課，當以序遷。其進一等，以爲士官之屬。往共爾職，其克懋哉！可。

韓鐸試大理評事充天平軍節度推官知遂州遂寧縣制❶

敕某：爾用薦者爲令，又以修治見稱，試職士官，序于幕府。字人之任，其愈懋哉！可。

王任試大理評事充節推知縣制❷

敕某：❸爾任舉者爲令，而能修其職以見推稱。命爾以爲幕府之官，而又試以字

❶ 此篇與下三篇原總目合爲一題，曰「韓鐸王任徐瑗王夢易並充節推知縣制三道」。按，「三」當作「四」。

❷ 「王任試大理評事」，龍舒本作「縣令王任可試大理評事」。「制」，龍舒本無此字。

❸ 「敕某」，龍舒本無此二字。

人之事。夫南面而聽百里，豈輕也哉？維能强恕以求仁，然後副吾置吏爲民之意。可。❶

徐瑗試大理評事充保信軍節推知梓州射洪縣制

敕某：有百里之地，而人民社稷之事繫焉，其任豈可以輕哉？爾嘗試矣，見謂辨治。故又任爾以吾所重，而寵以幕府之官。往其勉哉！無慢予訓。可。

王夢易試大理評事充永興軍節推知遂州青石縣事制

敕某：朕嘗命汝以幕府之官，使長百里之民，而汝以喪自解。今除之矣，其就故官。有社與民，往其思勉。可。

縣尉廖君玉太常寺奉禮郎制❷

敕某：爾職在追胥，有功中率，故褒序爾，使得列于太常之屬。朝廷慶賞之信如此，爾其可不勉哉！可。

陳周翰太常寺奉禮郎制

敕某：爾久於職事，能以有勞，命課于朝，當得遷叙奉常之屬。其往欽哉！可。

❶「可」，龍舒本無此字。
❷此篇與下篇原總目合爲一題，曰「廖君玉陳周翰並奉禮郎制二道」。

太常寺太樂署副樂正李允恭可太常寺太樂署太樂正太常寺攝樂正耿允恭包文顯可並太常寺太樂署副樂正制

敕某等：太常上其屬有闕，而以爾等聞。惟爾等皆善於修聲，而任職久矣。其遷副正以爲署長，而使攝正署副正。往勵厥官，無敢豫怠。可。

英宗即位覃恩轉官龍圖閣學士至龍圖閣直學士制

敕：永惟左右有能有爲之臣，皆先帝遺朕以熙衆功者也。方惟大賚以勞天下，其可以忘而不及哉？具官某，惠和敦大，明允忠篤，列職近侍，實爲名臣。褒序有加，往欽乃服。可。

發運轉運提刑判官等制

先帝享國四十餘年，内外晏然，克終天禄，豈非獻臣才士佽助之力哉？不及班命以勞功，而朕承厥志。爾奉將使指，久以才稱，膺此寵章，往其思勸。可。

卿監館職制❶

敕：朕初即位，奉行先帝故事，以勞天下。其施及於疏遠，而可以忘於近者哉？具官某，序于書林，伐閱多矣。率德迪義，

❶ 此篇與下篇原總目合爲一題，曰「卿監館職京官館職制二道」。

有稱于時。膺踐寵榮，往其思毖。可。

京官館職制

先帝棄天下，朕初即位，纂修故事，以勞羣臣。爾等序于書林，皆以才選，褒進有典，往其欽承。可。

分司致仕正郎以下京官等制

敕某等：朕初嗣位，敷錫庶工，❶非特勞在事之勤，亦以禮天下之賢者。爾等以才出仕，登序王官，或就里居，或分留務。往膺寵數，咸懋厥修。可。

諸司使副至崇班内常侍帶遥郡不帶遥郡制❷

敕某等：❸朕初即位，奉行先帝故事，大賚四海，阻深幽逖，無所不及矣。又況朝廷之近臣，❹豈可以忘哉？爾等能以忠力，靖共職事，進位一等，往其欽承。可。❺

❶「工」，光啓堂本作「正」。
❷此篇爲龍舒本卷十三《覃恩轉官二道》之第二道。
❸「敕某等」，龍舒本無此三字。
❹「況」下，龍舒本有「於」字。「近臣」，龍舒本作「上」。
❺「可」，龍舒本無此字。

皇兄叔大將軍以下制❶

先帝顧哀宗親，德念至深厚矣。在後之侗，其可以忘哉？具官某，躬執義行，序于屬籍，承休席寵，亦既顯榮。❷褒進有章，往欽無斁。可。

皇弟姪大將軍以下制❸

勑某：❹朕大賜於天下，雖疏以遠，無遺者矣，又況於宗室之近哉？爾序官内朝，克有善問，❺繩繩之慶，協於聲詩。褒命有加，往其祗服。可。❻

覃恩昭憲杜皇后孝惠賀皇后淑德尹皇后孫姪等轉官制❼

勑某等：予大祭于廟祧，而哀夫先后之家，或寖替而不章。❽乃詔有司，博求其世。爾等名在戚里，序于王朝，各因其官，增位一等。冀以上稱神靈之意，豈特慰予

❶ 此篇與下篇原總目合爲一題，曰「皇兄叔弟姪大將軍以下制二道」。
❷ 「榮」，原作「融」，中華校排本據繆氏校改，今從。
❸ 此篇爲龍舒本卷十三《皇親叔敖轉官加勳二》之第一道。「弟」，光啓堂本作「兄」。
❹ 「勑某」，龍舒本無此二字。
❺ 「善問」，龍舒本作「嘉問」，中華校排本據繆氏校作「善聞」。
❻ 「可」，龍舒本無此字。
❼ 「制」，龍舒本無此字。
❽ 「或」，原無，據龍舒本補。

追遠之心？可。

中書提點堂後官制

勑某等：朕大賚于天下，有政有事者，皆得以序遷。爾等各以選掄，備官宰旅。增位一等，往其欽哉！可。

李端卿等舊官服闋制❶

勑某：❷孝子之悲哀，思慕其親，豈有窮哉？然喪以三年而止者，聖人之政也。爾以喪致事，日月既除，其就故官，以聽新命。夫人之行，莫大於孝，而孝亦在乎事君能致其身，而不愆於義以辱其名，然後可以爲孝子。此宜爾之所知也。其勉矣哉！可。❸

前太常寺太祝張德温舊官服闋制❹

勑某：喪三年亦已久矣，而人子之志無窮，故欲爲不善，則思貽父母惡名，而終於不果。不如是，則不足以爲人子。復爾禄次，維時勉哉！終於立身，可謂孝矣。可。

前屯田員外郎任迥舊官服闋制

勑某：汝有列於朝廷，而以憂去位，人

❶「端」，光啓堂本作「瑞」。「制」，龍舒本無此字。
❷「勑某」，龍舒本無此二字。
❸「可」，龍舒本無此字。
❹此篇與下兩篇原總目合爲一題，曰「張德温任迥宋輔國等舊官服闋制三道」。

子之事親終矣，則君臣之義其可以忘乎？夫移於君而忠，移於官而治，然後可以爲孝。往共爾服，惟是勉哉！可。

前太常寺奉禮郎宋輔國等並舊官服闋制

勑某：爾以親喪去位，日月既除，其來造朝，復就官次。終身之孝，可不勉哉！可。

前太理寺丞劉辯前衛尉寺丞孫公亮並舊官服闋制❶

勑某：爾服縗去位，順變當除。三年之喪，亦已久矣。君臣之義，其可廢乎？趣還于朝，使即舊秩。勉思移孝之事，以就顯親之名。可。

前大理寺丞王忠臣舊官服闋制

勑某：御史言爾以喪釋位，日月當除。故吾下命，書于御史，以俟爾之來見。爾雖舊官，吾命維新，其加勸勉，求合於以孝事君之義。可。

前太子中舍張諷舊官服闋制

勑某：喪三年，天下之達禮也。爾能率禮，以至終喪。其來造朝，復爾禄次。事君之義，爾實知之，無違厥初，是謂能孝。可。

❶ 此篇及下兩篇原總目合爲一題，曰「劉辯孫公亮王忠臣張諷舊官服闋制三道」。

前職方員外郎元居中舊官服闋制❶

敕某：尚書郎位三等，而爾方以勞序于前列，乃以喪去，三年于家。今既禫除，其還禄次。維爾才美，有稱於時。移孝事君，當知勉矣！可。

前太常博士張詵舊官服闋制

敕某：爾去位里居，三年於此。既除喪矣，其就故官。忠以事君，是爲孝子。爾惟知義，可不勉哉！可。

前將作監主簿張扶舊官服闋制

敕某：爾遭齊斬之喪而去位，釋祥禫之服而還朝，斑吾命書，授爾禄次。孝子之事，終於立身，施于有官。可以勉矣！可。

前駕部員外郎李安期前殿中丞張德淳並舊官服闋制

敕某：禮有三年之喪者，無貳事也，知喪而已矣。先王以爲不如是不足以盡人心。此吾所以歸爾于家，而不敢勞以事。今日月除矣，故吾班命，書于御史，而召爾以來，往踐故官，勉思終孝。可。

❶ 此篇與下三篇原總目合爲一題，曰「元居中張詵張扶李安期張德淳舊官服闋制四道」。

前内殿崇班馬文德舊官服闋制❶

勑某：爾執親之喪，三年於此矣。其班新命，以復故官。維孝有終，爾宜思勉。可。

供備庫副使康璹舊官服闋制

勑某：三年之喪，苴麻哭泣之哀一也。而亦有權制以趣時，此吾獨使武吏之有籍於樞密者，得終喪于家之意也。爾能率禮。今服既除，其就故官，以承新命。可。

皇姪右監門衛大將軍仲詧服闋舊官制

勑某：送終者，人子之大事也。爾以喪釋位，亦既三年。能以禮自致，而不犯詩人《素冠》之義，於爲人子，亦可謂孝矣。還就禄次，帥初無違。可。

同中書門下平章事韓琦奏親姪孫恬守祕校同中書門下平章事曾公亮親男孝純將作監主簿姪孫諶試祕校樞密使張昇奏親孫男戒守祕校參知政事歐陽脩奏男辨太常寺太祝參知政事趙概奏孫男尤緒太常寺太祝樞密副使吴奎奏長男璟守太常寺太祝次男瓌試祕校制❷

勑某：朕受純嘏於神靈，而布之在位。

❶ 此篇與下篇原總目合爲一題，曰「馬文德康璹舊官服闋制二道」。

❷ 此篇與下篇原總目合爲一題，曰「韓琦奏親侄孫怙（按，當作「恬」）秘校親侄女之子曹復户曹制二道」。

其官顯者，得任其子弟以及孫曾。爾生大臣之家，是爲賢者之類。往保禄秩，可無慎哉！可。

同中書門下平章事韓琦奏親姪女之子曹復真定府户曹制

敕某：維名與器，朕未嘗輒以假人。爾緣大臣相祀之恩，遂階一命之寵。出而從仕，可不勉哉！可。

樞密副使胡宿奏親兄亶守祕校制

敕某：宗祀之恩，仕之顯者，皆得官其親族。爾躬率善行，而有弟爲吾政事之臣。往服寵榮，懋修無斁。可。

天章閣待制司馬光親兄之子宏試將作監主簿制❶

先帝有大慶，推恩羣臣子弟。而爾有叔父，實爲近臣。往即厥官，無墮世禄。可。

廣南東路轉運使祕閣校理蔡抗男潛試將作監主簿制

敕某：將漕遠方者，皆得官其子弟。爾父以才自奮，有顯於時。往懋厥修，以綏世禄。可。

❶ 此篇與下篇原總目合爲一題，曰「司馬光親兄之子宏蔡抗男潛並試將作監主簿制二道」。

故贈司空兼侍中龐籍遺表男太常博士元英可屯田員外郎制❶

勑某等：爾考有庸先朝，致位將相，歸安第室，而以壽終。爾等服采于時，實能嗣訓。並膺恩典，其往勉哉！可。

龐籍遺表男内殿崇班元常大理寺丞制

勑某：士之文武異用久矣。爾世以儒學顯，而有官籍於内朝。從爾父之遺言，而以丞于大理。往惟嗣訓，乃克保家。可。

龐籍遺表孫保孫寅孫並將作監主簿制

勑某：爾祖嘗爲將相，佐佑帝室。朕哀其亡也，故序爾於工官。夫大臣之家，能久而不失其世者鮮矣。往承厥慶，可不勉哉！可。

龐籍外孫陳仲師試將作監主簿制

勑某：朕命爾以試工官之屬者，特以爾之外祖常爲將相於先朝而已。然士之由保任而後能自奮以至休顯者多矣。往踐爾次，可無勉哉！可。

---

❶ 此篇與下三篇原總目合爲一題，曰「龐籍遺表男元英屯田元常大理寺丞孫保孫寅孫外孫陳仲師將作監主簿制四道」。

太子少傅致仕田況遺表男守祕校至安太常寺太祝制

敕某：儁哲之輔，有勞於時。福禄既成，而爾嗣厥後。於其將死，以爾爲言。膺此寵章，宜知勉矣！可。

故資政殿大學士知河南府吴育遺表孫男儼俅並守將作監主簿制

敕某等：朕所以顧恤大臣之家，而序録其子孫，未嘗有愛焉。況如爾祖，賢明諒直，有補於世，朕常思而不忘者乎？其各加爾一命，以爲工官之屬。《詩》曰：「夙興夜寐，無忝爾所生。」往其勉哉，可以爲孝矣。可。

翰林學士承旨宋祁遺表男俊國廣國守祕書省正字令持服制❶

敕某等：爾考承密命于翰林，而不幸至於大故。眷懷舊德，甄序爾官。往其有成，祗服予采。可。

宋祁遺表孫松年延年頤年並守將作監主簿制

敕某等：貴臣之世，賢者之後，朕所不能忘也。故爾等皆在沖幼，而列于工官，兹

❶ 此篇與下篇原總目合爲一題，曰「宋祁遺表男俊國廣國守秘書省正字孫松年延年頤年並將作監主簿制二道」。

所以佑序爾家，亦云至矣。爾所以保其禄位，可不勉哉！可。

刑部侍郎致仕崔嶧遺表親孫男俞將作監主簿制❶

勑某：爾祖嘗服高位，考終于家。以爾爲言，朕其甄序。工官之屬，往矣懋哉！可。

户部郎中直龍圖閣知明州范師道遺表第三男世文守將作監主簿制

勑某：爾父嘗以才選，列官于朝。出臨一州，奄至大故。錫爾一命，爾其勉哉！可。

光禄卿直龍圖閣張旨遺表親男平易守將作監主簿制

勑某：朕惟爾父，致位九卿，服勞于官，爲日久矣。故命爾以工官之屬，以稱其將死之言。爾其思爾父之顧厥家與朕心之哀爾父，夙興夜寐，無或弗欽。可。

❶此篇與下兩篇原總目合爲一題，曰「崔嶧遺表親孫男俞范師道遺表第三男世文張方（按，當作「旨」）遺表親男平易並守將作監主簿制三道」。

光禄少卿知單州呂師簡遺表次男昌宗試將作監主簿制❶

勑某：爾父且死，而爲爾求官，故以爾試于工官之屬。夫推恩既往，覃及子孫，吾所以待人臣者，有常法矣。修敕自奮，而以保禄位者，爾所以爲人子也。可不勉哉！可。

故光禄卿致仕張鑄遺表親次孫彩試將作監主簿制❷

勑某：爾祖以九卿歸第，而遺奏以爾爲言。顧哀舊臣，而官使其子孫，此先王使仕者世禄之意，而吾之所不忘也。其使試于工官之屬，以稱爾祖之志焉。《詩》曰：「無念爾祖，聿修厥德。」爾方就學，可不勉哉！可。

司農卿致仕余良孺遺表曾孫涣試將作監主簿制

勑某：爾之曾祖，仕至九卿。退處于家，考終厥命。推恩及爾，以試工官。往慎猷爲，且膺器使。可。

故光禄卿致仕張昷之孫基試將作監主簿制❸

勑某：爾祖嘗爲侍從之臣，而有公忠

❶ 此篇與下四篇原總目合爲一題，曰「呂師簡遺表次男昌宗張鑄遺表親次孫彩試將作監主簿余良孺遺表曾孫涣張温（按，當作「昷」）之孫基張亢遺表孫在至輩並將作監主簿制五道」。

❷ 「鑄」，原作「璹」，據原總目及《宋史》卷二六二改。

❸ 「昷」，原作「温」，中華校排本據沈氏注謂當作「昷」，《宋史》卷三百三有《張昷之傳》，今從。

之節。今其亡矣，秩爾以官。能善似之，乃其無悔。可。

客省使眉州防禦使張亢遺表孫在至並將作監主簿制

勑某：爾祖起於文吏，而能以才武致力於封疆。扞患之功，書在王府。今其亡矣，故各命爾一官。往懋爾成，毋忘爾祖之勤於國。可。

司農卿致仕魏琰男太廟齋郎紓守將作監主簿制❶

勑某：爾世載榮禄，而父以九卿去位。推恩改命，序位工官。維恪慎可以保家，往其勉矣！可。

虞部員外郎致仕張應符男遘試將作監主簿制

勑某：少盡其力，至於老則養之不可以不終。使之免農而爲士，則禄之不可以不世。此先王不忍人之政，而吾未能逮也。今爾父去位，而命爾一官，使得世其禄以終爾父之養焉。此亦庶幾有合乎先王之政。爾惟忠惟孝，尚稱吾命爾之意哉！可。

---

❶ 此篇與下三篇原總目合爲一題，曰「魏琰男太廟齋郎紓張應符男遘徐仲容男公輔李卓男元之並試將作監主簿制四道」。

職方員外郎致仕徐仲容男公輔試將作監主簿制

勑某：爾父辭禄而爲爾請命于朝。《傳》曰：「君子之善善也長，故善善及子孫。」此吾命爾以一官之意也。經曰：「事親孝，故忠可移於君。居家理，故治可移於官。」爾其念此，以自勉哉！可。

虞部員外郎致仕李卓男元之試將作監主簿制

勑某：爾父積勤，序于郎位。老而致事，録爾一官。思世厥家，往其無怠。可。

諸州軍并轉運提刑弟姪男恩澤等並試監簿制

勑某：朕始嗣位，推恩宇内。爾執方貢，以來造朝。加賜一官，往惟祗服。可。

王孝叔充春州軍事推官通判春州兼知本州制

勑某：南方荒遠之州，吏多憚往。而爾請行焉，故優爾禄賜，而以勸賞隨其後。往其勉矣，思乂我民。❶可。

❶「乂」，原作「久」，據宋元遞修本改。

縣尉李執中可察推制❶

敕某：❷先王之政，荒則緩刑。至於彊不忌死而傷吾良民，則去之亦不可以不急。此朕所以嚴追胥之令，信購賞之科，不以歲凶多暴之時而爲之廢格。爾能除盜，實舉其官。遷以懋功，往祗乃服。可。❸

呂開權淄州軍事推官依前充鎮南軍節度推官制

敕某：爾有除盜之功，故賞以一邑，而序官于大府，辭而有請，以便爾私。吾用不違，往其祇服。可。

蘇州長洲縣尉富翱潤州丹徒縣令制❹

敕某：朕布爵賞之令，以待吏之有勞。爾能舉其官以除盜賊，遷以爲令，使之牧民。又將試爾爲政之才，非特示朕報功之信。可。

晉州襄陵縣尉葛頤單州武成縣令制

敕某：爾職在追胥，而能上功中率，畀之一縣，以懋爾能。夫爲令之所事，則不特

❶「制」，龍舒本無此字。
❷「敕某」，龍舒本無此二字。
❸「可」，龍舒本無此字。
❹此篇與下三篇原總目合爲一題，曰「富翱葛頤趙君序齊景甫並縣令制四道」。

追胥而已。必也使人無盜，是乃能稱其官。可。

杭州於潛縣令趙君序虢州玉成縣令制

勑某：予嘉爾之有功於追胥也，故畀爾邑於東南，又從爾父之請焉，而移爾於虢。吾於用賞，而顧恤爾私，亦云備矣。則爾之施於有政，可不勉哉！可。

信州鉛山縣尉齊景甫杭州餘杭縣令制

勑某：爾追胥有功，遷令一邑。百里之人，視爾以爲休戚矣。施於政事，可不勉哉！可。

單州成武縣令李燾江陰軍録事參軍制❶

勑某：爾修其官，能中賞率。有司會課，予懋爾功。愈其勉哉！以涖厥事。可。

潞州屯留縣尉李昌言徐州録事參軍制

勑某：爾能捕盜，當得賞官。遷督一州之郵，往其思稱厥職。可。

❶ 此篇與下篇原總目合爲一題，曰「李燾李昌言並録事參軍制二道」。

殿前都虞候利州觀察使賈逵依前官充侍衛親軍步軍副指揮使制

勑：朕有貔虎熊羆之士，以衛中國而制四夷。考求其人，❶以副統督。❷具官某，❸久更任使，才武有稱，扞城之勞，宿衛之最。簡于先帝，以暨朕躬。思懋厥修，往膺休顯。可。

衛州防禦使錢晦霸州防禦使制❹

勑：朕初即位，奉行先帝故事，以勞天下。雖踈且遠無遺矣，又況於朝廷之顯者哉？具官某，忠勞弈世，簡在帝室。能勵厥德，自昭于時。膺此寵章，愈其思勉。可。

東上閤門使陵州團練使李端慤眉州防禦使制

勑：朕初嗣位，奉行故事，以勞天下。具官某，清明敏達，和慎祇修。奉侍先帝，陟降左右，厥勤茂矣，其可忘哉？膺服寵榮，往欽乃服。可。

捧日左廂都指揮使嘉州團練使周翰制

先帝棄天下，朕初嗣位，永惟武力忠勞

❶「求其人」，光啓堂本作「之古人」。
❷「副」，光啓堂本作「制」。
❸「具官」，光啓堂本作「莫言」。
❹此篇與下兩篇原總目合爲一題，曰「錢晦霸州防禦使李端慤眉州防禦使周翰嘉州團練使制三道」。

之士，爲國禦侮，其功多矣，豈可以忘哉？具官某，部督有方，踐修無過。營衛之最，簡于朝廷。膺此寵章，愈其奮勵。可。

天武左第三軍都指揮使封州刺史程榮可蒙州刺史充御前忠佐馬步軍副都軍頭制

敕某等：熊羆之士，爲國爪牙。均其逸勤，率用成法。爾等忠勞之實，簡在朝廷。遷序有差，往惟欽服。可。

轉員制

先帝遺朕熊羆之士，以蕃帝室。所使統督，豈可以非其人哉？爾等以扞城之材，共禁衛之服，忠勞武力，皆有可稱。各以序遷，往欽無懈。可。

落權團練刺史制

敕某等：忠勞之士，武力之臣，獎衛帝室，其功多矣。當序厥位，以均逸勤。爾等部督有方，踐修無過。兵團州刺，遷進有差。往膺寵榮，懋建勳績。可。

單州團練使劉永年可齊州防禦使知代州制

敕：代地邊要吾所重，常擇將以守之。以爾具官某，武力智謀，濟以馴謹。踐更中外，皆有可稱。故進使號，往共厥服。禦侮之實，爾其勉哉！可。

捧日天武四廂都指揮使端州防禦使趙滋可依前充侍衛親軍步軍都虞候制❶

勑：❷營衛之士，皆天下武力之高選也。所使虞度軍中之事者，豈可以非其人哉？具官某等，造行謹良，致位休顯。勳勞之實，簡在朕心。各以序遷，往惟祗服。可。❸

臨川先生文集卷第五十二

❶ 此題，龍舒本作「宋守約可殿前都虞候」。
❷ 「勑」，龍舒本無此字。
❸ 「可」，龍舒本無此字。

臨川先生文集卷第五十三

外制

李端慤東上閤門使制❶

敕：❷閤門置使，官盛地親，非有嘉績令名，不能勝其任也。具官某，於朝廷有詳練之實，於戚里有茂勉之聲，非專爲恩以致此位。積功久次，當得右遷。其愈勵哉，往共厥服。可。❸

石遇四廂都指揮使制❹

敕：❺虎賁之士，周公以爲人主所當知恤者也，又況所使將此哉？具官某，比以材選服勞于邊，折衝禦侮，嘗有所試矣。遷進使號，付之部督。往其欽慎，以報寵榮。可。❻

❶「東上閤門使制」，龍舒本作「可東上閤門使」。
❷「敕」，龍舒本無此字。
❸「可」，龍舒本無此字。
❹「制」，龍舒本無此字。此篇與下篇原總目合爲一題，曰「石遇竇舜卿四廂都指揮使制二道」。
❺「敕」，龍舒本無此字。
❻「可」，龍舒本無此字。

竇舜卿四廂都指揮使制❶

敕：❷國家置帥兵以爲衛，所選皆天下之材，付之部督，未嘗輕其授也。具官某，踐更邊要，忠力有聞。選將營屯，衆論惟允。序遷厥位，其往欽哉！可。❸

甘昭吉入内副都知制❹

敕：❺古者王之正内，必有任職之臣。予若稽古，而思得吉士以充其選。以爾服勤左右，多歷歲年，有專良之稱，無側媚之毀。其使序于正内，以允廷論之公焉。❻爾其審門闈，謹房闥，入宣宮令，出贊朝事，悉心夙夜，一以忠信。則維予爾嘉，爾亦永綏寵録。❼可。❽

入内内侍省内東頭供奉官宋有志東染院副使制

敕某：爾久於内侍，承事有勞。自求外遷，以便醫藥。超升位等，往服恩榮。可。

❶「四廂都指揮使制」，龍舒本作「可四廂都指揮使」。
❷「敕」，龍舒本無此字。
❸「可」，龍舒本無此字。
❹「制」，龍舒本無此字。
❺「敕」，龍舒本無此字。
❻「允」，原作「充」，據龍舒本、《皇朝文鑑》改。
❼「寵」上，原有「于」字，據龍舒本删。
❽「可」，龍舒本無此字。

李用和六宅副使制❶

敕：❷爾忠力武敏，有稱于時。出將一州，亦能用治。西南之屏，揔制戎兵，比難其人，以爾攝事。夫以才得選，而久於險遠之勞，不先有賞以加焉，何以勸夫能者？躐遷位等，兹實異恩。往祇官成，無廢吾事。可。❸

内殿承制閤門祗候宋良禮賓副使制❹

敕某：爾典制一軍，有民有社，論功考最，當得序遷。惟爾以才，嘗更選擢。往欽新命，其愈懋哉！可。

内殿承制閤門祗候王嵩禮賓副使制

敕某：爾以才智勳效，自昭于時。董督徼循，實任邊要。序勞當進，以介諸司。朕命維休，往其欽服。可。

西京左藏庫副使李景賢文思副使制❺

敕某：戎馬之寄，常難其選。爾以才

❶ 此題，龍舒本作「季用和轉官」。
❷ 「敕」，龍舒本無此字。
❸ 「可」，龍舒本無此字。
❹ 此篇與下篇原總目合爲一題，曰「宋良王嵩禮賓副使制二道」。
❺ 此篇與下兩篇原總目合爲一題，曰「李景賢穆遂石用休文思副使制三道」。

謂，久於任使，一州之政，比有可稱。超進位等，往膺寄屬。勉思報稱，無或不祗。可。

西京左藏庫副使穆遂文思副使制

勑某：爾徼循蠻方，爲日久矣。更書且下，而使者乞留。超進厥官，以共舊服。往惟勵勉，膺此寵榮。可。

西京左藏庫副使石用休文思副使制

勑某：爾以才選，比更任使，有司會課，當得進官。往服訓辭，無瘝乃事。可。

西染院副使兼閤門通事舍人夏偉内園副使依舊閤門通事舍人制

勑某：賓贊受事之職，吾以武吏爲之，而甚難其選。爾能祗飭，以稱厥官。會課有司，序遷位等。往祗休寵。可。

内殿承制譚德潤供備庫副使制❶

勑某：朕永惟陵寢之嚴，而選使以護之。爾往任事，靖共厥職，有勞可録，其以序遷。祗服寵章，勉求稱位。可。

❶ 此篇與下四篇原總目合爲一題，曰「譚德潤楊宗禮張繼渥朱漸王欽李惟正並供備庫副使制五道」。

内殿承制楊宗禮供備庫副使制

敕某：監一路之軍，而按撫其人，又典一州之政，非才能行治，有紀于時，孰可以稱此哉？爾久于煩使，能勤厥事，故遷爾位，以介諸司，而使往焉。其慎以防患，而敏於趨功，以稱推擇之意。可。

樞密院副承旨張繼渥供備庫副使制

敕：爾典掌機要，服勞歲久。以疾自上，求爲外官。遷介諸司，往膺器使。可。

内殿承制朱漸供備庫副使制

敕某：賦祿序官，邦有常法。爾勤厥服，會課當遷。維器與名，職思其稱。乃其無罰，可不勉哉！可。

承制王欽李惟正並供備庫副使制❶

敕某等：嘉我未老，而經營四方，詩人之所謂賢勞也，可無報稱哉？以爾欽成于南方之窮，而任監護之官；以爾惟正屯于西路之要，而服追胥之事。其役遠，其責重，而能祗慎所職，以有累日之勞，其各遷位介于内朝之使，以爲報稱。夫有功而見知則説矣，此人之情也。以所願乎上施乎下，則士孰不樂爲爾用哉？其亦勉之而已。可。❷

❶ 此題，龍舒本作「承制王欽等轉官」。
❷ 「可」，龍舒本無此字。

崇班胡珙等改官制❶

敕某等：❷功懋懋賞，先王之所以厲天下而成衆治也。今吾使某監兵馬于外，❸而使某典治材于中，❹皆積日月以赴功。其各賜官一等，以稱吾懋賞之意。可。❺

軍員等换諸司使副承制崇班制

敕某等：褒嘉忠勞，被以禄秩，先帝有成法，朕不敢違。爾等序列禁中，有宿衛之最，外遷厥位，以慰久勤。進服寵榮，往圖勳效。可。

王保常内殿承制制❻

敕某：朕布大號於天下，文武在位，皆升一等，序勞當遷者，又皆得以時遷。爾服采禁中，積功有賞。膺此休寵，往惟勉哉！可。

靳宗永内殿承制制

敕某：承制之官，本朝所置，非積善累

❶「制」，龍舒本無此字。
❷「敕某等」，龍舒本無此三字。
❸「某」，龍舒本作「珙」。
❹「某」，龍舒本作「可一」。
❺「可」，龍舒本無此字。
❻此篇與下篇原總目合爲一題，曰「王保常靳宗永内殿承制制二道」。

勤之武吏，則不得在此位焉。爾服采有庸，校年當進。其往祗踐，以稱寵榮。可。

閤門祇候狄詢内殿崇班依前職制

勑某：爾名臣之子，任事邊陲。積歲有勞，序官一等。往其淑慎，思世厥家。可。

楊元内殿崇班制❶

勑某：爾爲廷臣，奔走厥職，有勞可録，序進厥官。惟忠與勤，所以報稱。往踐禄次，可無勉哉！可。

張建中内殿崇班制

勑某：爾總戎馬，地濱不毛，爲之三年，能固吾圉。遷秩一等，往其懋哉！可。

慶州肅遠寨蕃官都巡檢崇儀使慕恩北作坊使制

勑某：爾武力智謀，有稱種落。徼循扞禦，勳效焯然。莫府條陳，允於衆論。超遷使號，往愈懋哉！可。

陳奇太子中允致仕制❷

勑：❸士之疲癃老耄，以至失職而不能

❶ 此篇與下篇原總目合爲一題，曰「楊元張建中内殿崇班制二道」。

❷ 此題，龍舒本作「陳奇中允致仕」。此篇與下篇原總目合爲一題，曰「陳奇孫戾太子中允致仕制二道」。

❸ 「勑」，龍舒本無此字。

自止者，蓋有之矣。爾年尚强，而疾不至乎瘝官，刺舉之官未嘗以爾爲言，而能自列，致其職事，可謂行己有恥，而無負於周任之言。寵爾以東宮之官，其勉終行義，歸教鄉閭之子弟以所聞，而求自比於古之仕焉而已者。可。❶

孫戾太子中允致仕制❷

敕某：❸大夫七十而致仕，其禮見於經，而於今爲成法。爾以經術起家爲吏，既聞夫古之禮，又見夫今之法矣。年至而求止，可謂行其所知，宜列序於朝廷，使歸榮其邑里。夫惟爾之筋力不足以有爲也，故可無職事之責焉。若夫德義，則爾尚可以勉之，吾亦不以爾老而無責也。❹可。❺

樞密副使吴奎父太常丞致仕制

敕某：德善之賚，子孫與焉，況於其親，宜有崇獎。具官某，克生賢子，教以義方；協于詢謀，掌國機密。超遷厥位，以佐共工。往服寵章，就安榮養。可。

江陰軍録事參軍李熹父文俊守祕書省校書郎致仕制

敕某：先王之政，未有遺年者也。故

❶「可」，龍舒本無此字。
❷此題，龍舒本作「孫戾中允致仕」。
❸「敕某」，龍舒本無此二字。
❹「爾」，龍舒本無此字。
❺「可」，龍舒本無此字。

朕因宗祀之慶，而有爵命之施焉。爾躬率義方，又能教子。享其禄養，以至耄期。膺此寵榮，往綏壽善。可。

工部侍郎充集賢院學士崔嶧刑部侍郎致仕制❶

勑：❷仕焉而告老者，自一命以上，必有以慰其歸。況吾邇臣，恩紀所厚，宜增位序，以示褒優。以爾具官，比以明揚，久於煩使，入參侍從，出備藩維。踐更滋多，寄屬惟允。引年辭位，得禮之宜。進貳秋卿，以營居息。❸古之老者，❹非苟自佚其身，唯慎行祇法，以助成王德。爾所知也，往其懋哉！可。❺

前著作佐郎周濤太常太祝梁搆光禄寺丞致仕制

勑某：爾嘗辭禄，而在位以爾爲材。寘諸京官，使長一邑，果能有績，以見推稱。將疇爾勞，遽以疾告。夫學士大夫之去位，豈苟自佚而無爲？古之仕焉而已者，爾蓋聞其風矣。丞于卿位，維是懋哉！可。

❶此題，龍舒本作「崔嶧刑部侍郎致仕」。
❷「勑」，龍舒本無此字。
❸「營」，龍舒本作「榮」。
❹「老」，龍舒本作「仕」。
❺「可」，龍舒本無此字。

殿中丞致仕郝中和國子博士致仕制

敕某：爾謹廉爲吏，得列朝廷，不隳厥官，以至告老。宜有褒進，用爲歸榮。序于成均，往服無斁。可。

前荆門軍當陽縣令商瑗太子中舍致仕制❶

敕某：爾從仕久矣，而不失廉稱。方踐老境，乃能知止。東宫之秩，歸服厥榮。可。

處州録事參軍趙九言太子中舍致仕制

敕某：爾以學入官，老而能止。踐更多矣，不失廉稱。著籍東宫，以爲爾寵。可。

鼎州録事參軍張搆太子中舍致仕制

敕某：爾方仕于州縣，而寵爾以東宫之官，有列于庭，亦云顯矣。用嘉知止，歸矣勉哉！可。

前江寧府觀察推官試大理評事董安太子中舍致仕制

敕某：爾學古入官，稱譽者衆。方圖乃績，遽欲歸休。進秩東宫，以嘉知止。可。

❶ 此篇與下五篇原總目合爲一題，曰「商瑗趙九言張搆董安龍輿鄭旦太子中舍致仕制六道」。

舒州録事參軍龍與太子中舍致仕制❶

敕某：爾仕焉欲致其官，故吾寵以東宮之秩。歸安田里，是亦顯榮。其慎厥修，以終燕譽。可。

復州録事參軍鄭旦太子中舍致仕制

敕某：爾居官無疵，而以病告。知止不殆，是維可嘉。東宮之官，其往祇服。可。

前南儀州推官試大理評事馬房衛尉寺丞致仕制❷

敕某：京官，吾所重也。選於吏部者，非有尤異之績與治行爲衆所稱，則莫能得之。爾旅力既愆，而能自止。承于衛尉，其往欽哉！可。

前知連州連山縣袁仲友太子洗馬致仕制

敕某：爾以經術中科，久於銓集。老而能已，義有可嘉。列職東宮，以榮歸息。惟慎所止，克完厥終。可。

縣令東野瓘太子中舍致仕制

敕某：仕者七十而致事，禮也。爾年未至而願歸田里，比夫旅力已愆而不知止

❶「龍與」，宋元遞修本、應刻本作「龍興」，總目作「龍興」。

❷此篇與下兩篇原總目合爲一題，曰「馬房衛尉寺丞袁仲友太子洗馬東野瓘太子中舍致仕制三道」。

者，豈不賢哉？進位于朝，錫從居息。可。

主簿王正臣守祕書省校書郎致仕制❶

敕某：爾仕焉而欲去其位，故吾寵以宮署之官。夫還州縣之勞，❷而就里居之佚，無賦徭之役，而有重禄之加。惟慎厥終，乃其不愧。可。

主簿孫檢守祕書省校書郎致仕制

敕某：爾以貲爲吏，請老于朝。❸列職祕書，以爲爾寵。歸安田里，惟慎厥終。可。

主簿李琳國子監丞致仕制❹

敕某：仕者七十而告老，古之道也。爾能率禮，朕用褒嘉。往即新恩，勿忘初服。可。

縣令郭震太子中允致仕制

敕某：爾進士起家，而久於州縣之職。春秋未艾，自請罷休。列職東宫，以榮歸息。知止不殆，愈其懋哉！可。

---

❶ 此篇與下篇原總目合爲一題，曰「王正臣孫檢守秘書省校書郎致仕制二道」。

❷ 「州縣之勞」，宋元遞修本作「州之官」。

❸ 「請」，原作「詣」，據宋元遞修本、應刻本改。

❹ 此篇與下篇原總目合爲一題，曰「李琳國子監丞郭震太子中允致仕制二道」。

李日新左清道率府副率致仕制❶

勑某：❷爾考授命於戎行，而爾得列於仕籍。❸老而知止，褒序厥官。歸休之榮，往服無斁。可。❹

右侍禁王餘慶率府副率致仕制

勑某：爾能知止，義有可嘉。以東宫率府之官，爲爾居里之寵，是亦榮矣。往其勉哉！可。

右侍禁段獻右清道率府副率西頭供奉官劉友俊右清道率府率並致仕制❺

勑某：爾久於官使，請老于朝，宜有進遷，以爲光寵。歸安爾止，惟慎厥終。可。

文思副使陳惟信左驍衛將軍致仕制

勑某：旅力已愆而不能自止者，有矣。爾能告老，於義無慙。遷將衛兵，往綏榮禄。可。

❶「制」，龍舒本無此字。此篇與下篇原總目合爲一題，曰「李日新左清道率府副率王餘慶率府副率致仕制二道」。

❷「勑某」，龍舒本作「勑日新」。

❸「仕」，原作「化」，據龍舒本、宋元遞修本、應刻本改。

❹「可」，龍舒本無此字。

❺此篇與下兩篇原總目合爲一題，曰「段獻右清道率府副率劉友俊右清道率府率致仕陳惟信左驍衛將軍袁政李周道並左監門衛將軍致仕制三道」。

內殿崇班袁政李周道並左監門衛將軍致仕制

敕某：爾服勞久矣，奉事無過。能自知止，義有可嘉。登進厥官，以帥門衛。歸安榮禄，尚克勉哉！可。

西京左藏庫副使馮維禹文思副使前行漢陽軍録事參軍兼司法事施章于太子中舍致仕制❶

敕某：仕焉而已者，考其行治，能以潔白自終，宜有褒嘉，以慰其意。爾嘗學禮，得仕州縣。老而知止，可謂有終。遷位于朝，往欽無斁。可。

東頭供奉官趙伯世左清道率府率致仕制❷

敕某：老聃有言曰：「知止不殆。」爾服勤于官久矣，而能以疾辭位，無負於老聃之言。故吾命以東宮衛府之官，以嘉爾之有勞而知止。往哉居息，思慎厥終。可。

主簿朱涇等太子洗馬致仕制

敕某等：爾等晚而出仕，皆以廉稱。老矣告休，是能知止。其各遷秩，以爲歸榮。可。

❶　此篇與下三篇原總目合爲一題，曰「馮維禹施章于太子中舍趙伯世左清道率府率朱涇等太子洗馬李昌言許州司馬致仕制四道」。

❷　「伯」，光啓堂本作「行」。

李昌言可許州司馬致仕制❶

勑某：❷掌書以贊計官之治久矣。致其職事，宜有賚焉。司馬于州，往欽無斁。可。❸

皇太后三代制九道

曾祖

勑：位尊者享大德，盛者流遠。追崇之禮，於國有初。皇太后曾祖某，體仁蹈義，不躬榮禄，慶垂厥後，光大顯融。乃生碩女，坤育天下。命書爵號，申賁諸幽。尚其靈明，嘉此休寵。可。

曾祖母

勑：朕雖煢然在疚，而不敢忘顧復之慈。❹肆有命書，以上稱追遠顯親之志。皇太后曾祖母柔惠安婉，來宜大家，垂休後昆，作合先帝。追崇爵號，其尚知榮。可。

祖

勑：惠術尚均而自親貴始，古今一體也，其可以忘哉？皇太后祖某，明德大功，簡于帝室，配食宗廟，始終哀榮。慶流于

❶「制」，龍舒本無此字。
❷「某」，龍舒本作「昌言」。
❸「可」，龍舒本無此字。
❹「忘」，原作「志」，據宋元遞修本、應刻本改。

孫，母育四海。追褒有典，庶或知歆。可。

祖　母

勑：邦有大賚，夫人待於下流，豈外戚之尊所當褒而可以忘哉？皇太后祖母高氏，承慶淑人，來嬪巨室，蓄德之厚，垂休無窮。協兆塗山，世滋以大。追錫爵命，冀能歆嘉。可。

祖　母

勑：佐佑先帝，顧復朕躬。追誦寒泉之詩，永惟欲報之義。當有爵命，以上副顯親之心。皇太后祖母劉氏，柔良靚專，被服華問。寵禄光大，集于後昆。啓佑碩人，比賢文母。追褒大國，其尚知榮。可。

祖　母

先帝褒厚母黨，致仁盡孝。朕雖在疚，而奉承故事，不敢愆忘。皇太后祖母劉氏，内順外嚴，罄無不淑。德祚流衍，遠而彌興。追命有章，尚慰窀穸。可。

祖　母

勑：朕以薄德，奉承大統。永惟先帝故事，不敢有忘。皇太后祖母高氏，温柔靚深，有婦之道。相協君子，卓爲臣宗。垂延後昆，福禄滋大。膺此休命，尚知榮歆。可。

父

先帝奄忽，棄捐萬邦。不及推恩，以勞幽顯。予末小子，敢忘遺訓？皇太后父某，循德秉義，聞于當世。發祥流祉，燕及後人。篤生聖女，母育天下。褒封有數，尚慰于幽。可。

母

勑：朕眇然之躬，當奉匕鬯，以承宗廟，大賚及於幽顯矣。永惟母黨之重可以後而忘哉！皇太后母，志順德嚴，克配君子。光大之福，集于聖女。有輔佐之功於先帝，而施及在後之侗。命書追崇，尚慰營魄。可。

皇后三代制十道

曾祖瓊皇任忠武軍節度使贈侍中累贈尚書令兼中書令追封韓國公贈太師

勑：后率六宮，以教天下之婦順。其位尊如此，則所以褒崇其祖考，禮不可以無稱也。皇后曾祖某，忠勞武力，爲國虎臣。慶集後昆，比隆任姒。追加位號，以顯厥魂。尚其有知，膺此休寵。可。

曾祖母潘原縣太君追封滕國太夫人❶

勑：朕初即位，褒厚異姓，率由先帝故

❶「曾」，原作「贈」，據宋元遞修本、應刻本改。

事，不敢有忘。皇后曾祖母李氏，柔惠静嘉，能循法度。來嬪巨室，休有淑聲。慶流厥孫，正位宫壼。胙封名國，其尚知榮。可。

曾祖母隴西郡夫人李氏追封舒國太夫人

勑：朕奉循先帝故事，以勞天下，阻深疏逖，皆有以加之矣，又况於外戚之貴哉？皇后曾祖母李氏，嬪于高門，率德唯謹。詒慶厥後，是生碩人。兆協厥祥，登儷尊極。追褒有禮，其尚知榮。可。

祖繼勳建雄軍節度使累贈太師中書令可特贈兼尚書令

勑：尚書録天下之政，而令，一品也，人臣位號於是爲盛。皇后祖某，忠勞奕世，能壯厥猶。爲國扞城，有庸休顯。娀莘之慶，乃集後昆。膺此追榮，尚知嘉享。可。

祖母會稽縣君康氏追封祁國太夫人

勑：朕承先帝聖緒，大賚及於幽顯，疏逖以賤者加之矣，貴而戚者其可忘哉？皇后祖母康氏，馴行婉容，協于儁德。慶垂厥後，坤育萬方。追命有邦，尚榮窀穸。可。

祖母太原郡太夫人郭氏追封鄭國太夫人

勑：夫治内政，修陰教，以助朕調一天下者，所以褒崇其世，可不厚哉？皇后祖母郭氏，率德秉義，協于君子。《關雎》之詠，傳祉厥孫。申錫贊書，啓封名國。尚其靈淑，嘉此追榮。可。

祖母金城縣太君王氏追封成國太夫人

敕：《傳》稱「德厚者其流澤廣」。故今追命之數，視其子孫位號之卑尊。矧夫後世登儷尊極，則致隆其封爵，豈不宜哉？皇后祖母王氏，來嬪大家，率循德禮。有開後嗣，協慶塗娍。申錫名邦，尚榮幽穸。可。

父遵甫皇任北作坊使特贈檢校太傅保信軍節度使

敕：《春秋》書季姜之歸，而傳有褒紀之義。崇寵異姓，其所從來久矣。皇后父某，承世之慶，列官于朝。雖德義有稱，而不終榮禄。祚流後世，正位内宫。追命有加，以慰窀穸。可。

母鉅鹿郡君曹氏特追封沂國太夫人

敕：國有大賚，凡在廷之士，皆得追褒其父母，而況於異姓之貴哉？皇后母曹氏，胄于名王，歸得吉士。率禮蹈義，有稱閨門。迎渭之祥，實開厥後。膺此恩典，尚知歆榮。可。

母樂壽縣君李氏進封均國夫人

敕：人主之所以風天下者，豈非外戚之助哉？故夫封爵褒厚之禮，其所從來久矣，未嘗有改也。皇后母李氏，躬以德義，嬪于令人，能大厥家，比隆任姒。錫之象服，胙以名邦。往即寵榮，勉綏壽善。可。

臨川先生文集卷第五十三

臨川先生文集卷第五十四

外　制

宰相富弼三代制六道

曾　祖

敕：大臣有慶於國，則爵命上施其考祖，所以章賢德、廣褒勸也。具官某曾祖某，躬執義善，發身揚名，詒于曾孫，集有福禄，登踐樞極，卓爲臣宗。申命有加，尚榮幽穸。可。

曾祖母

敕：宗工之選，所以寵儁良；大國之封，所以褒賢淑。具官某曾祖母某氏，順足以有相，嚴足以有臨。來嬪名家，詒禄厥後。爲國元老，儀刑萬方。開號全齊，既光大矣。徙之北國，其愈知榮。可。

祖

敕：列爵五等，莫尊於公，必有盛德之士，然後可以膺此號。具官某祖某，秉哲迪義，不躬顯榮。祚流聞孫，爲世碩輔。追褒之禮，既極寵崇。序爵啓封，尚其嘉享。可。

祖　母

勑：天子之宰，朕所恃以綱紀四方者也。爵命加其祖妣，豈不宜哉？具官某祖母某氏，蓄德在躬，以成家室，發祥于後，以遺子孫。申錫有邦，蓋惟舊典。魏大名也，以是追封。豈特爲窀穸之榮？亦所以佑其後世。可。

父

勑：士以有子爲榮，子以顯親爲孝。宗公元老，世恃以寧。當有追崇之恩，稱其致孝之意。具官某父某，惠和敦大，明允忠篤，位不侔德，乃生碩人。寅亮先帝，寵綏四海，方興就事，佐佑朕躬。申命有章，兼榮幽顯。可。

亡　母

勑：朕初纂服，登用舊臣，褒厚其親，率循故事。具官某母某氏，顯相吉士，篤生碩人，壽善康寧，考終福禄。追榮新窆，申命大邦。尚其淑靈，膺此休寵。可。

參知政事歐陽脩三代制六道❶

曾祖郴贈太子少保可贈太子太保❷

勑：❸君子善善之義，下及子孫。況推

❶ 此總題，龍舒本無。
❷ 此題，龍舒本作「參知政事歐陽脩曾祖某贈某官」。
❸ 「勑」，龍舒本無此字。

而上之，至其祖考。所以褒美崇寵，豈顧可以不稱哉？故先王宗廟之制，視其爵位之高下，以爲世數之遠近。而本朝追命之禮，亦從其子孫名數之卑尊。具官某曾祖某，❶潛于丘園，躬有善行。畜積之慶，施于曾孫。爲時宗工，名重天下。圖任以登于右府，褒嘉當及其前人。東宮之孤，位已顯矣。進秩一品，尚其享哉！可。❷

曾祖母追封延安郡太夫人劉氏可追封榮國太夫人❸

敕：❹尊之欲其貴，親之欲其富，豈特人主有是心哉？推是心以施於人，此人主所以與天下同憂樂之意也。禄有厚薄，故禮有隆殺；位有高下，故施有遠近。古之道也，其可忘哉？具官某曾祖母某氏，❺含德在躬，作嬪令族，積善之慶，覃其後昆。惟時聞孫，實朕良弼。登與政事，人無間言。其疏大邦之封，以報流澤之施。寵靈之極，尚克享哉！可。❻

祖贈某官❼

敕：❽朕惟有天下者得推其祖考上配于天，蓋孝子慈孫所以極其尊崇之意。推

❶ 下「某」字，龍舒本無。
❷ 「可」，龍舒本無此字。
❸ 此題，龍舒本作「曾祖母某氏某國太夫人」。
❹ 「敕」，龍舒本無此字。
❺ 「某氏」，龍舒本無此二字。
❻ 「可」，龍舒本無此字。
❼ 此篇龍舒本置卷十四《樞密使張昇曾祖某贈某官》下，受贈者爲張昇之祖，非歐陽脩祖。
❽ 「敕」，龍舒本無此字。

是心以及夫在位，則其寵禄之厚者，豈不欲以及其所謂尊親者哉？此朕所以褒寵大臣之先以尊爵貴官而有至乎三世者也。具官某祖某，積德累善，施于後嗣。爲予輔弼，始大厥家。東宮之孤，既以命汝。增榮一品，尚克享哉！可。❶

祖母

勑：❷朕疏郡縣以君諸臣之母，欲以慰慈孫孝子之心。❸至於政事之臣，則封國及其王母，所以望其功者厚矣，則慰其心者顧可以薄哉？具官某祖母某氏，❹來嬪名家，克配君子，積善之福，覃于其孫。左右朕躬，豫圖政事。嘉而有後，錫以大邦。維靈在幽，尚克膺此。可。❺

父

勑：❻大臣得爵命其先人至乎公師，非古也。然禮者，人情而已矣。當於人情而義足以勸士，則何必古之有哉？具官某父某，蓄其德善，❼不顯於世，克生賢佐，爲朕股肱。東宮一品，人臣高位，追以命汝，用嘉有子。尚其享此，以稱饋祀之盛哉！可。❽

---

❶「可」，龍舒本無此字。
❷「勑」，龍舒本無此字。
❸「慰」，龍舒本作「稱」。「慈」，應刻本作「順」。
❹「某氏」，龍舒本無此二字。
❺「可」，龍舒本無此字。
❻「勑」，龍舒本無此字。
❼「善」，宋元遞修本、應刻本作「著」。
❽「可」，龍舒本無此字。

母

勑：❶古者子爲諸侯大夫，而父爲士，則其祭以諸侯大夫之禮。朕以謂得享其禮，而位號不稱，則不足以盡孝子之心。故今有列於朝廷，皆得追崇其考妣，又況於爲吾左右輔弼之臣哉？具官某母某氏，❷婦順母嚴，稱於天下，能教其子，爲時名臣。協于詢謀，進斷國論。雖禄養不及，而饋享有加，啓封大邦，於禮爲稱。尚其幽穸，知享此榮。可。❸

樞密使張昪封贈三代制八道❹

曾祖某贈某官❺

勑：❻《傳》曰：「學士大夫則知尊祖矣。」若夫流澤之施於後世者博矣，❼則其崇報，亦當有以稱焉。此予所以隆寵大臣，❽而追命之禮有至於三世也。具官某曾祖某，以武力充選，以忠勞備使，積善之施，覃

❶「勑」，龍舒本無此字。
❷「某氏」，龍舒本無此二字。
❸「可」，龍舒本無此字。
❹此總題，龍舒本無。
❺此題，龍舒本作「樞密使張昪曾祖某贈某官」。
❻「勑」，龍舒本無此字。
❼「施」，宋元遞修本、應刻本作「推」。
❽「隆」，宋元遞修本、應刻本作「陞」。

及後昆。爲時老成，宰制密命，帝傅之位，厥惟尊榮。今予爾嘉，舉以追錫，尚其幽穸，知享此哉！可。❶

曾祖母贈某國太夫人

勑：❷祖考之富且貴，則其澤流於子孫，而諸婦與榮。子孫有爵禄之寵，則其尊歸於祖考，而饋祀之盛亦及乎其母。古之道也，後世因焉。今朕尊禮大臣，而爵命上施其三世，於經未嘗有也，而豈害於先王制禮之意哉？具官某曾祖母某氏，❸嬪于令人，躬有馴德。積善之施，久而愈彰。至于曾孫，克協朕心，爲世元老，執邦之樞。福禄之來，實維爾慶。改封大國，以寵淑靈。尚其有知，享此休命。可。❹

祖❺

勑：❻爲吾政事之臣，所以崇寵之者備矣。於其尊大前人之志，亦宜有以稱焉。具官某祖某，積行在躬，潛而不耀，畜其善慶，以賴後昆。厥有聞孫，爲朕良弼。典司機要，海内所瞻。追命之榮，至于帝傅。進登師位，以極褒嘉。尚其冥靈，膺此休顯。可。❼

❶「可」，龍舒本無此字。
❷「勑」，龍舒本無此字。
❸「某氏」，龍舒本無此二字。
❹「可」，龍舒本無此字。
❺此篇龍舒本置卷十四《參知政事歐陽脩曾祖某贈某官》下，受贈者爲歐陽脩之祖，非張昇之祖。
❻「勑」，龍舒本無此字。
❼「可」，龍舒本無此字。

祖　母

敕：❶義莫大於尊祖，仁莫高於顯親。今吾追命大臣之考妣以及其祖者，豈有它哉？凡以稱其尊祖顯親之心而已。其德博者其施遠，其位盛者其報豐。具官某祖母某氏，❷徽柔静恭，克相宗事。佑啓後世，爲時元臣。執國之樞，以佐吾治。其施可謂遠矣，其報可以薄哉？改錫大邦，以爲爾寵。賁于窀穸，尚克知榮。可。❸

父惠贈太師可贈中書令餘如故❹

敕：❺朕有高爵厚禄，以禮天下之士，而與之共政。又本其流澤之所自，而追命以尊官，豈特崇寵大臣？亦所以勉人親之教子。具官某父某，潛德晦行，榮于丘園。積仁之慶，實在其子。終有成德，爲吾宗工。踐更二府，執國機要。追褒之命，登爾太師。其遷令于中書，以極褒崇之數。尚其窀穸，享此休榮。可。❻

嫡母追封德國太夫人劉氏可追封許國太夫人❼

敕：❽先王制禮，及後世而彌文，顧所

❶「敕」，龍舒本無此字。
❷「某氏」，龍舒本無此二字。
❸「可」，龍舒本無此字。
❹「惠贈」至「如故」，龍舒本無此十二字。
❺「敕」，龍舒本無此字。
❻「可」，龍舒本無此字。
❼「追封德國」至「許國太夫人」，龍舒本無此十七字。
❽「敕」，龍舒本無此字。

以順理而即人情，古今一也。夫福禄之盛，流澤尚及乎子孫；則名數之崇，追命當加其考妣。具官某嫡母某氏，❶柔良之行，温惠之德，輔相君子，克成厥家。以有賢息，掌予機密。及親之寵，厥有舊章。顧爾位號，既榮極矣，其班新命，寵以大邦。賁于無窮，尚克嘉享。可。❷

所生母追封慶國太夫人王氏可追封蜀國太夫人❸

敕：❹《傳》稱《春秋》之義，母以子貴。説者或非焉。而人子之愛其親，豈有窮哉？已則富貴而親不與焉，固人情之甚可哀者也。當有追崇之禮，稱其思慕之心。具官某所生母某氏，❺温柔惠和，得媲君子。克生賢佐，爲朕寶臣。允于庶言，秉國樞要。追榮之典，既啓爾邦。其改新封，以鴻後慶。尚其冥漠，享此恩榮。可。❻

亡妻田氏可追封京兆郡夫人彭城縣君劉氏可追封彭城郡夫人❼

敕：❽臣之德善勳勞，稱其位而有施於國；君之爵禄慶賞，疇其功而有報於家。股肱之良，參決政事，施於國者，其責厚矣，報於家者亦宜稱焉。以爾具官某妻某氏，

❶「某氏」，龍舒本無此二字。
❷「可」，龍舒本無此字。
❸「追封慶國」至「蜀國太夫人」，龍舒本無此十七字。
❹「敕」，龍舒本無此字。
❺「某氏」，龍舒本無此二字。
❻「可」，龍舒本無此字。
❼「田氏」至「彭城君夫人」，龍舒本無此二十四字。
❽「敕」，龍舒本無此字。

温柔静嘉，嘗配君子，遭會不淑，不終顯榮。某言于朝，爲爾請命。考諸恩典，厥有故常，乃疏大郡之封，錫以小君之號。所以崇貴窀穸，而副吾大臣追往求舊之心。尚其有知，享此休寵。可。❶

樞密副使胡宿封贈三代制六道

曾　祖

先帝褒厚羣臣，德施及乎窀穸。朕奉承遺訓，不敢以哀恫之故廢。具官某曾祖某，蓄德深博，久而彌興，焯有偉人，出其後世。佐佑先帝，以暨朕躬。追命于幽，尚嘉營魄。可。

曾祖母

勑：大臣有賞於國，則爵命上施乎三世。先帝所以褒功德也，朕敢忘哉？具官某曾祖母某氏，齊嚴靚專，柔嫕安婉。集有祉福，施于孫曾。爲時宗工，德望休顯。膺此追命，尚其知榮。可。

祖

勑：《詩》曰：「不愆不忘，率由舊章。」朕遵先帝之法，以勞賜大臣及其父母，不敢以哀恫之故廢。具官某祖某，躬率令德，以成厥家。有孫而賢，執國機要。膺此休顯，

❶「可」，龍舒本無此字。

尚能嘉歆。可。

祖母

勑：朕初即位，遵先帝故事，大賚于四海，而大臣之祖妣與焉。具官某祖母某氏，以順爲令妻，以嚴爲賢母。集有戩穀，以詒厥孫，爲時宗臣，世禄滋大。追錫休命，尚其知榮。可。

父

先帝棄萬國，朕初即位，凡在廷者皆班爵命顯其親，所以稱先帝顧哀羣臣之意。具官某父某，蓄積德義，以成福禄。燕及厥後，爲時宗工。追錫之榮，既光大矣。褒嘉有數，其尚知歆。可。

母

先帝有大賚，必及羣臣之父母。朕初嗣位，不敢有廢也。具官某母某氏，以順爲婦而能正，以嚴爲母而能慈。肆有福禄，集其後世。徙封大國，以顯厥魂。可。

樞密副使吴奎封贈制二道

父

勑：朕初即位，班爵命以寵諸臣之父母，蓋惟先帝故事，不敢愆忘。具官某父某，德善之修，有聞于世；義方之教，能大厥家。序位朝廷，既隆顯矣。褒遷有典，其往欽哉！可。

母

敕：永惟政事之臣，天下國家所恃以安且治者也。所以褒厚及其父母，豈可忘哉？具官某母某氏，馴德淑行，來寧巨室。母有賢子，爲時宗工。班命于朝，既疏名郡，徙封之寵，其往欽承。可。

皇故第十三女追封楚國公主制❶

敕：❷先王制禮，有卑尊疏戚之宜。惟至親得以致悼痛之恩，唯至貴得以極褒崇之意。皇故第十三女方在繈褓，尚其有成，位號未正，奄與物化。❸蓋王姬之車服下后一等，而不視其夫。情文之隆，於是爲稱，則雖夭閼，其可弭忘？追命啓封，胙之全楚，以終天性之愛，且慰幽穸之靈焉。可。❹

故充媛董氏贈婉儀制

敕：《雞鳴》思賢妃，而《關雎》樂得淑女。永懷邦媛，内助宮闈。懋飾厥終，當加位號。故充媛董氏，有德讓之美，無險謁之私。進登嬪婦之官，率循保阿之訓。奄忽至於大故，茲用愴于朕心。恩典寵章，以賁幽穸。尚其弗泯，知享此榮。可。

---

❶「制」，龍舒本無此字。
❷「敕」，龍舒本無此字。
❸「與」，龍舒本作「忽」。
❹「可」，龍舒本無此字。

樞密副使吴奎亡妻趙氏追封信都郡夫人制❶

勑：追遠念舊而不忘者，行之厚。而大臣有求於此，朕豈可以忘哉？具官某亡妻某氏，柔嘉在躬，作配君子。不克偕老，兹惟永懷。能辭生者之恩，以丐追封之寵。胙以名郡，尚其知榮。可。

樞密副使胡宿亡妻崇仁縣君吴氏追封蘭陵郡夫人制

勑：婦人能相其君子終以休顯，而不與享其福禄，豈非人情之所愍惻哉？具官某妻某氏，躬率德善，嬪于大家。纘夫之榮，肇啓爵邑。方吾良弼，登執事樞。嗟爾淑人，既營封壤。賜之名郡，追賁諸幽。尚其雖没而有知，亦以慰夫生者。可。

故董淑妃養女御侍張氏安福縣君依舊御侍制

勑某氏：爾爲妃所鞠而序于女御之數，啓邑賜號，以廣逮下之恩。往服命書，勉循陰教。可。

故董淑妃養女御侍李氏仁和縣君依舊御侍制

勑某氏：爾以徽柔備數女御，賜封大

❶ 此篇與下篇原總目合爲一題，曰「吴奎亡妻趙氏胡宿亡妻吴氏追封信都蘭陵郡夫人制二道」。

邑，用示褒嘉。往服寵榮，愈其淑慎。可。

聽宣蔣氏張氏並司言制

勑某：後宮之職，各有等差，必來淑女，以贊内治。爾惠和安婉，服采維勤。遷序厥官，往欽休命。可。

淑妃董氏遺表父右侍禁安内殿崇班制

勑某：卿大夫之終于位者，朕所以顧恤其家，未嘗不備也。永惟良淑，有助宮闈，序位既崇，則推恩宜厚。閲其遺表，爲爾求遷。超進厥官，往求自稱。可。

德妃沈氏姪孫獻卿可試大理評事制❶

勑：❷朕於后妃之家，不欲以恩撓法。法之所當得者，❸義亦無所愛焉。爾方眇然，未克有知，而以外戚之恩，得試理卿之屬。時乃邦制，不爲爾私。勉哉有成，以待官使。可。❹

沂國公主趙氏奏苗賢妃親姊永安縣君苗氏男張士端試將作監主簿制

勑某：朕布大慶，而士緣外内族親之

❶「制」，龍舒本無此字。
❷「勑」，龍舒本無此字。
❸「得」，原無，據龍舒本、《皇朝文鑒》補。
❹「可」，龍舒本無此字。

故以得官者衆矣。雖進非用德，然能致其材以保禄位，則亦足以自昭于時。爾與此榮，當知懋勉。可。

右監門衛大將軍令襄故母錢氏可追封仁和縣君制

先帝以孝治天下，故因宗祀大慶，施及諸臣之父母。具官某母錢氏，躬率德善，來宜宗室。雖不終榮禄，而有子克家。追錫寵章，冀能嘉享。可。

大將軍從信故所生母許氏追封平原縣太君制

勑許氏：朕於在廷之臣，皆有以褒厚其親也，況於近屬恩禮所先者乎？爾順善和恭，甚宜家室。克生宗子，實胙大邦。當號爾封，遽棄榮養。進君一邑，以慰孝心。尚惟淑靈，知享此寵。可。

大理寺丞蘇唐卿母孫氏萬年縣君制

勑孫氏：朕既肆祀於明堂，而錫命以褒諸臣之母。尚惟高年及養，而禮秩有所不加，故推異恩以慰其意。爾年耄矣，而有子列于主官，其疏爵邑之榮，以厚閨門之慶。可。

試監簿祁元振亡母丁氏追封昭德縣太君制

勑某母丁氏：爾嬪于名卿，不預寵封之慶；没有良子，乃蒙增秩之褒。顧移恩榮，追慰顧復。俾疏大邑，以燕孝思。可。

參知政事歐陽脩女樂壽縣君制❶

敕歐陽氏：汝父爲吾政事之臣，而緣國大賚，丐恩及汝，賜之封邑，亦有故常。祇戒勿違，以承兹寵。可。

同中書門下平章事文彦博女大理評事龐元直妻特封安福縣君制

敕文氏：爾父爲時元老，而爾母當得褒封。辭其寵章，爲爾求邑。爾承德義之慶，而嬪宗公之家。膺兹顯榮，可謂稱矣。可。

同中書門下平章事宋庠親孫女特封永寧縣君制

敕宋氏：朕有大封之慶，而爾母與焉。辭其寵章，爲爾請邑。爾惟名族，率禮有常。象服之宜，是亦榮矣。可。

故贈司空兼侍中龐籍遺表長女南安縣君冀州支使陳琪妻安康郡君制❷

敕龐氏：封爵，吾所重也。爾考嘗爲將相，而其没也，以爾爲言。加錫郡封，蓋

---

❶ 此篇與下篇原總目合爲一題，曰「歐陽脩女樂壽縣君文彦博女安福縣君制二道」。

❷ 此篇與下二篇原總目合爲一題，曰「龐籍遺表長女安康郡君第五女德安縣君第七女壽安縣君制三道」。

非常典。爾維令淑，往服寵榮。可。

第五女大理評事趙彦若妻德安縣君制

敕龐氏：爾考嘗輔佐先帝，而有勞於國。今其不幸，爲爾請封。夫以女子受爵於朝，而不繫其夫，其亦榮矣。往惟順淑，以服寵榮。可。

第七女壽安縣君制

敕龐氏：女子，從人者也，故封爵視其夫子而已矣。爾父嘗勤勞於國，而爲先帝大臣。今其薨殂，爲爾請邑。考於恩典，厥亦有初。往服寵榮，勉之无斁。可。

節度使允初長女殿直梁鑄妻特封嘉興郡君制

敕趙氏：朕於宗室，親疏有秩也。今爾既成婦矣，而宗王爲爾請封。爾維懿恭，循禮無失。以君大郡，可謂顯榮。其往懋哉，爾宜欽服。可。

宗説第十八女右班殿直楚奎妻永泰縣君制

敕趙氏：朕初即位，敷錫庶邦。爾躬行柔嘉，實維宗女。賜封大邑，往服厥榮。可。

右屯衛大將軍茂州刺史克洵第二女右班殿直宋玘妻等並特封縣君制

勑趙氏：凡內女之嫁者，爵邑不繫其夫，所以廣親親也。爾嬪于世族，率禮有常，錫命啓封，是爲恩典。思稱厥服，愈其懋哉！可。

右屯衛大將軍登州防禦使邢國公世永第三女左班殿直徐鎮妻特封金城縣君制

先帝褒厚宗室，女子之嫁者，爵命有不繫其夫。朕初即位，不敢忘也。具官某女某人妻趙氏，夙承禮教，率用祗德。歸于世族，婦順有稱。錫以縣封，往膺休寵。可。

右監門衛大將軍仲勸新婦陳氏封邑制

先帝布大慶於天下，朕初即位，永惟嗣訓，不敢有忘。具官某妻陳氏，順善和嫕，嬪于宗室。賜命大邑，示均神釐。率禮勿違，以稱休顯。可。

皇兄故保康軍節度觀察留後承簡贈彰化軍節度追封安定郡王制❶

勑：樂其生而哀其死，欲其富貴之無窮。仁人於親戚莫不然，而王者得盡其褒

❶「贈彰化軍節度」，龍舒本作「可贈彰化軍節度使」，「制」，龍舒本無此字。此篇與下二篇原總目合爲一題，曰「皇兄承簡追封安定郡王皇弟承俊追封樂平郡公皇侄孫世芬追封廣平侯制三道」。

崇之意。具官某，於宗室爲近屬，於朝廷爲大官。有温恭愘慎之稱，無驕嫚逸欲之過。不幸至於窀穸，用震悼于朕心。義兼親賢，恩禮當稱。今夫建牙樹纛，節制一軍，而封爵至於稱王，人臣之極也。朕其追命以賜焉。尚其有知，享此休顯。可。

皇弟故右屯衛大將軍霸州防禦使承俊贈崇信軍節度觀察留後追封樂平郡公制

勑：《詩》曰：「死喪之威，兄弟孔懷。」以天下之貴富，而得盡其親親之禮，則榮名尊爵，豈宜有愛於此哉？具官某，馴德謹行，稱于宗室。奄終厥命，實悼朕心。寵之以留後之官，褒之以郡公之號。尚其幽穸，克享兹榮。可。

皇姪孫世芬贈洺州防禦使追封廣平侯制

勑：置使以扞防爲職，建邦以察候爲名。非親且賢，何以堪此？以爾具官某，序于近屬，舊有令名。未加褒崇，遂至窀穸。其追賜命，以慰厥靈。尚克有知，享兹休顯。可。

供備庫副使李詵父皇任鎮潼軍節度觀察留後贈威德軍節度使兼侍中端懿贈司空兼侍中制❶

勑某：❷朕有釐事於上神，而幽顯並蒙

❶「威」，原作「感」，據龍舒本、光啓堂本改。「制」，龍舒本無此字。

❷「某」，龍舒本無此字。

其福。具官某父某，纘承德義，被服文儒，出入踐更，有榮爵禄。能以才業，自昭于時。壽善不兼，慶流厥子。追崇位號，尚克知歆。可。❶

武勝軍節度觀察留後王凱贈節度使制❷

敕：❸將帥之臣，出乘疆埸，而有執敵捍患之材；入總營屯，而有折衝銷萌之用。則序功録德，當以厚終。以爾具官某，戰攻之多，❹守衛之最，有賞於國，有稱於時。而能悉心夙夜，秪慎厥職。不幸至於大故，朕用臨弔而悼焉。其追加一命，使得建節樹纛，稱其襚葬之禮。没而有知也，❺尚能享吾休顯之報哉！可。❻

太常少卿權判太僕寺馬從先父震贈右領軍衛大將軍特贈尚書工部侍郎制❼

敕：朕獲執玉幣，以承上帝，燕及聖考者，豈非士大夫之助哉？肆有大賚，以稱其念親之志。具官某父某，資兼文武，而用不極其材。能以義方，勖成厥子，服在卿位，相兹休成。追命有加，尚知榮享。可。

❶「可」，龍舒本無此字。
❷此題，龍舒本作「王凱贈節度使」。
❸「敕」，龍舒本無此字。
❹「攻」，龍舒本作「功」。
❺「也」，龍舒本無此字。
❻「可」，龍舒本無此字。
❼此篇與下篇原總目合爲一題，曰「馬從先父震贈尚書工部侍郎句諶父希仲贈工部尚書制二道」。

屯田員外郎句諶父希仲已贈吏部侍郎贈金紫光禄大夫工部尚書制

敕：士以功善有慶，而欲移之親，苟無害於義，則其可以不從乎？具官某，嘗以才名序于卿位，慶集厥子，有勞當遷，願推恩典，以賁幽穸。❶膺此顯服，尚知榮享。可。

都官員外郎何若谷亡兄若沖追贈試大理評事制

敕某：爾躬率善行，而不克自昭于時。有弟在廷，法當增位，固辭恩典，冀得追榮。愍錫一官，尚其能享。可。

故崇儀使康州刺史内侍押班盧昭序贈正刺史制

敕某：所居之地禁，所事之職親，恩禮所加，亦宜異數。爾以忠力，備任宫闈，歷年滋多，率履惟謹。今其亡矣，追惻厥勤。考於故常，當得褒序。遷正位號，尚能知榮。可。

故内殿承制宋士堯等贈官制❷

敕某等：蠢兹蠻方，犯我邊吏。爾等以身死職，朕用哀惘。夫見危授命，士之美

❶「賁」，宋元遞修本、應刻本作「貴」。
❷「制」，龍舒本無此字。

行；襃善録功，國之令典。故吾有以愍錫，而慰爾等窀穸之靈。没而有知，其尚能享。可。❶

臨川先生文集卷第五十四

❶「可」，原無，據龍舒本、宋元遞修本、應氏本、光啓堂本補。

臨川先生文集卷第五十五

外　制

建州敦遣進士彭彝特授將仕郎祕書省校書郎制

敕某：朕惟衆科不足以盡天下之士，故因赦令而委諸路以特招。爾以守節見稱，而論議亦嘗試矣。賜之一命，使力行者有勸焉。往其增修，以稱茲舉。可。

新授齊州章丘縣尉鄭珪瀛州司户參軍制

敕某：爾嘗爲大臣所稱，當得遷序。自求一掾，往事上州。其慎猷爲，以賡器使。可。

御前五經及第劉元規通利軍司法參軍制❶

敕某：朕雖趣時爲法，而其義亦考於經。爾以經術決科，而試於法吏。勉思所誦，尚有合哉！可。

❶ 此篇與下兩篇原總目合爲一題，曰「劉元規通利軍司法顧立守漢陽軍司理李伯英永州録事參軍制三道」。

勑賜同進士出身顧立守漢陽軍司理參軍制

勑某：爾經明行潔，特見推揚。考覈以言，有足稱者。試諸獄掾，其往懋哉！可。

高州茂名縣尉兼主簿李伯英永州録事參軍兼司户參軍制

勑某：小人當平歲爲盜，爾職當捕而能得之。甄叙厥勤，國有常法。往就禄次，勉圖後功。可。

御前尚書學究及第張宗臣亳州司法參軍制❶

勑某：爾少而知學，能以決科。今也成人，遂從官政。往共厥事，可不勉哉！可。

御前三禮及第韓伯莊海州東海縣尉兼主簿制

勑某：爾幼而知學，能以決科。今也成人，往其從政。有猷有守，惟慎厥

❶ 此篇與下四篇原總目合爲一題，曰「張宗臣亳州司法韓伯莊海州東海縣尉兼主簿王祁青州益都縣主簿黃景先守常州宜興縣主簿李資濰州北海縣主簿制五道」。

初。可。

敕賜同進士出身王祁試祕校守青州益都縣主簿制

敕某：察行於鄉里，考言於朝廷，而試之以事，此自古所以能得士也。今汝言行皆見稱引，姑使佐于大縣，以觀從政之材。無曰民寡，亦可以有爲矣。可。

太廟齋郎黄景先守常州宜興縣主簿制

敕某：爾考以使事没身於瘴癘，故爾得序於有司。往踐一官，其思所以保禄位，而無失前人義方之訓。可。

李資濰州北海縣主簿制

敕某：爾父以身死制，而加爾以一命之榮。今又以爾母有言，而使得佐于大邑。能以忠順保其禄位，而守其祭祀者，士之孝也。往其祗服，可不勉哉！可。

皇姪信州團練使宗懿改郢州防禦使制❶

敕：原臯眚，振滯淹，朝廷之慶，施及乎遠者矣，又況於宗室之近哉？具官某，於服屬爲親，於爵列爲貴，造行不能無情，❷

❶「制」，龍舒本無此字。此篇與下篇原總目合爲一題，曰「皇侄宗懿改郢州防禦使邢王孫宗望舒州防禦使餘如故制二道」。

❷「情」，龍舒本、宋元遞修本、應刻本、光啓堂本作「惰」。

以自困於煩言。肆祀之恩，與人更始。滌其前吝，❶寵以故官。往思自修，保此榮禄。可。❷

邢王孫右武衛大將軍道州團練使宗望舒州防禦使餘如故制

勑：朝廷爵賞，與士共之。親愛之欲其富貴，亦先王之道也。具官某，序于近戚，服在顯官。嘗坐小何，自今久次，能補前吝，歷年兹多。往以序遷，勉綏寵禄。可。

未復舊官人兵部員外郎知池州呂溱吏部郎中制❸

勑某：朕初即位，原咎眚，振廢淹。爾爲先帝近臣，以才敏諒直稱天下。嘗坐吏議，久於左遷。稍復故官，往其祗訓。可。

追官人前司封員外郎蕭固司封員外郎制

勑某：宗祀之慶，外覃四海，况於嘗任事之臣哉？爾備使南方，實以才選。控于吏議，用失厥官。錫命示恩，往其祗服。可。

追官人前都官員外郎陳昭素都官員外郎制

勑某：爾嘗更任使，而以才稱於世。陷于吏議，失職久矣。再更赦令，稍復故

❶「吝」，龍舒本作「咎」。
❷「可」，龍舒本無此字。
❸此篇與下兩篇原總目合爲一題，曰「呂溱吏部郎中蕭固司封員外郎陳昭素都官員外郎制三道」。

官。夫士有智能，固不可以一眚而終廢。惟慎厥後，以須選求。可。

陳憲臣屯田員外郎制❶

勑某：爾嘗坐法，用失厥官。宗祀之成，推恩博矣。復爾祿次，往其欽哉！可。

孫夷甫屯田員外郎制

勑某：爾嘗坐譴何，再更赦宥。能自節勵，以補厥愆。序進一官，往其祇服。可。

安保衡都官員外郎制

先帝有事明堂，而大賚于四海。爾嘗在郎選，困於一眚。膺此慶施，序遷厥官。往其慎哉！以服休命。可。

未復舊官人殿中丞王超太常博士制❷

勑某：爾挂文吏之議以失職久矣。朕方推慶賜，以勞天下。疏逖幽賤，並膺厥服。矧爾智謀績用爲世所稱，而特困於一眚之細哉？其還故官，以勸能者。可。

追官勒停人國子博士沈扶國子博士制

勑某：士之可用者，朕不以一眚而忘

❶ 此篇與下兩篇原總目合爲一題，曰「陳憲臣孫夷甫屯田員外郎安保衡都官員外郎制三道」。

❷ 此篇與下篇原總目合爲一題，曰「王起太常博士沈扶國子博士制二道」。

之也，又況於以才任使而特以薦士爲累哉？爾行義智能，有聞于家。久於使事，績效可稱。任非其人，以坐廢斥。宗祈之慶，覃及萬方。甄序厥官，往惟祇服。可。

追官人前太常博士王拱已太常博士制❶

敕某：爾以舉非其人，而久坐斥廢。宗祈之慶，賚及萬方。復爾故官，往其祇服。可。

追官人著作佐郎沈士龍祕書丞制

敕某：爾嘗棄其官守，❷而坐廢于家。今宗祀之恩，使之免者多復用矣，況如爾之得辠特以有志於善乎？其就故官，以須器使。可。

未復舊官人檢校水部員外郎懷州團練副使任慶之大理寺丞制❸

敕某：爾嘗坐譴何，❹比更赦宥。序進厥位，往其慎哉！可。

未復舊官人光禄寺丞趙瑾改大理寺丞制❺

敕某：爾造行不謹，陷于法理。比更

❶ 此篇與下篇原總目合爲一題，曰「王拱已太常博士沈士龍秘書丞制二道」。
❷ 「爾」，原無，據中華校排本校補。
❸ 此篇與下篇原總目合爲一題，曰「任慶之大理寺丞趙瑾改大理寺丞制二道」。
❹ 「坐」，原無，據中華校排本校補。
❺ 「人」，龍舒本無此字。「制」，龍舒本無此字。

赦宥，復序故官。諆惟厥終，❶無重前悔。可。❷

特勒停人前西京左藏庫副使劉起西京左藏庫副使制❸

敕某：宗祈之慶，覃及萬方。爾嘗以才選典領州事，❹不知淑慎，以祇厥愆。恩復故官，往其祇訓。可。

特勒停人試將作監主簿郭慶基將作監主簿制

敕某：宗社之恩，外覃四海。爾嘗坐法，用廢于家。復即故官，其知慎矣。可。

特勒停人前守將作監主簿張及孫復舊官制

敕某：爾嘗坐斥免，既更赦令，其班新命，使就故官。惟慎以遠辠，而敏於赴功，則足以補前負矣。可。

追官人徐并太常寺奉禮郎制❺

敕某：朕初即位，布大號於天下。爾

❶「諆」，宋元遞修本作「諆」。
❷「可」，龍舒本無此字。
❸此篇與下篇原總目合爲一題，曰「劉起西京左藏庫副使郭慶基將作監主簿制二道」。
❹「州」，宋元遞修本、應刻本、光啓堂本作「煩」。
❺此篇與下篇原總目合爲一題，曰「徐并奉禮郎周延年光禄寺丞制二道」。

比以辠負，久於廢斥。既更赦宥，當序一官。夫士之嘗有譴尤而後以才復爲世用者衆矣。往其淑慎，以待異恩。可。

特勒停人光禄寺丞周延年光禄寺丞制

勑某：爾坐廢于家，爲日久矣。宗祈之慶，復就故官。往慎厥修，以須器使。可。

建州管内觀察使李瑋安州管内觀察使制

勑：釐事既成，慶流宇内。簡于朕志，當有異恩。具官某，以元舅之家，膺下嫁之選，飭身厲行，休顯有稱。嘗坐譴何，外更藩屏。付之舊節，使得造朝。往服寵榮，愈其慎毖。可。

檢校水部員外郎充秦州團練副使不簽書本州公事蕭注依前檢校水部員外郎充奉寧軍節度副使不簽書本州公事制

勑某：朕初即位，肆大眚以勞天下。爾嘗爲邊將，以辠失職。稍遷位號，徙置大邦。夫士之有能，固不以瑕釁而終廢。往其修省，以服異恩。可。

蕭注責授團練副使制

勑某：爾以州縣尺寸之功，未閲數期，而官顯禄厚，遂專一州之寄。當思戮力，以稱所待遇。乃公爲姦汙，不忌邊禁，以至擅發丁壯，采金蠻夷，侵騷邊人，廢業失職。無鈎考之檢，有盜攘之嫌。朕惟遠方羈縻之義，不欲重爲煩擾，故寧失爾辠惡，而不卒究窮。副于團練之軍，寘諸安閑之地。其思自訟，以服寬宥之恩焉。可。

儀鑾使英州刺史張師正落刺史依舊儀鑾使制

勑某：人道貴讓，而以巽爲利者，武人之正也。朕以爾材謂爲能治邊，故超進使號。又擇令名之州，使爾刺焉，而共其舊服。當知竭力，報稱所蒙。而乃觖望鄙争，果於慢上。自干邦法，以致人言。稍褫前恩，尚附輕典。往其修省，思補厥愆。可。

皇城使巴州刺史宋安道落巴州刺史制

勑某等：班禄所以勸能，制罰所以懲事。爾等執技備官久矣，一有所試，而其效皆無可言。竊位素餐之辠，法不可以無懲也。稍從降絀，示有典刑。往其深省厥愆，以稱食功之意。可。

皇城使宋安道責授檢校水部員外郎充衛州團練副使不簽書本州公事制

勑某：爾等以醫入侍，先帝疾殆，至於弗瘳，而皆莫能知。居其官而不能，與食焉而怠其事，皆法刑之所當施。深惟先帝之仁，故不忍加誅，而宥爾等于外。顧省厥辠，往其戒哉！可。

追官人文思副使王用内殿承制制❶

勑某：爾嘗犯禮，以失厥官。宗祀既成，均休宥辠。序于廷内，其往慎哉！可。

未復舊官人劉舜臣禮賓副使制

勑某：爾嘗爲州，坐法以免。既更新令，未即故官。寵以命書，介于諸使。惟慎厥後，以稱恩榮。可。

追官人前供備庫副使崔懷忠内殿承制制❷

勑某：朕閔士大夫或以一眚之故，棄而不録，故常因赦令，使得復序厥官。爾久以才能，外更任使。雖嘗廢免，有足哀矜。❸列職内朝，往其祗服。可。

特勒停人守祕校胡柬之守祕校制

勑某：爾嘗坐小何，既更大慶，往就禄次，以須器使。朕於用士，固不以一眚而廢材。惟敏厥修，以永終譽。可。

堂後官大理寺丞張慶隨右贊善大夫餘如故制

勑某：爾職爲宰屬，名在理官，祗慎無

❶ 此篇與下篇原總目合爲一題，曰「王用内殿承制劉舜臣禮賓副使制二道」。

❷ 此篇與下篇原總目合爲一題，曰「崔懷忠内殿承制胡柬之守秘校制二道」。

❸ 「矜」，原作「務」，據宋元遞修本、應刻本、光啓堂本改。

疵，至于三歲，進官一等，有籍於朝。往其懋哉，是亦榮矣！可。

右班殿直彭士方容州別駕制❶

敕某：爾爲小吏，自致廷臣，能稱厥修，至于告老。列職州佐，以爲歸榮。可。

攝荊南文學張鋭守荊南府參軍制

敕某等：異時設科，以待武力智謀之士，而爾等實應令焉，嘗攝一官。既更新令，稍即序録。其往勉旃！可。

單州文學周大亨密州司馬制

敕某：爾不勉厥修，以取辠廢。既更赦令，復齒官聯。善補悔尤，尚有終譽。可。

廣南東路經略安撫使余靖奏高郵軍醫博王沂試國子四門助教不理選限制❷

敕某：爾以方伎，有聲淮南。今方維按撫之臣，以爾自隨，而請加一命。爾宜知夫名之不欲以假人也，而能慎行以稱焉。可。

蔡襄奏醫人李端試國子四門助教不理選限制

敕某：爾從事於醫久矣，而吾左右親

❶ 此篇與下篇原總目合爲一題，曰「彭士方容州別駕張鋭守荊南府參軍制二道」。

❷ 此篇與下篇原總目合爲一題，曰「余靖蔡襄奏醫人王沂李端試四門助教制二道」。

信之臣稱爾之行能，請一命焉。厥有故常，以爲爾寵。其思淑慎，以稱褒嘉。可。

程戡奏延州醫助教房用和試國子四門助教不理選限制❶

勑某：延州鎮撫一方，而將吏皆吾扞城之用。爾其醫事，莫府所稱。甄序以官，往祗厥服。可。

胡宿奏醫人夏日宣試國子四門助教不理選限制

勑某：夫論思勸講之臣，實吾耳目腹心之賴。而爾能執技調護其家。請命于朝，以爲爾寵。吾其錫爾，往矣勉哉！可。

范鎮奏成都府醫人王獻臣試國子四門助教不理選限制

勑某：爾有邦人，爲吾近侍。稱爾嘗學，尤良於醫。序試一官，往其祗服。可。

歐陽脩奏醫人夏日華試國子四門助教不理選限制❷

勑某：天下安危治亂，其責在乎政事之臣。責之如此其深，則遇之豈可以不

---

❶ 此篇與下兩篇原總目合爲一題，曰「程戡胡宿范鎮奏醫人房用和夏日宣王獻臣四門助教制三道」。「試」，原無，據中華校排本引繆氏校補。

❷ 此篇與下兩篇原總目合爲一題，曰「歐陽脩趙槩奏醫人夏日華武世安試國子四門助教制二道」。

厚？故其有求於上，吾皆聽許而不違。今修以爾能醫而爲之請命，吾其加錫，以示不違於大臣。爾往懋哉！當知夫名不可假。可。

趙概奏醫人武世安試國子四門助教不理選限制

勑某：古者聖人爲醫藥，以濟民命；而又建官制禄，考其所治之全失而上下以勸焉，其於愛人也深矣。爾能執技以濟衆，而見稱於大臣，使試一官，以爲爾勸。其思勉勵，以稱褒嘉。可。

贈安遠軍節度使馬懷德遺表門客吴戛試將作監主簿不理選限制

勑某：懷德嘗將衛兵，而其卒也，求官其客。❶觀爾所主，以知爾材。往試一官，勉思自稱。可。

河東都轉運使龍圖閣直學士何郯奏梓州醫博士謝愈試國子四門助教不理選限制

勑某：爾以方技自名，爲邇臣所薦。其於行藝，必有可稱。俾試一官，以爲爾寵。可。

❶「求」，原作「未」，據宋元遞修本、應刻本、光啓堂本改。

殿中省尚藥奉御直醫官院仇鼎充翰林醫官副使制

敕某：古者視疾醫之全失而上下其食，所以明沮勸也。爾以技事上，久而有勞，遷序厥官，往欽無斁。可。

學士院孔目官梓州司户參軍周元亨成都府温江縣主簿制❶

敕某：爾服采禁林，有勞可録。宗祈之慶，外序一官。往慎典刑，保兹禄仕。可。

昭文館正名守當官陳旦利州司户參軍依前充職制

敕某：朕初即位，大賚四海。爾役于書林久矣，序官州掾，往慎厥修。可。

朝堂知班引贊官遊擊將軍守右金吾衛長史魏昭永恩州録事參軍制❷

敕某：宗祀之成，並蒙禔福。爾儐贊朝事，有年於此矣。出長州掾，往其勉哉！可。

❶ 此篇與下篇原總目合爲一題，曰「周元亨成都府温江縣主簿陳旦利州司户參軍依前充職制二道」。

❷ 此篇與下篇原總目合爲一題，曰「魏昭永恩州録事楊忠信吴安期何惟慶並特授將仕郎制二道」。

朝堂正名知班驅使官楊忠信吴安期何惟慶並特授將仕郎制

敕某：爾等駿奔于朝，以給煩使，致勤厥職，爰及再期。❶甄序一官，往共舊服。可。

都省正名驅使官袁士宗守蓬州蓬山縣主簿依前充職制❷

敕某：爾以勤服采，積有歲年。外序一官，往共初服。守爾禄次，厥惟慎哉！可。

中書守當官鄆州司户參軍衛進之青州司户參軍制

敕某：爾給事相府，服勤歲久。因時慶賜，求得外遷。往掾大州，勉共厥服。❸可。

朝堂知班驅使官張歸一李汶並開州開江縣主簿依前充職制

敕某等：爾駿奔走以給朝廷之事久矣。有勞可録，序以一官。往懋厥勤，乃其

❶「期」，宋元遞修本作「朝」。

❷此篇與下兩篇原總目合爲一題，曰「袁士宗守蓬州蓬山縣主簿衛進之青州司户參軍張歸一李汶並開州開江縣主簿制三道」。

❸「共」，宋元遞修本、光啓堂本作「其」。

無罰。可。

三司開拆司守闕前行滑州別駕王亨鄭州司馬制❶

敕某：爾實掌書以佐計官之治。老而知止，予念爾勞。司馬于州，往惟祇服。可。

學士院勸留官遂州司户參軍莊詡青州壽光縣尉制

敕某：宗祈成禮，覃澤萬方。駿奔之吏，遷有常法。序爾一尉，往其勉哉！可。

中書録事守成都府別駕魏貫游擊將軍充中書守闕主事中書守闕録事守大名府別駕張世長中書録事制

敕某等：隸名中書，能自祇飭。今吏員有闕，故遷以補之。往懋厥勤，無瘝于職。可。

客省承受李懷曦秦宗古遂州司户參軍制

敕某：宗祀之恩，覃於小吏。爾服勤久矣，宜序一官。往勵厥修，以共舊服。可。

❶ 此篇與下兩篇原總目合爲一題，曰「王亨鄭州司馬莊詡青州壽光縣尉制二道」。

沿堂五院副行首左千牛衛長史周成務金吾衛長史制

勑某等：役于宰屬，積歲有勞。升秩衛官，序遷職服。往共厥事，惟既乃心。可。

沿堂五院正名驅使官鄭州司户參軍吕昭序常州宜興縣尉制❶

勑某：爾以州掾之名而役于宰屬，豫蒙慶施，當得外遷。往惟廉清，可以保禄。可。

祕閣選滿楷書充編修院權書庫官袁舜卿濰州北海縣尉制

勑某：掌書贊事，積歲有勞。甄序一官，往其祇服。可。

尚書都省額外正名年滿令史邊士寧青州益都縣尉制

勑某：爾以書贊治，積歲有勞。請命于朝，序官一尉。往共厥職，無敢弗祇。可。

❶ 此篇與下兩篇原總目合爲一題，曰「吕昭序常州宜興縣尉袁舜卿濰州北海縣尉邊士寧青州益都縣尉制三道」。

太常寺太樂署院官郭餘慶應州金城縣主簿制❶

敕某：爾隸于太常久矣，吏員有闕，當得進遷。命以一官，往其祗服。可。

右街司正名孔目官張文仲蓬州蓬山縣主簿依前充職制

敕某：祗載厥職，於今十年。稽狀有司，序于官簿。往共舊服，無棄前勞。可。

吏部侍郎平章事曾公亮奏句當人趙化基制

敕某：朕布神之惠而陪隸與焉。爾服厥勤，受玆甄寵。名者，先王所慎以與人者也。往思淑慎以稱之。可。

青州奏壽光縣豐城村張贇獨孤用和各年一百一歲並本州助教制

敕某：人壽至於百年，則閱天下之故多矣。寵以官號，使助守令教馴百姓，豈不宜哉？爾實應書，往其欽服。可。

安化中下州北遐鎮蠻人一百一十人並銀酒監武制

敕某：聲教所覃，爾惟祗服。克有名

❶ 此篇與下篇原總目合爲一題，曰「郭餘慶應州金城縣主簿張文仲蓬山縣主簿依前充職制二道」。

位，榮于種落。又輸方物，來效厥勤。其錫異恩，以嘉能享。可。

壽州稅户李仲宣李仲淵本州助教制

敕某：淮人阻飢，朕欲賙饑。爾能輸米，來助有司。賞以一官，往其祗服。可。

宿州臨涣縣柳子鎮市户進納斛斗人朱億弟傑本州助教制

敕某：賙恤阻飢，朝廷之政。爾能輸積，以助有司。褒賜一官，往其祗服。可。

空名助教并試監簿制

敕某：河水衍溢，且爲民菑。爾能輸薪，以佐有司之急。加爾以試官之賞，其思慎行以稱焉！可。

臨川先生文集卷第五十五

臨川先生文集卷第五十六

表

百寮賀復熙河路表❶

臣某等言：伏覩修復熙、河、洮、岷、疊、宕等州，❷幅員二千餘里，斬獲不順蕃部一萬九千餘人，招撫大小蕃族三十餘萬，各降附者。❸奮張天兵，開斥王土。旌旃所指，燕及氐羌。樓櫓相望，誕彌河隴。中賀。❹竊以三年鬼方之伐，❺高宗所以濟時；六月玁狁之征，宣王所以復古。政由人舉，道與世升。伏惟皇帝陛下，❻温恭而文，睿知以武，講周、唐之百度，拔方、虎於一言。我陵我阿，既飭鷹揚之旅；實墉實壑，遂平鳥竄之戎。用夏變夷，以今準古，是基新命，厥邁往圖。❼臣等均被明恩，具膺榮禄。接千歲之統，適遭會於斯時；上萬年之觴，敢愆忘於故事？臣無任！❽

❶ 此題，龍舒本作「賀平熙河表」。
❷ 「岷」，原作「泯」，據下表及文意改。
❸ 「臣某」至「各降附者」，龍舒本無此四十八字。
❹ 「中賀」，龍舒本作「中謝」。
❺ 「竊以」，龍舒本無此二字。
❻ 「伏」，龍舒本作「恭」。「皇帝」，龍舒本無此二字。
❼ 「往」，龍舒本作「永」。
❽ 「臣無任」，龍舒本無此三字。

賜玉帶謝表❶

臣某言：伏蒙聖恩，以收復熙、河、洮、岷、疊、宕等州，特加褒諭，親解玉帶賜臣者。尸臣列侍，方臨極辨之朝；昚御占傳，❷獨拜非常之賜。寵綏狎至，愬避弗俞。焜燿有加，凌兢無措。中謝。竊以洮河之業，❸兆自聖謨；方虎之材，進非師錫。片言投匭，遂察見其有孚；衆詘盈庭，豫照知其無眚。以至緩兵筭食，❹蒐卒第功。能畢協於始謀，實仰歸於獨斷。如臣蕞爾，何力有焉？伏惟皇帝陛下，善貸且成，勞謙不伐。弛曠瘝之大責，録將明之小忠。揚于廣除，委以珍御。瑟彼英瑤之質，焕乎華衮之言。臨授用光，顧榮踰於古昔；退藏惟謹，知燕及於雲來。施更厚於解衣，報敢忘於結草？臣無任！❺

詔進所著文字謝表❻

雲漢之光，俯加賁冒；菅蒯之賤，仰誤詢求。❼中謝。臣聞百王之道，❽雖殊其要，不過於稽古；六藝之文，蓋缺所傳，❾猶足以範民。唯其測之而彌深，故或習矣而不

❶ 此題，龍舒本作「謝賜玉帶表」。
❷ 「占」，龍舒本作「瞻」。
❸ 「洮河」，龍舒本作「河洮」。
❹ 「緩」，龍舒本作「授」。
❺ 「臣無任」，龍舒本無此三字。
❻ 此題，龍舒本作「謝手詔索文字表」。
❼ 「誤」，龍舒本作「俟」。
❽ 「臣聞」，龍舒本作「切以」。
❾ 「所傳」，龍舒本作「其教」。

察。紹明精義，允屬昌時。❶伏惟皇帝陛下，❷有舜之文明，❸有湯之勇智。以身爲度，動皆應於乾行；肆筆成書，言必稽於聖作。欲推闡先王之大道，以新美天下之英材，宜得醇儒，使陪休運。❹臣初非秀穎，❺衆謂迂愚，徒以弱齡，粗知强學。服膺前載，但傳糟粕之餘；追首大方，豈逮室家之好？過叨睿奬，使緝舊聞。永惟少作可棄之浮辭，豈能上副旁搜之至意？❻伏望皇帝陛下，❼矜其聞道之晚，假以歷時之淹，❽使更討論，粗如成就。然後上塵於聰覽，且復取決於聖裁。庶收寸長，稍副時用。臣無任！❾

進熙寧編敕表

臣某等言：❿竊以觀天下之至動，而御其時；輔萬物之自然，而節其性。匿而不可不爲者事，鼺而不可不陳者法。厥惟無弊，乃以不膠。故造象於正月之始和，改禮以五載之巡狩。一代之典，成於緝熙；百世可知，在所加損。方裁成輔相之休運，宜修飾潤色之難能。顧匪其人，與於此選。中謝。⓫蓋聞道有升降，政有弛張，緩急詳略，度宜而已。使民不倦，唯聖爲能。伏惟皇

❶「昌時」，龍舒本作「休辰」。
❷「皇帝」，龍舒本無此二字。
❸「舜」，龍舒本作「堯」。
❹「休運」，龍舒本作「能事」。
❺「初」，龍舒本作「生」。
❻「豈」，龍舒本作「安」。「搜」，龍舒本作「求」。
❼「皇帝陛下」，龍舒本無此四字。
❽「時」，龍舒本作「年」。
❾「臣無任」，龍舒本無此三字。
❿「臣某等言」，龍舒本無此四字。
⓫「中謝」上，龍舒本有「臣」字。

帝陛下，天德地業，體堯蹈禹，永念憲禁之舊，或失防範之中。選建有官，付之論定。具慙淺學，莫副詳延。屢彌歲年，僅就篇帙。删除煩複，蒐補闕遺。於趣時因民，❶則粗捄抗敝之實；❷以方古垂後，❸則或俟新美之才。冒昧天威，❹姑塞明詔。

賜元豐勅令格式表❺

臣某言：伏蒙聖慈特賜臣《元豐勅令格式》一部，計四十策者。新厥品章，著之方册。雖孤眷寄，尚冒分頒。中謝。❻竊以后辟之所訓裁，❼臣工之所承守，歷觀既往，或仍踳駁之餘；緒正厥遺，實待緝熙之久。恭惟皇帝陛下，操天縱之智，御物昌之時。創法於羣幾之先，收功於異論之後。慮無愆素，舉必要終。然趨變以制宜，或非初令；則取新而垂裕，宜有成書。神機俯授於有官，聖制遂攄於無極。部居彪列，科指昈分。雲漢之回甚昭，日月之照方久。臣進陪國論，退即里居。在昔討論，嘗負曠瘝之責；於今尊閣，更知被受之榮。臣無任！❽

賜弟安國及弟謝表❾

臣某言：伏蒙聖恩，召試臣弟安國，賜

❶「因民」，龍舒本作「治世」。
❷「抗」，原作「抗」，據龍舒本改。
❸「垂」，原作「屋」，據龍舒本、宋元遞修本、應刻本改。
❹「天」，原作「大」，據龍舒本、光啓堂本改。
❺「賜」上，龍舒本有「謝」字。「表」上，龍舒本有「等」字。
❻「中謝」上，龍舒本有「臣」字，爲大字。
❼「裁」，光啓堂本作「載」。
❽「臣無任」，龍舒本無此三字。
❾此題，龍舒本作「謝賜弟安國及第表」。

進士及第，注初等職官者。儁乂之求，外覃草野；龍光之施，首逮門庭。中謝。竊以躬國論聽斷之煩，而察知孤遠之行；略門資貢舉之法，而拔取滯淹之才。❶山林之所誦説而難遭，閭巷之所驚嗟而罕見。伏惟皇帝陛下，協德穹昊，比明羲皇，❷博臨四方，洞照萬物。如臣同産，爲世畸人。少遭閔凶，自奮寒苦。雖强學力行，粗有時名，而少偶寡徒，幾絶榮望。豈期聖聽，俯及幽潛？遂使窮途，坐階華寵。❸奬以詔書而試藝，賜之科第而命官。禄不逮親，既永乖於養志；仕非爲己，當共誓於捐軀。臣無任！❹

除弟安國館職謝表❺

臣某言：伏蒙聖恩，以臣弟安國充崇文院校書者。書林置職，方儲高位之材；詔板推恩，遂假私門之寵。在於疵賤，實以兢慙。中謝。❻伏念臣初起孤生，非謀膴仕；中參近侍，特荷先朝。屬憂患之相仍，分湮淪而自棄。敢圖收召，俯暨幽潛。服在臣鄰，驟冠論思之列；恩加子弟，具膺慶賞之延。有味冒於殊私，或超踰於常法。惟數奇之同産，嘗久困於稠人。第册西垣，比前叨於睿奬；校文東觀，更曲被於明揚。此蓋伏遇皇帝陛下，與善無方，使能以類，欲阜成於大治，務博取於衆材。遂忘形迹之

❶「滯淹」，龍舒本作「淹滯」。
❷「皇」，龍舒本作「和」。
❸「階」，《皇朝文鑒》作「陛」。
❹「臣無任」，龍舒本無此三字。
❺此題，龍舒本作「謝弟安國得館職表」。
❻「中謝」，龍舒本作「臣某誠惶誠感頓首頓首」，爲大字。

嫌，以溥龍光之施。袞宗既亢，唯知上報之難；小己易盈，❶彌懼先顛之疾。臣無任！

除雱中允崇政殿説書謝表❷

臣某言：伏蒙聖恩，授臣男雱守太子中允充崇政殿説書，尋具劄子辭免，蒙降詔書不允者。恩驟加於私室，多所超踰；事或累於公朝，誠難昧冒。仰煩睿訓，曲喻至懷。永惟眷獎之殊，實重兢慙之至。中謝。伏念臣首叨召節，得侍辭林，隨被贊書，使陪經幄。稍更歲月，莫補涓埃。竊覯上智之日躋，内訟淺聞而知困。❸況如賤息，厥有童心，尚迷鑽仰之方，豈稱招延之禮？恕己量主，非敢以私而自嫌；爲官擇人，顧雖成命而宜改。輒布可辭之義，上干難犯之威。伏蒙皇帝陛下，屈體優容，垂精寵答。❹謂大人照臨之道廣，當養以蒙；意小夫誦説之智專，遽忘其賤。褒稱備厚，訓飭加嚴。揣實未安，寄顔有恧。重念自古君臣之相與，未有如臣父子之所遭。蓋當用儒之時，尤難講藝之職。典謨方御，實參備於討論；誥誓未終，已繼叨於獎擢。獲世官於閭巷，嗣家學於朝廷。自非忘軀，何以報國？知人而官以哲，慨已誤於明揚；委質而教之忠，誓永肩於素守。臣無任！

❶「小己」，中華校排本據繆氏校改作「小器」。
❷此題，龍舒本作「謝雱免中允説書表」。
❸「聞」，龍舒本作「文」。
❹「垂」，光啓堂本作「華」。

除雱正言待制謝表❶

臣某言：伏奉聖恩，除臣男雱右正言、天章閣待制兼侍講，特降中使宣諭，令便受告勑，不須辭免者。孚號明恩，實由中出。美官要職，弗以次加。知榮耀之及私，顧僭差而累國。雲天在望，冰炭交懷。中謝。臣出於羇窮，好是拙直。道常違俗，宜芻狗之致妖；才不逮人，何萑蠋之能化？皇帝陛下收之末路，付以繁機，距滔天之衆讒，責經世之來效。❷施及賤息，度越稠人。延登朝行，使嗣講業。方仰陪於膝席，俄中廢於旰瘍。雖進趨之禮久妨，而問勞之恩狎至。莫知報稱，但負兢慙。豈意眷憐？更加超擢。待制之爲職，以陪侍禁嚴；正言之爲官，以諫救遺失。承金華之舊學，親玉色於燕朝。併叨殊私，甚駭羣聽。此蓋伏遇皇帝陛下攬取同智，無小大之遺；搜揚衆材，無久近之間。苟或不肖，概嘗有聞，必垂甄收，以示勸奬。四方之訓于我，無競維人；多士之生斯時，不顯亦世。永惟遭值，孰與等夷？君臣以事道相求，是惟希世；父子以傳經見用，鮮或同時。雖愧臯陶濟美之材，敢忘狐突教忠之義？臣無任！

進字說表

臣某言：❸竊以書用於世久矣。先王立學以教之，設官以達之，置使以喻之，禁

❶ 此題，龍舒本作「謝雱除正言待制表」。
❷ 「來」，中華校排本據繆氏校改作「成」。
❸ 「臣某言」，龍舒本無此三字。

誅亂名，豈苟然哉？凡以同道德之歸，一名法之守而已。❶道衰以隱，官失學廢，循而發之，實在聖時，豈臣愚憧，敢逮斯事？中謝。蓋聞物生而有情，情發而爲聲，聲以類合，皆足相知。人聲爲言，述以爲字。字雖人之所制，本實出於自然。鳳鳥有文，河圖有畫，非人爲也，人則效此。故上下内外，初終前後，中偏左右，自然之位也。衡衺曲直，耦重交析，反缺倒仄，自然之形也。發斂呼吸，抑揚合散，虛實清濁，自然之聲也。可視而知，可聽而思，自然之義也。以義自然，故僊聖所宅雖殊，❷方域言音乖離，點畫不同，譯而通之，其義一也。道有升降，文物隨之，時變事異，書名或改，原出要歸，亦無二焉。乃若知之所不能與，❸思之所不能至，則雖非即此而可證，亦非舍此而能學。蓋唯天下之至神爲能究此。伏惟皇帝陛下，體元用妙，該極象數，稽古創法，紹天覺民。乃惟茲學，隕缺弗嗣，因任衆智，微明顯隱。❹蓋將以祈合乎神恉者，❺布之海内。衆妙所寄，窮之實難。❻而臣頃御燕閒，親承訓敕，抱痾負憂，久無所成。雖嘗有獻，大懼冒涗。❼退復自力，用忘疾憊，咨諏討論，博盡所疑。冀或涓塵，有助深崇。謹勒成《字説》二十四卷，隨表上進以聞。❽

❶「法」，龍舒本作「分」。
❷「僊聖所宅」，龍舒本作「先聖之所宅」。
❸「與」，龍舒本作「知」。
❹「顯」，龍舒本作「幽」。
❺「祈」，龍舒本無此字。
❻「難」，光啓堂本作「艱」。
❼「冒涗」，龍舒本作「涗冒」。
❽「以聞」，龍舒本無此二字。

臣某誠惶誠懼，❶頓首謹言。❷

進洪範表

臣某言：❸臣聞天下之物，小大有彝，後先有倫。敘者天之道，敘之者人之道。天命聖人以敘之，而聖人必考古成己，然後以所嘗學措之事業，爲天下利。苟非其時，道不虛行。中謝。❹伏惟皇帝陛下，德義之高，術智之明，足以黜天下之嵬瑣，而興其豪傑，以圖堯禹太平之治。而朝廷未化，❺海内未服，綱紀憲令，❻尚或紛如，意者殆當考箕子之所述，以深發獨智，趣時應物故也。❼臣嘗以蕪廢腐餘之學，得備論思勸講之官，擢與大政，又彌寒暑，勳績不效，俛仰甚慚。謹取舊所著《洪範傳》，删潤繕寫，輒以草芥之微，求裕天地。臣無任！❽

進修南郊勑式表❾

郊丘事重，筆削才難。猥以微能，叨承遴選。中謝。❿蓋聞孝以配天爲大，聖以饗帝爲能。越我百年之休明，因時五代之流弊。前期戒具，人輒爲之騷然；臨祭視成，事或幾乎率爾。蓋已行之品式，曾莫紀於

❶「懼」，龍舒本作「恐」。
❷「頓首」，龍舒本重文。
❸「臣某言」，龍舒本無此三字。
❹「中謝」上，龍舒本有「臣」字，爲大字。
❺「廷」，龍舒本作「士」。
❻「綱紀」，龍舒本作「紀綱」。
❼「物」，龍舒本作「變」。
❽「臣無任」，龍舒本無此三字。
❾此題，龍舒本作「勑修南郊式表」。
❿「中謝」，龍舒本作「臣某等誠惶誠恐頓首頓首」，爲大字。

官司。故國家講燎禋之上儀，而臣等承撰次之明詔。迨兹彌歲，僅乃終篇。猶因用於故常，特删除其紛冗。恭惟皇帝陛下，體聖神之質，志文武之功，嘉與俊髦，靈承穹昊。物方鬯茂，以薦信而無慙；人且昭明，❶知因陋之爲恥。❷固將制禮作樂，以復周唐之舊；豈終循誦習傳，而守秦漢之餘？則斯書也，譬大輅之椎輪，與明堂之營窟。❸推本知變，實有考於將來；隨時施宜，亦不爲乎無補。臣無任！❹

除知制誥謝表❺

臣某言：今月初二日，❻伏蒙聖恩賜臣誥敕，❼除臣知制誥者。❽高華之選，欲報常艱；❾固陋之身，以榮爲懼。中謝。竊以自昔招智能之士，❿因使爲侍從之官，⓫豈特賴其虚名，謂能華國？蓋將收其實用，相與致君。矧號令文章之爲難，而討論潤色之所寄。苟失職不稱，則爲時起羞。伏惟皇帝陛下，躬上聖之資，撫久安之運。趣時有救弊之急，守器有持盈之難。當得俊良，使陪遺忘。則典司明命，出入禁門，一有瘝

❶「且」，龍舒本作「具」。
❷「因」，龍舒本作「固」。
❸「窟」，龍舒本作「室」。
❹「臣無任」，龍舒本無此三字。
❺此題，龍舒本作「謝知制誥表」。
❻「今月初二日」，龍舒本無此五字。
❼「蒙」，龍舒本作「奉」。
❽「賜臣誥敕除臣知制誥者」，龍舒本作「授臣前件官者」。
❾「艱」，光啓堂本作「難」。
❿「昔」，龍舒本、《皇朝文鑑》作「古」。
⓫「官」，龍舒本、《皇朝文鑑》作「臣」。

官，尤爲累上。臣羈單賤士，撲鄙常人，❶仕初有志於養親，學遂不專於爲己。比更煩使，稍竊謬恩。內懷尸祿之慙，仰負食功之意。又蒙採擢，以致超踰。蓋君之視臣不使同犬馬之賤，則下之報上亦欲致岡陵之崇。況臣少習藝文，粗知名教，遭逢一旦，度越衆人，唯當盡節於明時，豈敢尚懷於私計？臣無任瞻天荷聖激切屏營之至！❷

知制誥知江寧府謝上表❸

稽違詔令，經涉歲時。先帝登遐，既不獲奔馳道路；陛下即位，又未嘗瞻望闕廷。所憂後至之刑誅，敢冀就加於官使？雖知黽勉，尚懼顛隮。中謝。❹蓋聞因任以責羣材，原省以通衆志。厥或抱能而可用，則雖負疾而見容。如臣者逮侍先朝，叨官外制。惓惓許國，雖有愚忠；没没隨人，❺但尸榮祿。銜哀去位，嬰疢彌年。望絶寵光，❻分投冗散。伏遇皇帝陛下，紹膺尊極，俯燭幽微，延之以三節之嚴，付之以十城之重。比緣禋祀，特有褒封。申命曲加，因郵併賜。❼唯是土風之美，❽素無犴獄之煩。久寄託於丘墳，粗諳知其閭里。念雖閉閤，殆弗廢於承流；❾以比造朝，或未妨於養疾。矧恩勤

❶「撲鄙」，龍舒本作「鄙朴」。
❷「瞻天荷聖激切屏營之至」十字，原無，據龍舒本補。
❸此篇爲龍舒本卷十八《謝知江寧府表》之第一表。
❹「中謝」，龍舒本作「臣某誠感誠懼頓首頓首」，爲大字。
❺「没没」，龍舒本、《皇朝文鑑》作「役役」。
❻「寵」，龍舒本作「龍」。
❼「併」，《皇朝文鑑》作「拜」。
❽「土」，龍舒本作「士」。
❾「殆」，龍舒本作「殊」。

之已迫，❶且遜避之不容。敢不少嘗體力之所任，祇奉詔條而爲治，冀逃大戾，仰稱殊私？臣無任！

除翰林學士謝表❷

臣聞人臣之事主，患在不知學術，而居寵有昧冒之心；❸人主之畜臣，患在不察名實，而聽言無惻怛之意。此有天下國家者所以難於任使，而有道德者亦所以難於進取也。學士職親地要，而以討論諷議爲官，❹非夫遠足以知先王，近足以見當世，忠厚篤實廉恥之操足以咨諏而不疑，草創潤色文章之才足以付託而無負，則在此位爲無以稱。如臣不肖，涉道未優，初無犖犖過人之才，徒有區區自守之善，以至將順建明之大體，則或踈闊淺陋而不知。加以憂傷疾病，久棄里閭，辭命之習，蕪廢積年。黽勉一州，已爲忝冒，禁林之選，豈所堪任？伏惟皇帝陛下，躬聖德，承聖緒，於羣臣賢不肖，已知考慎，而於言也又能虛己以聽之，❺故聰明睿知神武之實已見於行事。日月未久，而天下翹首企踵，以望唐、虞、成周之太平。臣於此時，實被收召，所以許國，義當如何？敢不磨礪淬濯已衰之心，紬繹温尋久廢之學，上以備顧問之所及，下以供職司之所守？臣無任！❻

❶「已」，光啓堂本作「屢」。
❷此題，龍舒本作「謝翰林學士表」。
❸「昧冒」，龍舒本作「冒昧」。
❹「議」，《皇朝文鑒》作「議」。
❺「言」上，龍舒本有「其」字。
❻「臣無任」，龍舒本無此三字。

賜衣帶等謝表❶

出大庭之顯服，束以精鏐；引内廐之名駒，傅之錯采。隆恩所逮，朽質知榮。中謝。❷竊念臣弱力淺聞，久憂積疢。中與從官之選，外分守將之權。僅免譴何，更蒙收召。論思潤色，曾莫効於微勞；衣被服乘，乃前叨於異數。此蓋伏遇皇帝陛下，醲於慶賞，詳在招延，因示眷懷，使知奮勵。誓竭愚忠之報，冀無虚授之嫌。臣無任！❸

勑設謝表❹

職與論思，恩加稟餼。禮雖有舊，寵實難當。中謝。❺伏念臣本乏才稱，中緣疾廢，適從孤遠，獲侍清光。已汙禁林之廬，❻重叨太官之賜。蓋飲食有文王之雅，實始憂勤；顧來歸無吉甫之勞，徒多燕喜。敢忘自竭，粗稱所蒙？臣無任！❼

臨川先生文集卷第五十六

❶ 此題，龍舒本作「謝賜對衣鞍馬表」。
❷ 「中謝」，龍舒本無此二字。
❸ 「臣無任」，龍舒本無此三字。
❹ 此題，龍舒本作「謝勑設」。
❺ 「中謝」，龍舒本無此二字。
❻ 「廬」，原作「盧」，據龍舒本、宋元遞修本、應刻本改。
❼ 「臣無任」，龍舒本無此三字。

臨川先生文集卷第五十七

表

辭免參知政事表❶

臣某言：伏奉制命，特授臣右諫議大夫、參知政事，餘如故者。才薄望輕，恩隆責重，敢緣聰聽，冒進忱辭？中謝。竊以建用宗工，與圖大政，以人賢否，爲世盛衰。矧休運之有開，須偉材而爲輔。豈容虚受，以誤明揚？如臣者，承學未優，知方尤晚。先朝備位，每懷竊食之慙；故里服喪，重困采薪之疾。皇帝陛下紹膺皇統，❷俯記孤忠，付之方面之權，還之禁林之地。固已人言之可畏，豈云國論之敢知？❸忽被寵靈，❹滋懷媿恐。伏望皇帝陛下，❺考慎所與，燭知不能，許還謬恩，以允公議。庶少安於鄙分，無甚累於聖時。❻臣無任祈天俟命激切屏營之至！❼

除參知政事謝表❽

承弼之任，賢智所難。顧惟缺然，何以

❶「免」，龍舒本無此字。
❷「皇帝」，龍舒本無此二字。
❸「敢」，龍舒本作「與」。
❹「忽」，龍舒本作「敢」。
❺「皇帝」，龍舒本無此二字。
❻「甚」，龍舒本作「或」。
❼「祈天俟命激切屏營之至」十字，原無，據龍舒本補。
❽此題，龍舒本作「謝參知政事表」。

堪此？仰膺成命，弗獲固辭。中謝。竊以古先哲王，考慎厥輔，皆有一德，用成衆功。伏惟皇帝陛下，含獨見之明，踐久安之運，甫終諒闇，將大施爲，宜得偉人，與圖庶政。如臣者，徒以承學，粗知義方。本無它長，可備官使。退安私室，自絶榮塗。既負采薪之憂，因逃竊位之責。大明繼燭，正路弘開，付以蕃宣，還之侍從。清閒之宴，或賜開延，❶淺陋所聞，每蒙知奬。以爲奉令承教，庶幾無尤；至於當軸處中，❷良非所稱。寵光曲被，❸震媿交懷。此蓋伏遇皇帝陛下，德懋旁求，志存遠舉。隆寬盡下，故忠良有以輸心；公聽並觀，故讒慝不能肆志。矧睿謀之天縱，方聖治之日躋。思稱所蒙，敢忘自竭？遠猷經國，雖或媿於前修；直道事君，期不隳於素守。臣無任！

辭免平章事監修國史表二道❹

材薄位高，恩隆責重，輒敷悃款，仰瀆睿明。中謝。臣聞大有爲之君，必考慎厥相，趣舍施設，相與如一，乃能協濟功治，永綏黎元。伏惟唐、虞、三代之迹滅熄久矣，天錫皇帝陛下以上聖之才，❺修身齊家，外正天下，典謨所紀，風雅所歌，以今揆古，未有慚德。宜求碩輔，朝夕左右，率勵衆志，輔成太平。如臣區區，孤陋淺拙。知學以爲

❶「延」，中華校排本引繆氏校改作「筵」。
❷「至於」，龍舒本無此二字。
❸「寵」，龍舒本作「龍」。
❹「二道」，原無，據原總目補。此題，龍舒本作「辭史館相公表」。
❺「皇帝」，龍舒本無此二字。

己，而昧於趣時；聞以道事君，而謬於合衆。與聞大政，已積疵瑕。伏望皇帝陛下，❶量能賦任，使無譴尤，❷追還誤恩，以協公議。臣無任！❸

二❹

臣某言：臣近上表辭免恩命，伏蒙聖慈特降批答不允者。天地之施，厚矣不貲；螻蟻之情，微而未達。重煩獎訓，彌集震兢。中謝。❺臣聞論德序官，明主所以御世；度能就位，忠臣所以事君。臣偶以薄材，過私榮禄，雖以捐軀而自誓，顧於諉上而多慙。❻竊觀聖制之所以褒揚，終非朽質之所能副稱。矧叨任遇，稍歷歲時，必欲詭責其後動，❼謂宜考觀於己事。今内或怵奇衺之俗，無喻德宣譽之忠；外或扇苟簡之風，有犯令陵政之悖。百姓以安平無事之時，而未免流離餓莩；四夷以衰弱僅存之勢，而猶能跋扈飛揚。皇帝陛下以聖人之高材，❽有天下之利勢，憂勤已積，❾功化未昭，此亦由臣陳力就列以來不能助國立經陳紀之故。方謀自弛，以謝素餐。豈意誤恩，更加崇秩？誠憂官謗，能上累於明時；所望天慈，遂敕還於新命。❿庶

❶「皇帝」，龍舒本無此二字。
❷「無」，龍舒本作「免」。
❸「臣無任」，龍舒本無此三字。
❹此題，龍舒本作「辭拜相表」。
❺「中謝」，龍舒本作「臣某誠惶誠懇頓首頓首」，爲大字。
❻「諉」，龍舒本作「詭」。
❼「詭」，龍舒本作「諉」。
❽「皇帝」，龍舒本無此二字。
❾「勤」，龍舒本作「勞」。
❿「敕」，龍舒本作「收」。

以通賢者之路，且又協衆人之言。臣無任！❶

除平章事監修國史謝表❷

臣某言：伏奉恩命，特授金紫光禄大夫、行尚書禮部侍郎、同中書門下平章事、監修國史、上柱國，進封開國公，加食邑一千户實封四百户，❸仍賜推忠協謀佐理功臣。尋具表陳免，蒙批答不允，仍斷來章者。揚于大廷，寵以高位，歸之翊戴之重，諉之宰制之平，聖心方慎於旁求，小己知難於上稱。中謝。❹臣聞人君代天而理物，人臣資父以事君。然而君臣之大義有方，非若父子之至恩無間。須倡而後和，則誠意每患於難通；不入而後量，則忠力或嫌於自獻。唯成湯之聽伊尹，與傅説之遇高宗，皆以疏遠而相求，何其親厚之獨至？蓋所趣非由於二道，故所爲若出於一身。夫豈干越夷貉之異心，是謂元首股肱之同體。二臣既以此獲展事君之義，兩君亦以此得成理物之功。苟非其人，孰與於此？臣受材單寡，逢運休明，初涉獵於藝文，稍扳緣於禄仕。曩塵近侍，積媿空餐。悲遽隔於庭闈，分長依於丘壠。俄值纂承之慶，繼叨敢召之榮。❺責以論經，尚少知於訓詁；使之與政，曾莫助於猷爲。矧以拙直而見知，遂爲姦回之所忌。伏遇皇帝陛下，納之以天地之量，照之以日月之明，數加奬勵之

❶「臣無任」，龍舒本無此三字。
❷此題，龍舒本作「謝除史館表」。
❸「實」上，龍舒本有「食」字。
❹「中謝」，龍舒本作「臣某誠惶誠懼頓首頓首」，爲大字。
❺「敢」，龍舒本作「收」。

恩，每辨讒誣之巧。重遭卜相，申敕備官。終遜避之無繇，更兢慙於非據。伏惟皇帝陛下，樂古訓之獲，而忘其勢；惡邪辭之害，而斷以心。勿貳於任賢，務本以除惡。使萬邦有共惟帝臣之志，萬姓有一哉王心之言，則進無求名之私，退有補過之善，臣之願也，天實臨之。臣無任！

遷入東府賜御筵謝表❶

伏奉差中使傳宣今月七日辰時三刻遷入新府，并借宮軍就賜御筵者。❷恩厚不貲，誠優賢之務稱；❸頑冥無似，欲報國而知難。中謝。❹臣等過以凡材，並膺殊選，久壅賢路，上孤聖時。❺伏惟皇帝陛下，謀德在容，❻求仁以恕，謂大臣方宣勞於王室，則上主當加恤其私家。❼發使禁闈之中，視圖魏闕之下。❽取材置臬，❾一皆斷於睿謀；❿成事告功，⓫初不煩於宰旅。重紆衡蓋，⓬周視庭除。申以中人，喻之良月。使及日辰之吉，即于堂寢之安。輜車府之傍牽，載其帑重；移饔官之亨割，侑以鼓歌。歡更逮於邇臣，寵已加於小己。⓭陰陽或

❶此題，龍舒本作「謝東府賜御筵表」。
❷「宮軍」，龍舒本作「官車」。「御」，龍舒本無此字。
❸「優」，龍舒本作「先」。
❹「中謝」，龍舒本無此二字。
❺「孤」，龍舒本作「辜」。
❻「皇帝」，龍舒本無此二字。
❼「上」，龍舒本作「明」。
❽「視圖」，龍舒本作「伻視」。
❾「臬」，龍舒本作「業」。
❿「一」，龍舒本無此字。
⓫「功」，龍舒本無此字。
⓬「紆」，龍舒本作「明」。
⓭「已」，龍舒本作「先」。

謬，未知燮理之方；風雨其除，徒賴帡幪之賜。臣無任！❶

觀文殿學士知江寧府謝上表❷

臣某言：伏奉制命，授臣觀文殿學士、吏部尚書，知江寧軍府事。臣已於六月十五日到任訖。久妨賢路，上負聖時。苟逃放殛之刑，更濫褒揚之典。逸其犬馬將盡之力，寵以丘墓所寄之邦。❸仰荷恩私，皆踰分願。中謝。臣操行不足以悦衆，學術不足以趣時，獨知義命之安，敢望功名之會？值遭興運，摠領繁機。惟睿廣之日躋，顧卑凡而坐困。秋水方至，因知海若之難窮；大明既升，豈宜爝火之弗熄？加以精力耗於事爲之衆，罪戾積於歲月之多。雖恃含垢之寬，終懷覆餗之懼。伏蒙陛下志存善貸，爲在曲成。記其事國之微誠，閔其籲天之至懇。撓黜幽之常法，示從欲之至仁。經體贊元，廢任莫追於既往；承流宣化，收功尚冀於方來。臣無任！❹

辭免除平章事昭文館大學士表二道❺

臣某言：❻爲君所艱，尤慎厥與。命相不善，將壞于成。矧當責實之時，敢替知難之義？中謝。臣知不足以及遠，學不足以窮深，比誤國恩，嘗尸宰事。初無薄効稱萬一

❶「臣無任」，龍舒本無此三字。
❷此篇爲龍舒本卷十八《謝知江寧府表》之第二表。
❸「墓」，龍舒本作「園」。
❹「臣無任」，龍舒本無此三字。
❺「二道」，原無，據原總目補。此題，龍舒本作「辭昭文相公表」。
❻「臣某言」，龍舒本無此三字。

之褒揚，止有多言煩再三之辨釋。終逃譴負，實賴保全。恭惟皇帝陛下，若古以堯之欽明，御今以禹之勤儉。矜修積美，山無一簣之虧；因任致隆，臺存九層之累。❶小大祗若，遐邇允懷。畚而不菑，雖或許其繼事；灌以既雨，豈不昧於知時？況惟疲曳之餘，過重休明之累。且用人而過矣，固不免於敗材；苟改命而當焉，亦何嫌於反汗？敢期聖哲，俯亮愚忠。

二❷

臣某言：臣近上表，辭免恩命。伏蒙聖慈特降批答不允者。愚誠盡布，所冀矜從。聖志未移，申加奬訓。輒守可辭之義，更干難犯之威。中謝。臣聞冢宰之於周，則曰統百官而均四海；丞相之於漢，亦以附百姓而撫四夷。位尊則自古以然，材薄則其何能稱？臣之所守未有以過人，臣之所知又不足盡物。姑使承流宣化，託備蕃維；或令補闕拾遺，追參侍從，❸尚能罄竭，小補緒餘。若乃秉操鈞衡，承輔樞極，仰陪休運，俯稱具瞻。事已試而可知，力弗橈於斯時。伏望皇帝陛下，隨其器能，付以職事，圖惟大任，改命上材。則熒爝末光，不獲干時之咎；榱榶近用，亦參構厦之功。

---

❶「存」，龍舒本、宋元遞修本、應刻本作「有」。
❷此題，龍舒本作「第二表」。
❸「待」，龍舒本作「待」。

除平章事昭文館大學士謝表❶

臣某言：伏奉制命，特授臣同中書門下平章事、昭文館大學士，兼譯經潤文使，加食邑一千户食實封四百户，仍改賜推忠協謀同德佐理功臣。尋具表陳免，蒙降批答不允，仍斷來章者。承流宣化，方虞失職之誅；經體贊元，更悞選賢之舉。中謝。臣竊惟人物之會通常寡，實以君臣之遇合至難。自匪同聲氣之求，孰能偕功名之享？伏惟皇帝陛下，天縱大聖，人與成能。乘百年久安之機，飭千歲積壞之蠹。士誠服矣，而持禄養交之習未殄；民允懷矣，而樂事勸功之志未純。近或長阸，而仁義之澤未流；遠或虛憍，❷而道德之威未立。宜選於衆舉，格于皇天之材；使暨乃僚纘，迪我高后之事。冀勝所任，以濟斯時。而臣蚤見知於隱約之中，久獨立於傾摇之上，勳庸弗效，恩禮更加。託備外藩，俯鄰朞歲。遂叨詔獎，還冠宰司。自視羈單，所懷蹇淺。方古耕築，則有其陋；爲世聘求，則無其賢。然以投老之軀，而遭難值之運，苟貪歲月，趣就涓埃。且上之施既光，則下之報宜厚。與之勠力，仰承睿知之臨；罔不同心，俯賴忠良之協。誓殫疏拙，圖稱休明。臣無任！

❶ 此題，龍舒本作「謝除昭文表」。
❷ 「憍」，原作「僑」，據龍舒本、宋元遞修本改。

辭左僕射表二道❶

臣某言：近累具劄子，辭免恩命，伏蒙聖慈特賜詔書不允者。賞典越踰，訓辭稠疊。涣汗所被，是爲至榮。❷朽材難勝，更以多懼；輒輸危悃，敢冒威尊？中謝。竊以左相位崇，東臺地要。雖置員而久曠，蓋授任之常難。臣晚值聖時，久妨賢路。奉揚成命，㑹力困於負山；❸敷釋微言，蠡智窮於測海。方譴呵之爲畏，豈寵獎之敢圖？忽此兼叨，奥無前比；❹深惟淺薄，仰累休明。伏望聖慈，俯昭愚款，斷從公論，追寢誤恩。豈惟私義之獲安？❺實亦物情之歸允。臣無任！❻

二❼

臣某言：近具表辭免恩命，伏蒙聖慈特降批答不允者。恩言狎至，鄙守難移，敢冒德威，更陳私義。中謝。竊以高秩厚禮，以疇莫盛之勳勞；❽綿力薄材，豈稱非常之爵寵？人之所畏，物有固然。臣議行見知，❾

❶「左」，龍舒本無此字。「二道」，原無，據原總目補。
❷「是」，龍舒本作「足」。
❸「㑹」，龍舒本作「蝨」。
❹「奥」，龍舒本、宋元遞修本、應刻本作「夐」。
❺「獲」，光啓堂本作「徒」。
❻「臣無任」，龍舒本無此三字。
❼此題，龍舒本作「第二表」。
❽「疇」，龍舒本作「醻」。
❾「議行」，龍舒本作「誤」。

而涉世多爲衆毁；❶論材受任，而居官無以自昭。顧惟屈首受書，幾至殘生傷性。逮承聖問，乃知北海之難窮；比釋微言，更悟南箕之無實。疏榮特異，揣分非宜。苟叨昧以自安，懼譴尤之隨至。伏望皇帝陛下，俯矜危拙，曲賜全安。不以反汗之小嫌，爲能累國；則是捐軀之大節，實在報君。臣無任！❷

除左僕射謝表❸熙寧八年七月。❹

臣某言：伏奉制命，特授臣尚書左僕射，兼門下侍郎、同中書門下平章事、昭文館大學士，兼譯經潤文使，加食邑一千户食實封四百户，臣累具辭免，伏蒙聖慈，特降批答不允，仍斷來章者。❺貳令中臺，兼官左省。惟時遴選，蓋嘗久曠而弗除；忽此叨居，顧豈微勞之可稱？陪敦厥邑，敷告于廷。是皆至榮，難以虚辱。中謝。❻竊以經術造士，實始盛王之時；僞説誣民，是爲衰世之俗。蓋上無躬教立道之明辟，則下有私學亂治之姦氓。然孔氏以羈臣而興未喪之文，❼孟子以游士而承既没之聖，異端雖作，精義尚存。逮更煨燼之災，遂失源流之正。章句之文勝質，傳注之博溺心。此淫辭詖行之所由昌，而妙道至言之所爲隱。篤生上主，純佑下民。成能協乎人謀，將聖出乎天縱。作於心而害事，放斥幾殫；通

❶「爲」，龍舒本作「於」。
❷「臣無任」，龍舒本無此三字。
❸此題，龍舒本作「謝除左僕射表」。
❹「熙寧八年七月」六字，原無，據龍舒本補。
❺「臣某言」至「來章者」，龍舒本無此七十二字。
❻「中謝」，龍舒本作「臣某誠榮誠感頓首頓首」，爲大字。
❼「興」，龍舒本作「與」。

於道以治官，延登既衆。尚懼膠庠之黎獻，未昭典籍之群疑。乃集師儒，具論科指，繕書來上，褒典俯加。臣趣操弗高，知識尤淺。少嘗勤苦，但爲裘氏之吟；晚更耄衰，豈免輪人之議？初備使令之乏，即知稱愜之難。敢意誤恩，獨當殊獎？此蓋伏遇皇帝陛下，以化民成俗爲事，故急在誨人；以尊德樂道爲懷，故易於縻爵。因忘固陋，特假龍光，祗服訓辭，深惟報禮。雖無博學對揚稽古之鴻名，庶以雅言助廣右文之美化。臣無任！

辭免使相判江寧府表二道❶

臣某言：伏奉制命特授檢校太傅，依前尚書左僕射、同中書門下平章事，使持節都督洪州諸軍事，充鎮南節度管内觀察處置使，❷判江寧府，加食邑一千户食實封四百户，仍改賜推誠保德崇仁翊戴功臣者。恩典有加，事勞弗稱。陳力況難於黽勉，輸情終冀於矜哀。中謝。伏念臣晚出窮鄉，首陪興運。恕心量己，雖知容膝之易安；營職趣時，更似絶筋而稱力。既及眊衰而成疾，重遭憂釁以傷生。姑欲補完，唯當休愒。若任州藩之寄，仍兼將相之崇。是爲擇地以自營，非復籲天之素志。伏望皇帝陛下，追還涣號，俯徇愚衷。❸許守本官，退依先壟。儻憐積歲，參大議於廣朝；❹或賜誤恩，食舊勞於外觀。尚繫眷獎，非敢干

❶「二道」，原無，據原總目補。此題，龍舒本作「辭使相第一表」。
❷「管内」，龍舒本無此二字。
❸「徇」，龍舒本作「遂」。
❹「儻」，龍舒本作「矜」。

祈。臣無任祈天俟命激切屏營之至！❶

二❷

臣某言：近具表辭免恩命，伏蒙聖慈批答不允者。寵私未憖，更加褒勉之恩；分義所存，敢冒叨貪之恥？中謝。伏念臣江湖一介，特荷聖知，帷幄七年，再陪國論。久居亢滿，所以深懼災危；積致衰疲，所以懇辭機要。若猶尸將相之厚禄，且復殿方面之大邦，則是於惡盈之時欲富而弗止，以宣力之地養痾而自營。聖慈雖或優容，官謗何由解免？伏望皇帝陛下，俯垂念聽，特賜矜從。使盛世無虚授之嫌，孤臣有少安之幸。臣無任！

除集禧觀使乞免使相表❸

臣某言：近具表乞以本官充使，伏蒙聖慈特降詔書不允者。愚誠屢黷，方負憂兢；聖聽未移，更加奬勵。顧仰關於國體，敢終冒於天威？中謝。❹伏念臣頃汙近司，久虚大受。晚罹疾疢，❺自當辭禄而里居；尚恃眷憐，故敢祈恩而家食。將相之爲重寄，朝野之所具瞻。若免於事任之勞，而尸此名器之寵，在昔之茂勳明德，尚莫敢居；

❶「祈天俟命激切屏營之至」十字，原無，據龍舒本補。

❷此題，龍舒本作「第二表」。

❸此篇爲龍舒本卷十六《乞免使相充觀察使》之第二表。

❹「中謝」上，龍舒本有「臣」字，爲大字。

❺「疢」，龍舒本作「疚」。

如臣之綿力薄材，豈宜非據？伏望皇帝陛下，❶俯矜危懇，追寢誤恩。豈惟私義之所安，是固物情之衆允。臣無任！

進聖節功德疏右語四❷

臣竊以紹皇策以降神，❸千齡莫擬；歸寶坊而獻福，萬寓惟均。矧荷眷之特殊，固輸誠之獨至。伏願三靈協祐，❹十力證知。常儲有羨之祥，永御無疆之曆。臣無任傾蘄之至！❺

二❻

臣竊以星虹獻瑞，❼實啓聖於嘉時；鍾唄乞靈，敢歸誠於妙道。伏願備膺多福，大庇群生。人永恬愉之安，物無疵癘之苦。天枝彌茂，神睠具依。臣無任！❽

三

臣竊以誕降聖神，❾適天人之嘉會；虔祈祉福，乃臣子之至情。伏願萬寶偕昌，三靈協慶，❿永御無疆之寶曆，丕承未艾之閎休。臣無任！⓫

❶「皇帝」，龍舒本無此二字。
❷「四」，原無，據宋元遞修本補。
❸「臣」，龍舒本無此字。
❹「靈」，宋元遞修本作「儀」。
❺「傾蘄之至」，原無，據龍舒本補。
❻此題，龍舒本作「又」。下「三」、「四」題同。
❼「臣」，龍舒本無此字。
❽「臣無任」，龍舒本無此三字。
❾「臣」，龍舒本無此字。
❿「萬寶偕昌三靈協慶」，龍舒本作「三靈協慶萬寶皆昌」。
⓫「臣無任」，龍舒本無此三字。

四

臣伏以握符踐運，❶與時物以偕昌；歸德謝生，在情文而莫稱。敢憑慈祐，申祝壽祺。伏願皇帝陛下，❷算比天崇，業侔地富，常御華胥之至樂，永錫皇極於黎元。臣無任！❸

臨川先生文集卷第五十七

❶「臣伏以」，龍舒本作「竊」。
❷「皇帝陛下」，龍舒本無此四字。
❸「臣無任」，龍舒本無此三字。

臨川先生文集卷第五十八

表

封舒國公謝表❶

臣某言：伏奉制命，特授開府儀同三司，封舒國公者。發號端門，外覃慶賜，疏恩列辟，俯逮空滄。舞手均歡，捫心獨幸。中謝。伏念臣久孤眷遇，當即譴訶。曠歲籲天，尚辭榮而未獲；新恩賜國，仍席寵以有加。❷唯兹邦土之名，乃昔宦遊之壤。❸久陶聖化，非復魯僖之所懲；積習仁風，乃嘗朱邑之見愛。鴻私所被，朽質更榮。此蓋皇帝陛下道冒群才，彌天之所覆；恩涵庶品，并物之所包。以鳌事備於郊宫，而惠澤均於海宇。故雖幽屏，弗以遐遺。顧冒昧之不貲，豈糜捐之可報？臣無任！

除依前左僕射觀文殿大學士集禧觀使謝表❹

臣某言：伏奉制命除授，依前行尚書左僕射，充觀文殿大學士、集禧觀使者。屢黷天威，坐彌年所。曲從危懇，仰荷至慈。中謝。伏念臣學止求心，行多違俗。少隨宦

❶ 此題，龍舒本作「謝特授儀同封舒國公表」。
❷ 「席寵」，龍舒本作「寵席」。
❸ 「乃」，龍舒本作「自」。
❹ 此題，龍舒本作「謝依前本官充觀使表」。

牒，❶徒有志於養親；晚誤聖知，欲忘身而許國。疲叟久瘝於宰事，閔凶適在於私門。中解繁機，特上煩於矜惻；外分憂寄，復難强於支持。方累鴻私，更尸殊寵，既兢慙於非據，❷輒冒昧以終辭。伏蒙陛下示以優容，屢垂訓奬，赦其逋慢，終賜矜全。猶加祕殿之隆名，俯慰窮閻之衰疾。地崇禄厚，尚非空食之所宜；歲晚力慭，雖欲捐軀而曷報？臣無任！

朱炎傳聖旨令視府事謝表❸

臣某言：三月二日，提舉江南路太常丞朱炎傳聖旨，令臣便視府事者。使指遄臻，訓詞俯逮，敢圖衰疾，尚誤眷存？中謝。伏念臣曲荷搜揚，久孤付屬，有能必獻，未嘗擇事而辭難；無力可陳，乃始籲天而求佚。然方焦思有爲之日，以此懷恩未報之身，苟營燕安，豈免慙悖？伏蒙陛下人惟求舊，❹義不忘遐，乃因乘軺將命之臣，❺更喻推轂授方之意。跼履無用，誠弗忍於棄捐；朽株匪材，尚奚勝於器使？永惟奬勵，徒誓糜捐。臣無任！

差弟安上傳旨令授勑命不須辭免謝表❻

臣某言：伏蒙聖恩差弟安上提點江南東路刑獄，以臣衰疾，就令照管；仍傳聖

---

❶「宧」，龍舒本作「宦」。
❷「兢」，龍舒本作「矜」。
❸此題，龍舒本作「謝朱炎傳聖旨令視事表」。
❹「人」，原作「仁」，據《皇朝文鑒》改。
❺「將」，龍舒本作「賦」。
❻此題，龍舒本作「謝弟安上令授勑命不許辭免表」。

旨，令臣便授勑命，更不須辭免者。江海衰殘，雲天悠遠，恩言狎至，感涕交流。中謝。伏念臣積荷知憐，初無報稱，豈圖賤質，上簡聖心？數遣中人，問因外使，喻以眷懷之至意，慰其憂苦之餘生。惠焉既久而彌加，告矣雖頑而未捨，乃至召見同産，馳賜十行之書；使營私門，就捐一路之寄。訪逮纖悉，矜及隱微。追千載之遭逢，殆無前比；顧百身之糜殞，❶安可仰酬？唯當祇聖訓之鴻私，豈敢固愚衷之小諒？重念無傷於國體，乃爲不負於天慈。欲以里居之安而尸官廩之厚，❷固已犯明義而累食功之實，況復干隆名而長昧利之風？至於詞窮，雖兢慙於屢黷；可以理奪，終冀幸於矜從。臣無任！❸

孫珪傳宣許罷節鉞謝表❹

臣某言：二月二十二日江東轉運使孫珪到府，伏奉聖慈宣諭，以臣誠請甚確，志不可奪，故罷節鉞，春時更宜慎愛者。囊封屢黷，特荷矜從，使傳載馳，重煩慰撫。中謝。伏念臣久尸名寵，❺莫報恩私。既逃不職之誅，更竊無功之禄。閉門養疾，曾未憖於朝榮；擊壤歌時，顧難忘於聖力。伏蒙皇帝陛下，❻義惟求舊，仁不忘遐。❼故雖簪屨

❶「百」，龍舒本作「一」。
❷「欲」，龍舒本作「願」。
❸「臣無任」，龍舒本無此三字。
❹此題，龍舒本作「謝宣諭許罷節鉞表」。
❺「名」，龍舒本作「榮」。
❻「皇帝」，龍舒本無此二字。
❼「忘」，龍舒本、宋元遞修本、應刻本作「棄」。

之遺，尚蒙簡記；曾是筋骸之束，❶敢愛縻捐？❷臣無任！❸

封荊國公謝表❹

臣某言：伏奉勑命，授臣特進荊國公，加食邑四百户食實封一百户，勳如故者。宮庭嘉享，推惠術以及人；❺田里空餐，濫宸恩而累國。中謝。❻伏念臣苦窳賤質，卷曲散材，遭值休辰，登備貴器。有未償之厚責，無可録之微勞。敢冀瘝身，尚叨徽數？此蓋皇帝陛下，備成熙事，答四表之歡心；董正治官，建一代之明制。因令疲薾，與被光榮。雖自誓於縻捐，顧何讎於賁幬？臣無任！

賀貴妃進位表❼

祲盛之禮，發於宮闈；驩康之聲，播於寰海。中賀。❽恭惟皇帝陛下，❾放古之憲，刑家以身。乃資婦德之良，俾貳坤儀之政。蓋《關雎》之求淑女，以無險詖私謁之心；《鷄鳴》之得賢妃，則有警戒相成之道。於以求助，不專爲恩。臣生逢明時，竊觀盛

❶「束」，原作「東」，據龍舒本、宋元遞修本、應刻本改。
❷「捐」，原闕，據龍舒本、宋元遞修本、應刻本補。
❸「臣無任」，龍舒本無此三字。
❹此題，龍舒本作「謝特進封荊國表」。
❺「惠術」，龍舒本作「德惠」。
❻「中」上，龍舒本有「臣」字，爲大字。
❼此題，龍舒本作「賀册貴妃表」。
❽「中」上，龍舒本有大字「臣」字。「賀」，龍舒本作「謝」。
❾「皇帝」，龍舒本無此二字。

事。祝聖人之多子，輒慕堯封；思令德以式歌，豈慙周《雅》？臣無任！❶

賀生皇子表六道❷

臣某言：都進奏院狀報誕生皇子者。❸宮闈嗣慶，寰海交欣。凡逮戴天，惟均擊壤。中賀。❹臣聞《螽斯》之言衆子，是爲王者之時；❺華封之祝多男，亦曰聖人之事。恭惟皇帝陛下，紹祖休顯，憲天昭明，致文武之憂勤，成堯舜之仁孝。宅師無競，莞簟之寢既安；傳類有祥，弓韣之祠屢應。詒謀方永，錫羨用光。臣託備藩維，❻叨承睿獎。不顯亦世，家實與於榮懷；於萬斯年，心敢忘於慶賴？臣無任瞻天云云！❼

二❽

臣某言：伏覩進奏院狀報誕生皇子者。嘉慶係傳，歡欣揔集。中賀。❾臣歷觀古昔，誕受福祥。厥配天所以久長，乃有子至於千億。伏惟皇帝陛下，《鳧鷖》之雅，媚于神祇；《芣苢》之風，燕及黎庶。弓韣嗣

❶「臣無任」，龍舒本無此三字。

❷此六道，龍舒本卷十五實共八道，其五、六兩表底本無。此篇爲龍舒本第八表。

❸「都」，龍舒本作「伏覩」。

❹「賀」，龍舒本作「謝」。

❺「時」，龍舒本作「詩」。

❻「藩」，原作「蕃」，據龍舒本改。

❼「瞻天云云」，原無，據龍舒本補。

❽此篇爲龍舒本第一表。

❾「中賀」，龍舒本作「臣中謝」。

燕禖之報，旐旟仍羆夢之祥。無疆惟休，永保桑苞之固；有室大競，❶方觀椒實之蕃。❷臣嘗汙近司，久尸榮禄，特荷殊憐之至，豈勝竊喜之情？❸臣無任！

三❹

臣某言：伏覩都進奏院狀報誕生皇子者。❺皇運郅隆，天枝彌茂。照臨所暨，鼓舞攸均。中賀。❻臣聞史紀文慶之延，豈惟十子？《詩》歌姒徽之繼，爰至百男。肇敏于修，乃緐厥祉。❼恭惟皇帝陛下，道冒區宇，德冠往初。品庶蒙休，既饗和平之樂；神靈錫羨，果膺蕃衍之祥。臣嘗汙近司，備叨殊獎，以宿痾而自困，欲旅進以無階。臣無任瞻天望聖歡呼抃蹈激切屏營之至！❽

四❾

臣某言：伏覩都進奏院狀報七月四日誕生皇子者。❿慶兆六宮，欣交九服。照臨所暨，⓫鼓舞惟均。中賀。⓬竊以芫寢告祥，實帝臨之釐事；牢祠錫羨，乃神保於昌時。

❶「有」，《皇朝文鑒》作「百」。
❷「蕃」，龍舒本作「繁」。
❸「情」，龍舒本作「深」。
❹此篇爲龍舒本第二表。
❺「臣某言」至「皇子者」，龍舒本無此十六字。
❻「中賀」，龍舒本作「臣中謝」。
❼「祉」，龍舒本作「祉」。
❽「瞻天」至「之至」十四字，原無，據龍舒本補。
❾此篇爲龍舒本第三表。
❿「臣某言」至「皇子者」，龍舒本無此二十字。
⓫「暨」，龍舒本作「洎」。
⓬「中賀」，龍舒本作「臣中謝」。

伏惟皇帝陛下，追放堯勳，嗣承犧象。鴻名敷播，已協九皇之高；純嘏垂延，方覃千子之衆。維祺有椒，❶俾熾無疆。臣夙冒恩憐，久尸榮禄。❷適此驩嘉之會，❸藹然趨造之難。臣無任！❹

五❺

臣某言：伏覩都進奏院狀報誕生皇子者。❻元精孚佑，聖種挺生。慶係集於宫庭，歡忭交於寰宇。❼中賀。❽竊以熊羆見夢，❾穜稑獻祥。厥撫會昌之期，乃膺錫羡之福。恭惟皇帝陛下，德高振古，仁浹含生。故神明之胄浸蕃，而福履之將未艾。臣久尸多禄，❿特荷異恩。顧衰疚之滋多，望清光而獨遠。臣無任！⓫

六⓬

臣某言：⓭伏覩都進奏院狀報誕生皇子者。燕禖饗德，方儲錫羡之祥；羆夢生

❶「維」，龍舒本作「惟」。「椒」，龍舒本作「俶」。
❷「尸」，原作「户」，據龍舒本、宋元遞修本、應刻本、光啓堂本改。
❸「驩」，龍舒本作「亨」。
❹「臣無任」，龍舒本無此三字。
❺此篇爲龍舒本第四表。
❻「臣某言」至「皇子者」，龍舒本無此十六字。
❼「忭」，原作「外」，據中華校排本引繆氏校改。
❽「中賀」，龍舒本作「臣中謝」。
❾「竊以」，龍舒本無此二字。
❿「多」，龍舒本作「榮」。
⓫「臣無任」，龍舒本無此三字。
⓬此篇爲龍舒本第七表。
⓭「臣某言」至「皇子者」，龍舒本無此十六字。

賢，克協會昌之運。與在照臨之廣，敷同慶賴之深。中謝。❶ 切以《思齊》「神罔時恫」，《假樂》「民之攸塈」。天所保佑，厥惟太姒之多男；國之榮懷，亦曰成王之衆子。恭惟皇帝陛下，令德光乎洛誦，康功茂乎岐昌。鴻休無疆，景命有僕。蓋《芣苢》之「薄言采采」，衆皆先成；❷則《螽斯》之「宜爾振振」，宗强孰禦？臣久叨眷遇，適阻進趨。親值本支百世之盛時，敢忘壽考萬年之善祝？

賀魏國大長公主禮成表❸并周德妃進封。❹

臣某言：伏以明告治庭，❺寵頒恩册。家邦之慶，海宇以欣。中賀。❻ 恭惟皇帝陛下，荷天閎休，若古丕式。自禰率而尊祖，備極靈承；謂姊親而先姑，特加徽數。❼ 改錫厥壤，增褒所生。大號已孚，庶言惟允。臣久尸榮禄，竊睹盛儀。臚傳雖異於九賓，率舞尚同於百獸。臣無任！❽

賀冀國大長公主出降表

慶事備成，恩紀隆洽。有榮夷夏之觀，❾厥乎邦國之休。中謝。❿ 蓋聞勿恤於有

❶「中謝」，原無，據龍舒本補。
❷「皆」，龍舒本作「樂」。
❸此題，龍舒本作「賀周德妃及魏國大長公主禮成表」。
❹「并周德妃進封」，龍舒本無此六字。
❺「伏以」，龍舒本無此二字。
❻「中賀」，龍舒本無此二字。
❼「加」，龍舒本作「嘉」。
❽「臣無任」，龍舒本無此三字。
❾「觀」，龍舒本作「望」。
❿「中謝」上，龍舒本有「臣」字，爲大字。

家，以祉而歸吉。禮儀卒獲，風化所原，不有在躬之清明，其能由内而成熾。恭惟皇帝陛下，道光覆照，教始親成。篤念祖之至情，致先姑之美義。庶言無間，徽典有加。臣叨昧殊憐，衰瘵遠屏。親值榮懷之日，用忘呼舞之勞。臣無任！❶

賀魯國大長公主出降表

臣某言：伏覩進奏院報魯國大長公主出降者。占虵聘夢，祥實發於先朝；奠鴈告期，禮甫成於外館。中賀。❷臣聞親成經五禮之始，睦嫺貫六行之中。善與物昌，慶惟時賴。恭惟皇帝陛下，齊家而國治，睦族而民雍。恩隆天屬之尊，禮重王姬之降。慎所選尚，燕及文母之慈；厚於送歸，追成穆考之孝。臣叨陪興運，獲覩盛儀。雖句臚中絶於九賓，然呼舞外均於百獸。臣無任！❸

賀康復表

臣某言：天佑俊德，永錫康寧。三靈一心，所共欣慶。中賀。❹竊以執契踐運，❺寶命在躬；無疆惟休，何恙不已？伏惟皇帝陛下，堯仁舜孝，充假彰聞。惠于神民，循道不越。雖勤勞庶慎，衛養小愆；而福履綏將，旋日底豫。平格獲祐，效驗甚明。而臣衰疾所嬰，久違宸宇。聞傳踊躍，倍百

❶「臣無任」，龍舒本無此三字。
❷「賀」，龍舒本作「謝」。
❸「臣無任」，龍舒本無此三字。
❹「中賀」，龍舒本無此二字。
❺「踐運」，龍舒本作「從道」。

群黎。臣無任！

賀南郊禮畢肆赦表二道❶

臣某言：伏覩十一月二十五日南郊禮畢大赦天下者。精意上昭，神靈底豫。茂恩旁暢，夷夏浹和。❷中賀。❸臣聞道以饗帝爲難，禮以配天爲至。有秩斯祜，唯四表之歡心；胡臭亶時，匪九州之美味。自古在昔，若聖與仁，厥遭昌辰，乃覩熙事。恭惟皇帝陛下，邁種三德，敷奏九功。率籲奉璋之衆髦，肇稱奠璧之新禮。廟籩致孝，郊血告幽。誠既格於穹旻，福遂均於品庶。振憂矜寡，原宥眚裁。第五玉以褒封，善人是富；發三錢而慶賜，賤者不虛。天其居歆，人以呼舞。臣夙叨寵獎，親值休成。雖無與於駿奔，實不勝於竊抃。臣無任！❹

二❺

臣某言：伏覩今月初五日南郊禮畢大赦天下者。精明條達，神睠顧而依懷；膏澤川流，人歡呼而蹈厲。中賀。❻臣聞語孝之至，莫大於配天；議禮而輕，不足以享帝。能舉釐事，實歸聖時。恭惟皇帝陛下，鴻化已昭，康年屢應。奔走籩豆，有董正之治官；潔豐粢盛，有底慎之財賦。禮成穀旦，恩浹縣區。雖洛誦之休明，尚

❶此題，龍舒本作「賀赦表」。
❷「浹」，原作「接」，據《皇朝文鑒》改。
❸「中賀」，龍舒本作「臣某誠歡誠抃頓首頓首」十字，爲大字。
❹「臣無任」，龍舒本無此三字。
❺此篇爲龍舒本卷十五《賀南郊禮畢表》之第二表。
❻「中賀」，龍舒本無此二字。

難譬稱；豈兒寬之淺吶，能盡揄揚？臣夙荷慈憐，方嬰衰瘵，望九賓之紳笏，獨遠句傳；狎百獸於山林，猶知率舞。臣無任！

賀明堂禮畢肆赦表❶

臣某言：伏覩今月二十二日明堂禮畢大赦天下者。蒐講上儀，神天底豫。敷施大號，夷夏交欣。中賀。❷蓋聞聖以享帝爲難，孝以嚴父爲至。周右烈考，或委政而弗專；漢記諸神，❸或竊禮而無實。恭惟皇帝陛下，道包衆甫，運會丕平。巍巍成功，堯之所謂大；業業致孝，舜之所由昌。涓選休辰，肇稱嘉饗。百禮既至，而正惟己獨；萬壽攸酢，而福與衆均。臣久冒眷憐，方嬰疢疾。奉承籩豆，乃獨後於臣工；蹌舞笙鏞，竊自同於鳥獸。臣無任！

臨川先生文集卷第五十八

❶「肆赦」，龍舒本無此二字。
❷「中賀」，龍舒本作「臣中謝」。
❸「記」，龍舒本作「紀」。

臨川先生文集卷第五十九

表

賀冬表八道❶元豐二年。❷

臣某言：伏以庶彙潛萌，上儀亞歲。室告氣行之協，臺占瑞至之嘉。恭惟皇帝陛下，考敦復以大中，籲朋來之衆俊。剛健之德，與陽皆亨。壽昌之期，如日方永。臣叨榮近列，攖疾殊方。鳧趨獨後於在庭，爵躍實深於存闕。臣無任！❸

二❹元豐三年。❺

臣某言：❻伏以寶曆無疆，❼嘉時有俶。物潛萌而赤色，氣順動於黄宫。中賀。❽恭惟皇帝陛下，❾道協乾行，德孚陽感。❿體一元而獨復，毓萬寶以皆昌。永御丕平，備膺純嘏。臣寖嬰衰疾，久隔清光。迹雖屏

❶ 此八道，龍舒本卷十五實爲七道，其第四表（元豐五年）底本無。
❷ 「元豐二年」，原無，據龍舒本補。
❸ 「臣無任」，龍舒本無此三字。
❹ 此題，龍舒本作「第二表」。
❺ 「元豐三年」，原無，據龍舒本補。
❻ 「臣某言」，龍舒本無此三字。
❼ 「伏以」，龍舒本無此二字。
❽ 「賀」，龍舒本作「謝」。
❾ 「恭」，龍舒本作「伏」。
❿ 「孚」，原作「李」，據龍舒本、宋元遞修本、應刻本改。

於丘園，志不忘於宸宇。臣無任！❶

三❷元豐四年。❸

臣某言：❹伏以萬寶潛萌，❺應黃宮之協氣；❻百工胥慶，亞正歲之上儀。中賀。❼恭惟皇帝陛下，❽體御至神，詡揚獨智。武烈丕承乎前載，堯明光被乎多方。茂對斯時，備膺諸福。臣比緣衰疾，獨遠清光。雖存闕之不忘，尚造庭之未獲。臣無任！❾

四❿元豐六年。⓫

臣某言：⓬伏以氣復黃宮，⓭茂對物滋之始；晷移北陸，寅賓日至之長。中賀。⓮恭惟皇帝陛下，⓯道與時行，化猶天運。⓰嗣無疆而履位，建有極以宜民。甫臨陽長之期，大襲福綏之慶。臣恩容居里，病阻造庭。雖薦壽以無階，顧馳心而曷已？臣無任！⓱

❶「臣無任」，龍舒本無此三字。
❷此題，龍舒本作「第三表」。
❸「元豐四年」，原無，據龍舒本補。
❹「臣某言」，龍舒本無此三字。
❺「伏以」，龍舒本無此二字。
❻「宮」，龍舒本作「鍾」。
❼「中賀」，龍舒本作「臣中謝」。
❽「恭」，龍舒本作「伏」。
❾「臣無任」，龍舒本無此三字。
❿此題，龍舒本作「第五表」。
⓫「元豐六年」，原無，據龍舒本補。
⓬「臣某言」，龍舒本無此三字。
⓭「伏以」，龍舒本無此二字。
⓮「中賀」，龍舒本作「臣中謝」。
⓯「恭」，龍舒本作「伏」。
⓰「運」，龍舒本作「遠」。
⓱「臣無任」，龍舒本無此三字。

五❶元豐六年。❷

臣某言：伏以陰偕物極，陽與朋來。推曆玩占，乃見潛萌之信；體元御辨，以知敦復之中。中賀。❸恭惟皇帝陛下，舜孝禹功，文謨武烈，茂對時之福禔，靈承旅以壽康。臣久冒朝榮，外叨方任，弗與稱觴之末，❹豈勝存闕之深？臣無任瞻天望聖激切屏營之至！❺

六❻

臣某言：❼伏以候始三微，❽氣萌萬彙。謹觀臺之占瑞，亟獻歲以陳儀。中賀。❾恭惟皇帝陛下，祇遹燕謀，靈承休運。先一陽而獨復，斂諸福以朋來。臣屬此養痾，藹然在遠。傾心舜日，欣賓景之踐長；仰首堯天，祝壽祺而等久。臣無任！❿

七

臣某言：伏以運與陽升，晷偕日至。儀亟三朝之會，氣先五刻之占。中賀。恭惟皇帝陛下，茂對斯時，備膺諸福。御至和之

❶ 此題，龍舒本作「第六表」。
❷ 「元豐六年」，原無，據龍舒本補。
❸ 「中賀」，龍舒本無此二字。
❹ 「末」，原作「未」，據龍舒本、宋元遞修本、應刻本、光啓堂本改。
❺ 「瞻天望聖激切屏營之至」十字，原無，據龍舒本補。
❻ 此題，龍舒本作「第七表」。
❼ 「臣某言」，龍舒本無此三字。
❽ 「伏以」，龍舒本無此二字。
❾ 「中賀」，龍舒本無此二字。
❿ 「臣無任」，龍舒本無此三字。

玉燭，撫大順於璿璣。臣竊望清光，獨嬰衰疾。徒有懷於率舞，乃弗預於稱觴。臣無任！

八

臣某言：伏以一陽氣復，萬寶萌生。天效五雲之祥，律應《三統》之首。兹爲大慶，允屬熙朝。中賀。恭惟皇帝陛下，道泰犧軒，德深堯禹。文物聲明之昭爛，神祇祖考之安寧，適丁至治之期，矧及履長之序！萬靈隤祉，四海交歡。而臣身處江湖，地遥宸極。瞻天日之表，阻獻於壽觴；望雲龍之庭，徒傾於驩頌。臣無任！

賀正表五道❶元豐二年。❷

臣某言：伏以漢儀高會，方登四海之圖；周曆俯頒，乃憲百官之象。中賀。❸恭惟皇帝陛下，含德淵懿，撫辰休嘉。乘姑射之雲龍，所更者化；存胥敖於蓬艾，各遂其生。運與日升，道侔乾始。臣尚依枌社，獨隔楓宸。緬瞻朝著之班，竊慕封人之祝。臣無任！

❶ 此五道，龍舒本卷十五實爲七道，其第五（元豐六年）、六（元豐七年）兩道底本無。

❷ 「元豐二年」，原無，據龍舒本補。

❸ 「中賀」，龍舒本作「臣中謝」。

二❶元豐三年。❷

獻歲初吉，端月始和。萬寶取新之元，九儀告慶之會。中賀。❸恭惟皇帝陛下，體神蹈智，抱一建中，允迪謩勳，❹永膺孚祐。德日新而有俶，福時萬以無疆。臣特荷寵光，久嬰衰疾。雲天在望，惟緬想於句傳；麋鹿與遊，豈暫忘於率舞？臣無任！❺

三❻元豐四年。❼

寶曆無疆，嘉生有俶。厥初獻歲之吉，乃始端月之和。中賀。❽恭惟皇帝陛下，常德日新，景福時萬。體泰元而難老，閱衆甫以皆昌。臣久負異恩，❾尚嬰衰疾。瞻雲紛郁，想朝路以載欣；愒日舒長，與疇人而胥樂。臣無任！❿

四⓫元豐五年。⓬

寶曆無疆，嘉生有俶。門憲始和之象，庭充元會之儀。中賀。⓭伏惟皇帝陛下，膺

❶此題，龍舒本作「第二表」。
❷「元豐三年」，原無，據龍舒本補。
❸「中賀」，龍舒本作「臣中謝」。
❹「謩」，原作「墓」，據龍舒本、宋元遞修本、應刻本改。
❺「臣無任」，龍舒本無此三字。
❻此題，龍舒本作「第三表」。
❼「元豐四年」，原無，據龍舒本補。
❽「中賀」，龍舒本作「中謝」。
❾「負」，龍舒本作「冒」。
❿「臣無任」，龍舒本無此三字。
⓫此題，龍舒本作「第四表」。
⓬「元豐五年」，原無，據龍舒本補。
⓭「賀」，龍舒本作「謝」。

保永圖，綏將純嘏，❶撫五辰而致順，毓萬物以皆昌。臣久負異恩，尚嬰衰疾。瞻雲煥爛，欣逢舜旦之華；擊壤消揺，樂得夏時之正。臣無任！❷

五❸

馭正夏時，❹更端周曆。體一元而敷惠，適與春浮；斂諸福以代新，方侔川至。中賀。❺恭惟皇帝陛下，誕昭明德，祗燕孫謀。齊七政以當天，順五辰而凝績。用求協氣，❻以阜嘉生。閲千古之上儀，肆三朝之盛會。仰同星拱，竦百辟以在庭；追效嵩呼，極萬年而薦壽。臣桑榆晚景，麋鹿並遊。進莫與於臚傳，退但知於率舞。臣無任！❼

辭免南郊陪位表❽

伏奉詔書，令發來赴闕南郊陪位者。萬國駿奔，燁上儀之殊觀；❾一夫幽屏，叨明命之特招。中謝。❿伏念臣竊禄已多，冒恩最渥。自致惓惓之義，實有素情；再瞻穆穆之容，豈非榮願？而藹然暮景，攖以

❶「綏將」，《皇朝文鑒》作「茂綏」。
❷「臣無任」，龍舒本無此三字。
❸此題，龍舒本作「第七表」。
❹「馭」，龍舒本作「取」。
❺「賀」，龍舒本作「謝」。
❻「求」，龍舒本作「來」。
❼「臣無任」，龍舒本無此三字。
❽「免」，龍舒本無此字。
❾「燁」，原作「煒」，據龍舒本、宋元遞修本、應刻本改。
❿「中謝」上，龍舒本有「臣」字，爲大字。

沉痾。伏畎畝以負兹，❶於今未已；侍壇垓而踐豆，用此爲妨。臣無任！❷

辭免明堂陪位表❸

臣某言：伏奉詔書，令發來赴闕明堂陪位者。合宮丕享，寰宇駿奔。冒被優詔之加，使陪顯相之末。中謝。❹伏念臣投身荒遠，上負眷憐，❺企踵禁嚴，久勞監寐。❻況宗祈之盛禮，辱號召之明恩，當即辦嚴，豈容辭疾？而沉冥浸劇，黽勉實難。心若子牟，雖每存於魏闕；身如楊僕，乃自外於漢關。臣無任！❼

詔免南郊陪位謝表❽

臣某言：近具表爲疾病乞免赴闕南郊陪位，伏蒙聖慈特賜詔書許免者。螻蟻惓惓，上干旒扆；❾雲天顥顥，下賁丘園。❿中謝。⓫臣憊矣微生，頽然暮齒。冒恩鼎食，⓬非堅卧以爲高；承命旌招，宜駿奔而反後。顧緣衰疢，致隔清光。伏蒙皇帝陛下，⓭特赦尤違，曲垂念聽。蔀昏難望，尚延舜日之

❶「兹」，龍舒本作「薪」。
❷「臣無任」，龍舒本無此三字。
❸「免」，龍舒本無此字。
❹「中謝」上，龍舒本有大字「臣」字。
❺「上」，原作「土」，據龍舒本、宋元遞修本、應刻本改。
❻「監」，龍舒本作「鑒」。
❼「臣無任」，龍舒本無此三字。
❽此題，龍舒本作「謝免南郊陪位表」。
❾「上」，原作「土」，據龍舒本、宋元遞修本、應刻本改。
❿「下」，龍舒本作「俯」。
⓫「中謝」，龍舒本無此二字。
⓬「食」，龍舒本作「石」。
⓭「皇帝」，龍舒本無此二字。

華；荒翳易遺，更獲堯雲之潤。臣無任感天荷聖激切屏營之至！❶

詔免明堂陪位謝表❷

臣某言：近具表爲疾病乞免赴闕明堂陪位，伏蒙聖慈特賜臣詔書許免者。駿奔弗獲，内懷逋慢之誅；寵答曰俞，上荷眷憐之至。中謝。❸伏念臣久違袐近，遂迫衰殘。長負異恩，固難逃於幽黜；敢圖釐事，乃復與於詳延？輒冒布陳，重煩矜允。鴻私所被，藏一札以知榮；旅力已愆，殞百身而何及？臣無任！❹

加食邑謝表二道❺

臣某言：伏奉誥命，加食邑四百户實封一百户者。顯相郊宫，固宜寵奬；曠居田里，乃濫褒嘉。❻中謝。❼伏念臣尚負宿痾，久尸榮禄。無可論之薄效，有未報之隆恩。方國明禋，庶工祇載。奉璋執豆，旅幣獻琛。具輸奔走之勞，獨抱滯留之歎。豈圖踈逖，亦冒龍光？❽此蓋皇帝陛下，荷休駿厖，斂福敷錫。故雖幽屏，弗以遐遺。身每被於慈憐，心敢勞於勤策？臣無任！

❶「感天荷聖激切屏營之至」十字，原無，據龍舒本補。
❷此題，龍舒本作「謝免明堂陪位表」。
❸「中謝」，龍舒本無此二字。
❹「臣無任」，龍舒本無此三字。
❺此題，龍舒本作「謝加食邑表」。
❻「嘉」，龍舒本作「加」。
❼「中謝」上，龍舒本有「臣」字。
❽「龍」，龍舒本作「寵」。

二❶

解澤旁流，明綸俯被。永惟叨昧，深以兢榮。中謝。❷竊以時郊丘之承，所以尊上帝；疇官邑之賜，所以富善人。盛福靡專，至恩惟稱。臣久塵要近，上累昭明。❸方玉輅之親祠，以銅符而外守。逮均休慶，例獲褒嘉。❹此蓋伏遇皇帝陛下，以平施於萬方，無遐遺之一物。矧蒙圖任之舊，特荷獎知之深。祗服訓辭，敢忘報禮？臣無任！❺

賜生日禮物謝表五道❻

璽書加獎，臺餽示優。屈使者之光華，發里門之榮耀。中謝。竊念臣才非秀穎，勢又羈單。方少也，臣父教臣以爲己之方；及長也，臣母勉臣以許國之節。叨踰至此，稱效缺然。慈訓久孤，每感劬勞之日；恩頒荐至，更慙明盛之朝。此蓋伏遇皇帝陛下，智臨方來，慈保臣庶，嘉以物多而備禮，使知意厚而盡心。敢不自竭斷斷之能，庶以少申惓惓之義。臣無任！❼

❶ 此題，龍舒本作「謝加南郊恩表」。
❷ 「中謝」上，龍舒本有大字「臣」字。
❸ 「昭明」，龍舒本作「明昭」。
❹ 「嘉」，龍舒本作「加」。
❺ 「臣無任」，龍舒本無此三字。
❻ 此題，龍舒本卷十九作「謝賜生日表」，凡三表，其第一表底本無，此篇爲第三表。
❼ 「臣無任」，龍舒本無此三字。

二❶

慰藉溢言，匪頒異數。荷恩勤之及此，思報稱以芒然。❷中謝。伏念臣謬簡神心，❸叨陪大政。以久孤之樸學，當難遇之盛時。雖罄愚忠，何裨聖治？門弧可想，方永念於劬勞；臺餽有加，更上煩於寵奬。此蓋伏遇皇帝陛下，施仁品物，致禮臣鄰，將備責於安危，故俯同於憂樂。所願輸勞而後食，❹敢知得賜之爲榮？矧生己之至恩，已云不報；獨事君之大義，庶或無慙。臣無任！❺

三

臣某言：伏蒙聖慈，以臣生日，特降詔書賜臣羊酒米麵者。書名閭史，適在斯辰。拜使家庭，猥叨異數。中謝。伏念臣才非經國，幸實遭時。徒塵宰席之延，初乏辰猷之告。敢圖恩奬，俯逮燕私？此蓋伏遇皇帝陛下，寵厚近班，率循前憲，因令疵賤，獲被龍光。敢忘夙夜之勤，以稱乾坤之施？臣無任！

四

臣某言：伏蒙聖慈，特差臣男太子中允雱押賜臣生日禮物：衣一對、衣著一百

❶ 此題，龍舒本作「第二表」。
❷ 「芒」，龍舒本作「蔑」，中華校排本引繆氏校作「茫」。
❸ 「神」，龍舒本作「帝」。
❹ 「勞」，龍舒本作「忠」。
❺ 「臣無任」，龍舒本無此三字。

匹、金花銀器一百兩、馬二匹、金鍍銀鞍轡一副者。劬勞之感，方愴於私懷；寵奬之加，更慚於異數。中謝。伏念臣早塵禄仕，多歷歲年，初無横草之勞，但有敗林之愧。進膺重任，久曠隆恩。敢圖誕毓之辰，更冒匪頒之澤？此蓋伏遇皇帝陛下，惇修故事，優眷近司。屈聖制以褒嘉，示殊私於錫予。永惟叨昧，彌積震驚。撫己冥□，❶亮難酬於盛德；惟時忠慎，竊自誓於愚誠。臣無任！

五

臣某言：伏蒙聖慈，特差入内内侍省内東頭供奉官馮宗道傳宣撫問，及就府賜臣生日禮物金花銀器一百兩、衣著一百匹、衣一對、金鍍銀鞍轡一副并纓複、馬二匹、湯藥一銀合御封全者。微勞不效，僅逃三典之科；厚禮有加，尚躐九儀之等。中謝。臣外叨寄屬，仰誤眷憐。已隳考翼之基，重負母慈之教。迫劬勞於晚節，方不自勝；惟蕃庶之舊恩，終無以稱。伏蒙皇帝陛下，更馳膚使，曲喻至懷。駔駿靈珍，琛奇組麗。豈下流之敢及，皆前此之所無。金卮淑旂，多錫誠榮於既往；鉛刀駑馬，强扶難冀於將來。雖天地弗責其謝生，顧臣子敢忘於致死？臣無任！

❶「□」，宋元遞修本作「炬」，中華校排本引繆氏校謂當補「頑」字。

給蔡卞假傳宣撫問謝表❶

伏蒙聖恩，以臣疾病，特給蔡卞假，將臣女子省侍，令卞傳宣撫問，諭以調養者。飭毉遣使，已叨訓勉於禔身；輟侍予寧，重累顧哀於慈子。教言狎至，❷感涕交流。臣趣尚缺如，遭逢榮甚。竊食浮而廢任，特負知憐；昧禄殖以挺災，終貽罪疾。伏遇皇帝陛下，地容天幬，雲蔭露濡。呴吹晚出於更生，拊傴申加於瀕死。譬如造化，難紀叙於曲成；雖曰糜捐，敢稱論而上報？臣無任！❸

甘師顏傳宣撫問并賜藥謝表❹

臣某言：❺膚使寵辭，載華原隰。寶奩珍劑，加賁丘園。臣中謝。伏念臣少出衡茅，晚陪帷幄。德輶寄重，才淺知深。但念里居，長負丘山之責；敢期宸眷，尚留簪履之矜。此蓋伏遇皇帝陛下，天幬無疆，海函不棄。戴難忘之盛德，豈特銘肌；撫易盡之餘生，唯當結草。臣無任！❻

李舜舉賜詔書藥物謝表❼

臣某言：❽輟宮闈親近之臣，臨湖海寬

❶ 此題，龍舒本作「謝給蔡卞假傳宣撫問表」。
❷ 「教」，龍舒本作「敎」。
❸ 「臣無任」，龍舒本無此三字。
❹ 此題，龍舒本作「謝甘師顏傳宣撫問并賜藥表」。
❺ 「臣某言」，龍舒本無此三字。
❻ 「臣無任」，龍舒本無此三字。
❼ 此題，龍舒本作「謝李舜舉賜詔書藥物表」。
❽ 「臣某言」，龍舒本無此三字。

閑之野，授之藥物，撫以訓辭。尸厚禄而無勞，謂當誅絶；捐大恩而不報，彌所兢慚。臣中謝。伏念臣本出羇單，❶自甘淪棄。晚由朴學，上誤聖知。智曾昧於保身，忠每懷於許國。讒誣甚巧，切憂解免之難；危拙更安，特荷眷憐之至。況遠迹久孤之地，實邇言易閒之時，而離明昭晰於隱微，解澤頻繁於踈逖。此蓋伏遇皇帝陛下，以上仁含垢，以大智容愚，弗使南箕得侈簸揚之狀，更令北户坐蒙臨照之光。薾然垂盡之病軀，沱若横流之感涕。惟困窮無俚，❷猶致命於一餐；顧冒昧不貲，敢忘懷於九死？臣無任！❸

中使撫問謝表❹

臣某言：❺孤臣疲曳，自阻進趨。上主慈憐，猶加撫諭。中謝。伏念臣晚陪休運，特荷異恩。横草無功，每恨棄軀之晚；負薪有疾，仍慚制禄之優。豈謂陛下所總萬機，不忘一物？迺因輶軒之出，俯逮踦屨之遺。仰荷眷私，唯知感涕。臣無任！❻

二❼

臣某言：❽去國彌年，屢煩慰恤，乘軺

❶「本出」，龍舒本作「出本」。
❷「俚」，原作「理」，據龍舒本改。
❸「臣無任」，龍舒本無此三字。
❹此題，龍舒本作「謝中使撫問表」。
❺「臣某言」，龍舒本無此三字。
❻「臣無任」，龍舒本無此三字。
❼此題，龍舒本作「又」。
❽「臣某言」，龍舒本無此三字。

便道，復賜撫存。中謝。伏念臣冒恩殊深，奉事多廢。久素餐而無責，方宿疢之有加。弗以遐遺，實仰慚於眷遇；莫知上報，徒永誓於糜捐。臣無任！❶

賜湯藥謝表❷

臣某言：❸隆恩博施，弗以遐遺，弱力薄才，豈能仰稱？中謝。臣久孤重任，❹上誤聖知，特荷眷憐，備昭誠悃。付以便安之郡，休其疲曳之軀。跋涉之路未窮，問勞之恩先至。璽書甚厚，藥物兼珍。此蓋伏遇皇帝陛下，丕冒海隅，寵綏臣庶。簪屨之舊，不忍於棄忘；雲天之高，每存於庇幬。永惟報効，徒誓糜捐。臣無任！❺

中使傳宣撫問并賜湯藥及撫慰安國弟亡謝表❻

臣某言：❼便蕃曲澤，雖遠不忘。晼晚餘年，懼終莫報。伏念臣辭恩機要，藏疾里閭，既疲瘵之未夷，顧憂傷之重至。仰煩眷獎，特示閔憐。中飭使軺，備宣恩厚。寵頒藥物，深念衰殘。此蓋伏遇皇帝陛下，日月照臨，乾坤覆燾。俯矜舊物，曲軫睿慈。始

❶「臣無任」，龍舒本無此三字。
❷此題，龍舒本作「謝賜湯藥表」。
❸「臣某言」，龍舒本無此三字。
❹「孤」，龍舒本作「辜」。
❺「臣無任」，龍舒本無此三字。
❻此題，龍舒本作「謝中使傳宣撫問并賜湯藥及撫慰安國弟亡表」。
❼「臣某言」，龍舒本無此三字。

終顧遇之私，人知無替；存没榮懷之感，情實難勝。臣無任！❶

李友詢傳宣撫問及賜湯藥謝表❷

臣某言：伏奉聖慈，特差李友詢扶護亡男雱棺柩到府并撫問者。孤臣特荷慈憐，未獲捐軀報德；賤息比叨寵奬，復以遺骨累恩。臣中謝。伏念臣釁積自躬，凶流及嗣。因仍積歲，藏厝不時。敢謂私憂，上貽聖慮？伏蒙皇帝陛下，飭遣親使，護致旅棺。使亡子之魂即安於窀穸，天性之愛得盡於莫年。申之訓辭，撫以藥物，眷被終始，施兼存亡。銘骨不足以叙欲報之心，瀝肝不足以繼感泣之血。獨恨既愆之力，莫知自効之方。臣無任！❸

賜衣服銀絹等謝表❹

臣某言：今月十一日，准都進奏院遞到詔書，并别録賜臣衣服、金帶、魚袋、銀器、絹銀、鞍轡、馬者。慰藉溢言，上宰寵眷。匪頒異數，特荷慈憐。❺臣晚以薄材，嘗陪興運。華原之簪未慭，每辱矜收；橋山之劍初遺，獨悲淪沮。伏蒙皇帝陛下，勤追考翼，厚勉臣中。遽被寵光，申加蓄庶。雖負薪之末力，難效驅馳；顧結草之殘魂，

❶「臣無任」，龍舒本無此三字。
❷此題，龍舒本作「謝李友詢傳宣撫問及賜湯藥表」。
❸「臣無任」，龍舒本無此三字。
❹此題，龍舒本作「謝賜衣服銀絹等表」。
❺「慈」，龍舒本作「恩」。

猶知報稱。臣無任！❶

中使宣醫謝表❷

臣某言：❸乘衰攖厲，❹敢意浼聞？輙舊垂矜，曲加寵數。即馳近御，兼飭太醫，錫以寶奩，實之珍劑。創殘再肉，顛眴更蘇。沓被慈憐，不勝負荷。臣叨恩缺報，昧禄取災。果崇降以疾殃，至上煩於愍惻。此蓋伏遇皇帝陛下，屨簪念厚，軒幄眷深。天弗籲而亦臨，雲甫瞻而既雨。哀逾察父，感劇孤臣。論可報之涓埃，難知稱効；顧未填之溝壑，❺徒誓糜捐。撫涕汍瀾，捫心躑躅。臣無任！❻

差張諤醫男雱謝表❼

臣某言：伏蒙聖慈，特差中使傳宣撫問，并賜臣男雱湯藥，押沖静處士張諤至本府醫治者。蕞爾餘生，備叨眷撫，薾然賤息，更荷哀憐。中謝。臣初乏將明之材，適遭開泰之運。父子並蒙寵奬，臣鄰莫與等夷。去闕以來，歷時未久。問勞狎至，憂軫俯加。以察父之鴻私，施具臣之晚節。但慚疲曳，莫副馳驅。冀憑天地之恩，得全駒犢

❶「臣無任」，龍舒本無此三字。
❷此題，龍舒本作「謝中使宣醫表」。
❸「臣某言」，龍舒本無此三字。
❹「攖」，龍舒本作「遘」。
❺「顧」，光啓堂本作「塞」。
❻「臣無任」，龍舒本無此三字。
❼此題，龍舒本作「謝差張諤醫男雱表」。

之命。永依鞭策，共誓糜捐。臣無任！

賜曆日謝表二道❶

臣伏以太史序年，❷將謹人正之授；遠臣尸祿，乃叨天指之加。臣中謝。竊以欽若昊穹，靈承黎庶，正時所以作事，治曆所以明時。恭惟皇帝陛下，道邁古初，德綏方夏。治教之象，上協於天心；正朔所加，外通乎海表。敢圖幽屏，亦誤寵頒？徒尊閣以知榮，曷糜捐之可報。臣無任！❸

二❹

臣伏以清臺課曆，❺肇明一歲之宜；列郡仰成，欽布四時之事。闕文切扑，❻拜賜爲榮。恭惟皇帝陛下，躬包曆數，政順璣衡。齊日月之照臨，體乾坤之闔闢。考觀新度，遠存堯象之明；推步大端，猶得夏時之正。盡俯仰察觀之理，概裁成輔相之宜。歲事備存，詔文偕下。先天誕告，間無杪忽之差；率土逢占，驗若節符之合。臣敢不恭承睿旨，❼順考時行。贊聖神化育之功，極天人和同之効。奉而行政，期不戾於陰陽；推以治人，庶克躋於富壽。臣無任！❽

臨川先生文集卷第五十九

❶「二道」，原無，據原總目補。此題，龍舒本作「謝賜曆日表」。
❷「臣伏以」，龍舒本無此三字。
❸「臣無任」，龍舒本無此三字。
❹此題，龍舒本作「又」。
❺「臣伏以」，龍舒本無此三字。
❻「扑」，龍舒本作「抃」。
❼「睿」，原爲墨丁，據龍舒本補。
❽「臣無任」，龍舒本無此三字。

臨川先生文集卷第六十

表

兩府待辠表❶

臣某等伏覩内降德音，以陜西、河東兩路外勤師旅，内耗黎元，引咎推恩者。辠己以興，方懋日新之德；經邦弗效，敢辭天討之刑。中謝。臣等昔以凡材過叨重任，内不能定國家之論以協士民，外不能成疆埸之謀以綏夷狄。用開邊隙，亟使人勞，至深惻於聖懷，實大愆於榮禄。瘝官若此，即辠爲宜。唯並寘於嚴科，乃大符於公論。臣等無任祈天俟命激切屏營之至！❷

請皇帝御正殿復常膳表二道❸

臣等言：❹奉聖旨，以祈雨未應避正殿減常膳者。陽春生物，偶霑澤之稍愆；睿意恤民，遽側身而自抑。德已修於銷變，數或係於非常。當復彝儀，用安羣下。中謝。恭惟皇帝陛下，天仁博施，神智曲成。躬忘旰食之勞，坐講日新之政。四時協序，萬物致和。適當化養之辰，宜得涵濡之澤。少違常候，深軫清衷。退師氏之

❶「表」上，龍舒本有「上」字。
❷「祈天俟命激切屏營之至」十字，原無，據龍舒本補。
❸「請」，龍舒本作「乞」。此二道龍舒本實爲三道，其第三道底本無。
❹「臣」下，龍舒本有「某」字。

正朝，約太官之盛饌。仰窺謙德，志在閔民。然而遐虜來朝，當即法宮之位；誕辰入慶，合陳燕俎之珍。事有所先，禮難偏廢。伏願仰回淵聽，俯徇輿情。夙御九筵之居，並羞十閣之具。上以全於國體，下以副於臣誠。臣無任祈天俟命激切屏營之至！❶

二❷

臣某等言：近上表請御正殿復常膳，❸蒙降批答不允者。時澤偶愆，屢勤齋禱。聖衷愈勵，曲盡焦勞。將損己以召休，因退次而貶食。列陳剡奏，尚闕嗣音。在臣列之靡遑，伏帝閽而再扣。中謝。恭惟皇帝陛下，體居離正，德稟乾剛。期揉俗以致康，嘗納隍而興念。七載于此，繼獲豐穰。一春而來，或罹愆亢。❹皇慈深軫，羣祀徧修。恐狴犴乖則親慮其囚，懼黼黻美則躬變其服。仍損內饔之舉，兼虛正宁之朝。然而禮貴從宜，事難泥古。而況甫臨誕節，交舉慶儀。有列辟拜萬年之觴，有殊俗修兩朝之好。苟虧彝制，難副羣情。少屈淵衷，特從誠懇。天臨廣廈，日御常珍。親事法宮，廓宣於政治；惟辟玉食，昭示於等威。仰以慰兩宮之慈，俯以安羣下之望。臣等無任祈天荷聖激切屏營之至！❺

❶「祈天俟命激切屏營之至」十字，原無，據龍舒本補。
❷此題，龍舒本作「第二表」。
❸「復」，龍舒本作「服」。
❹「亢」，《皇朝文鑒》作「尤」。
❺「祈天荷聖激切屏營之至」十字，原無，據龍舒本補。

乞罷政事表三道❶

臣某言：竊以使陪國論，惟亮天工。❷必用强明，乃能協濟。豈容昏瞀，可以叨居？進冒聰明，❸罄陳危悃。中謝。伏念臣逮侍先帝，列官外朝，晚以喪歸，因爲病廢。伏遇皇帝陛下，召還辭禁，擢豫經筵。收於衆惡之中，諏以萬機之事。搆讒誣而並至，輒賜辨明；推孤拙以直前，每蒙開納。陛下所以遇臣者，可謂厚矣；臣之所以報國者，終於缺然。豈理勢之獨難，抑才能之素薄。方懼過尤之積，乃罹疢疾之加。比欲外乞州藩，冀以就營醫藥。重念采薪之弗給，尚何守土之敢謀？輒緣不能者止之言，庶免貪以敗官之悔。伏望皇帝陛下，曲垂仁惻，俯記愚忠，賜以分司一官，許於江寧居止。則天地之德，實有施於餘年；犬馬之勤，冀或輸於異日。臣無任！❹

二❺

臣某言：近具表乞罷政事分司，伏奉手詔封還，不允所乞者。私懷懇至，已具布聞。聖訓丁寧，未蒙開納。敢冒崇高之聽，再輸悃愊之情。中謝。臣聞任賢之方，要其有用；陳力之義，止於不能。苟弗集於事功，且重罹於疢疾。豈容叨據，以累明揚？伏念臣猥以孤生，親逢盛世。昧於量己，志

❶ 此題，龍舒本作「乞罷政事第一表」。
❷ 「工」，龍舒本作「功」。
❸ 「明」，龍舒本作「聞」。
❹ 「臣無任」，龍舒本無此三字。
❺ 此題，龍舒本作「第二表」。

欲補於休明；失在信書，事浸成於迂闊。每煩衆論，上慁聖聰。久知素願之難諧，繼以積痾而自困。辭而去位，庶逃竊食之誅；勉以就工，重荷包荒之德。雖貪順命，終懼妨功。伏望皇帝陛下，閎度并容，大明俯燭，特垂矜允，俾遂退藏。如此則孤進之身獲全生於末路，具瞻之地得改命於時材。臣無任！

三

臣某言：近再具表，乞罷政事，伏奉批答不允者。封奏上昭，未能感徹；訓辭下逮，更誤褒嘉。中謝。臣聞恕以及物者，君之仁；量而受事者，臣之義。蓋世之道有升而有降，故士之行或肆而或拘。遭聖治之尚容，冀私誠之獲遂。伏念臣自蒙任使，已歷歲時，雖或售於小忠，曾莫裨於大政。迨茲攖疢，乃始告勞。姑以免邦憲之詰誅，何足汙上恩之獎勵？使人狎至，詔指屢頒。祗荷顧憐，重懷感悸。非不願粗施其樸學，庶幾以仰副於鴻私。顧惟剛德之浸亨，方奮睿謀而獨斷。辨忠賢之可任，既示弗疑；察姦罔之爲朋，將知所畏。人宜盡力，朝豈乏材？寧容昏憊之餘，尚冒寵靈之厚。伏望皇帝陛下，離明俯燭，解澤旁施。矜綿力之既憊，監近司之或曠。俯從控愬，實允詢謀。雖已事之無稱，難言報國；冀餘生之未泯，尚獲捐軀。臣無任！云云。❶

❶「云云」，原無，據龍舒本補。

乞出表二道❶

臣某言：❷竊以丞相之職，❸天子是毗。方當圖政之憂勤，難以養痾而昧冒。輒輸情素，仰丐恩憐。中謝。臣叨被鴻私，誤尸榮禄。堯仁天覆，幸荒穢之兼包；湯聖日躋，顧卑凡而自絶。尚惟許國，姑誓忘軀。豈意眩昏，甫新年而寖劇；更知駑蹇，難重任之久堪。伏惟皇帝陛下，明燭隱微，惠綏羈拙。閔其積疢，收還上宰之印章；賜以餘年，歸展先臣之丘壟。生當擊壤，以詠矜容之德；死當結草，以酬含育之恩。臣無任！云云。❹

二❺

臣某言：今月十一日，輒輸情素，仰丐恩憐。實以抱疢之深，難於竊位之久。過蒙敦獎，未賜矜從。事有迫於懇誠，理必祈於哀惻。中謝。臣信書自守，與俗多違。審容膝之易安，因忘擇地；知戴盆之難望，遂廢占天。豈圖憂患之餘，更值清明之始。寒之之日長而暴之之日短，植之之人寡而拔之之人多。尚誤聖知，驟妨賢路。摩頂放踵，雖願效於微勞；以蚊負山，顧難勝於

---

❶ 此題，龍舒本作「乞出第一表」。
❷ 「臣某言」，龍舒本無此三字。
❸ 「竊以」，龍舒本無此二字。
❹ 「云云」，原無，據龍舒本補。
❺ 此題，龍舒本作「再乞表」。

重任。矧復瞀昏而曠事，若猶冒昧以尸官。是乃明憲之所不容，豈特煩言之爲可畏？伏惟皇帝陛下，天地覆載，日月照臨，賜以曲成，容其少愒。區區旅力，或未憖於餘年；斷斷小能，冀尚施於異日。臣無任祈天俟命！云云。❶

乞退表四

臣忠於爲國，故進而能致其身；君恕以及人，故病則閔勞以事。此今昔共由之通義，實上下相與之至情。敢觸冒昧之誅，冀蒙哀矜之聽。中謝。臣受材鄙劣，遭運休明。陳愚或會於聖心，承乏遂尸於宰事。謀謨淺拙，謾不見其有成；操行陵夷，又或幾於無耻。久宜辭位，尚苟貪恩。豈圖養拙以乖方，重以瞀昏而廢務。粗嘗陳列，未獲矜從。黽勉以來，浸淫遂劇。大懼典司之曠，上煩程督之嚴。伏惟陛下詢事考言，循名責實，或輟夜分之寐，常臨日昃之朝。萬方黎獻之多，略皆祗辟；三事大夫之守，豈可瘝官？仰冀高明，俯昭悃愊。念其服勞之久，愍其攖瘝之深。及未干鈇鉞之時，令遂解機衡之任。豈特少安於私義，茲惟畢協於師虞。臣無任！❷

二❸

臣昨具表，乞解機政，伏奉手詔未賜俞允者。明主訓辭之寵，宜即奉承；匹夫志

❶「祈天俟命云云」六字，原無，據龍舒本補。
❷「臣無任」，龍舒本無此三字。
❸此題，龍舒本作「第二表」。

守之愚，敢覬矜允。中謝。竊以品制百爲，總裁萬務。任怨蓋難於持久，服勞安可以獨賢？所以中外迭居，是爲祖宗故事。況於疲曳，加以瞀昏。若由昧冒而無慙，其必顛隮而不救。臣過叨睿獎，備進近司。當循名責實之時，故任怨特多於前輩；兼躅令改制之事，故服勞尤在於一身。雖蒙全度之恩，僅免譴訶之域。某於多故，❶實以難支。矧疾疢之交攻，且事爲之浸廢。伏望陛下昭其悃愊，假以優游。使得休養於衰疲，以示保全於孤拙。臣無任！❷

三❸

臣某言：近具表乞解機務，伏奉手詔未賜俞允者。聖恩所及，有隆天重地之施；私義未安，有深淵薄冰之懼。中謝。竊惟成湯、高宗之世，有若伊尹、傅説之臣，其道則格于帝而無疑，其政則加乎民而有變。❹后惟時乂，相亦有終。迨乎中世之陵夷，非復古人之髣髴。忠或不足以取信，而事事至於自明；義或不足以勝姦，而人人與之爲敵。以此乘權而久處，孰能持禄以少安？此臣之慮危於居寵之時，而昧死有均勞之乞。況於抱病，浸以瘝官。伏惟陛下道與日躋，德侔乾覆。哀一夫之失所，樂萬物之皆昌。矧夫眷遇之優，既已勤劬之久。宜蒙善貸，使獲曲全。賜其疲賤之身，❺假以安閑之地。則敝車無用，猶可具

❶「某」，龍舒本、宋元遞修本、應刻本作「其」。
❷「臣無任」，龍舒本無此三字。
❸此題，龍舒本作「第三表」。
❹「變」，《皇朝文鑒》作「徧」。
❺「疲」，《皇朝文鑒》作「疵」。

於勞薪；棄席未忘，或再施於華幄。臣無任！❶

四❷

臣某言：伏奉聖旨，令臣入見，赴中書供職者。螻蟻微誠，屢關省覽；天地大德，未賜矜從。中謝。臣聞周之士也貴，秦之士也賤；周之士也肆，秦之士也拘。其縱之爲貴，其拘之爲賤。賤故尚勢利而忘善惡，貴故尊行義而矜廉恥。士知尊行義而矜廉恥，宗廟社稷之安，而天下自治也。❸伏惟陛下言必稽堯舜，動必憲文武，故視遇天下之士，欲其貴不欲其賤，欲其肆不欲其拘。臣以羈孤，旁無佽助，一言寤意，特見甄收。適遭欲治之盛時，實預扶衰之大義。事或乖於衆口，而陛下力賜辯明；言有逆於聖心，而陛下常垂聽納。此臣所以履艱虞而不忌，服勤苦而不辭。雖百度搶攘，未就平成之敘；然四年黽勉，非無夙夜之勞。今特以心氣之衰疲，目力之昏耗，哀祈外補，冀幸小休。而乾剛確然，莫可回奪。則是親值周家之忠厚，獨爲秦士之賤拘。事與願違，能無竊歎；理當情恕，豈免上煩？實望聖慈，俯昭愚款，外賜優閑之地，少安疾疢之身。須其有瘳，乃責外効。臣生當捐軀以報德，死當結草以酬恩。

❶「臣無任」，龍舒本無此三字。
❷此題，龍舒本作「第四表」。
❸「自」，龍舒本作「之」。

乞宫觀表四道❶

臣某言：疏榮特異，敢忘圖報之忠；陳力弗能，當布可辭之義。中謝。伏念臣晚陪興運，久汙近司，戆愚弗逮於清光，衰疾更成於瘝曠。苟免大訶之責，乃叨異數之加，授以戎旃，班之宰席。松楸舊國，實使鎮臨；蒲柳殘年，足爲榮耀。顧在宣化承流之地，方當循名責實之時，疲曳難支，顛隮可畏。仰祈睿眷，俯徇愚衷。并解將相之官，外除宫觀之任。託依田里，瞻守丘墳。儻憑休養之私，終獲夷瘳之福。敢忘策勵，復誓糜捐。臣無任！

二❷

臣某言：近具表乞以本官外除一宫觀差遣，伏蒙聖慈，特降中使，賜臣詔書不允者。天地至恩，實知難報；螻蟻微息，尚竊有懷。輒冒隆威，更輸危悃。伏念臣遭逢異甚，稱効蔑如。苟旅力之可陳，豈餘生之足惜？顧以憂傷而至斃，重爲疢疾之所攖。偷假便州，必負曠瘝之責；過尸厚禄，更懷叨昧之慙。伏望陛下本末燭知，始終護念。俯徇籲天之懇，俾無累國之尤。尚冀寧瘳，誓終糜殞。臣無任！

❶ 此題，龍舒本作「乞宫觀第一表」。
❷ 此題，龍舒本作「第二表」。

三❶

臣某言：❷軺傳俯臨，璽書狎至。仰荷眷存之厚，第懷感悸之深。任有不勝，勉非所及。輒輸危懇，再冒天威。伏念臣久誤至恩，難圖報稱。過尸榮禄，易取災危。力憊矣而弗支，氣喘焉而將蹶。窮閻掃軌，斯爲待盡之時；莫府建旄，豈曰養痾之地？所懼曠瘝之責，敢辭逋慢之誅？伏望陛下照以末光，遂其微請。使壇陸之鳥無眩視之悲，濠梁之魚有從容之樂。庶蒙瘳復，更誓糜捐。臣無任！❸

四❹

臣某言：❺筋骸衰薾，僅有餘生。肝膈精微，簡在聖聽。豈圖寵獎，未賜矜從。輒冒威尊，更輸情素。中謝。伏念臣久妨機要，初乏涓埃。苟免庶尤，實荷恩私之至；敢緣多疾，更尸名器之崇？比辱使軺，傳宣詔旨，❻深惟策勵，仰稱龍光。而況病瘵有加，療治無損。辭榮家食，乃爲理分之宜；干澤自營，尚恃眷憐之舊。伏惟皇帝陛下，衡聽萬事，器使衆材，念其黽勉之終難，假以便安而少愒。庶完體力，圖報毫分。臣無任！❼

❶ 此題，龍舒本作「第三表」。
❷ 「臣某言」，龍舒本無此三字。
❸ 「臣無任」，龍舒本無此三字。
❹ 此題，龍舒本作「第四表」。
❺ 「臣某言」，龍舒本無此三字。
❻ 「傳」，原作「係」，據中華校排本引繆氏校改。
❼ 「臣無任」，龍舒本無此三字。

手詔令視事謝表❶

臣某言：❷伏蒙宣示言者所奏，輒具劄子乞博延公議，改用賢人，伏奉詔奬勵，令視事如故者。謗議升聞，已賴舜聰之豁達；懇誠上訴，更煩周誥之丁寧。❸竊以作威者主之權，待察者臣之禮。蓋雖蒙非常之厚遇，亦將避可畏之煩言。臣志尚非高，才能無異。舊惟所學之迂闊，難以趨時；因欲自屏於寬閑，庶幾求志。惟聖人之時不可失，而君子之義必有行。故當陛下即政之初，輒慕昔賢際可之仕。越從鄉郡，歸直禁林。或因勸講而賜留，或以論思而請對。愚忠偶合，即知素願之獲申；睿聖日躋，更懼淺聞之難副。重叨殊奬，忝秉洪鈞。所宜引分以固辭，乃敢冒恩而輕就？實恃明主知臣之有素，故以孤身許國而無疑。人習玩於久安，吏循緣於積弊。竊言不忌，誠行無慙。論善俗之方，始欲徐徐而變革；思愛日之義，又將汲汲於施爲。以物役己，則神志有交戰之勞；以道徇衆，則事功無必成之望。恐上辜於眷屬，誠竊幸於退藏。猶貪仰附於末光，亦冀粗成於薄効。比聞獨斷，謂合僉言。但輸承命之忠，遂觸招權之毁。因請避衆賢之路，庶以厭異議之人。伏蒙皇帝陛下，敦大兼容，清明旁燭，賜之神翰，諭以至懷。君臣之時，嘗千載而難值；❹天地之造，豈一身之可酬？敢不自忘形迹之嫌，庶協

❶ 此題，龍舒本作「謝手詔令視事表」。
❷ 「臣某言」，龍舒本無此三字。
❸ 「丁」，原作「下」，據龍舒本、宋元遞修本、應刻本改。
❹ 「嘗」，龍舒本作「當」。

神明之運？臣無任！❶

添差男旁句當江寧府糧料院謝表❷

臣某言：❸近輒冒昧陳乞男旁句當江寧府糧料院一次，伏蒙特恩添差者。去寄臥家，猶尸厚禄，祈榮及嗣，❹更荷殊私。中謝。伏念臣汗馬之勞，初無可紀；舐犢之愛，乃敢有言。顔雖腆以知慙，心固甘於獲譴。豈謂陛下矜軒幄之舊，録簪屨之微，示特出於上恩，俾遽叨於世禄？緊曲成之造化，弗以遐遺；徒共誓於糜捐，安能仰稱？臣無任！❺

詔以所居園屋爲僧寺及賜寺額謝表❻

臣某言：❼基迹叢祠，冀鴻延於萬壽；錫名扁榜，竊榮遇於一時。臣生乏寸長，世叨殊獎。賤息奄先於犬馬，頹齡俯迫於桑榆。獨念親逢，莫有涓埃之補報；永惟宏願，豈忘香火之因緣？伏蒙皇帝陛下，俯徇祈誠，特加美稱。所懼封人之祝，終以堯辭；乃塵長者之園，❽遽如佛許。仰憑護念，誓畢熏修。臣無任！❾

---

❶「臣無任」，龍舒本無此三字。
❷此題，龍舒本作「謝添差男旁句當江寧府糧料院表」。
❸「臣某言」，龍舒本無此三字。
❹「祈」，龍舒本作「所」。
❺「臣無任」，龍舒本無此三字。
❻此題，龍舒本作「謝以所居園屋爲僧寺及賜寺額表」。
❼「臣某言」，龍舒本無此三字。
❽「者」，光啓堂本作「署」。
❾「臣無任」，龍舒本無此三字。

依所乞私田充蔣山太平興國寺常住謝表❶

臣某言：❷緣恩昧冒，方虞慁上之誅；加意畀矜，遂竊終天之幸。伏念臣少嘗陻阨，晚悮褒崇。榮禄雖多，不逮養親之日；餘年向盡，更爲哭子之人。追營香火之緣，仰賴金繒之賜。尚復祈恩而不已，乃將徼福於無窮。伏蒙陛下眷遇一於初終，愛恤兼夫存没，特撓常法，俯成私求。雖老矣無能，莫稱漏泉之施；若死而未泯，豈忘結草之酬？臣無任瞻天望聖激切屏營之至！❸

辭免司空表二道

臣某言：今月十一日，三班差使崔汝諧至，奉宣詔旨及齎賜制誥一道，除授臣司空，依前觀文殿大學士、集禧觀使，加食邑四百户食實封一百户，餘如故者。使軺馳授，祇忝明恩，家巷卧居，敢叨虚獎？中謝。❹竊以事官之所命，異於時制之今除。名稱三公，班序一品，逢辰特幸，稱位實難。臣晚玷誤恩，嘗尸劇任。曾無尺寸，粗報眷憐。獨有丘山，莫知負戴。❺荒遠攖痾之久，休明嗣服之初。繇力薄材，適甘於屏棄；高秩厚禮，更冒於褒崇。惟器與名，恐身累國，仰祈還令，追寢賚書。庶以衰殘，獲所安之終吉；亦令蹇淺，免非據於具瞻。

❶ 此題，龍舒本作「謝依所乞私田充蔣山太平興國寺常住表」。
❷ 「臣某言」，龍舒本無此三字。
❸ 「瞻天望聖激切屏營之至」十字，原無，據龍舒本補。
❹ 「中」上，龍舒本有大字「臣」字。
❺ 「戴」，原作「載」，據龍舒本改。

臣無任！

二❶

臣某言：近具表乞追寢恩命，伏蒙聖慈特降詔書不允者。隆施所逮，懇辭弗俞。輒冒天威，❷更輸微款。臣中謝。❸臣事勞無紀，操行不修。居竊萬鍾，初未知於辭富；坐彌九載，方有俟於黜幽。豈圖邦命之新，尚眷求人之舊。寵靈覃被，危厲增加。位高疾顛，力少任重。實前修之切戒，敢小醜之冒膺？仰冀睿明，顧憐衰朽。改兹非服，免貽官謗之憂；宥以罔功，使獲里居之佚。臣無任！

乞致仕表 此表不曾奏發，薨後檢見遺藁。

臣某言：瘝以曠官，嘗恃食功之舊；老而辭禄，敢忘知止之廉？輒冒天威，❹具輸微款。伏念臣小聞寡識，薄力淺材。信獨善以一心，昧自營之百慮。久辜視遇，特幸遭逢。昔也壯時，尚無可紀；今而耄矣，豈有能爲？敢望睿明，許之致仕。❺實矜危朽，賜以全生。庶以衰殘，豫佚太平之樂；亦令遲暮，免離大耋之嗟。

臨川先生文集卷第六十

❶ 此題，龍舒本作「第二表」。
❷ 「天」，龍舒本作「大」。
❸ 「臣」，原無，據龍舒本補。
❹ 「天」，龍舒本作「大」。
❺ 「仕」，龍舒本作「事」。

臨川先生文集卷第六十一

表

賀册仁宗英宗徽號禮成表

臣某言：伏覩進奏院狀報册告仁宗皇帝、英宗皇帝徽號禮成者。肇稱縟禮，追薦鴻名。揚二聖之閎休，風四海以純孝。惠心昭假，釐事備成。臣中謝。恭惟仁祖以堯之巍巍，丕冒區夏；英考以舜之業業，祗承廟祧。紹隆德至於難名，崇報義存於無已。皇帝陛下仰稽前憲，俯采庶言。命册使而致嚴，告匱主而歸美。神靈率籲，其啓後於無疆；品庶交欣，以奉先而不匱。臣備叨殊眷，獲睹上儀。顧久負於沉痾，乃獨妨於旅進。

賀景靈宮奉安列聖御容表

臣某言：新一代之上儀，極二端之美報。經始有俶，實自睿謀。歡成無疆，❶乃惟衆志。臣中謝。竊以閟宮鬼享，周特腆於姜嫄；原廟神游，漢獨隆於高帝。遠或遺祖，近止及親。恭惟皇帝陛下，服卑而即功，食菲以致孝。嚴祖宗之衆像，依仙釋而異宮。館御因時，初豈忘於苟簡；修除備物，乃有待於純熙。宸宇祕嚴，扁榜崇麗。

❶「疆」，原作「彊」，據龍舒本、宋元遞修本、應刻本、光啓堂本改。

祼獻式序，妥侑維時。藐然往初，孰此倫擬？臣久尸榮禄，尚負宿痾。聞釐事之既成，與羣情而偕樂。臣無任！❶

賀哲宗皇帝登極表❷

臣某言：伏覩赦書，皇帝陛下今月五日登寶位者。郊廟神靈，永有宗依；華夏蠻夷，永有歸賴。中謝。恭惟皇帝陛下，光御曆服，大承統緒。以聖繼聖，純祐無疆。臣遭遇先朝，久叨榮禄。不獲奔走，瞻望清光。臣無任懽呼抃蹈激切之至！❸

賀升祔禮成表

臣某言：伏覩進奏院狀報，七月十二日升祔禮成者。涓選休辰，肇稱吉禮。神靈底豫，品庶交欣。中謝。❹竊以登儷紫庭，歸配清廟。於稽在昔，有舉維時。恭惟皇帝陛下，德茂承祧，志深念祖。倣唐文而制作，致舜孝於烝嘗。釐事既成，歡心溥協。臣尚攖衰疾，久隔清光。陪九賓之臚傳，獨無厚幸；偕四方而來賀，徒有微誠。臣無任！❺

英宗山陵禮畢慰皇帝表

臣某言：❻須百祀之材，已襄葬故；設

❶「臣無任」，龍舒本無此三字。
❷「哲宗」，龍舒本無此二字。
❸「臣」，龍舒本無此字。「懽呼抃蹈激切之至」八字，原無，據龍舒本補。
❹「中謝」上，龍舒本有「臣」字，爲大字。
❺「臣無任」，龍舒本無此三字。
❻「臣某言」，龍舒本無此三字。

九虞之主，方考祔儀。伏惟皇帝陛下，德懋欽明，道隆勤孝。雖送終之禮已備，而追遠之念甫深。惟順變以抑哀，實含生之至願。臣限分鎮守，阻豫班朝。❶臣無任！❷

慰太皇太后表

臣某言：❸宫車云返，陵邑既營。凡在照臨，豈勝摧慕？伏惟太皇太后，道侔坤育，仁出天成。永懷愛孝之隆，尤積悲恫之感。稍舒慈念，實慰輿情。臣叨備從官，限分符守。徒有攀號之至痛，初無辦護之微勞。臣無任！❹

慰皇太后表❺

臣某言：❻威靈有集，方祔於廟祧；感慕無窮，外覃於蠻貊。伏惟太后，比賢任姒，纘慶塗莘。祇協孫謀，克襄大事。地非蒼梧之遠，勢有霸陵之安。唯割至哀，尚膺遐福。臣備官有守，奔問無階。臣無任！❼

英宗祔廟禮畢慰皇帝表

臣某言：❽七月而葬，既充奉於寢

❶「班朝」，龍舒本作「朝班」。
❷「臣無任」，龍舒本無此三字。
❸「臣某言」，龍舒本無此三字。
❹「臣無任」，龍舒本無此三字。
❺「皇」，龍舒本無此字。
❻「臣某言」，龍舒本無此三字。
❼「臣無任」，龍舒本無此三字。
❽「臣某言」，龍舒本無此三字。

園；❶萬世不祧，❷遂崇成於廟室。凡居覆燾，同盡攀號。伏惟皇帝陛下，膺保聖神，踐行仁孝，纏哀罔極，率禮無違。仙遊既集於宗祊，聖念彌勤於翼室。仰祈順變，俯睠含生。臣符守所攖，班朝莫豫。臣無任！❸

慰太皇太后表

臣某言：❹威靈來返，祠廟有嚴。序陳昭穆之倫，定列祖宗之次。哀號罔極，遐邇所同。伏惟太皇太后，功佐帝圖，德齊坤載。永惟孝愛，尤積悲懷。冀紓天性之慈，以永母儀之福。臣無任！❺

慰皇太后表❻

臣某言：❼宗祏告成，皇靈來燕。凡居覆露，同盡哀摧。伏惟太后，協慶塗山，比賢太姒。方正坤儀之位，上同乾施之仁。虞祔奄終，攀號靡極。冀哀恫之有節，膺福履之無疆。臣限守州符，阻趨天陛。臣無任！❽

❶「充」，中華校排本謂據繆氏校當作「克」。
❷「祧」，光啓堂本作「朽」。
❸「臣無任」，龍舒本無此三字。
❹「臣某言」，龍舒本無此三字。
❺「臣無任」，龍舒本無此三字。
❻「皇」，龍舒本無此字。
❼「臣某言」，龍舒本無此三字。
❽「臣無任」，龍舒本無此三字。

慈聖光獻皇后昇遐慰皇帝表❶

臣某言：伏以上天降禍，太皇太后奄棄大養。伏惟皇帝陛下，攀號感慕，聖情難居。臣限以衰疾在遠，不獲奔赴闕庭。臣無任屏營摧迫之至！❷

慈聖光獻皇后啓殯及復土返虞慰皇帝表二道❸

臣某言：伏以日月徂遷，伏承太皇太后，諏辰協吉，肇啓殯宮。聖情攀號，何以勝處？恭惟皇帝陛下，聖孝發中，天報備至。感嘆摧咽，遐邇一情。臣無任！❹

二❺

臣某言：伏承太皇太后，神宫復土，奄及返虞。聖心傷摧，何以勝處？恭惟太皇太后，天助懿德，以扶昌運。輔佐保佑，功施三朝。粤自棄捐宫闈，爰及襄事。陛下哀恫夙夜，發於至情。追奉致隆，有溢常禮。顯情報德，内外單盡。孝治所形，人用感欷。臣伏限在遠，無緣奔走。瞻望闕庭，

❶ 此題，龍舒本作「曹太皇上仙慰皇帝表」。

❷ 「屏營摧迫之至」六字，原無，據龍舒本補。

❸ 「二道」，原無，據原卷首目録補。此題，龍舒本作「曹太皇啓殯及復土返虞慰皇帝表二」。

❹ 「臣無任」，龍舒本無此三字。

❺ 「二」，龍舒本無此小題。

臣無任憂迫屏營之至！❶

慈聖光獻皇后神主祔廟慰皇帝表❷

臣某言：❸伏承慈聖光獻皇后，神主祔廟，既克禮成。伏惟皇帝陛下，聖孝終始，哀慕難勝。日月徂遷，禮有順變。伏望少抑至情，以幸天下。臣無任！❹

慈聖光獻皇后朞祥除慰皇帝表❺

臣某言：伏以日月流邁，太皇太后捐棄大養，奄及朞祥。仰惟聖孝，攀慕無極。伏望深加裁抑，以幸萬方。臣限以衰疾，無緣奔詣闕庭。臣無任！

正旦奉慰表

臣某言：❻伏以日晷流邁，歲曆肇新。太皇太后棄捐宮闈，奄歷時序。伏惟皇帝陛下聖孝天至，感慕難勝。臣以衰疾，無緣奔走。瞻望闕庭，臣無任！❼

❶「臣」，龍舒本無此字。「憂迫屏營之至」六字，原無，據龍舒本補。
❷此題，龍舒本作「曹太皇神主祔廟慰皇帝表」。
❸「臣某言」，龍舒本無此三字。
❹「臣無任」，龍舒本無此三字。
❺此題，龍舒本作「朞祥慰表」。
❻「臣某言」，龍舒本無此三字。
❼「臣無任」，龍舒本無此三字。

魯國大長公主薨慰表

臣某言：❶伏覩進奏官狀報魯國大長公主薨背。伏惟聖情痛悼。臣以衰疾，無緣奔走。伏望以理寬釋，俯慰群情。臣瞻望闕庭，無任激切屏營之至！❷

八皇子薨慰皇帝表

臣某言：❸伏覩進奏院報八皇子薨背。伏惟聖情，悲悼難任。敢乞抑割天慈，以幸萬邦。臣瞻望闕庭，無任！

八皇子葬慰皇帝表

臣某言：❹伏聞鄆王襄事有日，靈輴即路。伏惟聖情，悲悼難勝。敢乞割抑天慈，以幸天下。臣瞻望闕庭，❺無任。憂惶懇迫之至！❻

謝宰相笏記❼

祇荷寵靈，載懷感懼。竊念臣志雖慕古，才不逮時，誤蒙記憐，特賜收用。伏惟皇帝陛下，紹膺天統，遵養聖功。旁招儁良，橫及疎賤。誓當罄竭，仰稱寵光。❽臣

❶「某言」，龍舒本無此二字。
❷「激切屏營之至」六字，原無，據龍舒本補。
❸「臣某言」，龍舒本無此三字。
❹「臣某言」，龍舒本無此三字。
❺「闕」，龍舒本作「朝」。
❻「憂惶懇迫之至」六字，原無，據龍舒本補。
❼此題，龍舒本作「笏記」。
❽「寵」，龍舒本作「龍」。

無任！❶

謝翰林學士笏記❷

含哀去國，扶憊造朝。黼坐禁嚴，許之燕見。玉堂閎麗，賜以叨居。申飭使人，就傳德意。事雖有故，寵實非常。莫知報稱之謂何，徒荷眷求之如此。臣無任！❸

知常州謝上表❹

臣某言：❺以貧擇利，以病辭歸。❻此於督責之朝，皆在譴何之域。中謝。伏念臣比在羣牧，常求外官。蒙恩朝廷，改職畿縣。未識賢勞之力，❼已纏悸眩之痾。區區本懷，懇懇自訴。遂蒙優詔，特與便州。維臣之愚，所學非敏，受禄則辭貧而取富，當官則讓劇而求閒。使有以臨，知罪其極。此蓋伏遇皇帝陛下，明照萬物，寬惠四方。在宥而不探其可誅，因能而不責其所乏。顧雖無用於當世，嘗以有聞於先臣。思報所蒙，敢忘盡瘁？然而州郡撫循之勢，患在數更；官司考課之方，要諸久任。惟此弊邑，❽比多凶年。歲行兩周，守吏八易。當郡人煩勞之後，以臣身疲病之餘。自非

❶「臣無任」，龍舒本無此三字。
❷此題，龍舒本作「謝宣召表」。
❸「臣無任」，龍舒本無此三字。
❹「知」，原無，據原總目補。
❺「臣某言」，龍舒本無此三字。
❻「歸」，原闕，據應刻本補。龍舒本、光啓堂本作「勞」。
❼「識」，龍舒本作「試」。
❽「此」，原作「比」，據宋元遞修本、應刻本改。龍舒本作「茲」。

少假以歲時，將必上孤於器使。所祈降鑒，姑使息肩。則斷斷一臣，不獨免於大戾；元元萬室，儻有望於小休。臣瞻天禱聖，無任！❶

南郊進奉表❷江寧❸

臣某言：❹伏以郊兆宗祈，臣工顯相。慶九畿之藩屏，備萬物之貢輸。前件物掌於邦財，斂自民職。竊覩燎禋之盛，式修幣獻之常。臣無任！

代鄆州韓資政謝上表❺

臣某言：秘殿升華，名城借重。寵靈溢分，媿懼交懷。中謝。竊念臣世系單平，天姿滯固。親逢文雅之會，首玷秀廉之科。黽勉在公，優游過紀。被蒙眷與，度越等夷。省寺備官，禁庭充衛。分無可采，懼抵冒於憲章；寸有所長，使裨參於治政。朴忠自信，智慮罕通。未盡將明之才，已干訶讁之典。至寬之度，横貸其愆。褫夫左右之聯，寄以東南之屏。敗財傷錦，宜有衆多之譏；增秩賜金，本非平素之望。敢圖上聖，復眷孤臣，就徙通班，改司善部？惟汶陽之奧壤，乃魯服之大邦。豈繄薄材，稱是煩使。此蓋皇帝陛下遇臣之造，於遠不忘；燭物之明，雖微必逮。追惟踦屨之舊，特借叢雲之休。切自揣循，將安報稱？敢不激

❶「無」上，光啓堂本有「臣」字。
❷「表」，龍舒本作「狀」。
❸「江寧」，龍舒本無此二字。
❹「臣某言」，龍舒本作「右」。
❺「上」，原無，據宋元遞修本、應刻本補。

昂志尚，陳悉政經，宣布詔條之寬，綏安風俗之厚？庶幾一得，少補萬分。臣無任！

代王魯公乞致仕表三道❶德用

臣某言：臣聞下之所以忠於上，力已愆則不敢瘝厥官；君之所以愛其臣，年已至則不思勞以事。敢緣茲義，冒盡所言。中謝。伏念臣以斗筲之材，加犬馬之齒，比嘗得謝，誤復見收。血氣既衰，日月逾邁，固已積妨賢者之路，豈獨多曠朝廷之儀？伏望聖慈，許令致仕。則賴天之力，使終晚節之優游；訖臣之身，得免大誅之憒眊。臣無任！

二

臣某言：愚臣之在暮年，禮當求去；聖主之於舊物，恩不忍捐。顧在禮之可言，敢緣恩而苟止？中謝。伏念臣起身疵賤，逢世休嘉。年除歲遷，遂塵於非望；夙興夜寐，常媿於無勞。惟是寵榮，殊非所欲。矧知固陋，豈敢爲高？徒以歲路之向窮，不勝人言之甚衆。争前而冒寵，則辱之在後也或多；蓋衆以擅榮，則患之及身也常酷。是亦有傷於國體，豈惟無補於臣身？此臣所以迫切於歸誠，而彷徨於受命也。況陛下接三后之烈，享百年之平。勢盈則非易以持，法久則當通其變。此誠致慎於安危之際，而責難於將相之時。雖臣旅力之方剛，亦宜知止；豈此餘生之無幾，尚可妨賢？伏望天慈俯循人欲，上以終愛人之德，下以免累國之誅。則膂力既愆，雖負捐

❶「三道」，原無，據原卷首目録補。

軀之素志；餘忠未訖，猶知請祝於明時。干冒宸嚴，臣無任！

三

臣某言：竊以將相之權，臣之所貪得；君親之命，臣之所憚違。懇懇至於辭説之窮，區區亦惟義理之迫。中謝。伏念臣典司機密，陪輔清光。年之侵尋，職以曠廢。假息幸蒙於寬政，引身輒匄於餘年。豈期愚衷，未動聖察？令臣股肱便敏，足以趨賓贊之儀；耳目精明，足以副謀謨之託。雖知當退，猶願自强。奈何獨以罷癃之軀，而欲久私要劇之地。自計且知其不可，人言孰以爲當然？伏望聖慈，哀憐悃愊，無空敦獎，使得罷休。臣無任！

代人賀壽星表

臣某言：上靈儲祉，南極效祥。凡在觀瞻，實增慶抃。伏以皇帝陛下，紹休三聖，博愛萬方，唯乾則之彝常，宜星文之底應。臣叨塵要近，親會休嘉。豫聞太史之占，敢後封人之祝？臣無任！❶

代人上明州到任表❷

臣某言：❸奉勑差知明州，已於某月到任訖。❹夷越故區，東南窮處。施澤之下，

❶「臣」，原無，據宋元遞修本、應刻本、光啓堂本補。
❷「人」，龍舒本無此字。
❸「臣某言」，龍舒本無此三字。
❹「月」下，龍舒本有「日」字。

歡然有生。庇身於茲，坐以無事。中謝。臣受材素薄，推數頗奇。居有朴忠之心，進無通顯之路。晚塵郎位，頗切郡章。❶歸待皋於省中，退得藩於海上。自初受命，以至造官，歷年兩周，取道萬里。備更艱阨，職臣之分使然；卒就宴安，賴上之恩抵此。餘年且索，旅力已愆，尚何施爲，可以報稱？於苟利國家之事，靡所不思；及未填溝壑之時，庶幾無愧。❷臣無任！❸

代王魯公德用乞罷樞密使表三道❹

臣聞周任有言曰：「陳力就列，不能者止。」自惟賤官之守，猶或不敢冒居，況於任重責大，安危所繫，豈其癃昏僨耄，可以久饕？敢緣前言，上冒聖聽。伏念臣以疵賤之身，遭逢陛下拔擢，兼官將相，典領機密。内之無陪輔將明之効，外之無折衝禦侮之勞。是陛下所以寵臣者，不可勝此言；而臣之所以報陛下者，未嘗能稱。況今犬馬之齒，七十有七，不能者止，宜在此時。顧貪戀聖世，未敢乞身田里，長違陛下左右。惟機務之衆，非臣疲曳所能勉强。伏望陛下憫臣無狀，賜罷樞密院職事，毋使久塞賢者之路。臣不任祈恩待命激切之至！

二

臣比以殘餘之生，久壅賢路，願還要職，退就散地。天聽高邈，未蒙照省。惓惓

❶「頗」，龍舒本作「頻」。「郡」，光啓堂本作「群」。
❷「無」，龍舒本作「自」。
❸「臣無任」，龍舒本無此三字。
❹「三道」，原無，據原卷首目録補。

之私，竊不自寧。敢緣厚恩，求必愚瞽。臣聞量臣以授官者，君之所以仁於下也；審己以從事者，臣之所以忠於上也。今臣罷老，雖近在臣身，謀之有所不給，況於官隆事劇，所摠不一？以臣審己，誠不宜久叨權寵，畏負陛下任使之意。伏惟陛下量臣之聰明不足以逮事，量臣之强力不足以副禮，聽臣所丐，毋令四方有議陛下信任之失，而臣亦賴陛下之賜免於官謗。臣無任！

三

惓惓之私，至于再三，上慁聖德，而終未蒙省察。奬誘過渥，非臣所堪。區區之愚，豈敢苟止？伏念臣以顓蒙，遭遇拔擢，人臣貴寵，少在臣右。而勞烈行治，無稱於時。機密之地，安危所繫，雖臣方壯，固懼不稱。況於殘年餘日，豈宜尚污印韍，爲朝廷羞？方今明明在上，濟濟多士，足以典司樞要，補敝救失，稱陛下任使、副元元之望者甚衆。陛下雖欲苟私愚臣，臣雖欲自侍左右，稱所以幸臣之意，豈惟公論於臣有所不容？誠恐覆餗，以虧陛下知人之明，而令賢能宜在高位者久跨於聖世，則夷身毁宗，不足以塞責矣。伏惟陛下哀臣懇迫，聽臣所丐，以終陛下眷寵老臣之賜。臣無任！

臨川先生文集卷第六十一

臨川先生文集卷第六十二

論議

郊宗議伏奉聖問，撰議繳進。❶

問：郊祀后稷以配天，宗祀文王於明堂以配上帝。二者皆配天也，或於郊之圓丘，或於國之明堂；或以冬之日至，❷或以季秋之月；或以祖，或以禰；或曰配天，或曰配上帝：其義何也？❸

對曰：天道升降於四時。其降也，與人道交；其升也，與人道辨。冬日，❹上天與人道辨之時也，先王於是乎以天道事之；秋則猶未辨乎人也，❺先王於是乎以人道事之。❻以天道事之，則宜遠人，❼宜以自然，故於郊，於圓丘；以人道事之，則宜近人，❽宜以人爲，故於國，於明堂。始而生之者，天道也；成而終之者，人道也。冬之日至，始而生之之時也；季秋之月，成而終之之時也。❾故以天道事之則以冬之日至，以人道事之則以季秋之月。遠而尊者天道也，邇而親者人道也。祖遠而尊，故以天道

❶「伏奉聖問撰議繳進」，龍舒本無此八字。
❷「冬之日至」，龍舒本作「冬至之日」。
❸「其義」，龍舒本無此二字。
❹「日」，龍舒本作「曰」。
❺「猶」，龍舒本無此字。
❻「先王」，龍舒本無此二字。
❼「則」，龍舒本無此字。
❽「則宜近人」，龍舒本無此四字。
❾「成而終」，龍舒本作「終而成」。

事之，則配以祖；禰邇而親，故以人道事之，則配以禰。郊天，祀之大者也，徧於天之羣神，故曰「以配天」；❶明堂則弗徧也，故曰「以配上帝」而已。❷

夫天與人，異道也。天神以人事之，❸何也？

曰：所謂天者，果異於人邪？所謂人者，果異於天邪？故先王之於人鬼也，或以天道事之，「蕭合稷黍，臭陽達於牆屋」者，以天道事之也。嗚呼！天人之不相異，非知神之所爲，其孰能與於此？

此禮也尚矣。❹孔子何以獨稱周公？

曰：嚴父莫大於配天者，❺以得天爲盛。❻天自民視聽者也，所謂得天得民而已矣。自生民以來，能繼父之志，能述父之事，而得四海之驩心，以事其父，❼未有盛於周公者也。❽

答聖問賡歌事

臣聞叙有典，秩有禮，命有德，討有辠，皆天命也。人君能勑正則治，不能勑正則亂，所以勑之不可以無，❾其爲一也。然爲於可爲之時則治，爲於不可爲之時則亂。故人君不可以不知時。時有難易，事有大細，爲難當於其易，爲大當於其細。幾者，

❶「曰」，龍舒本無此字。
❷「曰」，龍舒本無此字。
❸「神」，龍舒本作「而」。
❹「也」，龍舒本無此字。
❺「莫大於」三字，原無，據龍舒本補。
❻「得天」，龍舒本作「德」。
❼「父」，龍舒本作「親者」。
❽「者」，龍舒本無此字。
❾「勑」下，宋元遞修本、應刻本有「正」字。

事細而易爲之時也，故人君不可以不知幾。帝庸作歌，曰：「勑天之命，惟時惟幾。」此之謂也。人君雖知此，然賢臣不心悦而服從，則不能興事造業而熙百工。「乃歌曰：『股肱喜哉，元首起哉，百工熙哉！』」此之謂也。夫欲股肱之喜，蓋有其道矣。蓋人君率其臣作而興事，在明乎善而已。明乎善，在所爲法以示人者當。所爲法以示人者當，乃股肱之所以喜也。股肱喜而事功成，事功成而能屢省以不怠廢，此又股肱之所以喜也。爲是者在欽而已矣。「臯陶拜手稽首，颺言曰：『念哉！率作興事，慎乃憲，欽哉！屢省乃成，欽哉！』」此之謂也。蓋憲者，爲法以示人之謂也。所爲法以示人者，當率法慎爲能。然欽慎而不明乎善，亦何能濟？故人君者，以明乎善爲難。苟明乎善矣，則人臣孰敢爲不善？人臣無敢爲不善，事其有不治者乎？「乃賡載歌曰：『元首明哉，股肱良哉，庶事康哉！』」此之謂也。人君不務近其人，論先王之道以自明，而苟欲以耳目所見聞，總天下萬事，而斷之以私智，則人臣皆將歸事於其君而不任其責，淫辭邪説並至，而人君聽斷不知所出，此事之所墮也。「又歌曰：『元首叢脞哉，股肱惰哉，萬事墮哉！』」此之謂也。然則人君欲股肱良而庶事康，不在乎他，在明乎善而已。明乎善，不可以責諸人也。伏惟天錫陛下以堯舜之材，自秦漢以來欲治之主，固未有能髣髴者。然百工未熙、庶事未康者，殆所謂近其人、論先王之道以自明者尚有所缺，而非可以他求也。

臣昨日蒙德音，喻及《尚書》「賡歌」之事，而愚憧倉卒，言不及究。故敢復具所聞以獻。伏惟聖心加察，幸甚！

看詳雜議

臣今月二日至中書，曾公亮傳聖旨，以《雜議》一卷付臣看詳。臣謹具條奏如後。

議曰：官有定員，則進趣雖多，不能爲濫。宜定臺、省、監、寺之員須有闕然後用。

臣某曰：今之臺、省、監、寺之官，雖名曰職事官，而實非前代之所謂職事官，而與前代刺史等所帶檢校官無以異。前代檢校官之類，亦不能定員，待有闕然後擬。前代所謂職事官，即今所謂差遣是也。今之差遣，固已有定員，須有闕然後用人矣。若欲令今所謂職事官亦有定員，則今職事官以差遣員數校之，幾至兩倍，而有功有考當陟者，又未有以禦之。欲有定員，所謂可言而不可行者也。

議曰：內外之官，正其名稱。出則正刺史、縣令之名，入則還臺、省之名。

臣某曰：前代有勳官，有散官，有檢校官，有職事官。勳官、散官當其有辠，則皆得議請減，而應免官則又可以當官，而檢校官與今行、守之官無異。故朝廷與奪，皆足以爲人榮辱利害。今散官、勳官、檢校官既不足以爲人榮辱利害，爲人榮辱利害者，唯有職事官與差遣而已。今若令內、外官正其名稱，出則正刺史、縣令之名，入則還臺、省之名，則是丞、郎知州謂之刺史，京朝官知州亦謂之刺史，不知職事官之貴賤何以別乎？又其祿秩位次不知當復如何？若同之則理不可行，若不同則與未名之時又何以異？臣以爲今州郡長吏謂之知州，非不正名，所領職事官乃與前代刺史等帶檢校官無異，何傷於正名而欲改之乎？且漢以丞相史刺察州郡，謂之刺史，今欲名州郡長吏爲刺史，則何得謂之正名？

議曰：罷官而止俸。

臣某曰：文王治岐，仕者世禄；武王克商，庶士倍禄。蓋人主於士大夫，能饒之以財，然後可責之以廉耻。方今士大夫所以鮮廉寡耻，其原亦多出於禄賜不足，又以官多員少之故。大抵罷官數年，而後復得一官。若罷官而止俸，恐士大夫愈困窮而無廉耻。士大夫無廉耻，最人主所當憂。且節財費省之大原，乃不在此。議者但知引據唐事，乃不知唐時官人俸厚，故罷爲前資，未至困乏。今官人俸薄，則與唐時事不得同。且不吝於與人以官，而欲吝於與官以禄，非計之得也。

議曰：以釐務實日併爲三年，以叙磨勘之法，以符考績之義。

臣某曰：今欲以釐務實日併爲三年，以叙磨勘之法。竊以爲不釐務者非人情之所欲也，釐務者非人情之所苦也。今等之無功，而釐務則計日得遷；等之無辜，而不釐務則不得計日而遷。恐未足以符考績之義，而適足以致不均之怨也。且黜陟之法，務在沮勸皋功。不知立法如此，有何沮勸？

議曰：置兵部審官院。

臣某曰：崇班以上置兵部審官院，此恐可議而行。然崇班以上差遣盡付之兵部，則不可行。當約文吏之法，❶相度所任輕重緩急，有付之審官者，有屬之樞密者。至於磨勘，則官視卿監以下，皆付之兵部審官可也。

❶「吏」，原作「字」，據宋元遞修本、應刻本改。

議曰：置兵部流内銓，以代三班，及置南曹。

臣某曰：三班院無以異於兵部流内銓，何必以代三班乎？今三班自無闕事，而又增置南曹，則非省官之意。

議曰：廢江淮荆浙發運使。

臣某曰：江淮荆浙發運使嘗廢矣，未幾復置者，以不可廢故也。蓋發運使廢，則其本司職事必令淮南轉運使領之。淮南轉運所總州軍已多，地里已遠，而發運司據六路之會，以應接轉輸及他制置，事亦不少，但以淮南轉運使領發運，則發運一司事多壅廢，此蓋其所以廢而復置也。臣比見許元爲發運使時，諸路有歲歉米貴，則令輸錢以當年額，而爲之就米賤路分糴之，以足年額。諸路年額易辦，而發運司所收錢米常以有餘，或以其餘借助諸路闕乏。其所制置，利便多如此類，要在揀擇能吏以爲發運而已。廢之不爲便也。

議曰：廢都水監。

臣某曰：都水監亦恐不可廢。今議者以謂比三司判官主領之時，事日煩，費日廣，舉天下之役，其半在於河渠隄埽，故欲廢之。此臣之所未喻也。朝廷以爲天下水利領於三司，則三司事叢，不得專意。而河渠隄埽之類有當經治，而力不暇給，故别置都水監。此所謂修廢官也。官修則事舉，事舉則雖煩何傷？財費則利興，利興則雖費何害？且所謂舉天下之役，半在於河渠隄埽者，以爲不當役而役之乎？以爲當役而役之乎？以爲不當役而役之，則但當察官吏之不才，而不當廢監；以爲當役而役之，則役雖多，是乃因置監故，吏得修其職而無廢事也，何可以廢監乎？且今水土之利，患在置官不多，而不患其冗也。

議曰：合三部句院。

臣某曰：三部句院，臣未知其詳，然恐由近歲三司帳籍鉤考之法大壞而不舉，故三司句院有事簡處。若不然，則此三部句院理不可合。

議曰：提舉百司，不當用内制，但用如張師顔者。

臣某曰：提舉百司，多用内制，而今患其與三司並行指揮，庫務異同難禀。臣以爲唯權均體敵，乃可以相檢制。事有異同，則理有枉直。近在闕門之外，則非理皆得上聞，庫務官司亦何嫌於難禀？今若只用如張師顔者一人與三司表裏綱紀細務，則恐與三司權不均、體不敵，雖足以綱紀細務，而三司措置，百司失理，莫能與之抗議。今使内制一人總其權，以敵三司，又使如張師顔者一人躬親點檢細事，小既足以究察諸司姦弊，大又足以檢制三司，如此處置，未爲失也。若以爲費而當省，則提舉百司於内制但爲兼職，廢之何所省乎？

議曰：廢宫觀使副都監。

臣某曰：宫觀置使、提舉、都監，誠爲冗散。然今所置，但爲兼職。其有特置，則朝廷禮當尊寵，而不以職事責之者也。廢與置，其爲利害亦不多。若議冗費，則宫觀之類，自有可議，非但置使、提舉、都監爲可省也。

議曰：外則并郡縣。

臣某曰：中國受命，至今百餘年無大兵革，生齒之衆，蓋自秦漢以來莫及。臣所見東南州縣，大抵患在户口衆而官少，不足以治之。臣嘗奉使河北，疑其所置州縣太多，如雄、莫二州，相去纔二十餘里。聞如此者甚衆，其民徭役固多，財力彫弊，恐亦因此。

然臣不深知其利害，不敢有言。

議曰：詔執事之臣，下逮有司，俾行審官銓選之職，稍稍寬假，使時有簡拔。

臣某曰：今朝廷使監司守倅及知雜以上，各以所知，同皋薦舉人材，然尚患其所舉不如舉狀。今若令有司行審官銓選之職，時有簡拔，臣恐以一二人之耳目，不足以盡天下之材；而所簡拔，不足以塞士大夫之非議。又其所任，或不免交私，則於時政，徒有所損而已。

議曰：擇判、司、簿、尉三考、四考有兩紙、三紙舉狀者引對，給筆札，條爲治目，不拘文辭，咸以事對，命官考驗，有理趣者，除縣令。三考績效有聞，委提刑、轉運上其實狀，除京官，再入兩任知縣；如政績顯白，與減一任通判，便除知州。

臣某曰：議者以爲近世縣令最卑，有出身三考，無出身四考，不問其人材如何，但非贓犯，則以次而授焉，甚非重民安本之誼。臣以爲今有出身三考，無出身四考，皆有三人舉主，乃得爲縣令，非不問其人材如何而特以次授也。蓋近歲朝廷舉令之法最善，故近歲縣令亦稍勝於往時。但朝廷誘養之道未純，督察之方未盡。大抵人才難得，非特縣令乏人。今議者欲擇判、司、簿、尉三考、四考有兩紙、三紙舉狀者引對，欲除以爲令，則與舉令之法無甚異也。若欲以筆札條對求治民之材，臣恐不必得治材之實，但得能文辭談説者爾。又以爲績效有聞，則提刑、轉運上其實狀，即除京官。若令提刑、轉運舉者至於五人，而後與轉京官，則得轉京官者少。若但要提刑、轉運舉狀，不必五人而後轉，則如此選擢之人，何以知其賢於舉令而遽優異之如此？又以爲兩任知縣，政績顯白，與減一任通判，便除知州，不知政績如何而可以謂之顯白？若有殊尤可賞，則朝廷自當選擢及有升任指揮。若不足以致選擢及升任指揮，則其政績不爲甚異。政績無甚異，而更不用關陞之法，便減一任通判，與除知州，臣恐入知州者愈冗，而所除又未必賢。

右臣所聞淺陋，不足以知治體，謹具條奏，并元降《雜議》封上，取進止。

詳定十二事議

起居舍人司馬光起請舊官九品之外，别分職任差遣爲十二等，以進退羣臣。十二等之制：宰相第一，兩府第二，兩制以上第三，三司副使、知雜御史第四，三司判官、轉運使第五，提點刑獄第六，知州第七，通判第八，知縣第九，幕職第十，令録第十一，判、司、簿、尉第十二。其餘文武職任差遣，並以此比類，爲十二等。若上等有闕，則於次之中擇才以補之。奉聖旨：兩制詳定聞奏。

王珪等詳定：司馬光起請難盡施行外，致治之要，在任官之久。欲乞知州、令滿三年爲一任。通判人緣審官院見今員多闕少，候將來差遣得行，亦别取指揮。知縣人今後初入者，並滿六周年方入通判。仍乞下審官詳定條約聞奏者。

臣愚以謂司馬光十二等之説，王珪等既以爲難行，而珪等所議知州三年爲一任，知縣六年方入通判，亦無補於官人失得之數。朝廷必欲大修法度，甄序人材，則以至誠惻怛求治之心博延天下論議之士，而與之反復，必有至當之論可施於當世。凡區區變更，而終無補於事實者，臣愚竊恐皆不足爲。

臨川先生文集卷第六十二

臨川先生文集卷第六十三

論議

易泛論

柔巽隱伏，制得其道則易制者，魚也，民之象也，小人女子之象也。貪暴而止乎高者，隼也。貪竊而動乎陰者，鼠也。狐，疑也，不果也。牛，順而强也。羊，很也。羊，前其剛以觸者也。鮒，❶物之在下汙而微者也。鳥，飛而止則困者也。雉，文明見乎外者也。豹，文之蔚然者也。虎，文之炳然者也。虎豹，剛健君子大人之象也。虎之搏物，擬而後動，動而有獲者也。鶴，潔白以遠舉，鳴之以時而遠聞者也。鴻，進退以時而有序者也。禽，飲井之無擇者也。獵豕之牙，能畜其剛而不可犯者也。豕，汙穢也。豚，豕之微者也。龜有靈德，潛見以時，而不志於養者也。龜，人之所恃以知吉凶者也。龍，天類也，能見能躍，能飛能雲雨，而變化不測，人不可係而服者也。馬，地類也，能行而係乎人，其爲物有常者也。鬼，物之無形者也。几，尊物也，所馮以爲安者也。牀，安上以止者也。車，載其上以行者也。輪，有運動之材而非車之全也，可以爲車之一器者也。輿，有承載之材而亦非車之全者也。輻，車輿所以行者也。缶，圓虛以容而應者也。矢，直而利乎行者也。

❶「鮒」，龍舒本作「鮒」。

弧，攻遠之器也。鼎，成物之器也。鉉，所舉鼎而行之者也。鼎耳，虛中以受鉉者也。瓶，井之上水者也。甕，井水之已出乎上而受之者也。筐，女所以承實者也。匕鬯，所以事宗廟社稷之器也。樽酒簋貳，祭之約也。貳簋，享之約也。

幽而能正時者，斗也。暮夜者，陰盛之時也。日中者，豐之時也。日昃者，過中當退之時也。晝日者，明進已盛而未至乎中之時也。日中，則照天下矣。日以明進，❶至晝日，其極盛也。甲，仁屬也。庚，義屬也。月幾望，陰盛而不亢也。雲，陰上也。雨，陰陽應也。霜，陰剛之微也。堅冰，陰剛而疑陽也。

膏，陽之澤也。血，陰之傷也。汗，出而不反也。膚，柔物之爲間而易侵者也。趾，在下而行者也。拇，在下之微而無能爲者也。腹，容物者也。頄，上體之見乎外而無能爲者也。臀，下體之無能爲者也。身，躬己也。頂，首之上者也。面，見乎外者也。心，體之主也。限，上下之所同也。夤，上體之接乎限者也。須，柔而附剛者也，陽物之飾也。❷背，體之不接乎物而止者也。❸尾，後也。首，先也，上也。足，下也。角，剛之上窮者也。肱，上體之隨而附者也。股，下體之隨而附者也。腓，趾之上，股之下而體之隨而附者也。垂其翼，下也。耳，所聽也。

東北，止以近險也。西南，順以遠險也。西南，衆也。南，明也。西南，坤之地

❶「日」，原作「目」，據龍舒本、宋元遞修本、應刻本、光啓堂本改。
❷「飾」，光啓堂本作「節」。
❸「止」，原作「上」，據龍舒本、宋元遞修本、應刻本改。

也。東北，違坤之所也。西，陰所也。東，陽所也。左，下也。右，上也。載者，載上也。負，後也。負者，下道也。乘者，上道也。載鬼，以鬼爲在上也。負塗，以塗爲在後也。往，從之也；往，之外也；往，之上也。來，之己也；來，之內也。渝，變其德也。億，安也。居，不行也。安，以靜居也。逐，從求之也。血，去不來也。出，自穴出，不去也。復，反而得其所也。反，自外來而復也。見，見彼也。處，不行也。征，進也。盤桓，動未進也。枕，止而安之也。動，方征也。起，方往也。遇，逢而見之也。躋，升也。孕，女之得其配也，以有爲而未功也。字，育女之功也。❶

田，興事之大者也。弋，興事之小者也。飛，宜下不宜上者也。且，方然也。或，疑辭也，方也，後也。乃，徐也，方此爻之時未可以然也，要其終則然也。田，平夷著見之地也，非龍之所宜宅也。大川，險也。沙，近險而無難也。泥，則近險而有難也。沛，澤之困乎水者也。穴，陰之宅也。在穴，動物在陰之小者也。淵，龍之宅也。在天，則龍有爲之地。陸，高平也。陵，陸之大也。塗，污也。井，泥濁也。谷，下也。井谷，旁出而下流也。臲卼，乘剛也。石，堅而不動者也。金，剛而趣變者也。玉，❷溫潤粹美，剛而不可變者也。干，鴻之在下而不失其宜者也，鴻所宜居者也。桷，木之在上者也。株，木不能庇蔭其下者也。磐，進於干而不失其安者也。甘，物之所美也。苦，物之所惡也。黃，地色也。玄，天色也。

❶「女」，龍舒本無此字。

❷「玉」，原作「而」，據龍舒本、宋元遞修本、應刻本改。

黄，中之見乎色者也。白，成色之主也。白，未受飾乎物者也。朱紱，天子飾下者也。赤紱，人臣飾下者也。

泣血，陰之憂也。涕，憂之見乎容貌者也。號嗟，憂之見乎音聲者也。號，甚乎嗟者也。藩，内外之隔也。廬，人所庇也。升虚邑，小而易之也。升階，平易以有序，❶以漸升而得位也。伐邑者，小之也。伐國，大事也。伐邑，小事也。城，地道上承而外扞也。復于隍，則不上承、不外扞矣。墉，扞外以保内也，自下之高者也。二簋，陰象也。門，陰象也。户，陽象也。《易》曰：「猶未離其類也，故稱血焉。」《易》象之大概，見於乾坤之説，推而長之，則凡《易》之象，可不疑矣。棟，室壁之所恃也。野，空曠也。「同人于野」，無適莫也。「龍戰于野」，無君臣也。邑，有事之地也，趣時而爲之者也。郊，遠乎有事之地。次，師旅之安舍也。巷，出門庭而未易道也。自牖，自幽以即明也。

婚媾，内外之合也。鄰，比己者也。妻，配也。王母，幽以遠也，以父爲陽，以母爲幽也。以母爲近，則王母爲遠也。妣，以順配祖者也。臣，以順承君者也。考，父之有成德之稱也。長子，一也。弟子，不一也。僕，卑以順也。童，未有與也。婦，一乎順者也。妾，配之不正者也。士，未成夫之辭也。女，未成婦之辭也。娣，女歸而不得正配者也。

衣，上飾也。袽，所以窒隙也。裳，下之飾也。鞶帶，在下體之上，而以柔爲飾也。袂，體乎衣者也。囊，所以畜物也。

❶「易」，光啓堂本作「地」。「有序」，光啓堂本作「方升」。

茀，所以蔽車也。履，踐下而承上也；履，上道也。載，下道也。不可，甚乎不利也。可，其爲利僅也。有凶，不必凶而凶在其中也。有厲，不必厲而厲在其中也。有悔，不必悔而悔在其中也。

卦名解

剛柔始交而難生，動乎險中，故曰「雲雷屯」。屯已大亨，則雷雨之動滿盈，而爲解，故曰「雷雨作，解」，「動而免乎險，解」。山下有險，非險在前也，可往而止焉，必蒙者也，故爲蒙。蹇則險在前者也。險在前則不可以往，故爲蹇。《象》曰：「見險而能止，知矣哉。」知者，反乎蒙者也。需，亦險在前也，其不爲乾健而進也，非若艮之止也，非坎之所能陷也，待時而進耳，故爲需。柔得位而上下應之，小者之畜也。小者畜，則其畜亦小矣，故爲小畜。以小而畜大，非柔之中也。柔得位而不中，不中而上下應之，小畜之道也。能止健，大者之畜也。大者畜，則其畜亦大矣，故爲大畜。四陽過二陰，而陽得中，故爲大過。大過者，大者過也。大者過，則亦事之大過越也。四陰過二陽，而陰得中，故爲小過。小過者，❶小者過也。小者過，則亦事之小過越者耳。大有，能有大者也，大者應之也。柔得尊位，大有者也。同人，同乎人者也，柔得位、得中而應乎乾者也。巽而麗乎内，故爲家人；止而麗乎外，故爲旅。少男長女必惑，山下有風必撓。蠱者，撓惑之名也，爲天下之蠱者事也，故爲蠱。少女少男，男下女

❶「者」，龍舒本無此字。

上，故爲咸。咸者，交感之名也。長男長女，男上女下，故爲恒。姤，陰遇陽，故爲姤。陽終決陰，故爲夬。柔履剛，故爲履。履，禮也。禮者，以柔履剛者也。剛應順而以動，故爲豫。上下交，故爲泰。不交，故爲否。以剛中爲主，而下順從，故爲比。順而止，故爲謙。動而説，故爲隨。大者在上，故爲觀。大者壯，故爲大壯。剛浸長以臨柔，故爲臨。臨者，大臨小之名，故曰「臨者，大也」。柔來文剛，分剛上而文柔，故爲賁。柔變剛爲剥。剥者，消爛之名也。剥窮上而剛反，故曰復。復者，反而得其所之名也。天下雷行，物應之，故爲無妄。雷之感物，物之所以應，無妄者也。剛退，故爲遯。明入地中，故爲明夷。明者，傷於暗之名也。文王與紂當其象矣。以爻考之，自三以下，周象也；自四以上，殷象也。明出地上，晉，臣進之象卦也。明出地上，則方晝而未至乎中，中則照天下。晝則進之盛，而不亢乎王者也。損上益下，主於自損者也，故爲益。損下益上，主於自益者也，故爲損。乾道成男，坤道成女。凡女卦皆受損者也，凡男卦皆受益者也。損上益下，損下益上，此之謂也。巽乎木而上水，❶故爲井。以木巽火，故爲鼎。明以動，故爲豐。豐者，光明盛大之卦也。剛上下而實在其間，頤中有物之象也。頤中有物必噬，噬則合矣，故爲噬嗑。嗑者，有間而通之之卦也。上險下説，説以行險，故爲節。柔在内而剛得中，説而巽，故爲中孚。柔亦在内，可謂對矣。中孚者，至誠之卦也。无妄，則不妄而已。一陽陷於二陰，故爲坎。坎者，

❶「木」，原作「水」，據中華校排本引繆氏校改。

陷也，内明水象也。一陰麗於二陽，故爲離。離，麗也，外明火象也。水之爲物，陷者也；火之爲物，麗者也。推此則震、巽、艮、兑可以類知之也。上火下澤睽，睽者不合之名也，二女之卦也。火在水上，未濟。未濟者，有濟之道也，男女之卦也。水上火下，男女相逮之卦也，故爲既濟。澤上火下，二女不相得之卦也，故爲革。不相得而相違，革之所以生也。以衆行險，故爲師。上剛而下險，❶險而健，故爲訟。上動而下止，止而動，故爲頤。止而動，頤之道也。上説而下順，故爲萃。上巽而下險，險而巽，故爲涣，涣者離散之名也。巽而免乎險，則不蹇不困。下雖險，上巽而不健，則不訟，故爲涣而已。困則剛見揜者也，在難中者也，不可以不動矣。蹇則難在前者也，不可以往而已。故《象》曰「利西南」也。順而巽，其進也孰禦焉？故爲升。止而巽，有止之道，故爲漸。歸妹者，歸女之卦也。妹，少女也。少女爲主於内，故曰歸妹。歸妹，女歸之以其時也，故曰「動而説，所以爲歸妹」也。陽在下，則動而進，故爲震。進在陰上，已得其所則止，故爲艮。内柔伏，故爲巽。外柔見，故爲兑。此其文皆在《繫辭》。或《象》《繫》所不言，以其所言反求其所不言，則知其所以然也。

河圖洛書義

孔子曰：「河出圖，洛出書，聖人則之。」圖必出於河，而洛不謂之圖，書必出於洛，而河不謂之書者，我知之矣。圖以示天

❶「而」，龍舒本無此字。

道，書以示人道故也。蓋通於天者河，而圖者以象言也。成象之謂天，故使龍負之，而其出在於河。龍善變，而尚變者天道也。中於地者洛，而書者以法言也。效法之謂人，故使龜負之，而其出在於洛。❶龜善占，而尚占者人道也。此天地自然之意，而聖人於《易》所以則之者也。

諫官論❷

以賢治不肖，以貴治賤，古之道也。所謂貴者何也？公卿大夫是也。所謂賤者何也？士、庶人是也。同是人也，或爲公卿，或爲士，何也？爲其不能公卿也，故使之爲士；爲其賢於士也，故使之爲公卿。此所謂以賢治不肖，以貴治賤也。

今之諫官者，天子之所謂士也。其貴，則天子之三公也。惟三公於安危治亂存亡之故無所不任其責，至於一官之廢、一事之不得，無所不當言，故其位在卿大夫之上，所以貴之也。其道德必稱其位，所謂以賢也。至士則不然。修一官而百官之廢不可以預也，守一事而百事之失可以毋言也。稱其德，副其材，而命之以位也；循其名，傃其分，以事其上而不敢過也。此君臣之分也，上下之道也。今命之以士，而責之以三公。士之位而受三公之責，非古之道也。孔子曰：「必也正名乎！」正名也者，所以正分也。然且爲之，非所謂正名也。身不能正名，而可以正天下之名者，未之有也。

❶「在」，龍舒本作「必」。
❷「論」，龍舒本無此字。

蚳鼃爲士師，孟子曰：「似也，爲其可以言也。」鼃諫於王而不用，致爲臣而去。孟子曰：「有言責者，不得其言則去；有官守者，不得其職則去。」❶然則有官守者莫不有言責，有言責者莫不有官守。士師之諫於王是也。其諫也，蓋以其官而已矣。是古之道也。古者官師相規，工執藝事以諫。其或不能諫，謂之不恭，則有常刑。蓋自公卿至於百工各以其職諫，則君孰與爲不善？自公卿至於百工皆失其職以阿上之所好，則諫官者乃天子之所謂士耳，吾未見其能爲也。

待之以輕，❷而要之以重，非所以使臣之道也。其待己也輕，而取重任焉，非所以事君之道也。不得已，若唐之太宗，庶乎其或可也。雖然，有道而知命者果以爲可乎？未之能處也。唐太宗之時，所謂諫官者，與丞弼俱進於前，故一言之謬，一事之失，可救之於將然，不使其命已布於天下，然後從而争之也。君不失其所以爲君，臣不失其所以爲臣，其亦庶乎其近古也。今也上之所欲爲，丞弼所以言於上，皆不得而知也。及其命之已出，然後從而争之。上聽之而改，則是士制命而君聽也；不聽而遂行，則是臣不得其言而君耻過也。臣不得其言，士制命而君聽，二者上下所以相悖而否亂之勢也。然且爲之，其亦不知其道矣。及其諄諄而不用，然後知道之不行，其亦辨之晚矣。或曰：《周官》之師氏、保氏、司徒之屬，而大夫之秩也。曰：嘗聞周公爲師，而召公爲保矣，《周官》則未之學也。

❶「職」，龍舒本作「守」。
❷「待」，龍舒本作「俟」。下「待」字同。

伯夷

事有出於千世之前，聖賢辯之甚詳而明，然後世不深考之，因以偏見獨識，遂以爲説。既失其本，而學士大夫共守之不爲變者，蓋有之矣。伯夷是已。

夫伯夷，古之論有孔子、孟子焉。以孔、孟之可信而又辯之，反復不一，是愈益可信也。孔子曰：「不念舊惡」，「求仁而得仁」，「餓于首陽之下，逸民也」。孟子曰：「伯夷，非其君不事，不立惡人之朝。避紂居北海之濱，目不視惡色，不事不肖，百世之師也。」故孔、孟皆以伯夷遭紂之惡，不念以怨，不忍事之，以求其仁，餓而避，不自降辱，以待天下之清，而號爲聖人耳。然則司馬遷以爲武王伐紂，伯夷叩馬而諫，天下宗周而恥之，義不食周粟，而爲《采薇》之歌。韓子因之，亦爲之頌，以爲微二子，亂臣賊子接迹於後世。是大不然也。

夫商衰，而紂以不仁殘天下，天下孰不病紂？而尤者伯夷也。嘗與太公聞西伯善養老，則往歸焉。當是之時，欲夷紂者，二人之心，豈有異邪？及武王一奮，太公相之，遂出元元於塗炭之中，伯夷乃不與，何哉？蓋二老，所謂天下之大老，行年八十餘，而春秋固已高矣。自海濱而趨文王之都，計亦數千里之遠。文王之興以至武王之世，歲亦不下十數。豈伯夷欲歸西伯而志不遂，乃死於北海邪？抑來而死於道路邪？抑其至文王之都而不足以及武王之世而死邪？❶如是而言，伯夷其亦理有

❶「及」，光啓堂本作「反」。

不存者也。且武王倡大義於天下，太公相而成之，而獨以爲非，豈伯夷乎？天下之道二，仁與不仁也。紂之爲君，不仁也；武王之爲君，仁也。伯夷固不事不仁之紂，以待仁而後出。武王之仁焉又不事之，則伯夷何處乎？余故曰：聖賢辯之甚明，而後世偏見獨識者之失其本也。嗚呼！使伯夷之不死，以及武王之時，其烈豈獨太公哉！❶

臨川先生文集卷第六十三

❶「獨」，龍舒本作「減」。

臨川先生文集卷第六十四

論議

三聖人

孟子曰：「可欲之謂善，有諸己之謂信，充實之謂美，充實而有光輝之謂大，大而化之之謂聖。」聖之爲名，道之極，德之至也。「非禮勿動，非禮勿言，非禮勿視，非禮勿聽」，此大賢者之事也。賢者之事如此，則可謂備矣，而猶未足以鑽聖人之堅，仰聖人之高。以聖人觀之，猶太山之於岡陵，河海之於陂澤。然則聖人之事可知其大矣！《易》曰：「與天地合其德，與日月合其明，與鬼神合其吉凶。」此蓋聖人之事也。德苟不足以合於天地，明苟不足以合於日月，吉凶苟不足以合於鬼神，則非所謂聖人矣。孟子論伯夷、伊尹、柳下惠，皆曰「聖人」也，而又曰「伯夷隘，柳下惠不恭。隘與不恭，君子不由也」。夫動言視聽，苟有不合於禮者，則不足以爲大賢人，而聖人之名非大賢人之所得擬也，豈隘與不恭者所得僭哉？

蓋聞聖人之言行，不苟而已，將以爲天下法也。昔者伊尹制其行於天下，曰：「何事非君？何使非民？治亦進，亂亦進。」而後世之士多不能求伊尹之心者，由是多進而寡退，苟得而害義，此其流風末俗之弊也。聖人患其弊，於是伯夷出而矯之，制其行於天下，曰：「治則進，亂則退。非其君不事，非其民不使。」而後世之士多不能求伯夷之心者，由是多退而寡進，過廉而復刻，此其流風末世之弊也。聖人又患其弊，於是柳下惠出而矯之，制其行於天下，曰：「不羞汙君，不辭小官。遺逸而不怨，阨窮而不憫。」而後世之士多不能求柳下惠之心者，由是多汙而寡潔，惡異而尚同，此其流風末世之弊也。此三人者，因時之偏而救之，非天下之中道也，故久必弊。至孔子之時，三聖人之弊各極於天下矣。故孔子集其行，而制成法於天下，曰：「可以速則速，可以久則久，可以仕則仕，可以處則處。」然後聖人之道大具，而無一偏之弊矣。其所以大具而無弊者，豈孔子一人之力哉？四人者相爲終始也。故伯夷不清不足以救伊尹之弊，柳下惠不和不足以救伯夷之弊。聖人之所以能大過人者，蓋能以身救弊於天下耳。如皆欲爲孔子之行，而忘天下之弊，則惡在其爲聖人哉！

是故使三人者當孔子之時，則皆足以爲孔子也。然其所以爲之清，爲之任，爲之和者，時耳，豈滯於此一端而已乎？苟在於一端而已，則不足以爲賢人也，豈孟子所謂聖人哉？孟子之所謂「隘與不恭，君子不由」者，亦言其時爾。且夏之道豈不美哉，而殷人以爲野；殷之道豈不美哉，而周人以爲鬼。所謂隘與不恭者，何以異於是乎？當孟子之時，有教孟子枉尺直尋者，有教孟子權以援天下者，蓋其俗有似於伊尹之弊時也。是以孟子論是三人者，必先伯夷，亦所以矯天下之弊耳。故曰：聖人之言行，豈苟而已？將以爲天下法也。

周公

甚哉！荀卿之好妄也。載周公之言，曰：「吾所執贄而見者十人，還贄而相見者三十人，貌執者百有餘人，欲言而請畢事千有餘人。」是誠周公之所爲，則何周公之小也！

夫聖人爲政於天下也，初若無爲於天下。而天下卒以無所不治者，其法誠修也。故三代之制，立庠於黨，立序於遂，立學於國，而盡其道，以爲養賢教士之法。是士之賢雖未及用，❶而固無不見尊養者矣。此則周公待士之道也。誠若荀卿之言，則春申、孟嘗之行，亂世之事也，豈足爲周公乎？且聖世之士，❷各有其業，講道習藝，患日之不足，豈暇遊公卿之門哉？❸彼遊公卿之門、求公卿之禮者，皆戰國之奸民，而毛遂、侯嬴之徒也。荀卿生於亂世，不能考論先王之法著之天下，而惑於亂世之俗，遂以爲聖世之士亦若是而已，❹亦已過也。且周公之所禮者大賢與，則周公豈唯執贄見之而已？固當薦之天子而共天位也。如其不賢，不足與共天位，則周公如何其與之爲禮也？

子産聽鄭國之政，以其乘輿濟人於溱洧，孟子曰：「惠而不知爲政。」蓋君子之爲政，立善法於天下，則天下治；立善法於一國，則一國治。如其不能立法，而欲人人悦之，則日亦不足矣。使周公知爲政，則宜立

❶「用」下，龍舒本有「者」字。
❷「士」，原作「事」，據《皇朝文鑒》改。
❸「暇」下，龍舒本有「於」字。
❹「士」，原作「事」，據《皇朝文鑒》改。

學校之法於天下矣。不知立學校而徒能勞身以待天下之士，則不唯力有所不足，而勢亦有所不得，周公亦可謂愚也。❶

或曰：❷仰禄之士猶可驕，正身之士不可驕也。夫君子之不驕，雖闇室不敢自慢，豈爲其人之仰禄而可以驕乎？嗚呼！所謂君子者，貴其能不易乎世也。荀卿生於亂世，而遂以亂世之事量聖人。後世之士尊荀卿，以爲大儒而繼孟子者，吾不之信矣。❸

子貢

予讀史所載子貢事，疑傳之者妄。不然，子貢安得爲儒哉？夫所謂儒者，用於君則憂君之憂，食於民則患民之患，在下而不用則修身而已。當堯之時，天下之民患於洚水，堯以爲憂，故禹於九年之間，三過其門而不一省其子也。回之生，天下之民患有甚於洚水，天下之君憂有甚於堯，然回以禹之賢而獨樂陋巷之間，曾不以天下憂患介其意也。夫二人者，豈不同道哉？所遇之時則異矣。蓋生於禹之時而由回之行，則是楊朱也；生於回之時而由禹之行，則是墨翟也。故曰：賢者用於君則以君之憂爲憂，食於民則以民之患爲患，在下而不用於君，則修其身而已，何憂患之與哉？夫所謂憂君之憂、患民之患者，亦以義而後可以爲之謀也。❹苟不義而能釋君之憂，❺

❶「周公亦可謂愚」六字，原無，據龍舒本補。
❷「或」，龍舒本作「又」。
❸「之」，原無，據龍舒本補。
❹「而後可以爲之謀」七字，原無，據龍舒本補。
❺「而」下，龍舒本有「以」字。

除民之患，賢者亦不爲矣。❶

《史記》曰：齊伐魯，孔子聞之，曰：「魯，墳墓之國。國危如此，二三子何爲莫出？」子貢因行，説齊以伐吳，説吳以救魯，復説越，復説晉。五國由是交兵，或强或破，或亂或覇，卒以存魯。觀其言，迹其事，乃與夫儀、秦、軫、代無以異也。❷嗟乎，孔子曰：「己所不欲，勿施於人。」己以墳墓之國而欲全之，則齊、吳之人豈無是心哉？奈何使之亂歟？吾所以知傳者之妄，一也。於史考之，當是時，孔子、子貢窮爲匹夫，❸非有卿相之位、萬鍾之禄也，何以憂患爲哉？然則異於顏回之道矣。吾所以知其傳者之妄，二也。墳墓之國雖君子之所重，然豈有憂患而謀爲不義哉？❹借使有憂患爲謀之義，則豈可以變詐之説亡人之國而求自存哉？❺吾所以知其傳者之妄，三也。子貢之行，雖不能盡當於道，❻然孔子之賢弟子也。孔子之賢弟子之所爲，❼固不宜至於此。矧曰孔子使之也？太史公曰：「學者多稱七十子之徒，譽者或過其實，毁者或損其真。」子貢雖好辯，詎至於此邪？亦所謂毁損其真者哉！

楊孟

賢之所以賢，不肖之所以不肖，莫非性也。賢而尊榮壽考，不肖而厄窮死喪，莫非

❶「不爲」，龍舒本作「恥爲之」。
❷「乃與夫」，原無，據龍舒本補。
❸「窮」，原無，據龍舒本補。
❹「而謀爲不義」，龍舒本作「爲謀之義」。
❺「豈」，龍舒本無此字。
❻「道」，龍舒本作「義」。
❼「孔子之賢弟子之所爲」九字，原無，據龍舒本補。

命也。論者曰：「人之性善。不肖之所以不肖者，豈性也哉？」此學乎孟子之言性，而不知孟子之指也。又曰：「人爲不爲，命也；不肖而厄窮死喪，豈命也哉？」此學乎楊子之言命，而不知楊子之指也。❶

孟子之言性，曰「性善」，❷楊子之言性，曰「善惡混」。❸孟子之言命，❹曰「莫非命也」；❺楊子之言命，曰「人爲不爲，❻命也」。孟楊之道，未嘗不同。二子之説，非有異也。其所以異者，其所指者異耳。❼此孔子所謂「言豈一端而已，各有所當」者也。孟子之所謂性者，❽獨正性也；❾楊子之所謂性者，兼性之不正者言之也。楊子之所謂命者，獨正命也；❿孟子之所謂命者，兼命之不正者言之也。

夫人之生，莫不有羞惡之性。且以羞惡之一端以明之。⓫有人於此，羞善行之不修，惡善名之不立，盡力乎善，以充其羞惡之性，則其爲賢也孰禦哉？此得乎性之正者，而孟子之所謂性也。有人於此，羞利之不厚，惡利之不多，盡力乎利，以充羞惡之性，則其爲不肖也孰禦哉？此得乎性之不正，而楊子之兼所謂性者也。有人於此，才可以賤而賤，皋可以死而死，是人之所自爲

❶「指」下，龍舒本有「者」字。
❷「曰」，龍舒本作「人之」。
❸「曰」，龍舒本作「人之性」。
❹「之」，龍舒本無此字。
❺「曰」，龍舒本無此字。
❻「曰」，龍舒本無此字。
❼「其所以異者其所指者異耳」十一字，原無，據龍舒本補。
❽「孟」上，龍舒本有「故」字。
❾「獨」，原無，據龍舒本補。
❿「獨」，原無，據龍舒本補。
⓫「且以羞惡之一端以明之」十字，原無，據龍舒本補。

也。此得乎命之不正者，而孟子之兼所謂命者也。❶有人於此，才可以貴而賤，德可以生而死，是非人之所爲也。此得乎命之正者，而楊子之所謂命也。

今夫羞利之不厚，惡利之不多，盡力乎利而至乎不肖，則楊子豈以謂人之性而不以辠其人哉？❷亦必惡其失性之正也。才可以賤而賤，辠可以死而死，則孟子豈以謂人之命而不以辠其人哉？❸亦必惡其失命之正也。孟子曰：「口之於味也，目之於色也，耳之於聲也，鼻之於臭也，❹四肢之於安逸也，性也，有命焉，君子不謂性也。❺仁之於父子也，義之於君臣也，禮之於賓主也，知之於賢者也，聖人之於天道也，命也，有性焉，君子不謂命也。」❻然則孟、楊之説，果何異乎？今學者是孟子則非楊子，是楊子則非孟子，蓋知讀其文而不知求其指耳，而曰「我知性命之理」，誣哉！

材論

天下之患，不患材之不衆，患上之人不欲其衆；不患士之不欲爲，患上之人不使其爲也。夫材之用，國之棟梁也，得之則安以榮，失之則亡以辱。然上之人不欲其衆，不使其爲者，何也？是有三蔽焉。其尤蔽

❶「兼所」，原作「所兼」，據龍舒本乙正。
❷「豈以謂人之性而不以辠其人哉」，龍舒本作「豈以爲其人哉」。
❸「豈以謂人之命而不以辠其人哉」，龍舒本作「豈以爲其人之命而不以其人之罪哉」。
❹「鼻之於臭也」，龍舒本無此五字。
❺「謂」下，龍舒本有「之」字。
❻「謂」下，龍舒本有「之」字。

者，❶以爲吾之位可以去辱絶危，終身無天下之患，材之得失無補於治亂之數。❷故偃然肆吾之志，而卒入於敗亂危辱。此一蔽也。又或以謂吾之爵禄貴富足以誘天下之士，榮辱憂戚在我，吾可以坐驕天下之士，❸而其將無不趨我者，❹則亦卒入於敗亂危辱而已。此亦一蔽也。又或不求所以養育取用之道，而諰諰然以爲天下實無材，❺則亦卒入於敗亂危辱而已。此亦一蔽也。

此三蔽者，其爲患則同，然而用心非不善，❻而猶可以論其失者，獨以天下爲無材者耳。蓋其心非不欲用天下之材，特未知其故也。

且人之有材能者，其形何以異於人哉？惟其遇事而事治，畫策而利害得，治國而國安利。❼此其所以異於人者也。❽故上之人苟不能精察之，❾審用之，則雖抱皐、夔、稷、契之智，且不能自異於衆，況其下者乎？世之蔽者方曰：「人之有異能於其身，猶錐之在囊，❿其末立見。故未有有其實而不可見者也。」此徒有見於錐之在囊，而固未覩夫馬之在廐也。駑驥雜處，飲水食芻，⓫嘶鳴蹄齧，⓬求其所以異者蔑

❶「尤」，龍舒本作「敢」。
❷「得」，龍舒本無此字。
❸「吾」上，龍舒本有「是」字。
❹「而其」，原無，據龍舒本補。
❺「材」下，龍舒本有「於古」二字。
❻「非不」，龍舒本無此二字。
❼「利」，《皇朝文鑒》作「焉」。
❽「者」，原無，據龍舒本補。
❾「故」，原無，據龍舒本補。
❿「猶」，龍舒本作「由」。
⓫「飲」上，龍舒本有「其所以」三字。
⓬「蹄」，原作「啼」，據龍舒本改。

矣。❶及其引重車，取夷路，不屢策，不煩御，一頓其轡而千里已至矣。當是之時，使駑馬並驅方駕，❷則雖傾輪絶勒，敗筋傷骨，不舍晝夜而追之，遼乎其不可以及也。夫然後騏驥騕褭與駑駘别矣。古之人君知其如此，故不以天下爲無材，❸盡其道以求而試之耳。❹

試之之道，在當其所能而已。夫南越之修簳，簇以百鍊之精金，羽以秋鶚之勁翮，加强弩之上，而彍之千步之外，雖有犀兕之捍，無不立穿而死者。此天下之利器，而決勝覿武之所寶也。然用以敲朴，❺則無以異於朽槁之挺。❻是知雖得天下之瑰材桀智，而用之不得其方，亦若此矣。古之人君知其如此，於是銖量其能而審處之，使大者、小者、長者、短者、强者、弱者無不適其任者焉。如是則士之愚蒙鄙陋者，❼皆能奮其所知以效小事，况其賢能智力卓犖者乎？嗚呼，後之在位者，蓋未嘗求其説而試之以實也，而坐曰「天下果無材」，亦未之思而已矣。

或曰：❽古之人於材有以教育成就之，而子獨言其求而用之者，何也？曰：天下法度未立之後，❾必先索天下之材而用之。如能用天下之材，則能復先王之法度。❿能

❶「蔑矣」，龍舒本作「蓋寡」。
❷「方駕」，原無，據龍舒本補。
❸「天下爲」，龍舒本作「爲天下」。
❹「耳」，原無，據龍舒本補。
❺「然用以敲朴」，龍舒本作「然而不知其所宜用而以敲朴」。
❻「挺」下，龍舒本有「也」字。
❼「如」上，龍舒本有「其」字。
❽「或曰」，龍舒本作「蓋聞」。
❾「天」上，龍舒本有「因」字。
❿「則」下，龍舒本有「所以」二字。

復先王之法度，則天下之小事無不如先王時矣，況教育成就人材之大者乎？此吾所以獨言求而用之之道也。❶噫！今天下蓋嘗患無材可用者。❷吾聞之：六國合從，而辯説之材出；劉項並世，而籌畫戰鬭之徒起；唐太宗欲治，而謨謀諫諍之佐來。此數輩者，方此數君未出之時，蓋未嘗有也。人君苟欲之，斯至矣。今亦患上之不求之、不用之耳。❸天下之廣，人物之衆，而曰果無材可用者，吾不信也！

命解

先王之俗壞，天下相率而爲利。則强者得行無道，弱者不得行道；貴者得行無禮，賤者不得行禮。孔子修身潔行，言必由繩墨。陳、蔡大夫惡其議己，率衆而圍之，此乃所謂不得行道也。公行有子之喪，右師往弔。入門，有進而與右師言者，有出位而與右師言者。孟子不與右師言，右師不説。孟子曰：「我欲爲禮也。」方是時，不獨右師不説，凡與右師言者，蓋皆不説也。此乃所謂不得行禮也。然孔子不以弱而離道，❹孟子不以賤而失禮，❺故立乎千世之上而爲學者師。右師、陳蔡之大夫卒亦不得傷焉，以其有命也。

今不知命之人，剛則不以道御之，而曰：「有命焉，彼安能困我？」由此則死乎巖牆之下者，猶正命也。柔則不以禮節之，

❶「也」，龍舒本作「者」。
❷「可用者」，原無，據龍舒本補。
❸「今亦」至「之耳」十二字，原無，據龍舒本補。
❹「弱」，龍舒本作「賤」。
❺「賤」，龍舒本作「弱」。

而曰「不出，懼及禍焉」。由此則是貧賤可以智去也。夫柔而不以禮節之，剛而不以道御之，其難免一也。故《易》旅之初六與上九同患。悲夫！離道以合世，去禮以從俗，苟命之窮矣，孰能恃此以免者乎？

對疑

己亥敕書：自今内殿崇班以上，大喪致其事；供奉官以下，則勿致，如其故。於是有疑者，以爲供奉官以下亦士大夫也，而朝廷獨遇之如此。顧而問曰：「今子以謂如何？」嘗竊原朝廷之意以對曰：

先王之制喪禮，不飲酒，不食肉，不御於内，以致其哀戚者，所謂禮之實，而其行之在我者也。不論其人之貴賤，不視其世之可否，而使之同者也。然而有疾，則雖賤者亦使之飲酒而食肉，此所謂以權制者也。或不言而事行，或言而後事行，或身執事而後行者，所謂禮之文而其行之在物者也。論其人之貴賤，視其世之可否，而爲之節者也。視其世之可否而爲之節，故金革之事，則雖貴者亦有時乎而無辟，此所謂以權制者也。

今欲使三班趨走給使之吏大喪則皆無以身執事，而從古者卿士大夫之禮，此固盛世之所宜急，而先王以孝理天下之意。然而事又有先於此者。古之時，卿大夫之喪，所以聽身不執事者，爲其可以不身執事也。其可以不身執事者何也？古之人君，於其卿士大夫之喪，所以存問養恤者，蓋不詘於其在事之時。其有大喪而得不以身執事者，以其臣屬足使，而禄賜足以事養故也。今三班趨走給使之吏，其素所以富養之非備厚也，一日使去位而治喪，則朝廷視遇與庶人之在野者無以異。庶人之在野者，所以葬祭其先人，畜養其妻子，有常産矣。三班趨走給使之吏，去位而治喪，則其使令非有臣屬，事養非有禄賜，一日無常産，則其窮乃有欲比於庶人而不得者。若用事者不爲之憂此，而曰：「汝必無以身執事。」則亦有餓而死者耳。然而世之議者方曰：「今之小吏去位而治喪者衆矣，吾未見有餓而死者。」夫今之去位而治喪者，自非多積餘藏有以活身，❶則孰能無以身執事者乎？今欲使之去位而治喪，故欲使其致喪之實而無以身執事也。苟不能使之無以身執事，而徒使之去位，則豈盛世之所急，而先王以孝理天下之意也？愚故曰：事又有先於此者，謂所以存問恤養士大夫如古之時者，今之所先也。

夫明吾政以贍天下之財，而存問恤養士大夫如古之時，此吾之所易爲也。仰無以葬祭其先人，俯無以畜養其妻子，然且去位而治喪，無以身執事以致古者士大夫之禮，此人所難行也。捨吾之所易爲而忽不謀，曰：「是皆先王之事，非吾今日之所能爲也。」操人之所難行而誅之不釋，曰：「古之士大夫皆然，爾奚事而不爲？」朝廷或者以爲此非先王以權制喪、内恕及人之道，故止而不爲。雖然，愚亦有疑焉。欲内恕以及人，而不爲吾之所易爲者，何也？

臨川先生文集卷第六十四

❶「自」，龍舒本作「身」。

臨川先生文集卷第六十五

論議

洪範傳

五行，天所以命萬物者也，故「初一曰五行」。五事，人所以繼天道而成性者也，故「次二曰敬用五事」。五事，人君所以修其心、治其身者也。修其心、治其身，而後可以爲政於天下，故「次三曰農用八政」。爲政必協之歲月日星辰曆數之紀，故「次四曰協用五紀」。既協之歲月日星辰曆數之紀，當立之以天下之中，故「次五曰建用皇極」。中者，所以立本而未足以趣時，趣時則中不中無常也，唯所施之宜而已矣，故「次六曰乂用三德」。有皇極以立本，有三德以趣時，而人君之能事具矣。雖然，天下之故猶不能無疑也。疑則如之何？謀之人以盡其智，謀之鬼神以盡其神，而不專用己也，故「次七曰明用稽疑」。雖不專用己，而參之於人物鬼神，然而反身不誠不善，則明不足以盡人物，幽不足以盡鬼神，則其在我者不可以不思。在我者其得失微而難知，莫若質諸天物之顯而易見，且可以爲戒也，故「次八曰念用庶證」。自「五事」至於「庶證」，各得其序，則五福之所集；自「五事」至於「庶證」，各失其序，則六極之所集，故「次九曰嚮用五福，威用六極」。「敬」者何？君子所以直内也。言五事之本，在人心而已。「農」者何？厚也。言君子之道，施於有政，取諸此以厚彼而已。有本以保常，而後可立也，故皇極曰「建」。有變以趣時，而後可治也，故三德曰「乂」。「嚮」者，慕而欲其至也。「威」者，畏而欲其亡也。

「五行：一曰水，二曰火，三曰木，四曰金，五曰土。」何也？五行也者，成變化而行鬼神，往來乎天地之間而不窮者也。是故謂之「行」。天一生水，其於物爲精，精者，一之所生也。地二生火，其於物爲神，神者，有精而後從之者也。天三生木，其於物爲魂，魂從神者也。地四生金，其於物爲魄，魄者，有魂而後從之者也。天五生土，其於物爲意，精神魂魄具而後有意。自「天一」至於「天五」，五行之生數也。以奇生者成而耦，以耦生者成而奇。其成之者皆五。五者，天數之中也，蓋中者所以成物也。道立於兩，成於三，變於五，而天地之數具。其爲十也，耦之而已。蓋五行之爲物，其時、其位、其材、其氣、其性、其形、其事、其情、其色、其聲、其臭、其味，皆各有耦，推而散之，無所不通。一柔一剛，一晦一明，故有正有邪，有美有惡，有醜有好，有凶有吉。性命之理，道德之意，皆在是矣。耦之中又有耦焉，而萬物之變，遂至於無窮。其相生也，所以相繼也；其相克也，所以相治也。語器也以相治，故序六府以相克。語時也以相繼，故序盛德所在以相生。《洪範》語道與命，故其序與語器與時者異也。道者，萬物莫不由之者也；命者，萬物莫不聽之者也。器者，道之散；時者，命之運。由於道、聽於命而不知者，百姓也；由於道、聽於命而知之者，君子也。道萬物而無所由，命萬物而無所聽，唯天下之至神爲能與於此。夫火之於水，妻道也，其於土，母道也。

故神從志，無志則從意。志致一之謂精，唯天下之至精爲能合天下之至神。精與神，一而不離，則變化之所爲在我而已。是故能道萬物而無所由，命萬物而無所聽也。

「水曰潤下，火曰炎上，木曰曲直，金曰從革，土爰稼穡。」何也？北方陰極而生寒，寒生水；南方陽極而生熱，熱生火。故水潤而火炎，水下而火上。東方陽動以散而生風，風生木。木者，陽中也，故能變，能變故曲直。西方陰止以收而生燥，燥生金。金者，陰中也，故能化，能化故從革。中央陰陽交而生濕，濕生土。土者，陰陽沖氣之所生也，故發之而爲稼，斂之而爲穡。「曰」者，所以命其物。「爰」者，言於之稼穡而已。「潤」者，性也。「炎」者，氣也。「上下」者，位也。「曲直」者，形也。「從革」者，材也。「稼穡」者，人事也。冬，物之性復，復者性之所，故於水言其性。❶夏，物之氣交。交者，氣之時，故於火言其氣。陽極上，陰極下，而後各得其位，故於水火言其位。春，物之形著，故於木言其形。秋，物之材成，故於金言其材。中央，人之位也，故於土言人事。水言潤，則火熯、土溽、木敷、金斂，皆可知也。火言炎，則水洌、土烝、木温、金清，❷皆可知也。水言下，火言上，則木左、金右、土中央，皆可知也。推類而反之，則曰後，曰前，曰西，曰東，曰北，曰南，皆可知也。木言曲直，則土圜、金方、火鋭、水平，皆可知也。金言從革，則木變、土化、水因、火革，皆可知也。土言稼穡，則水之井洫、火之爨冶、木金之爲械器，皆可知也。

❶「性」，龍舒本作「信」。
❷「清」，龍舒本作「清」。

所謂木變者何？灼之而爲火，爛之而爲土，此之謂變。所謂土化者何？能熯、能潤、能敷、能斂，此之謂化。所謂水因者何？因甘而甘，因苦而苦，因蒼而蒼，因白而白，此之謂因。所謂火革者何？革生以爲熟，革柔以爲剛，革剛以爲柔，此之謂革。金亦能化，而命之曰「從革」者何？可以圜，可以平，可以鋭，可以曲直，然非火革之，則不能自化也。是故命之曰「從革」也。夫金，陰精之純也，是其所以不能自化也。蓋天地之用五行也，水施之，火化之，木生之，金成之，土和之。施生以柔，化成以剛，故木撓而水弱，金堅而火悍。悍堅而濟以和，萬物之所以成也。奈何終於撓弱而欲以收成物之功哉？

「潤下作鹹，炎上作苦，曲直作酸，從革作辛，稼穡作甘。」何也？寒生水，水生鹹，故潤下作鹹。熱生火，火生苦，故炎上作苦。風生木，木生酸，故曲直作酸。燥生金，金生辛，故從革作辛。濕生土，土生甘，故稼穡作甘。生物者氣也，成之者味也。以奇生則成而耦，以耦生則成而奇。寒之氣堅，故其味可用以耎。熱之氣耎，故其味可用以堅。風之氣散，故其味可用以收。燥之氣收，故其味可用以散。土者，沖氣之所生也。沖氣則無所不和，故其味可用以綏而已。❶ 氣堅則壯，故苦可以養氣。脉耎則和，故鹹可以養脉。骨收則强，故酸可以養骨。筋散則不攣，故辛可以養筋。肉緩則不壅，故甘可以養肉。堅之而後可以耎，收之而後可以散。欲緩則用甘，不欲則弗用也。古之養生治疾者，必先通乎此，不通

❶「綏」，龍舒本作「緩」。

乎此而能已人之疾者，蓋寡矣。

「五事：一曰貌，二曰言，三曰視，四曰聽，五曰思。貌曰恭，言曰從，視曰明，聽曰聰，思曰睿。恭作肅，從作乂，明作哲，聰作謀，睿作聖。」何也？恭則貌欽，故作肅。從則言順，故作乂。明則善視，故作哲。聰則善聽，故作謀。睿則思無所不通，故作聖。五事以思爲主，而貌最其所後也。而其次之如此，何也？此言修身之序也。恭其貌，順其言，然後可以學而至於哲。既哲矣，然後能聽而成其謀。能謀矣，然後可以思而至於聖。思者，事之所成終而所成始也，思所以作聖也。既聖矣，則雖無思也，無爲也，寂然不動，感而遂通天下之故可也。

「八政：一曰食，二曰貨，三曰祀，四曰司空，五曰司徒，六曰司寇，七曰賓，八曰師。」何也？食貨，人之所以相生養也，故一曰食，二曰貨。有相生養之道，則不可不致孝於鬼神而著不忘其所自，故三曰祀。有所以相生養之道而知不忘其所自，然後能保其居，故四曰司空。司空，所以居民。民保其居，然後可教，故五曰司徒。司徒，所以教民。教之不率，然後俟之以刑戮，故六曰司寇。自食、貨至于司寇，而治內者具矣，故七曰賓，八曰師。賓所以接外治，師所以接外亂也。自食、貨至於賓、師，莫不有官以治之，而獨曰司空、司徒、司寇者，言官則以知物之有官，言物則以知官之有物也。

「五紀：一曰歲，二曰月，三曰日，四曰星辰，五曰曆數。」何也？王省惟歲，卿士惟月，師尹惟日。上考之星辰，下考之曆數，然後歲、月、日、時，不失其政。故一曰歲，二曰月，三曰日，四曰星辰，五曰曆數。歷者，數也。數者，一、二、三、四是也。五紀之所成終而所成始也，非特曆而已。先王之舉事也莫不有時，其制物也莫不有數。有時故莫敢廢，有數故莫敢踰。蓋堯舜所以同律度量衡，協時月正日，而天下治者，取諸此而已。

「皇極，皇建其有極，斂時五福，用敷錫厥庶民。」何也？皇，君也；極，中也。言君建其有中，❶則萬物得其所，故能集五福，以敷錫其庶民也。

「惟時厥庶民于汝極，錫汝保極。」何也？言庶民以君爲中，君保中則民與之也。

「凡厥庶民，無有淫朋，人無有比德，惟皇作極。」何也？言君中則民人中也。庶民無淫朋，人無比德者，惟君爲中而已。蓋君有過行偏政，則庶民有淫朋，人有比德矣。

「凡厥庶民，有猷、有爲、有守，汝則念之，不協于極，不罹于咎，皇則受之，而康而色，曰：予攸好德。汝則錫之福，時人斯其惟皇之極。」何也？言民之有猷、有爲、有守，汝則念其所猷、所爲、所守之當否。所猷、所爲、所守不協于極，亦不罹于咎，君則容受之，而康汝顏色而誘之。❷不協于極，不罹于咎，雖未可以錫之福，然亦可教者也，故當受之而不當譴怒也。《詩》曰：「載色載笑，匪怒伊教。」康而色之謂也。其曰：「我所好者德，則是協于極」，則非但康汝顏色以受之，又當錫之福以勸焉。如此，則人惟君之中矣。不言「攸好德則錫之

❶「建」，龍舒本作「見」。
❷「而」，龍舒本作「以」。

福」，而言曰「予攸好德，則錫之福」，何也？謂之皇極，則不爲已甚也。攸好德，然後錫之福，則獲福者寡矣，是爲已甚而非所以勸也。曰「予攸好德，則錫之福」，則是苟革面以從吾之攸好者，吾不深探其心，而皆錫之福也。此之謂皇極之道也。

「無虐煢獨，而畏高明。」何也？言苟曰好德，則雖煢獨，必進寵之而不虐；苟曰不好德，則雖高明，必皋廢之而不畏也。蓋煢獨也者，衆之所違而虐之者也；高明也者，衆之所比而畏之者也。人君蔽於衆而不知自用其福威，則不期虐煢獨而煢獨實見虐矣，不期畏高明而高明實見畏矣。煢獨見虐，而莫勸其作德，則爲善者不長；高明見畏，而莫懲其作僞，則爲惡者不消。善不長，惡不消，人人離德作僞，則大亂之道也。然則虐煢獨而寬朋黨之多，畏高明而忽卑晦之賤，最人君之大戒也。

「人之有能有爲，使羞其行，而邦其昌。」何也？言有能者使在職而羞其材，有爲者使在位而羞其德，則邦昌也。人君孰不欲有能者羞其材，有爲者羞其德？然曠千數百年而未有一人致此。蓋聰不明而無以通天下之志，誠不至而無以同天下之德，則智以難知而爲愚者所詘，賢以寡助而爲不肖者所困，雖欲羞其行，不可得也。❶通天下之志在窮理，同天下之德在盡性。窮理矣，故知所謂咎而弗受，知所謂德而錫之福。盡性矣，故能不虐煢獨以爲仁，不畏高明以爲義。如是則愚者可誘而爲智也，雖不可誘而爲智，必不使之詘智者矣；不肖者可革而爲賢也，雖不可革而爲賢，必不使

❶「可」，龍舒本無此字。

之困賢者矣。夫然後有能有爲者得羞其行，而邦賴之以昌也。

「凡厥正人，既富方穀，汝弗能使有好于而家。時人斯其辜。」何也？言凡正人之道，既富之然後善。雖然，徒富之亦不能善也，必先治其家，使人有好於汝家，然後人從汝而善也。汝弗能使有好於汝家，則人無所視効，而放僻邪侈，亦無不爲也。蓋人君能自治，然後可以治人；能治人，然後人爲之用；人爲之用，然後可以爲政於天下。爲政於天下者，在乎富之善之，而善之必自吾家人始。所謂自治者，「惟皇作極」是也；所謂治人者，「弗協于極，弗罹于咎，皇則受之，而康而色，曰予攸好德，汝則錫之福。無虐煢獨，而畏高明」是也。所謂人爲之用者，「有能有爲，使羞其行，而邦其昌」是也。所謂爲政於天下者，「凡厥正人」是也。既曰能治人，則人固已善矣。又曰「富之然後善」，何也？所謂治人者，教化以善之也；所謂富之然後善者，政以善之也。徒教化不能使人善，故繼之曰「凡厥正人，既富方穀」；徒政亦不能使人善，故卒之曰：「汝弗能使有好于而家，時人斯其辜也。」

「于其無好德，汝雖錫之福，其作汝用咎。」何也？既言治家不善不足以正人也，又言用人不善不足以正身，言崇長不好德之人而錫之福，亦用咎作汝而已矣。

「無偏無陂，遵王之義。無有作好，遵王之道。無有作惡，遵王之路。無偏無黨，王道蕩蕩。無黨無偏，王道平平。無反無側，王道正直。會其有極，歸其有極。曰皇極之敷言，是彝是訓，于帝其訓。」何也？言君所以虛其心，平其意，唯義所在，以會歸其有中者。其説以爲人君以中道布言，是以爲彝、是以爲訓者，于天其訓而已。夫天之爲物也，可謂無作好，無作惡，無偏無黨，無反無側。會其有極，歸其有極矣。蕩蕩者言乎其大，平平者言乎其治。大而治，終於正直，而王道成矣。無偏者言乎其所居，無黨者言乎其所與。以所居者無偏，故能所與者無黨，故曰「無偏無黨」。以所與者無黨，故能所居者無偏，故曰「無黨無偏」。偏不已，乃至於側；陂不已，乃至於反。始曰「無偏無陂」者，率義以治心，不可以有偏陂也。卒曰「無反無側」者，及其成德也，以中庸應物，則要之使無反側而已。路，大道也；正直，中德也。始曰「義」，中曰「道」，曰「路」，卒曰「正直」，「尊德性而道問學，致廣大而盡精微，極高明而道中庸」之謂也。孔子以爲「示之以好惡，而民知禁」。今曰「無有作好，無有作惡」者，❶何也？好惡者，❷性也。天命之謂性。作者，人爲也，人爲則與性反矣。《書》曰：「天命有德，五服五章哉！天討有辠，五刑五用哉！」命有德，討有辠，皆天也，則好惡者豈可以人爲哉？所謂示之以好惡者，性而已矣。

「凡厥庶民，極之敷言。是訓是行，以近天子之光。曰天子作民父母，以爲天下王。」何也？言凡厥庶民，以中道布言，是訓是行，以近天子之光者，其説以爲天子作民父母，以爲天下王，當順而比之，以效其所爲而不可逆。蓋君能順天而效之，則民

❶「者」，原無，據龍舒本補。
❷「好惡者性也」，龍舒本無此五字。

亦順君而效之也。❶二帝三王之誥命，未嘗不稱天者，所謂「于帝其訓」也。此人之所以化其上也。及至後世，矯誣上天，以布命于下，而欲人之弗叛也，不亦難乎？

「三德：一曰正直，二曰剛克，三曰柔克。」何也？直而不正者有矣，以正正直，乃所謂正也。曲而不直者有矣，❷以直正曲，乃所謂直也。❸正直也者，變通以趣時，而未離剛柔之中者也。剛克也者，剛勝柔者也。柔克也者，柔勝剛者也。

「平康正直，彊弗友剛克，❹爕友柔克。」何也？爕者，和孰上之所爲者也。友者，右助上之所爲者也。彊者，❺弗柔從上之所爲者也。弗友者，弗右助上之所爲者也。君君臣臣，適各當分，所謂正直也。若承之者，所謂柔克也。若威之者，所謂剛克也。蓋先王用此三德，於一嚬一笑，未嘗或失，況以大施於慶賞刑威之際哉？故能爲之其未有也，治之其未亂也。

「沈潛剛克，高明柔克。」何也？言人君之用剛克也，沈潛之於内；其用柔克也，發見之於外。其用柔克也，抗之以高明；其用剛克也，養之以卑晦。沈潛之於内，所以制姦慝；發見之於外，所以昭忠善。抗之以高明，則雖柔，過而不廢；養之以卑晦，則雖剛，過而不折。《易》曰：「道有變動，故曰爻。爻有等，故曰物。物相雜，故曰文。文不當，故吉凶生焉。」吉凶之生，豈在夫大哉？蓋或一嚬一笑之間而已。

❶「順」，龍舒本作「近」。
❷「直」，龍舒本作「正」。
❸「乃」，龍舒本作「而」。
❹「彊」，原作「疆」，據宋元遞修本改。
❺「彊」，原作「疆」，據龍舒本、宋元遞修本改。

《洪範》之言「三德」，與《舜典》、《臯陶謨》所序不同，何也？《舜典》所序，以教胄子，而《臯陶謨》所序，以知人臣，故皆先柔而後剛。《洪範》所序，則人君也，故獨先剛而後柔。至於正直，則《舜典》《洪範》皆在剛柔之先，而《臯陶謨》乃獨在剛柔之中者，教人、治人，宜皆以正直爲先，至於序德之品，則正直者中德也，固宜在柔剛之中也。

「惟辟作福，惟辟作威，惟辟玉食。臣無有作福、作威、玉食。臣之有作福、作威、玉食，其害于而家，凶于而國。人用側頗僻，民用僭忒。」何也？執常以事君者，臣道也；執權以御臣者，君道也。三德者，君道也。作福，柔克之事也。作威，剛克之事也。以其侔於神天也，是故謂之福。作福以懷之，作禍以威之，言作福則知威之爲禍，言作威則知福之爲懷也。皇極者，君與臣民共由之者也。三德者，君之所獨任而臣民不得僭焉者也。有其權必有禮以章其別，故惟辟玉食也。禮所以定其位，權所以固其政。下僭禮則上失位，下侵權則上失政。上失位則亦失政矣。上失位、失政，人所以亂也。故臣之有作福、作威、玉食，其害于而家，凶于而國，人用側頗僻，民用僭忒也。側頗僻者，臣有作福、作威之効也。僭忒者，臣有玉食之効也。民側頗僻也易，而其僭忒也難。民僭忒則人可知也，人側頗僻則民可知也。其曰「庶民有淫朋，人有比德」，亦若此而已矣。於淫朋曰「庶民」，於僭忒曰「民」而已，何也？僭忒者，民或有焉，而非衆之所能也。天子、皇、王、辟，皆君也。或曰天子，或曰皇，或曰王，或曰辟，何也？「皇極于帝其訓」者，所以繼天而順之，故稱天子。建有極者道，故稱皇。

好惡者德，故稱王。福威者政，故稱辟。道所以成德，德所以立政，故言政於三德而稱辟也。建有極者道，故稱皇。則其曰「天子作民父母，以爲天下王」，何也？吾所建者道，而民所知者德而已矣。

「七稽疑，擇建立卜筮人，乃命卜筮，曰雨，曰霽，曰蒙，曰驛，曰克，曰貞，曰悔，凡七，卜五，占用二，衍、忒。」何也？言有所擇有所建，則立卜筮人。卜筮凡七，而其爲卜者五，則其爲筮者二可知也。先卜而後筮，則筮之爲正悔，亦可知也。衍者，吉之謂也；忒者，凶之謂也。吉言衍，則凶之爲耗可知也；凶言忒，則吉之爲當亦可知也。此言之法也。蓋自始造書，則固如此矣。福之所以爲福者，於文從畐，畐則衍之謂也。禍所以爲禍者，於文從咼，咼則忒之謂也。蓋忒也當也，言乎其位；衍也耗也，言乎其數。夫物有吉凶，以其位與數而已。六五得位矣，其爲九四所難者，數不足故也。九四得數矣，其爲六五所制者，位不當故也。數衍而位當者吉，數耗而位忒者凶。此天地之道，陰陽之義，君子小人之所以相爲消長，中國夷狄之所以相爲强弱。《易》曰：「人謀鬼謀，百姓與能。」蓋聖人君子以察存亡，以御治亂，必先通乎此。不通乎此，而爲百姓之所與者，蓋寡矣。

「立時人作卜筮，三人占則從二人之言。」何也？卜筮者，質諸鬼神，其從與違爲難知，故其占也，從衆而已也。

「汝則有大疑，謀及乃心，謀及卿士，謀及庶民，謀及卜筮。」何也？言人君有大疑，則當謀之於己。己不足以決，然後謀之於卿士；又不足以決，然後謀之於庶民；又不足以決，然後謀之於鬼神。鬼神尤人君之所欽也，然而謀之反在乎卿士、庶民之後者，吾之所疑而謀者人事也，必先盡之人，然後及鬼神焉，固其理也。聖人以鬼神爲難知，而卜筮如此其可信者，《易》曰：「成天下之亹亹者，莫大乎蓍龜。」唯其誠之不至而已矣，用其至誠，則鬼神其有不應，而龜筮其有不告乎？

「汝則從，龜從，筮從，卿士從，庶民從，是之謂大同。身其康彊，子孫其逢吉。」何也？將有作也，心從之，而人神之所弗異，則有餘慶矣，故謂之「大同」，而子孫其逢吉也。

「汝則從，龜從，筮從，卿士逆，庶民逆，吉。卿士從，龜從，筮從，汝則逆，庶民逆，吉。庶民從，龜從，筮從，汝則逆，卿士逆，吉。」何也？吾之所謀者，疑也。可以作，可以無作，然後謂之疑。疑而從者衆，則作而吉也。

「汝則從，龜從，筮逆，卿士逆，庶民逆，作內吉，作外凶。」何也？尊者從，卑者逆，故逆者雖衆，以作內猶吉也。

「龜筮共違于人，用靜吉，用作凶。」何也？所以謀之心、謀之人者盡矣。然猶不免於疑，則謀及於龜筮。故龜筮之所共違，不可以有作也。

「庶徵：曰雨，曰暘，曰燠，曰寒，曰風，曰時」者，何也？曰雨，曰暘，曰燠，曰寒，曰風者，自「肅時雨若」以下是也。曰時者，自「王省惟歲」以下是也。

「五者來備，各以其敘，庶草蕃廡。」何也？陰陽和，則萬物盡其性，極其材。言「庶草」者，以爲物之尤微而莫養，又不知自養也，而猶蕃廡，則萬物得其性皆可知也。

「一極備，凶；一極無，凶。」何也？雨

極備則爲常雨，暘極備則爲常暘，風極備則爲常風，燠極無則爲常寒，寒極無則爲常燠，此饑饉疾癘之所由作也，故曰凶。

「曰休徵，曰肅時雨若，曰乂時暘若，曰哲時燠若，曰謀時寒若，曰聖時風若，曰咎徵，曰狂恒雨若，曰僭恒暘若，曰豫恒燠若，曰急恒寒若，曰蒙恒風若。」何也？言人君之有五事，猶天之有五物也。天之有五物，一極備凶，一極無亦凶。其施之小大緩急無常，其所以成物者，要之適而已。人之有五事，一極備凶，一極無亦凶。施之小大緩急亦無常，其所以成民者，亦要之適而已。故雨暘燠寒風者，五事之證也。降而萬物悦者，肅也，故若時雨然。升而萬物理者，乂也，故若時暘然。哲者，陽也，故若時燠然。謀者，陰也，故若時寒然。睿其思，心無所不通，以濟四事之善者，聖也，故若時風然。狂則蕩，故常雨若；僭則亢，故常暘若；豫則解緩，故常燠若；急則縮栗，故常寒若。冥其思，心無所不入，以濟四事之惡者，蒙，故常風若也。

孔子曰：「見賢思齊，見不賢而内自省也。」君子之於人也，固常思齊其賢，而以其不肖爲戒。況天者，固人君之所當法象也，則質諸彼以驗此，固其宜也。然則世之言災異者非乎？曰：人君固輔相天地，以理萬物者也。天地萬物不得其常，則恐懼修省，固亦其宜也。今或以爲天有是變，必由我有是辠以致之；或以爲災異自天事耳，何豫於我？我知修人事而已。蓋由前之説則蔽而葸，由後之説則固而怠。不蔽不葸，不固不怠者，亦以天變爲己懼，不曰天之有某變必以我爲某事而至也，亦以天下之正理考吾之失而已矣。此亦「念用庶證」

之意也。

「王省惟歲，卿士惟月，師尹惟日。」何也？言自王至於師尹，猶歲、月、日三者相繫屬也。歲、月、日有常而不可變，所揔大者不可以侵小，所治少者不可以僭多。自王至于師尹，三者亦相繫屬，有常而不可變。所揔大者亦不可以侵小，所治少者亦不可以僭多。故歲、月、日者，王及卿士、師尹之證也。

「歲月日時無易，百穀用成，乂用明，俊民用章，家用平康。日月歲時既易，百穀用不成，乂用昬不明，俊民用微，家用不寧。」何也？既以歲、月、日三者之時爲王及卿士、師尹之證也，而王及卿士、師尹之職亦皆協之歲、月、日時之紀焉。故歲有會，月有要，日有成，大者省其大而略，小者治其小而詳。其小大詳略得其序，則功用興而分職治矣。故「百穀用成，乂用明，俊民用章，家用平康」。小大詳略失其序，則功用無所程，分職無所考。故「百穀用不成，乂用昬不明，俊民用微，家用不寧」也。

「庶民惟星，星有好風，星有好雨。」何也？言星之好不一，猶庶民之欲不同。星之好不一，待月而後得其所好，而月不能違也。庶民之欲不同，待卿士而後得其所欲，而卿士亦不能違也。故星者，庶民之證也。

「日月之行，則有冬有夏。」何也？言歲之所以爲歲，以日月之有行，而歲無爲也。猶王之所以爲王，亦以卿士、師尹之有行，而王無爲也。春秋者，陰陽之中；冬夏者，陰陽之正。陰陽各致其正，而後歲成。有冬有夏者，言歲之成也。

「月之從星，則以風雨。」何也？言月之好惡不自用而從星，則風雨作而歲功成，猶卿士之好惡不自用而從民，則治教政令行而王事立矣。《書》曰：「天聽自我民聽，天視自我民視。」夫民者，天之所不能違也，而況於王乎？況於卿士乎？

「五福：一曰壽，二曰富，三曰康寧，四曰攸好德，五曰考終命。」何也？人之始生也，莫不有壽之道焉，得其常性則壽矣，故一曰壽。少長而有爲也，莫不有富之道焉，得其常產則富矣，故二曰富。得其常性又得其常產，而繼之以毋擾，則康寧矣，故三曰康寧也。夫人君使人得其常性，又得其常產，而繼之以毋擾，則人好德矣，故四曰攸好德。好德則能以令終，故五曰考終命。

「六極：一曰凶短折，二曰疾，三曰憂，四曰貧，五曰惡，六曰弱。」何也？不考終命謂之凶，蚤死謂之短，中絕謂之折。禍莫大於凶短折，疾次之，憂次之，貧又次之。故一曰凶短折，二曰疾，三曰憂，四曰貧。凶者，考終命之反也。短折者，壽之反也。疾憂者，康寧之反也。貧者，富之反也。此四極者，使人畏而欲其亡，故先言人之所尤畏者，而以猶愈者次之。夫君人者，❶使人失其常性，又失其常產，而繼之以擾，則人不好德矣，故五曰惡，六曰弱。惡者，小人之剛也。弱者，小人之柔也。

九疇曰初，曰次，而五行、五事、八政、五紀、三德、五福、六極，特以一二數之，何也？九疇以五行爲初，而水之於五行，貌之於五事，食之於八政，歲之於五紀，正直之於三德，壽凶短折之於五福、六極，不可以爲初故也。

或曰：箕子之所次，自「五行」至於「庶

❶「君」，龍舒本作「尹」。

證」。而今獨曰自「五事」至于「庶證」，各得其序，則五福之所集；自「五事」至于「庶證」，各爽其序，❶則六極之所集。何也？曰：人君之於五行也，以五事修其性，以八政用其材，以五紀協其數，以皇極建其常，以三德治其變，以稽疑考其難知，以庶證證其失得。自「五事」至于「庶證」，各得其序，則五行固已得其序矣。

或曰：世之不好德而能以令終與好德而不得其死者衆矣，今曰好德則能以令終，何也？曰：孔子以爲「人之生也直，罔之生也幸而免」。君子之於吉凶禍福，道其常而已。幸而免與不幸而及焉，蓋不道也。

或曰：孔子以爲「富與貴，人之所欲。貧與賤，人之所惡」，而福極不言貴賤。何也？曰：五福者，自天子至于庶人，皆可使慕而欲其至。六極者，自天子至於庶人，皆可使畏而欲其亡。若夫貴賤，則有常分矣。使自公侯至於庶人，皆慕貴欲其至，而不欲賤之在己，則陵犯篡奪之行日起，而上下莫安其命矣。《詩》曰：「肅肅宵征，抱衾與裯。寔命不猶。」蓋王者之世，使賤者之安其賤如此，夫豈使知貴之爲可慕而欲其至，賤之爲可畏而欲其亡乎？

易象論解

君子之道，始於自强不息，故於乾也，君子以自强不息。自强不息，然後厚德載物，故於坤也，君子以厚德載物。自强積德以有載也，迺能經綸，故於屯也，君子以經綸。經綸者，君子有事之時，故於蒙也，君

❶「爽」，龍舒本作「失」。

子以果行育德。果行育德，則無事矣，故於需也，君子以飲食宴樂。飲食宴樂，所以待人而與之從事者也，故於訟也，君子以作事謀始。作事謀始，則能爲物主，故於師也，君子以容民畜衆。建萬國，親諸侯，容民畜衆之大者，故於比也，先王以建萬國，親諸侯。諸侯親，則無所用武，故於小畜也，君子以懿文德。德以禮爲體，故於履也，君子以辨上下、定民志。禮也者，因時之會通，以財成輔相天地者也，故於泰也，后以財成天地之道，輔相天地之宜，以左右民。物不能終泰，故於否也，君子以儉德避難，不可榮以禄。泰則通，否則辨，故於同人也，君子以類族辨物。族各有其類，物各有其辨，則君子小人見矣，故於大有，君子以遏惡揚善，順天休命。雖遏惡也，不可以爲偏亢，故於謙也，君子以裒多益寡，稱物平施。順天休命而以謙平施，則人樂之，故於豫也，先王以作樂崇德，殷薦之上帝，以配祖考。樂成而息，故於隨也，君子以嚮晦入宴息。物不可終息，故於蠱也，君子以振民育德。振民育德，莫大乎教思無窮，容保民無疆，故於臨也，君子以教思無窮，容保民無疆。教思無窮，容保民無疆，莫大乎省方觀民設教，故於觀也，先王以省方觀民設教。教至矣，則明罰勑法繼之，故於噬嗑也，先王以明罰勑法。明罰勑法者，所以待之，而非敢於折獄，故於賁也，君子以明庶政，無敢折獄。無敢折獄者，將以厚下也，故於剥也，上以厚下安宅。厚下者將使人無失其性命之情也，欲不失其性命之情，則亦不違其性命之理而已，故於復也，先王以至日閉關，商旅不行，后不省方者，所以應時。知應時，然後知對時育物，故於無妄也，先王以茂對時育萬物。對時育物者，非稽古畜德之主則不能，故於大畜也，君子以多識前言往行，以畜其德。畜德莫大乎養，故於頤也，君子以慎言語，節飲食。知自養，然後出處皆有以大過人，故於大過也，君子以獨立不懼，遯世無悶。出則欲獨立不懼，處則欲遯世無悶，則德不可無習，故於坎也，君子以常德行，習教事。德行不失其事，教事不廢其習，然後可以繼明照四方，故於離也，大人以繼明照于四方。所謂明者，非恃其所明，則資諸人而已，故於咸也，君子以虛受人。惟以虛受人而有節於內，故於恒也，君子以立不易方。所以有時而遠小人，故於遯也，君子以遠小人，不惡而嚴。所謂嚴者，亦禮而已矣，故於大壯也，君子以非禮勿履。非禮勿履，德之所以昭也，故於晉也，君子以自昭明德。明者自明，非所以莅衆，故於明夷也，君子以莅衆，用晦而明。知自明又知所以莅衆，則言有物而行有常，故於家人也，君子以言有物而行有常。言有物，行有常，則知所同，知所異，故於睽也，❶君子以同而異。同故能有容，異故能有辨，反身修德，言有辨也，故於蹇也，君子以反身修德。赦過宥辠，言有容也，故於解也，君子以赦過宥辠。能反身修德，赦過宥辠，則其欲也懲而窒矣，故於損也，君子以懲忿窒慾。能懲忿窒慾，然後見善遷，有過改，故於益也，君子以見善則遷，有過則改。以居則修德，以動則有功，功不可以擅，德不可以居也，故於夬也，君子以施禄及下，居德則忌。能施禄及下，居德則忌，則衆之所聽也，故於姤也，后以施命誥四方。衆之

❶「故」，原無，據中華校排本引繆氏校補。

所聽，不可不戒，故於萃也，君子以除戎器，戒不虞。不虞知戒矣，德之所以積也，故於升也，君子以順德，積小以高大。積小以至高大，而至於命，則志遂矣，故於困也，君子以致命遂志。至於命，則所以成己也，而後可以成民教，故於井也，君子以勞民勸相。勞民勸相莫大乎恭愛，故於革也，君子以治曆明時。能治曆明時，然後能正位凝命，故於鼎也，君子以正位凝命。正位凝命不可恃，故於震也，君子以恐懼修省。修省之道，在於正己而已，故於艮也，君子以思不出其位。能正己則賢德可居，俗可善，故於漸也，君子以居賢德善俗。俗善矣，其終不能無愛，愛則敝矣，故於歸妹也，君子以永終知敝。知敝則所以待人者盡矣，故於豐也，君子以折獄致刑。折獄以刑，君子所以明慎之時也，故於旅也，君子以明慎用刑而不留獄。不留獄則治道終矣，終則有始，故於巽也，君子以申命行事。申命行事，不可以無學，故於兑也，君子以朋友講習。所講習者，仁義而已，故於涣也，先王以饗帝立廟。饗帝立廟則仁之至、義之盡矣，其推行之也，度數不可以無制，德行不可以無議，故於節也，君子以制數度，議德行。制數度，議德行，則欲急己以緩人，故於中孚也，君子以議獄緩死。急己以緩人者，依於仁而已，故於小過也，君子以行過乎恭，喪過乎哀，用過乎儉。依於仁則無患矣，故於既濟也，君子以思患而豫防之。物不窮也，故於未濟也，君子以慎辨物居方。辨物居方者，物之終始也。

臨川先生文集卷第六十五

臨川先生文集卷第六十六

論議

周南詩次解

王者之治，始之於家。家之序，本於夫婦正。夫婦正者，在求有德之淑女爲后妃以配君子也，故始之以《關雎》。夫淑女所以有德者，其在家本於女工之事也，故次以《葛覃》。有女功之本，而后妃之職盡矣，則當輔佐君子，求賢審官。求賢審官者，非所能專，有志而已，故次之以《卷耳》。有求賢審官之志，以助治其外，則於其內治也，其能有嫉妬而不逮下乎？故次之《樛木》。❶無嫉妬而逮下，則子孫衆多，故次之以《螽斯》。子孫衆多，由其不妬忌則致，國之婦人亦化其上，則男女正，婚姻時，國無鰥民也，故次之以《桃夭》。國無鰥民，然後好德賢人衆多，故次之以《兔罝》。好德賢人衆多，是以室家和平，而婦人樂有子，則后妃之美具矣，故次之以《芣苢》。后妃至於國之婦人樂有子者，由文王之化行，使南國江漢之人無思犯禮，此德之廣也，故次之以《漢廣》。德之所及者廣，則化行乎汝墳之國，能使婦人閔其君子而勉之以正，故次之以《汝墳》。婦人能勉君子以正，則天下無犯非禮，雖衰世公子皆能信厚，此《關雎》之應也，故次之以

❶ 「之」下，龍舒本有「以」字。

《麟之趾》焉。

禮論

嗚呼！荀卿之不知禮也。其言曰：「聖人化性而起僞。」吾是以知其不知禮也。知禮者，貴乎知禮之意，而荀卿盛稱其法度節奏之美，至於言化，則以爲僞也，亦烏知禮之意哉！故禮始於天，❶而成於人。知天而不知人則野，知人而不知天則僞。聖人惡其野而疾其僞，以是禮興焉。今荀卿以謂聖人之化性爲起僞，則是不知天之過也。然彼亦有見而云爾。凡爲禮者，必詘其放傲之心，逆其嗜欲之性，莫不欲逸而爲尊者勞，莫不欲得而爲長者讓，擎跽曲拳以見其恭。夫民之於此，豈皆有樂之之心哉？患上之惡己，而隨之以刑也。故荀卿以爲特劫之法度之威，而爲之於外爾。此亦不思之過也。

夫斲木而爲之器，服馬而爲之駕，此非生而能者也，故必削之以斧斤，直之以繩墨，圓之以規，而方之以矩，束聯膠漆之，而後器適於用焉。前之以銜勒之制，後之以鞭策之威，馳驟舒疾，無得自放，而一聽於人，而後馬適於駕焉。由是觀之，莫不劫之於外而服之以力者也。然聖人捨木而不爲器，捨馬而不爲駕者，固亦因其天資之材也。

今人生而有嚴父愛母之心，聖人因其性之欲而爲之制焉。故其制雖有以强人，而乃以順其性之欲也。聖人苟不爲之禮，則天下蓋將有慢其父而疾其母者矣。此亦

❶「故」，中華校排本引繆氏校作「夫」。

可謂失其性也。得性者以爲僞，則失其性者乃可以爲真乎？此荀卿之所以爲不思也。夫狙猿之形非不若人也，欲繩之以尊卑，而節之以揖讓，則彼有趨於深山大麓而走耳。雖畏之以威，而馴之以化，其可服邪？以謂天性無是而可以化之使僞耶？則狙猿亦可使爲禮矣。故曰：禮始於天，而成於人。天則無是而人欲爲之者，❶舉天下之物，吾蓋未之見也。

禮樂論

氣之所禀命者，心也。視之能必見，聽之能必聞，行之能必至，思之能必得，是誠之所至也。不聽而聰，不視而明，不思而得，不行而至，是性之所固有，而神之所自生也，盡心盡誠者之所至也。故誠之所以能不測者，性也。賢者，盡誠以立性者也；聖人，盡性以至誠者也。神生於性，性生於誠。誠生於心，心生於氣，氣生於形，形者有生之本。故養生在於保形，充形在於育氣，養氣在於寧心，❷寧心在於致誠，養誠在於盡性，不盡性不足以養生。能盡性者，至誠者也；能至誠者，寧心者也；能寧心者，養氣者也；能養氣者，保形者也；能保形者，養生者也。不養生，不足以盡性也。生與性之相因循，志之與氣相爲表裏也。生渾則蔽性，性渾則蔽生。猶志一則動氣，氣一則動志也。先王知其然，是故體天下之性而爲之禮，和天下之性而爲之樂。禮者，天下之中經；樂者，天下之中和。禮樂者，

❶「天則」至「爲之」，龍舒本作「天而無是則人欲爲之」。
❷「養」，應刻本作「育」。

先王所以養人之神，正人氣而歸正性也。是故大禮之極，簡而無文；大樂之極，易而希聲。簡易者，先王建禮樂之本意也。世之所重，聖人之所輕；世之所樂，聖人之所悲。非聖人之情與世人相反，聖人内求，世人外求。内求者樂得其性，外求者樂得其欲。欲易發而性難知，此情性之所以正反也。

衣食所以養人之形氣，禮樂所以養人之性也。❶禮反其所自始，樂反其所自生。吾於禮樂，見聖人所貴其生者至矣。世俗之言曰：「養生非君子之事。」是未知先王建禮樂之意也。養生以爲仁，保氣以爲義，去情却欲以盡天下之性，修神致明以趨聖人之域。聖人之言，莫大顔淵之問：❷「非禮勿視，非禮勿聽，非禮勿言，非禮勿動。」則仁之道亦不遠也。耳非取人而後聰，目非取人而後視，口非取諸人而後言也，身非取諸人而後動也。其守至約，其取至近，有心有形者，皆有之也。然而顔子且猶病之，何也？蓋人之道莫大於此。「非禮勿聽」，非謂掩耳而避之，天下之物，不足以干吾之聰也。「非禮勿視」，非謂掩目而避之，天下之物，不足以亂吾之明也。「非禮勿言」，非謂止口而無言也，天下之物，不足以易吾之辭也。「非禮勿動」，非謂止其躬而不動，天下之物，不足以干吾之氣也。天下之物，豈特形骸自爲哉？其所由來蓋微矣。不聽之時，有先聰焉；不視之時，有先明焉；不言之時，有先言焉；不動之時，有先動焉。聖人之門，惟顔子可以當斯語矣。是故非

❶「性」，龍舒本作「情」。
❷「大」下，龍舒本作「於」。

耳以爲聰，而不知所以聰者，不足以盡天下之聽；非目以爲明，而不知所以明者，不足以盡天下之視。聰明者，耳目之所能爲，而所以聰明者，非耳目之所能爲也。是故待鐘鼓而後樂者，非深於樂者也。待玉帛而後恭者，非深於禮者也。蕢桴土鼓，而樂之道備矣。燔黍捭豚，污尊杯飲，禮既備矣。然大裘無文，大輅無飾，聖人獨以其事之所貴者，何也？所以明禮樂之本也。故曰：禮之近人情，非其至者也。

曾子謂孟敬子：「君子之所貴乎道者三：動容貌，斯遠暴慢矣；正顔色，斯近信矣；出辭氣，斯遠鄙倍矣。籩豆之事，則有司存。」觀此言也，曾子而不知道也則可，使曾子而爲知道，則道不違乎言貌辭氣之間，何待於外哉？是故古之人目擊而道已存，不言而意已傳，不賞而人自勸，不罰而人自畏，莫不由此也。是故先王之道可以傳諸言、效諸行者，皆其法度刑政，而非神明之用也。《易》曰：「神而明之，存乎其人。默而成之，不言而信，存乎德行。」去情却欲，而神明生矣。修神致明，而物自成矣。是故君子之道鮮矣。齊明其心，清明其德，則天地之間所有之物皆自至矣。君子之守至約，而其至也廣；其取至近，而其應也遠。《易》曰：「擬之而後言，議之而後動。擬議以成其變化。」變化之應，天人之極致也。是以《書》言天人之道，莫大於《洪範》。《洪範》之言天人之道，莫大於貌言視聽思。大哉！聖人獨見之理，傳心之言乎？儲精晦息而通神明。❶ 君子之所不至者三：不失色於人，不失口於人，不失足於人。不失

❶「息」，龍舒本作「思」。

色者，容貌精也。不失口者，語默精也。不失足者，行止精也。君子之道也，語其大則天地不足容也，語其小則不見秋毫之末，語其强則天下莫能敵也，語其約則不能致傳記。聖人之遺言曰：「大禮與天地同節，大樂與天地同和。」蓋言性也。大禮，性之中；大樂，性之和。中和之情，通乎神明。故聖人儲精九重而儀鳳凰，❶修五事而關陰陽，是天地位而三光明，四時行而萬物和。《詩》曰：「鶴鳴於九皋，聲聞于天。」故孟子曰：「我善養吾浩然之氣，充塞乎天地之間。」楊子曰：「貌言視聽思，性所有。潛天而天，潛地而地也。」

嗚呼！禮樂之意不傳久矣。天下之言養生修性者，歸於浮屠、老子而已。浮屠、老子之説行，而天下爲禮樂者獨以順流俗而已。夫使天下之人驅禮樂之文，以順流俗爲事，欲成治其國家者，此梁、晉之君所以取敗之禍也。然而世非知之也者，何耶？特禮樂之意大而難知，老子之言近而易輕。❷聖人之道得諸己，從容人事之間而不離其類焉。浮屠直空虛窮苦，絶山林之間，然後足以善其身而已。由是觀之，聖人之與釋老，其遠近難易可知也。是故賞與古人同而勸不同，罰與古人同而威不同，仁與古人同而愛不同，智與古人同而識不同，言與古人同而信不同，同者道也，不同者心也。

《易》曰：「苟非其人，道不虛行。」昔宓子賤爲單父宰，而單父之人化焉。今王公大人有堯、舜、伊尹之勢，而無子賤一邑之

❶「而」，原無，據龍舒本補。
❷「輕」，龍舒本作「曉」。

功者，得非學術素淺而道未明歟？夫天下之人，非不勇爲聖人之道，爲聖人之道者，時務速售諸人以爲進取之階。今夫進取之道，譬諸鈎索物耳。幸而多得其數，則行爲王公大人，若不幸而少得其數，則裂逢掖之衣，爲商賈矣。由是觀之，王公大人同商賈之得志者也，此之謂學術淺而道不明。由此觀之，得志而居人之上，復治聖人之道而不捨焉，幾人矣？內有好愛之容蠱其欲，❶外有便嬖之諛驕其志，向之所能者日已忘矣，今之所好者日已至矣。孔子曰：「有顏回者好學，不遷怒，不貳過。」又曰：「吾見其進，未見其止也。」夫顏子之所學者，非世人之所學。不遷怒者，求諸己；不貳過者，見不善之端而止之也。世之人所謂退，顏子之所謂進也；人之所謂益，顏子之所謂損也。《易》曰：「損，先難而後獲。」顏子之謂也。耳損於聲，目損於色，口損於言，身損於動，非先難歟？及其至也，耳無不聞，目無不見，言無不信，動無不服，非後得歟？是故君子之學，始如愚人焉，如童蒙焉。及其至也，天地不足大，人物不足多，鬼神不足爲隱，諸子之支離不足惑也。是故天之高也，❷日月星辰、陰陽之氣可端策而數也。地至大也，山川丘陵、萬物之形、人之常産可指籍而定也。是故星曆之數、天地之法、人物之所，皆前世致精好學聖人者之所建也。後世之人守其成法，而安能知其始焉？《傳》曰：「百工之事，皆聖人作。」此之謂也。

故古之人言道者莫先於天地，言天地

❶ 「有」，原作「而」，據龍舒本改。
❷ 「之」，龍舒本作「至」。

者莫先乎身，言身者莫先乎性，言性者莫先乎精。精者，天之所以高，地之所以厚，聖人所以配之。故御，人莫不盡能，而造父獨得之，非車馬不同，造父精之也。射，人莫不盡能，而羿獨得之，非弓矢之不同，羿精之也。今之人與古之人一也，然而用之則二也。造父用之以爲御，羿用之以爲射，盜蹠用之以爲賊。

大人論

孟子曰：「充實而有光輝之謂大，大而化之之謂聖，聖而不可知之之謂神。」夫此三者，皆聖人之名，而所以稱之之不同者，所指異也。由其道而言謂之神，由其德而言謂之聖，由其事業而言謂之大人。古之聖人，其道未嘗不入於神，而其所稱止乎聖人者，以其道存乎虛無寂寞不可見之間，苟存乎人，則所謂德也。是以人之道雖神，而不得以神自名，名乎其德而已。夫神雖至矣，不聖則不顯；聖雖顯矣，不大則不形。故曰：此三者，皆聖人之名，而所以稱之之不同者，所指異也。

《易》曰：「蓍之德圓而神，卦之德方以智。」夫《易》之爲書，聖人之道於是乎盡矣，而稱卦以智不稱以神者，以其存乎爻也。存乎爻則道之用見於器，而剛柔有所定之矣。剛柔有所定之，則非其所謂化也。且易之道於乾爲至，而乾之盛莫盛於二、五。而二、五之辭，皆稱「利見大人」，言二爻之相求也。夫二爻之道，豈不至於神矣乎？而止稱大人者，則所謂見於器而剛柔有所定爾。蓋剛柔有所定，則聖人之事業也。稱其事業以大人，則其道之爲神、德之爲聖，可知也。

孔子曰：「顯諸仁，藏諸用，鼓萬物而不與聖人同憂，盛德大業至矣哉！」此言神之所爲也。神之所爲雖至，而無所見於天下。仁而後著，用而後功，聖人以此洗心退藏於密。及其仁濟萬物而不窮，用通萬世而不倦也，則所謂聖矣。故神之所爲，當在於盛德大業。德則所謂聖，業則所謂大也。世蓋有自爲之道而未嘗知此者，以爲德業之卑不足以爲道，道之至在於神耳，於是棄德業而不爲。夫爲君子者皆棄德業而不爲，則萬物何以得其生乎？故孔子稱神而卒之以德業之至，以明其不可棄。蓋神之用在乎德業之間，則德業之至可知矣。故曰神非聖則不顯，聖非大則不形。此天地之全，古人之大體也。

致一論

萬物莫不有至理焉。能精其理，則聖人也。精其理之道，在乎致其一而已。致其一，則天下之物可以不思而得也。《易》曰「一致而百慮」，言百慮之歸乎一也。苟能致一，以精天下之理，則可以入神矣。既入於神，則道之至也。夫如是，則無思無爲，寂然不動之時也。雖然，天下之事固有可思可爲者，則豈可以不通其故哉？此聖人之所以又貴乎能致用者也。

致用之效，始見乎安身。蓋天下之物，莫親乎吾之身，能利其用以安吾之身，則無所往而不濟也。無所往而不濟，則德其有不崇哉？故《易》曰：「精義入神以致用，利用安身以崇德」，此道之序也。孔子既已語道之序矣，患乎學者之未明也，於是又取於爻以喻焉。非其所困而困，非其所據而據，不恥不仁，不畏不義，以小善爲無益，以小惡爲無傷，凡此皆非所以安身崇德也。苟欲安其身，崇其德，莫若藏器於身，待時而後動也。故君子舉是兩端，以明夫安身崇德之道。蓋身之安不安，德之崇不崇，莫不由此兩端而已。身既安，德既崇，則可以致用於天下之時也。致用於天下者，莫善乎治不忘亂，安不忘危，莫不善乎德薄而位尊，智小而謀大。孔子之舉此兩端，又以明夫致用之道也。蓋用有利不利者，亦莫不由此兩端而已。

夫身安德崇，而又能致用於天下，則其事業可謂備也。事業備而神有未窮者，則又當學以窮神焉。能窮神則知微、知彰、知柔、知剛。夫於微、彰、剛、柔之際，皆有以知之，則道何以復加哉？聖人之道，至於是而已也。且以顏子之賢，而未足以及之，則豈非道之至乎？聖人之學至於此，則其視天下之理，皆致乎一矣。天下之理皆致乎一，則莫能以惑其心也。故孔子取損之辭，以明致一之道，曰：「三人行則損一人，一人行則得其友也。」夫危以動、懼以語者，豈有他哉？不能致一以精天下之理故也。故孔子舉《益》之辭以戒曰：「立心勿恒，凶。」勿恒者，蓋不一也。

嗚呼！語道之序，則先精義而後崇德，及喻人以修之之道，則先崇德而後精義。蓋道之序則自精而至粗，學之之道則自粗而至精，此不易之理也。夫不能精天下之義，則不能入神矣。不能入神，則天下之義亦不可得而精也。猶之人身之於崇德也，身不安則不能崇德矣，不能崇德則身豈能安乎？凡此宜若一而必兩言之者，語其序而已也。

九卦論

處困之道，君子之所難也。非夫智足以窮理，仁足以盡性，内有以固其德，而外有以應其變者，其孰能無患哉？古之人有極天下之困，而其心能不累，其行能不移，患至而不傷其身，事起而不疑其變者，蓋有以處之也。處之之道，聖人嘗言之矣。《易》曰：履以和行，謙以制禮，復以自知，恒以一德，損以遠害，益以興利，困以寡怨，井以辯義，巽以行權。此其處之之道也。夫君子之學，至於是則備矣，宜其通於天下也。然而猶困焉者，非吾行之過也，時有利不利也。蓋古之所謂困者，非謂夫其行自困者，謂夫行足以通而困於命者耳。蓋於此九卦者，智有所不能明，仁有所不能守，則其困也非所謂困，而其處困也踈矣。夫惟深於此九者而能果以行之者，則其通也宜，而其困也有以處之。惟其學之之素也。

且君子之行大矣，而待禮以和，仁義爲之内，而和之以禮，則行之成也。而禮之實存乎謙。謙者禮之所自起，禮者行之所自成也，故君子不可以不知履。欲知履，不可以不知謙。夫禮雖發乎其心，而其文著乎外者也。君子知禮而已，則溺乎其文，而失乎其實，忘性命之本，而莫能自復矣。故禮之弊，必復乎本而後可以無患，故君子不可以不知復。雖復乎其本，而不能常其德以自固，則有時而失之矣，故君子不可以不知恒。雖能久其德，而天下事物之變，相代乎吾之前，如吾知恒而已，則吾之行有時而不可通矣。是必度其變，而時有損益而後可，故君子不可以不知損益。夫學如此其至，德如此其備，則宜乎其通也。然而猶困焉者，則向所謂困於命者也。困於命，則動而見病之時也，則其事物之變尤衆而吾之所以處之者尤難矣。然則其行尤貴於達事之宜，而適時之變也。故辯義行權，然後能以窮通，而井者所以辯義，巽者所以行權也。故君子之學，至乎井、巽而大備，而後足以自通乎困之時。孔子曰：「作《易》者，其有憂患乎？」謂其言之足以自通乎困之時也。嗚呼！後世之人一困於時，則憂思其心，而失其故行，然卒至於不能自存也。是豈有他哉，不知夫九者之義故也。

臨川先生文集卷第六十六

臨川先生文集卷第六十七

論議

九變而賞罰可言

萬物待是而後存者天也，莫不由是而之焉者道也，道之在我者德也，以德愛者仁也，愛而宜者義也。仁有先後，義有上下，謂之分。先不擅後，下不侵上，謂之守。形者，物此者也。名者，命此者也。所謂物此者何也？貴賤親踈所以表飾之其物不同者是也。所謂命此者何也？貴賤親踈所以稱號之其命不同者是也。物此者，貴賤各有容矣；命此者，親踈各有號矣。因親踈貴賤，任之以其所宜爲，此之謂因任。因任之以其所宜爲矣，放而不察乎，則又將大弛。必原其情，必省其事，此之謂原省。原省明而後可以辨是非，是非明而後可以施賞罰。故莊周曰：「先明天，而道德次之。道德已明，而仁義次之。仁義已明，而分守次之。分守已明，而形名次之。形名已明，而因任次之。因任已明，而原省次之。原省已明，而是非次之。是非已明，而賞罰次之。」是説雖微莊周，古之人孰不然？古之言道德所自出而不屬之天者，❶未之有也。❷

堯者，聖人之盛也，孔子稱之，曰：「惟

❶「不」，原無，據龍舒本補。

❷「之」，龍舒本作「嘗」。

天爲大，❶惟堯則之」，此之謂明天。「聰明文思安安」，此之謂明道德。「允恭克讓」，此之謂明仁義。次九族，列百姓，序萬邦，此之謂明分守。修五禮，同律度量衡，以一天下，此之謂明形名。棄后稷，契司徒，皋陶士，垂共工，此之謂明因任。三載考績，五載一巡狩，此之謂明原省。命舜曰「乃言底可績」，謂禹曰「萬世永賴，時乃功」，「蠢茲有苗，昏迷不恭」，此之謂明是非。「皋陶方祗厥叙，方施象刑，惟明」，此之謂明賞罰。至後世則不然，仰而視之，曰：「彼蒼蒼而大者何也？其去吾不知其幾千萬里，是豈能知我，❷何哉？吾爲吾之所爲而已，安取彼？」於是遂棄道德，離仁義，略分守，慢形名，忽因任而忘原省，直信吾之是非，而加人以其賞罰。於是天下始大亂，而寡弱者號無告。聖人不作，諸子者伺其閒而出。於是言道德者至於窈冥而不可考，以至世之有爲者皆不足以爲。言形名者守物誦數，罷苦以至於老，而疑道德。彼皆忘其智力之不贍，魁然自以爲聖人者，此矣。悲夫！

莊周曰：「五變而形名可舉，九變而賞罰可言。」「語道而非其序，安取道？」善乎其言之也。莊周，古之荒唐人也，其於道也蕩而不盡善。聖人者與之遇，必有以約之。約之而不能聽，殆將擯四海之外而不使之疑中國。雖然，其言之若此者，聖人亦不能廢。

夫子賢於堯舜

孟子曰：「可欲之謂善，有諸己之謂

❶「爲」，原作「惟」，據龍舒本改。

❷「知」，中華校排本謂繆氏校作「如」。

信，充實之謂美，充實而有光輝之謂大，大而化之之謂聖，聖而不可知之謂神。」聖之爲稱，德之極；神之爲名，道之至。故凡古之所謂聖人者，於道德無所不盡也。於道德無所不盡，則若明之於日月，尊之於上帝，莫之或加矣。《易》曰：「大人者，與天地合其德，與日月合其明，與四時合其序，與鬼神合其吉凶。」此之謂也。由此觀之，則自傳記以來，凡所謂聖人者，宜無以相尚，而其所知宜同。❶

宰我曰：「以予觀於夫子，賢於堯、舜遠矣。」而世之解者必曰：「是爲門人之私言，而非天下公共之論也。」而孟子亦曰：「生民以來，未有如夫子。」是豈亦門人之私言，而非天下公共之論哉？爲是言者，蓋亦未之思也。

夫所謂聖賢之言者，無一辭之苟。其發也必有指焉。其指也，學者之所不可不思也。夫聖者，至乎道德之妙，而後世莫之增焉者之稱也。苟有能加焉者，則豈聖也哉？然孟子、宰我之所以爲是説者，蓋亦言其時而已也。昔者道發乎伏羲，而成乎堯、舜，繼而大之於禹、湯、文、武。此數人者，皆居天子之位，而使天下之道寖明寖備者也。而又有在下而繼之者焉，伊尹、伯夷、柳下惠、孔子是也。夫伏羲既發之也，而其法未成，至於堯而後成焉。堯雖能成聖人之法，未若孔子之備也。夫以聖人之盛，用一人之知足以備天下之法，而必待至於孔子者，何哉？蓋聖人之心，不求有爲於天下，待天下之變至焉，然後吾因其變而

❶「孟子曰」至「而其所知宜同」一百五十九字，原無，據龍舒本補。

制之法耳。至孔子之時，天下之變備矣，故聖人之法亦自是而後備也。《易》曰「通其變，使民不倦」，此之謂也。故其所以能備者，豈特孔子一人之力哉？蓋所謂聖人者，莫不預有力也。孟子曰：「孔子集大成者。」蓋言集諸聖人之事而大成萬世之法耳。此其所以賢於堯舜也。

三不欺

昔論者曰：「君任德則下不忍欺，君任察則下不能欺，君任刑則下不敢欺。」而遂以德、察、刑爲次，蓋未之盡也。此三人者之爲政，皆足以有取於聖人矣，然未聞聖人爲政之道也。夫未聞聖人爲政之道，而足以有取於聖人者，蓋人得聖人之一端耳。且子賤之政，使人不忍欺。古者任德之君宜莫如堯也，然則驩兜猶或以類舉於前，則德之使人不忍欺，❶豈可獨任也哉？子産之政，使人不能欺。夫君子可欺以其方，故使畜魚，而校人烹之，然則察之使人不能欺，❷豈可獨任也哉？西門豹之政，使人不敢欺。夫不及於德，而任刑以治，是孔子所謂「民免而無耻」者也，然則刑之使人不敢欺，❸豈可獨任也哉？故曰：此三人者，未聞聖人爲政之道也。

然聖人之道有出此三者乎？亦兼用之而已。昔者堯、舜之時，比屋之民皆足以封，則民可謂不忍欺矣。驩兜以丹朱稱於前，❹曰：「嚚訟，可乎？」則民可謂不能欺

❶「忍」，原無，據龍舒本補。
❷「能」，原無，據龍舒本補。
❸「敢」，原無，據龍舒本補。
❹「驩兜」，龍舒本作「放齊」。

矣。四罪而天下咸服，則民可謂不敢欺矣。故任德則有不可化者，任察則有不可周者，任刑則有不可服者。然則子賤之政無以正暴惡，子産之政無以周隱微，西門豹之政無以漸柔良。然而三人者能以治者，蓋足以治小具而高亂世耳。使當堯舜之時所大治者，則豈足用哉？蓋聖人之政，仁足以使民不忍欺，智足以使民不能欺，政足以使民不敢欺，然後天下無或欺之者矣。或曰：刑亦足任以治乎？曰：所任者蓋亦非專用之而足以治也。豹治十二渠以利民，至乎漢，吏不能廢。民以爲西門君所爲，不從吏以廢也，則豹之德亦足以感於民心矣。然則尚刑，故曰任刑焉耳。使無以懷之而惟刑之見，則民豈得或不能欺之哉？

非禮之禮

古之人以是爲禮，而吾今必由之，是未必合於古之禮也。古之人以是爲義，而吾今必由之，是未必合於古之義也。夫天下之事，其爲變豈一乎哉？固有迹同而實異者矣。今之人，諰諰然求合於其迹，而不知權時之變，是則所同者古人之迹，而所異者其實也。事同於古人之迹而異於其實，則其爲天下之害莫大矣。此聖人所以貴乎權時之變者也。

孟子曰：「非禮之禮，非義之義，大人不爲。」蓋所謂迹同而實異者也。夫君之可愛，而臣之不可以犯上，蓋夫莫大之義而萬世不可以易者也。桀紂爲不善，而湯武放弑之，而天下不以爲不義也。蓋知向所謂義者，義之常，而湯武之事有所變。而吾欲守其故，其爲蔽一，而其爲天下之患同矣。使湯武暗於君臣之常義，而不達於時事之權變，則豈所謂湯武哉？

聖人之制禮也，非不欲儉，以爲儉者非天下之欲也，故制於奢儉之中焉。蓋禮之奢爲衆人之欲，而聖人之意未嘗不欲儉也。孔子曰：「麻冕，禮也，今也純，儉，吾從衆。」然天下不以爲非禮也。蓋知向之所謂禮者，禮之常，而孔子之事爲禮之權也。且奢者爲衆人之所欲而制，今衆人能儉，則聖人之所欲而禮之所宜矣，然則可以無從乎？使孔子蔽於制禮之文，而不達於制禮之意，則豈所謂孔子哉？故曰：「非禮之禮，非義之義，大人不爲。」釋者曰：「非禮之禮」，若娶妻而朝暮拜之者是也。「非義之義」，若藉交以報仇是也。夫娶妻而朝暮拜之，藉交以報仇，中人之所不爲者，豈待大人而後能不爲乎？嗚呼，蓋亦失孟子之意矣！

王霸

仁義禮信，天下之達道，而王霸之所同也。夫王之與霸，其所以用者則同，而其所以名者則異，何也？蓋其心異而已矣。其心異，則其事異；其事異，則其功異；其功異，則其名不得不異也。

王者之道，其心非有求於天下也，所以爲仁義禮信者，以爲吾所當爲而已矣。以仁義禮信修其身而移之政，則天下莫不化之也。是故王者之治，知爲之於此，不知求之於彼，而彼固已化矣。霸者之道則不然。其心未嘗仁也，而患天下惡其不仁，於是示之以仁。其心未嘗義也，而患天下惡其不義，於是示之以義。其於禮信亦若是而已矣。是故霸者之心爲利，而假王者之道以示其所欲。其有爲也，唯恐民之不見而天下之不聞也。故曰「其心異也」。

齊桓公劫於曹沫之刃，而許歸其地。夫欲歸其地者，非吾之心也。許之者，免死而已。由王者之道，則勿歸焉可也，而桓公必歸之地。晉文公伐原，約三日而退，三日而原不降。由王者之道，則雖待其降焉可也，而文公必退其師，蓋欲其信示於民者也。❶凡所爲仁義禮信，亦無以異於此矣。故曰「其事異也」。

王者之大，若天地然。天地無所勞於萬物，而萬物各得其性。萬物雖得其性，而莫知其爲天地之功也。王者無所勞於天下，而天下各得其治。雖得其治，然而莫知其爲王者之德也。霸者之道則不然。若世之惠人耳，寒而與之衣，飢而與之食，民雖知吾之惠，而吾之惠亦不能及夫廣也。故曰「其功異也」。

夫王霸之道則異矣。其用至誠以求其利，而天下與之，故王者之道，雖不求利，而利之所歸。❷霸者之道，必主於利，❸然不假王者之事以接天下，則天下孰與之哉？

性情

性、情，一也。世有論者曰：「性善情惡。」是徒識性情之名，而不知性情之實也。

❶「降焉」至「欲其」，龍舒本無此十四字。
❷「而利」，原無，據龍舒本補。
❸「必」，原作「不」，據龍舒本改。

喜、怒、哀、樂、好、惡、欲，未發於外而存於心，性也；喜、怒、哀、樂、好、惡、欲，發於外而見於行，情也。性者，情之本；情者，性之用。故吾曰：性、情，一也。

彼曰「性善」，無它，是嘗讀孟子之書，而未嘗求孟子之意耳。彼曰「情惡」，無它，是有見於天下之以此七者而入於惡，而不知七者之出於性耳。故此七者，人生而有之，接於物而後動焉。動而當於理，則聖也，賢也；不當於理，則小人也。彼徒有見於情之發於外者，爲外物之所累，而遂入於惡也，因曰「情惡」也，害性者情也。是曾不察於情之發於外，而爲外物之所感，而遂入於善者乎？蓋君子養性之善，故情亦善；小人養性之惡，故情亦惡。故君子之所以爲君子，莫非情也；小人之所以爲小人，莫非情也。彼論之失者，以其求性於君子，求情於小人耳。

自其所謂情者，莫非喜、怒、哀、樂、好、惡、欲也。舜之聖也，象喜亦喜，使舜當喜而不喜，則豈足以爲舜乎？文王之聖也，王赫斯怒，當怒而不怒，❶則豈足以爲文王乎？❷舉此二者而明之，則其餘可知矣。如其廢情，則性雖善，何以自明哉？誠如今論者之說：無情者善，則是若木石者尚矣。是以知性情之相須，猶弓矢之相待而用。若夫善惡，則猶中與不中也。

曰：然則性有惡乎？曰：孟子曰：「養其大體爲大人，養其小體爲小人。」楊子曰：「人之性，善惡混。」是知性可以爲惡也。

❶「當」上，龍舒本有「使文王」三字。
❷「文」，龍舒本無此字。

勇惠

世之論者曰：「惠者輕與，勇者輕死，臨財而不訾，臨難而不避者，聖人之所取，而君子之行也。」吾曰：不然。惠者重與，勇者重死，臨財而不訾，臨難而不避者，聖人之所疾，而小人之行也。故所謂君子之行者，有二焉。其未發也，慎而已矣；其既發也，義而已矣。慎則待義而後決，義則待宜而後動，蓋不苟而已也。

《易》曰：「吉凶悔吝生乎動。」言動者，賢不肖之所以分，不可以苟爾。是以君子之動，苟得已，則斯静矣。故於義有可以不與不死之道，而必與必死者，雖衆人之所謂難能，而君子未必善也；於義有可與可死之道，而不與不死者，雖衆人之所謂易出，而君子未必非也。是故尚難而賤易者，小人之行也。無難無易而惟義之是者，君子之行也。

《傳》曰：「義者，天下之制也。」制行而不以義，雖出乎聖人所不能，❶亦歸於小人而已矣。季路之爲人，可謂賢也，而孔子曰：「由也好勇過我，無所取材。」夫孔子之行，惟義之是，而子路過之，是過於義也。爲行而過於義，宜乎孔子之無取於其材也。勇過於義，孔子不取，則惠之過於義，亦可知矣。

孟子曰：「可以與，可以無與，與傷惠。可以死，可以無死，死傷勇。」蓋君子之動必於義無所疑而後發。苟有疑焉，斯無動也。《語》曰：「多見闕殆，慎行其餘，則寡悔。」

❶「人」下，龍舒本有「之」字。

言君子之行當慎處於義爾。而世有言孟子者，曰：孟子之文，傳之者有所誤也。孟子之意當曰：「無與傷惠，無死傷勇。」嗚呼！蓋亦弗思而已矣。

仁智

仁者聖之次也，智者仁之次也，未有仁而不智者也，未有智而不仁者也。然則何智仁之别哉？以其所以得仁者異也。仁，吾所有也，臨行而不思，臨言而不擇，發之於事而無不當於仁也，此仁者之事也。仁，吾所未有也，吾能知其爲仁也，臨行而思，臨言而擇，發之於事而無不當於仁也，❶此智者之事也。其所以得仁則異矣，及其爲仁則一也。

孔子曰：「仁者静，智者動。」何也？曰：譬今有二賈也，一則既富矣，一則知富之術而未富也。既富者雖焚舟折車，無事於賈可也。知富之術而未富者，則不得無事也。此仁智之所以異其動静也。吾之仁足以上格乎天，下浹乎草木，旁溢乎四夷，而吾之用不匱也，然則吾何求哉？此仁者之所以能静也。吾之知欲以上格乎天，下浹乎草木，旁溢乎四夷，而吾之用有時而匱也，然則吾可以無求乎？此智者之所以必動也。故曰：「仁者樂山，智者樂水。」山者静而利物者也，水者動而利物者也。其動静則異，其利物則同矣。❷曰「仁者壽，智者樂」，然則仁者不樂，智者不壽乎？曰：智者非不壽，不若仁者之壽也。仁者非不樂，

❶ 下「於」字，龍舒本無此字。

❷ 「則」，龍舒本無此字。

樂不足以盡仁者之盛也。能盡仁之道，則聖人矣。然不曰仁，而目之以聖者，言其化也。蓋能盡仁道，則能化矣。如不能化，吾未見其能盡仁道也。顔回，次孔子者也，而孔子稱之曰「三月不違仁」而已。然則能盡仁道者，非若孔子者，誰乎？

中　述

君子所求於人者薄，而辨是與非也無所苟。孔子罪宰予曰：「於予與何誅。」罪冉有曰：「小子鳴鼓而攻之可也。」二子得罪於聖人，若當絶也。及爲科以列其門弟子，取者不過數人。於宰予，有辭命之善，則取之；於由、求，有政事之善，則取之，不以不善而廢其善。孔子豈阿其所好哉？所求於人者薄也。管仲功施天下，孔子小之。門弟子三千人，孔子獨稱顔回爲好學，問其餘，則未爲好學者。閔損、原憲、曾子之徒不與焉，冉求、宰我之得罪又如此，孔子豈不樂道人之善哉？辨是與非，無所苟也。

所求於人者薄，所以取人者厚，蓋辨是與非者無所苟，所以明聖人之道。如宰予、冉求二子之不得列其善，則士之難全者衆矣，惡足以取人善乎？如管仲無所貶，則從政者若是而止矣。七十子之徒皆稱好學，則好學者若是而止矣。惡足以明聖人之道乎？取人如此，則吾之自取者重，而人之所處者易。明道如此，則吾之與人，其所由可知已。故薄於責人，而非匿其過；不苟於論人，所以求其全。❶聖人之道本乎

❶「所以」，龍舒本作「而非」。

中而已。《春秋》之旨，豈易於是哉？

行述

古之人，僕僕然勞其身，以求行道於世，而曰「吾以學孔子」者，惑矣！孔子之始也，食於魯，魯亂而適齊。齊大夫欲害己，則反而食乎魯。魯受女樂，不朝者三日，義不可以留也，則烏乎之？❶曰：「甚矣，衛靈公之無道也。其遇賢者，庶乎其猶有禮耳。」於是之衛。衛靈公不可與處也，於是不暇擇而之曹，以適于宋、鄭、陳、蔡、衛、楚之郊。其志猶去衛而之曹也，老矣，遂歸于魯以卒。孔子之行如此，烏在其求行道也？夫天子、諸侯不以身先於賢人，其不足與有爲明也。孔子而不知，其何以爲孔子也？曰：「沽之哉，沽之哉！我待賈者也。」僕僕然勞其身以求行道於世，❷是沽也。子路曰：「君子之仕，行其義也。道之不行，已知之矣。」蓋孔子之心云耳。然則孔子無意於世之人乎？曰：「道之將興歟？命也。道之將廢歟？命也。」苟命矣，則如世之人何？

臨川先生文集卷第六十七

❶「乎」，龍舒本作「呼」。
❷「世」下，龍舒本有「者」字。

臨川先生文集卷第六十八

論議

夔説❶

舜命其臣而勑戒之，未有不讓者焉。至於夔，則獨無所讓，而又稱其樂之和美者，何也？夫禹、垂、益、伯夷、龍，皆新命者也，故疇於衆臣而後命之，而皆有讓矣。棄、契、皋陶、夔當是時，蓋已爲是官，因命是五人者，而勑戒之焉耳，故獨無所讓也。蓋孔氏曰禹、垂、益、伯夷、夔、龍皆新命者，蓋失之矣。聖人之聰明雖大過於人，然未嘗不自用聰明也。故舜之命此九人者，未嘗不咨而後命焉，則何獨於夔而不然乎？使夔爲新命者，則何稱其樂之和美也？使夔之受命之日，已稱其樂之和美，則賢人之舉措，亦少輕矣。孔氏之説，蓋惑於「命汝典樂」之語爾。夫「汝作司徒」、「汝作士」之文，豈異於「命汝典樂」之語乎？且所以知其非新命者，蓋舜不疇而命之而無所讓也。

舜之命夔也亦無所疇，夔之受命也亦無所讓，則何以知其爲新命乎？夫擊石拊石而百獸率舞，非夔之所能爲也，爲之者衆臣也。非衆臣之所能爲也，爲之者舜也。將有治於天下，則可以無相乎？故命禹以宅百揆也。民窘於衣食而欲其化

❶「説」，龍舒本無此字。

而入於善，豈可得哉？故次命棄以爲稷也。❶民既富而可以教矣，則豈可以無教哉？故次命契以爲司徒也。既教之，則民不能無不帥教者。民有不帥教，則豈可以無刑乎？故次命皐陶以爲士也。此皆治人之所先急者備矣，則可以治末之時也。工者治人之末者也，故次命垂以爲共工也。於是治人之事具，則宜及於鳥獸草木也，故次命益以爲虞也。夫其所以治至於鳥獸草木，則天下之功至矣。治天下之功至，則可以制禮之時也，故次命伯夷以爲典禮也。夫治至於鳥獸草木，而人有禮以節文之，則政道成矣，可以作樂以樂其成也，故次命夔以爲典樂也。❷借使禹不能揔百揆，稷不能富萬民，契不能教，皐陶不能士，垂不能共工，伯夷不能典禮，然則天下亂矣。天下亂而夔欲擊石拊石，百獸率舞，其可得乎？故曰：爲之者衆臣也。使舜不能用是衆臣，則是衆臣亦不能成其功矣，故曰：非衆臣之所能爲也，爲之者舜也。夫夔之所以稱其樂之和美者，豈以爲伐耶？蓋以美舜也。孔子之所謂將順其美者，其夔哉！

鯀説

堯咨孰能治水，四岳皆對曰「鯀」。然則在廷之臣可治水者惟鯀耳。水之患不可留而俟人，鯀雖方命圮族，而其才則羣臣皆莫及。然則舍鯀而孰使哉？當此之時，禹蓋尚少，而舜猶伏於下而未見乎上也。夫

❶「次」，龍舒本作「以」。

❷「次」，龍舒本作「以」。

舜、禹之聖也，而堯之聖也，羣臣之仁賢也，其求治水之急也，而相遇之難如此。後之不遇者，亦可以無憾矣。

季　子

先王酌乎人情之中以制喪禮。使哀有餘者，俯而就之；哀不足者，企而及之。哀不足者，非聖人之所甚善也。善之者，善其能勉於禮而已。

延陵季子，其長子死，既封而號者三，遂行。孔子曰：「延陵季子之於禮，其合矣乎！」夫長子之喪，聖人爲之三年之服，蓋以謂父子之親。而長子者爲親之後，人情之所至重也。今季子三號遂行，則於先王之禮爲不及矣。今論者曰：當是之時，季子聘於齊，將君之命。若夫季子之心，則以謂不可以私義而緩君命，有勢不得以兩全者，則當忍哀以徇於尊者之事矣。今將命而聘，既聘而返，遂少緩而盡哭之哀，則於事君之義豈爲不足，而害於使事哉？君臣父子之義勢足以兩全，而不爲之盡禮也，則亦薄於骨肉之親，而不用先王之禮爾。其言曰：「骨肉歸復于土，命也。若魂氣，則無所不之矣。」夫骨肉之復于土，魂氣之無不之，是人情之所哀者矣。君子無所不言命，至於喪則有性焉，獨不可以謂命也。昔莊周喪其妻，鼓盆而歌。東門吴喪其子，比於未有。此棄人齊物之道，吾儒之罪人也。觀季子之說，蓋亦周、吴之徒矣。

父子之親，仁義之所由始，而長子者，繼祖考之重，故喪之三年，所以重祖考也。今季子不爲之盡禮，則近於棄仁義、薄祖考矣。孔子曰：「喪事不敢不勉也。」又曰：

「臨喪不哀，吾何以觀之哉？」臨人之喪而不哀，孔子猶以爲不足觀也，況禮之喪三年者乎？然則此言宜非取之矣。蓋記其葬，「深不至於泉，斂以時服，既葬而封，廣輪揜坎，其高可隱」。孔子之稱之，蓋稱其葬之合於禮爾。獨稱葬之合於禮，則哀之不足可知也。衛有送葬者，夫子觀之，曰：「善哉！此可以爲法矣。」若此，則夫子之所美也。聖人之言，辭隱而義顯，豈徒然哉？學者之所不可不思也。

荀卿

荀卿載孔子之言曰：「由，智者若何？仁者若何？」子路曰：「智者使人知己，仁者使人愛己。」子曰：「可謂士矣。」子曰：「賜，智者若何？仁者若何？」子貢曰：「智者知人，仁者愛人。」子曰：「可謂士君子矣。」子曰：「回，智者若何？仁者若何？」顔淵曰：「智者知己，仁者愛己。」子曰：「可謂明君子矣。」是誠孔子之言歟？吾知其非也。夫能近見而後能遠察，能利狹而後能澤廣，明天下之理也。故古之欲知人者，必先求知己；欲愛人者，必先求愛己，此亦理之所必然，而君子之所不能易者也。請以事之近而天下之所共知者諭之。

今有人於此，不能見太山於咫尺之内者，則雖天下之至愚，知其不能察秋毫於百步之外也。蓋不能見於近，則不能察於遠，明矣。而荀卿以謂知己者賢於知人者，是猶能察秋毫於百步之外者，爲不若見太山於咫尺之内者之明也。今有人於此，食不足以厭其腹，衣不足以周其體者，則雖天下之至愚，知其不能以贍足鄉黨也。蓋不能利於狹則不能澤於廣，明矣。而荀卿以謂愛己者賢於愛人者，是猶以贍足鄉黨爲不若食足以厭腹、衣足以周體者之富也。由是言之，荀卿之言，其不察理已甚矣。故知己者，智之端也，可推以知人也。愛己者，仁之端也，可推以愛人也。夫能盡智仁之道，然後能使人知己愛己。是故能使人知己愛己者，未有不能知人愛人者也。能知人愛人者，未有不能知己愛己者也。❶今荀卿之言，一切反之，吾是以知其非孔子之言，而爲荀卿之妄矣。楊子曰：「自愛，仁之至也。」蓋言能自愛之道，則足以愛人耳，非謂不能愛人而能愛己者也。噫！古之人，愛人不能愛己者有之矣，然非吾所謂愛人，而墨翟之道也。若夫能知人而不能知己者，亦非吾所謂知人矣。

楊墨

楊墨之道，得聖人之一而廢其百者是也。聖人之道，兼楊墨而無可無不可者是也。墨子之道，摩頂放踵以利天下；而楊子之道，利天下拔一毛而不爲也。夫禹之於天下，九年之間，三過其門，聞呱呱之泣而不一省其子，此亦可謂爲人矣。顏回之於身，簞食瓢飲以獨樂於陋巷之間，視天下之亂若無見者，此亦可謂爲己矣。楊墨之道，獨以爲人爲己得罪於聖人者，何哉？此蓋所謂得聖人之一而廢其百者也。是故由楊子之道則不義，由墨子之道則不仁。

❶「能知人愛人者未有不能知己愛己者也」，龍舒本無此十六字。

於仁義之道無所遺而用之不失其所者，其唯聖人之徒歟？

二子之失於仁義，而不見天地之全，則同矣。及其所以得罪，則又有可論者也。楊子之所執者爲己。爲己，學者之本也。墨子之所學者爲人。爲人，學者之末也。是以學者之事，必先爲己，其爲己有餘，而天下之勢可以爲人矣，則不可以不爲人。故學者之學也，始不在於爲人，而卒所以能爲人也。今夫始學之時，其道未足以爲己，而其志已在於爲人也，則亦可謂謬用其心矣。謬用其心者，雖有志於爲人，其能乎哉？由是言之，楊子之道雖不足以爲人，固知爲己矣。墨子之志雖在於爲人，吾知其不能也。嗚呼！楊子知爲己之爲務，而不能達於大禹之道也，則亦可謂惑矣。墨子者，廢人物親踈之別，而方以天下爲己任，❶是以所欲以利人者，❷適所以爲天下害患也，豈不過甚哉？故楊子近於儒，而墨子遠於道，其異於聖人則同，而其得罪則宜有閒也。

老子

道有本有末。本者，萬物之所以生也。末者，萬物之所以成也。本者，出之自然，故不假乎人之力，而萬物以生也。末者，涉乎形器，故待人力而後萬物以成也。夫其不假人之力而萬物以生，則是聖人可以無言也，無爲也。至乎有待於人力而萬物以成，則是聖人之所以不能無言也，無爲也。

❶「而」，龍舒本無此字。
❷「以」，龍舒本作「其」。

故昔聖人之在上而以萬物爲己任者，必制四術焉。四術者，禮樂刑政是也，所以成萬物者也。故聖人唯務修其成萬物者，不言其生萬物者。蓋生者，尸之於自然，非人力之所得與矣。

老子者獨不然，以爲涉乎形器者，皆不足言也，不足爲也。故抵去禮樂刑政而唯道之稱焉，是不察於理而務高之過矣。夫道之自然者又何預乎？唯其涉乎形器，是以必待於人之言也，人之爲也。其書曰：「三十輻共一轂，當其無，有車之用。」夫轂輻之用，固在於車之無用，然工之琢削，未嘗及於無者，蓋無出於自然之力，可以無與也。今之治車者，知治其轂輻而未嘗及於無也。然而車以成者，蓋轂輻具則無必爲用矣。如其知無爲用而不治轂輻，則爲車之術固已踈矣。今知無之爲車用，無之爲天下用，然不知所以爲用也。故無之所以爲用者，❶以有轂輻也。無之所以爲天下用者，以有禮樂刑政也。如其廢轂輻於車，廢禮樂刑政於天下，而坐求其無之爲用也，則亦近於愚矣。

莊周上

世之論莊子者不一，而學儒者曰：莊子之書務詆孔子，以信其邪説，要焚其書、廢其徒而後可。其曲直固不足論也。學儒者之言如此，而好莊子之道者曰：莊子之德，不以萬物干其慮，而能信其道者也。彼非不知仁義也，以爲仁義小而不足行己；彼非不知禮樂也，以爲禮樂薄而不足化天

❶「爲」下，中華校排本據繆氏本補「車」字。

下。故老子曰：「道失後德，德失後仁，仁失後義，義失後禮。」是知莊子非不達於仁義禮樂之意也。彼以爲仁義禮樂者，道之末也，故薄之云耳。夫儒者之言善也，然未嘗求莊子之意也。好莊子之言者固知讀莊子之書也，然亦未嘗求莊子之意也。

昔先王之澤，至莊子之時竭矣。天下之俗，譎詐大作，質朴並散，雖世之學士大夫，未有知貴己賤物之道者也。於是棄絶乎禮義之緒，奪攘乎利害之際，趍利而不以爲辱，殞身而不以爲怨，漸漬陷溺，以至乎不可救已。莊子病之，思其説以矯天下之弊，而歸之於正也。其心過慮，以爲仁義禮樂皆不足以正之，故同是非，齊彼我，一利害，則以足乎心爲得。❶此其所以矯天下之弊者也。既以其説矯弊矣，又懼來世之遂實吾説，而不見天地之純、古人之大體也，於是又傷其心，於卒篇以自解。故其篇曰：「《詩》以道志，《書》以道事，《禮》以道行，《樂》以道和，《易》以道陰陽，《春秋》以道名分。」由此而觀之，莊子豈不知聖人者哉？又曰：「譬如耳目鼻口，皆有所明，不能相通，猶百家衆技，皆有所長，時有所用。」用是以明聖人之道，其全在彼而不在此，而亦自列其書於宋鈃、慎到、墨翟、老聃之徒，俱爲不該不徧一曲之士，蓋欲明吾之言有爲而作，非大道之全云耳。然則莊子豈非有意於天下之弊而存聖人之道乎？伯夷之清，柳下惠之和，皆有矯於天下者也。莊子用其心，亦二聖人之徒矣。然而莊子之言不得不爲邪説比者，蓋其矯之過矣。夫矯枉者欲其直也，矯之過則歸於枉

❶「則」，龍舒本作「而」。

矣。莊子亦曰：「墨子之心則是也，墨子之行則非也。」推莊子之心以求其行，則獨何異於墨子哉？後之讀《莊子》者，善其爲書之心，非其爲書之説，則可謂善讀矣。此亦莊子之所願於後世之讀其書者也。今之讀者，挾《莊》以謾吾儒，曰：莊子之道大哉！非儒之所能及知也。不知求其意，而以異於儒者爲貴，悲夫！

莊周下

學者詆周非堯、舜、孔子。余觀其書，特有所寓而言耳。孟子曰：『説《詩》者不以文害辭，不以辭害意。以意逆志，是爲得之。』讀其文而不以意原之，此爲周者之所以詆也。❶周曰：「上必無爲而用天下，下必有爲而爲天下用。」又自以爲處昏上亂相之間，故窮而無所見其材。孰謂周之言皆不可措乎君臣父子之間，而遭世遇主終不可使有爲也？及其引太廟犧以辭楚之聘使，彼蓋危言以懼衰世之常人耳。夫以周之才，豈迷出處之方，而專畏犧者哉？蓋孔子所謂「隱居放言」者，周殆其人也。然周之説，其於道既反之，宜其得罪於聖人之徒也。夫中人之所及者，聖人詳説而謹行之。説之不詳，行之不謹，則天下弊。中人之所不及者，聖人藏乎其心而言之略，不略而詳，則天下惑。且夫諄諄而後喻、譊譊而後服者，豈所謂可以語上者哉？惜乎！周之能言而不通乎此也。

❶「詆」，龍舒本作「詆」。

原性

或曰：孟、荀、楊、韓四子者，皆古之有道仁人，而性者，有生之大本也。以古之有道仁人而言有生之大本，其爲言也宜無惑，何其説之相戾也？吾願聞子之所安。曰：吾所安者，孔子之言而已。

夫太極者，五行之所由生，而五行非太極也。性者，五常之太極也，而五常不可以謂之性。此吾所以異於韓子。且韓子以仁、義、禮、智、信五者謂之性，而曰天下之性，惡焉而已矣。五者之謂性而惡焉者，豈五者之謂哉？

孟子言人之性善，荀子言人之性惡。夫太極生五行，然後利害生焉，而太極不可以利害言也。性生乎情，有情然後善惡形焉，而性不可以善惡言也。此吾所以異於二子。孟子以「惻隱之心，人皆有之」，因以謂人之性無不仁。就所謂性者如其説，必也怨毒忿戾之心人皆無之，然後可以言人之性無不善。而人果皆無之乎？孟子以惻隱之心爲性者，以其在内也。夫惻隱之心與怨毒忿戾之心，其有感於外而後出乎中者，有不同乎？荀子曰：「其爲善者僞也。」就所謂性者如其説，必也惻隱之心人皆無之，然後可以言「善者僞也」。爲人果皆無之乎？荀子曰：「陶人化土而爲埴，埴豈土之性也哉？」夫陶人不以木爲埴者，惟土有埴之性焉，烏在其爲僞也？且諸子之所言，皆吾所謂情也、習也，非性也。

楊子之言爲似矣，猶未出乎以習而言性也。古者有不謂喜、怒、愛、惡、慾情者乎？喜、怒、愛、惡、慾而善，然後從而命之曰仁也，義也；喜、怒、愛、惡、慾而不善，然後從而命之曰不仁也，不義也。故曰：有情然後善惡形焉。然則善惡者，❶情之成名而已矣。孔子曰：「性相近也，習相遠也。」吾之言如此。

然則「上智與下愚不移」，有說乎？曰：此之謂智愚，吾所云者性與善惡也。惡者之於善也，爲之則是；愚者之於智也，或不可强而有也。伏羲作《易》，而後世聖人之言也，非天下之至精至神，其孰能與於此？孔子作《春秋》，則游、夏不能措一辭。蓋伏羲之智，非至精至神不能與，惟孔子之智，雖游、夏不可强而能也，況所謂下愚者哉？其不移明矣。

或曰：四子之云爾，其皆有意於教乎？曰：是説也，吾不知也。聖人之教，正名而已。

性説

孔子曰：「性相近也，習相遠也。」吾是以與孔子也。韓子之言性也，吾不有取焉。然則孔子所謂「中人以上，可以語上；中人以下，不可以語上」，「惟上智與下愚不移」，何説也？曰：習於善而已矣，所謂上智者；習於惡而已矣，所謂下愚者；一習於善，一習於惡，所謂中人者。上智也，下愚也，中人也，其卒也命之而已矣。有人於此，未始爲不善也，謂之上智可也。其卒也，去而爲不善，然後謂之中人可也。有人於此，未始爲善也，謂之下愚可也。其卒也，去而爲善，然後謂之中人可也。惟其不移，然後謂之

❶「惡」，龍舒本無此字。

上智；❶惟其不移，然後謂之下愚。皆於其卒也命之，夫非生而不可移也。

且韓子之言弗顧矣，曰：「性之品三，而其所以爲性五。」夫仁、義、禮、智、信，孰而可謂不善也？又曰：「上焉者之於五，主於一而行之四；下焉者之於五，反於一而悖於四。」是其於性也，不一失焉，而後謂之上焉者；不一得焉，而後謂之下焉者。是果性善，而不善者，習也。然則堯之朱、舜之均，瞽瞍之舜、鯀之禹，后稷、越椒、叔魚之事，後所引者，皆不可信邪？曰：堯之朱、舜之均，固吾所謂習於惡而已者。瞽瞍之舜、鯀之禹，固吾所謂習於善而已者。后稷之詩以異云，而吾之所論者常也。《詩》之言，至以爲人子而無父，人子而無父，猶可以推其質常乎？夫言性，亦常而已矣。無以常乎，則狂者蹈火而入河，亦可以爲性也。越椒、叔魚之事，徒聞之左丘明，丘明固不可信也。以言取人，孔子失之宰我；以貌，失之子羽。此兩人者，其成人也，孔子朝夕與之居，以言、貌取之而失。彼其始生也，婦人者以聲與貌定而卒得之。婦人者獨有過孔子者邪？

對難❷

予爲《楊孟論》，以辨言性命者之失，而有難予者，曰：子之言性，則誠然矣。至於言命，則予以爲未也。今有人於此，其才當處於天下之至賤，而反處於天下之至貴；其行當得天下之大禍，而反得天下之大福。

❶「惟其不移然後謂之上智」，龍舒本無此十字。
❷「難」，光啓堂本作「辨」。

其才當處於天下之至貴，而反處於天下之至賤；其行當得天下之至福，而反得天下之至禍。此則悖於人之所取，而非人力之所及者矣。於是君子曰：「爲之者天也。」所謂命者，蓋以謂命之於天云耳。昔舜之王天下也，進九官，誅四凶；成王之王天下也，尊二伯，誅二叔。若九官之進也，❶以其皆聖賢也；四凶之誅者，以其皆不肖也；二伯之尊者，亦以其皆聖賢也；二叔之誅者，亦以其皆不肖也，是則人之所爲矣。使舜爲不明，進四凶而誅九官；成王爲不明，尊二叔而誅二伯，則所謂非人力之所及而天之所命者也。彼人之所爲可强以爲之命哉？

曰：聖賢之所以尊進，命也；不肖之所以誅，命也。昔孔子懷九官、二伯之德，困於亂世，脱身於干戈者屢矣。遑遑於天下之諸侯，求有所用，而卒死於旅人也。然則九官、二伯雖曰聖賢，其尊進者亦命也。盗跖之罪浮於四凶、二叔，竟以壽死。然則四凶、二叔雖曰不肖，其誅者亦命也。是以聖人不言命，教人以盡乎人事而已。嗚呼！又豈唯貴賤禍福哉？凡人之聖賢、不肖，莫非命矣。

曰：貴賤禍福皆自外至者，子以謂聖賢之貴而福，不肖之賤而禍，皆有命，則吾既聞之矣。若夫聖賢、不肖之所以爲聖賢、不肖，則在我者也，何以謂之命哉？曰：是誠君子志也。古之好學者之言，未有不若此者也。然孟子曰：「仁之於父子也，義之於君臣也，禮之於賓主也，知之於賢者也，聖人之於天道也，命也，有性焉。君子

❶「也」，龍舒本作「者」。

不謂命也。」由此而言之，則聖賢之所以爲聖賢，君子雖不謂之命，而孟子固曰命也已。不肖之所以爲不肖，何以異於此哉？

臨川先生文集卷第六十八

臨川先生文集卷第六十九

論議

禄隱

孔子叙逸民，先伯夷、叔齊而後柳下惠，曰：「不降其志，不辱其身，伯夷、叔齊也；柳下惠降志辱身矣。」孟子叙三聖人者，亦以伯夷居伊尹之前。而楊子亦曰：「孔子高餓顯，下禄隱。」夫聖人之所言高者，是所取於人而所行於己者也；所言下者，是所非於人而所棄於己者也。然而孔孟生於可避之世而未嘗避也，蓋其不合則去，則可謂不降其志，不辱其身矣。至於楊子，則吾竊有疑焉爾。當王莽之亂，雖鄉里自喜者知遠其辱，而楊子親屈其體，爲其左右之臣，豈君子固多能言而不能行乎？抑亦有以處之，非必出於此言乎？

曰：聖賢之言行，有所同而有所不必同，不可以一端求也。同者道也，不同者迹也。知所同而不知所不同，非君子也。夫君子豈固欲爲此不同哉？蓋時不同，則言行不得無不同。唯其不同，是所以同也。如時不同，而固欲爲之同，則是所同者迹也，所不同者道也。迹同於聖人而道不同，則其爲小人也孰禦哉！世之士不知道之不可一迹也久矣。聖賢之宗於道，猶水之宗於海也。水之流，一曲焉，一直焉，未嘗同也，至其宗於海則同矣。聖賢之言行，一伸焉，一屈焉，未嘗同也，至其宗於道則同矣。故水因地而曲直，故能宗於海；聖賢因時而屈伸，故能宗於道。

孟子曰：「伯夷、柳下惠，聖人也，百世之師也。」如其「高餓顯，下禄隱」，而必其出於所高，則柳下惠安擬伯夷哉？揚子曰：「塗雖曲而通諸夏，則由諸；川雖曲而通諸海，則由諸。」蓋言事雖曲而通諸道，則亦君子所當同也。由是而言之，餓顯之高，禄隱之下，皆迹矣，豈足以求聖賢哉？唯其能無係累於迹，是以大過於人也。❶如聖賢之道，❷皆出於一，而無權時之變，則又何聖賢之足稱乎？聖者，知權之大者也；賢者，知權之小者也。昔紂之時，微子去之，箕子爲之奴，比干諫而死。此三人者，道同也，而其去就若此者，蓋亦所謂迹不必同矣。《易》曰：「或出或處，或默或語。」言君子之無可無不可也。使楊子，寧不至于耽禄於弊時哉？蓋於時爲不可去。必去，則楊子之所知亦已小矣。

太古

太古之人，不與禽獸朋也幾何？聖人惡之也，制作焉以別之。下而戾於後世，侈裳衣，壯宮室，隆耳目之觀以嚻天下，君臣、父子、兄弟、夫婦皆不得其所當然，仁義不足澤其性，禮樂不足錮其情，刑政不足綱其惡，❸蕩然復與禽獸朋矣。聖人不作，昧者不識所以化之之術，顧引而歸之太古。太古之道果可行之萬世，聖人惡用制作於其

❶「於」，龍舒本無此字。
❷「賢」，龍舒本無此字。
❸「綱」，龍舒本作「網」。

間？必制作於其間，爲太古之不可行也。顧欲引而歸之，是去禽獸而之禽獸，❶奚補於化哉？吾以爲識治亂者，當言所以化之之術，曰歸之太古，非愚則誣。

原教

善教者藏其用，民化上而不知所以教之之源；不善教者反此，民知所以教之之源而不誠化上之意。善教者之爲教也，致吾義忠，而天下之君臣義且忠矣；致吾孝慈，而天下之父子孝且慈矣；致吾恩於兄弟，而天下之兄弟相爲恩矣；致吾禮於夫婦，而天下之夫婦相爲禮矣。天下之君君、臣臣、父父、子子、兄兄、弟弟、夫夫、婦婦，皆吾教也。民則曰：「我何賴於彼哉？」此謂化上而不知所以教之之源也。不善教者之爲教也，不此之務，而暴爲之制，煩爲之防，劬劬於法令誥戒之間，藏於府，憲於市，屬民於鄙野，必曰臣而臣，君而君，子而子，父而父，兄弟者無失其爲兄弟也，夫婦者無失其爲夫婦也。率是也有賞，不然則罪。鄉閭之師，族酇之長，踈者時讀，密者日告，❷若是其悉矣。顧有不服教而附于刑者，❸於是嘉石以慙之，圜土以苦之，甚者棄之於市朝，放之於裔末，卒不可以已也。此謂民知所以教之之源而不誠化上之意也。

善教者浹於民心，而耳目無聞焉，以道擾民者也。不善教者施於民之耳目，而求浹于心，以道强民者也。擾之爲言，猶山藪

❶ 下「獸」字下，龍舒本有「也」字。
❷ 「曰」，龍舒本作「月」。
❸ 「有不」，原作「不有」，據龍舒本乙正。

之擾毛羽，川澤之擾鱗介也，豈有制哉？自然然耳。强之爲言，其猶囿毛羽、沼鱗介乎？一失其制，脱然逝矣。噫！古之所以爲古，無異焉，由前而已矣。今之所以不爲古，無異焉，由後而已矣。

或曰：法令誥戒，不足以爲教乎？曰：法令誥戒，文也。吾云爾者，本也。失其本而求之文，[1]吾不知其可也。

原過

天有過乎？有之，陵歷鬬蝕是也。地有過乎？有之，崩弛竭塞是也。天地舉有過，卒不累覆且載者何？善復常也。人介乎天地之間，則固不能無過，卒不害聖且賢者何？亦善復常也。故太甲「思庸」，孔子曰「勿憚改過」，楊雄「貴遷善」，皆是術也。

予之朋有過而能悔，悔而能改，人則曰：是向之從事云爾。今從事與向之從事弗類，非其性也，飾表以疑世也。夫豈知言哉？天播五行於萬靈，人固備而有之。有而不思則失，思而不行則廢。一日咎前之非，沛然思而行之，是失而復得，廢而復舉也。顧曰「非其性」，是率天下而戕性也。且如人有財，見篡於盗，已而得之，曰：「非夫人之財，向篡於盗矣。」可歟？不可也。財之在己，固不若性之爲己有也。財失復得，曰「非其財」且不可，性失復得，曰「非其性」，可乎？

[1]「而」，龍舒本無此字。

進說

古之時，士之在下者無求于上，上之人日汲汲惟恐一士之失也。古者士之進，有以德，有以才，有以言，有以曲藝。今徒不然，自茂才等而下之，至于明法，其進退之皆有法度。古之所謂德者、才者，無以爲也；古之所謂言者，又未必應今之法度也。誠有豪傑不世出之士，不自進乎此，上之人弗舉也；誠進乎此而不應今之法度，有司弗取也。夫自進乎此，皆所謂枉己者也。孟子曰：「未有枉己能正人者也。」然而今之士，不自進乎此者未見也，豈皆不如古之士自重以有恥乎？

古者井天下之地而授之氓，士之未命也，則授一廛而爲氓，其父母妻子裕如也。自家達國，❶有塾、有序、有庠、有學，觀游止處，師師友友，弦歌堯舜之道自樂也。磨礱鐫切，沉浸灌養，行完而才備，則曰：「上之人其舍我哉？」上之人其亦莫之能舍也。今也地不井，國不學，黨不庠，遂不序，家不塾。士之未命也，則或無以裕父母妻子，無以處行完而才備，上之人亦莫之舉也，士安得而不自進？嗚呼！使今之士不若古，非人則然，勢也。勢之異，聖賢之所以不得同也。孟子不見王公，而孔子爲季氏吏，夫不以勢乎哉？❷士之進退，不惟其德與才，而惟今之法度。而有司之好惡，未必今之法度也。是士之進，不惟今之法度，而幾在

❶「國」，原無，據《皇朝文鑑》補。
❷「夫」，原作「天」，據龍舒本、宋元遞修本、應刻本、光啓堂本改。

有司之好惡耳。今之有司，非昔之有司也。後之有司，又非今之有司也。有司之好惡豈常哉？是士之進退，果卒無所必而已矣。噫！以言取人，未之失也，取焉而又不得其所謂言，是失之失也。況又重以有司好惡之不可常哉？古之道，其卒不可以見乎？士也有得已之勢，其得不已乎？得已而不已，未見其爲有道也。

楊叔明之兄弟，以父任皆京官，其勢非吾所謂無以處、無以裕父母妻子，而有不得已焉者也。自枉而爲進士，而又枉於有司，而又若不釋然。二君固常自任以道，而且朋友我矣。懼其猶未寤也，爲《進説》與之。

取材

夫工人之爲業也，必先淬礪其器用，掄度其材幹，然後致力寡而用功得矣。聖人之於國也，必先遴柬其賢能，練覈其名實，然後任使逸而事以濟矣。故取人之道，世之急務也。自古守文之君，孰不有意於是哉？然其間得人者有之，失士者不能無焉；稱職者有之，謬舉者不能無焉。必欲得人稱職，不失士、不謬舉，宜如漢左雄所議諸生試家法、文吏課牋奏爲得矣。

所謂文吏者，不徒苟尚文辭而已，必也通古今，習禮法，天文人事，政教更張，然後施之職事，則以詳乎政體，有大議論，使以古今參之是也。所謂諸生者，不獨取訓習句讀而已，必也習典禮，明制度，臣主威儀，時政沿襲，然後施之職事，則以緣飾治道，有大議論，則以經術斷之是也。以今準古，今之進士，古之文吏也；今之經學，古之儒生也。然其策進士，則但以章句聲病，苟尚文辭，類皆小能者爲之；策經學者，徒以記問爲能，不責大義，類皆蒙鄙者能之。使通才之人或見贅於時，高世之士或見排於俗。故屬文者至相戒，曰：涉獵可爲也，誣豔可尚也，於政事何爲哉？守經者曰：傳寫可爲也，誦習可勤也，於義理何取哉？故其父兄勖其子弟，師長勖其門人，相爲浮豔之作，以追時好而取世資也。何哉？其取舍好尚如此，所習不得不然也。若此之類，而當擢之職位，歷之仕塗，一旦國家有大議論，立辟雍明堂，損益禮制，更著律令，決讞疑獄，彼惡能以詳乎政體，緣飾治道，以古今參之，以經術斷之哉？是必唯唯而已。

文中子曰：「文乎文乎，苟作云乎哉？必也貫乎道。學乎學乎，博誦云乎哉？必也濟乎義。」故才之不可苟取也久矣，必若差別類能，宜少依漢之牋奏家法之義。策進士者，若曰邦家之大計何先，治人之要務何急，政教之利害何大，安邊之計策何出，使之以時務之所宜言之，不直以章句聲病累其心。策經學者，宜曰禮樂之損益何宜，天地之變化何如，禮器之制度何尚，各傳經義以對，不獨以記問傳寫爲能。然後署之甲乙以升黜之，庶其取舍之鑑，灼于目前。是豈惡有用而事無用，辭逸而就勞哉？故學者不習無用之言，則業專而修矣。一心治道，則習貫而入矣。若此之類，施之朝廷，用之牧民，❶何嚮而不利哉？其他限年之議，亦無取矣。

❶「牧」，光啓堂本作「救」。

興賢

國以任賢使能而興，棄賢專己而衰。此二者，必然之勢，古今之通義，流俗所共知耳。何治安之世有之而能興，昏亂之世雖有之亦不興？蓋用之與不用之謂矣。有賢而用，國之福也；有之而不用，猶無有也。商之興也，有仲虺、伊尹；其衰也，亦有三仁。周之興也，同心者十人；其衰也，亦有祭公謀父、内史過。兩漢之興也，有蕭、曹、寇、鄧之徒；其衰也，亦有王嘉、傅喜、陳蕃、李固之衆。魏晉而下，至於李唐，不可徧舉。然其間興衰之世，亦皆同也。由此觀之，有賢而用之者，國之福也；有之而不用，猶無有也。可不慎歟？

今猶古也。今之天下，亦古之天下；今之士民，亦古之士民。古雖擾攘之際，猶有賢能若是之衆，況今太寧，豈曰無之？在君上用之而已。博詢衆庶，則才能者進矣；不有忌諱，則讜直之路開矣；不邇小人，則讒諛者自遠矣；不拘文牽俗，則守職者辨治矣；不責人以細過，則能吏之志得以盡其効矣。苟行此道，則何慮不跨兩漢、軼三代，然後踐五帝三皇之塗哉？

委任

人主以委任爲難，人臣以塞責爲重。任之重而責之重，可也；任之輕而責之重，不可也。愚無他識，請以漢之事明之。高祖之任人也，可以任則任，可以止則止。至於一人之身，才有長短，取其長則不問其短；情有忠僞，信其忠則不疑其僞。其意曰：我以其人長於某事而任之，在它事雖短，何害焉？我以其人忠於我心而任之，在它人雖僞，何害焉？故蕭何，刀筆之吏也，委之關中，無復西顧之憂；陳平，亡命之虜也，出捐四萬餘金，不問出入；韓信，輕猾之徒也，與之百萬之衆而不疑。是三子者，豈素著忠名哉？蓋高祖推己之心而寘於其心，則它人不能離間，而事以濟矣。

後世循高祖則鮮有敗事，不循則失。故孝文雖愛鄧通，猶逞申屠之志；孝武不疑金、霍，終定天下大策。當是時，守文之盛者，二君而已。元、成之後則不然，雖有何武、王嘉、師丹之賢，而脅於外戚、豎宦之寵，牽於帷廧近習之制。❶是以王道寖微，而不免負謗於天下也。中興之後，唯世祖能馭大臣，以寇、鄧、耿、賈之徒爲任職，所以威名不減於高祖。至於爲子孫慮則不然，反以元、成之後，三公之任多脅於外戚、豎宦、帷廧近習之人而致敗，由是置三公之任，而事歸臺閣，以虚尊加之而已。然而臺閣之臣，位卑事冗，無所統一，而奪於衆多之口，此其爲脅於外戚、豎宦、帷廧近習者愈矣。至於治有不進，水旱不時，災異或起，則曰三公不能燮理陰陽，而策免之，甚者至於誅死，豈不痛哉！沖、質之後，桓、靈之閒，因循以爲故事。雖有李固、陳蕃之賢，皆挫於閹寺之手，其餘則希世用事，全軀而已，何政治之能立哉？此所謂任輕責重之弊也。

噫！常人之性，有能有不能，有忠有不忠，知其能則任之重可也，謂其忠則委之誠可也。委之誠者，人亦輸其誠；任之重

❶「廧」，原作「嫱」，據龍舒本改。下「廧」字同。

者，人亦荷其重。使上下之誠相照，恩結於其心，是豈禽息鳥視，而不知荷恩盡力哉？故曰：不疑於物，物亦誠焉。且蘇秦不信天下，爲燕尾生。此一蘇秦，傾側數國之閒，於秦獨以然者，誠燕君厚之之謂也。故人主以狗彘畜人者，人亦狗彘其行；以國士待人者，人亦國士自奮。故曰：常人之性，有能有不能，有忠有不忠，顧人君待之之意何如耳。

知人

貪人廉，淫人潔，佞人直，非終然也，規有濟焉爾。王莽拜侯，讓印不受，假僭皇命，得璽而喜，以廉濟貪者也。晉王廣求爲冢嗣，管絃遏密，塵埃被之，陪㕎未幾，而聲色喪邦，以潔濟淫者也。鄭注開陳治道，激昂顏辭，君民翕然，倚以致平，卒用姦敗，以直濟佞者也！於戲！「知人則哲，惟帝其難之」，古今一也。

風俗

夫天之所愛育者民也，民之所係仰者君也。聖人上承天之意，下爲民之主，其要在安利之。而能安利之之要不在於它，❶在乎正風俗而已。故風俗之變，遷染民志，關之盛衰，不可不慎也。

君子制俗以儉，其弊爲奢。奢而不制，弊將若之何？夫如是，則有殫極財力、僭瀆擬倫以追時好者矣。且天地之生財也有時，人之爲力也有限，而日夜之費無窮。以

❶「能安利之之要」，原作「安利之要」，據龍舒本改。

有時之財，有限之力，以給無窮之費，若不爲制，所謂積之涓涓，而洩之浩浩，如之何使斯民不貧且濫也？國家奄有諸夏，四聖繼統，制度以定矣，紀綱以緝矣，賦斂不傷於民矣，徭役以均矣，升平之運未有盛於今矣，固當家給人足，無一夫不獲其所矣。然而窶人之子，短褐未盡完；趨末之民，巧僞未盡抑，其故何也？殆風俗有所未盡淳歟？

且聖人之化，自近及遠，由内及外。是以京師者，風俗之樞機也，四方之所面内而依倣也。加之士民富庶，財物畢會，難以儉率，易以奢變。至於發一端，作一事，衣冠車馬之奇，器物服玩之具，旦更奇制，夕染諸夏。工者矜能於無用，商者通貨於難得，歲加一歲，巧眩之性不可窮，好尚之勢多所易。故物有未弊而見毁於人，人有循舊而見嗤於俗。富者競以自勝，貧者恥其不若。且曰：彼人也，我人也。彼爲奉養若此之麗，而我反不及。由是轉相慕效，務盡鮮明，使愚下之人有逞一時之嗜欲，破終身之貲産而不自知也。

且山林不能給野火，江海不能實漏卮，淳朴之風散則貪饕之行成，貪饕之行成則上下之力匱。如此則人無完行，士無廉聲。尚陵逼者爲時宜，守檢押者爲鄙野，節義之民少，兼并之家多。富者財産滿布州域，貧者困窮不免於溝壑。夫人之爲性，心充體逸則樂生，心鬱體勞則思死。若是之俗，何法令之能避哉？故刑罰所以不措者，此也。

且壞崖破岩之水，原自涓涓；干雲蔽日之木，起於青葱。禁微則易，救末者難。所宜略依古之王制，命市納賈，以觀好惡。

有作奇技淫巧以疑衆者，❶糾罰之。❷下至物器饌具，爲之品制以節之。工商逐末者，重租税以困辱之。民見末業之無用，而又爲糾罰困辱，❸不得不趨田畝，田畝闢則民無饑矣。以此顯示衆庶，未有輦轂之内治而天下不治矣！

閔習

父母死則燔而捐之水中，其不可明也；禁使葬之，其無不可亦明也。然而吏相與非之乎上，民相與怪之乎下，❹蓋其習之久也，則至於戕賊父母而無以爲不可。顧曰：禁之不可也。嗚呼！吾是以見先王之道難行也。先王之道不講乎天下，而不勝乎小人之説，非一日之積也。而小人之説，其爲不可，不皆若戕賊父母之易明也。先王之道，不皆若禁使葬之之易行也。嗚呼！吾是以見先王之道難行也。貞觀之行，其庶矣，惜乎其臣有罪焉。作《閔習》。❺

臨川先生文集卷第六十九

❶「衆」，光啓堂本作「民」。
❷「糾」，光啓堂本作「則」。
❸「糾罰」，光啓堂本作「刑罰」。
❹「怪」，《皇朝文鑒》作「非」。
❺「有罪焉作閔習」，光啓堂本作「有深慨於閔習」。

臨川先生文集卷第七十

論議

復讎解

或問復讎，對曰：非治世之道也。明天子在上，自方伯諸侯以至于有司，各修其職，其能殺不辜者少矣。不幸而有焉，則其子弟以告于有司；有司不能聽，以告于其君；其君不能聽，以告于方伯；方伯不能聽，以告于天子。則天子誅其不能聽者，而爲之施刑於其讎。亂世則天子、諸侯、方伯皆不可以告。故《書》說紂曰：「凡有辜罪，乃罔恒獲。小民方興，相爲敵讎。」蓋讎之所以興，以上之不可告，辜罪之不常獲也。方是時，有父兄之讎而輒殺之者，君子權其勢，恕其情，而與之可也。故復讎之義見於《春秋傳》，見於《禮記》，爲亂世之爲子弟者言之也。

《春秋傳》以爲父受誅，子復讎，不可也。此言不敢以身之私而害天下之公。又以爲父不受誅，子復讎可也。此言不以有可絶之義廢不可絶之恩也。《周官》之說，曰：「凡復讎者，書于士，殺之無罪。」疑此非周公之法也。❶ 凡所以有復讎者，以天下之亂而士之不能聽也。有士矣，不使聽其殺人之罪以施行，而使爲人之子弟者讎之，然則何取於士而祿之也？古之於殺人，其

❶「法也」，龍舒本作「說曰」。

聽之可謂盡矣，猶懼其未也。曰：「與其殺不辜，寧失不經。」今書于士則殺之無罪，則所謂復讎者，果所謂可讎者乎？庸詎知其不獨有可言者乎？就當聽其罪矣，則不殺於士師，而使讎者殺之，何也？故疑此非周公之法也。

或曰：世亂而有復讎之禁，則寧殺身以復讎乎？將無復讎而以存人之祀乎？曰：可以復讎而不復，非孝也。復讎而殄祀，亦非孝也。以讎未復之恥，❶居之終身焉，蓋可也。讎之不復者，天也。不忘復讎者，己也。克己以畏天，心不忘其親，不亦可矣？

推命對

吴里處士有善推命知貴賤禍福者，或俾予問之，予辭焉。他日，復以請。予對曰：夫貴若賤，天所爲也；賢不肖，吾所爲也。吾所爲者，吾能自知之。天所爲者，吾獨懵乎哉！吾賢歟？可以位公卿歟？則萬鍾之禄固有焉。不幸而貧且賤，則時也。吾不賢歟？不可以位公卿歟？❷則簞食豆羹無歉焉。若幸而富且貴，則咎也。此吾知之無疑，奚率於彼者哉？且禍與福，君子置諸外焉。君子居必仁，行必義。反仁義而福，君子不有也；由仁義而禍，君子不屑也。是故文王拘羑里，孔子畏於匡，彼聖人之智，豈不能脱禍患哉？蓋道之存焉耳。

曰：子以爲貴若賤，天所爲也。然世賢而賤、不肖而貴者，亦天所爲歟？曰：非

❶「恥」，龍舒本作「禮」。
❷「不幸而貧」至「位公卿歟」，龍舒本無此二十字。

也。人不能合於天耳。夫天之生斯人也，使賢者治不賢。故賢者宜貴，不賢者宜賤，天之道也。擇而行之者，人之謂也。天人之道合，則賢者貴，不肖者賤。天人之道悖，則賢者賤，而不肖者貴也。天人之道，悖合相半，則賢不肖或貴或賤。堯舜之世，元凱用而四凶殛，是天人之道合也。桀紂之世，飛廉進而三仁退，是天人之道悖也。漢魏而下，賢不肖或貴或賤，是天人之道悖合相半也。蓋天之命一，而人之時不能率合焉。故君子脩身以俟命，守道以任時，貴賤禍福之來，不能沮也。子不力於仁義以信其中，而屑屑焉甘意於誕謾虛怪之説，不已溺哉！

使醫

一人疾焉而醫者十。並使之歟？曰：使其尤良者一人焉爾。烏知其尤良而使之？曰：衆人之所謂尤良者，而隱之以吾心，其可也。夫能不相逮，不相爲謀，又相忌也，況愚智之相百者乎？人之愚不能者常多，而智能者常少。醫者十，愚不能者烏知其不九邪？並使之，智能者何用？愚不能者何所不用？一日而病且亡，誰者任其咎邪？故予曰：使其尤良者一人焉爾。使其尤良者有道。藥云則藥，食云則食，坐云則坐，作云則作。夫然，故醫也得肆其術而無憾焉，不幸而病且亡則少矣。藥云則食，坐云則作，曰姑如吾所安焉爾。若人也，何必醫？如吾所安焉可也。凡疾而使醫之道皆然，而腹心爲甚。有腹心之疾者，得吾説而思之，其庶矣。

汴説

古者卜筮有常官，所諏有常事。若考步人生辰星宿所次，訾相人儀狀色理，逆斥人禍福。考信於聖人，無有也，不知從何許人傳。宗其説者，澶漫四出，抵今爲尤蕃。舉天下而籍之，以是自名者，蓋數萬不啻，而汴不與焉。舉汴而籍之，❶蓋亦以萬計。

予嘗眂汴之術士，善挾奇而以動人者，❷大祀宫廬服輿食飲之華，❸封君不如也。其出也，或召焉。問之，某人也，朝貴人也。其歸也，或賜焉。問之，某人也，朝貴人也。坐其廬旁，歷其人之往來，肩相切，踵相籍，窮一朝暮，則已錯不可計。竊異之，且竊歎曰：吾儕治先聖人之言而脩其術，張之能爲天子營太平，斂之猶足以禔身正家，顧未嘗有公卿徹官若是其即之勤也。或曰：子知乎！渴者期於漿，疾者期於醫，治然也。子誠能爲天子營太平，禔身正家，彼所存勢與位爾。勢不盈，位不充，則熱中，熱中則惑。勢盈位充矣，則病失之，病失之則憂。惑且憂，則思決。以彼爲能決，子亦能乎？不能，則無異其即彼疏此也。因瘖，不復異。

久之，補吏淮南，省親江南。有金華山人者，率然相過，自言能逆斥禍福。噫！今之世，子之術奚適而不遇哉？因以《汴説》諗之。

❶「以」，龍舒本無此字。
❷「善」，原作「菩」，據龍舒本、應刻本改。
❸「祀」，龍舒本作「抵」。

雜著

議茶法

國家罷搉茶之法，而使民得自販。於方今實爲便，於古義實爲宜。而有非之者，蓋聚斂之臣將盡財利於毫末之間，而不知與之爲取之過也。夫茶之爲民用，等於米鹽，不可一日以無。而今官場所出，皆麤惡不可食，故民之所食，大率皆私販者。夫奪民之所甘而使不得食，則嚴刑峻法有不能止者。故鞭扑流徙之罪未常少弛，而私販私市者亦未嘗絶於道路也。既罷搉之之法，則凡此之爲患皆可以無矣。然則雖盡充歲入之利，亦爲國者之所當務也。況闗市之入自足侔昔日之利乎？

昔桑洪羊興榷酤之議，當時以爲財用待此而給，萬世不可易者，然至霍光不學無術之人，遂能屈其論而罷其法。蓋義之勝利久矣。今朝廷之治，方欲刬百代之弊，而復堯舜之功，而其爲法度，乃欲出於霍光之所羞爲者，則可乎？以今之勢，雖未能盡罷搉貨，而能緩其一，亦所以示上之人恤民之深而興治之漸也。彼區區聚斂之臣，務以求利爲功，而不知與之爲取。上之人亦當斷以義，豈可以人人合其私説然後行哉？楊雄曰：「爲人父而搉其子，縱利，如子何？」以雄之聰明，其講天下之利害宜可信。然則今雖國用甚不足，亦不可以復易已行之法矣。是以國家之勢，苟修其法度，以使本盛而末衰，則天下之財不勝用，庸詎而必區區於此哉？

茶商十二説

臣竊以須仰巨商有十二之損，爲害甚廣。請試陳之。

須仰巨商，❶巨商數少，相率既易，邀賤遂繁，故有場饒明減闇減，累累不已，歲數百萬。是饒減之損，一也。又既仰巨商，巨商稀少，積壓等候，陳損既多，或棄或焚，或充雜用。此税既陷，正税又饒。是陷税之損，二也。又既仰巨商，饒豐價薄，園民困耗，逋欠歲程。至如石橋一場，祖額一百七萬，而近歲買納才得十萬，而虧及累年，❷便乞減額。是退額之損，三也。又既仰巨商，須憑力禁。是以捕捉之旅，所在屯布，掩緝之衆，彌占川落。官員請俸，卒旅衣糧，擾民費財，摠計不細。是力禁之損，四也。又既仰巨商，須置摧務。諸郡津置，或數千里，所載綱運，率自省破，船材兵費，風波盜竊，每歲之計，不爲不甚。是遠萃之損，❸五也。又既仰巨商，必先多備。茶體輕怯，難掌易損，架閣利燥，封角利密，而官數浩瀚，堆積敖廩，風枯雨濕，氣味失奪，俟售待給，已反陳損。❹是堆積之損，六也。又凡物分輕則得衆，❺得衆則易竭。今仰巨商，本不及數千緡則不能行，是分重而不得衆也，故難竭而成積滯。分重之損，七也。又凡貨利己則精心，精心則貨善，貨善則易售。今仰巨商，非己甚衆，始從小户，次輸主人，方

❶「須」，光啓堂本作「既」。
❷「而」，龍舒本作「有餘」。
❸「萃」，龍舒本、應刻本作「卒」。
❹「反」，中華校排本謂據繆氏校當作「及」。
❺「凡」，原作「失」，據中華校排本所引繆氏校改。

納官場，復支商旅。是以小户偷竊，主人殺雜，姦吏容庇，皆以非己而致貨不善也。是非己之損，八也。又既仰巨商，遂爲二等。新好者支算商旅，低陳者留賣南中，食用不堪，遂皆私易。故一縣大率每歲以茶被刑者，往往百數。是煩刑之損，九也。又既仰巨商，茶多積壞，壞不堪賣，遂轉鬻茶，俵給户民，悉不堪食，虚納所直，諸郡甚多。是剜本之損，十也。又巨商悉係通商南方，盡從官賣。官賣既不堪食，多配寺院、茶坊，茶多棄損，錢實虚斂。是削民之損，十一也。既仰巨商，貨終難盡。諸般折給，從是生焉。雖依元價，折錢變賣，雜收什一，請實虚損，官亦虚損。是刻士之損，十二也。其爲害廣也如此，不可不去也。

乞制置三司條例

竊觀先王之法，自畿之内，賦入精麤，以百里爲之差；而畿外邦國，各以所有爲貢。又爲經用通財之法，以懋遷之。其治市之貨財，則亡者使有，害者使除；市之不售，貨之滯於民用，則吏爲斂之，以待不時而買者。凡此非專利也。蓋聚天下之人，不可以無財；理天下之財，不可以無義。夫以義理天下之財，則轉輸之勞逸不可以不均，用度之多寡不可以不通，貨賄之有無不可以不制，而輕重斂散之權不可以無術。

今天下財用窘急無餘，典領之官拘於弊法，内外不以相知，盈虚不以相補。諸路上供，歲有定額，豐年便道，可以多致，而不敢不贏；年儉物貴，難於供備，而不敢不足。遠方有倍蓰之輸，中都有半價之鬻，三司發運使按簿書促期會而已，無所可否增損於其間。至遇軍國郊祀之大費，則遣使剗刷，殆無餘藏。諸司財用事，❶往往爲伏匿，不敢實言，以備緩急。又憂年計之不足，則多爲支移折變以取之。民納租税數，至或倍其本數。而朝廷所用之物，多求於不産，責於非時。富商大賈因時乘公私之急，以擅輕重斂散之權。

臣等以謂：發運使揔六路之賦入，而其職以制置茶鹽礬税爲事，軍儲國用，多所仰給，宜假以錢貨，繼其用之不給，使周知六路財賦之有無而移用之。凡糴買税斂，上供之物，皆得徙貴就賤，用近易遠，令在京庫藏年支見在之定數所當供辦者，得以從便變賣，以待上令。稍收輕重斂散之權，歸之公上，而制其有無，以便轉輸。省勞費，去重斂，寬農民，庶幾國用可足，民財不匱矣。所有本司合置官屬，許令辟舉，及有合行事件，令依條例以聞，奏下制置司參議施行。

相鶴經

鶴者，陽鳥也，而遊於陰，因金氣依火精以自養。金數九，火數七，六十三年小變，百六十年大變，千六百年形定。生三年，頂赤。七年，飛薄雲漢。又七年，夜十二時鳴。六十年，大毛落，茸毛生。乃潔白如雪，泥水不能汙。百六年，雌雄相視而孕。一千六百年，飲而不食，胎化産爲仙人之騏驥也。夫聲聞於天，故頂赤。食於水，

❶「財」，中華校排本謂據繆氏校語當作「則」。

故喙長。輕於前，故毛豐而肉疎。脩頸以納新，故天壽不可量。所以體無青黄二色，土木之氣内養，故不表於外也。是以行必依洲渚，止不集林木，蓋羽族之清崇也。其相曰：隆鼻短喙則少瞑，露睛赤白則視遠，長頸踈身則能鳴，鳳翼雀尾則善飛，龜背鱉腹會舞，高脛促節足力。其文，李浮丘伯授王子晉，又崔文子學道於子晉，得其文，藏嵩山石室。淮南公采藥得之，遂傳於近代。熙寧十年正月一日，臨川王某筆。❶

策問❷

問：堯舉鯀，於《書》詳矣。堯知其不可，然且試之邪？抑不知之也？不知，非所以爲聖也。知其不可，然且試之，則九載之民其爲病也亦久矣。幸而群臣遂舉舜、禹，不幸復稱鯀，此亦將以九載試之邪？以堯之大聖，知鯀之大惡，其知之也足以自信不疑矣，何牽於群臣也？必曰「吾唯群臣之聽」，不自任也。聖人之心，急於救民，其趣舍顧是否何如，豈固然邪？必以爲後世法，得無明哲之主牽制以召敗者邪？或曰：堯知水之數，故先之以鯀。或曰：久民病以大禹功。是皆不然，堯必不以民病私禹，禹必不以利民病而大己功。以民病私其臣，利民病以爲己功，烏在其爲堯、禹也？又以爲泥於數，其探聖人滋淺矣。且謂之有數，鯀何罪，其殛死也？聖人之所以然，愚不能釋，吾子無隱焉耳。

❶「某筆」，龍舒本作「安石修」。宋元遞修本、應刻本作「某降」。

❷此題，龍舒本作「策問十道」，不分條，無第十一則。

二

問：臯陶曰：「在知人，在安民。」大哉！古之君臣，相戒如此。夫雖有知人之明，而無安民之惠心，未可與爲治也。有安民之惠心，而無知人之明，則不能任人。雖欲安民，亦有所不能焉。然而天子之尊也，四海之富也，自公至于士，凡幾位？自正至于旅，凡幾職？所謂知人者，其必有術，可以二三子而不知乎？

三

問：聖人治世有本末，其施之也有先後。今天下困敝不革，❶其爲日也久矣。治教政令，未嘗放聖人之意而爲之也。失其本，求之末，當後者反先之，天下靡靡然入於亂者凡以此。夫治天下，不以聖人所以治，其卒不治也。則爲士而不閑聖人之所以治，非所以爲士也。願二三子盡道聖人所以治之本末與其所先後，以聞於有司。

四

問：《記》曰：「追王太王、王季、文王，不以卑臨尊也。」夏、商受命，固有祖考，奚無追王之事邪？

❶「困」，龍舒本、宋元遞修本、應刻本作「因」。「革」，宋元遞修本、應刻本作「草」。

五

問：聖人之爲道也，人情而已矣。考之以事而不合，隱之以義而不通，非道也。《洪範》之陳五事，合於事而通於義者也。如其休咎之効，則予疑焉。人君承天以從事，天不得其所當然，則戒吾所以承之之事可也。必如《傳》云人君行然，天則順之以然，其固然邪？「僭常暘若」，「狂常雨若」，使狂且僭，則天如何其順之也？堯、湯水旱，奚尤以取之邪？意者微言深法，非淺者之所能造，敢以質於二三子。

六

問：述《詩》、《書》、傳記、百家之文，❶二帝三王之所以基太平而澤後世，必曰禮樂云。若政與刑，乃其助爾。禮節之，樂和之，人已大治之後，其所謂助者，幾不用矣。下三王而王者，亦有議禮樂之情者乎？❷其所謂禮樂如何也？儒衣冠而言制作者，文采聲音云而已。基太平而澤後世，儻在此邪？宋之爲宋久矣，禮樂不接於民之耳目，何也？抑猶未可以制作邪？董仲舒、王吉以爲王者未制作，用先王之禮樂宜於世者。如欲用先王之禮樂，則何者宜於世邪？

七

問：舜命九官，三后在焉。《呂刑》

❶「述」，龍舒本作「迹」。

❷「議」，龍舒本作「識」。

所謂三后恤功于民，乃堯命之，何也？曰：「伯夷降典，折民惟刑。禹平水土，主名山川。稷降播種，農殖嘉穀。」以功次之：禹也，稷也，伯夷也，其可也。以事次之：民之災也，富之也，教之也，其可也。今考其文辭，未有次焉，何也？曰：「士制百姓于刑之中，以教祇德。」「降典」也，則以民云；「制于刑之中」，則以百姓云，何也？

八

問：夏之法至商而更之，商之法至周而更之，皆因世就民而爲之節。然其所以法，意不相師乎？

九

問：《易》曰：「黄帝、堯、舜，垂衣裳而天下治，蓋取諸乾、坤。」説者曰：垂衣裳以辨貴賤。乾、坤，尊卑之義也。夫垂衣裳以辨貴賤，自何世始？始於黄帝，獨曰黄帝可也；於堯舜，曰堯曰舜可也。兼三世而言之，吾疑焉。二三子姑爲之解。

十

問：《詩》論商之所以王，本之契；論周，本之后稷。夫成湯、文、武之仁聖，而以當桀、紂之天下，此夏、商所以破滅而商、周得之也。彼千歲之稷、契何功焉？其本之也，不有説邪？

十一

問：挂兵於夷狄，以弊百姓，畋游倡樂，賞賜無節，而臺榭陂池宫室之觀侈，此國之所以貧。今皆無此，而有司之所講，常出於權利，然亦不足於財。信任親戚後宫之家，尊顯公卿大臣之世，布衣巖穴之秀，蔽鄣而不得仕，此官之所以曠。今皆無此，而所使在位，皆公天下之選也，然亦不足於士。異時嘗多兵矣，而不以兵多故費財；今民之壯者，多去而爲兵，而租賦盡於糧餉，然亦不足於兵。異時嘗多馬矣，而不以馬多故費土；今内則空可耕之地以爲牧，蓋鉅萬頃，外則棄錢幣以取之四夷，然亦不足於馬。此其故何也？

臨川先生文集卷第七十

臨川先生文集卷第七十一

雜著

先大夫述

王氏其先出太原，今爲撫州臨川人，不知始所以徙。其後有隱君子某，生某，以子故贈尚書職方員外郎。職方生衞尉寺丞某，公考也。

公諱某，始字損之。❶年十七，以文干張公詠，張公奇之，改字公舜良。祥符八年，得進士第，爲建安主簿。時尚少，縣人頗易之。既數月，皆畏，翕然，令賴以治。嘗疾病，闔縣爲禱祠。縣人不時入税，州咎縣。公曰：「孔目吏尚不時入税，貧民何獨爲邪？」❷即與校至府門，❸取孔目吏以歸，❹杖二十，與之期三日。盡期，民之税亦無不入。自將已下皆側目。爲判官臨江軍，守不法，公遇事輒據争之以故事。一政吏爲文書，謾其上，至公輒閣。軍有蕭灘，號難度，以腐船度輒返，吏呼公爲「判官灘」云。豪吏大姓至相與出錢，❺求轉運使下吏出公。❻領新淦縣，縣大治。今三十年，吏民稱説如公在。改大理寺丞，知廬陵縣，又

❶「損」，原作「捐」，據龍舒本、宋元遞修本、應刻本改。
❷「爲」，龍舒本作「急」。
❸「至」，龍舒本作「置」。
❹「吏」下，龍舒本有「校」字。
❺「與」，龍舒本無此字。
❻「求」，宋元遞修本、應刻本作「米」，屬上讀。

大治。移知新繁縣，改殿中丞。到縣，條宿姦數人上府，流惡處。自餘一以恩信治之，嘗歷歲不笞一人。

知韶州，改太常博士、尚書屯田員外郎。夷越無男女之別，前守類以爲俗然，即其得可已，皆弗究。公曰：「同是人也，❶不可瀆其倫。夫所謂因其俗者，豈謂是邪？凡有萌蘖，一切擿矜窮治之。」❷時未幾，男女之行于市者不敢一塗。胡先生瑗爲《政範》，亦掇公此事。部縣翁源多虎，公教捕之。民言虎自斃者五。令斷虎頭，輿致州，爲頌以獻。公麾輿者出，以頌還令。其不喜怪，不以其道説之，不説也如此。蜀効忠士屯者五百人，代不到，謀叛。韶小州，即有變，無所可枝梧。佐吏始殊恐，公不爲動，獨捕其首五人，即日斷流之，護出之界上。初，❸佐吏固争，請付獄。既而聞其徒謀，若以首赴獄，當夜劫之以叛，衆乃愈服。公完營驛倉庫，建坊道，隨所施設，有條理。長老言：「自嶺海服朝廷，爲吾置州守，❹未有賢公者。」丁衛尉府君憂，服除，通判江寧府，閲兩將，一以府倚公辦。寶元二年二月二十三日，以疾棄諸孤官下。享年四十六。

公於忠義孝友，非勉也。宦游常奉親行，獨西川以遠，❺又法不聽。在新繁，未嘗劇飲酒。歲時思慕，哭殊悲。其自奉如甚嗇者，異時悉所有又貸於人。❻治酒食，須以娱其親，無秋毫愛也，人乃或以爲奢。居

❶「是」，龍舒本作「之」。
❷「矜」，龍舒本作「發」。
❸「初」，原作「劫」，據龍舒本改。
❹「置」，龍舒本無此字。
❺「獨」下，龍舒本有「蜀」字。
❻「又」，龍舒本作「以」。

未嘗怒笞子弟，每置酒，從容爲陳孝悌仁義之本，古今存亡治亂之所以然，甚適。其自任以世之重也，雖人望公則亦然，卒之官不充其材以夭。嗚呼，其命也！母謝氏，以公故，封永安縣君。娶某氏，封長壽縣君。子男七人，❶女一人適張氏，處兩人。將以某月日葬某處。子某等謹撰次公事如右，以求有道而文者銘焉，以取信於後世。

先大夫集序

君子於學，其志未始不欲張而行之，以致君下，膏澤於無窮。唯其志之大，故或不位於朝。不位於朝，而執不足以自効，則思慕古之人，而作爲文辭，亦不失其所志也。二帝三王羣聖人之時，賢俊並用，雖窮處巖穴，亦扳而在高位，其志莫不得施，而文之傳于後者少矣。後之時，非古之時也，人之不得志者常多，而以文自傳者紛如也。先大夫少而博學，及强年，有仕進之望，其志欲有以爲而遽没，其於文所不暇也。一日諸子閲橐中，❷乃得舊歌詩百餘篇。雖此不足盡識其志，然諷詠情性，其亦有以助于道者。不忍棄去也，輒序次之。嗚呼！公之詩，君子視之當自知矣，不敢贊也。

題王逢原講孟子後

逢原在常、江陰時，學者有問以《孟子》，而逢原爲之論説，是以如是其詳也。

❶「子男七人」，中華校排本謂據繆氏校當作「子女八人」。

❷「橐」，光啓堂本作「囊」。

未幾而逢原卒，故其書纔終於一篇，而考之時不同，蓋其志猶未就也。雖然，觀其説，亦足以概見之矣。若逢原，所謂「見其進，未見其止」也。其卒時，年二十八，嗚呼惜哉！逢原卒於嘉祐己亥六月。後七年，講義方行。

許氏世譜

伯夷，神農之後也，佐堯舜，有大功，賜姓曰姜。其後見經者四國：❶曰申，《詩》所謂申伯者是也。曰吕，《書》所謂吕侯者是也。曰齊，曰許，《春秋》所書齊侯、許男是也。❷周衰，許男嘗從大侯侵伐會盟，❸竟於春秋。及後世無復國，❹而子孫以其封姓。然世傳有許由者，堯以天下讓由，由不受，逃之箕山。箕山上蓋有許由冢焉。其事不見於經，學者疑之。或曰由亡求於世者耳，雖與之天下，蓋不受也，故好事者以云。而由與伯夷，其生後先，所祖同不同，莫能知也。

漢興，許氏侯者六人。柏至侯盎、宋子侯瘛、嚴侯猜，❺此三侯者，其始以將封，而史不書其州里。平恩侯廣漢、博望侯舜、樂成侯延壽，此三侯者，同産昆弟也，以外戚起於宣、元之世，昌邑人也。盎孫昌嘗爲丞相，延壽及廣漢弟子嘉嘗爲大司馬。至王莽敗，許氏始皆失其封云。

後漢會稽有許荆者，循吏也。許慎者，

❶「四國」，原作「四目」，據龍舒本、《皇朝文鑒》改。
❷「所」，原作「内」，據龍舒本改。
❸「侵」，龍舒本作「征」。
❹「無」，原無，據龍舒本補。
❺「柏」，龍舒本作「伯」。「猜」，龍舒本作「積」。

以經術顯。許峻者，爲《易林》，傳於世。許楊者，治鴻隙陂，有德於汝南，汝南之民報祭焉。許靖者，避地交州，後入蜀，先主以爲太傅，與從弟劭俱善論人物。劭兄虔亦知名，世稱平輿淵有二龍焉。慎、峻、楊、靖，皆汝南人也。許褚者，家於譙，以忠力事魏，封侯牟鄉。許慈者，家南陽，入蜀，父子爲博士。司馬晉時，有許孜者，❶東陽人也，德行高，察孝廉，不起，老於家。其子曰生，亦有至性焉。

初，許氏爵邑於周，子孫播散四方，有紀者猶不乏焉。至昌邑始大著，❷間興於汝南，其後祖高陽者爲最盛。然高陽之族，不見其所始。有據者，仕魏，歷校尉、郡守。生允，爲鎮北將軍。允三子，皆仕司馬晉。奇，司隸校尉。猛，幽州刺史。奇子遐，侍中。猛子式，平原太守。❸自允至式皆知名。允後五世詢，❹司馬晉嘗召官之，不起。詢孫珪，爲旌陽太守於齊。珪生勇慧，齊太子家令、冗從僕射。❺勇慧生懋，篤學，以孝聞，卒於梁，爲中庶子。懋生亨，爲陳衛尉卿，嘗領史官，次齊梁時事。有子善心，爲之卒業。是時有許紹者，善心族父也，通守夷陵，治有恩，流户自歸數十萬，卒有勞於唐，爵安陸郡公。圉師、欽寂、欽明，其後也。圉師，紹少子，寬博有器幹，別自封平恩侯，❻與敬宗俱龍朔中宰相。❼欽寂謂紹

❶「許孜」，原作「許攻」，據龍舒本及《晉書》許孜本傳改。
❷「著」，原作「者」，據龍舒本改。
❸「守」，原作「子」，據龍舒本、宋元遞修本、應刻本改。
❹「詢」，龍舒本作「洵」。下「詢」字同。
❺「冗從僕射」，龍舒本無此四字。
❻「侯」，原作「勇」，據龍舒本改。
❼「俱」下，龍舒本有「爲」字。

曾大父也，萬歲中，帥師當契丹，爲所敗。❶執以如安東，使説守者降。至安東，曰：「賊今且破滅，公勉守無忘忠也。」契丹即殺之。是歲，弟欽明亦遇殺。欽明爲涼州都督，案行，❷卒與突厥遇，❸亦執使説降。至靈州，❹顧爲虜言告守者所以破賊。❺兄弟將兵，一旦同以身狥邊鄙，賢者榮之。敬宗者，善心子也。始以公開郡於高陽，與其孫令伯以文稱當世。天寶之亂，敬宗有孫曰遠，與張巡以睢陽抗賊。自以不及巡，推巡爲將，而親爲之下。久之，食已盡，❻煮茶紙以食，猶堅守。賊所以不得南向，以睢陽弊其鋒也。卒與俱死者，皆天下豪傑義士云。❼

唐亡，遠孫儒不義朱梁，自雍州入于江南，終身不出焉。儒生稠，沈毅有信，仕江南李氏，參德化王軍事。❽稠生規，好道家言，不以事自慁。嘗羇旅宣歙間，❾聞旁舍呻呼，就之，曰：「我，某郡人也。察君長者，且死，願以骸骨屬君。」因指橐中黄金十斤，曰：「以是交長者。」規許諾。敬負其骨千里，并黄金置死者家。家大驚，愧之，因請獻金如亡兒言，❿以爲許君壽。規不顧，竟去。於是聞者滋以規爲長者。卒葬池州。後以子故，贈大理評事。生遂、逖、迴

❶「爲所敗」，龍舒本無此三字。
❷「案」，龍舒本無此字，「行」字屬上讀。
❸「卒與突厥遇」，龍舒本作「卒遇突厥」。
❹「至」，龍舒本無此字。
❺「虜」，原作「庾」，據龍舒本、宋元遞修本改。
❻「已盡」，龍舒本作「乏無助」。
❼「傑」，龍舒本、宋元遞修本、應刻本作「俊」。
❽「王」，龍舒本作「主」。
❾「旅」，原無，據龍舒本補。
❿「亡」，原無，據龍舒本補。

三子。遂善事母，里母勵其子，輒曰：「汝獨不慚許伯通乎？」祥符中，天子有事於泰山，加恩羣臣。遜當遷，讓其兄遂。天子以遂試將作監主簿。❶遂子俞，字堯言，❷名能文章，大臣屢薦之。有與不合者，官以故不遂。嘗知興國軍大冶縣，縣人至今稱之。俞兩子，均爲進士。❸遜字景山，嘗上書江南李氏。李氏嘆奇之，以爲崇文館校書郎。歲終，❹拜監察御史。後復上書太宗，論邊事。宰相趙普奇其意，以爲與己合。知興元府，起鄭侯廢堰以利民。治澧、荆、揚三州，❺爲盜者逃而去。其事兄如事父，使妻事其長姒如事母。故人無後，爲嫁其女如己子。有子五人：恂，黄州録事參軍；恢，尚書虞部員外郎；怡，今爲太子中舍、簽書淮南節度判官廳公事；❻元，今爲江淮荆湖兩浙制置發運使；平，泰州海陵主簿。五人者，咸孝友如其先人。故士大夫論孝友者，歸許氏。元以國子博士、發運判官，七年，遂爲其使，待制天章閣。自天子大臣，莫不以爲材。其勞烈方在史氏記，余故不論，而著其家行云。迥字光遠，其事母如伯通之孝，事其兄如景山之爲弟也。慷慨有大意，少嘗仕李氏，❼後不復仕，與其兄俱葬顔村。有子會，爲進士，方壯時，亦慨然好議天下事，今爲太廟齋郎。

臨川王某曰：❽余譜許氏，自據以下，

❶「試」，龍舒本作「爲」。
❷「字」上，龍舒本有「俞」字。
❸「均」下，龍舒本有「垍」字。
❹「歲終」，龍舒本作「歲中」。
❺「澧」，原作「灃」，據龍舒本、宋元遞修本改。
❻「書」，龍舒本作「押」。
❼「仕李氏」，龍舒本作「仕進」。
❽「王某」，龍舒本作「王安石」。

其緒傳始顯焉。然自許男見於周，❶其後數封，而有紀之子孫多焉。攷是論之，❷夫伯夷之所以佐其君治民，余讀書未嘗不喟然嘆思之也。《傳》曰：「盛德者，必百世祀。」若伯夷者，蓋庶幾焉。彼其後世忠孝之良，亦使之遭時，沐浴舜禹之間以盡其材，而與夫夔、皋、羆虎之徒俱出而馳焉，其孰能概之耶？

傷仲永

金谿民方仲永，世隸耕。仲永生五年，未嘗識書具。忽啼求之，父異焉，借旁近與之。即書詩四句，并自爲其名。其詩以養父母、收族爲意，傳一鄉秀才觀之。自是指物作詩立就，其文理皆有可觀者。邑人奇之，稍稍賓客其父。或以錢幣乞之，父利其然也，日扳仲永環謁於邑人，❸不使學。

予聞之也久。明道中，從先人還家，於舅家見之，十二三矣。令作詩，不能稱前時之聞。又七年，還自揚州，復到舅家，問焉，曰：「泯然衆人矣。」

王子曰：仲永之通悟，受之天也。其受之天也，❹賢於材人遠矣。卒之爲衆人，則其受於人者不至也。彼其受之天也，如此其賢也，不受之人，且爲衆人。今夫不受之天，固衆人，❺又不受之人，得爲衆人而已邪？

❶「見」，龍舒本無此字。
❷「攷」，龍舒本作「於」。
❸「謁」，龍舒本作「匄」。
❹「天」，原作「人」，據龍舒本改。
❺「人」，龍舒本無此字。

同學一首别子固

江之南有賢人焉，字子固，非今所謂賢人者，予慕而友之。淮之南有賢人焉，字正之，非今所謂賢人者，予慕而友之。二賢人者，足未嘗相過也，口未嘗相語也，辭幣未嘗相接也，其師若友，豈盡同哉？予考其言行，其不相似者何其少也！曰：學聖人而已矣。學聖人，則其師若友必學聖人者，聖人之言行豈有二哉？其相似也適然。予在淮南，爲正之道子固，正之不予疑也。還江南，爲子固道正之，子固亦以爲然。予又知所謂賢人者，既相似，又相信不疑也。子固作《懷友一首》遺予，其大略欲相扳以至乎中庸而後已。正之蓋亦常云爾。夫安驅徐行，轥中庸之庭而造於其堂，舍二賢人者而誰哉？予昔非敢自必其有至也，亦願從事於左右焉爾。輔而進之，其可也。噫！官有守，私有繫，會合不可以常也。❶作《同學一首别子固》，以相警且相慰云。

書瑞新道人壁

始瑞新道人治其衆於天童之景德，予知鄞縣，愛其材能，數與之遊。後新主此山之四年，予自淮南來視蘇州之積水，卒事訪焉，則新既死於某月某日矣。人知與不知莫不愴焉，而予與之又久以深，宜其悲也。夫新之材信奇矣，然自放於世外，而人悼惜之如此。彼公卿、大夫操治民之勢，而能以

❶「會」，龍舒本無此字。

利澤加焉，則其生也榮，其死也哀，不亦宜乎！ 皇祐五年六月十五日，臨川王某介甫題。

讀孟嘗君傳

世皆稱孟嘗君能得士，士以故歸之，而卒賴其力以脱於虎豹之秦。嗟乎！ 孟嘗君特雞鳴狗盗之雄耳，豈足以言得士？ 不然，擅齊之强，得一士焉，宜可以南面而制秦，尚何取雞鳴狗盗之力哉？ 夫雞鳴狗盗之出其門，此士之所以不至也。

讀柳宗元傳

余觀八司馬，皆天下之奇材也。一爲叔文所誘，遂陷於不義，至今士大夫欲爲君子者，皆羞道而喜攻之。然此八人者，既困矣，無所用於世，往往能自强以求列於後世，❶而其名卒不廢焉。而所謂欲爲君子者，吾多見其初而已，要其終能毋與世俯仰以自别於小人者少耳，復何議彼哉！❷

讀江南録

故散騎常侍徐公鉉奉太宗命撰《江南録》，至李氏亡國之際，不言其君之過，但以歷數存亡論之，雖有愧於實録，其於《春秋》之義，《春秋》臣子爲君親諱，禮也。箕子之説，周武王克商，問箕子商所以亡，箕子不忍言商惡，❸以存亡國

❶ 「列」，龍舒本作「别」。
❷ 「議」下，龍舒本有「於」字。
❸ 「忍」，龍舒本作「悉」。

祚告之。❶ 徐氏録爲得焉。然吾聞國之將亡，必有大惡，惡者無大於殺忠臣。國君無道，不殺忠臣，雖不至於治，亦不至於亡。紂爲君至暴矣，武王觀兵於孟津，諸侯請伐紂。武王曰：「未可。」及聞其殺王子比干，然後知其將亡也，一舉而勝焉。季梁在隋，隋人雖亂，楚人不敢加兵。虞以不用宫之奇之言，晉人始有納璧假道之謀。然則忠臣，國之與也，存與之存，亡與之亡。

予自爲兒童時，已聞金陵臣潘佑以直言見殺，當時京師因舉兵來伐，數以殺忠臣之辠。及得佑所上諫李氏表觀之，詞意質直，忠臣之言。予諸父中，舊多爲江南官者。其言金陵事頗詳，聞佑所以死則信。然則李氏之亡，不徒然也。今觀徐氏録，言佑死，頗似妖妄，與予舊所聞者甚不類。不止於佑，其它所誅者皆以辠戾，何也？予甚怪焉。❷ 若以商紂及隋、虞二君論之，則李氏亡國之君，必有濫誅。吾知佑之死信爲無辠，是乃徐氏匿之耳。何以知其然？吾以情得之。大凡毀生於嫉，嫉生於不勝，此人之情也。吾聞鉉與佑皆李氏臣，而俱稱有文學，十餘年争名於朝廷間。當李氏之危也，佑能切諫，鉉獨無一説。以佑見誅，❸ 鉉又不能力諍，卒使其君有殺忠臣之名，踐亡國之禍，皆鉉之由也。鉉懼此過，而又耻其善不及於佑，故匿其忠而汙以它辠，此人情之常也。以佑觀之，其它所誅者，又可知矣。噫，若果有此，吾謂鉉不唯厚誣忠臣，其欺吾君，不亦甚乎！

❶ 「祚」，原作「宜」，據龍舒本改。
❷ 「予」，原作「子」，據龍舒本、宋元遞修本、應刻本、光啓堂本改。
❸ 「以」，《皇朝文鑒》無此字。

書李文公集後

文公非董子，作《仕不遇賦》，惜其自待不厚。以予觀之，《詩》三百，發憤於不遇者甚衆，而孔子亦曰：「鳳鳥不至，河不出圖，吾已矣夫！」蓋嘆不遇也。文公論高如此，及觀於史，一不得職，則詆宰相以自快。❶今吾於人也，聽其言而觀其行，言不可獨信久矣。雖然，彼宰相名實固有辨。彼誠小人也，則文公之發，爲不忍於小人可也，爲史者獨安取其怒之以失職耶？❷世之淺者，固好以其利心量君子，以爲觸宰相以近禍，非以其私則莫爲也。夫文公之好惡，蓋所謂皆過其分者耳。方其不信於天下，更以推賢進善爲急。一士之不顯，至寢食爲之不甘。蓋奔走有力，成其名而後已。士之廢興，彼各有命。身非王公大人之位，取其任而私之，又自以爲賢，僕僕然忘其身之勞也，豈所謂知命者耶？《記》曰：「道之不行，賢者過之，不肖者不及也。」夫文公之過也，抑其所以爲賢歟？

書刺客傳後

曹沫將，而亡人之城，又劫天下盟主。管仲因勿倍以市信一時，可也。予獨怪智伯國士豫讓，豈顧不用其策耶？讓誠國士也，曾不能逆策三晉，救智伯之亡，一死區區，尚足校哉？其亦不欺其意者也。聶政

❶「快」，原作「怏」，據龍舒本、宋元遞修本、應刻本、光啓堂本改。

❷「之以」，龍舒本作「以己」。

售於嚴仲子，荊軻豢於燕太子丹，此兩人者，汙隱困約之時，自貴其身，❶不妄願知，亦曰有待焉。彼挾道德以待世者，何如哉？

孔子世家議

太史公叙帝王，則曰「本紀」；公侯傳國，則曰「世家」；公卿特起，則曰「列傳」，此其例也。其列孔子爲世家，奚其進退無所據耶？孔子，旅人也，棲棲衰季之世，無尺土之柄，此列之以傳宜矣，曷爲世家哉？豈以仲尼躬將聖之資，其教化之盛，舄奕萬世，故爲之世家以抗之？又非極摯之論也。夫仲尼之才，帝王可也，何特公侯哉？仲尼之道，世天下可也，何特世其家哉？處之世家，仲尼之道不從而大；置之列傳，仲尼之道不從而小。而遷也自亂其例，所謂多所抵牾者也。

書洪範傳後

王某曰：❷古之學者，雖問以口，而其傳以心；雖聽以耳，而其受以意。❸故爲師者不煩，而學者有得也。孔子曰：「不憤不啓，不悱不發，舉一隅不以三隅反，則不復也。」夫孔子豈敢愛其道，驁天下之學者，而不使其蚤有知乎？以謂其問之不切，則其聽之不專；其思之不深，則其取之不固。不專不固，而可以入者，口耳而已矣。吾所

❶「貴」，原作「責」，據龍舒本、宋元遞修本、光啓堂本改。
❷「王某」，龍舒本作「王安石」。
❸「以」，龍舒本作「者」。

以教者，非將善其口耳也。孔子没，道日以衰熄。浸淫至於漢，而傳注之家作。爲師，則有講而無應；爲弟子，則有讀而無問。非不欲問也，以經之意爲盡於此矣，吾可無問而得也。豈特無問，又將無思。非不欲思也，以經之意爲盡於此矣，吾可以無思而得也。夫如此，使其傳注者皆已善矣，固足以善學者之口耳，不足善其心，❶況其有不善乎？宜其歷年以千數，而聖人之經卒於不明，而學者莫能資其言以施於世也。

予悲夫《洪範》者，武王之所以虚心而問，與箕子之所以悉意而言，爲傳注者汩之，以至於今冥冥也，於是爲作傳以通其意。嗚呼！學者不知古之所以教，而蔽於傳注之學也久矣。當其時，欲其思之深、問之切而後復焉，則吾將孰待而言邪？孔子曰：「予欲無言。」然未嘗無言也。其言也，蓋有不得已焉。孟子則天下固以爲好辯，蓋邪説暴行作，而孔子之道幾於熄焉。孟子者不如是，不足與有明也。故孟子曰：「予豈好辯哉？予不得已也。」夫予豈樂反古之所以教而重爲此譊譊哉？其亦不得已焉者也。

題張忠定書

忠定公没久矣，士大夫至今稱之，豈不以剛毅正直、有勞于世如公者少歟？先公年十七，以文見公，實見稱賞，遂易字舜良，時在昇州也。竊觀遺蹟，不勝感惻之至！

❶「不」上，龍舒本有「而」字。

題燕華仙傳

燕華仙事異矣，黄君所爲傳，亦辯麗可憙。十方世界皆智所幻，推智無方，幻亦無窮。必有合焉，乃與爲類。則王夫人之遇，豈偶然哉？

書金剛經義贈吴珪

惟佛世尊，具正等覺。於十方刹，見無邊身；於一尋身，説無量義。然旁行之所載，累譯之所通，理窮於不可得，性盡於無所住。《金剛般若波羅蜜》爲最上乘者，如斯而已矣。

與妙應大師説

妙應大師智緣，診父之脉，而知子之禍福。翰林王承旨疑其古之無有，緣曰：「昔秦醫和診晉侯之脉，而知良臣必死。良臣之死，乃見於晉侯之脉。診父而知子，又何足怪哉？」熙寧庚戌十二月十九日，某書。

題旁詩仲子正字。

旁近有詩云：「杜家園上好花時，尚有梅花三兩枝。日莫欲歸巖下宿，爲貪香雪故來遲。」俞秀老一見，稱賞不已，云：「絶似唐人。」旁喜作詩，如此詩，甚工也。

臨川先生文集卷第七十一

臨川先生文集卷第七十二

書

答韓求仁書

比承手筆，問以所疑。哀荒久不爲報，勤勤之意，不可以虚辱，故略以所聞致左右，❶不自知其中否也，唯求仁所擇爾。

蓋序《詩》者不知何人，然非達先王之法言者不能爲也。故其言約而明，肆而深，要當精思而熟講之爾，❷不當疑其有失也。二《南》皆文王之詩而其所繫不同者。《周南》之詩，其志美，其道盛，微至於赳赳武夫、兔罝之人，遠至於江漢、汝墳之域，久至於衰世之公子，皆有以成其德。《召南》則不能與於此，此其所以爲諸侯之風，而繫之召公者也。夫事出於一人，而其不同如此者，❸蓋所入有淺深，而所施有久近故爾。所謂「小雅」、「大雅」者，《詩》之《序》固曰：❹「政有小大，故有『小雅』焉，有『大雅』焉。」然所謂「大雅」者，積衆小而爲大，故「小雅」之末有疑於「大雅」者，此不可不知也。又作《詩》者，其志各有所主，其言及於大，而志之所主者小；其言及於小，而志之所主者大。此又不可不知也。司馬遷以爲「大雅」言王公大人，而德逮黎庶；「小雅」

❶「聞」，龍舒本作「問」。
❷「要」上，龍舒本有「而」字。
❸「而」下，龍舒本有「風」字。
❹「固」，龍舒本作「故」。

譏小己之得失，而其流及上。此言可用也。又宣王之「大雅」，其善疑於小；而幽王之「小雅」，其惡疑於大。蓋宣王之善微矣，其大者如此而已；幽王之惡大矣，其小者猶如此也。

凡《序》言「刺某」者，一人之事也；言「刺時」者，非一人之事也。「刺」言其事，「疾」言其情。❶或言其事，或言其情，其實一也。何以知其如此？《牆有茨》，衛人刺其上也，而卒曰「國人疾之，而不可道也」，是以知其如此也。「刺亂」，爲亂者作也；「閔亂」，爲遭亂者作也。何以知其如此？平王之《揚之水》，先束薪，而後束楚；忽之《揚之水》，先束楚，而後束薪。周之亂在上，而鄭之亂在下故也。亂在上則刺其上，亂在下則閔其上，是以知其如此也。管、蔡爲亂，成王幼沖，❷周公作《鴟鴞》以遺王，非疾成王而刺之也，特以救亂而已，故不言「刺亂」也。言「刺亂」、「刺褊」、「刺奢」、「刺荒」，序其所刺之事也；言「刺時」者，明非一人之事爾，非謂其不亂也。

《關雎》之詩，所謂「悠哉悠哉，輾轉反側」者，孔子所謂「哀而不傷」者也。《何彼襛矣》之詩，所謂「平王」者，猶格王、寧王而已，非東周之平王也。所謂齊侯者，猶康侯、寧侯而已，非營丘之齊侯也。鄭《緇衣》之詩，宜也、好也、蓆也，此其先後之序也。此詩言武公父子善善之無已，故《序》曰：「以明有國善善之功焉。」蓆，多也。宜者，以言其所善之當也。多者，以言其所善之衆也。緇衣者，君臣同朝之服也。「適子之

❶「情」下，龍舒本有「也」字。
❷「幼沖」，龍舒本作「沖幼」。

館」者，就之也。爲之改作緇衣而授之以粲者，舉而養之也。能就之又能舉而養之，此所以爲有國者之善善，而異於匹夫之善善也。夫有國善善如此，則優於天下矣。其能父子善於其職，而國人美之，不亦宜乎？《生民》之詩，所謂「是任是負，以歸肇祀」者，言后稷既開國，任負所種之穀以歸而肇祀爾，非以謂兆帝祀於郊也。所謂「卬盛于豆，于豆于登。其香始升，上帝居歆」者，言我既爲天子，得祀郊，則盛于豆登，其香始升，而上帝居歆爾，非以爲后稷得郊也。其卒曰：「胡臭亶時，庶無辠悔，以迄于今」者，言上帝所以居歆，何臭之亶時乎？乃以后稷肇祀，則庶無辠悔，以迄于今，得郊祀之時爾。蓋所謂「文武之功，起於后稷，故推以配天」者，此也。衛有《邶》、《鄘》之詩，而説者以謂衛後世并邶、鄘而取之，理或然也。既無所受之，則疑而闕之可也。❶

意誠而心正，心正則無所爲而不正，❷故孔子曰：「《詩》三百，一言以蔽之，曰『思無邪』。」此《詩》之言，故曰「《詩》三百，一言以蔽之」也，非以它經爲有異乎此也。吾之所受者爲此，則彼者吾之所棄也。所謂「彼哉，彼哉」者，蓋孔子之所棄也。孔子曰「管仲如其仁」，仁也。揚子謂屈原「如其智」，不智也。猶之《詩》以不明爲明，又以不明爲昏。考其辭之終始，則其文雖同，不害其意異也。忠足以盡己，恕足以盡物，雖孔子之道，又何以加於此？而論者或以謂孔子之道，神明不測，非忠恕之所能盡。雖然，此非所以告曾子者也。「好勇過我」也

❶「可」，龍舒本作「是」。
❷「心正」，龍舒本無此二字。

者，所謂能勇而不能怯者也。能勇而不能怯，非成材也。故孔子無所取。古者鳳鳥至、河出圖，皆聖人在上之時。其言「鳳鳥不至，河不出圖」者，蓋曰無聖人在上而已矣。

顔子具聖人之體而微，所謂美人也。其於尊五美屏四惡，非待教也。若夫「鄭聲」、「佞人」，則由外鑠我者也。雖若顔子者，不放而遠之，則其於爲邦也，不能無敗。《書》曰：「能哲而惠，何憂乎驩兜？何畏乎巧言令色孔壬？」由此觀之，佞人者，堯舜之所難，而況於顔子者乎？夫佞人之所以入人者，言而已。言之入人，不如聲之深，則鄭聲之可畏，固又甚矣。孔子曰：「如有所譽，其有所試矣。」謂「顔子三月不違仁」者，蓋有所試矣。雖然，顔子之行，非終於此。其後孔子告之以「克己復禮」，而「請事斯語」矣。夫能言、動、視、聽以禮，則蓋已「終身未嘗違仁」，非特三月而已也。

語道之全，則無不在也，無不爲也，學者所不能據也，而不可以不心存焉。道之在我者爲德，德可據也。以德愛者爲仁，仁譬則左也，義譬則右也。德以仁爲主，故君子在仁義之間所當依者，仁而已。孔子之去魯也，知者以爲爲無禮也，乃孔子則欲以微辠行也。以微辠行也者，依於仁而已。禮，體此者也；智，知此者也；信，信此者也。孔子曰「志於道，據於德，依於仁」，而不及乎義、禮、智、信者，其説蓋如此也。楊子曰：「道以道之，德以得之，仁以人之，義以宜之，禮以體之，天也。合則渾，離則散。一人而兼統四體者，其身全乎！」老子曰：「失道而後德，失德而後仁，失仁而後義，失義而後禮。」揚子言其合，老子言其離，此其所以異也。韓文公知道有君子、有小人，德有凶有吉，而不知仁義之無以異於道德，此爲不知道德也。

管仲九合諸侯，一正天下，❶此孟子所謂「天之大任」者也。不能如大人正己而物正，此孔子所謂「小器」者也。言各有所當，非相違也。昔之論人者，或謂之聖人，或謂之賢人，或謂之君子，或謂之仁人，或謂之善人，或謂之士。《微子》一篇，記古之人出處去就，蓋略有次序。其終所記八士者，其行特可謂之士而已矣。當記此時，此八人之行蓋猶有所見，今亡矣，其行不可得而考也。無君子小人，至於五世，則流澤盡。澤盡，則服盡，而尊親之禮息。萬世莫不尊親者，孔子也。故孟子曰：「予未得爲孔子徒也，予私淑諸人也。」

孟子所謂「市廛而不征，法而不廛」者，先儒以國中之地謂之廛，以《周官》考之，此説是也。「廛而不征」者，賦其市地之廛，而不征其貨；「法而不廛」者，治之以市官之法，而不賦其廛。或「廛而不征」，或「法而不廛」，蓋制商賈者惡其盛，盛則人去本者衆；又惡其衰，衰則貨不通，故制法以權之。稍盛則「廛而不征」，已衰則「法而不廛」。文王之時，關譏而不征，及周公制禮，則凶荒札喪，然後無征，蓋所以權之也。貢者，夏后氏之法，而孟子以爲不善者。不善，非夏后氏之罪也，時而已矣。

責難於君者，吾聞之矣。責善於友者，吾聞之矣。雖然，其於君也，曰：「以道事之，不可則止。」其於友也，曰：「忠告而善道之，不可則止。」王驩於孟子，非君也，非

❶「正」，當作「匡」，係避宋太祖諱改。

友也，彼未嘗謀於孟子，則孟子未嘗與之言，不亦宜乎？

求仁所問於《易》者，尚非《易》之藴也，能盡於《詩》、《書》、《論語》之言，則此皆不問而可知。某嘗學《易》矣，讀而思之，自以爲如此，則書之以待知《易》者質其義。當是時，未可以學《易》也。唯無師友之故，不得其序，以過於進取。乃今而後，知昔之爲可悔，而其書往往已爲不知者所傳。追思之，未嘗不媿也。以某之愧悔，故亦欲求仁慎之。蓋以求仁之才能，而好問如此，某所以告於左右者，不敢不盡，冀有以亮之而已。至於《春秋》三傳，既不足信，故於諸經尤爲難知。辱問皆不果答，亦冀有以亮之。

答龔深父書

某得手筆，感慰尤喜，侍奉萬福。所示王深父事，甚曉然。不爲小廉曲謹以投衆人耳目，而趣舍必度於仁義，是乃深父所以合於古人，而衆人所以不識深父者也。言之於深父何病？揚雄亦用心於内，不求於外，不修廉隅，以徼名當世。故某以謂深父於爲雄，幾可以無悔。揚雄者，自孟軻以來，未有及之者。但後世士大夫多不能深考之爾。❶孟軻，聖人也。賢人則其行不皆合於聖人，特其智足以知聖人而已。故某以謂深父，其知能知軻，其於爲雄幾可以無悔。揚雄之仕，合於孔子「無不可」之義，奈

❶「士」上，龍舒本有「學」字。

何欲非之乎？若以深父不仕爲過於雄，則自雄以來，能不仕者多矣，豈皆能過於雄乎？若以深父之不仕爲與雄異，則孟子稱禹、稷、顔回同道，深父之於爲雄，其以强學力行之所至，仕不仕，特其所遭義命之不同，未可以議於此。深父，吾友也，言其美，尤不敢略，亦不敢誣，所以致忠信於吾友。然以久廢學，恐所論尚不中，不惜更詳喻及也。

再答龔深父論語孟子書❶

某啓：僶俛從事，不能無勞，略嘗奉書，想已得達。承手筆，知與十二娘子侍奉萬福，欣慰可知。❷所論及異論具曉然。❸道德性命，其宗一也。道有君子有小人，德有吉有凶，則命有順有逆，❹性有善有惡，固其理，又何足以疑？伊尹曰：「茲爲不義，❺習與性成。」出善就惡謂之性亡，❻不可謂之性成。則伊尹之言何謂也？❼召公曰「惟不恭厥德，❽乃早墜厥命」者，所謂命凶也。命凶者，固自取，然猶謂之命。若小人之自取，或幸而免，不可謂之命。則召公之言何謂也？是古之人以無君子爲無

❶此篇爲龍舒本卷七《答王深父書》之第二書，文字略有異同。
❷「僶俛」至「可知」三十三字，原無，據龍舒本補。
❸「論及」，龍舒本作「示」。「具」，原作「其」，據龍舒本改。
❹「有順有逆」，龍舒本作「有逆有順」。
❺「爲」，龍舒本作「乃」。
❻「出」，龍舒本作「去」。
❼「則」，原無，據龍舒本補。
❽「恭」，龍舒本作「敬」。

道，❶以無吉德爲無德，則出善就惡謂之性亡，❷非不可也。❸ 雖然，可以謂之無道，而不可謂之道無小人；可以謂之無德，❹而不可以謂德無凶；可以謂之性亡，而不可以謂之性無惡。❺ 孔子曰：「性相近也，習相遠也。」此言相近之性，❻以習而相遠。則習不可以不慎，非謂天下之性皆相近而已矣。孔子見南子爲有禮，則孔子何不告子路曰「是禮也」，❼而曰「天厭之」乎？ 孟子曰：「男女授受不親，禮也。嫂溺，援之以手者，權也。」若有禮而無權，則何以爲孔子？ 天下之理，固不可以一言盡。君子有時而用禮，故孟子不見諸侯；有時而用權，故孔子可見南子。❽ 孔子與蒲人盟而適衛者，將以行法也。不如是，則要盟者得志矣。且有制于人而不得行，❾則聖人之無所奈何。孔子適衛，非蒲人之所能制，❿則孔子何爲而不適衛？ 蓋適衛，然後足以明義。此孔子之所以適衛。⓫

凡此，皆略爲深甫道之，以深甫之明，何難於答是，而千里以書見及，此固深甫之好問嗜學之無已也。久廢筆墨，言不逮意，幸察！ 知罷官，遂見過，幸甚。然某疲病，恐不能久堪州事，不知還得相見於此否？

❶「是」、「以無君子爲無道」，龍舒本作「夫」、「以爲無君子道爲無道」。
❷「出」，龍舒本作「去」。
❸「非」，龍舒本作「亦」。
❹「以」，原無，據龍舒本補。
❺「惡」，龍舒本作「善」。
❻「此」，原無，據龍舒本補。
❼「何不」，原作「不可」，據龍舒本改。
❽「可見南子」，龍舒本作「見南子也」。
❾「制」，原作「至」，據龍舒本改。
❿「人」，原無，據龍舒本補。「制」，原作「至」，據龍舒本改。
⓫「所以適衛」，原作「所微也」，據龍舒本改。

向秋自愛！❶

答王深甫書三❷

某拘於此，鬱鬱不樂，日夜望深甫之來，以豁吾心。而得書，乃不知所冀。況自京師去潁良不遠，深甫家事，會當有暇時，豈宜愛數日之勞，而不一顧我乎？朋友道喪久矣，此吾於深甫，不能無望也。

向說「天民」，與深甫不同，雖蒙丁寧相教，意尚未能與深甫相合也。深甫曰：「事君者，以容於吾君爲悦。安社稷者，以安吾之社稷爲悦。『天民』者，以行之天下而澤被於民爲達。三者皆執其志之所殖而成善者也，而未及乎知命。大人則知命矣。」某則以謂善者所以繼道而行之可善者也。孔子曰：「智及之，仁能守之，莊以涖之，動之不以禮，未善也。」又曰：「《武》盡美矣，未盡善也。」孔子之所謂善者如此，則以容於吾君爲悦者，未可謂能成善者也，亦曰容而已矣。以容於吾君爲悦者，則以不容爲戚。安吾社稷爲悦，則以不安爲戚。吾身之不容，與社稷之不安，亦有命也，而以爲吾戚，此乃所謂不知命也。夫「天民」者，達可行於天下，而後行之者也。彼非以達可行於天下爲悦者也。則其窮而不行也，豈以爲戚哉？視吾之窮達而無悦戚於吾心，不知命者其何能如此？且深甫謂以民繫天者，明其性命莫不稟於天也。有匹夫求達其志於天下，以養全其類，是能順天者，敢取其號，亦曰「天民」。安有能順天而不知命者乎？

❶「知罷官」至「自愛」三十二字，原無，據龍舒本補。
❷「三」，原無，據原總目補。

深甫曰：「安有能視天以去就，而德顧貶於大人者乎？」某則以謂古之能視天以去就其德貶於大人者有矣，即深甫所謂管仲是也。管仲，不能正己者也，然而至於不死子糾而從小白，其去就可謂知天矣。天之意固嘗甚重其民，故孔子善其去就，曰：「豈若匹夫匹婦之爲諒也，自經於溝瀆而莫之知也。」此乃吾所謂德不如大人，而尚能視天以去就者。

深甫曰：「正己以事君者，其道足以致容而已；不容，則命也，何悦於吾心哉？正己而安社稷者，其道足以致安而已；不安，則命也，何悦於吾心哉？正己以正天下者，其道足以行天下而已；不行，則命也，何窮達於吾心哉？」某則以謂大人之窮達，能無悦戚於吾心，不能毋欲達。孟子曰：「我四十不動心。」又曰：「何爲不豫哉？然而千里而見王，是予所欲也。不遇故去，豈予所欲哉？王庶幾改之，予日望之。」夫孟子可謂大人矣，而其言如此，然則所謂「無窮達於吾心」者，殆非也，亦曰無悦戚而已矣。

深甫曰：「惟其正己，而不期於正物，是以使萬物之正焉。」某以謂期於正己，而不期於正物，而使萬物自正焉，是無治人之道也。無治人之道者，是老莊之爲也。所謂大人者，豈老莊之爲哉？正己不期於正物者，非也；正己而期於正物者，亦非也。正己而不期於正物，是無義也；正己而期於正物，是無命也。是謂大人者，豈顧無義命哉？楊子曰：「先自治，而後治人，之謂大器。」楊子所謂「大器」者，蓋孟子之謂「大人」也。物正焉者，使物取正乎我，而後能正，非使之自正也。武王曰：「四方有辠無辠，惟我在，天下曷敢有越厥志？」一人横行於天下，武王耻之。孟子所謂「武王一怒而安天下之民」，不期於正物而使物自正，則一人横行於天下，武王無爲怒也。孟子没，能言大人而不放於老莊者，揚子而已。深甫嘗試以某之言與常君論之，二君猶以爲未也，願以教我。

二❶

某學未成而仕，仕又不能俛仰以赴時事之會；居非其好，任非其事，又不能遠引以避小人之謗讒。此其所以爲不肖而得辠於君子者，而足下之所知也。往者足下遽不棄絶，手書勤勤，尚告以其所不及，幸甚！幸甚！顧私心尚有欲言，未知可否，試嘗言之。

某嘗以謂，古者至治之世然後備禮而致刑。不備禮之世非無禮也，有所不備耳；不致刑之世非無刑也，有所不致耳。故某於江東，得吏之大辠，有所不治，而治其小辠。不知者以謂好伺人之小過以爲明，知者又以爲不果於除惡，而使惡者反資此以爲言。❷某乃異於此，以爲方今之理勢，未可以致刑。致刑，則刑重矣，而所治者少；不致刑，則刑輕矣，而所治者多，❸理勢固然也。一路數千里之間，吏方苟簡自然，狃於養交取容之俗，而吾之治者五人，小者罰金，大者纔絀一官，而豈足以爲多乎？❹工尹商陽非嗜殺人者，猶殺三人而止，以爲不如是不足以反命。某之事，不幸

❶ 此篇爲龍舒本卷七《答王深父書》之第三書。

❷ 「而使惡者反」，龍舒本作「然使怒者不」。「言」下，龍舒本有「乎」字。

❸ 「所」，龍舒本無此字。

❹ 「爲」，龍舒本無此字。

而類此。若夫爲此紛紛而無與於道之廢興，則既亦知之矣。抑所謂君子之仕行其義者，竊有意焉。足下以爲如何？

自江東日得毁於流俗之士，顧吾心未嘗爲之變，則吾之所存，固無以媚斯世，而不能合乎流俗也。及吾朋友亦以爲言，然後怵然自疑，且有自悔之心。徐自反念，古者一道德以同天下之俗，士之有爲於世也，人無異論。今家異道，人殊德，又以愛憎喜怒變事實而傳之，則吾友庸詎非得於人之異論，變事實之傳，而後疑我之言乎？況足下知我深，愛我厚，吾之所以日夜向往而不忘者，安得不嘗試言吾之所自爲，以冀足下之察我乎？使吾自爲如此，而可以無辠，固夫善，❶即足下尚有以告我，使釋然知其所以爲辠，雖吾往者已不及，尚可以爲來者之戒。幸留意以報我，無忽。

三❷

某啓：不見已兩月，雖塵勞汩汩，企望盛德，何日無之！忽辱惠書，承以《論語義》見教，言微旨奥，直造孔庭，非極高明，孰能爲之？仰羡仰羡！近蒙子固、夷甫過我，因與二公同觀，尤所歎服。何時得至金陵，以盡遠懷？

與王深父書二❸

某頓首：自與足下別，日思規箴切劘

❶「夫」，龍舒本作「大」。

❷此篇重出，又見卷七十八《答王逢原書》。此題，龍舒本作「答王逢原書」。

❸「二」，原無，據原總目補。

之補，甚於飢渴。足下有所聞，輒以告我，近世朋友，豈有如足下者乎？此固某所望於足下者。惜乎與足下相去遠，過失日甚，而不肯傳聞於足下。誠使盡聞而盡教之，雖某之愚，其庶幾少有成乎？惟足下不以數附書爲勤，幸甚，幸甚！

二

某頓首：近已奉狀，不知到否，竟不得脱省中。而今曰就職，聞足下當入都下，幸能蚤來，冀得一見。若足下來差池，則某此月乞去，至淮南迎親矣。出不過三四十日，則還至都下，幸足下且留以待某還。事欲講於左右者甚衆，切勿遽去。若今不得一見，又不知何時奉見，切勿亟歸也。有王逢原者，卓犖可駭，自常州與之如江南，已見其有過人者。及歸而見之，所學所守愈超然殆不可及。忽得報死矣，天於善人君子如此，可歎可歎！如逢原者，求之於時，殆未見比，不知常君方之孰賢耳，可痛可痛！恨足下不得見之耳。書不盡意，自愛自愛。

答劉讀秀才書

久不聞問，忽得書，承侍奉萬福，良以爲慰。見問進退去就之意，蓋道之所存，意有所不能致；而意之所至，言有所不能盡。第深考《微子》一篇，則古之聖人君子所以趣時合變，蓋可睹矣。阻闊愈遠，惟自愛，數以書見及。

臨川先生文集卷第七十二

臨川先生文集卷第七十三

書

答徐絳書

某啓：❶某鄙朴，未嘗得邂逅，而蒙以書辱於千里之遠，固已幸甚！足下求免於今之世，❷而求合於古之人，不以問世之能言，而欲有取於不肖，此某之所以難於對也。自生民以來，爲書以示後世者，莫深於《易》。《易》之所爲作，不出足下之所求。文王以伏羲爲未足以喻世也，故從而爲之辭。至於孔子之有述也，蓋又以文王爲未足。此皆聰明睿智、天下至神，然尚於此不能以一言盡之，而患其喻之難也，況以區區之中材而遇變故之無窮，❸其能皆有所合而卒以自免乎？雖能有所合而有以自免，其可以易言而遽曉乎？此某夙夜勉焉而懼終不及者也。其能遽有以進左右者乎？然學者患其志之不同，而有志者欲其爲之不已。某與足下，幸志同矣。如爲之不已，佗日邂逅，得各講其所聞，擇其可以守之，庶其卒將有得焉。蓋古之人，其成未嘗不以友者，此亦區區有望於君子也。

❶「某啓」，龍舒本無此二字。
❷「足」上，龍舒本有「然」字。
❸「遇」，龍舒本作「御」。

答李資深書

某啓：辱書勤勤，教我以義命之説，此乃足下忠愛於故舊，不忍捐棄，而欲誘之以善也。不敢忘，不敢忘！雖然，天下之變故多矣，而古之君子辭受取舍之方不一，彼皆内得於己，有以待物，而非有待乎物者也。非有待乎物，故其迹時若可疑；有以待物，故其心未嘗有悔也。若是者，豈以夫世之毁譽者概其心哉？若某者，不足以望此，然私有志焉。顧非與足下久相從而熟講之，不足以盡也。❶多病無聊，未知何時得復晤語。書不能一一，千萬自愛。

答韶州張殿丞書

某啓：❷伏蒙再賜書，示及先君韶州之政爲吏民稱誦，至今不絶。傷今之士大夫不盡知，又恐史官不能記載，以次前世良吏之後。此皆不肖之孤言行不足信於天下，不能推揚先人之功緒餘烈，❸使人人得聞知之，所以夙夜愁痛、疚心疾首而不敢息者，以此也。

先人之存，某尚少，❹不得備聞爲政之迹。然嘗侍左右，尚能記誦教誨之餘。蓋先君所存，嘗欲大潤澤於天下，一物枯槁，

❶「也」下，龍舒本有「耳」字。
❷「某啓」，龍舒本無此二字。
❸「功緒」，龍舒本、《皇朝文鑒》作「緒功」。
❹「某」，龍舒本作「安石」。

以爲身羞。大者既不得試，已試乃其小者耳。小者又將泯没而無傳，則不肖之孤罪大釁厚矣，尚何以自立於天地之間耶？閤下勤勤惻惻，以不傳爲念，非夫仁人君子樂道人之善，安能以及此？

自三代之時，國各有史，而當時之史多世其家，往往以身死職，不負其意。蓋其所傳，皆可考據。後既無諸侯之史，而近世非尊爵盛位，雖雄奇儁烈，道德滿衍，不幸不爲朝廷所稱，輒不得見於史。而執筆者又雜出一時之貴人，觀其在廷論議之時，人人得講其然不，尚或以忠爲邪，以異爲同，誅當前而不慄，訕在後而不羞，苟以饜其忿好之心而止耳。而况陰挾翰墨，以裁前人之善惡，疑可以貸褒，似可以附毁。往者不能訟當否，生者不得論曲直，賞罰謗譽又不施其間，以彼其私，獨安能無欺於冥昧之間邪？善既不盡傳，而傳者又不可盡信，如此唯能言之君子，有大公至正之道，名實足以信後世者，耳目所遇，一以言載之，則遂以不朽於無窮耳。

伏惟閤下，於先人非有一日之雅，餘論所及，無黨私之嫌。苟以發潛德爲己事，務推所聞告世之能言而足信者，使得論次以傳焉，則先君之不得列於史官，豈有恨哉！

答司馬諫議書

某啓：昨日蒙教，竊以爲與君實游處相好之日久，而議事每不合，所操之術多異故也。雖欲强聒，終必不蒙見察。故略上報，不復一一自辨。重念蒙君實視遇厚，於反覆不宜鹵莽，故今具道所以，冀君實或見怨也。

蓋儒者所争，❶尤在於名實。名實已明，而天下之理得矣。今君實所以見教者，以爲侵官生事，❷征利拒諫，以致天下怨謗也。❸某則以謂受命於人主，議法度而修之於朝廷，以授之於有司，不爲侵官。舉先王之政，以興利除弊不爲生事，爲天下理財不爲征利，闢邪説，難壬人不爲拒諫。❹至於怨誹之多，則固前知其如此也。

人習於苟且非一日，士大夫多以不恤國事，同俗自媚於衆爲善。上乃欲變此，而某不量敵之衆寡，欲出力助上以抗之，則衆何爲而不洶洶然？盤庚之遷，胥怨者民也，非特朝廷士大夫而已。盤庚不爲怨者故改其度。❺度義而後動，❻是而不見可悔故也。❼如君實責我以在位久，未能助上大有爲以膏澤斯民，則某知罪矣。如曰「今日當一切不事事，❽守前所爲」而已，則非某之所敢知。無由會晤，不任區區向往之至！

答曾公立書

某啓：❾示及青苗事。治道之興，邪人不利，一興異論，羣聾和之，意不在於法也。

❶「争」，龍舒本作「重」。
❷「之理」至「以爲」，龍舒本無此十四字。
❸「怨謗」下，龍舒本有「皆不足問也」五字。
❹「壬」，龍舒本作「任」。
❺「爲」，龍舒本作「罪」。「故」，龍舒本作「亦不」。
❻「度」上，龍舒本有「蓋」字。
❼「而」，龍舒本作「以」。
❽「如」，龍舒本無此字。「日」，龍舒本作「有」。「事事」，龍舒本不重。
❾「某啓」，龍舒本無此二字。

孟子所言「利」者，爲利吾國、如曲防遏糴。❶利吾身耳。至狗彘食人食則檢之，野有餓莩則發之，是所謂政事。❷政事所以理財，理財乃所謂義也。一部《周禮》，理財居其半，周公豈爲利哉？姦人者因名實之近而欲亂之，以眩上下，❸其如民心之願何？始以爲不請，而請者不可遏；終以爲不納，而納者不可却。蓋因民之所利而利之，不得不然也。然二分不及一分，一分不及不利而貸之，貸之不若與之。然不與之而必至於二分者，何也？爲其來日之不可繼也。不可繼，則是惠而不知爲政，非惠而不費之道也。故必貸。然而有官吏之俸，輦運之費，水旱之逋，鼠雀之耗，而必欲廣之，以待其飢不足而直與之也，則無二分之息，可乎？則二分者，亦常平之中正也，豈可易哉？公立更與深於道者論之，則某之所論，無一字不合於法，而世之譊譊者不足言也。因書示及，以爲如何？

答吕吉甫書

某啓：❹與公同心，以至異意，皆緣國事，❺豈有它哉？同朝紛紛，公獨助我，則我何憾於公？人或言公，吾無與焉，則公何尤於我？趣時便事，吾不知其説焉。❻攷實論情，公宜昭其如此。❼開喻重悉，覽

❶「如曲防遏糴」，龍舒本作正文大字。
❷「政事」，龍舒本無此二字。
❸「以眩」，龍舒本作「眩惑」。
❹「啓」，龍舒本無此字。
❺「事」，龍舒本作「論」。
❻「吾」上，龍舒本有「則」字。
❼「公」上，龍舒本有「則」字。

之悵然。昔之在我者，誠無細故之可疑；❶則今之在公者，尚何舊惡之足念？❷然公以壯烈，方進爲於聖世，而某薾然衰疢，❸特待盡於山林。趣舍異路，則相呴以濕，不如相忘之愈也。想趣召在朝夕，惟良食，爲時自愛。承累幅勤勤，❹爲禮過當，非所敢望於故人也。不敢視此以爲報禮，想蒙恕察。承已祥除，伏惟尚有餘慕。知有所論著，恨未見之。惟賴恩覆，以得優遊，然以疾憊棄日，茫然未有獲也。諸令弟各想禔福。

與王子醇書四

某啓：得書，承動止萬福，良以爲慰。洮河東西，蕃漢集附，即武勝必爲帥府，今日築城，恐不當小。若以目前功多難成，城大難守，且爲一切之計，亦宜勿隳舊城，審處地勢，以待異時增廣。城成之後，想當分置市易務，爲蕃巡檢，大作廨宇，募蕃漢有力人，假以官本，置坊列肆，使蕃漢官私兩利，則其守必易，其集附必速矣。因書希詳喻經畫次第。秋涼自愛。不宣。

二

某啓：承已築武勝，又討定生羌，甚善！聞鄢成珂等諸酋，皆聚所部防拓，恩威所加，於此可見矣。然久使暴露，能無勞費？恐非所以慰悅衆心，令見内附之利。謂宜喻成珂等，放散其衆，量領精壯人馬防

❶「誠」，龍舒本作「既」。「之」，龍舒本無此字。
❷「之」，龍舒本無此字。
❸「某」，龍舒本無此字。
❹「承累」至「禔福」七十五字，原無，據龍舒本補。

招，隨宜犒勞，使悉懷惠。城成之後，更加厚賞。人少則賞不費財，賜厚則衆樂爲用。不知果當如此否，請更詳酌。蕩除强梗，必有穀可獲以供軍，有地可募人以爲弓箭手。特恐新募未便得力，若募選秦鳳、涇原舊人投換，仍許其家人刺手，承占本名，官土人員節級更與轉資，即素教之兵足以鎮服初附。事難遥度，心所謂然，聊試言之爾。諸當條奏，想不憚煩。露次勞苦，爲時自愛。不宣。

三

某啓：得書，喻以禦寇之方。上固欲公毋涉難冒險，以百全取勝。如所喻，甚善甚善！方今熙河所急，在修守備。嚴戒諸將，勿輕舉動。武人多欲以討殺取功爲事，誠如此而不禁，則一方憂未艾也。竊謂公厚以恩信撫屬羌，察其材者，收之爲用。今多以錢粟養戍卒，乃適足備屬羌爲變，而未有以事秉常、董氊也。誠能使屬羌爲我用，則非特無内患，亦宜賴其力以乘外寇矣。自古以好坑殺人致畔，以能撫養收其用，皆公所覽見。且王師以仁義爲本，豈宜以多殺斂怨耶？喻及青唐既與諸族作怨，後無復合理，固然也。然則近董氊諸族，事定之後，以兵威臨之，而宥其罪，使討賊自贖，隨加厚賞，彼亦宜遂爲我用，無復與賊合矣。與討而驅之，使堅附賊爲我患，利害不侔也。事固有攻彼而取此者服，誠能挫董氊，則諸羌自服，安所事討哉？又聞屬羌經討者，既亡蓄積，又廢耕作，後無以自存，安得不屯聚爲寇以梗商旅往來？如募之力役，及伐材之類，因以活之，宜有可爲。幸留意念恤。邊事難遥度，想公自有定計。意所及，嘗試言之。春暄，爲國自愛。不宣。

四

某啓：久不得來問，思仰可知。木征内附，熙河無復可虞矣。唯當省冗費，理財穀，爲經久之計而已。上以公功信積著，虚懷委任，疆埸之事，非復異論所能摇沮。公當展意，思有以報上，餘無可疑者也。某久曠職事，加以疲病，不能自支。幸蒙恩憐，得釋重負，然相去彌遠，不勝惓惓。唯爲國自愛，幸甚！不宣。

與趙卨書❶

某啓：❷議者多言遽欲開納西人，則示之以弱，❸彼更倔强。❹以事情料之，殆不如此。以我衆大，當彼寡小，我尚疲弊厭兵，即彼偷欲得和可知。我深閉固距，使彼不得安息，則彼上下忿懼，并力一心，❺致死於我，此彼所以能倔强也。❻我明示開納，則彼孰敢違衆首議欲爲倔强者？就令有敢如此，則彼舉國皆將德我而怨彼，孰肯爲之致死？❼此所以怒我而怠寇也。❽老子曰：「抗兵相加，哀者勝矣。」此之謂也。至於開納之後，與之約和，❾乃不可遽，遽則彼

❶此題，龍舒本作「與趙卨龍圖書」。
❷「某啓」，龍舒本無此二字。
❸「以」，龍舒本無此字。
❹「更」，龍舒本作「或」。
❺「并力一心」，龍舒本作「并心一力」。
❻「此」，龍舒本無此字。
❼「肯」下，龍舒本有「有」字。
❽「寇」，龍舒本作「彼」。
❾「約」，龍舒本作「議」。

將驕而易我。❶蓋明示開納，所以怠其衆，而紓吾患。徐與之議，❷所以示之難，而堅其約。聖上恐龍圖未喻此指，故令某以書具道。❸前降指揮，如西人有文字，詞理恭順，即與收接聞奏。宜即明示界上，使我吏民與彼舉國皆知朝廷之意。

回蘇子瞻簡

某啓：承誨喻累幅，知尚盤桓江北，俯仰踰月，豈勝感悵！得秦君詩，手不能捨。葉致遠適見，亦以爲清新嫵麗，與鮑、謝似之，不知公意如何？餘卷正冒眩，尚妨細讀，嘗鼎一臠，旨可知也。公奇秦君，數口之不置；吾又獲詩，手之不捨。然聞秦君嘗學至言妙道，無乃笑我與公嗜好過乎？未相見，跋涉自愛。書不宣悉。

與陳和叔内翰簡❹

某啓：今日承以券致饋，喻令來取。與和叔交游三十年，豈敢復相求於末度？然人道所以相交際，亦宜粗有禮，非苟以豢養爲利而已。是以不敢拜貺，竊恐此非公指。然久客於此，每以煩費公帑爲慚，自是臺無餽，不亦善乎？餘留面叙。不宣。

❶「彼將」，龍舒本無此二字。
❷「議」，龍舒本作「和」。
❸「某」，原無，據龍舒本補。
❹此篇，龍舒本異文頗多，因全篇録具於下：「某啓：早承以券致餽，喻使來請。與和叔交遊三十年，非敢相求於末度，然人道交際，又須以禮，是以不果拜賜。久客於此，每以煩費公帑爲慚，自是臺無餽也，不亦善乎？勒此布左右。不宣。某上。」

答許朝議書

某啓：連得誨示，豈勝感慰！歲暮沍寒，想比日安佳。頃在朝廷，觀公議法每求所以生之，想今爲州，亦用此意。公壽考康寧，子孫蕃衍，當以此也。咫尺思一相見，情何有已！唯冀良食自愛，永綏福履。不宣。

答蔡天啓書❶

某啓：近附書想達。比日安否如何？何時南來？日以企佇。得書說同生基，以色立，誠如是也。所謂「猶如野馬，熠熠清擾」者，日光入隙，所見是也。衆生以識精冰，合此而成身。衆生爲想所陰，不依日光，則不能見。想陰既盡，心光發宣，則不假日光，了了見此。此即所謂「見同生基」也。未即會晤，爲道自愛。數以書見及。尊教授想比日安佳，未及爲書。

與參政王禹玉書二❷

某啓：越宿，伏惟台候萬福。某久尸宰事，每念無以塞責，而比者憂患之餘，衰疹浸加，自惟身事，漫不省察，持此謀國，其能無所曠廢以稱主上任用之意乎？況自春以來，求解職事，至于四五。今則疾病日甚，必無復任事之理。仰恃契眷，謂宜少敦僚友之義，曲爲開陳，使得螽遂所欲，而不宜迪上見留，以重某逋慢之罪也。區區之

❶「書」，原無，據原總目補。
❷「二」，原無，據原總目補。

懷，言不能盡，惟望深賜矜憐而已。不宣。

二

某啓：繼蒙賜臨，傳喻聖訓，徬徨踧踖，無所容措。其羈孤無助，遭值大聖，獨排衆毁，付以宰事。苟利於國，豈辭糜殞？顧自念行不足以悦衆，而怨怒實積於親貴之尤；智不足以知人，而險詖常出於交游之厚。且據勢重而任事久，有盈滿之憂；意氣衰而精力弊，有曠失之懼。歷觀前世大臣，如此而不知自弛，乃能終不累國者，蓋未有也。此某所以不敢逃逋慢之誅，欲及皐戾未積，得優游里閭，爲聖時知止不殆之臣，庶幾天下後世於上拔擢任使無所譏議。伏惟明公，方佐佑大政，上爲朝廷公論，下及僚友私計，謂宜少垂念慮，特賜敷陳。某既不獲通章表，所恃在明公一言而已。心之精微，書不能傳。惟加憫察，幸甚！不宣。

答曾子固書

某啓：久以疾病不爲問，豈勝鄉往！前書疑子固於讀經有所不暇，故語及之。連得書，疑某所謂「經」者，佛經也，而教之以佛經之亂俗。某但言「讀經」，則何以别於中國聖人之經？子固讀吾書每如此，亦某所以疑子固於讀經有所不暇也。然世之不見全經久矣，讀經而已則不足以知經，故某自百家諸子之書至於《難經》、《素問》、《本草》、諸小説無所不讀，農夫、女工無所不問，然後於經爲能知其大體而無疑。蓋後世學者與先王之時異矣，不如是不足以盡聖人故也。楊雄雖爲不好非聖人之書，然於墨、晏、鄒、莊、申、韓，亦何所不讀？彼致其知而後讀，以有所去取，故異學不能亂也。惟其不能亂，故能有所去取者，所以明吾道而已。子固視吾所知爲尚可以異學亂之者乎？非知我也。方今亂俗不在於佛，乃在於學士大夫沉没利欲，以言相尚，不知自治而已。子固以爲如何？苦寒比日，侍奉萬福。自愛。

臨川先生文集卷第七十三

臨川先生文集卷第七十四

書

上相府書

某聞古者極治之時，君臣施道以業天下之民，❶匹夫匹婦有不預其澤者，爲之焦然耻而憂之。瞽聾侏儒，亦各得以其材食之有司。其誠心之所化，至於牛羊之踐，❷不忍不仁於草木，今《行葦》之詩是也，況於所得士大夫也哉？此其所以上下輯睦而稱極治之時也。伏惟閣下，方以古之道施天下，❸而某之不肖，幸以此時竊官於朝，受命佐州，宜竭罷駑之力，畢思慮，❹治百姓，以副吾君吾相於設官任材、休息元元之意，❺不宜以私恩上，而自近於不敏之誅。抑其勢有可言，則亦閣下之所宜憐者。❻

某少失先人，今大母春秋高，宜就養於家之日久矣。徒以內外數十口，無田園以託一日之命，而取食不腆之禄，以至於今不能也。今去而野處，念自廢於苟賤不廉之地，然後有以共裘葛，具魚菽，而免於事親之憂，則恐内傷先人之明，而外以累君子養完人材之德。濡忍以不去，又義之所不敢

❶「施」，龍舒本作「盡」。
❷「踐」，龍舒本作「賤牧」。
❸「施」，龍舒本作「治」。
❹「思」，光啓堂本作「忠」。
❺「設」，龍舒本作「建」。
❻「則」，龍舒本作「而」。

出也。❶故輒上書闕下，願殯先人之丘冢，❷自託於筦庫，以終犬馬之養焉。

伏惟閣下觀古之所以材瞽聾侏儒之道，覽《行葦》之仁，憐士有好修之意者，不窮之於無所據以傷其操，使老者得養，而養者雖愚無能，無報盛德，於以廣仁孝之政而曲成士大夫爲子孫之誼，是亦君子不宜得已者也。黷冒威尊，不任皇恐之至！

上富相公書

某不肖，當朝廷選用才能、修立法度之時，❸不以罪廢，而蒙器使，此其幸固已多矣。某竊自度，守一州尚不足以勝任，任有大於一州者，固知其不勝也。自被使江東，夙夜震恐，思得脱去，非獨爲私計，凡以此也。三司判官，尤朝廷所選擇，出則被使漕運。而金穀之事，某生平所不習，此所以蒙恩反側而不敢冒也。惟不肖常得出入門下，蒙眷遇爲不淺矣。平居不敢具書以勤左右之觀省，幸緣恩惠所及，❹敢布其私心。誠望閣下哀其忠誠，❺裁賜一小州，❻處幽閒之區、寂寞之濱。其治民，非敢謂能也，庶幾地閒事少，夙夜悉心力，易以塞責，而免於官謗也。若夫私養之勢，不便於京師，固嘗屢以聞朝廷，而熟於左右者之聽矣。今兹蒙恩厚，賜禄多，豈宜復言私計不便乎？雖然，所辭者才力所不能，而所願猶

❶「敢」，龍舒本無此字。
❷「殯」，龍舒本作「濱」。
❸「立」，龍舒本作「舉」。
❹「恩惠」，龍舒本作「繆恩」。
❺「忠」，龍舒本作「至」。
❻「裁賜一小州」，原作「載賜一州」，據龍舒本改補。

未安理分也，❶亦冀閤下哀之。

上曾參政書

某聞古之君子立而相天下，必因其材力之所宜、形勢之所安而役使之。故人得盡其材，而樂出乎其時。今也某材不足以任劇，而又多病，不敢自蔽，而數以聞執事矣。而閤下必欲使之察一道之吏，而寄之以刑獄之事，非所謂因其材力之所宜也。某親老矣，有上氣之疾日久，❷比年加之風眩，勢不可以去左右。閤下必欲使之奔走跋涉，不常乎親之側，非所謂因其形勢之所安也。

伏惟閤下由君子之道以相天下，故某得布其私焉。論者或以爲事君，使之左則左，使之右則右，害有至於死而不敢避，勞有至於病而不敢辭者，人臣之義也。某竊以爲不然。上之使人也，既因其材力之所宜、形勢之所安，則使之左而左，使之右而右可也。上之使人也，不因其材力之所宜、形勢之所安，上將無以報吾君，下將無以慰吾親，然且左右惟所使，則是無義無命，而苟悦之爲可也。害有至於死而不敢避者，義無所避之也；勞有至於病而不敢辭者，義無所辭之也。今天下之吏，其材可以備一道之使，而無不可爲之勢，其志又欲得此以有爲者，蓋不可勝數。則某之事，非所謂不可辭之地，而不可避之時也。

論者又以爲人臣之事其君，與人子之事其親，其勢不可得而兼也。其材不足以

❶「未安理分」，龍舒本作「未敢分理」。
❷「之疾」，龍舒本作「疾之」。

任事，而勢不可以去親之左右，則致爲臣而養可也。某又竊以爲不然。古之民也有常産矣，然而事親者猶將輕其志，重其禄，所以爲養。今也仕則有常禄，而居則無常産，而特將輕去其所以爲養，非所謂爲人子事親之義也。且某之材固不足以任使事矣，然尚有可任者，在吾君與吾相處之而已爾。固不可以去親之左右矣，然任豈有不便於養者乎？❶ 在吾君與吾相處之而已爾。

然以某之賤，未嘗得比於門牆之側，❷ 而慨然以鄙樸之辭，自通於閤下之前，欲得其所求。自常人觀之，宜其終齟齬而無所合也；自君子觀之，由君子之道以相天下，則宜不爲遠近易慮，而不以親疎改施。如天之無不燾，而施之各以其命之所宜；如地之無不載，而生之各以其性之所有。彼常人之心，區區好忮而自私，不恕己以及物者，豈足以量之邪？伏惟閤下垂聽而念焉，使天下士無復思古之君子，而樂出乎閤下之時，而又使常人之觀閤下者不能量也。豈非君子之所願而樂者乎？❸ 冒黷威尊，不任惶恐之至！

上執政書

竊以方今仁聖在上，四海九州冠帶之屬望其施爲以福天下者，皆聚於朝廷。而某得以此時備使畿内，交遊親戚知能才識之士，莫不爲某願，此亦區區者思自竭之時也。❹ 事顧有不然者。某無適時才用，其始

❶「任」，龍舒本作「仕」。

❷「比」，龍舒本作「此」。

❸「之」，原無，據龍舒本補。

❹「亦」，龍舒本無此字。

仕也，苟以得禄養親爲事耳。日月推徙，遂非其據。今親闈老矣，❶日夜惟諸子壯大，未能以有室家，而某之兄嫂尚皆客殯而不葬也，其心有不樂於此。及今愈思自置江湖之上，以便昆弟親戚往還之勢，而成婚姻葬送之謀。故某在廷二年，所求郡以十數，非獨爲食貧而口衆也，亦其所懷如此。非獨以此也，某又不幸，今兹天被之疾，好學而苦眩，稍加以憂思，則往往昏瞶不知所爲。以京師千里之縣，吏兵之衆，民物之稠，所當悉心力耳目以稱上之恩施者，蓋不可勝數。❷以某之不肖，雖平居無他，尚懼不給，又況所以亂其心如此，而又爲疾病所侵乎？歸印有司，自請於天子，以待放絀而歸田里，此人臣之明義，而某之所當守也。顧親老矣，而無所養，❸勢不能爲也。偷假歲月，饕禄賜，以徼一日之幸，而不忖事之可否，又義之所不敢爲。竊自恕而求其猶可以冒者，❹自非哀憐。東南寬閒之區，幽僻之濱，與之一官，使得因吏事之力，少施其所學，以庚禄賜之入，則進無所逃其辠，退無所託其身，不惟親之欲有之而已。

蓋聞古者致治之世，自瞽矇、昏瞶、侏儒、籧篨、戚施之人，上所以使之，皆各得盡其才；❺鳥獸、魚鼈、昆蟲、草木，下所以養之，❻皆各得盡其性而不失也。於是《裳裳者華》、《魚藻》之詩作於時，❼而曰：❽「左之

❶「親闈」，龍舒本作「閑」。
❷「勝」，龍舒本作「稱」。
❸「所」，龍舒本作「以」。
❹「恕」，原作「怒」，據龍舒本改。
❺「得」，龍舒本無此字。
❻「下」，原無，據龍舒本補。
❼「於時」，龍舒本無此二字。
❽「而」下，龍舒本有「刺之」二字。

左之，君子宜之。右之右之，君子有之。惟其有之，是以似之。」言古之君子，於士之宜左者左之，宜右者右之，各因其才而有之，是以人人得似其先人。❶ 又曰：❷「魚在在藻，依于其蒲。王在在鎬，有那其居。」魚者潛逃深渺之物，❸皆得其所安而樂，王是以能那其居也。❹ 方今寬裕廣大，有古之道。大臣之在內，有不便於京而求出；小臣之在外，有不便於身而求歸，朝廷未嘗不可，而士亦未有以此非之者也。至於所以賜某者，亦可謂周矣。爲其貧也，使之有屋廬而多禄廩；爲其求在外而欲其內也，置之京師而如其在外之求。顧某之私不得盡聞於上，是以所懷齟齬而有不得也。今敢盡以聞於朝廷，而又私布於執事矣。伏惟執事察其身之疾，而從之盡其才，憐其親之欲，而養之盡其性，以完朝廷寬裕廣大之政，而無使《裳裳者華》、《魚藻》之詩作於時，則非獨於某爲幸甚。❺

上歐陽永叔書四❻

今日造門，幸得接餘論。以坐有客，不得畢所欲言。某所以不願試職者，向時則有婚嫁葬送之故，勢不能久處京師。所圖甫畢，而二兄一嫂相繼喪亡，於今窘迫之勢，比之向時爲甚。若萬一幸被館閣之選，則於法當留一年。藉令朝廷憐閔，不及一

❶「先人」下，龍舒本有「也」字。
❷「又」，龍舒本無此字。
❸「深」，龍舒本作「微」。
❹「王」，龍舒本作「生」。
❺「獨」，龍舒本作「特」。
❻「四」，原無，據原總目補。

年即與之外任，則人之多言，亦甚可畏。若朝廷必復召試，某亦必以私急固辭。❶竊度寬政，必蒙矜允。然召旨既下，比及辭而得請，則所求外補，又當遷延矣。親老口衆，寄食於官舟，而不得躬養，於今已數月矣。早得所欲，以紓家之急，此亦仁人宜有以相之也。翰林雖嘗被旨與某試，然某之到京師，非諸公所當知。以今之體，須某自言，或有司以報，乃當施行前命耳。萬一理當施行，遽爲罷之，於公義亦似未有害。某私計爲得，竊計明公當不惜此。區區之意，不可以盡，唯仁明憐察而聽從之。

二❷

某以不肖，願趨走於先生長者之門久矣。初以疵賤，不能自通。閤下親屈勢位之尊，忘名德之可以加人，而樂與之爲善。顧某不肖，私門多故，又奔走職事，不得繼請左右。及此蒙恩，出守一州，愈當遠去門牆，不聞議論之餘，私心眷眷，何可以處！道途邅迴，數月始至敝邑，以事之紛擾，未得具啓，以敘區區鄉往之意。過蒙獎引，追賜詩書，言高旨遠，足以爲學者師法。惟褒被過分，非先進大人所宜施於後進之不肖，豈所謂誘之欲其至於是乎？雖然，懼終不能以上副也。輒勉强所乏，以酬盛德之貺，非敢言詩也。惟赦其僭越，幸甚！

❶「亦」，原作「以」，據龍舒本、宋元遞修本、應刻本改。

❷此書及兩書，龍舒本在卷四，題作「與王禹玉書三」，蓋爲當時該書編集者誤置。

三

某以五月去左右，六月至楚州，即七舍弟病，留四十日。至揚州，又與四舍弟俱失群牧所生一子。❶七月四日視郡事，承守將數易之後，加之水旱，吏事亦尚紛冗，故修啓不蚤，伏惟幸察。閤下以道德爲天下所望，方今之勢，雖未得遠引以從雅懷之所尚，惟攄所藴，以救時敝，則出處之間，無適不宜，此自明哲所及者。承餘論及之，因試薦其區區。某到郡侍親，幸且順適，但以不才而臨今日之民，宜得辠於君子，固有日矣。

四

某以疵賤之身，聞問願見，❷非一日積。幸以職事二年京師，以求議論之補。蒙恩不棄，知遇特深，違離未久，❸感戀殊甚。❹然以私門多故，未嘗得進一書以謝左右。伏蒙恩憐，再賜手書，推獎存撫，甚非後進所當得於先生大人之門，以愧以恐，何可以言也！秋冷，伏惟動止萬福，惟爲時自重，以副四方瞻望之意。

❶「群」，原作「郡」，龍舒本改。
❷「問」，原作「門」，據龍舒本改。
❸「違」，龍舒本作「遠」。
❹「戀」，龍舒本作「悉」。

與劉原父書

辱手教勤勤，尤感愧。伏承動止萬福，又良慰也。河役之罷，以轉運賦功本狹，與雨淫不止，督役者以病告，故止耳。昔梁王墮馬，賈生悲哀；泄魚傷人，曾子涕泣。今勞人費財於前，而利不遂於後，此某所以愧恨無窮也。❶若夫事求遂，功求成，而不量天時人力之可否，此某所不能，❷則論某者之紛紛，❸豈敢怨哉？❹閣下乃以初不能無意爲有憾，此非某之所敢聞也。方今萬事所以難合而易壞，常以諸賢無意耳，如鄙宗夷甫輩，稍稍騖於世矣。仁聖在上，故公家元海未敢跋扈耳。閣下論爲世師，此雖戲言，願勿廣也。前月被使江東，朝夕當走左右。自餘須面請。

答吴孝宗書❺孝宗字子經。

比得周秀才所示書，即欲奉報。以多病多事，未能如志。重承手問，尤以感愧。知生事彌困，爲之奈何！某亦以姻事見迫，又田入不足，故私計亦未能不以經心。然勞佚有命，當順以聽之耳。

前書所示，大抵不出《先志》。若子經欲以文辭高世，則世之名能文辭者已無過矣；若欲以明道，則離聖人之經皆不足以有明也。自秦漢已來，儒者唯楊雄爲知言，

❶「愧恨」，龍舒本作「恨愧」。
❷「能」下，龍舒本有「也」字。
❸「則」上，龍舒本有「不能」二字。「某」，龍舒本空一字。
❹「怨」，龍舒本作「惡」。
❺此題，龍舒本作「答吴子經書」，下無小注。

然尚恨有所未盡。今學士大夫往往不足以知雄，則其於聖人之經，宜其有所未盡。子經誠欲以文辭高世，則無爲見問矣；誠欲以明道，則所欲爲子經道者，非可以一言而盡也。子經所謂斜鑿以矯矢，❶背枘以矯舟，❷此天下之所同，而舟矢已來未之改也。《先志》所論，有非天下之所同，而特出子經之新意者，則與矯舟矢之意爲不類。❸又子經以爲《詩》《禮》不可以相解，乃如某之學，則惟《詩》《禮》足以相解，以其理同故也。子經以謂如何？兩家各多難，無由會合。許明年見過，幸甚！未爾，自愛。

答吴孝宗論先志書

某辱書，又示以《先志》，而怪某尚有欲爲吾弟道者，❹責以一言盡之。吾弟所爲書博矣，所欲爲吾弟道者，非可以一言盡。然吾弟自以爲才不及子貢，而所言皆子貢所欲聞於夫子而不得者也。❺則某有欲爲吾弟道者，❻可勿怪也。積憂久病，廢學疲懶，書不能逮意。知已就試國學，隆暑自愛。他俟試罷見過面盡。不宣。某再拜。❼

答錢公輔學士書

比蒙以銘文見屬，足下於世爲聞人，力

❶「矢」，龍舒本作「舟」。
❷「枘」，原作「柄」，據龍舒本改。「舟」，龍舒本作「矢」。
❸「矢」，龍舒本無此字。
❹「某」，龍舒本作「安石」。
❺「夫子」，龍舒本、宋元遞修本、應刻本作「孔子」。
❻「某」，龍舒本作「安石」。
❼「某再拜」，原無，據龍舒本補。

足以得顯者銘父母。以屬於不腆之文，❶似其意非苟然，故輒爲之而不辭。不圖乃猶未副所欲，欲有所增損。鄙文自有意義，不可改也。宜以見還，而求能如足下意者爲之耳。

家廟以今法準之，恐足下未得立也。足下雖多聞，要與識者講之。如得甲科爲通判，通判之署，有池臺竹林之勝，此何足以爲太夫人之榮，而必欲書之乎？貴爲天子，富有天下，苟不能行道，適足以爲父母之羞。況一甲科通判，苟粗知爲辭賦，雖市井小人，皆可以得之，何足道哉？何足道哉？故銘以謂「閭巷之士以爲太夫人榮」，❷明天下有識者不以置悲歡榮辱於其心也。太夫人能異於閭巷之士，而與天下有識同，此其所以爲賢而宜銘者也。至於諸孫，亦不足列。孰有五子而無七孫者乎？七孫業之有可道，❸固不宜略，若皆兒童，賢不肖未可知，列之於義何當也？諸不具道，計足下當與有識者講之。南去愈遠，君子惟順愛自重。❹

與崔伯易書

伯易足下：得書於京師，所以開我者，不敢忘。而人事紛紛，不得修報。以爲到高郵即奉見，得道所欲言者。去軍城止三十里，而遇親舟，遂挽以北。念還軍中，則重煩親友，然遂不得一見足下而西，殊悒悒也。逢原遽如此，痛念之無窮，特爲之作

❶「以」上，龍舒本有「乃」字。
❷「太」，龍舒本無此字。
❸「之」，龍舒本作「文」。
❹「順」，龍舒本作「慎」。

銘，因吴特起去奉呈。此於平生爲銘，最爲無媿。惜也！❶如此人而年止如此。以某之不肖，固不敢自謂足以知之，然見逢原所學所爲日進，而比在高郵見之，遂若不可企及。竊以謂可畏憚而有望其助我者，莫踰此君。❷雖足下之言，亦以謂如此。今則已矣，可痛可痛！然此特可爲足下道爾。人之愛逢原者多矣，亦豈如吾兩人者知之之盡乎？可痛可痛！莘老必朝夕見之於京師，不別致書，爲致意。

與郭祥正太博書三❸

某叩頭：得手筆存問，區區哀感，所不可言。示及詩篇，壯麗俊偉，乃能至此，良以嘆駭也。輒留巾匭，永以爲玩。山邑少事，不足以煩剸治，想多暇日，足以吟詠。無緣一至左右，惟自愛重，以副鄉往之私。幸甚！

二

某叩頭：皋逆餘生，奄經時序，咫尺無由自訴。伏承存録，貺以詩書，不勝區區哀感。詩已傳聞兩篇，餘皆所未見，豪邁精絶，固出於天才，此非力學者所能逮也。雖在哀疚，把翫不能自休，謹輒藏之巾匭，永以爲好也。知導引事稍熟，希爲人慎疾自愛。幸甚！

❶「惜」，龍舒本作「者」，「者也」當屬上。
❷「踰」，龍舒本作「如」。
❸「三」，原無，據原總目補。此三篇爲龍舒本卷四《與郭祥正太博書五》之第一、二、三篇，第四、五兩篇底本無。

三

某叩頭：承示新句，但知嘆愧。子固之言，未知所謂，豈以謂足下天才卓越，更當約以古詩之法乎？哀荒未能劇論，當俟異時爾。聞有殤子之釁，想能以理自釋情累也。某皋逆荼毒，奄忽時序，諸非面訴無以盡。

與吴特起書

某啓：適見鍾檢正世美，言上舍吴師禮，浙人也，有文學節行，欲爲逢原壻。彼極多人欲壻之，而慕逢原節義，故欲娶其女。鍾爲人不妄，吴亦有名，故欲作書奉報。乃得來書，更請審擇。特起肯遠相過，甚慰思渴。老年待盡，若復得一相見，豈非幸願？今歲暑雨特甚，多逃於北山。平生未嘗畏暑，年老氣衰，復值此非常氣候，殊爲憊頓。書不及悉，千萬自愛。

與曾子山書

某啓：比聞上下呶呶，何故？人不患無材，患韜晦之爲難。况州縣之勢，固已相遼。郡若摧縣，易於拉朽，此不可不知也。冬寒，千萬自愛。

與吴司録議王逢原姻事書二❶

某啓：仲冬嚴寒，伏惟尊體動止萬福。王令秀才近見，文學才智行義，皆高過人。

❶「二」，原無，據原總目補。

見留他來此修學，雖貧不應舉，爲人亦通，不至大段苦節過當。他恐二舅不欲與作親，久不得委曲，不審尊意如何？傳聞皆不可信也。某目見其所爲如此，甚可愛也。未拜見，千萬乞保尊重。

二

某啓：新正，伏惟二舅都曹尊體動止萬福。向曾上狀，不審得達左右否？王令秀才見在江陰聚學，文學智識與其性行誠是豪傑之士。或傳其所爲過當，皆不足信。某此深察其所爲，大抵只是守節安貧耳。近日人從之學者甚衆，亦不至絶貧乏。況其家口寡，亦易爲贍足。雖然不應舉，以某計之，今應舉者未必及第，未必不困窮，更請斟酌。此人但恐久遠非終困窮者也。雖終困窮，其畜妻子，當亦不至失所也。渠却望二舅有信來，決知親事終如何。幸一賜報也。尚寒，伏乞善保尊重。

臨川先生文集卷第七十四

臨川先生文集卷第七十五

書

與王逢原書七❶

某頓首逢原足下：比得足下於客食中窘窘相造謝，不能取一日之閑，以與足下極所欲語者，而舟即東矣。間閲足下之詩，切有疑焉，不敢不以告。足下詩有「歎蒼生淚垂」之説，夫君子之於學也，固有志於天下矣。然先吾身而後吾人，吾身治矣，而人之治不治，係吾得志與否耳。身猶屬於命，天下之治，其可以不屬於命乎？孔子曰：「不知命，無以爲君子。」又曰：「道之將行也歟，命也。道之將廢也歟，命也。」孔子之説如此，而或以爲君子之學，汲汲以憂世者，惑也。惑於此而進退之行不得於孔子者有之矣，故有孔不暇暖席之説。

吾獨以聖人之心，未始有憂。有難予者曰：「然則聖人忘天下矣？」曰：「是不忘天下也。」《否》之象曰：「君子以儉德避難，不可榮以禄。」初六曰：「拔茅茹，以其彙，正吉。」象曰：「『拔茅正吉』，志在君也。」「在君」者，不忘天下者也。「不可榮以禄」者，知命也。吾雖不忘天下，而命不可必合，憂之其能合乎？《易》曰「遯世無悶，樂天知命」是也。《詩三百》如《栢舟》《北門》之類，有憂也。然仕於其時，而不得其志，

❶「七」，原無，據原卷首目録補。

不得以不憂也。仕不在於天下國家，與夫不仕者，未始有憂，《君子陽陽》《考槃》之類是也。借有憂者，不能奪聖人不憂之説。孟子曰：「伊尹視天下匹夫匹婦，有不被其澤者，若己推而納之溝中。」可謂憂天下也。然湯聘之，猶囂囂然，曰：「我處畎畝之間，以樂堯舜之道。」豈如彼所謂憂天下者，僕僕自枉而幸售其道哉？又論禹、稷、顔回同道曰：「鄉鄰有鬬者，被髮纓冠而救之，則惑也。」今窮於下，而曰「我憂天下，至於慟哭」者，無乃近救鄉鄰之事乎？孔子所以極其説於知命不憂者，欲人知治亂有命，而進不可以苟，則先王之道得伸也。世有能諭知命之説，而不能重進退者有矣。由知及之，仁不能守之也。

始得足下文，特愛足下之才耳。既而見足下衣刓屨缺，坐而語，未嘗及己之窮；退而詢，足下終歲食不葷，不以絲忽妄售於人。世之自立如足下者有幾？吾以謂知及之，仁又能守之，故以某之所學報足下。

二

某頓首：讀所辱書辭，見足下之材，浩乎沛然，非某之所能及。問諸邑人，知足下之行學爲君子而方不已者也。惜乎！某之行亟，不得久留從足下以遊，及求足下所稱滿君者而見之。所示藁副，輒留傳玩。不審定復枉顧否？不勝幸望也！

三

某頓首逢原：近已附書，亦得所賜教，殊感慰。唯逢原見教，正得鄙心之所欲。

方欲請，而已被旨還都，遂得脱此，亦可喜也。但今兹所除，復非不肖所宜居，不免又干溷朝廷，此更增不知者之毁。然吾自計當如此，豈能顧流俗之紛紛乎？不久到真州，冀逢原一來見就，不知有暇否？幸因書見報，某止寓和州耳。來真唯迎親老，來視女弟，既而歸和俟命也。冬寒自愛。

四

某頓首：被命使江東，按刑獄事。明日遂行，欲至楊州宿留，别乞一差遣。切欲一見逢原，幸枉駕見追，只於丹陽奉候，切勿以事爲解也。它須面陳，此不詳悉。切見過，專奉遲，切切！

五

某頓首：自别逢原，一得書，遂不知行李所在，伏計已達暨陽。今此介往，幸喻動止之詳，以慰思渴也。居江陰，果可以從否？某之勢，恐未能自脱於此矣。皐亹日積，而缺然無友朋之救，此寤寐所以怵惕而不知所爲者也。逢原不知可以遊番乎？番亦多士，可以優游卒歲，試思之也。人還一報。餘自愛重。

六

某頓首：得手教，承尚在江州，思企何可勝言！某昨到金陵，忽忽遂歸番。冬末須一到金陵，不知逢原此行，以何時到江陰？今必與吴親同舟而濟，但到金陵，莫須求客舟以往否？近制船難爲謀，自金陵至潤，只一兩程。到潤，則求舫至江陰，亦易矣。某處此，遂未有去理。如孫少述、丁元珍、曾子固，尚以書見止，不宜自求便安，數溷朝廷，它人復可望其見察者乎？皋夔日積，而不知所以自脱。足下安以爲我謀哉？配兵不習水事，甚善！但計今之勢，如此等事，皆不可與論説。不知足下意以爲當如何施行？幸試疏示，更有所聞，悉望見教。所至幸望留意，訪以所不逮也。至冬末到金陵，欲望逢原一至金陵見訪，不知可否？私心極有事，欲面謁。切試思之，幸能一來，爲惠大矣。

七

某頓首逢原足下：方欲作書，而得所賜書，尤感慰。唯逢原所以教我，得鄙心所欲出者。窮僻無交游，所與議者，皆不出流俗之人。非逢原之教我，尚安得聞此？方力求所欲，但未知何時得耳？及冬春之交，未得脱此，冀相遇於江寧，不審肯顧否？承教許如此，當可如約也。但不謀潤居，何也？江陰豈不可留乎？若在潤，則相遇尤易耳。配卒事須面叙乃悉，餘更有所聞，悉望見教。今世既無朋友相告戒之道，而言亦未必可用。大抵見教者，欲使某同乎俗、合乎世耳。非足下教我，尚何望於他人？切無所惜也。冬寒自愛。

與劉元忠待制書

某啓：久阻濶，豈勝向往！繼奉手誨，勤勤懇懇，尤荷眷念。承欲求宫觀，方主上躬親庶政、求才如不及之時，人臣雖有邪心，安能有所軒輊？謂宜黽勉以俟休命，不須如所喻也。無緣面晤，幸深思鄙言而已。炎溽，爲時自愛。

與沈道原舍人書二❶

某啓：辱手筆，感慰。又復冬至，投老，觸緒多感，但日有東歸之思爾。上聰明日隮，然流俗險膚，未有已時，亦安能久自困苦於此？北山松柏，聞修雅説，已極茂長。一兩日，令俞遜往北山，因欲漸治垣屋矣。於道原，欲略布所懷。

二

某啓：久不作書，然思一相見，極飢渴也。近因歙州葉户曹至此，論及《説文》，因更思索鳥獸草木之名，頗爲解釋。因悟孔子使人多識，乃學者最後事也。續當録寄。道原何以淹留如此？若道原有除，吾甥當能一過江相見。諸欲面晤，何可勝言！此時四姐亦當可以一來相見矣。未閒，自愛。

答黎檢正書侁

某啓：前得所示熟讀，蓋自秦漢以來，

❶「二」，原無，據原總目補。

所謂能文者，不過如此。竊以爲士之所尚者志，志之所貴者道。苟不合乎聖人，則皆不足以爲道。唯天下之英材爲可以與此。故欲以所聞告左右，而嘗爲尊叔父道之。足下聞之，而遂自悔。以足下如此之才，而復之不遠又能如此，此何所不至？如某者，衰久矣，徒知思而已，尚何能有所補助乎？辱書愧嘆，以不即見爲恨。嚮寒自愛。

與丁元珍書

某頓首：過廣，曾欲作書，遣人奉訊動止，以有故亟歸，是以雖作書而不果遣。辱教，承知屢賜問，然不得也。亦嘗附狀，何爲皆不至乎？曹振佳士，已爲發令狀。如此人，雖微元珍之教，固不敢失，況重以元珍之見喻乎？前書已報左右，恐不到，故復以聞。求郡固且止，甚荷見教。然某之所請，❶不爲無辭。若執政不察，直以爲臯，則某何敢解免？如欲盡其辭而然後加之臯，則某事固有本末，非今日苟然欲避煩勞而求佚也。古者一道德以同俗，❷故士有揆古人之所爲以自守，則人無異論。今家異道，人殊德，士之欲自守者，又牽於末俗之勢，不得事事如古。則人之異論，可悉弭乎？要當擇其近於禮義，而無大譴者取之耳。不審足下終將何以爲僕謀哉？秋冷，自愛重之。望冬間復到廣州，冀或一邀從者爲境上之會。不審可求檄來否耳？不宣。

❶「請」，宋元遞修本作「謂」，應刻本作「講」。
❷「德」，宋元遞修本作「公」。

上杜學士言開河書

十月十日謹再拜奉書運使學士閤下：

某愚，不更事物之變，備官節下，以身得察於左右。事可施設，不敢因循苟簡，以孤大君子推引之意，亦其職宜也。鄞之地邑，跨負江海，水有所去，故人無水憂。而深山長谷之水，四面而出，溝渠澮川，十百相通。長老言錢氏時置營田吏卒，歲浚治之，人無旱憂，恃以豐足。營田之廢六七十年，吏者因循而民力不能自并。向之渠川，稍稍淺塞，山谷之水，轉以入海，而無所瀦。幸而雨澤時至，田猶不足於水。方夏，歷旬不雨，則衆川之涸，可立而須。故今之邑民最獨畏旱，而旱輒連年。是皆人力不至，而非歲之咎也。

某爲縣於此，幸歲大穰，以爲宜乘人之有餘，及其暇時，大浚治川渠，使有所瀦，可以無不足水之患。而無老壯稚少，亦皆懲旱之數，而幸今之有餘力，聞之翕然，皆勸趨之，無敢愛力。夫小人可與樂成，難與慮始，誠有大利，猶將强之，況其所願欲哉？竊以爲此亦執事之所欲聞也。

伏惟執事聰明辨智，天下之事，小之爲無間，大之爲無崖岸，❶悉已講而明之矣。而又導利去害，汲汲若不足。夫此最長民之吏當致意者，❷故輒具以聞州。州既具以聞執事矣，顧其厝事之詳，尚不得徹，輒復條件其詳以聞。❸唯執事少留聰明，有所未

❶「小之」至「崖岸」十一字，原無，據龍舒本補。
❷「長」，龍舒本無此字。「吏」，龍舒本作「利」。
❸「其詳」，原無，據龍舒本補。

安，教而勿誅。幸甚！

與馬運判書

運判閣下：比奉書，即蒙寵答，以感以作。且承訪以所聞，何閣下逮下之周也！嘗以謂方今之所以窮空，不獨費出之無節，又失所以生財之道故也。富其家者資之國，富其國者資之天下，欲富天下則資之天地。蓋爲家者不爲其子生財，有父之嚴而子富焉，則何求而不得？今闔門而與其子市，而門之外莫入焉，雖盡得子之財，猶不富也。蓋近世之言利，雖善矣，皆有國者資天下之術耳，直相市於門之內而已。此其所以困與？在閣下之明，宜已盡知，當患不得爲耳。不得爲，則尚何賴於不肖者之言耶？

今歲東南饑饉如此，汴水又絕，其經畫固勞心。私竊度之：京師兵食宜窘，薪芻百穀之價亦必踴。以謂宜料畿兵之駑怯者，就食諸郡，可以舒漕輓之急。古人論天下之兵，以爲猶人之血脉，不及則枯，聚則疽。分使就食，亦血脉流通之勢也。儻可上聞行之否？

答王伯虎書

辱書問以所疑，如某者，何足以語？然聖人君子之行，則嘗聞於先生長者矣，蓋曰「不辱己」、「不害人」而已。「不辱己」，所以爲有義；「不害人」，所以爲有仁。若夫操至治之成法，責備於叔世以自絕，與以仁施其身以及其親，❶則皆聖人君子之所不

❶「與」，龍舒本作「於」。

爲，不知足下謂當如此否？ 因出見過，得復從容爲左右道之。

答段縫書

段君足下：某在京師時，嘗爲足下道曾鞏善屬文，未嘗及其爲人也。還江南，始熟而慕焉，友之，又作文粗道其行。惠書以所聞詆鞏行無纖完，其居家，親友惴畏焉，怪某無文字規鞏，見謂有黨。果哉，足下之言也！ 鞏固不然。

鞏文學論議，在某交游中不見可敵。其心勇於適道，殆不可以刑、禍、利、禄動也。父在困厄中，左右就養無虧行，家事銖髮以上皆親之。父亦愛之甚，嘗曰：「吾宗敝，所賴者此兒耳。」此某之所見也。若足下所聞，非某之所見也。鞏在京師，避兄而舍，此雖某亦辠之也，宜足下之深攻之也。❶於辠之中，有足矜者，顧不可以書傳也。事固有迹，然而情不至是者。如不循其情而誅焉，則誰不可誅邪？ 鞏之迹固然邪？ 然鞏爲人弟，於此不得無過。但在京師時，未深接之，還江南，又既往不可咎，未嘗以此規之也。鞏果於從事，少許可，時時出於中道。此則還江南時嘗規之矣。鞏聞之，輒瞿然。鞏固有以教某也。其作《懷友書》兩通，一自藏，一納某家。皇皇焉求相切劘以免於悔者，略見矣。嘗謂友朋過差，未可以絶，固且規之。規之從則已，固且爲文字自著見然後已邪？ 則未嘗也。凡鞏之行如前之云，其既往之過亦如前之云而已，豈不得爲賢者哉！

❶「之」，原無，據龍舒本補。

天下愚者衆而賢者希，愚者固忌賢者，賢者又自守不與愚者合。愚者加怨焉，挾忌怨之心，則無之焉而不謗。君子之過於聽者，又傳而廣之，故賢者常多謗。其困於下者尤甚，勢不足以動俗，名實未加於民。愚者易以謗，謗易以傳也。凡道鞏之云云者，固忌、固怨、固過於聽者也。家兄未嘗親鞏也，顧亦過於聽耳。❶足下乃欲引忌者、怨者、過於聽者之言，縣斷賢者之是非，甚不然也。孔子曰：「衆好之，必察焉；衆惡之，必察焉。」孟子曰：「國人皆曰可殺，未可也。見可殺焉，然後殺之。」匡章，通國以爲不孝，孟子獨禮貌之以爲孝。❷孔孟所以爲孔孟者，爲其善自守，不惑於衆人也。如惑於衆人，亦衆人耳，烏在其爲孔孟也？足下姑自重，毋輕議鞏。

答姚闢書

姚君足下：別足下三年於茲，一旦犯大寒，絶不測之江，親屈來門，出所爲文書，與謁并入，若見貴者然。❸始驚以疑，卒觀文書，詞盛氣豪，於理悖焉者希，間而論衆經，有所開發。私獨喜故舊之不予遺而朋友之足望也。

今冠衣而名進士者，❹用萬千計，❺蹈道者有焉，蹈利者有焉。蹈利者則否，蹈道

❶「家兄」至「聽耳」十三字，原無，據龍舒本、《皇朝文鑒》補。
❷「以爲孝」，原無，據龍舒本、《皇朝文鑒》補。
❸「見」上，龍舒本有「將」字。
❹「冠衣」，龍舒本作「衣冠」。
❺「萬千」，龍舒本作「千萬」。

者則未免離章絶句，❶解名釋數，遽然自以聖人之術單此者有焉。夫聖人之術，修其身，治天下國家，在於安危治亂，不在章句名數焉而已。而曰聖人之術單此，妄也。雖然，離章絶句，解名釋數，遽然自以聖人之術殫此者，❷皆守經而不苟世者也。守經而不苟世，其於道也幾，其去蹈利者則緬然矣。觀足下固已幾於道，姑汲汲乎其可急，於章句名數乎徐徐之，則古之蹈道者將無以出足下上。足下以爲何如？

答李參書

李君足下：留書獎引甚渥，卒曰：「教之育之，在執事耳。」某材德薄，不能堪，足下望之又何過也！夫「教之育之」，某之所以望於人也，足下曾某之望乎？豈欲享庇人以壯者之食，而强之負重乎？然足下自言不樂雷同，不喜趨競。審如是，某誠愛焉，誠慕焉，誠欲告足下以所聞焉。曰：「其人誠甚貴，有它長。稍近於諛，則疾之若數世之讎。」審如是，亦過矣。天下靡靡然，足下之讎豈少耶？君子不爲已甚者，求中焉其可也。

答史諷書

前日蒙訪，及以《易説》一通爲賜，❸且欲責某之一言，以信之天下，大非某智力之所能任也。某於《易》嘗學之矣，而未之有

❶「蹈」，原作「陷」，據龍舒本改。「免」，龍舒本無此字。
❷「妄也」至「殫此」二十二字，原無，據龍舒本補。
❸「爲賜」，原無，據龍舒本補。

得。故雖悦足下志意之高，辭説之明，而不敢斷其義之是非，則何能推其義以信之天下？雖然，足下屬我良重，不可以無説。蓋學者，君子之本務；❶而教者，聖人之餘事。故學則求之，教則應之，有餘則應，不足則求。蓋有有餘而求之者矣，❷未有不足而能應者也。蓋有見求而不應者矣，❸未有不求而應之者也。爲足下計，亦志於學而已。學足乎己，則不有知於上，必有知於下；不有傳於今，必有傳於後。不幸而不見知於上下，而不傳於今，❹又不傳於後，古之人蓋猶不憾也。「知我者其天乎？」此乃《易》所謂知命也。命者，非獨貴賤死生爾，❺萬物之廢興，皆命也。孟子曰：「君子行法以俟命而已矣。」且足下求以誨人者也，道無求人而誨之者。❻求人而誨之，則喪道。喪道以求傳道，則孰取以爲道？足下其試思之。

上邵學士書

仲詳足下：數日前，辱示樂安公詩石本，及足下所撰《復鑑湖記》。啓封緩讀，心目開滌，詞簡而精，義深而明。不候按圖而盡越絶之形勝，不候入國而熟賢牧之愛民。非夫誠發乎文，文貫乎道，仁思義色，表裏相濟者，其孰能至於此哉？因環列書室，

❶「本務」，原作「務本」，據龍舒本乙正。
❷「蓋有有餘而求之者矣」，原作「蓋有餘而求之者有矣」，據龍舒本改。
❸「有」，原無，據龍舒本補。
❹「而」，龍舒本作「既」。
❺「生」下，龍舒本有「云」字。
❻「人」，原無，據龍舒本補。

且欣且慶，非有厚也，公義之然也。❶

某嘗患近世之文，❷辭弗顧於理，理弗顧於事。以襞積故實爲有學，以雕繪語句爲精新。譬之擷奇花之英，積而玩之，雖光華馨采，❸鮮縟可愛，求其根柢濟用，則蔑如也。某幸觀樂安、足下之所著，譬由笙磬之音、圭璋之器，有節奏焉，有法度焉，雖庸耳必知雅正之可貴，温潤之可寶也。仲尼曰：「有德必有言」，「德不孤，必有鄰」，其斯之謂乎！昔昌黎爲唐儒宗，得子壻李漢，然後其文益振，其道益大。今樂安公，懿文茂行，起越朝右，❹復得足下以宏識清議，相須光潤。苟力而不已，使後之議者必曰：樂安公，聖宋之儒宗也，猶唐之昌黎，而勳業過之。又曰：邵公，樂安公之壻也，猶昌黎之李漢，而器略過之。則韓李、蔣邵之名，❺各齊驅並驟，與此金石之刻不朽矣。所以且欣且慶者，在於兹焉。郡庠拘率，偶足下有西笑之謀，❻未獲親交談議，聊因手書以道欽謝之意，且賀樂安公之得人也。

臨川先生文集卷第七十五

❶「義」，龍舒本作「議」。
❷「患」，龍舒本作「悉」。
❸「采」，龍舒本作「香」。
❹「起」，龍舒本作「超」。
❺「則」上，龍舒本有「是」。
❻「偶」上，龍舒本有「復」字。

臨川先生文集卷第七十六

書

上田正言書二❶

正言執事：某五月還家，❷八月抵官。每欲介西北之郵布一書，道區區之懷，輒以事廢。揚，東南之吭也，舟輿至自汴者，日十百數，因得問汴事與執事息耗甚詳。其間，薦紳道執事介然立朝，無所跛倚，甚盛甚盛！顧猶有疑執事者，雖某亦然。某之學也執事誨之，進也執事奬之。執事知某不爲淺矣，有疑焉不以聞，何以償執事之知哉？

初，執事坐殿廡下，對方正策，指斥天下利害，奮不諱忌。且曰：「願陛下行之，無使天下謂制科爲進取一塗耳。」方此時，窺執事意，豈若今所謂舉方正者獵取名位而已哉！蓋曰「行其志云爾」。今聯諫官，朝夕耳目天子行事，即一切是非，無不可言者，欲行其志，宜莫若此時。國之疵，民之病，亦多矣。執事亦抵職之日久矣。❸向之所謂疵者，今或痤然若不可治矣。向之所謂病者，今或痼然若不可起矣。曾未聞執事建一言寤主上也。何向者指斥之切，而今之疏也？豈向之利於言，而今之言不利

❶「二」，原無，據原總目補。
❷「某」，龍舒本作「安石」。下同。
❸「日」，龍舒本無此字。

邪？豈不免若今之所謂舉方正者獵取名位而已邪？人之疑執事者以此。爲執事解者，或曰：❶「造辟而言，詭辭而出，疏賤之人，奚遽知其微哉？」是不然矣。《傳》所謂「造辟而言」者，迺其言則不可得而聞也。其言之效，則天下斯見之矣。今國之疵，民之病，有滋而無損焉，烏所謂言之效邪？復有爲執事解者，曰：「蓋造辟而言之矣，如不用何？」是又不然。臣之事君，三諫不從則去之，禮也。執事對策時，常用是著于篇。今言之而不從，亦當不翅三矣。雖惓惓之義，未能自去。孟子不云乎：❷「有言責者，不得其言則去。」盍亦辭其言責邪？執事不能自免於疑也，必矣！雖堅强之辯，不能爲執事解也。迺如某之愚，則願執事不矜寵利，不憚誅責，一爲天下昌言，以寤主上。起民之病，治國之疵，蹇蹇一心，如對策時，則人之疑不解自判矣。惟執事念之。如其不然，願賜教答。不宣。某頓首。❸

二

某聞：公卿大夫才名與寵，兼盛於世，必有大功以宜之，否則君子撝之。執事姿略穎然出常士之表，應進士中甲科，舉方正爲第一。將朝車通舉刺史事，❹又陳善策，❺得璽書召。名與寵不已兼盛於世邪？

❶「曰」，原無，據龍舒本補。
❷「云」，原作「去」，據龍舒本、宋元遞修本、應刻本、光啓堂本改。
❸「某頓首」，原無，據龍舒本補。
❹「車」，龍舒本無此字。
❺「陳」，龍舒本作「入」。

所未較著者功爾。❶

本朝太祖武靖天下，真宗文持之。❷今上接祖宗之成，兵不釋翳者，蓋數十年，近世無有也。所當設張之具，猶若闕然。重以羌酋梗邊，主上方覽衆策以濟之。天下舉首戴目，屬心執事者，難以一二計。爲執事議者曰：「朝廷藉不吾以，宜且自贊，以植顯效，疇天下屬己之意。矧上惓惓然命之乎？此固策大功之會也。」抑聞之：「嶢嶢者易缺，皦皦者易汙。」執事才名與寵，可謂易汙易缺者。必若策大功，適足宜之而已，可無茂邪？

恭惟旦暮輔佐天子，秉國事，修所當設張之具，復邊人於安，稱主上所以命之之意，使天下舉首戴目者，盈其願而退，則後世之書可勝傳哉？董仲舒有是才名，顧不獲此寵。公孫季有此寵，不成此功。有此寵而成此功者，❸宜在執事，不宜在它。草鄙之人不達大誼，辱奬訓之厚，敢不盡愚？

謝張學士書❹

某頓首：某不肖，學不得盡意於文章，仕不得行其所學。苟居竊食，動輒愧心。而世之同好惡者已云少矣。遇足下於此，最爲相盡，義不得諱。其不腆之文，過蒙推褒，非所望也。朋友道喪，爲日久

❶「著」，龍舒本無此字。
❷「文」上，龍舒本有「以」字。
❸「有此寵而」，龍舒本無此四字。
❹此篇重出，又見卷七十八《與孟逸秘校手書》第五書。龍舒本爲卷四《與孟逸秘校手書》之第六書。

矣。❶以某之不肖，行於前而誨於後，❷自已爲多矣，況足下之明耶？每望教督，而終未蒙，惟足下不遺以朋友之心見存，❸不勝幸甚！更數日，遂東去，千萬自愛，不勝思懷也！

答李秀才書

昨日蒙示書，❹今日又得三篇詩。足下少年，而已能如此，輔之以良師友，而爲之不止，何所不至？自涇至此，蓋五百里，而又有山川之阨，足下樂從所聞而不以爲遠，亦有志矣。然書之所願，特出於名。名者，古人欲之，而非所以先。足下之才力，求古人之所汲汲者而取之，則名之歸孰能争乎？孔子曰：「君子去仁，惡乎成名？」古之成名，在無事於文辭；而足下之於文辭，方力學之而未止也。則某之不肖，何能副足下所求之意邪？

答孫長倩書

孫君足下：比過江寧，家兄道足下雖穉年，有奇意，欲務行古人事於今世。❺發爲詞章，尤感切今世事，犖犖有可畏愛者。語未究，足下來門，見示以文，見責以教誨。觀足下所爲文，探足下志，信然。獨責教誨爲失其所焉爾。

❶「爲」，龍舒本作「之」，當屬上。
❷「誨」，卷七十八《與孟逸秘校手書》第五書、龍舒本作「悔之」。
❸「心」，卷七十八《與孟逸秘校手書》第五書、龍舒本作「義」。
❹「書」下，龍舒本有「文」字。
❺「行」，原無，據龍舒本補。

古之道，廢踣久矣。大賢閒起廢踣之中，率常位庳澤狹，萬不救一二。天下日更薄惡，宦學者不謀道，主祿利而已。嘗記一人焉，甚貴且有名，自言少時迷，喜學古文，後乃大寤，棄不學，學治今時文章。夫古文何傷，直與世少合耳，尚不肯學，而謂學者迷。若行古之道於今之世，❶則往往困矣，其又肯行邪？甚貴且有名者云爾，況其下碌碌者邪？反於是，其亦幾何矣。足下何覺之早邪，而獨反於是邪？❷其亦謀道而不主利祿者邪？《語》曰：「塗之人皆可以爲禹。」蓋人人有善性，❸而未必善自充也。若足下者，充之不已，不惑以變，其又可量邪？走將企譬嗟慕之不遑，❹於教誨乎何敢？

上杜學士書

竊聞受命改使河北，伏惟慶慰。國家東西南北，地各萬里，統而維之，止十八道。道數千里，❺而轉運使獨一二人，其在部中，吏無崇卑，皆得按舉。雖將相大臣，氣勢烜赫，上所尊寵，文書指麾，勢不得恣。一有罪過，糾詰按治，遂行不請。政令有大施舍，常咨而後定；生民有大利害，得以罷而行之。金錢粟帛，倉庾庫府，舟車漕引，凡

❶「之」，原無，據龍舒本補。
❷「而獨反於是邪」六字，原無，據龍舒本補。
❸「蓋」，龍舒本作「道」。
❹「走」，龍舒本作「某」。
❺「道」，龍舒本無此字。

上之人，皆須我主出。❶信乎！是任之重也。而河北又天下之重處，左河右山，强國之與鄰，列而爲藩者皆將相大臣，所屯無非天下之勁兵悍卒，以惠則恣，以威則摇。幸時無事，廟堂之上，猶北顧而不敢忽；有事，雖天子，其憂未嘗不在河北也。

今執事按臨東南，無幾何時，浙河東西十有五州之吏士民，❷未盡受察，便宜當行，而害之可除去者，猶未畢也。而卒然舉河北以付執事，豈主上與一二股肱之臣，不惟付予必久，而後可要以效哉？且以爲世之士大夫，無足寄以重，獨執事爲能當之耳？伏惟執事，名行於天下，而材信於朝廷，而處之宜，必有補於當世。故雖某蒙恩德最厚，一日失所依據，而釋然於心，不敢恨望。唯公義之存，而忘所私焉。

與孫莘老書

某昨日相見，殊忽忽。所示及信獄事，❸深思如此難處，足下試思其方，因書示及。今世人相識，未見有切瑳琢磨如古之朋友者，蓋能受善言者少。幸而其人有善人之意，而與游者，猶以爲陽，不信也。此風甚可患。如某之不肖，雖不爲有道，計足下猶當以善言處我，而未嘗有善言見賜，豈以爲不足語乎？足下尚如此，復何望於今世人也？

是爲事，某亦雖多復辨論，非敢自强蔽

❶「出」，龍舒本無此字。
❷「河」，龍舒本作「江」。「吏」上，中華校排本據繆氏校謂當補「官」字。
❸「信」，龍舒本作「訊」。

以所識，❶直以爲不如是則亦有所未悟，彼此之理不盡。在他人，恐以不能敬受其説而欲是者因而已。在足下聰明，想宜知鄙心，要當往復窮究道理耳。古之人未有不須友以成者。蓋無朋友則不聞其過，最患之大者。❷况某之不肖，所學者非世之所可用，而所任者非身之所能爲。忍心拂性，苟取衣食，而冒人之寄屬，其大過宜日日有，方理稽求可以自脱，冀足下時以見諭也。❸鹽秤子搔擾事，幸疏示其詳，不敢作足下文字施行，要約束今後耳。足下既受人民社稷於上官，勢亦不得有所避。避太過，則其事將不直，而職事亦何由理也？如鹽秤子事，悉望疏示。自足下職事，然某不敢漏露也。至麾嶺鄉詩，奉寄一覽也。秋冷自愛。

上徐兵部書

向蒙執事畀之嚴符，❹開以歸路。暮春三月，登舟而南。浮江絶湖，❺緜二千里。風波勁悍，雨潦湍猛。窮兩月，乃至家。❻展先人之墓，寧祖母於堂，十年縈鬱，一旦釋去。戴執事之賜，此時惟重，❼還職不時，以懼以慙。然去父母之道，古人所爲遲遲也。不識執事謫之貰之，❽宜將何如？區

❶「識」，原作「職」，據龍舒本、宋元遞修本、應刻本改。
❷「最」上，龍舒本有「不聞其過」四字。
❸「以」，原無，據龍舒本補。
❹「向」，龍舒本作「伏」。
❺「浮」，龍舒本作「並」，光啓堂本作「桴」。
❻「至」，龍舒本作「抵」。
❼「惟」，龍舒本作「爲」。
❽「貰」，原作「貫」，據龍舒本、宋元遞修本改。

區之懷，無以自處矣。恭惟執事寬通精明，暴著有年。宜留本朝，輔助風教。利權之柄，國家誠重。薦紳之論，猶爲嗟咨。寵靈降集，可拱以俟。伏惟爲國自壽，迓迎休福。某此月治行，承序於左右，在旦暮矣。下情無任依歸頌願之至！

上宋相公書

某愚戇淺薄，動多觸罪。初叨一命，則在幕府。當此之時，尤爲無知。自去吏屬之籍，以至今日，雖嘗獲侍燕語，然不能自同衆人之數也。閤下撫接顧待，久而加親。及以罪逆，扶喪歸葬，閤下發使弔問，特在諸公之先，而所以顧恤之尤厚。此蓋仁人君子樂於以禮長育成就人材，哀念一日之雅，而忘其終身不肖之醜。顧在私心，宜何以報？當閤下以三公歸第，四方奔走賀慶之時，而某尚以衰麻之故，不能有一言自獻，以贊左右之喜。歲時不居，奄及喪除，可以有獻矣。然所能進於左右，乃不過如此。蓋心之委曲有不勝言，冀蒙有以恕之而已。伏惟閤下，以直道相先帝，雖已不在政事之地，然絶德至行，❶九州四海，所共矜式，朝廷大議，在所謀謨。伏惟爲時自重，幸甚！

上富相公書

某以閤下在相位時，獨蒙拔擢，在常人之情，固以歸德於左右。然某以謂，大君子以至公佐天子，進天下士，而某適以不肖，

❶「絶」，龍舒本作「純」。

誤在選中，閤下非故爲賜也，則某宜不知所得矣。及以不孝得罪天地，扶喪南歸，閤下以上宰之重，親屈手筆，拊循慰勉，過於朝夕出入牆屏之人，又加賜物，以助其喪祭，然後慨然有感概於私心，而雖在攀號摧割之中，不能以須臾忘也。近聞以旌纛出撫近鎮，而尚以衰麻，故不得參問動止。卷卷之情，何可以勝？日月不處，既除喪矣，而繼以疾病，又念心之曲折，❶造次不足以自達，故曠日引久而闕然不即叙感，實冀寬大仁明有以容而察之而已。伏惟閤下，以盛德偉譽，豐功茂烈，爲天下所鄉往，而又忠言讜議，終始如一。此志義之士所以尤勤勤於祝頌也。伏惟體道，爲國自重，以答輿人之心，幸甚！

上張樞密書

某惷陋褊迫，不知所向。在京師時，自以備數有司，而閤下方斷國論，故非公事，未嘗敢以先人之故私請左右，脩子姪之禮。及以罪逆扶喪歸葬，閤下方以醫藥自輔，哀疚迷謬，闕於赴告。凡此皆宜得疎絶之罪者也。然閤下拊循顧待，既久而加親，追賜手筆，哀憐備厚。當是時，某方纍然在喪服之中，無以冀於全存，故不能有所獻，以謝恩禮之厚。今既除喪，可以叙感矣。然所能致於左右者，不過如此。蓋拳拳之心，書不能言，實冀寬大仁明，有以容而亮之而已。伏惟閤下，以正直相天下，翊堯戴舜，

❶「心」，原無，據龍舒本補。

功不世有。辭寵去寄，而退託一州，所以承下風而望餘澤，非特門牆小人而已。伏惟爲國自重，幸甚！

上郎侍郎書二❶

某啓：伏念先人爲韶州，明公使按其部，存全挽進，誼固已厚。先人不幸，諸孤困躓，而又遭明公於此時閔閔煦煦，視猶子姪。兩世受惠，缺然不報，唯其心不敢一日置也。身賤地遠，又不敢輒以書通左右。得邑海上，道當出越，庶幾進望庭下，解積年企仰之意。失於問聽，到越而後，知安車還在杭也，不敏之罪，無所辭誅。伏惟尊明赦之，不遽棄絶，以終夙昔之賜，幸也！不敢必然覬也。既到職下，拘於法，不得奔走，以詷下從者。伏惟以道自壽，下情不任惓惓之至！

二

某啓：昔者幸以先人之故，得望步趨。伏蒙撫存教道，如親子姪。而去離門牆，凡五六年，一介之使，一書之問，不徹於隸人之聽。誠以苛禮不足報盛德，空言不能輸欲報之實。顧不知執事察不察也。去年得邑海上，塗當出越，而問聽之繆，謂執事在焉。比至越，而後知車馬在杭。行自念父黨之尊，而德施之隆，去五六年而一書之不進，又望門不造，雖其心之勤企而欲報者猶在，而執事之見察，其可必也？且悔且恐，不知所云。輒試陳不敏之罪於左右，顧猶

❶「二」，原無，據原總目補。

不敢必左右之察也。不圖執事遽然貶損手教，重之蜀牋兖墨之賜，文辭反復，意指勤過。然後知大人君子仁恩溥博，度量之廓大如此。小人無狀，不善隱度，妄自悔恐，而不知所以裁之也。一官自綴，勢不得去。欲趨而前，其路無由。唯其思報，心尚不怠。

上運使孫司諫書

伏見閣下令吏民出錢購人捕鹽，竊以爲過矣。海旁之鹽，雖日殺人而禁之，勢不止也。今重誘之，使相捕告，則州縣之獄必蕃，而民之陷刑者將衆。無賴姦人將乘此勢，於海旁漁業之地搔動艚户，使不得成其業。艚户失業，則必有合而爲盜，賊殺以相仇者。此不可不以爲慮也。

鄞於州爲大邑，某爲縣於此兩年，見所謂大户者，其田多不過百畝，少者至不滿百畝。百畝之直，爲錢百千，其尤良田，乃直二百千而已。大抵數口之家，養生送死，皆自田出。州縣百須，又出於其家。方今田桑之家，尤不可時得者，❶錢也。今責購而不可得，則其間必有鬻田以應責者。夫使良民鬻田以賞無賴告訐之人，非所以爲政也。又其間必有扞州縣之令，而不時出錢者，州縣不得不鞭械以督之。鞭械吏民，使之出錢以應捕鹽之購，又非所以爲政也。

且吏治宜何所師法也？必曰古之君子。重告訐之利以敗俗，廣誅求之害，急較固之法，以失百姓之心，因國家不得已之禁，而又重之。古之君子，蓋未有然者也。犯者不休，告者不止，糶鹽之額不復於舊，

❶「尤不可時得」，龍舒本作「時尤不可得」。

則購之勢未見其止也。購將安出哉？出於吏之家而已，吏固多貧而無有也；❶出於大户之家而已，大家將有由此而破産失職者。安有仁人在上，而令下有失職之民乎？❷在上之仁人有所爲，則世輒指以爲師，故不可不慎也。使世之在上者指閤下之爲此而師之，獨不害閤下之義乎？上好是物，下必有甚者。閤下之爲方爾，而有司或以謂將請於閤下，求增購賞，以勵告者。故某竊以謂閤下之欲有爲，不可不慎也。

天下之吏，不由先王之道而主於利。其所謂利者，又非所以爲利也，非一日之積也。公家日以窘，而民日以窮而怨。常恐天下之勢積而不已，以至於此，雖力排之，已若無奈何，又從而爲之辭，其與抱薪救火何異？竊獨爲閤下惜此也。在閤下之勢，必欲變今之法令如古之爲，固未能也。非不能也，勢不可也。循今之法，而無所變，有何不可，而必欲重之乎？

伏惟閤下常立天子之側，而論古今所以存亡治亂，將大有爲於世，而復之乎二帝三代之隆，顧欲爲而不得者也。如此等事，豈待講説而明？今退而當財利責，蓋迫於公家用調之不足，其勢不得不權事勢而爲此，以紓一切之急也。雖然，閤下亦過矣。非所以得財利而救一切之道。閤下於古書無所不觀，觀之於書，以古已然之事驗之，其易知較然，不待某辭説也。枉尺直尋而利，古人尚不肯爲，安有此而可爲者乎？

今之時，士之在下者，浸漬成俗，苟以順從爲得，而上之人亦往往憎人之言，言有

❶「固多貧」，光啓堂本作「曰多貪」。
❷「民」，光啓堂本作「臣」。

忤己者，輒怒而不聽之。故下情不得自言於上，而上不得聞其過，恣所欲爲。上可以使下之人自言者惟閤下，其職不得不自言者某也。伏惟留思而幸聽之。文書雖已施行，追而改之，若猶愈於遂行而不反也。干犯云云。

上浙漕孫司諫薦人書

某今日遂出城以西，度到潤州必得復望履舄，故不敢造辭，以戀起居。❶明州司法吏汪元吉者，其爲吏廉平，州人無賢不肖，皆推信其行。喜近文史，而尤明吏事。有《論利害事》一編，今封獻左右，伏惟暇日略賜觀省。其言有可採者，不以某之言爲妄，則儻可以收備從吏役，使有仕進之望乎？蓋薄惡之俗，士大夫之修行義者少矣，況身處汙賤之勢，而清議所不及者乎？勸獎之道，亦當先録小善，務以下流之有善者爲始。今世胥史，士大夫之論議常耻及之，惟通古今而明者，當不以世之所耻而廢人之爲善爾。

臨川先生文集卷第七十六

❶「戀」，龍舒本作「孌」。

臨川先生文集卷第七十七

書

上張太博書二

某愚，不識事務之變，❶而獨古人是信。聞古有堯舜也者，其道大中至正，常行之道也。得其書，閉門而讀之，不知憂樂之存乎己也。穿貫上下，浸淫其中，小之爲無間，大之爲無崖岸，要將一窮之而已矣。中不幸而失先人，母老弟弱，衣穿食單，有寒餓之疾，始憮然欲出仕。往即焉，而乃幸得，於今三年矣。唯是憂患疾疹，筋力之懦，而神明之昏也。學日以落，而廢職之咎，幾不能以免。其敢出所有以求當世貴者之識哉？其亦偷禄焉而已矣！今也執事延之勤，問之密，而又使獻其所爲文，其又敢自閉匿以重不敏，而虚教命之辱哉？謹書所爲原、説、誌、序、書、詞凡十篇，獻左右。夫文者，言乎志者也。既將獻，故又書所志以爲之先焉。冒犯威重，惟赦之。

二

某惷昧淺薄，不知所以爲文。得君子過顧，不能閉伏所短，以終取憐。聞命之辱，輒具以獻。追自悔恐，且得罪戾，而失所以望於君子者。伏蒙執事有時之盛名，

❶「務」，龍舒本作「物」。

而不以矜愚；有使者之重，而不以驕微賤。報之書，援之欲其至於道，❶加賜所作，使得覞而法之。誠見執事之賢於人也。賢與衆人之所以異，不在此，其將安在？伏惟執事之用心持久而力行，則瓌偉閎廓自重之士將皆願綴於門闌之游，豈獨某哉？其將從某者始也。既拜賜，敢不獻其將然？

上人書

嘗謂文者，禮教治政云爾。其書諸策而傳之人，大體歸然而已。而曰「言之不文，行之不遠」云者，徒謂辭之不可以已也，非聖人作文之本意也。自孔子之死久，韓子作，望聖人於百千年中，卓然也。獨子厚名與韓並，子厚非韓比也，然其文卒配韓以傳，亦豪傑可畏者也。韓子嘗語人以文矣，曰云云，子厚亦曰云云，疑二子者，徒語人以其辭耳。作文之本意，不如是其已也。孟子曰：「君子欲其自得之也。自得之，則居之安。居之安，則資之深。資之深，則取諸左右逢其原。」孟子之云爾，❷非直施於文而已，然亦可託以爲作文之本意。且所謂文者，❸務爲有補於世而已矣。所謂辭者，猶器之有刻鏤繪畫也。誠使巧且華，不必適用；誠使適用，亦不必巧且華。要之，以適用爲本，以刻鏤繪畫爲之容而已。不適用，非所以爲器也；不爲之容，其亦若是乎？否也。然容亦未可已也，勿先之其可也。

❶「援」，原作「授」，據龍舒本改。
❷「孟子」上，龍舒本有「獨謂」二字。
❸「所」，龍舒本作「自」。

某學文久，數挾此説以自治。始欲書之策，而傳之人，其試於事者，則有待矣。其爲是非邪？未能自定也。執事，正人也，不阿其所好者。書雜文十篇獻左右，願賜之教，使之是非有定焉。

上凌屯田書 代人作。

俞跗，❶疾毉之良者也。其足之所經，耳目之所接，有人於此，狼疾焉而不治，則必欲然以爲己病也。雖人也不以病俞跗焉，則少矣。隱而虞俞跗之心，其族婣舊故有狼疾焉，則何如也？未如之何，其已，未有可以治焉而忽者也。

今有人於此，弱而孤，壯而屯蹷困塞。先大父棄館舍于前，而先人從之，兩世之柩，寠而不能葬也。嘗觀傳記，至《春秋》過時而不葬，與子思所論未葬不變服，則戚然不知涕之流落也。竊悲夫古之孝子慈孫，嚴親之終，如此其甚也。今也乃獨以寠故，犯《春秋》之義，拂子思之説，鬱其爲子孫之心而不得伸，猶人之狼疾也，奚有間哉？

伏惟執事性仁而躬義，憫艱而悼厄，窮人之俞跗也，而又有先人一日之雅焉，某之疾庶幾可以治焉者也。是敢不謀於龜，不介於人，跋千里之途，犯不測之川，而造執事之門，自以爲得所歸也。執事其忽之歟？

與祖擇之書

治教政令，聖人之所謂文也，書之策，

❶「俞跗」，龍舒本作「俞拊」，下同。

引而被之天下之民，一也。聖人之於道也，蓋心得之，作而爲治教政令也，則有本末先後。權勢制義，而一之於極。其書之策也，則道其然而已矣。彼陋者不然，一適焉，一否焉，非流焉則泥，非過焉則不至。甚者置其本，求之末，當後者反先之，無一焉不誖於極。彼其於道也，非心得之也，其書之策也，獨能不誖耶？故書之策而善，引而被之天下之民反不善焉，無矣。二帝三王，引而被之天下之民而善者也；孔子、孟子，書之策而善者也，皆聖人也，易地則皆然。

某生十二年而學，❶學十四年矣，聖人之所謂文者，私有意焉，書之策則未也。間或悱然動於事而出於詞，以警戒其躬。若施於友朋，褊迫陋庳，非敢謂之文也。乃者執事欲收而教之，使獻焉，雖自知明，敢自蓋邪？謹書所爲書、序、原、説若干篇，因叙所聞與所志，獻左右，惟賜覽觀焉。

與孫子高書

子高足下：辱賜教，獎勞甚渥。反復誦觀，慚生於心。某天介踈樸，與時多舛。始者徒以貧弊無以養，故應書京師，名錯百千人中，不願過爲人知，亦誠無以取知於人。獨因友兄田仲通得進之、仲寶，二君子不我愚而許之朋，往往有溢美之言，寔疑於人，抑二君子實過，豈某願哉？兄乃板其辭以爲貺，是重二君子之過，而深某之慚也，其敢承乎？

兄粹淳靜深，文彩焰然，而摧縮鋒角，

❶「十二」，龍舒本作「二十」。

不自夸奮，具大樹立之器，人所趨慕，宜擇豪異而朋之。顧眷眷於某，❶豈今所謂同年交者固皆當然哉？某願從兄游，誠不待同年然後定也。承日與介第講肄圖史，商較世俗，甚盛甚盛！孔子曰：「垂之空言，不如見之行事深切著明也。」私有望於兄焉。此月奉計牒當度江南，十一日盡室行。江山清華，有可歎愛，無良朋以共之，亦足憮然。春暄，職外奉親自壽。

與孫侔書三❷

某頓首：辱書，具感恩意之厚。先人銘固嘗用子固文，但事有缺略，向時忘與議定。又有一事，須至別作，然不可以書傳。某於子固，亦可以忘形迹矣，而正之云然，則某不敢易矣。雖然，告正之作一碣，立於墓門，使先人之名德不泯，幸矣！子固亦近得書，甚安樂，云不復來此，❸遂入京，恐欲知，故及此。朱氏事，固如足下說，而朱祕校乃已入京。考於禮，蓋亦皆如足下之說，但愁痛不能具道此意，以質於賢者耳。銘事，子固不以此罪我兩人者，❹以事有當然者。且吾兩人與子固豈當相求於形迹間耶？然能不失形迹，亦大善。唯碣宜速見示也。❺某憂痛愁苦，千狀萬端，書所不能具。以此思足下，欲飛去。可以言吾心所欲言者，唯正之、子固耳。思企思企，千萬自愛。

❶「眷眷」，龍舒本不重。
❷「三」，原無，據原總目補。
❸「復」，龍舒本作「久」。
❹「此」，光啓堂本作「見」。
❺「碣」，光啓堂本作「福」。「速」，光啓堂本作「以」。

二

某辱手筆，感媿。近亦聞正之喪配，未敢即問。人生多難，乃至此乎？當歸之命耳。人情處此，豈能無愁？但當以理遣之，無自苦爲也。然此乃某不能自勝者。二年之間，愁釁相仍，居常忽忽不自聊，勉從俗往還，其心唯欲閉門坐卧耳。欲往奉見久矣，況以書見趣乎？親老常多病，生事怵迫，如坐燒屋之下，不可以一日輟而不圖，其能遠來千里之外乎？欲足下一至廣德，某當走見矣，爲十日之會，亦足以晤言矣。或潤州亦可也。諸侯面論，此不復云矣。子高示及帽紗，乃似已多幞頭，得無錢少乎？今附頭圍以往。比乃見説子高已欲替，不知何時乃罷乎？幸一報也。❶正之或來潤，或廣德，不可復以它爲解矣。某甚重去親側，若正之難來此，亦無所係著，但至潤及廣德，尤爲易耳。

三

某到京師已數月，求一官以出，既未得所欲，而一舟爲火所燔，爲生之具略盡。所不燔者，人而已。家人又頗病，人之多不適意，豈獨我乎？然足下之親愛我良厚，其亦欲知我所以處此之安否也，故及此耳。知與公蘊居甚適，何時當邂逅，以少釋愁苦之心乎？且頻以書見及，某自度不能數十日，亦當得一官以出，但不知何處耳？子

❶ 「子高示」至「報也」四十三字，原無，據龍舒本補。

高當已入京，不知得及相見於京師否？諸不一一，千萬自愛。

請杜醇先生入縣學書二❶

人之生久矣，父子、夫婦、兄弟、賓客、朋友，其倫也。孰持其倫？禮樂、刑政、文物、數制、事爲，其具也。其具孰持之？爲之君臣，所以持之也。君不得師，則不知所以爲君；臣不得師，則不知所以爲臣。爲之師，所以并持之也。君不知所以爲君，臣不知所以爲臣，人之類其不相賊殺以至於盡者，非幸歟？信乎！其爲師之重也。古之君子，尊其身，耻在舜下。雖然，有鄙夫問焉，而不敢忽。斂然後其身，似不及者，有歸之以師之重而不辭，曰：「天之有斯道，固將公之，而我先得之。得之而不推餘於人，使同我所有，非天意，且有所不忍也。」

某得縣於此，踰年矣，方因孔子廟爲學，以教養縣子弟，願先生留聽而賜臨之，以爲之師，某與有聞焉。伏惟先生不與古之君子者異意也。幸甚！

二

惠書，何推褒之隆而辭讓之過也！仁人君子，有以教人，義不辭讓，固已爲先生道之。今先生過引孟子、柳宗元之說以自辭。孟子謂「人之患在好爲人師」者，謂無諸中而爲有之者，豈先生謂哉？❷彼宗元

❶「二」，原無，原總目作「三」，據實收篇目補。

❷「先生」，龍舒本作「某人」。

惡知道？韓退之毋爲師，其孰能爲師？天下士將惡乎師哉？夫謗與譽，非君子所卹也，適於義而已矣。不曰「適於義」，而唯謗之卹，是薄世終無君子，唯先生圖之！❶示詩質而無邪，亦足見仁人之所存。甚善，甚善！

答孫元規大資書

某不學無術，少孤以賤，材行無可道，而名聲不聞於當世巨公貴人之門，無可進之路，而亦不敢輒有意於求通。以故聞閤下之名於天下之日久，而獨未嘗得望履舄於門。比者得邑海上，而聞左右之別業實在敝境，猶不敢因是以求聞名於從者。卒然蒙賜教督，讀之茫然，不知其爲媿且恐也。

伏惟閤下危言讜論，流風善政，簡在天子之心，而諷於士大夫之口。名聲之盛，位勢之尊，不宜以細故苟自貶損。今咳唾之餘，先加於新進之小生，疑左右者之誤，而非閤下之本意也。以是不敢即時報謝，以忤眎聽，以累左右，而自得不敏之誅。顧未嘗一日而忘拜賜也。今兹使來，又拜教之辱，然後知閤下真有意其存之也。夫禮之有施報，自敵以下不可廢。况王公大人而先加禮新進之小生，而其報謝之禮缺然者久之，其爲罪也大矣。雖聰明寬閎，其有以容而察於此，而獨區區之心不知所以裁焉。

❶「先生」，龍舒本作「某人」。

答孫少述書

少述足下：某天稟踈介，與時不相值。生平所得，數人而已。兄素固知之。置此數人，復欲强數，指不可詘。唯接兄之日淺而相愛深，别後焦然如失所憑。兄賜問者八九，奉答卒不過一再而已。❶以爲吾黨之相與，❷情誼何如爾，問之密疏，不足計也。不然，今之游交竿牘之使，午行於涂，豈某於兄顧不能哉？此月十二日，抵真州。明日，當舟行。無事，當爲朱先生叙字，且賡所貺詩以寄元珍。六月代去，民先受鄣辟，爲之奈何？近日人事可嗟可怪者衆，何時見兄論之？春暄，自重。

答王該祕校書二❸

某不思其力之不任也，而唯孔子之學；操行之不得，取正於孔子焉而已。宦爲吏，非志也，竊自比古之爲貧者，不知可不可耶？今之吏不可以語古，拘於法，限於勢，又不得久，以不見信於民，民源源然日入貧惡。借令孔子在，與之百里，尚恐不得行其志於民。故凡某之施設，亦苟然而已，未嘗不自愧也。足下乃從而譽之，豈其聽之不詳耶？且古所謂蹈之者，徒若是而止耶？殆不若是而止也。易子之事，未之

❶「奉答」，龍舒本作「至荅」。
❷「之」，龍舒本作「一」。
❸「二」，原無，據原總目補。

聞也。幸教之，亦未敢忽也。

二

某頓首：自足下之歸，未得以書候動止，而以慰左右者之憂，乃辱書告以所不聞，幸甚！如見譽，則過其實甚矣，❶告者欺足下也。其尤顯白不可欺者，縣之獄，至或歷累月而無一日之空，屬民治以苟自免以得罰者以十數，安在乎民之無訟而服役之不辭哉？且某之不敏，不幸而無以養，故自縻於此。蓋古之人有然者，謂之爲貧之仕。爲乘田，曰「牛羊蕃」而已矣；爲委吏，曰「會計當」而已矣。牛羊之不蕃，會計之不當，斯足以得罪。牛羊蕃而已矣，會計當而已矣，亦不足道也。唯其所聞，數以見告，幸甚！

答張幾書

張君足下：某常以今之仕進爲皆詘道而信身者，顧有不得已焉者。捨爲仕進，則無以自生；捨爲仕進，而求其所以自生，其詘道有甚焉。此固某之亦不得已焉者。獨嘗爲《進説》以勸得已之士焉，得已而已焉者，未見其人也，不圖今此而得足下焉。足下恥爲進士，貴其身，而以自娱於文，而貧無以自存，此尤所以爲難者。凡今於此，不可毋進謁也。況如某少知義道之所存乎？今者足下乃先貶損而存之，賜之書，詞盛指過，不敢受而有也。惟是不敏之罪，不知所以辭。敢布左右，惟幸察之而已。

❶「矣」，龍舒本作「以」，當屬下。

答楊忱書

承賜書，屈欲交之，不知其爲懼與媿也，已又喜焉。聞君子者，仁義塞其中，澤於面，浹於背，謀於四體，而出於言，唯志仁義者察而識之耳。然尚有其貌濟其言匱、其言濟其實匱者，非天下之至察，何與焉？某嘗窮觀古之君子所以自爲者，顧而自忖其中則欲然。又思昔者得見於足下，俯數刻爾。就使其中有絶於衆人者，亦未嘗得與足下言也。足下何愛而欲交之邪？或者焯然察其有似邪？夫顧而自忖其中則欲然，其爲貌言也，乃有以召君子之愛，宜乎不知其爲懼與媿也。然而足下自許不妄交，則其交之也固宜相切以義，以就其人之材而後已爾。則某也甚有賴，❶其爲言也，❷可以已邪？

答陳柅書

某啓：伏蒙不遺不肖，而身辱先之，示之文章，使得窺究其所蘊，又取某所以應見問者，序而存之，以寵其行。足下之賜過矣，不敢當也。某懦陋淺薄，學未成而仕，其言行往往背戾於聖人之道，擯而後復者，❸非一事也。自度尚不足與庸人爲師，況如足下之材良俊明，安能一有所補邪？雖然，足下過聽，所序而存者，或非某所聞於師友之本指也，則義不得默而已。莊生

❶「甚」，龍舒本作「其」。
❷「言」，龍舒本作「喜」。
❸「擯」，龍舒本作「頻」。

之書，其通性命之分，而不以死生禍福累其心，此其近聖人也。自非明智不能及此。明智矣，讀聖人之説，亦足以及此。不足以及此而陷溺於周之説，❶則其爲亂大矣。墨翟非亢然詆聖人而立其説於世，蓋學聖人之道而失之耳。雖周亦然。韓氏作《讀墨》，而又謂子夏之後，流而爲莊周，則莊、墨皆學聖人而失其源者也。老莊之書具在，其説未嘗及神仙，唯葛洪爲二人作傳以爲仙。而足下謂老莊潛心於神仙，疑非老莊之實，故嘗爲足下道此。老莊雖不及神仙，而其説亦不皆合於經，蓋有志於道者。聖人之説博大而閎深，要當不遺餘力以求之。是二書雖欲讀，抑有所不暇。某之所聞如此，其離合於道，惟足下自擇之。

答余京書

某行不足以配古之君子，智不足應今時之變，竊食窮縣，而無勢於天下，非可以道德而謀功名之合也。今足下貶損手筆，告之所存，文辭博美，義又宏廓，守而充之，以卒不遷，其至可量邪？顧告之非其所，推褒之語，不以實稱，類有以不敏欺足下者。❷孔子曰：「不患人之不己知，患己不知人也。」此亦足傷足下知人之明，獨媿而已，不敢當也。

❶「不足以及此」，龍舒本無此五字。
❷「欺」，光啓堂本作「敗」。

答王景山書

某愚不量力，❶而唯古人之學，求友于天下久矣。聞世之文章者，輒求而不置。蓋取友不敢須臾忽也，其意豈止於文章耶？讀其文章，庶幾得其志之所存。其文是也，則又欲求其質，是則固將取以爲友焉。故聞足下之名，亦欲得足下之文章以觀。不圖不遺而惠賜之，❷又語以見存之意，幸甚，幸甚！書稱歐陽永叔、尹師魯、蔡君謨諸君以見比。此數公，今之所謂賢者，不可以某比。足下又以江南士大夫爲無能文者，❸而李泰伯、曾子固豪士，某與納焉。江南士大夫良多，度足下不偏識，安知無有道與藝閉匿不自見於世者乎？特以二君概之，亦不可也。況如某者，豈足道哉？恐傷足下之信，而又重某之無狀，不敢當而有也。孔子曰：「十室之邑，必有忠信如丘者。」聖人之言如此，唯足下思之而已。聞將東游，它語須面盡之。

臨川先生文集卷第七十七

❶「某」，龍舒本作「安石」。
❷「而」，原作「面」，據龍舒本改。
❸「無」，原無，據龍舒本補。

臨川先生文集卷第七十八

書

答郟大夫書

承教，并致令嗣埋銘、祭文，發揮德美，足以傳後信今，❶感惻豈可勝言！衰疾倦於人事，惟頃見令嗣，數邀請之，心所愛尚，不知應接之勞也。不圖奄忽，遂隔生死。不言及於此，秖傷慈念。然壽夭有命，悲痛無補。惟當以理自開釋耳。無緣會晤，千萬良食自愛。

與章參政書

自聞休命，日與賢士大夫同喜。承誨示，重以感愧，又喜動止多福。某外尸榮禄，幸可以小愒，而痞喘稍瘳，即苦瞀眩。投老殘年，況不復久。唯祝公爲時自愛，❷勉建功業，稱明主眷遇而已。❸書不逮意，想蒙恕亮。

與王宣徽書三❹

某頓首再拜：阻闊門牆，浸彌年月。

❶「信今」，龍舒本作「讀之」，當屬下。
❷「爲」，龍舒本作「惟」。
❸「主」，原作「王」，據龍舒本、宋元遞修本、應刻本改。
❹「三」，原無，據原總目補。

惓惓鄉往，豈可勝言！某屏居丘園，衰疾日嬰，闕於修問，想蒙矜恕。北都衙校偶至北山，得聞比日動止康豫，深慰鄙情也。南北遼闊，無緣進望履舄，惟冀爲時倍保崇重。無任禱頌之至！某惶恐再拜留守宣徽太尉台座。謹空。❶

二

某頓首再拜留守宣徽太尉台座：久遠言侍，豈勝瞻仰！山川阻闊，修問曠疎。竊惟尊體動止萬福，門内吉慶。新正，伏冀爲國自重，下情禱頌之至！不宣。某頓首再拜。❷

三

某惶恐再拜：伏承屢求自佚，聖上貪賢，想必未遂高懷。無緣造詣，豈勝企仰？某衰疾日積，待盡丘園。每荷眷記，但深感切。某惶恐再拜。❸

與彭器資書

某啓：數得會晤，深以慰釋。遽當乖闊，豈勝係戀！衰疾無緣追路，且爲道自愛。謹勒此以代面叙。某啓上。❹

與程公闢書

某啓：比承故人遠屈，殊以不獲從容

❶「某惶恐再拜」至「謹空」十五字，原無，據龍舒本補。
❷「某頓首再拜」，原無，據龍舒本補。
❸「某惶恐再拜」，原無，據龍舒本補。
❹「某啓上」，原無，據龍舒本補。

爲恨，更煩專使，貺以好音，豈勝感悵！陰晴不常，寒暄屢變，尤喜跋涉，動止安豫。平字韻詩，不敢違指，聊供一笑。集古句亦勉副來喻，不足傳示也。尚此阻闊，惓惓可知。千萬自愛，以副情禱也。不宣。某再拜正議公闢老兄。❶厚之康强，必數相見。久欲致書未果，幸因晤語，爲道惓惓也。

與李修撰書復圭。

某啓：比得奉餘論，殊以不從容爲恨。忽復改歲，豈勝思仰！乃煩枉教，慰感何可復言？尤喜動止多福，日冀别膺休命，復得展晤於丘園。未間，良食自壽。不宣。某啓上審言脩撰閣下。❷

與徐賢良書

某叩首：罪逆苟活，向蒙賢者不以無狀，遠賜存省。區區哀感，所不可言。自後日欲修問，而乃重煩手教，先加撫慰，重以愧惻也。從是北征，計在旬月。過潤，去此甚近，以几筵之故，無由一至京口奉候，瞻向之情，可以意知也。自别後，不復治禮，亦時時體中疾病，諸非面見，何可言也？千萬自愛。數以書見及，幸甚！尊兄支福，不及别削也。

❶「某再拜正議公闢老兄」，原闕，據龍舒本補。
❷「某啓上審言脩撰閣下」九字，原無，據龍舒本補。

與楊蟠推官書二❶

某頓首推官足下：辱手筆，所以見教者過當，不敢當也。某不爲通乎道者，❷曰有志乎道可也。方當求正乎人，其敢正人乎哉？讀足下之文，但知畏之而已。足下固嘗得賢人者而師之，願造請所聞焉。以私故未遑，謹奉手啓。不宣。安石頓首。❸

二

某頓首：區區之意，已白左右，卒不見亮，而相責望加焉。夫豈敢有愛哉？特無以當所欲耳。雖然，得閒將試進其疑者，亦冀足下或有以聞之。不宣。安石頓首。❹

與孟逸祕校手書九❺

某頓首仲休兄足下：自京師奉別，於今已八九年。事物之役，少休息時。不得馳問，但增勤企。忽得書，乃知尚滯下邑，幸得會合，歡慰固無量。顧忝一日之雅，而以公函見賜，竊慙怍不知所謂也。拜見在近，千萬自愛。他留面陳。

❶「二」，原無，據原總目補。
❷「某」，龍舒本作「安石」。「某」上，中華校排本據繆氏本補「蓋」字。
❸「安石頓首」，原無，據龍舒本補。
❹「安石頓首」，原無，據龍舒本補。
❺「九」，原無，據原卷首目録補。此九書，龍舒本卷四有十書，其第四書底本無。

二

某頓首：昨日以旱事奉報，既而且以書抵王公，言今旱者皆貧民，有司必不得已，不若取諸富民之有良田得穀多而售數倍之者。貧民被災，不可不恤也。度治所已接狀矣，然民既爲使者所沮，得無貧懦力不能復自訴者乎？唯念之。屯田必已入城矣，前治宿松事，何其詳也！錦鷄更求兩雌，不欲忤物性耳。秋涼自愛。

三

某頓首：數日得奉談笑，殊自慰。別後懷渴殊深，❶伏惟動止萬福。鶡已領得，❷感怍！當有元給之直，幸示下。不然，則魯自是不贖人矣。按田良苦，惟寬中自愛。兩日稍寒矣，尤宜自愛。

四

某頓首：到郡忽忽，欲一詣邑奉見，尚未果。伏惟動止萬福。歲饑如此，幸得賢令君相與爲治，宜不至有失所者。然聞富室之藏，尚有所閉而未發者。切以謂方今之急，閤下宜勉數日之勞，躬往隱括而發之，裁其價以予民。損有餘以補不足，天之道也。悠悠之議，恐不足卹，在力行之而已。不知鄙見果可行否？幸一報，有以見

❶「別後」，龍舒本無此二字。

❷「鶡已」，光啓堂本作「向所」。

教。幸多及屯田尊候萬福，❶不及上狀。不知端州何時可以到此？欲及其將至，使人以書迓之，幸一爲致問示及，不久得奉見。未爾自愛。

五❷

某頓首：某不肖，學不得盡意於文章，仕不得行其所學。苟居竊食，動輒媿心。而世之同好惡者，已云少矣。遇足下於此，最爲相盡，義不得諱。其不腆之文，過蒙推褒，非所望也。朋友道喪之日久矣，以某之不肖，行於前而悔之於後，自已爲多矣。況足下之明邪？每望教督，而終未蒙。惟足下不遺，以朋友之義見存，不勝幸甚！更數日，遂東去。十里自愛，❸不勝思懷也。

六

某頓首：辱書感慰。想按田勞苦，乞自愛。惟下户所得亦不多，又誠可哀。至於豪右，雖所蠲至少，未爲損也，仁明審處之而已。質利甚好，但某亦自質却數十千，恐不免嫌謗也。邑中但痛繩之，豈有不從者乎？按置一二人，自然趨令矣。日夕思一見無由，聞常因檢覆至近郊，能入城否？或不欲入城，憚請謁之煩，即至近郊，可示諭，當走城外奉謁也。

❶「及」，龍舒本作「愛」。
❷此篇又見本書卷七十六《謝張學士書》。
❸「十里」，卷七十六《謝張學士書》、龍舒本作「千萬」。

七

某頓首：辱書感慰。非兄之愛厚，何其能勤勤不忘如此也！奔走南北，而事多不能如心，去就之際，未知所擇，安能無勞於心邪？不知兄代者何時到乎？春暄，千萬自愛，以慰鄙懷也。時以書見及，不勝幸願！

八

某頓首：近别，殊思渴。雨不足遽止，爲之奈何？兩日欲作書往，而私門不幸，再得小功之訃，愁苦豈可以言説邪？元規得南信否？昨日報之，當更重其愛思，然恐其急於得實，又當走人往候之故耳。前日所議云何？欲以公往，可否？然元規方内憂，暇議此否？此決無害事，但已之爲不可耳，更裁之。黄任道書煩送去，無聊上問。不謹，幸憐察！

九

某頓首：幸以一日之雅，而每辱以公禮見加，非所望也。蒙諭，具曉盛意，舉監若行，辭不難也。至於閤下治行，自爲諸公所知，不患無知己也，惟以道自釋，餘留面究也。蠶粦之入，今歲如何？邑亡歲之凶，固賢令仁佐政治之所及也。竊以爲慰。

與樓郁教授書

某竊邑無狀，每自隱度，宜得罪於賢者，敢圖不遺，辱賜手筆而副以褒揚之辭乎？此乃重某之不肖，使不得聞其過惡，而非所以望教誨之意也。足下學行篤美，信於士友，窮居海瀕，自樂於屢空之內，此某所仰歎也。

答王逢原書❶

某啓：不見已兩月，雖塵勞汩汩，企望盛德，何日忘之？❷忽辱惠書，承以《論語義》見教，言微旨奥，直造孔庭，非極高明，孰能爲之？仰羨仰羨！近蒙子固、夷甫過我，因與二公同觀，尤所歎服。何時得至金陵，以盡遠懷？不宣。某再拜。❸

答王致先生

某頓首先生足下：久不見顏色，傾渴無量。蒙賜手筆，存獎尤過。新將頗慰民望，固幸甚！足下無事於職，而愛民之心乃至於此，可以爲仁矣。他留面陳，忽忽不謹。某頓首。❹

回文太尉書

某再拜留守太尉儀同台座：久遠言燕，豈勝悵仰！山川阻闊，久曠馳問。仰惟尊體，動止萬福。丘園衰疾，候望無階，唯冀爲時倍保崇重。下情祝望之至！不

❶ 此篇又見本書卷七十二《答王深甫書三》第三書。
❷ 「忘」，卷七十二《答王深甫書三》第三書、龍舒本、宋元遞修本、應刻本作「無」。
❸ 「某再拜」，原無，據龍舒本補。
❹ 「某頓首」，原無，據龍舒本補。

宣。某再拜。❶

回元少保書二❷

某啓：比承存問，不敢因郵叙感。日詷營從之東，馳布悃愊。專使臨門，誨諭稠疊。區區感激，何可具言！承動止康寧，深以爲慰。相望數驛，而衰憊日滋，無緣馳詣，但有鄉往。若春氣暄和，乘興遊衍，得陪几杖，何幸如之！未爾閒，伏乞良食自重。不宣。某再拜致政少保台座。❸

二

某啓：久闕修問，豈勝企仰！新歲想膺多福，貴眷各吉慶。山川相望，拘綴無緣造晤。冀倍自壽重，以副惓惓也。程公闢想日得從容也。某再拜致政少保台座。❹

答范峋提刑書二❺

某啓：久阻闊，豈勝鄉往！承誨喻示及，知舟馭已在近闕，良喜。動止萬福，冀得瞻晤，又重以喜。餘非面叙不悉。某啓上。❻

二

某啓：承營從數辱丘園，得聞餘論，多

❶「某再拜」，原無，據龍舒本補。
❷「二」，原無，據原總目補。
❸「某再拜致政少保台座」九字，原無，據龍舒本補。
❹「某再拜致政少保台座」九字，原無，據龍舒本補。
❺「二」，原無，據原總目補。
❻「某啓上」，原無，據龍舒本補。

所開釋。戒行有日，適以服藥疲頓，不獲追路，豈勝愧悵！冒涉方遠，冀良食自壽，以慰係戀。謹奉啓，以代面叙。某啓上提刑奉議。❶

答孫莘老書

某啓：丘園自屏，煩公遠屈。衰疾不獲奉迓，仰惟營從跋涉勞苦，謹遣人馳此奉候。不宣。某啓上。❷

答俞秀老書

某啓：比嬰危疾，❸療治百端，僅乃小愈。竊聞秀老亦久伏枕，近纔康復，不知營從何時如約一至乎？❹歲盡，當營理報寧庵舍，以佇遊愒。餘非面叙不悉。未相見間，自愛。令弟見訪，闕於從容，及問邀之，已過江矣。聞不久復來，不及別幅也。某啓上。❺

答宋保國書

某啓：使人三至，示以《經解》，副之佳句。勤勤如此，豈敢鹵莽以虛來旨？所示極好，尚有少疑。想營從非久淹於符離，冀異時肯顧我，可以究懷。未爾，爲時自愛。不宣。某啓上。❻

❶「某啓上提刑奉議」七字，原無，據龍舒本補。
❷「某啓上」，原無，據龍舒本補。
❸「嬰」，龍舒本作「遘」。
❹「至」下，龍舒本有「此」字。
❺「某啓上」，原無，據龍舒本補。
❻「某啓上」，原無，據龍舒本補。

答熊伯通書二❶

某啓：幸得會晤，豈勝欣慰！遽復乖闊，實深悵戀。明日當展親墓，不獲追送。瞻傃旌旆，重增愧恐。唯冀爲時自重，度非久北還。餘非面叙不可宣究也。某啓上。❷

二

某啓：久欲相送於崇果，適值展墓。今日聞舟師尚次淮濱，猶欲與七弟一往，而疲憊殊甚。惓惓之情，何可具言！重煩誨喻，感激感激！沈氏書即馳送，幸託婚姻之末，豈勝欣慰！冬寒，跋涉自愛。想公非久淹南方，冀復朝夕會晤於此。爲時自愛。不宣。某啓上知府舍人。❸

答蔣潁叔書

阻闊未久，豈勝思渴！承手筆，訪以所疑，因得聞動止，良以爲慰。如某所聞，非神不能變，而變以赴感，特神足耳。所謂性者，若四大是也。❹所謂無性者，若如來藏是也。雖無性，而非斷絶，故曰一性所謂無性。曰一性所謂無性，則其實非有非無。此可以意通，難以言了也。惟無性，故能變。若有性，則火不可以爲水，水不可以爲地，地不可以爲風矣。長來短對，動來静對，此但令人勿着爾。若了其語意，則雖不

❶「二」，原無，據原總目補。
❷「某啓上」，原無，據龍舒本補。
❸「某啓上知府舍人」七字，原無，據龍舒本補。
❹「四」，龍舒本作「七」。

著二邊，而著中邊，此亦是著。故經曰：「不此岸，不彼岸，不中流。」

長爪梵志一切法不變，而佛告之以受與不受亦不受，皆争論也。若知應生無所住心，則但有所著，皆在所訶。雖不涉二邊，亦未出三句。若無此過，即在所可，三十六對無所施也。《妙法蓮華經》説實相法，然其所説亦行而已。故導師曰「安立行浄行，無邊行上行」也。其所以名芬陁利華，取義甚多，非但如今法師所釋也。佛説有性，無非第一義諦。若第一義諦，有即是無，無即是有，以無有像計度言語起而佛不二法。離一切計度言説，謂之不二法，亦是方便説耳。此可冥會，難以言了也。

臨川先生文集卷第七十八

臨川先生文集卷第七十九

啓

賀韓魏公啓

伏審判府司徒侍中，寵辭上宰，歸榮故鄉。兼兩鎮之節麾，備三公之典策。貴極富溢，而無亢滿之累；名遂身退，而有褒加之崇。在於觀瞻，孰不慶羨？伏惟某官，受天間氣，爲世元龜。誠節表於當時，德望冠乎近代。典司密命，揔攬中權。毁譽幾至於萬端，夷險常持於一意。故四海以公之用捨，一時爲國之安危。越執鴻樞，遂躋元輔。以人才未用爲大恥，以國本不建爲深憂。言衆人之所未嘗，任大臣之所不敢。及臻變故，果有成功。英宗以哀疚荒迷，❶慈聖以謙冲退託。内揆百官之衆，外當萬事之微。國無危疑，人以静一。周勃、霍光之於漢，能定策而終以致疑；姚崇、宋璟之於唐，善致理而未嘗遭變。❷記在舊史，號爲元功。未有獨運廟堂，再安社稷，弼亮三世，敉寧四方，崛然在諸公之先，焕乎如今日之懿。若夫進退之當於義，出處之適其時，以彼相方，又爲特美。某久叨庇賴，❸實預甄收。職在近臣，欲致盡規之義；世當大有，更懷下比之嫌。用自絶於高閎，非敢

❶「疚」，龍舒本作「疾」。
❷「致」，原作「政」，據龍舒本改。
❸「叨」，龍舒本作「於」。

忘於舊德。遡聞新命，竊仰遐風。瞻望門闌，不任鄉往之至！

賀致政文太師啓

右某啓：❶伏審明制閔煩，安車歸憇。位在三師之首，❷名兼兩鎮之崇。誕告敷聞，具瞻胥慶。豈惟末契，竊仰高風。恭惟致政，儀同太師。聲冠時髦，望隆國棟。天應時而生德，帝考實而念功。蕭何漢之宗臣，方叔周之元老。寵靈莫二，宜受祉之難窮；懇惻有加，遂留賢而弗獲。瞻承雖阻，企慕實深。

賀留守侍中啓

伏以露章有請，辭寵甚堅。遂迴渙號之孚，以徇撝謙之美。爰田衍食，舊鎮撫臨。雖非朝廷爵以報功之心，玆見君子廉以激貪之節。高風所洎，薄俗以敦。恭惟留守太保侍中，躬授將明之才，出逢開泰之運。謨謀王體，秉執事樞。勳庸已著於三朝，寵禄具膺於多祉。惟時出處，作世表儀。未遑慶牘之修，首辱占書之貺。永言感戢，實被悃悰。❸

賀留守王太尉啓❹

某啓：❺恭聞孚號，崇獎耆明。肇建節

❶「右某啓」，原無，據龍舒本補。
❷「師」，龍舒本作「公」。
❸「被」，龍舒本作「倍」。
❹「王」，龍舒本無此字。
❺「某啓」，原無，據龍舒本補。

旄，再司管籥。匪周邦之獨慰，乃黎獻之交欣。伏惟留守太尉，朝廷偉材，宗廟貴器。華問既大，寵禄用光。取甘茂之十官，最先諸老；間季友於兩社，乃允具瞻。將壇之拜既崇，公衮之歸豈晚？某舊蒙識拔，尚阻趨承。踊躍之私，實爲倍百。

賀致政趙少保啓❶

右某啓：❷竊審抗言辭寵，得謝歸榮。繇西省諫諍之官，序東宮師保之位。殿庭鳴玉，尚仍前日之班；里舍揮金，甫遂高年之樂。伏惟慶慰資政少保，懋昭賢業，寅亮聖時。伯夷之直惟清，仲山之明且哲。所居之名赫赫，豈獨後思；爾瞻之節巖巖，方當上輔。遂從雅志，實激貪風。未即披承，徒深欽仰。

賀呂參政啓

竊聞明命，登用大儒，是宜夷夏之交歡，豈特親朋之私慶？❸某官以君子之器，值聖人之時。直道正言，石投水而必受；淫辭詖行，雪見晛而自消。果膺夢卜之求，式受鈞衡之任。王功方就，庶無一簣之虧；國勢已安，更加九鼎之重。豈徒惠好，過示撝謙。冀同雅操之堅，以稱茂恩之厚。

❶「啓」，原無，據龍舒本補。
❷「右某啓」，原無，據龍舒本補。
❸「朋」，原作「明」，據龍舒本、宋元遞修本、應刻本改。

回謝王參政啓

伏審光被上恩，寵參國論。明綍敷告，庶位交忻。歷選迓衡之君，疇咨當軸之輔。尚尤違之敢弼，則曰汝無後言；欲譽問之能宣，則曰予有疏附。厥懷協濟，乃稱具瞻。當盛德之日躋，攬衆材而時舉。懋膺休顯，允屬耆明。恭惟參政侍郎，秉哲在躬，推仁及物。告嘉謀于后，學皆會於本原；揚乎號于庭，辭必稽於典要。以陳善閉邪之賴，應贊元經體之求。重念羈單，最稱眷舊。牽絲一府，久承論議之餘；持橐三朝，❶常出踐更之後。復叨榮於並命，兹竊幸於爲僚。曲荷至懷，先詒重問。方勵同寅之志，敢忘胥顧之勤？

賀章參政啓

承聞大號，登用正人。國論所歸，帝舉時當。伏惟參政諫議，素所蘊蓄，實在生民，久於韜湮，乃遇明主。遠大蓋存乎道術，緒餘宜見夫功名。湖海殘生，門闌末契。方士師之未立，可謂曰知；於欒正之有爲，云胡不喜？更荷誨言之無間，但慚慶禮之不先。

免參政上兩府啓❷

忽奉明綍，俾參大政。蒙恩則厚，撫己

❶「橐」，光啓堂本作「囊」。
❷「免」，龍舒本作「上中書辭」。

不遑。切以聖明之時，尤艱輔弼之任。置人或誤，累上非輕。内揆拙踈，仰慚優渥。雖已陳情而懇避，猶疑涣汗之難迴。敢竭吝衷，更煩公議。伏惟某官，望隆熙世，謀協睿聰。儻矜一介之誠，願借半辭之助。使安常分，無忝盛時。亦所以正選用之繆恩，不獨荷保全之私惠。

答高麗國王啓❶

某啓：❷伏以畿疆阻闊，覯止無階。道義流聞，瞻言有素。使旜及國，摯寶在庭。逮以好音，申之嘉惠。眷存即厚，慰感實深。恭惟大王，膺保德名，踐修猷訓。纂榮懷之舊服，襲壽豈之多祥。冀順節宣，冞綏福履。有少儀物，具如別牋。

罷相出鎮回謝啓

比奉制恩，許還宰柄。妨賢廢事，但淹歷於歲時；辭劇就安，更叨逾於寵數。受方國蕃宣之寄，兼將相威儀之多。在於無功，是謂叨寵。此蓋留守太師，忠能與善，美務成人。顧惟疲曳之餘，每賴推揚之助。得紆符紱，歸賁丘園。仰玷寵光之私，實踰分願之素。

謝皇親叔敕啓

某啓：❸此者叨被命書，❹延登揆路。方

❶「答」，龍舒本作「謝」。
❷「某啓」，原無，據龍舒本補。
❸「某啓」，原無，據龍舒本補。
❹「此」，應刻本作「比」。

至神之獨運，追羣聖以上行。褒典所加，治功宜稱。顧薄材之難强，❶豈高位之敢安？甫集愧懷，遽承慶問。拜嘉甚寵，叙感奚勝！

賀韓史館相公啓

伏覩制命，登用臣宗。大忠當興，衆正欣賴。伏惟慶慰，恭惟史館相公，世載賢業，躬合聖時。道直方而行以不疑，氣剛大而養之無害。逮專國柄，實佑帝庭。貪夫以廉，惟伯夷之行是効；枉者更直，則成湯之舉可知。某久曠舊恩，尚竊榮禄。以承流而自効，知馳義之所歸。

回留守太尉賀生日啓❷

問史記時，永念劬勞之報；牙兵傳教，乃蒙慰賜之加。仰荷眷憐，豈勝感惻！伏惟判府留守太尉，望隆國棟，聲冠時髦。如畎畝之餘生，乃門闌之舊物。尚負品題之賜，每愧愚憧；❸敢圖恩紀之施，未遺幽遠？仰承嘉惠，增激懦衷。❹

除參知政事謝執政啓

此者登備近司，❺與聞大政。誤膺休命，良積媿懷。竊念某早以孤生，出階賤仕。稍蒙推擢，遂至叨逾。久於侍從之班，

❶「難强」，光啓堂本作「雜遝」。
❷ 此題，龍舒本作「回賀生日啓」。
❸「憧」，光啓堂本作「憶」。
❹「懦」，原作「儒」，據龍舒本、宋元遞修本、應刻本、光啓堂本改。
❺「此」，應刻本作「比」。

初乏論思之效。皇明繼照，符守外分。亟被召還，得參勸講。已汙禁林之選，更陪宰席之延。據非其宜，知有所自。此蓋伏遇某官，貫行忠恕，啓佑善良。因令危拙之身，亦與訏謨之地。敢不自致進爲之義，庶以上同經濟之心。

回王參政免啓

伏審昇拜帝恩，進陪國論。孚號布宣於朝位，歡言騰溢於士林。早與朋游，❶實先慶抃。恭惟某官，元精發秀，冲氣鍾和，贊密命於三朝，蔫隆名於四海。大忠無拂，常深簡於上心；經德不回，非外移於衆口。久蓄庇民之施，果膺置輔之求。方當上同扶世之猷，庶以自免瘝官之責。過煩重問，曲喻至懷。冀回操以就工，遂協謀而許國。

參知政事回宗室賀啓

此者叨被上恩，❷使陪國論。惟才能之淺陋，荷眷遇之特殊。遜避弗容，省循知畏。此蓋伏遇某官，道存博愛，志務上同。肩許國之至懷，樂推賢而與共。因令孤拙，得冒寵靈。先蒙慶問之勤，尤積媿顔之厚。

回曾簽書免啓

伏審顯膺優詔，進貳中樞。伏惟歡慰。某官鍾才宏遠，逢運休明。夙柬注於宸心，克將明於王政。乃寘民瞻之地，實資世濟

❶「早」，原作「草」，據宋元遞修本、應刻本改。
❷「此」，應刻本作「比」。

之才。明命誕敷，師言咸允。而剡章上奏，辭寵更堅。惟祗若於王休，庶共釐於邦采。

上執政辭僕射啓

竊以中臺揆路之要，左省侍班之崇。以疇茂勳，乃稱公論。某誤尸宰事，久曠天工。方慚莫副於具瞻，豈意更叨於殊獎？比陳愚款，未賜俞音。伏惟某官，仁在曲成，義惟兼善。特借末辭之助，❶庶逃虚授之尤。

除宰相上兩府大王免啓二

伏奉制命，特授云云。綸綍之言，布宣於朝廷；鈞衡之任，揔率於臣工。必收特出之才，乃稱具瞻之實。某叨塵事任，參豫政機。雖有許國之愚忠，初無濟時之明效。久思自弛，以免庶尤。敢圖眷注之私，更寘辨章之地。方蒙曲諭，未獲終辭。伏望某官，深亮懇誠，俯垂憐惻。少借半辭之助，以紓曠責之慚。

二

竊以鈞衡之任，寔總於百工。苟非經濟之材，曷熙於庶績？某曩叨柄用，已乏事功。方追虚責之尤，豈稱具瞻之實？敢圖隆眷，未獲固辭。伏惟某官，仁以曲成，義惟兼濟。願借重言之助，庶逃虚授之慚。

❶「末」，中華校排本謂據繆氏校謂當作「半」。

回謝舍人啓

伏審詔試公府，書命帝庭。茂對明綸之恩，遂膺顯服之賜。豫遊惟舊，懷慰良多。舍人美行邁倫，高材濟務。自翱翔於朝路，實熠耀於士林。孚號載揚，師虞惟允。❶ 未皇贊喜，特在鳴謙。感愧之私，敷言曷罄！

回韓相公啓

伏審祗服命書，已臨使府。來章得請，尤欣閭里之還；舊俗去思，胥慶旌麾之入。伏惟某官，氣凝簡厚，學造本元。忠義著於三朝，功名垂於一代。銅臺坐鎮，居多恬養之休；棠訟日清，久被仁漸之化。未遑馳慶，先辱貽書。愓然汗顏，俯以拜貺。其爲感戢，實倍悃悰。

回文侍中啓

伏審顯奉制書，榮遷官秩。暫解樞衡之密，出分藩輔之憂。伏惟某官，器範曠夷，才猷膚敏。著三朝之茂烈，爲一代之宗工。遽辭機務之繁，屢貢近藩之請。詔音賜可，顧志願之莫違；寵數有加，唯德功之宜稱。豈期明悊，尚屈謙虛？況當成命之行，允協僉言之望。冀迴沖守，以對茂恩。

臨川先生文集卷第七十九

❶「師」，光啓堂本作「抑」。

臨川先生文集卷第八十

啓

回賀冬啓三

伏以七始載華，三微遂著。方明主撫辰之盛，宜哲人膺祉之多。恭惟儀同太師，一代宗工，三朝壽俊。適履新陽之盛，備膺諸福之歸。屬以嬰痾，阻於稱壽。睠睠祝頌，實倍等夷。

二

伏以四序密移，一陽來復。氣驗管灰之應，官書雲物之占。伏惟某官，佐主以將明之材，❶庇民以平易之政。踐揚機要，時所具瞻。就立功名，老方益壯。甫臨穀旦，宜介多祥。邈無薦壽之由，第切馳情之極。

三

伏以陽明初復，❷圭景寖長。惟勳德之並隆，宜福休之薦至。伏以某官材高百

❶「將明」，龍舒本作「明將」。
❷「明」，原作「朋」，據龍舒本改。

辟，❶望重三朝。收善世之榮名，往蕃王室；暢經邦之遠業，復荷天衢。延跂臺華，彌增善頌。

回賀正啓三❷

伏以杓回寅位，德盛木行。物乘引達之陽，朝布始和之令。伏惟留守司徒侍中，深忠許國，令德在民。方穀旦之甫臨，宜春祺之協應。某方茲居里，適阻造門。顧叙慶之弗遑，在馳誠而曷已！

二❸

伏以杓回寅位，德盛木行。品物時亨，吉人類長。伏惟某官，元功致主，茂德宜民。烝庶之所詠歌，神明之所輔相。甫臨穀旦，宜介吉祥。稱慶未遑，鳴謙遽及。感銘之素，敷叙何殫！

三❹

伏以肇履歲端，❺始和治本。惟國元老，荷天純休。伏惟某官，抗志極高，守氣甚約。措之事業而盛大，發爲聞望而輝光。❻暫息價藩，佇還宰席。瞻馳頌願，倍百等夷。

❶「伏以」，原無，據龍舒本補。
❷此篇爲龍舒本卷二十二《回賀正啓三》之第一篇。
❸此篇爲龍舒本卷二十二《回賀正啓三》之第三篇。
❹此篇爲龍舒本卷二十二《回賀正啓三》之第二篇。
❺「伏以」，原無，據龍舒本補。
❻「聞」，龍舒本作「問」。

賀文太師啓

伏以歲旦更始，物得以生。當命相布德之時，乃使民觀象之月。伏惟致政儀同太師，王纘之事，天降之才。冕服命圭，極上公之貴號；神旗豹尾，總全魏之嘉師。宜獲相於明靈，以時膺於戩穀。某限以病居在遠，慶賀無階。同善頌於輿人，以自輸於微志。

謝知制誥啓

據非其稱，慚甚於榮。切以通會朝之籍於禁中，出誥命之書於天下。自昔必求乎良士，方今尤謂之美官。非夫能道先王之言，及通當世之務，❶文章足以潤色，知術足以討論，一有誤居，必乖衆論。某素出貧賤，偶遭盛明。❷讀書雖勤，未免是古之累；更事雖久，終無適時之才。製作淹遲而不工，思慮短淺而不敏。有此一物，自足窮於多士之時；兼是四端，豈宜辱於邇臣之列？此蓋伏遇某官，以忠純翼戴，以寬大甄收。謂其引分而無求，儻或負能而有待。因加獎借，使得超踰。蓋大公之賜所加，唯至誠之報爲稱。敢不内盡致身之德，庶以上同許國之心。

回謝館職啓

奉膺明詔，綜理秘文。凡與交游，舉同

❶「及」，龍舒本作「又」。
❷「遭」，龍舒本作「逢」。

慶慰。惟館閣圖書之府，實朝廷俊乂之林。❶或起賢良進士之高科，或出公卿大臣之列薦。因循流弊，稍容濫進於平時；選用校讎，多得真才於近歲。蓋爲其謨謀之已審，❷故不必課試而後知。某官以甚高之資，加至美之行。服異能於大衆，蓋已千人；積素望於明時，❸固非一日。鉅工所以極論而無避，先帝所以特用而不疑。雖列職書林，於償未塞；然奮功朝路，❹其進可量。未獲造門，先承枉駕。私懷感恧，豈易敷言？

知常州上中書啓❺

將母之求，屢關於聽覽；長民之寄，終累於陶鎔。勢則便安，心焉震悸。蓋聞抱關擊柝，所以待士之爲貧；直鎛蒙鏐，所以處人之有疾。其志卑者其獲少，其能薄者其任輕。自非審分以取容，則必近刑而速謗。如某者，湮淪素業，邀會時恩。❻備官牧人，既以貧而擇利；❼奉使畿縣，又以疾而告勞。甚矣能薄而志卑，宜乎任輕而獲少。尚蒙優詔，❽猥備方州。❾自惟缺然，何以稱此？玆蓋伏遇某官，上同一德，而以寬裕處心；旁燭萬情，而以平均待物。遂令疏賤，亦至叨逾。永惟憂國之所存，獨

❶「林」，龍舒本作「躔」。
❷「謨謀」，龍舒本作「謀謨」。
❸「素望」，龍舒本作「王臣」。
❹「路」，原作「露」，據龍舒本、宋元遞修本改。
❺此題，龍舒本作「謝執政啓」。
❻「邀」，龍舒本作「徼」。
❼「既」，龍舒本作「皆」。
❽「尚」，龍舒本作「特」。「詔」，龍舒本作「渥」。
❾「備」，龍舒本作「被」。

可勸民而上副。顧今州部已遠朝廷，❶田疇多荒，守將數易。教條之約束，人無適從；簿書之因緣，吏有以肆。惟是安庸之舊，當茲凋瘵之餘。自非上蒙寵靈，少假歲月，則牧羊弗息，彼將何望於少休；晝土復墁，此亦無逃於大譴。更期元造，終賜曲成。

知常州上監司啓❷

蒙恩寬裕，得郡便安。諏日造官，以身受察。❸竊念某鄙陋之質，拙疏於時。聞先子之緒餘，慕古人之名節。黽勉仕宦，聊盡爲貧之謀；苟簡歲時，亦預在庭之數。來佐群牧，甫更二年。數求州符，就更畿縣。顧神明之罷耗，當事役之浩穰。❹慚非其宜，辭得所欲。遂以一身之賤，猥分千里之憂。荷覆露之生成，出雋賢之撫按。竊惟幸會，良用震驚。惟此陋邦，近更數守。吏卒困將迎之密，里閭苦聽斷之煩。自非函容，少賜優假，緩日月之效，使教條之頒，則何以上稱督臨，下寬彫瘵？伏惟某官，逢亨嘉之會，奮將明之材。簡在清衷，久於煩使。體愛養元元之意，樂扶持斷斷之能，庶幾始終，得出茈賴，未期望履，尤切馳情。願順節宣，以需褒寵。

❶「部」，龍舒本作「縣」。
❷此題，龍舒本作「謝提轉啓」。
❸「察」，龍舒本作「責」。
❹「事」，龍舒本作「使」。

上揚州韓資政啓

某受才素卑，趨世尤拙。❶冒干從事之選，積有敗官之憂。汔由恩臨，得以理去。違離大旆，留止近邦。惟德之依，無時以懈。整僕夫之駕，方爾就途；拜使者於庭，遽然承教。未忘故吏之賤，加賜上樽之餘。望不素然，報將安所？念當遠適，顧獨長懷。行願高明之才，還處機要；坐令衰廢之俗，復觀太平。伏惟爲上自頤，副人所望。

上郎侍郎啓二

伏蒙過采浮議，使承乏官。借寵則榮，循涯而懼。願留平聽，得究下情。頑疏之人，滯固於事。席先子之緒業，玷太常之寺名。備位於兹，歷年無狀。安全者幸，廢去乃宜。何言誤知，欲觀頌試。❷審處私計，追惟舊聞。不越俎以代庖，蓋言有守；未操刀而使割，可必無傷。輒敢用是固辭，誠願易而他使。依違王事，雖名理之未安；妄冒人知，亦生平之不欲。高明在上，悃愊發中。臨啓怔忪，果於得請。

二

某備官有守，望履無階。職是簿書之憂，缺然竿牘之獻。顧惟薄陋，最荷庇存。實賴盛恩之臨，不誅苛禮之廢。惟春且暮，

❶「世」，龍舒本作「時」。
❷「頌」，《皇朝文鑒》作「小」。

於氣已喧。伏惟養福有經，衛生無恙。伏惟某官，❶望隆先進，德茂老成。言歸典刑，動應的表。早收功於要路，晚得謝於明時。貴而能貧，恬以養智。❷爲時所嚮，於義可師。伏惟順序節宣，慰人祈望。❸

上田正言啓

謝去賓廷，歸安子舍。逮今旋月，惟日想風。會稽攷之相仍，顧滕書而不暇。伏況賢哲異稟，神明與休。起居安恬，福履臕厚。恭以某官，剛絜不倚，❹沈深内明。逢時以征，❺取位如拾。朝所恃賴，士相據依。矧惟甚盛之才，實在可言之職。廟謀中失，❻物議否臧，有足敷陳，諒無回隱。仰裨大政，取顯官聯。四面所瞻，一心以徯。某早煩教育，晚出薦延。方茲辨裝，不日臨職。趣馳之地，固未有涯。芘賴之心，尚安所適？

上撫州知州啓❼代人作。

竊聞風聲，積有時序。刺史之天所芘，先人之樹固存。仰高之心，惟日爲歲。顧賤官之有守，通私謁之無階。恭惟班宣有條，保養多福。伏以某官，學周事變，行應表儀。比以將明之才，遂當寬博之選。一麾坐府，猶屈於遠圖；三節造庭，宜膺於顯

❶「官」，龍舒本作「人」。
❷「以」，龍舒本作「有」。
❸「祈」，龍舒本、宋元遞修本、應刻本作「所」。
❹「絜」，龍舒本作「素」。
❺「時」，龍舒本作「辰」。
❻「謀」，龍舒本作「謨」。
❼「州」，龍舒本作「府」。

數。伏惟爲國自愛，副人所瞻。

謝孫龍圖啓

伏念某蕞爾之材，儻然而仕。進有官謗，未嘗不兢；❶退無私田，何以自處？❷苟安朴野之分，❸無意賢達之游。❹矧勢位之嚴尊，❺加功名之儁偉，天子之所倚重，士人之所取平。敢干冒進之誅，自廢退藏之守。過蒙收引，親賜撫臨。因使下材，得聞餘教。蓋忘千乘以友賤貧之士，先匹夫而輕貴富之身。❻在古已希，豈今宜有？顧無報稱，私用震驚。比聞治舟，既祖取道。恨造門之獨後，慚追路之不遑。尚幸仁明，儻存哀恕，縻身於此，望履何階？順變于時，養安以節。瞻望門闌，❼下情無任！

謝王司封啓

伏念某孤窮之人，少失所恃，雖勉心竭力，求以合於古人，而固陋顓蒙，動輒乖於時變。以此而遊於世，未嘗見恕於人。而自趨走下風，習聞餘教。慰藉之禮，稱揚之私，忤嚴顔而不加犯上之誅，拂盛指而更以首公爲是。書辭報答，❽騎從見臨。不以先進略後生，不以上官卑下吏。以至其去，重

❶「兢」，龍舒本作「憂」。
❷「何」，龍舒本作「可」。
❸「朴」，龍舒本作「村」。
❹「賢達」，龍舒本作「賢者」。
❺「嚴尊」，龍舒本作「尊嚴」。
❻「貴富」，龍舒本作「富貴」。
❼「瞻望門闌下情無任」八字，原無，據龍舒本補。
❽「辭」，龍舒本、《皇朝文鑒》作「文」。

煩送將。又賙其行，使不留滯。爰初就道，❶甫爾踰旬。乖離雖新，感仰殊甚！❷伏惟順節自壽，副人所瞻。

謝提刑啓

叨備一官，甫更三歲。不時罷廢，實賴全安。遭會使車，按臨州部。頗望風而震恐，將投劾以去歸。敢圖高明，見遇優過。載銜盛德，尤激下情。乖離尚新，❸企仰殊甚。茂惟賢儁，善迓福祥。固有神明，陰來輔相。褒陞之寵，倚立以須。伏惟爲上自頤，❹副人所望。

謝夏噩察推啓

伏審某官，策足盛時，收名異等。以才自稱，❺爲議所歸。時惟私幸之多，代有同昇之義。惟當造請，勢未暇遑。敢圖高明，不自重貴，親存湫館，申貺華牋。竊觀以思，❻懼恐且媿。咸池無賴於海鳥，章甫不加乎越人。夫何謙辭，乃爾虛辱？方且揆日，以時造門。

答交代張廷評啓❼

某受才無它，竊邑於此。更書始下，已

❶「道」，《皇朝文鑒》作「職」。
❷「仰」，龍舒本、《皇朝文鑒》作「戀」。
❸「乖」，龍舒本作「違」。
❹「頤」，龍舒本作「壽」，宋元遞修本作「題」。
❺「才」，原作「財」，據龍舒本改。
❻「窺」，龍舒本作「切」。
❼「評」，原作「訊」，據龍舒本改。

傾自附之誠；賜問撫臨，❶重荷相存之意。維茲地所，邈在海濱。方條教之未孚，得仁賢而復治。恭以某人，天材粹美，地勢高華。生逢盛時，進取顯仕。分一雷之土，雖屈遠圖；撫千室之弦，坐期美政。趨承在近，企仰居深。

賀致政楊侍讀啓

伏審得謝中楹，戒歸下國。孔戣致仕，議臣雖願其留；疏廣乞身，觀者固榮其去。丁時翕赩，❷取道阻長。緊盛德之可師，❸宜明神之實相。茂惟興止，休有福祥。伏惟某官，逢辰清明，取位通顯。義勇不挫，忠精無疵。登備諫工，嘗已告嘉猷于后；奉將使節，則以下膏澤於民。❹儀儀會朝，凜凜侍從。功名之美，既耀於將來；智略之閎，猶嗟於不試。引年去位，❺循禮得中。唯其養恬，有以鎮薄。某望塵非數，見器則深。竊冒上官之大知，唯所不欲；推揚後進之美意，云何敢忘？備位於茲，仰高無止。❻

答桂帥余侍郎啓 安道

受才無狀，馳義有年。矧以先人，是爲雅故。夫何竿牘之問，乃後門闌之斯？誠以賢否之分殊，而又卑尊之勢隔。恭惟某

❶「撫」，龍舒本作「俯」。
❷「赩」，龍舒本作「静」。
❸「緊」，原作「繫」，據龍舒本改。
❹「以」，龍舒本作「必」。
❺「位」，宋元遞修本、應刻本作「任」。
❻「止」，龍舒本作「上」。

官，以挺生輔世，以簡僚帥邊。戒滑夏之近憂，興保民之長利。有紀之政，當謹後世之傳；無能之詞，敢虛遠人之屬？過蒙收引，先賜拊循。丹青甚微，本累玉瑩之粹；土木至陋，猥承綈繡之華。莫副推揚，徒知感服。念當拜賜，宜在至前。冀歸節於本朝，得望塵於末路。私懷未果，善禱良深。

遠迎宣徽太尉狀❶

伏審某官，❷遠驅台旆，甫次國都。朝論具依，上心虛佇。某阻於官制，❸莫遂郊迎。冀趨命之弗遲，副瞻風而已久。謹奉狀攀迎。❹

先狀上韓太尉 魏公

昔者幸以鄙身，託於盛府。無薄才以參籌筴之用，有疏節以累含容之寬。久而再惟，滋以自愧。伏惟某官，憂國愛君之操，仁民恤物之方，賓禮賢豪，包收疵賤。蓋嘗沐浴於餘澤，而且歌舞於下風。孰云去離，遂自疏斥。徒以地殊南北，勢隔卑尊。小夫竿牘之勤，不足自效；莫府文書之衆，或以爲煩。方隨傳車，得望步履。固願階緣於疇昔，因得鑽仰於緒餘。敢圖高明，先賜勞來。貴以下賤，不矜其行之疵；

❶「太尉」，龍舒本無此二字。
❷「伏審某官」，龍舒本作「伏以」。
❸「某」，龍舒本無此字。
❹「謹奉狀攀迎」，龍舒本無此五字。

賢而容愚，不誅其禮之曠。夫惟昔之有道，皆慎所以與人。欲示其自養之污隆，必觀其所遇之能否。深慚固陋，有玷奬成。將次郊闢，即趨牆屏。其爲感喜，豈易談言？

答程公闢議親書

某啓：言念某跂通德之門，馳誠數仞；敘宜家之慶，拜貺尺書。伏承賢郎推官，蘭砌傳芳，鯉庭禀訓。辱好逑之首逮，見久要之彌敦。鴻儀之復問敢稽，鵲喜之叶占既吉。❶眷惟姪女，未習婦功。交秦晉之歡，仰從嘉命；望金張之館，俯愧衰宗。榮幸所兼，敷陳疇悉。謹奉狀謝，伏惟照察。謹狀。

臨川先生文集卷第八十

❶「占」，原作「古」，據宋元遞修本、應刻本改。

臨川先生文集卷第八十一

啓

知常州謝運使元學士啓

叨恩兩觀，備任一州。以無能之賤身，在有道之深庇。依歸之志，已結於東南；詷問之儀，❶當塵於左右。某官爲國瑋器，❷有時盛名。久矣踐更之勞，此焉寄屬之重。傳節所在，神民具依。膺時維休，介福有裕。約齎上路，將前受於指令；請祝下風，唯更加於調護。

賀慶州杜待制啓

伏審拜命宸章，作藩侯閫。凡假聲猷之重，居深慶蹈之懷。恭惟某官，華國粹賢，逢辰吉旦。以儒雅飾治術，以器業結上知。樹績計庭之司，飛榮書殿之祕。吴都按部，聳群吏之廉隅；陜服登車，峻列侯之風采。國家以邊城之寄，戎路所圻，眷内閣之近班，督帥臣之重柄。❸申伯宣力，方維屏以顯庸；韓侯獻功，即介圭而入覲。佇參嚴堀，以協具瞻。北律方嚴，沖真尚遠。伏希上爲宗社，❹保固襟靈。

❶「詷」，原作「詷」，據龍舒本改。
❷「官」，原作「宜」，據龍舒本、宋元遞修本改。
❸「帥」，原作「師」，據龍舒本、宋元遞修本、應刻本改。
❹「伏」，原無，據龍舒本補。

賀運使轉官啓❶

蹐榮中旨，進秩郎闈。服顯命之褒優，竦輿情而驩抃。某官器博以遠，道粹而明。學際天人之端，識通治亂之本。紬祕延閣，剸劇外司。彼方碌碌以巧圖，此獨安安而養正。恬於所守，人之難能。本朝推越次之恩，旌非常之士，遷左兵之名部，實文臺之美資。矜飾端廉，敦厚風教。尚煩使節之寄，以漸台衮之榮。某側聞詔聲，阻隨賓慶。瞻望英重云云。❷

賀鈐轄柴太保啓

榮拜恩章，總持師柄，伏惟慶慰。竊以一都會之府，二浙統於權維；諸刺史之兵，五符歸於節制。國家以安娛之地，域民甚於富穰；備豫有經，置使新於紀律。宜得魁壘之士，以雄鎮領之方。恭惟某官，器範端良，機守强濟。出天姻之貴，而自任清節；持使斧之重，而素高能聲。此孰朝僉，遂董戎寄。韜謀成俗，坐肅於南州；軒陛圖功，即膺於寵數。屬闕掌於支郡，阻面慶於賓榮。瞻企風稜，豈勝欣悚！

賀知縣啓

光膺芝檢，榮宰花封。凡屬庇庥，良增欣抃。恭惟某官，資性敏悟，器懷坦夷。直哉有古人之風，挺然生賢者之後。自歷煩

❶「運使」下，龍舒本有「學士」二字。
❷「云云」，龍舒本無此二字。

任，罄施幹材。美聲聞于帝聰，佳器稱乎國寶。是乃拜綸綍之命，殿子男之邦。凛乎清風，聳是羣望。操刀之能製錦，素顯殊勳；彈琴之不下堂，行聞異政。

上宋相公啓

此者冒躋官次，❶榮託使車。躬裁瑣瑣之文，私布惓惓之意。干磨爲吝，震疊于懷。會走幹之鼎來，辱縢書而寵答。優爲體皃，略去等夷。緊獎予之大隆，滋回皇之失次。恭審鎮臨以簡，保御惟和。積有休祥，來護興寢。伏況某官，風華靈茂，天韻閎深。早冠冒於士人，亟奮翔於朝野。❷讜言善策，發爲天子之光；厚實美名，布在輿人之誦。惟江都之舊壤，乃天塹之上游。地接京師，聊倚諸侯之重；民瞻嵓石，方圖師尹之賢。曾是頑踈，終然庇賴。尚兹嬰薄，未即趨馳。

上集賢相公啓

爲吏南州，抗塵末路。處洪鈞之大器，小以自持；瞻英衮之尊蹤，孤而難附。恭惟法宫議道，賢業熙天。爕精祲之至和，納亨嘉之盛福。伏惟某官，乘堪輿浩直之氣，爲廟堂倚平之材。逢辰清明，發策高妙。垂紳近署之列，直筆中臺之端。龍閣之富圖書，密承顧問；蜀部之風教化，遂協都俞。遽促鋒車，入參嚴掫。旋屬圜虛耀狼角之色，狂寇毒清河之民。擊義節以請行，

❶「此」，應刻本作「比」。
❷「翔」，龍舒本作「祥」。

先堂兵而制勝。淮西入命，晉公大宣慰之名；朔方燀威，子儀開幕府之盛。盡劉大憝，入奏元功。式尊通宰之榮，上正文昌之坐。方將圖講熙事，修舉治綱。坯治一陶，輔成於醇化；籥勺羣慝，躋格於太寧。顧惟平進之微，獲此庇暉之下。伏希上爲國體，保固台嚴。西首鈞庭，下情無任云云。

上梅户部啓

右某一涯承乏，❶自晦於塵容；百舍懷賢，坐傾於風美。欽想承流之暇，妙均安節之休。恭惟某官，奥學丕天，懿文華國，躋榮膴仕，逢吉太辰。由郡署之階，擢臺端之要。公毅執法，而邪孽不奸；謨明盡規，而權綱自正。疇咨心術之具，往貳計侯之司。式是均勞，遂淹補外。朱轓問俗，訪山水之昔遊；文石疏恩，即楓槐而日見。入持政柄，允副民瞻。屬臨懷氣之辰，尚遠隆堂之拜。願臻頤衛，前對寵光。

上杭州范資政啓

某近遊淛壤，❷久揖孤風。當資斧之無容，幸曳裾之有地。粹玉之彩，開眉宇以照人；縟星之文，借談端而飾物。羈瑣方嗟於中路，❸逢迎下問於翹材。仍以安石之甥，復見牢之之舅。兹惟雅故，少稔燕閒。言旋桑梓之邦，驟感神麻之詠。寫吳綾之危思，未盡攀瞻；憑楚乙之孤風，但傷間

❶「右」，原無，據龍舒本補。
❷「淛」，原作「制」，據龍舒本改。
❸「路」，原作「露」，據龍舒本改。

闊。恢台貫序，虛白調神。禱頌之私，不任下懇。！

上江寧府王龍圖啓

右某位貌閒殊，❶風規高遠。思賢百舍，無階贄見之儀；承乏一涯，彌闊門牆之便。恭審鎮臨會府，燕息黄堂。訟銗晝清，道環天粹。伏惟知府龍圖，巖廊佳品，時棟上材。❷達亨會於凝旒，躋榮階於近署。龍圖司祕閣之奥，使臺峻右陝之邦，均逸方城，爲國巨屏。帝暉温晬，召還即對於清光；台座熒煌，圖任必歸於舊德。蕭辰方肅，宇蔭尚遥。伏希上爲治朝，保和福履。

上泉州畢少卿啓

自去容暉，何嘗候問？揭來冗局，顧委瑣之自爲；陰想價藩，知崇高之難附。伏審履和嘉月，❸静事雄堂。訟銗晝清，道環天粹。恭惟知府，凝姿恬懿，遠器廉深。出相衮之名家，而無重衣之逸；領使符於壯齒，而無巧宦之譏。全德所高，上意必簡。方將治成坐鎮，擢寘近班。習練臺閣之規，光大勳業之舊。某最惟孤苦，夙佩獎知。短羽卑飛，已甘心於枚粒；陰虬自躍，思遠耀於風雲。尚遥堂下之趨，益切城中之詠。

❶「右」，原無，據龍舒本補。
❷「上」，原作「土」，據龍舒本、宋元遞修本、應刻本改。
❸「伏」，龍舒本作「僅」。

上信州知郡大諫啓

懷德名之重，竊伏猷爲；仰庭角之姿，何嘗贄見？敢謂玉堂之彦，時飛寶刻之音。垂賁塵容，過形謙柄。外惟榮佩，中所銘藏。恭惟某官，挺不世之資，敦絶俗之器。敷揚大業，陟降泰庭。演潤鑾坡，光大訓辭之美；保釐天邑，具瞻表則之材。屬邪正之彙連，亦勞逸之均致。銀符補郡，聊福於民艱；鴟廳贊謀，即稽於天若。某海濱承乏，宇蔭未趨。伏希上爲本朝，精調均履。

上明州王司封啓

伏審使旌，來臨州部。犯江湖之重阻，留淮楚之近藩。令德所存，明神來相。茂惟興止，休有福祥。恭以某官，國之老成，士所素仰。入參省計，出擁州麾。竊聽海瀕之謠，迎貪善政；特憂朝右之計，❶思得壯猷。曾無幾時，遂去兹土。某竊邑無狀，芘身有歸。

上運使孫司諫啓

近者承顔使宬，獲拜於真賢；恪次海濱，已虔於命署。顧賦材之艱拙，藉容厚之庇存。❷蹈景爲懷，向風增悚。某官清機昭理，大業鎮浮。以謨明抗論諫垣，以才識典校仙藏。赤裳按部，一新廢置之綱；文石

❶ 「右」，龍舒本作「佐」。
❷ 「厚」，龍舒本作「德」。

疏恩，即還清切之禁。伏冀爲時寶練，延國寵章。

上發運副使啓

海濱重複，天韻闊踈。想經制之會煩，固和倪之粹隱。恭惟某官，材爲時棟，名著吏師。澄清廢置之綱，仰給兵農之大。寖成久次，即冠近班。屬陽月之届和，諒福基之敦裕。未涯拜伏，益用瞻祈。

上李仲偃運使啓

伏念某得邑海瀕，寄身節下。操舟取道，持版過庭。自顧下寮之愚，敢扳先子之雅？坐蒙高義，曲借善顔。載惟恩私，有過分願。去離門守，來造署居。取庇自今，馳情無遠。要之蚤莫，唯是曠官之憂；庶也始終，不爲愛己之負。歲時回薄，氣候沍寒。明賢之姿，休福所嚮。伏惟順節自壽，副人所瞻。

上通判啓

飈馳歲事，斗曠音塵。詠德所深，摇旌曷諭？伏審某官，陞華儲幄，顯被於王靈；貳政侯藩，益隆於宸寄。忝守官於支邑，將仰芘於公材。欣忭之誠，倍萬常品。

謝范資政啓

竊陶大化，瞻若重霄。執訊隆堂，近修於常禮；占辭記室，屢致於尊光。賜逾褒衮之榮，仰極高山之詠。恭想鎮海都會，宣國福威。御六氣之和，薦百嘉之祐。伏惟某官，道宗當世，名重本朝。思皇廊廟之材，均逸股肱之郡。即還大政，以澤含生。某容跡海濱，被光台照。童烏署第，夙荷於揄揚；立鯉聯榮，復深於契眷。幸當棲庇，以處鈞成。

謝知州啓

某攝承人乏，附麗德輝。顧庸陋之無堪，辱庇存之尤厚。終逃官謗，得近宸慈。希驥仰高，惟日爲歲。恭惟布宣善治，棲有太和。伏以某官，美業内充，懿文彌飾。傅會升平之世，躋陞通顯之官。風問日隆，寵靈交至。漢廷下詔，方尊千里之師；謝守論功，當爲九伯之冠。行登近列，允副僉言。秋氣正剛，風華浸遠。詹依禱頌，倍萬等倫。

謝隣郡通判啓

某備官於兹，聞問之久。非席趨承之舊，難陳嚮慕之私。敢圖高明，過自貶損，授之温教，獎以謙辭。惟兹感銘，其敢忘去？進德之盛，知名於今。當褒以遷，可拱而竢。仰惟自壽，下副所瞻。

謝葛源郎中啓

伏念某受材單少，趨道闊踈。時所謂賢，少焉知慕。矧先君之德友，實當世之名卿。唯門牆之高，未始得望；故竿牘之褻，無容自通。如其仰望之勤，豈有須臾之間？敢圖風誼，親貶書辭？追講前人之懽，坐忘介子之醜。拜嘉已厚，論媿則多。恭以某官，邦之耆明，朝所貴重。聲舊行乎四海，勢猶屈於一州。雖牧養之仁，士民猶賴；而褒升之寵，日月以須。唯兹惷愚，其卒芘賴。伏惟爲道自愛，副人所瞻。

謝林中舍啓

鄉風有年，修問無所。維家伯氏，得婚高門。顧惟幸會之多，曾是趨承之晚。比問州邸，云改縣章。治所相望，私誠甚喜。謂宜朝夕，可布腹心。敢圖高明，見遇勤恪。先賜撫存之教，曲加獎引之辭。雖睦婣之風可以厚俗，而貶損之意有如過中。言觀以思，頗恐且媿。餘暑謝去，薄寒來歸。吉士所居，明神實相。茂惟體氣，怡有休祥。未即承顔，惟祈養福。

謝徐祕校啓

比因幸會，得奉光儀。再荷眷存之深，❶遂傷睽隔之遠。忽承高誼，特損謙辭。顧獎引之過中，非孤蒙之敢望。拜嘉之重，爲媿則多；賢儁之材，神明所相。茂惟興止，休有福祥。未即趨承，惟加調護。竚膺殊擢，以慰遐思。

謝林肇長官啓

伏蒙貶損，猥先臨存。方以出行渠川，未嘗得望車騎。繼陳悃愊，叙謝高明。敢

❶「再」，龍舒本作「甫」。

圖仁人，見遇如舊。申錫重問，相存有加。唯賤且貧，尤愚不肖。學焉昧道，仕則曠官。荷推褒之過情，處負媿以終日。三陽肇歲，萬物同春。茂惟賢明，休有祉福。以時自壽，良副所瞻。

答林中舍啓二

幸隣封畛，叨綴戚婣。仰風誠勤，奉問顧缺。敢圖盛意，申貺華辭。荷相存之至隆，非遽數之可既。欽承德履，茂享春祺。更冀保綏，少符傾嚮。

二

去德不遠，嚮風誠勤。日有簡書之煩，久無竿牘之獻。敢圖風誼，遠損書辭。仰銜存愛之隆，實重頑踈之過。末由占對，竊冀保綏。禱頌之私，指陳不既。

答定海知縣啓

竊邑海旁，❶得鄰境上。❷布私書之未暇，辱重問以相先。惟知感悰，豈易縷指？❸未涯占對，尤積詠思。惟加自頤，自副所望。❹

答戚郎中啓

阻闊風貌，固常詠思。重慶誥章，擢陞

❶「竊」，光啓堂本作「作」。
❷「得」，光啓堂本作「倚」。
❸「易」，光啓堂本作「尹」。「縷」，龍舒本作「僂」。
❹「自」，龍舒本作「良」。

郎署。聞報之晚，裁賀未皇。敢意謙明，首形緘問。辭博以厚，義高且醇。承拜置前，誦玩亡斁。喜聞王事優簡，神宇粹平。某官奉國不回，處官以正。秩中臺之顯要，柄外鎮之慘舒。民無隱情，治有異迹。竚聞旌召，續附慶書。

上樞密王尚書啓

竊以璿璣上列，齊七政以均和；帝衮輔成，欽四鄰之基命。親逢華旦，允屬宗工。恭惟某官，與國忠純，爽邦明哲。對越光華之旦，居然文雅之宗。簡在上心，鬱爲時棟。雍容禁署，嘗密贊於睿謀；參貳宰司，多委成於治體。奮庸甚盛，注意特隆。屬恩誥之誕頒，分鎮臨之重寄。居留神甸，爲表則於四方；寵進樞庭，當折衝於萬里。聲教所暨，慶抃率同。俯念空踈，夙叨存記。縮縣章而祗役，望君幄以勞懷。恭聽吉音，豈勝至願！

與交代趙中舍啓

嘗請代期，當留聽下。單舟在境，敢無告於候人？善政可師，將有求於令尹。自餘占對，乃盡布陳。

與張護戎啓❶

鼎來敝邑，甫次近郊。傳聞使旌，適在州部。將親盛德，尤激懽悰。

❶「啓」，原無，據原總目補。

與譚主簿啓❶

爰兹治舟，亦以造境。將聯職治，可丏規模。惟喜則多，非陳所悉。

上范資政先狀

某此者之官敝邑，❷取道樂郊。引舟將次於近圻，斂板即趨於前屏。瞻望麾戟，下情無任！

謝許發運啓

近持悃愊，進叩高明。荷温教之見存，假善舟而使濟。亦既就道，即將造門。惟兹下情，感喜殊甚。

謝王供奉啓

伏審拜恩，鼎來視職。惟兹踈賤，將庇高明。敢圖恩私，先賜教督？感竦之極，敷言曷殫？

答馬太博啓二

伏審進被恩章，來臨職任。兹惟幸會，得奉光儀。敢圖隆私，先賜華問。感佩之至云云。

❶「啓」，原無，據原總目補。
❷「此」，應刻本作「比」。

二

伏審光奉聖恩，已諧禮上。未皇修好，先辱賜書。感尉至深，叙陳不既。

答沈屯田啓

趨承維舊，違去尚新。唯是企思之深，❶曾無忘去之頃。敢圖恩紀，特賜書辭。仰荷眷存之尤，内懷恐媿之極。歲云鬱沐，❷物且長贏。茂惟賢明，多有休福。竊況藩宣之盛，倚成陪貳之良。伏惟順序自頤，副人所望。

答陳推官啓

某受材無它，竊邑於此。高明賜教，褒諭過情。窺觀以悪，❸懼恐且媿。末由占對，良自保綏。

賀集賢相公啓代人作。

恭以禁座流恩，政堂遷秩。寵兼常伯，守在冬官，伏惟慶慰。恭以某官，襲氣堪輿，禀精河岳。風華懋美，嶢若東南之筠；天韻純淪，温如西北之璞。不階尺木，遂致

❶「企思」，龍舒本作「思企」。
❷「鬱」，龍舒本作「燠」。
❸「悪」，原作「惡」，龍舒本作「恩」，據中華校排本引繆氏校改。

青雲。世圖任於老成，日對揚於休命。股肱作相，素同國體之安；喉舌命官，遂致文明之政。兹爲異數，允答具瞻。某充位外藩，希風上國。觀文辯叙，彌高天老之台；通謁爲儀，寖遠豆晏之日。懽愉無狀，震慄兼常。

賀樞密相公啓代人作。

恭審遷秩上公，聯華冢宰，伏惟慶慰。竊以某官，略非世出，韻自天成。時歸英特之材，獨禀高明之器。光華漫漫，遂適於泰辰；文學彬彬，適階於膴仕。逮濬明之正統，圖衛翼之元勳。周歷清華之階，越登機密之首。❶通規亮節，朝矜式以取平；深策遠猷，上咨嗟而倚重。懋惟徽數，允合膚公。命布幅員，喜盈觀聽。某久從外補，逖聽上臚。曾馳謁之未遑，第承風而竊抃。❷瞻依之厚，度越于常。

答福州知府學士啓代人作。❸

某啓：辭闊義風，累更元曆。雖疆城之相比，❹愧緘疏之未皇。敢意謙明，首書存聘。賜之良實，重以好辭。無因至前，承拜知悚。某官卿材修固，國器方廉。登步本朝，汪翔盛問。維高閫之要地，實南越之舊都。顧賴忠良，鎮此襟帶。既聞善治，宜有寵章。用冀保和，且須來命。

❶「首」，宋元遞修本作「前」。
❷「抃」，原作「拚」，據宋元遞修本、應刻本改。
❸「代人作」，龍舒本無此小注。
❹「城」，中華校排本引繆氏校謂當作「域」。

賀鳳翔知府陳學士啓❶代人作。❷

恭審拜命恩綸，❸頒條俟府，竊惟慶慰。某官器謀强濟，業履粹明。名日起以貴成，勢龍階而獨上。儒林材職之館，❹方指事以載功；岐陽襟帶之邦，出承流而宣化。國家試能補郡，籲俊熙天。即頒寬大之書，召還清切之禁。某衰晚無狀，情契所同。顧海上之身，寖爲俗吏；瞻榜中之彦，敢附青雲？未涯贄見之儀，益切瞻言之素。顒臻持攝，前對寵光。

賀昭文相公啓代宋宣獻公作。

恭審肅被寵靈，參司樞要，伏惟慶慰。竊以安危所繫，文武相須。眷注意之殊時，崇仰成之異體。至若萬務通于四海，二柄萃于一門。簡在休辰，職繇全德。恭以某官，風華博照，天韻雄成。挾旦、奭之謀謨，襲韋、平之系胄。逢辰鼎盛，序爵彌高。清議被民，卓冠一時之傑；豐規振俗，遄躋三代之隆。嗟彼羌豪，警吾邊吏。有嚴天討，爰整王師。上方深拱以倚平，博謀而取重。畀兹全責，欽若壯猷。輿誦所同，巖瞻惟允。昔餽通函谷，緊沛邑之宗臣；威被匈奴，實漢家之真宰。宜今具美，與古兼徽。某夙附末光，雅煩善庇。仕藩城而待罪，隱若自安；❺佔宿邸之移文，跫然滋喜。依歸之素，有過等夷。

❶「知府」，龍舒本無此二字。
❷「代人作」，龍舒本無此三字。
❸「恭」，龍舒本作「伏」。
❹「職」，龍舒本作「識」。
❺「自」，原作「目」，據宋元遞修本、應刻本改。

謝及第啓

三月二十二日，皇帝御崇政殿放進士，蒙恩賜及第釋褐者。四方之傑，茂對清光；一介之技，猥塵華選。冒榮之辱，撫己而慚。竊以國家攬八寓之廣，具萬官之富。一化所染，人有善行；數路之舉，野無滯材。取士如此之詳，得人於斯爲盛。然猶謙不自足，樂於旁求。比詔郡邑，詳延巖穴。向非蔚有聲采，著在觀聽，何以疇上勤佇，塞人煩言？如某者，族敝而賤，❶材頑且踈，逢世治文，追師鄉道。員冠方屨，有賤儒之名；高文大册，無作者之實。昊乾不弔，❷先子夙喪。僑冢異土，❸歸掃窮閻。上不能執軒冕以取高，下不能力稼穡而爲養。俛首干進，蘄榮逮親。適會詔之興甿，遂負書而應令。鄉老署其行，薦之明朝；春官訾其材，置以異等。率趨法座，輩試殊庭。僅成觓骫之談，復玷高華之選。夫何抵此，厥有繇然。茲蓋伏遇某官，德厚兼容，風華博照。斟酌元氣，洪纖溥被其仁；彫刻衆形，妍惡曲成其彙。乘雲灑潤，秉律嘘枯。使是寒士，階於榮路。敢不審圖大方，惇率常憲，取所承學，著之行事？唯仁之守，唯誼之循。不以邪曲回精忠之操，不以寵利污廉潔之尚。庶期盡齒，無負大賜。易此而他，未知所裁。

臨川先生文集卷第八十一

❶「賤」，原作「則」，據宋元遞修本、應刻本改。
❷「昊」，原作「吴」，據宋元遞修本、應刻本改。
❸「冢」，原作「家」，據中華校排本引繆氏校改。

臨川先生文集卷第八十二

記

虔州學記

虔於江南，地最曠。大山長谷，荒翳險阻。交、廣、閩、越銅鹽之販，道所出入，椎埋、盜奪、鼓鑄之姦視天下爲多。慶曆中，嘗詔立學州縣，虔亦應詔，而卑陋褊迫，不足爲美觀。州人欲合私財遷而大之久矣，然吏常力屈於聽獄，而不暇顧此。凡二十一年而後，改築於州所治之東南，以從州人之願。蓋經始於治平元年二月，提點刑獄宋城蔡侯行州事之時，而考之以十月者，知州事錢塘元侯也。二侯皆天下所謂才吏，故其就此不勞，而齋祠、講説、候望、宿息，以至庖湢，莫不有所。又斥餘財市田及書，以待學者。内外完善矣。於是州人相與樂二侯之適己，而來請文，以記其成。

余聞之也，先王所謂道德者，性命之理而已。其度數在乎俎豆、鐘鼓、管絃之間，而常患乎難知。故爲之官師，爲之學，以聚天下之士，期命辯説，誦歌絃舞，使之深知其意。夫士，牧民者也。牧知地之所在，則彼不知者驅之爾。然士學而不知，知而不行，行而不至，則奈何？先王於是乎有政矣。夫政，非爲勸沮而已也，然亦所以爲勸沮。故舉其學之成者以爲卿大夫，其次雖未成而不害其能至者以爲士，此舜所謂庸之者也。若夫道隆而德駿者，又不止此，雖天子北面而問焉，而與之迭爲賓主，此舜所謂承之者也。蔽陷畔逃，不可與有言，則撻之以誨其過，書之以識其惡，待之以歲月之久而終不化，則放棄殺戮之刑隨其後，此舜所謂威之者也。蓋其教法，德則異之以智仁聖義忠和，行則同之以孝友睦婣任恤，藝則盡之以禮樂射御書數。淫言詖行，詭怪之術，不足以輔世，則無所容乎其時。而諸侯之所以教，一皆聽於天子。天子命之矣，❶然後興學。命之曆數，所以時其遲速；命之權量，所以節其豐殺。命不在是，則上之人不以教，而爲學者不道也。士之奔走、揖讓、酬酢、笑語、升降出入乎此，則無非教者，高可以至於命，其下亦不失爲人用。其流及乎既衰矣，尚可以鼓舞群衆，使有以異於後世之人。故當是時，婦人之所能言，童子之所可知，有後世老師宿儒之所惑而不悟者也；武夫之所道，鄙人之所守，有後世豪傑名士之所憚而愧之者也。堯舜三代，從容無爲，同四海於一堂之上，而流風餘俗，詠歎之不息，凡以此也。

周道微，不幸而有秦。君臣莫知屈己以學，而樂於自用。其所建立悖矣，而惡夫非之者，乃燒《詩》《書》，殺學士，掃除天下之庠序。然後非之者愈多，而終於不勝。何哉？先王之道德出於性命之理，而性命之理出於人心。《詩》《書》能循而達之，非能奪其所有而予之以其所無也。經雖亡，出於人心者猶在，則亦安能使人舍己之昭昭而從我於聾昏哉？然是心非特秦也，當孔子時，既有欲毁鄉校者矣。蓋上失其政，人自爲義，不務出至善以勝之，而患乎有爲

❶「天子天子」，龍舒本不重。「矣」，龍舒本作「教」。

之難，則是心非特秦也。墨子區區不知失者在此，而發「尚同」之論，彼其爲愚，亦獨何異於秦？

嗚呼！道之不一久矣。楊子曰：「如將復駕其所説，莫若使諸儒金口而木舌。」蓋有意乎辟雍學校之事。善乎其言，雖孔子出，必從之矣。今天子以盛德新即位，庶幾能及此乎？今之守吏，實古之諸侯。其異於古者，不在乎施設之不專，而在乎所受於朝廷未有先王之法度；不在乎無所於教，而在乎所以教未有以成士大夫仁義之材。

虔雖地曠以遠，得所以教，則雖悍昏嚚凶，抵禁觸法而不悔者，亦將有以聰明其耳目而善其心，又況乎學問之民？故余爲書二侯之績，因道古今之變及所望乎上者，使歸而刻石焉。

君子齋記

天子、諸侯謂之君，卿大夫謂之子。古之爲此名也，所以命天下之有德。故天下之有德，通謂之君子。有天子、諸侯、卿大夫之位而無其德，可以謂之君子，蓋稱其位也。有天子、諸侯、卿大夫之德而無其位，可以謂之君子，蓋稱其德也。位在外也，遇而有之，則人以其名予之，而以貌事之。德在我也，求而有之，則人以其實予之，而心服之。夫人服之以貌而不以心，與之以名而不以實，❶能以其位終身而無謫者，蓋亦幸而已矣。故古之人以名爲羞，以實爲慊，不務服人之貌，而思有以服人之心。非獨

❶ 上「以」字，龍舒本無。

如此也，以爲求在外者，不可以力得也。故雖窮困屈辱，樂之而弗去。非以夫窮困屈辱爲人之樂者在是也，以夫窮困詘辱不足以概吾心爲可樂也已。

河南裴君，主簿於洛陽，治齋於其官，而命之曰「君子」。裴君豈慕夫在外者而欲有之乎？豈以爲世之小人衆而躬行君子者獨我乎？由前則失己，由後則失人，吾知裴君不爲是也，亦曰「勉於德」而已。蓋所以牓於其前，朝夕出入觀焉，思古之人所以爲君子，❶而務及之也。獨仁不足以爲君子，獨智不足以爲君子。仁足以盡性，智足以窮理，而又通乎命，此古之人所以爲君子也。雖然，古之人不云乎：「德輶如毛，毛猶有倫。」未有欲之而不得也。然則裴君之爲君子也，孰禦焉？故余嘉其志，而樂爲道之。

度支副使廳壁題名記

三司副使，不書前人名姓。嘉祐五年，尚書户部員外郎吕君沖之始稽之衆史，❷而自李紘已上至查道得其名，自楊偕已上得其官，自郭勸已下又得其在事之歲時。於是書石，而鑱之東壁。夫合天下之衆者財，理天下之財者法，守天下之法者吏也。吏不良則有法而莫守，法不善則有財而莫理。有財而莫理，則阡陌閭巷之賤人皆能私取予之勢，擅萬物之利，以與人主爭黔首，而放其無窮之欲，非必貴强桀大而後能。如

❶「古之人所以」，龍舒本作「古人之所以」。

❷「稽」，龍舒本作「問」。

是而天子猶爲不失其民者，❶蓋特號而已耳。雖欲食蔬衣敝，憔悴其身，愁思其心，以幸天下之給足，而安吾政，吾知其猶不得也。❷然則善吾法而擇吏以守之，以理天下之財，雖上古堯舜，猶不能毋以此爲先急，而況於後世之紛紛乎？

三司副使，方今之大吏，朝廷所以尊寵之甚備。蓋今理財之法有不善者，其勢皆得以議於上而改爲之，非特當守成法，吝出入，以從有司之事而已。其職事如此，則其人之賢不肖，利害施於天下如何也？觀其人，以其在事之歲時，以求其政事之見於今者，而考其所以佐上理財之方，則其人之賢不肖，與世之治否，吾可以坐而得矣。此蓋呂君之志也。

桂州新城記

儂智高反南方，出入十有二州。十有二州之守吏，❸或死或不死，而無一人能守其州者，豈其材皆不足歟？蓋夫城郭之不設，甲兵之不戒，❹雖有智勇，猶不能以勝一日之變也。❺唯天子亦以爲任其罪者不獨守吏，❻故特推恩褒廣死節，而一切貸其失職。於是遂推選士大夫所論以爲能者，付

❶「失」，原作「夫」，據龍舒本、宋元遞修本、應刻本、光啓堂本改。
❷「得」，龍舒本作「行」。
❸「十」上，龍舒本有「而」字。
❹「甲兵」，龍舒本作「兵甲」。
❺「以」，龍舒本無此字。
❻「不獨守吏」，龍舒本作「非獨吏」。

之經略。而今尚書户部侍郎余公靖當廣西焉。❶

寇平之明年，蠻越接和，乃大城桂州。其方六里。❷ 其木甓瓦石之材，以枚數之，至四百萬有奇。用人之力，以工數之，至一十餘萬。❸ 凡所以守之具，無一求而有不給者焉。❹ 以至和元年八月始作，而以三年之六月成。❺ 夫其爲役亦大矣。蓋公之信於民也久，而費之欲以衛其材，勞之欲以休其力，以故爲是有大費與大勞，而人莫或以爲勤也。

古者君臣、父子、夫婦、兄弟、朋友之禮失，則夷狄横而窺中國。方是時，中國非無城郭也，卒於陵夷、毁頓、陷滅而不捄。然則城郭者，先王有之，而非所以恃而爲存也。❻ 及至喟然覺寤，興起舊政，則城郭之修也，又嘗不敢以爲後。❼ 蓋有其患而圖之無其具，有其具而守之非其人，有其人而治之無其法，❽能以久存而無敗者，皆未之聞也。❾ 故文王之興也，❿有四夷之難，則城于朔方，而以南仲。宣王之起也，有諸侯之患，則城于東方，而以仲山甫。此二臣之德，協于其君，於爲國之本末與其所先後，⓫可謂知之矣。慮之以悄悄之勞，而發赫赫

❶「户部侍郎」，龍舒本作「工部郎中」。「靖」，龍舒本無此字。

❷「其方六里」，龍舒本無此四字。

❸「一」，龍舒本作「二」。

❹「有」，龍舒本無此字。

❺「三」，龍舒本、宋元遞修本、應刻本作「二」。

❻「而」，龍舒本無此字。

❼「後」，原作「復」，據龍舒本、宋元遞修本改。

❽「無」，龍舒本作「非」。

❾「皆」，龍舒本無此字。

❿「興」，龍舒本作「起」。

⓫「於」下，龍舒本有「其」字。

之名，❶承之以翼翼之勤，而續明明之功。❷卒所以攘戎夷而中國以全安者，❸蓋其君臣如此，而守衛之有其具也。

今余公亦以文武之材，當明天子承平日久，欲補弊立廢之時，鎮撫一方，修扞其民。其勤於今，與周之有南仲、仲山甫，蓋等矣。是宜有紀也。故其將吏相與謀，而來取文，將刻之城隅，❹而以告後之人焉。至和三年九月丙辰，群牧判官太常博士王某記。❺

太平州新學記

太平新學，在子城東南。治平三年，司農少卿建安李侯定仲求所作。❻侯之爲州也，寬以有制，❼静以有謀。故不大罰戮，而州既治。於是大姓相勸出錢，造侯之庭，願興學以稱侯意。侯爲相地遷之，爲屋百間。❽爲防環之，以待水患。而爲田二十頃，❾以食學者。自門徂堂，閎壯麗密，而所以祭養之器具。蓋往來之人，皆莫知其經始，而特見其成。既成矣，而侯罷去。州人善侯無窮也，乃來求文，以識其時功。❿

嗟乎！學之不可以已也久矣。世之

❶「發」下，龍舒本有「之以」二字。
❷「續」下，龍舒本有「之以」二字。
❸「戎夷」，龍舒本作「夷狄」。「以」，龍舒本作「之」。
❹「刻」，龍舒本作「鏤」。
❺「三」，宋元遞修本、應刻本作「二」。「至和三年」至「王某記」，龍舒本無此十九字。
❻「定仲求」，龍舒本作「某仲卿」。
❼「以」，龍舒本作「而」。下「以」字同。
❽「百」，龍舒本作「若干」。
❾「二十」，龍舒本作「若干」。
❿「時」，龍舒本無此字。

爲吏者，或不足以知此。而李侯知以爲先，❶又能不費財傷民，而使其自勸以成之，豈不賢哉？然世之爲士者，知學矣，而或不知所以學。故余於其求文而因以告焉。

蓋繼道莫如善，守善莫如仁。仁之施，自父子始。積善而充之，以至於聖而不可知之謂神；推仁而上之，以至於聖人之於天道。此學者之所當以爲事也。昔之造書者實告之矣，有聞於上，無聞於下；有見於初，無見於終。此道之所以散，百家之所以成，❷學者之所以訟也。學乎學，將以一天下之學者，至於無訟而止。❸遊於斯，餔於斯，而余説之不知，則是美食逸居而已者也。李侯之爲是也，豈爲士之美食逸居而已者哉？❹治平四年九月四日，臨川王某記。❺

繁昌縣學記

奠先師先聖於學而無廟，❻古也。近世之法，廟事孔子而無學。❼古者自京師至於鄉邑皆有學，屬其民人相與學道藝其中。而不可使不知其學之所自，於是乎有釋菜、奠幣之禮，❽所以著其不忘。然則事先師先聖者，以有學也。今也無有學，而徒廟事孔子，吾不知其説也。而或者以謂孔子百世

❶「李」，龍舒本無此字。
❷「成」，中華校排本作「盛」。
❸「訟」，龍舒本作「詔」。
❹「士」下，龍舒本有「大夫」二字。「者」，龍舒本無此字。
❺「治平四年」至「王某記」，龍舒本無此十三字。
❻「奠」，光啓堂本作「事」。
❼「而無學」，光啓堂本作「何也」。
❽「釋菜」，光啓堂本作「祭享」。

師，通天下州邑爲之廟，此其所以報且尊榮之。夫聖人與天地同其德，天地之大，萬物無可稱德，❶故其祀質而已，無文也。通州邑廟事之，而可以稱聖人之德乎？則古之事先聖，何爲而不然也？

宋因近世之法而無能改，至今天子始詔天下有州者皆得立學，奠孔子其中，如古之爲。而縣之學士滿二百人者，亦得爲之。❷而繁昌小邑也，其士少，不能中律，舊雖有孔子廟，而庳下不完。又其門人之像，惟顏子一人而已。今夏君希道太初至，則修而作之，具爲子夏、子路十人像，而治其兩廡，爲生師之居，以待縣之學者。以書屬其故人臨川王某，使記其成之始。夫離上之法，而苟欲爲古之所爲者無法，流於今俗而思古者，❸不聞教之所以本，又義之所去也。太初是無變今之法，❹而不失古之實，其不可以無傳也。

芝閣記

祥符時，封泰山以文天下之平，四方以芝來告者萬數。其大吏，則天子賜書以寵嘉之；小吏若民，輒錫金帛。方是時，希世有力之大臣，窮搜而遠采。山農野老，❺攀緣徂杙，以上至不測之高，下至澗溪壑谷，分崩裂絶，幽窮隱伏，人迹之所不通，往往求焉。而芝出於九州四海之間，蓋幾於盡矣。

❶「德」上，龍舒本有「其」字。
❷「得」下，龍舒本有「以」字。
❸「流」，光啓堂本作「見」。
❹「是」上，龍舒本有「於」字。
❺「老」，光啓堂本作「叟」。

至今上即位，謙讓不德，自大臣不敢言封禪。詔有司以祥瑞告者，皆勿納。於是神奇之産，銷藏委翳於蒿藜榛莽之間，而山農野老，❶不復知其爲瑞也。❷則知因一時之好惡，而能成天下之風俗，況於行先王之治哉！

太丘陳君，學文而好奇，芝生於庭，能識其爲芝。惜其可獻而莫售也，故閣於其居之東偏，掇取而藏之，蓋其好奇如此。噫！芝一也，或貴於天子，或貴於士，或辱於凡民，夫豈不以時乎哉？士之有道，固不役志於貴賤，而卒所以貴賤者，何以異哉？此予之所以歎也。皇祐五年十月日記。

信州興造記

晉陵張公治信之明年，皇祐三年也，❸姦彊帖柔，❹隱詘發舒，既政大行，民以寧息。夏六月乙亥，大水，公徙囚於高獄，❺命百隸戒，不共有常誅。夜漏半，水破城，滅府寺，苞民廬居。❻公趨譙門，坐其下，敕吏士以桴收民。鰥孤老癃，❼與所徙之囚，咸得不死。

❶「農」，龍舒本作「喦」，宋元遞修本作「巖」。
❷「復」，龍舒本作「獨」。
❸「三」，龍舒本作「二」。
❹「帖」，龍舒本作「怗」。
❺「囚」，原作「因」，據龍舒本、宋元遞修本改。「獄」，龍舒本作「嶽」。
❻「苞民」，龍舒本作「包人民」。
❼「鰥」下，龍舒本有「寡」字。

丙子，水降。公從賓佐按行隱度，符縣調富民水之所不至者夫錢戶七百八十六，❶收佛寺之積材一千一百三十有二。❷不足，則前此公所命富民出粟以賙貧民者三十三人，❸自言曰：「食新矣，賙可以已，願輸粟直，以佐材費。」七月甲午募人城水之所入，❹垣郡府之缺，❺考監軍之室，立司理之獄。❻營州之西北亢爽之墟，以宅屯駐之師。除其故營，以時教士刺伐坐作之法。故所無也。作驛曰饒陽，作宅曰迴車。築二亭於南門之外，左曰仁，右曰智，山水之所附也。梁四十有二，舟于兩亭之間，以通車徒之道。築一亭于州門之左，日宴月吉，❼所以屬賓也。凡爲梁一，❽爲城垣九千尺，爲屋八，以楹數之，得五百五十二。自七月九日，❾卒九月七日，❿爲日五十二，爲夫一萬一千四百二十五。中家以下見城郭室屋之完，而不知材之所出；見徒之合散，而不見役使之及己。凡故之所有必具，其所無也迺今有之。⓫故其經費，卒不出縣官之給。⓬公所以捄災補敗之政如此，其賢於世吏則遠矣。⓭

今州縣之災相屬，民未病災也，且有治

---

❶「六」，龍舒本無此字。
❷「有」，龍舒本無此字。
❸「富民」，龍舒本無此二字。
❹「七月甲午」，龍舒本作「於是」。
❺「郡」，原作「群」，據龍舒本、《皇朝文鑒》改。
❻「立」，龍舒本無此字。
❼「日」，原作「曰」，據龍舒本改。
❽「爲梁一」，龍舒本無此三字。
❾「九日」，龍舒本作「甲午」。
❿「七日」，龍舒本作「丙戌」。
⓫「所」，龍舒本無此字。
⓬「故其經費卒不出縣官之給」，龍舒本無此十一字。
⓭「則」，原無，據龍舒本補。

災之政出焉。弛舍之不適，❶哀取之不中，元姦宿豪舞手以乘民，而民始病。病極矣，❷吏乃始警然自喜。❸民相與誹且笑之而不知也。❹吏而不知爲政，其重困民多如此。此予所以哀民而閔吏之不學也。由是而言，則爲公之民，不幸而遇害災，其亦庶乎無憾矣。十月二十日，臨川王某記。❺

餘姚縣海塘記

自雲柯而南，至于某，有隄若干尺，截然令海水之潮汐不得冒其旁田者，❻知縣事謝君爲之也。始隄之成，謝君以書屬予記其成之始，曰：「使來者有考焉，得卒任完之以不隳。」

謝君者，陽夏人也，字師厚，景初其名也。其先以文學稱天下，而連世爲貴人。至君，遂以文學世其家。其爲縣，不以材自負而忽其民之急。方作隄時，歲丁亥十一月也。能親以身當風霜氛霧之毒，以勉民作而除其菑，又能令其民翕然皆勸趨之而忘其役之勞，遂不踰時以有成功。其仁民之心，效見於事如此，亦可以已，而猶自以爲未也。又思有以告後之人，令嗣續而完之，以永其存。善夫！仁人長慮却顧，圖民之災如此其至，其不可以無傳。❼而後之

❶「弛」，龍舒本作「施」。
❷「極」，龍舒本無此字。
❸「喜」，龍舒本作「德」。
❹「之」，龍舒本無此字。
❺「十月二十日臨川王某記」，龍舒本作「某月某日臨川王記」。
❻「汐」，龍舒本作「泛」。
❼「其」，龍舒本作「甚」。

君子考其傳，得其所以爲，其亦不可以無思。

而異時予嘗以事至餘姚，而君過予，與予從容言天下之事。君曰：「道以閎大隱密，❶聖人之所獨鼓萬物以然，而皆莫知其所以然者，蓋有所難知也。其治政、教令、施爲之詳，凡與人共，而尤丁寧以急者，其易知較然者也。通塗川，治田桑，爲之隄防、溝澮、渠川，以禦水旱之災；而興學校，屬其民人相與習禮樂其中，以化服之，此其尤丁寧以急，而較然易知者也。今世吏者，其愚也固不知所爲，而其所謂能者，務出奇爲聲威以驚世震俗，至或盡其力以事刀筆簿書之間而已，而反以謂古所爲尤丁寧以急者吾不暇以爲，吾曾爲之而曾不足以爲之。萬有一人爲之，且不足以名於世而見謂材。❷嘻！其可歎也！夫爲天下國家且百年，而勝殘去殺之效則猶未也。其不出於此乎？」❸予良以其言爲然。既而聞君之爲其縣，至則爲橋於江，治學者以教養縣人之子弟，既而又有隄之役，❹於是又信其言之行而不予欺也。已爲之書其隄事，因并書其言終始而存之以告後之人。慶曆八年七月日記。

通州海門興利記

余讀《豳》詩：「以其婦子，饁彼南畝，田畯至喜。」嗟乎！豳之人帥其家人戮力以聽吏，吏推其意以相民。何其至也！夫

❶「以」，龍舒本作「之」。
❷「謂」，龍舒本作「其」。
❸「此乎」，原作「當時」，據龍舒本改。
❹「而」，龍舒本無此字。

喜者非自外至，乃其中心固有以然也。既嘆其吏之能民，又思其君之所以待吏，則亦欲善之心出於至誠而已，蓋不獨法度有以敺之也。以賞罰用天下，而先王之俗廢。有士於此，能以豳之吏自爲，而不苟於其民，豈非所謂有志者邪？

以余所聞，吴興沈君興宗海門之政，可謂有志矣。既隄北海七十里，以除水患，遂大浚渠川，釃取江南，以灌義寧等數鄉之田。方是時，民之墊於海，呻吟者相屬。君至，則寬禁緩求，以集流亡。少焉，誘起之以就功，莫不蹶蹶然奮其憊而來也。❶由是觀之，苟誠愛民而有以利之，雖創殘窮敝之餘，可勉而用也，況於力足者乎？

興宗好學知方，竟其學，又將有大者焉。此何足以盡吾沈君之才？抑可以觀其志矣。而論者或以一邑之善不足書之。❷今天下之邑多矣，其能有以遺其民而不愧於豳之吏者，果多乎？不多，則予不欲使其無傳也。至和元年六月六日，臨川王某記。

臨川先生文集卷第八十二

❶「來」，龍舒本作「求」。
❷下「之」字，龍舒本作「文」。

臨川先生文集卷第八十三

記

鄞縣經遊記

慶曆七年十一月丁丑，余自縣出，屬民使浚渠川，至萬靈鄉之左界，❶宿慈福院。戊寅，升雞山，觀碶工鑿石，❷遂入育王山，宿廣利寺。雨，不克東。❸辛巳，下靈巖，浮石湫之壑，以望海，而謀作斗門于海濱。宿靈巖之旌教院。癸未，至蘆江，臨決渠之口，轉以入于瑞巖之開善院，遂宿。甲申，遊天童山，宿景德寺。質明，與其長老瑞新上石望玲瓏巖，❹須猿吟者，久之而還。食寺之西堂，遂行至東吴，具舟以西。質明，泊舟堰下，食大梅山之保福寺莊。過五峰，行十里許，復具舟以西。❺至小溪，以夜中。質明，觀新渠及洪水灣。還，食普寧院。❻日下昃，如林村。夜未中，至資壽院。質明，戒桃源、清道二鄉之民以其事。凡東西十有四鄉，鄉之民畢已受事，❼而余遂歸云。

❶「至」，龍舒本無此字。
❷「工」，龍舒本無此字。
❸「不克東」，龍舒本作「不止」。
❹「石」下，龍舒本有「空」字。「巖」，龍舒本無此字。
❺「具舟」，龍舒本無此二字。
❻「院」，龍舒本無此字。
❼「受」，龍舒本作「孚」。

遊褒禪山記

褒禪山，亦謂之華山，唐浮圖慧褒始舍於其址，而卒葬之，以故其後名之曰「褒禪」。今所謂慧空禪院者，褒之廬冢也。距其院東五里，所謂華山洞者，以其乃華山之陽名之也。距洞百餘步，有碑仆道，其文漫滅，獨其爲文猶可識，曰「花山」，今言「華」如「華實」之「華」者，蓋音謬也。其下平曠，有泉側出，而記遊者甚衆，所謂前洞也。由山以上五六里，有穴窈然，入之甚寒。問其深，則其好遊者不能窮也，謂之後洞。余與四人擁火以入，入之愈深，其進愈難，而其見愈奇。有怠而欲出者，曰：「不出，火且盡。」遂與之俱出。蓋予所至，比好遊者尚不能十一。然視其左右，來而記之者已少。蓋其又深，則其至又加少矣。方是時，予之力尚足以入，火尚足以明也。既其出，則或咎其欲出者，而予亦悔其隨之而不得極夫遊之樂也。

於是予有歎焉。❶古人之觀於天地、山川、草木、蟲魚、鳥獸，❷往往有得，以其求思之深而無不在也。夫夷以近則遊者衆，險以遠則至者少。而世之奇偉瑰怪非常之觀，常在於險遠，而人之所罕至焉，故非有志者不能至也。有志矣，不隨以止也，然力不足者亦不能至也。有志與力而又不隨以怠，至於幽暗昏惑，而無物以相之，亦不能至也。然力足以至焉，於人爲可譏，而在己爲有悔。盡吾志也而不能至者，可以無悔

❶「予」，原作「子」，據龍舒本改。「歎」，龍舒本作「欲」。

❷「古人之」，龍舒本作「古之人」。

矣。其孰能譏之乎？此予之所得也。余於仆碑，又以悲夫古書之不存，後世之謬其傳而莫能名者，何可勝道也哉？此所以學者不可以不深思而慎取之也。

四人者，廬陵蕭君圭君玉，長樂王回深父，余弟安國平父、安上純父。至和元年七月某日，❶臨川王某記。

城陂院興造記

靈谷者，吾州之名山，衛尉府君之所葬也。山之水東出而北折，以合於城陂。陂上有屋，曰城陂院者，僧法沖居之；而王氏諸父子之來視墓者，退輒休於此。當慶曆之甲申，法沖始傳其毀而有之。至嘉祐之戊戌，❷而自門至于寢，浮屠之所宜有者，新作之，皆具。乃聚其徒而謀曰：「自吾與爾有此屋，取材於山，取食於田，而又推其餘以致所無。然猶不足以完也，而又取貨力於邑人以助。蓋爲之以八年，而後吾志就。其勤如此，不可無記。惟王氏世與吾接，而衛尉府君之葬於此也，試往請焉，宜肯。」於是其徒相與礱石於庭，❸而使來以請。

慈溪縣學記

天下不可一日而無政教，故學不可一日而亡於天下。古者井天下之田，而黨庠、遂序、國學之法立乎其中。鄉射飲酒、春秋合樂、養老勞農、尊賢使能、攷藝選言之政，

❶「日」，龍舒本作「甲子」。
❷「戌」，原作「戍」，據龍舒本、宋元遞修本、光啓堂本改。
❸「其」，龍舒本無此字。

至于受成、獻馘、訊囚之事，無不出於學。於此養天下智仁聖義忠和之士，以至一偏之伎，❶一曲之學，無所不養。而又取士大夫之材行完潔，而其施設已嘗試於位而去者，❷以爲之師，釋奠釋菜，以教不忘其學之所自，遷徙偪逐，以勉其怠而除其惡。則士朝夕所見所聞，無非所以治天下國家之道。其服習必於仁義，而所學必皆盡其材。❸一日取以備公卿大夫百執事之選，則其材行皆已素定，而士之備選者，其施設亦皆素所見聞而已，不待閱習而後能者也。古之在上者，事不慮而盡，功不爲而足，其要如此而已。此二帝三王所以治天下國家而立學之本意也。

後世無井田之法，而學亦或存或廢。大抵所以治天下國家者，不復皆出於學。而學之士，群居族處，爲師弟子之位者，講章句、課文字而已。至其陵夷之久，則四方之學者，廢而爲廟，以祀孔子於天下，斲木摶土，如浮屠道士法，爲王者象。州縣吏春秋帥其屬，釋奠於其堂，而學士者或不預焉。蓋廟之作，出於學廢，而近世之法然也。

今天子即位若干年，頗修法度，而革近世之不然者。當此之時，學稍稍立於天下矣。猶曰：「州之士滿二百人，❹乃得立學。」於是慈溪之士，不得有學，而爲孔子廟如故。廟又壞不治。今劉君在中言于州，❺使民出錢，將修而作之，未及爲而去，時慶

❶「之」，原作「一」，據龍舒本改。
❷「嘗」，龍舒本作「當」。
❸「盡」，龍舒本作「書」。
❹「州」，龍舒本作「縣」。
❺「在」，龍舒本作「居」。「于」，龍舒本無此字。

曆某年也。後林君肇至，則曰：「古之所以爲學者，吾不得而見；而法者，吾不可以毋循也。雖然，吾之人民於此，❶不可以無教。」即因民錢作孔子廟，如今之所云，而治其四旁爲學舍，構堂其中，❷帥縣之子弟起先生杜君醇爲之師，而興于學。噫！林君其有道者耶！夫吏者，無變今之法，而不失古之實，此有道者之所能也。林君之爲，其幾於此矣。林君固賢令，而慈溪小邑無珍産淫貨以來四方游販之民，田桑之美有以自足，無水旱之憂也。無游販之民，故其俗一而不雜；有以自足，故人愼刑而易治。而吾所見其邑之士，亦多美茂之材，易成也。杜君者，越之隱君子，其學行宜爲人師者也。夫以小邑得賢令，又得宜爲人師者爲之師，而以修醇一易治之俗，❸而進美茂易成之材。雖拘於法，限於勢，不得盡如古之所爲，吾固信其教化之將行，而風俗之成也。夫教化可以美風俗。雖然，必久而後至于善。而今之吏，其勢不能以久也。吾雖喜且幸其將行，❹而又憂夫來者之不吾繼也。於是本其意，以告來者。

萬宗泉記

僧道光得泉之三年，直歲善端治屋龍井之西北，發土得氿泉二。萬宗命溝井而合焉，東爲二池，池各有溝，注于南池而東南。其餘水以溉山麓之田。既甃，善端請

❶「之」，龍舒本作「有」。
❷「構」，原作「講」，據龍舒本改。
❸「一」，龍舒本無此字。
❹「行」，龍舒本作「然」。

名，余爲名其泉曰「萬宗」云。❶熙寧十年十二月日，臨川王安石記。❷

揚州龍興講院記❸

予少時客遊金陵，浮屠慧禮者從予遊。予既吏淮南，而慧禮得龍興佛舍，與其徒日講其師之説。嘗出而過焉，庳屋數十椽，上破而旁穿。側出而視後，則榛棘出人，不見垣端。指以語予曰：「吾將除此而宮之。雖然，其成也，不以私吾。後必求時之能行吾道者付之，願記以示後之人，使不得私焉。」當是時，禮方丐食飲以卒日，視其居枵然，余特戲曰：「姑成之，吾記無難者。」後四年，來曰：「昔之所欲爲，凡百二十楹，賴州人蔣氏之力，既皆成。盍有述焉？」噫，何其能也！蓋慧禮者，予知之。其行謹潔，學博而才敏，而又卒之以不私，宜成此不難也。世既言佛能以禍福語傾天下，故其隆向之如此，非徒然也，蓋其學者之材，亦多有以動世耳。❹

今夫衣冠而學者，必曰「自孔氏」。孔氏之道易行也，非有苦身窘形，離性禁欲，若彼之難也。而士之行可一鄉、才足一官者常少，而浮屠之寺廟被四海，則彼其所謂材者，寧獨禮耶？以彼之材，❺由此之道，去至難而就甚易，宜其能也。嗚呼！失之此而彼得焉，其有以也夫！

❶「云」，龍舒本無此字。
❷「熙寧」至「王安石記」十四字，原無，據龍舒本補。
❸「龍興」下，龍舒本有「十方」二字。
❹「世既言佛」至「有以動世耳」三十六字，原無，據龍舒本、《皇朝文鑑》補。
❺「之」，龍舒本作「其」。

撫州招仙觀記

招仙觀，在安仁郭西四十里，始作者與其歲月，予不知也。祥符中嘗廢。廢四五十年，而道士全自明以醫游其邑，邑之疾病者賴以治，而皆憂其去。人相與言州，出材力，因廢基築宫而留之。全與其從者一人爲留，而觀復興。全識予舅氏，而因舅氏以乞予書其復興之歲月。夫宫室、器械、衣服、飲食，❶凡所以生之具，須人而後具，而人不須吾以足，惟浮屠、道士爲然。而全之爲道士，人須之而不可以去也。❷其所以養於人也，視其黨可以無媿矣。予爲之書，其亦可以無媿焉。故爲之書。❸慶曆七年七月，復興之歲月也。

石門亭記

石門亭，在青田縣若干里，令朱君爲之。石門者，名山也。古之人咸刻其觀遊之感概，留之山中，其石相望。君至而爲亭，悉取古今之刻，立之亭中。而以書與其甥之壻王某，❹使記其作亭之意。

夫所以作亭之意，其直好山乎？其亦好觀遊眺望乎？其亦於此問民之疾憂乎？其亦燕閒以自休息於此乎？其亦憐夫人之刻暴剥偃踣，而無所庇障且泯滅乎？夫人物之相好惡必以類。廣大茂美，

❶「衣服」，龍舒本作「衣裳」。
❷「之而」，龍舒本無此二字。「去」，龍舒本作「已」。
❸「故爲之書」，原無，據龍舒本補。
❹「某」，龍舒本作「安石」。

萬物附焉以生，而不自以爲功者，山也。好山，仁也。去郊而適野，❶升高以遠望，其中必有概然者。《書》不云乎：「予耄遜于荒。」《詩》不云乎：「駕言出遊，以寫我憂。」夫環顧其身無可憂，而憂者必在天下。憂天下，亦仁也。人之否也，敢自逸？至即深山長谷之民，與之相對接而交言語，以求其疾憂，其有壅而不聞者乎？❷求民之疾憂，亦仁也。政不有小大，不以德，則民不化服。民化服然後可以無訟。民不無訟，令其能休息無事，❸優遊以嬉乎？古今之名者，❹其石幸在，其文信善，則其人之名與石且傳而不朽。成人之名而不奪其志，❺亦仁也。作亭之意，其然乎？其不然乎？

撫州通判廳見山閣記

通判撫州、太常博士施侯，爲閣於其舍之西偏。既成，與客升以飲，而爲之名，曰「見山」。且言曰：「吾人脱於兵火，洗沐仁聖之膏澤，以休其父子者，餘百年。於今天子恭儉，陂池、苑囿、臺榭之觀有堙毁而無改作，其不欲有所騷動而思稱祖宗所以憫仁元元之意殊甚。故人得私其智力，以逐於利而窮其欲。自雖蠻夷、湖海、山谷之聚，大農、富工、豪賈之家，往往能廣其宫

❶「郊」，龍舒本作「祥」。
❷「其有」，原作「有其」，據龍舒本改。
❸「令」，原作「今」，據龍舒本改。
❹「古今」，龍舒本作「始令」。
❺「人」，龍舒本作「仁」。

室，高其樓觀，以與通邑大都之有力者争無窮之侈。夫民之富溢矣，吏獨不當因其有餘力，有以自娱樂、稱上施耶？又況撫之爲州，山耕而水蒔，牧牛馬，❶田虎豹，❷爲地千里，而民之男女以萬數者五六十。地大人衆如此，而通判與之，爲之父母，則其人奚可不賢？雖賢，豈能無勞於爲治？獨無觀游食饗之地以休其暇日，殆非先王使小人以力養君子之意。吾所以樂爲之就此而忘勞者，非以爲吾之不肖能長有此，顧不如是不足以待後之賢者爾。且夫人之慕於賢者，爲其所樂與天下之志同而不失，然後能有餘以與民，而使皆得其所願。而世之説者曰：『召公爲政於周，方春，舍於蔽芾之棠，聽男女之訟焉，而不敢自休息于宫，恐民之從我者勤，而害其田作之時。蓋其隱約窮苦而以自媚於民如此，故其民愛思而詠歌之，至於不忍伐其所舍之棠。今《甘棠》之詩是也。』嗟乎！此殆非召公之實事，詩人之本指，特墨子之餘言贅行，吝細褊迫者之所好，而吾之所不能爲。」

於是酒酣，客皆歡，相與從容譽施侯所爲而稱其言之善。又美大其閣而嘉其所以名之者曰：「閣之上，流目而環之，則邑屋、草木、川原、阪隰之無蔽障者皆見，施侯獨有見於山，而以爲之名，何也？豈以山之在吾左右前後，若蹯若踞，若伏若騖，爲獨能適吾目之所觀邪？其亦吾心有得於是而樂之也。」施侯以客爲知言，而以書抵予曰：「吾所以爲閣而名之者如此，子其爲我

❶「牛」，原作「生」，據龍舒本、宋元遞修本、應刻本、光啓堂本改。

❷「田」，原作「用」，據龍舒本改。

記之。」數辭，不得止，則又因吾叔父之命以取焉，遂爲之記，以示後之賢者，使知夫施侯之所以爲閣而名之者，其言如此。

真州長蘆寺經藏記

西域有人焉，止而無所繫，觀而無所逐。唯其無所繫，故有所繫者守之。唯其無所逐，故有所逐者從之。從而守之者，不可爲量數，則其言而應之、議而辨之也，亦不可爲量數。此其書之行乎中國，所以至於五千四十八卷，而尚未足以爲多也。真州長蘆寺釋智福者，爲高屋，建大軸兩輪，而棲匭於輪閒，以藏五千四十八卷者。其募錢至三千萬，其土木、丹漆、珠璣、萬金之閎壯靡麗，言者不能稱也，唯觀者知焉。夫道之在天下莫非命，而有廢興時也。知出之有命，興之有時，則彼所以當天下貧窶之時，能獨鼓舞，得其財以有所建立，每至於此，蓋無足以疑。智福有才略，善治其徒衆。從余求識其成，於是乎書。

漣水軍淳化院經藏記

道之不一，久矣。人善其所見，以爲教於天下，而傳之後世。後世學者或徇乎身之所然，或誘乎世之所趨，或得乎心之所好，於是聖人之大體，分裂而爲八九。博聞該見有志之士，補苴調胹，冀以就完，而力不足，又無可爲之地，故終不得。蓋有見於無思無爲、退藏於密、寂然不動者，中國之老莊，西域之佛也。既以此爲教於天下而傳後世，故爲其徒者，多寬平而不忮，質靜而無求。不忮似仁，無求似義。當士之夸漫盜奪、有己而無物者多，❶於世則超然高蹈，其爲有似乎吾之仁義者，豈非所謂賢於彼而可與言者邪？

若通之瑞新、閩之懷璉，皆今之爲佛而超然，吾所謂賢而與之遊者也。此二人者，既以其所學自脱於世之淫濁，而又皆有聰明辯智之才，故吾樂以其所得者間語焉。與之遊，忘日月之多也。璉嘗謂余曰：「吾徒有善因者，得屋於漣水之城中，而得吾所謂經者五千四十八卷於京師，歸市匭而藏諸屋，將求能文者爲之書其經藏者之歲時。而以子之愛我也，故使其徒來屬，能爲我强記之乎？」善因者，蓋常爲屋於漣水之城中，而因瑞新以求予記其歲時，予辭而不許者也。於是問其藏經之日，某年月日也。夫以二人者與余遊，而善因屬我之勤，豈有它哉？其不可以終辭，乃爲之書而并告之所以書之意，使鑱諸石。

大中祥符觀新修九曜閣記

某自揚州歸，❷與叔父會京師。叔父曰：「大中祥符觀所謂九曜者，道士丁用平募民錢爲堂庖廡，已又爲閣，置九曜像其下，從吾乞汝文，記其年時。汝爲之。」

臨川之城中，東有大丘，左溪水，水南出，而北并于江。城之東，以溪爲隍。吾廬當丘上。北折而東百步，爲祥符觀。觀岸溪水，東南之山不奄乎人家者，可望也。某少時，❸固嘗從長者游而樂之，以爲溪山之

❶「物」，龍舒本作「求」。
❷「某」，龍舒本作「安石」。
❸「某」，龍舒本作「安石」。

佳，雖異州，樂也，況吾父母之州，而又去吾廬爲之近者邪？ 雖其身去爲吏，獨其心不須臾去也。今道士又新其居，以壯觀游，閣焉，使游者得以窮登望之勝，使可望者不唯東南而已，豈不重可樂邪？ 道士之所爲，幾吾之所樂，而命吾文，❶又叔父也，即欲已，得邪？ 惜乎！ 安得與州之君子者游焉，以忘吾憂而慰吾思邪？ 閣成之日，某年月日也。

揚州新園亭記

諸侯宮室臺榭，講軍實，容俎豆，各有制度。揚，古今大都，方伯所治處，制度狹庳，軍實不講，俎豆無以容，不以偪諸侯哉？ 宋公至自丞相府，化清事省，喟然有意其圖之也。今太常刁君實集其意，會公去鎮鄆，君即而考之。占府乾隅，夷茀而基，因城而垣，並垣而溝，周六百步，竹萬箇覆其上。故高亭在垣東南，循而西三十軛，作堂曰「愛思」，道僚吏之不忘宋公也。堂南北鄉，袤八筵，廣六筵，直北爲射埒，列樹八百本，以翼其旁。賓至而享，吏休而宴，於是乎在。又循而西十有二軛，作亭曰「隸武」，南北鄉，袤四筵，廣如之，埒如堂，列樹以鄉。歲時教士戰射坐作之法，於是乎在。始慶曆二年十二月某日，凡若干日卒功云。

初，宋公之政，務不煩其民，是役也，力出於兵，材資於宮之饒，地瞰於公宮之隙，成公志也。噫！ 揚之物與監，東南所規仰，天子、宰相所垂意，而選繼乎宜有若宋公者，丞乎宜有若刁君者，金石可弊，此無

❶「吾」，龍舒本作「某」。

廢已。慶曆三年四月某日，臨川王某記。

廬山文殊像現瑞記

番陽劉定嘗登廬山，臨文殊金像所没之谷，睹光明雲瑞，圖示臨川王某，求記其事。某曰：有有以觀，空空亦幻。空空以觀，有幻亦實。幻實果有辨乎？然則如子所睹，可以記，可以無記。記無記，果亦有辨乎？雖然，子既圖之矣，余不可以無記也。定以熙寧元年四月十日、十年九月二十七日睹，某以元豐元年十一月二十三日記。

撫州祥符觀三清殿記

臨川之州城横溪上。西出，出城之上，有宫巋然。溪之沄沄，流過其下。東南之山，皆在其門户牕牖之閒者，曰祥符觀。觀之中有屋四注，深五十五尺，廣七十二尺。陞之高，❶居深十八分之一。楹二十有四。門兩，夾窗。中象三，旁象二十有六者，曰三清殿。用其師之説以動人，而能有此者，曰道士黎自新。出其力以歸於道士之説，而卒成此者，曰里之人鄭佺。佺之子表，故嘗與予遊。予之歸，表語其父之事，而乞予文。予不能拒也。夫用其師之説以動人者，道士也。予力顧出道士下，復何云哉？皇祐二年五月二十五日。

臨川先生文集卷第八十三

❶「陞」，明茅坤《唐宋八大家文鈔》八十七載安石文作「陛」。

臨川先生文集卷第八十四

序

周禮義序

士弊於俗學久矣，聖上閔焉，以經術造之，乃集儒臣訓釋厥旨，將播之校學。❶而臣某實董《周官》。❷惟道之在政事，其貴賤有位，其後先有序，❸其多寡有數，其遲數有時。制而用之存乎法，推而行之存乎人。其人足以任官，其官足以行法，莫盛乎成周之時；其法可施於後世，其文有見於載籍，莫具乎《周官》之書。蓋其因習以崇之，賡續以終之，❹至於後世，無以復加，則豈特文、武、周公之力哉？猶四時之運，陰陽積而成寒暑，非一日也。自周之衰，以至于今，歷歲千數百矣，太平之遺迹掃蕩幾盡，學者所見無復全經。於是時也，乃欲訓而發之。臣誠不自揆，然知其難也，以訓而發之之爲難，則又以知夫立政造事、追而復之之爲難。然竊觀聖上致法就功，❺取成於心，訓迪在位，有馮有翼，亹亹乎鄉六服承德之世矣。以所觀乎今，考所學乎古，所謂見而知之者。臣誠不自揆，妄以爲庶幾焉，故遂昧冒自竭而忘其材之弗及也。謹列其

❶「校學」，龍舒本作「學校」。
❷「某」，龍舒本作「安石」。
❸「後先」，龍舒本作「先後」。
❹「賡」，原作「庚」，據龍舒本改。
❺「致」，龍舒本作「制」。

書爲二十有二卷，凡十餘萬言。上之御府，副在有司，以待制詔頒焉。謹序。

詩義序

《詩》三百十一篇，❶其義具存，其辭亡者六篇而已。上既使臣雱訓其辭，又命臣某等訓其義。❷書成，以賜太學，❸布之天下。又使臣某爲之序。❹謹拜手稽首，言曰：

《詩》上通乎道德，下止乎禮義。放其言之文，❺君子以興焉；循其道之序，聖人以成焉。然以孔子之門人賜也、商也，有得於一言，則孔子悅而進之。蓋其説之難明如此，則自周衰以迄于今，❻泯泯紛紛，豈不宜哉？

伏惟皇帝陛下，内德純茂，則神罔時恫；外行恂達，則四方以無侮。「日就月將，學有緝熙于光明」，則《頌》之所形容，蓋有不足道也。微言奥義既自得之，又命承學之臣訓釋厥遺，樂與天下共之。顧臣等所聞如爝火焉，豈足以賡日月之餘光？❼姑承明制，代匱而已。《傳》曰：「美成在久。」故《棫樸》之作，人以壽考爲言。蓋將有來者焉，追琢其章，纘聖志而成之也。臣衰且老矣，❽尚庶幾及見之。謹序。

❶「十一」，龍舒本作「六」。
❷「命」，龍舒本作「使」。「某」，龍舒本作「安石」。
❸「賜」下，龍舒本有「之」字。
❹「某」，龍舒本作「安石」。
❺「放」，龍舒本作「致」。
❻「自」，龍舒本無此字。
❼「賡」，原作「庚」，據龍舒本改。
❽「衰」，宋元遞修本、應刻本作「雖」。

書義序

熙寧二年，臣某以《尚書》入侍，❶遂與政。而子雱實嗣講事，有旨爲之説以獻。八年，下其説太學，班焉。惟虞、夏、商、周之遺文，更秦而幾亡，遭漢而僅存。賴學士大夫誦説，以故不泯，而世主莫或知其可用。天縱皇帝大知，實始操之以驗物，考之以決事。又命訓其義，兼明天下後世。而臣父子以區區所聞，承乏與榮焉。然言之淵懿，而釋以淺陋；命之重大，而承以輕眇。兹榮也，祇所以爲愧歟！謹序。

熙寧字説❷

文者，奇偶、剛柔，雜比以相承，如天地之文，故謂之文。字者，始於一二，而生生至於無窮，❸如母之字子，故謂之字。其聲之抑揚開塞、合散出入，其形之衡從曲直、邪正上下、內外左右，皆有義，皆本於自然，❹非人私智所能爲也。與夫伏羲八卦、文王六十四，❺異用而同制，相待而成《易》。先王以爲不可忽，而患天下後世失其法，故三歲一同。同之者，一道德也。❻秦燒《詩》《書》，殺學士，而於是時始變古而爲隸。蓋天之喪斯文也，不然，則秦何力之能爲？

❶「某」，龍舒本作「安石」。
❷此題，龍舒本作「字説序」。
❸「二而生生至」，龍舒本作「而生」。
❹「本」，龍舒本作「出」。
❺「夫」，龍舒本無此字。
❻「同之者一道德也」，龍舒本作「同者所以一道德也」。

余讀許慎《説文》，❶而於書之意時有所悟。❷因序録其説，爲二十卷，以與門人所推《經義》附之。惜乎先王之文缺已久，慎所記不具，❸又多舛，而以余之淺陋考之，且有所不合。❹雖然，庸詎非天之將興斯文也，而以余贊其始？故其教學必自此始。能知此者，則於道德之意，已十九矣。

新秦集序❺

《新秦集》者，故龍圖閣直學士、尚書禮部郎中、知諫院虢畧楊公之文。公以嘉祐七年四月某日甲子卒官，而外婣開封府推官、尚書度支員外郎中山李壽朋廷老治其藁，❻爲二十卷。

公諱畋，字樂道。世家新秦，其先人以忠力智謀爲將帥，名聞天下。至公始折節讀書，用進士起家。嘗提點荆湖北路刑獄，數自擊叛蠻有功，得士卒心。故儂智高反時，自喪服中特起之往擊。其後爲三司副使、天章閣待制、侍讀、知制誥，數以言事有直名。故遷龍圖閣直學士、知諫院。又數言事，於大臣無所顧望。❼其所言有人所不能言者，❽故其卒，天子録其忠，賻賜之加等，而士大夫知公者，爲朝廷惜也。

公所爲文，莊厲謹潔，類其爲人。而尤好爲詩，其詞平易不迫，而能自道其意。讀

❶「余讀」，龍舒本作「而」。
❷「而」，龍舒本無此字。
❸「記」，宋元遞修本作「説」。
❹「且」，龍舒本作「宜」。
❺此題，龍舒本作「楊樂道集序」。
❻「尚書」，龍舒本無此二字。
❼「於大臣」，原無，據龍舒本補。
❽「其」，原無，據龍舒本補。

其書，詠其詩，視其平生之大節如此。嗟乎！蓋所謂善人之好學而能言者也。

老杜詩後集序

予考古之詩，尤愛杜甫氏作者。其辭所從出，一莫知窮極，而病未能學也。世所傳已多，計尚有遺落，思得其完而觀之。然每一篇出，自然人知非人之所能爲，而爲之者，惟其甫也，輒能辨之。

予之令鄞，客有授予古之詩世所不傳者二百餘篇。觀之，予知非人之所能爲，而爲之實甫者，其文與意之著也。然甫之詩，其完見於今者，自予得之。世之學者，至乎甫而後爲詩，不能至，要之不知詩焉爾。嗚呼！詩其難，惟有甫哉！自《洗兵馬》下，序而次之，以示知甫者，且用自發焉。皇祐壬辰五月日，臨川王某序。

靈谷詩序

吾州之東南，有靈谷者，江南之名山也。龍蛇之神，虎豹、翬翟之文章，楩柟、豫章、竹箭之材，皆自山出。而神林、鬼冢、魑魅之穴，與夫仙人、釋子恢譎之觀，咸附託焉。至其淑靈和清之氣，盤礴委積於天地之間，萬物之所不能得者，乃屬之於人。而處士君實生其址。

君姓吴氏，家於山阯。豪傑之望，臨吾一州者，蓋五六世，而後處士君出焉。其行孝悌忠信，其能以文學知名於時。惜乎其老矣，不得與夫虎豹翬翟之文章、楩柟豫章竹箭之材俱出而爲用於天下，顧藏其神奇而與龍蛇雜此土以處也。然君浩然有以自養，遨遊於山川之間，嘯歌謳吟，以寓其所好，終身樂之不厭。而有詩數百篇，傳誦於閭里。他日，出《靈谷》三十二篇以屬其甥，曰：「爲我讀而序之。」惟君之所得，蓋有伏而不見者，豈特盡於此詩而已？雖然，觀其鑱刻萬物，而接之以藻繢，非夫詩人之巧者，亦孰能至於此？❶

送陳興之序

先人爲臨江軍判官，實佐今駕部員外郎陳公。其後二十五年，公之子興之主泰之如皋簿。某爲判官淮南，以事出如皋，遇之，相好也。其後二年，歸京師，興之亦以進士得嘉慶院解，復遇之，相好加焉。興之試禮部有日，今宰相其世父也，奏前試罷之以避嫌。❷興之當遠官，❸踰數月，乃得泉之晉江主簿去。陳公世大家，仕官四十年，連坐謫流落，不得所欲，其意不能毋望興之貴富世其家也。❹興之亦誠博學能文辭，有氣節，吾意其爲進士，宜有得焉。今失所欲，又爲所謂主簿者，遠其親三千里不啻，是其心獨能毋介然者邪？

夫大公之道行，上之人子弟苟賢者，任而進之無嫌也，下之人固亦不以嫌之。今興之去，知者皆憐其才之可以進焉而不得，無以慰其親也。吾於興之又世故，故又爲之思所以慰其親，豁其心之介然者，不得其說，而獨以悲大公之道不行焉。

❶「能」，龍舒本無此字。
❷「嫌」，龍舒本無此字。
❸「當」，龍舒本無此字。
❹「貴富」，龍舒本作「富貴」。

送李著作之官高郵序

君之才，搢紳多聞之。初君眂金陵酒政，人皆惜君不試於劇，而淪於卑冗。君將優爲之，曰：「孔子嘗爲乘田委吏矣。會計當而已矣，❶牛羊蕃而已矣。」既而又得調高郵關吏，❷人復惜君不試於劇，而淪於卑冗。君言如初，色滋蔓喜。

於戲！今之公卿大夫，據傲乘機，鑽隙抵巇，僅不盈志，則戚戚以悲，君乃皦然反之，❸此蒙所以高君也。抑有猜焉，古之柄國家者，有戢景藏采、恬處下列，拔而致之朝，使相謨謀，今豈不若古邪？奚遂君請而弗拔也？

石仲卿字序

子生而父名之，以别於人云爾。冠而字，成人之道也。奚而爲成人之道也？成人則貴其所以成人，而不敢名之，於是乎命以字之。字之爲有可貴焉。孔子作《春秋》，記人之行事，或名之，或字之，皆因其行事之善惡而貴賤之。二百四十二年之間，字而不名者十二人而已，人有可貴而不失其所以貴，乃爾其少也。

閩人石仲卿來請字，予以「子正」字之，附其名之義，而爲之云爾。子正於進士中

❶「當」，龍舒本無此字。

❷「既而又得調」，龍舒本作「既下又得諸」。

❸「君」，原作「吾」，據中華校排本引繆氏校改。

名知經，往往脱傳注而得經所以云之意。接之久，未見其行己有闕也。庶幾不失其所以貴者歟！

伴送北朝人使詩序

某被勑送北客至塞上，語言之不通，而與之並轡十有八日，亦默默無所用吾意。時竊詠歌，以娱愁思，當笑語。鞍馬之勞，其言有不足取者，然比諸戲謔之善，尚宜爲君子所取。故悉録以歸，示諸親友。

唐百家詩選序

余與宋次道同爲三司判官時，次道出其家藏唐詩百餘編，諉余擇其精者。❶次道因名曰《百家詩選》。廢日力於此，良可悔也。雖然，欲知唐詩者，觀此足矣。

善救方後序

孟子曰：「先王有不忍人之心，斯有不忍人之政。」臣某伏讀《善救方》，而竊歎曰：「此可謂不忍人之政矣。」夫君者，制命者也。推命而致之民者，臣也。君臣皆不失職，而天下受其治。方今之時，可謂有君矣。生養之德，通乎四海，至於蠻夷荒忽不救之病，皆思有以救而存之。而臣等雖賤，實受命治民，不推陛下之恩澤而致之民，則恐得罪於天下而無所辭誅。謹以刻石樹之縣門外左，令觀赴者自得而不求有司云。

皇祐元年二月二十八日序。

❶「諉」、「精」，《皇朝文鑒》作「委」、「佳」。

送陳升之序

今世所謂良大夫者，有之矣，皆曰是宜任大臣之事者。作而任大臣之事，則上下一失望，何哉？人之材有小大，而志有遠近也。彼其任者小而責之近，則煦煦然仁而有餘於仁矣，孑孑然義而有餘於義矣。人見其仁義有餘也，則曰：是其任者小而責之近，大任將有大此者然。上下誒之云爾，然後作而任大臣之事。作而任大臣之事，宜有大此者焉。然則煦煦然而已矣，孑孑然而已矣，故上下一失望。豈惟失望哉？後日誠有堪大臣之事，其名實烝然於上，上必懲前日之所誒而逆疑焉；暴於下，下必懲前日之所誒而逆疑焉。上下交疑，誠有堪大臣之事者，而莫之或任。幸欲任，則左右小人得引前日之所誒懲之矣。噫！聖人謂知人難，君子惡名之溢於實，爲此則奈何？❶亦精之而已矣。惡之則奈何？亦充之而已矣。知難而不能精之，惡之而不能充之，其亦殆哉！

予在揚州，朝之人過焉者，多堪大臣之事，可信而望者，陳升之而已矣。今去官於宿州，予不知復幾何時乃一見之也。予知升之作而任大臣之事，固有時矣。煦煦然仁而已矣，孑孑然義而已矣，非予所以望於升之也。

張刑部詩序

刑部張君詩若干篇，明而不華，喜諷道

❶「此」下，龍舒本有「難」字。

而不刻切，其唐人善詩者之徒歟？❶君並楊、劉生，❷楊、劉以其文詞染當世，學者迷其端原，靡靡然窮日力以摹之，粉墨青朱，顛錯叢龐，無文章黼黻之序。其屬情藉事，不可考據也。方此時，自守不污者少矣。君詩獨不然，其自守不污者邪？子夏曰：「詩者，志之所之也。」觀君之志，然則其行亦自守不污者邪，豈唯其言而已？畀予詩而請序者，君之子彥博也。彥博字文叔，爲撫州司法。還自揚州，識之，日與之接云。慶曆三年八月序。

送孫正之序

時然而然，衆人也。己然而然，君子也。己然而然，非私己也，聖人之道在焉爾。夫君子有窮苦顛跌，不肯一失詘己以從時者，不以時勝道也。故其得志於君，則變時而之道，若反手然，彼其術素脩而志素定也。時乎楊、墨，己不然者孟軻氏而已；時乎釋老，己不然者韓愈氏而已。如孟、韓者，可謂術素脩而志素定也，不以時勝道也。惜也不得志於君，使真儒之效不白於當世，然其於衆人也卓矣。嗚呼！予觀今之世，圓冠峩如，大裾襜如，坐而堯言，起而舜趨，不以孟、韓之心爲心者，果異衆人乎？

予官於揚，得友曰孫正之。正之行古之道，又善爲古文。予知其能以孟、韓之心爲心而不已者也。夫越人之望燕，爲絶域也。北轅而首之，苟不已，無不至。孟、韓

❶「徒」，原作「徙」，據龍舒本、宋元遞修本、應刻本改。
❷「生」，原無，據龍舒本補。

之道，去吾黨豈若越人之望燕哉？以正之之不已而不至焉，予未之信也。一日得志於吾君，而真儒之效不白於當世，予亦未之信也。正之之兄官於温，奉其親以行，將從之，先爲言以處予。予欲默，安得而默也？慶曆二年閏九月十一日送之云爾。❶

送胡叔才序

叔才，銅陵大宗，世以貲名。子弟豪者，馳騁漁弋爲己事；謹者，務多闢田以殖其家。先時，邑之豪子弟有命儒者，秏其千金之産，卒無就。邑豪以爲諺，莫肯命儒者。遇儒冠者，皆指目遠去，若將涴己然。雖胡氏亦然。獨叔才之父母不然，於叔才之幼，捐重幣，逆良先生教之。既壯，可以遊，資而遣之，無所靳。居數年，朋試於有司，不合而歸，邑人之訾者半，竊笑者半。其父母愈篤不悔，復資而遣之。

叔才純孝人也，悱然感父母所以教己之篤，追四方才賢，學作文章，思顯其身，以及其親。不數年，遂能褎然爲材進士，復朋試於有司，不幸復詘於不已知。不予愚而從之遊，嘗謂予言父母之思，而慙其邑人，不能歸。予曰：「歸也。夫禄與位，庸者所待以爲榮者也。彼賢者，道弸於中，而襮之以藝，雖無禄與位，其榮者固在也。子之親矯群庸而置子於聖賢之途，可謂不賢乎？或訾或笑，而終不悔，不賢者能之乎？今而舍道德，而榮禄與位，殆不其然。然則子之所以榮親而釋慙者，亦多矣。昔之訾者、竊笑者，固庸者爾，豈子所宜慙哉？姑持

❶「送之云爾」，原無，據龍舒本補。

予言以歸，爲父母壽，其亦喜無量，於子何如？」因釋然寤，治裝而歸。予即書其所以爲父母壽者送之云。❶

臨川先生文集卷第八十四

❶「云」下，龍舒本有「爾」字。

臨川先生文集卷第八十五

祭　文

祭曾魯公文

肅肅魯公，爲時臣宗。小大具宜，濟以勤恭。寔相累朝，有德有庸。帝序之爵，三公是秩。神介之祉，乃終有吉。顯允嗣子，❶能匹公休。贊我事樞，符帝之求。公榮在家，禄養具美。既壽且康，順以卒齒。公則無憾，以返其真。天子震悼，逮及國人。況如安石，辱知最久。西望涕頤，以薦食酒。

祭范潁州文❷仲淹

嗚呼我公，一世之師。由初迄終，名節無疵。明肅之盛，身危志殖。瑶華失位，又隨以斥。治功亟聞，尹帝之都。閉姦興良，稚子歌呼。赫赫之家，萬首俯趨。獨繩其私，以走江湖。士争留公，蹈禍不慄。有危其辭，謁與俱出。風俗之衰，駭正怡邪。蹇蹇我初，人以疑嗟。力行不回，慕者興起。儒先酋酋，以節相侈。公之在貶，愈勇爲忠。稽前引古，誼不營躬。外更三州，施有餘澤。如釃河江，以灌尋尺。宿贓自解，不以刑加。猾盜涵仁，終老無邪。講藝弦歌，

❶「允」，原作「充」，據宋元遞修本、應刻本改。

❷此題，龍舒本作「祭范潁州仲淹文」，下無小注。

慕來千里。溝川障澤，田桑有喜。戎孽猘狂，敢齮我疆。鑄印刻符，公屏一方。取將於伍，後常名顯。收士至佐，維邦之彦。聲之所加，虜不敢瀕。以其餘威，走敵完鄰。昔也始至，瘖痍滿道。藥之養之，内外完好。既其無爲，飲酒笑歌。百城晏眠，吏士委蛇。上嘉曰材，以副樞密。稽首辭讓，至于六七。遂參宰相，釐我典常。扶賢贊傑，亂冗除荒。官更於朝，士變於鄉。百治具修，偷惰勉强。彼闕不遂，歸侍帝側。❶卒屏于外，身屯道塞。謂宜耇老，尚有以爲。神乎孰忍，使至於斯。蓋公之才，猶不盡試。肆其經綸，功孰與計？自公之貴，廐庫逾空。和其色辭，❷傲訐以容。化于婦妾，不靡珠玉。翼翼公子，弊綈惡粟。閔死憐窮，惟是之耆。孤女以嫁，男成厥家。孰堙于深，孰鍥乎厚？其傳甚詳，❸以法永久。碩人今亡，邦國之憂。矧鄙不肖，辱公知尤。承凶萬里，不往而留。涕哭馳辭，以贊醪羞。

祭周幾道文

初我見君，皆童而幘。意氣豪悍，崩山決澤。弱冠相視，隱憂困窮。貌則侔年，心頽如翁。俛仰悲歡，超然一世。皓髮鬑鬑，分當先弊。孰知君子，赴我稱孤？發封涕洟，舉屋驚呼。行與世乖，惟君繾綣。弔禍問疾，書猶在眼。序銘於石，以報德音。設辭雖褊，義不愧心。君實愛我，祭其知歆？

❶「侍」，龍舒本作「厠」。
❷「和」，龍舒本作「夷」。
❸「甚」，原作「其」，據龍舒本改。

祭張左丞文❶若谷

嗚呼！公作昇州，先君實佐。公爲其子，請昏于我。先君不幸，公覲京師。訃逮公門，公哭殊悲。弔問賻祭，使來以時。乃今公薨，獨以窶故。財無以襚，❷力無以賻。❸祭又不時，獨悲以慕。惟公之生，明惠裕和。善恕於人，恩實我多。雖祭不時，其吐之乎？❹

祭高樞密若訥文❺

越初生民，降訖于兹。廢興亂治，成敗安危。獻爲之君，辯論之師。章書傳記，箴賦銘詩。乖離詭駮，有萬其辭。公於其間，靡所不知。江含海畜，其富無訾。孰窮其源，孰究其涯？作時宗工，出長群司。洋洋厥聞，可以敷施。謂且永年，左右諏咨。曷云其凶，弗耄弗期？凡我常僚，曷已其思！爲此薄物，以將我悲。

群牧司祭高公文❻

嗚呼惟公！學問文章。丘山鬱鬱，❼湖海茫茫。❽弼我密命，作刑四方。寅恭淑

❶ 此題，龍舒本作「祭張左丞若谷文」，下無小注。
❷ 「財」，龍舒本作「則」。
❸ 「力」、「賻」，原空闕，據光啓堂本補。「力無以賻」，龍舒本無此四字。
❹ 「乎」，龍舒本、宋元遞修本、應刻本作「耶」。
❺ 「若訥」，原無，據龍舒本補。
❻ 「高公」，龍舒本無此二字。
❼ 「鬱鬱」，龍舒本作「之鬱」。
❽ 「茫茫」，龍舒本作「之茫」。

慎，天子所臧。駉駉之良，兵賴以盛。公用勤告，遂圖厥政。某等在職，維公之依。孰奪以逝，邈乎不歸。殯引就行，有翩其旂。來陳薄物，以告長違。

祭吕侍讀文

嗚呼！伯夷相唐，尚父賓周。受氏胙國，重光奕休。于辰之逢，發我文靖。公實冢嗣，纘前之慶。御書翰林，典禮太常。是爲世臣，焜燿家邦。方騫方奮，厥隕誰使？震驚咨嗟，上自天子。凡居此列，惟公弟僚。於公之殯，祇薦羞醪。

祭馬龍圖文

嗚呼！余託業於進士，熟君名於垂髫。既備官於淮南，習爲縣之風謡。去幕府而西遊，❶依國門之嶕嶢。始逢君之執鞫，屢顧我而回鑣。逮揚子之既見，方皖城之窮漂。遂有通家之好，終無挾長之驕。君言事以北出，予罷官而南僑。一江亭之邂逅，話宿昔以終宵。以牧官之在列，當御史之還朝。又追隨於暇日，心所好而忘遥。距乖隔之幾何，忽水淺而風飄。晝半涂於萬里，棄餘日於一朝。維知君之日久，信智邁而才超。考前人之治亂，講後世之昏昭。釋衆言之牴牾，排異學之傾摇。衆相紛以異緒，君獨悟而同條。嗟墁人之已矣，斤欲奮而誰要？望丹舟而隕涕，具樽酒以來澆。❷想明靈之猶在，冀薄禮之能招。

❶「而」，龍舒本作「之」。
❷「望丹」至「來澆」十二字，原無，據龍舒本補。

祭曾博士易占文❶

嗚呼！公以罪廢，實以不幸。卒困以天，亦惟其命。命與才違，人實知之。名之不幸，知者爲誰？公之閭里，宗親黨友，知公之名，於實無有。嗚呼公初，公志如何？孰云不諧，而厄孔多。地大天穹，有時而毁。星日脱敗，山傾谷圮。人居其間，萬物一偏。固有窮通，世數之然。至其壽夭，尚何憂喜？要之百年，一蜕以死。方其生時，窘若囚拘。其死以歸，混合空虚。以生易死，死者不祈。唯其不見，生者之悲。公今有子，能隆公後。惟彼生者，可無甚悼。嗟理則然，其情難忘。哭泣馳辭，往侑奠觴。

祭蘇虞部文

君慎足以保其身，和足以諧於世。嗟乎不淑，而不永年。受命徂東，❷纔三年耳。孰云今者，君以喪歸！交游之情，哀痛何極！聊陳薄奠，以告長違。

祭李省副文壽朋

嗚呼！君謂死者必先氣索而神零，孰謂君氣足以薄雲漢兮，神昭晰乎日星，而忽隕背乎，不能保百年之康寧。惟君别我，往祠太一。笑言從容，愈於平日。既至即事，

❶「易占」，龍舒本無此二字。
❷「徂」，龍舒本作「俱」。

升降孔秩。歸鞍在塗，不返其室。訃聞士夫，環視太息。矧我於君，情何可極？具兹醪羞，以告哀惻。尚饗！

祭高師雄主簿文

我始寄此，與君往還。於時康定，慶曆之間。愛我勤我，急我所難。日月一世，疾於跳丸。南北幾時，相見悲歡。去歲憂除，追尋陳迹。淮水之上，冶城之側。握手笑語，有如一昔。屈指數日，待君歸舲。安知彌年，乃見哭庭。維君家行，可謂修飭。如其智能，亦豈多得？垂老一命，終於遠域。豈唯故人，所爲歎惜？撫棺一奠，以告心惻。尚饗！

祭馬玘大夫文

嗚呼惟君，才敏强明，爲時能吏。剸劇撥煩，易於屈指。近畏遠懷，有譽無訾。使于嶺南，俗易夷鄙。江東内遷，厥勢方起。孰云一朝，壽止如此？攄懷以辭，薦此薄菲。

祭盛侍郎文

某聞之，❶行義弗高，位與年尊，❷慙者則己。行義既高，位與年下，憾者則人。在己無慙，在人無憾，有若公然，其又奚言？

❶「某」，龍舒本作「安石」。

❷「位與年尊」，龍舒本無此四字，宋元遞修本爲墨丁。

惟昔先人，捐我諸孤。實在公藩，公泫然哀。縗死賻存，託殯得宮，寓處得廬，一出公恩。公或我臨，不有其尊，我獎我矜，均其子孫。戴德莫酬，誰謂我人？去公三年，問不再行，豈曰怠忘？賤不敢煩。補官揚州，公得謝歸。曾幾何時，訃者來門。哭泣作書，以弔後昆。欲酹棺前，縻不可奔。會有吏役，盡室而南。戢恨含慙，轉移寒暄。乃今來歸，公喪且朞，纔命使人，薄進蘋蘩。嗟嗟公恩，死其敢諼？

祭杜待制文

士恥無材，恥不脩身。身脩而材，有不及民。凡世可願，於公皆有。孰窘其年，不使難老？貴者善防，其有孰窺？公心豁豁，不置牆帷。有挾易驕，不難拒善。公義所在，服之無賤。推以時施，❶宜以每成。又況於公，强果以行。物貴於時，常以其少。悲矣予思，我知其久。鍾山北蟠，江落而東。完厚密牢，萬世之宮。其歸孰知？愚與在此。酹公以文，以配銘史。

祭丁元珍學士文

我初閉門，屈首《書》《詩》。一出涉世，茫無所知。援挈覆護，免於阽危。雝培浸灌，使有華滋。微吾元珍，我始弗殖。如何棄我，隕命一昔？以忠出恕，以信行仁。至於白首，困厄窮屯。又從躋之，使以躓死。豈伊人尤，天實爲此。有槩彼石，可誌於丘。雖不屬我，我其徂求。請著君德，銘

❶「推」，《皇朝文鑑》作「惟」。

之九幽。以馳我哀，不在醪羞。

祭刁景純學士文

嗚呼刁公！不忮不求。坦然立行之平，裕然與人之周。既貴賤以同觀，亦始終之相侔。惟其動必依於仁，故其壽若此之脩。望音容而已遠，欲親弔以無由。慨臨風而出涕，辭以侑乎醪羞。

祭韓欽聖學士文

嗟爲君兮邦之特，目揚秀兮顔髮澤。紛百家兮並涉，超獨懷兮道德。博蕩蕩兮無畛，寬恂恂兮莫逆。出當官兮發論，使權彊兮絫息。❶年何尤兮止此？禄不多兮誰嗇？具壺觴兮酹哭，攀喪車兮啓夕。豈獨愁兮吾僚？隱多聞兮諒直。顧笑語兮已矣，冀來嘉兮魂魄。

祭沈文通文

嗚呼文通！一世之英。耀矣其光，韡矣其榮。有所不爲，爲無不果。有所不學，學無不成。故治行簡於人主之心，名聲溢於時士之口。謂且復起，謀謨左右。何與之以如此之才，而不副之以須臾之壽？悲傷歎息，舉世皆然。豈特故人，爲之流漣？馳哀一酹，以訣終天。

❶「彊」，原作「疆」，據龍舒本、《皇朝文鑑》改。

祭杜慶州杞文

嗚呼慶州！一世之英。濯濯其靈，粲粲其明。材能稱於天下，言行信於朝廷。孰多其予，而不足以齡？不肖之身，始佐公揚。公後來東，有賜於明。昔飲同堂，今奠於庭。酒肴則薄，豐者維誠。再拜事公，敢不如生？

臨川先生文集卷第八十五

臨川先生文集卷第八十六

祭文

祭吴侍中沖卿文❶

嗚呼！公命在酉，長我一時。公先我茁，我後公萎。中間仕宦，有合有離。後我所踐，公輒仍之。出則交轡，處則連榱。坐肘則並，行肩則差。豈願敢及，天實我貽。公之停蓄，及所設施，有誥有誄，亦有銘詩。又將有史，傳所不疑。我既憊眊，何辭能爲？❷婚姻之故，唯以告悲。

祭歐陽文忠公文

夫事有人力之可致，猶不可期，況乎天理之溟漠，又安可得而推？惟公生有聞于當時，死有傳於後世，苟能如此，足矣。而亦又何悲？如公器質之深厚，智識之高遠，而輔學術之精微，故充於文章，見於議論，豪健俊偉，怪巧瑰琦。其積於中者，浩如江河之停蓄；其發於外者，爛如日星之光輝。其清音幽韻，凄如飄風急雨之驟至；其雄辭閎辯，快如輕車駿馬之奔馳。世之學者，無問乎識與不識，❸而讀其文，則

❶ 此題，龍舒本作「祭吴沖卿相公文」。
❷ 「何」，原作「句」，據龍舒本、宋元遞修本、應刻本改。
❸ 「問」，原作「間」，據宋元遞修本、應刻本、光啓堂本改。

其人可知。嗚呼！自公仕宦四十年，上下往復，感世路之崎嶇，雖屯邅困躓，竄斥流離，而終不可掩者，以其公議之是非，既壓復起，遂顯于世。果敢之氣，剛正之節，至晚而不衰。方仁宗皇帝臨朝之末年，顧念後事，謂如公者可寄以社稷之安危。及夫發謀決策，從容指顧，立定大計，謂千載而一時。功名成就，不居而去。其出處進退，又庶乎英魄靈氣，不隨異物腐散，而長在乎箕山之側與潁水之湄。然天下之無賢不肖，且猶爲涕泣而歔欷，而況朝士大夫，平昔游從，又予心之所嚮慕而瞻依？嗚呼！盛衰興廢之理，自古如此。而臨風想望，不能忘情者，念公之不可復見，而其誰與歸？❶

祭張安國檢正文

嗚呼！善之不必福，其已久矣，豈今於君始悼歎其如此？自君喪除，知必顧予。怪久不至，豈其病歟？今也君弟哭而來赴，天不姑釋一士，以爲予助，何生之艱而死之遽？君始從我，與吾兒游，言動視聽，正而不偷。樂於饑寒，惟道之謀。既掾司法，議争讞失。中書大理，再爲君屈。遂升宰屬，能撓彊倔。辯正獄訟，又常精出。豈君刑名，爲獨窮深？直諒明清，靡所不任。人恍莫知，乃惻我心。君仁至矣，勇施而忘己；君孝至矣，孺慕以至死。能人所難，可謂君子。嗚呼！吾兒逝矣，君又隨

❶「其」，光啓堂本作「道」。

之，我留在世，其與幾時？酒食之哀，侑以言辭。

祭李審言文

嗚呼！噫公之才，豈獨我知？公數困厄，豈人能爲？所畸乎人，豈能無疵？所侔乎天，我乃知之。交不就利，高明所忌。涖不失宜，孤寡所思。凡今君子，疚實在兹。公亦知我，❶如我公知。厥交淡如，唯正無私。哀今亡矣，侑醑以辭。

祭沈中舍文

惟公之生，于朝搢紳。夫人嬪之，以作封君。皆以壽終，而世有人。昔我先子，公倫之舊。施于不肖，遂爲世友。不腆之文，既藏于丘。惟是區區，以贊醪羞。

祭束向元道文

嗚呼束君！其信然耶？奚仇友朋，奚怨室家？堂堂去之，❷我始疑嗟。惟昔見君，田子之自。我欲疾走，哭諸田氏。吾縻不赴，田疾不知。今乃獨哭，誰同我悲？始君求仕，士莫敢匹。洪洪其聲，碩碩其實。霜落之林，豪鷹儁鶚，萬鳥避逃，直摩蒼天。躓焉僅仕，后愈以困。洗藏銷塞，動輒失分。如羈駿馬，以駕柴車。側身墮首，與蹇同芻。命又不祥，不能中壽。百不一出，孰知其有？能知君者，世孰予多？學

❶「知」，原作「如」，據龍舒本改。

❷「去之」，光啓堂本作「元道」。

則同游，仕則同科。出作揚官，君實其鄉。傾心倒肝，迹斥形忘。君於壽食，我飲鄞水。豈無此朋，念不去彼。既來自東，乃臨君喪。閟閟陰宫，梗野榛荒。東門之行，不幾日月。孰云於今，萬世之别。嗟屯怨窮，閔命不長。世人皆然，君子則亡。予其何言？君尚有知。具此酒食，以陳我悲。

祭陳浚宣叔文

嗟乎宣叔，學以爲己。不溺於俗，孤騫介峙。孰以不羸，孰忤不强？卒躓窮巴，乃命不祥。怡怡在宫，翼翼在外。胡是不福，貴姦壽悖。我思古人，禄世其初。悲君之食，不逮於孤。古不背死，隆親急故。今此營營，誰瞻誰助？自昔海濱，以心相投。俱官於南，邂逅綢繆。顔合意同，云誰無友？諒直之好，於君實厚。有志不施，又困無財。雖痛何爲，維以告哀。

祭王回深甫文

嗟嗟深甫，真棄我而先乎？孰謂深甫之壯以死，而吾可以長年乎？雖吾昔日執子之手，歸言子之所爲，實受命于吾母，曰如此人乃與爲友。吾母知子，過於予初。終子成德，多吾不如。嗚呼天乎，既喪吾母，又奪吾友。雖不即死，吾何能久？摶胸一慟，心摧志朽。泣涕爲文，以薦食酒。嗟嗟深甫，子尚知否？

祭刁博士繹文

惟君其先，黻冕之華。君弱而良，遂世

其家。越天聖初，上始即位。開延聞人，間不容僞。若古堯虞，稷契親逢。君子其時，奮追群龍。五兩之綸，三鍾之粟，沈才下吏，間關楚蜀。揭來揚州，輔佐元侯。朝其或者，明試謨謀。最末及論，泯焉之幽。龜紫紛如，朱丹其車。昔之同升，泰亦衆已。胡寧若人，乃此乎止？旻天介壽，宜良者多。良者弗壽，謂旻天何？親髮墮顛，子髮猶羈。帷堂一慟，誰者無悲？令龜得日，棺還無咎。銘旌悠悠，羽翣南首。惟君之舊，惟僚及友。徘徊路旁，涕落奠觴。

祭虞靖之文

剛耿直諒，醇明博美。敢於爲義，我實知子。達我所願，窮吾所耻。奈何終窮，命也天只。前年僕馬，來自田里。白顛夷馘，相見悲喜。輸吾肝膈，莫逆其踺。衰老邂逅，綢繆山水。念我難繼，庶今少止。翻然爲辭，遂隔生死。寓哀一酹，嗚呼已矣。

祭北山元長老文

元豐三年九月四日，祭于北山長老覺海大師之靈。自我壯强，與公周旋。今皆老矣，公棄而先。逝孰云遠，大方現前。❶饌陳告違，世禮則然。尚饗！

祭呂望之母郡太文

嗚呼！賢矣夫人，善持門閭。皓若玉

❶「大」，龍舒本作「十」。

雪，一其終初。允孝維婦，允仁維姑。實生才子，我所歎譽。秉義率法，困而不渝。夫人之教，著不可誣。歸殯窀穸，無悔無愉。維子之故，具此俎壺。

祭程相公琳文 爲高若訥作。

嗚呼！公在京師，爲天子毗。發論彊彊，不苟其爲。公於四方，爲鎮爲屏。推良抑姦，兩適寬猛。自伯休父，有稱于周。及公千年，追配前休。時文而文，時武而武。顧我無狀，辱公等仵。庶見吉召，乃聞凶歸。馳哀一觴，終古之違。

祭秦國夫人文 爲高若訥作。

於惟夫人，順慎和恭。上之岐岐，實護于中。開號大邦，福禄之隆。康寧壽考，而以榮終。喪車其行，肇此明發。上用舊德，情之鬱結。凡我在位，敢忘心怛？奠云將之，具此薄物。

祭鮑君永泰王文二❶

年月日，官某，敢告于鮑君之神。農之勞，神之所知也。歲之四時，而於冬爲最隙。然猶築場圃，治屋廬，塗囷倉，糞田疇，未嘗一日而晏然以休息。今兹令又以其暇時，屬之使治渠川，比常歲則農之勞蓋有加焉。神宜哀憐，而有以相之也。治之無幾也而雨。雨且止，丁壯老弱相與行水而涸之。猶未也，而又雨。非民獨病也，而令亦

❶「二」，原無，據原總目補。

夙夜以憂，惟神相之以霽，令是役早有卒也。夫令之所以憂，其職民也。惟神之食於民也爲已久，而憂之亦不可在令後也。❶謹告。

二❷

年月日，敢再告于鮑君之神。謁於神之明日，而天地廓然以温，民賴以供役。且卒事而復雨，雨淫不止，民愁而令恐。意者令之治行無有可媚于神者，而神不卒聽之乎？令則有罪，而民何尤？且霜雪風雨之濫淫，固其責自神，而無與於令也。巍然南面，饗人之歸，事已而利澤不加焉，亦神羞也。惟神降意，以從令之言毋忽，令亦能發明神之令德，使民世事神不懈而有加焉。謹告。

祈雨文

惟神美名正氣，索之前史詳矣。噫！昔人也，挺王臣之節，忠信我任，德誼我負，故時君倚焉。今其神也，享廟食之貴，陰陽吾職，禍福吾柄，故州民賴焉。今千里旱暵，及時不雨。農夫悼心，郡將失色。某遂躬率僚屬，❸來請于大廡下。惟神全死生之大名，開聰明于一方，霈甘霔以足民食，則前謂人神之靈，於古今無愧焉。尚饗！

❶「而」，龍舒本作「其」。
❷此題，龍舒本作「又祭鮑君文」。
❸「率」下，宋元遞修本、應刻本有「職」字。

謝雨文

夫廟其貌，神其靈，函聰明正直之德，俾禍福倚伏之時，用默於民，而不知其所以用者，斯之謂至神乎？太守領天子命，藩一都會，歲時豐凶疾苦，得勞佚之，使百姓無愁歎之聲，斯太守之事也。神，陰也，陰陽契合，若影響然。曏以郊原旱暵，及夏不雨，耘者耔者，悼心自失，遂祈福于大廡下。惟神惻然開明靈，惠然納至誠，❶言然而雲興，禱然而雨零。苗枯而生，民默而聲，又得非神之至乎？今吏民潔牲體，奔走歡呼，請償其靈。某不佞，輒書爲千古世諺。尚饗！

哀辭

李通叔哀辭并序。❷

通叔李不疑，世爲閩民。通叔再從太學進士試，斥不送。自京師歸，面其親。道建溪，溪水暴下，反其舟，溺死，年二十八云。❸

初予既孤，寄金陵，家焉。從二兄入學，爲諸生。常感古人汲汲於友，以相鐫切，以入於道德。予材性生古人下，學又不能力，又不得友以相鐫切以入於道德，

❶「誠」，光啓堂本作「誠」。
❷「并序」，龍舒本無此二字。
❸「云」，龍舒本作「亡」。

予其或者歸爲塗之人而已邪？爲此憂懼。既而遇通叔於諸生間，望其容，而色睟然類君子，即而與之言，皆君子之言也。其容色在目，其言在耳，則予放心不求而歸，邪氣不伐而自遁去。求其所爲文，則一本於古。華虚蕩肆之學，蓋未嘗接於其心，誠有以開予者。予得而友之，憂懼釋然，作《太阿》詩貽之，道氣類之同而合也。通叔亦作《雙松》詩，道氣類之同而期之久也以爲報。自予之得通叔，然後知聖人户庭可策而入也。是不惟喻於其言而已，蓋觀其行而得焉者爲多。

其再斥於太學而歸也，予待禮部試，留京師。别且言曰：「通叔去而歸，某也不没而入於愚也其幾矣。❶明年亦斥而歸，❷或得官，皆宜在淮江之南，某也不可以之閩。❸通叔來，若何？」通叔曰：「是亦不疑之言也。」明年，從事淮南，將問且召焉，則未也。或以死狀訃。❹既慟且疑，且幸其不然。會有江南之役，遇閩人輒問狀。還泊東流，尉許程者，閩人也，乃知訃者信。❺又知陳安石者，亦溺死。安石字伯起，亦閩人。予嘗問通叔素友，獨言伯起云。噫！二子豈行殆也？其亦命而已矣。予悲通叔窮以夭也，其道之不及民也，又悲天之不予相也，作哀辭：

我思古人兮維友之求，燕處日講兮行相爲謀。相翼以進兮相持以脩，要歸于道

❶「某」，龍舒本作「安石」。
❷「亦」，龍舒本、宋元遞修本、應刻本作「或」。
❸「某」，龍舒本作「安石」。
❹「訃」，龍舒本作「赴」。
❺「訃」，龍舒本作「赴」。

兮不入于尤。卒聖若賢兮其本則然，我無以是兮甚懼以憂。猗嗟吾子兮畜德挾材，傑然自如兮不群庸游。考講六藝兮造窮微深，匪富貴慕兮匪賤窮羞。曰予既逢兮朝夕其旁，仁義之光兮忠信之陬。邪志蕩夷兮正氣獨完，吾子賜我兮於安以疇。尚曰子興兮羽儀于世，吾君德澤此兮淳漓固偷。孰神不棐兮隕子于溪？子生適然兮欲誰仇？所嗟存者兮志孤道遼，子之不就兮一朝而休。死不以所兮誰得子尸？誰襚于棺兮誰坎于丘？予欲慟哭兮子豈有聞？子不可作兮予生之愁。

泰興令周孝先哀辭

吁嗟于思兮孝于父母，施於族姻兮亦及朋友。云然兮宜不富，又曷爲兮不壽？藐藐兮其子，惸惸兮其妻。無廬與田兮哀者其誰？吾無奈何兮哀以吾辭。

臨川先生文集卷第八十六

臨川先生文集卷第八十七

神　道　碑

贈司空兼侍中文元賈魏公神道碑

魏公既薨之明年，皇帝篆其墓碑之首，曰「大儒元老之碑」。有詔造文賜公子，使之并刻。臣某昧死序列，再拜稽首以聞，曰：❶

公諱昌朝，❷字子明，姓賈氏。皇祕書省著作佐郎、贈太師、中書令、尚書令、晉國公諱注之子，❸皇太子左贊善大夫、贈太師、中書令、尚書令、齊國公諱璉之孫，❹晉中書舍人、史館修撰、皇贈太師、中書令、魯國公諱緯之曾孫。❺其先南皮人，中徙獲鹿，今葬開封而爲其縣人者，自公皇考始。

公少則莊重謹密，治經章解句達，老師宿學譽歎，以爲賢己。天禧元年，獻文章，召試，賜同進士出身，除常州晉陵縣主簿、國子監説書。又以江州德化縣令兼潁川郡王院伴讀。❻當是時，孫宣公領國子，一見聽語，待以公相，數舉公學問當在人主左右。大臣有以親嫌者，故久弗用。以知常州宜興、開封府東明兩縣，❼監在京廣濟、永

❶「魏公既薨」至「稽首以聞曰」，龍舒本無此四十六字。
❷「昌朝」，龍舒本作「某」。
❸「注」，龍舒本作「某」。
❹「璉」，龍舒本作「某」。
❺「魯國公」，龍舒本無此三字。「緯」，龍舒本作「某」。
❻「院」，龍舒本無此字。
❼「府」，龍舒本無此字。

濟兩倉。又召置國子監説書。景祐元年，積官至尚書都官員外郎，乃始置崇政殿説書，而以公爲之。公於傳注訓詁不爲曲釋，至先王治心守身、經理天下之意，指物譬事，析毫解縷，言則感心。自仁宗即位，大臣或操法令斷天下事，稽古不至秦漢以上，以儒術爲疏闊。然上常獨意鄉堯舜三代，得公以經開説，則慨然皆以爲善。而公由此顯矣。於是上所質問，多道德之要，公請悉記録，歲終，歸之太史。詔以章獻太后故，爲彭城郡王諱其名，公言母之諱，禮不得以出於宫。太平興國寺災，公以《易》《春秋》進戒，因言近歲屢災寺觀，❶天意蓋有所在，獨可勿繕治，❷以稱陛下畏天威、愛人力之意。西域僧以佛骨銅像來獻，公請加賜遣還，毋以所獻示外。上皆從之。以直集賢院、天章閣侍講、史館修撰判尚書禮部、判太府寺。天章置侍講自公始。故事，親祠郊廟，燕遊慢戲之物，皆在儀衛。公奏除之。無幾，❸遂以知制誥、龍圖閣直學士權知通進銀臺司，兼門下封駁事，權判吏部流内銓，權知開封府。又以右諫議大夫權御史中丞兼判國子監，而侍講如初。公之爲銓也，河北蟲旱，以公安撫。公舉能詘姦，於利害多所興除。異時縣令奉錢滿萬二千乃舉令。公以爲法如此，則小縣終不得善治，乃請概舉令而與其奉如大縣。其在御史，劉平爲趙元昊所得，邊吏以降敵告，議收其族。公言：「漢殺李陵母妻子，陵不歸，而漢悔。真宗撫王繼忠家，後賴其力。

❶「寺觀」，龍舒本作「觀寺」。
❷「獨」上，龍舒本有「今此」二字。
❸「無」，龍舒本作「未」。

且平事固未可知。」乃不果收。侍講林瑀者，言天子即位，當步其日，占所得卦，以知吉凶。公奏瑀所言不經，不可用。上即爲公罷瑀。又奏劾駙馬都尉柴恭僖公，奪其州，人以爲宜。初，元昊反。公言兵事起，財不贍，宜及今度經費，罷減諸不急。至是，詔與三司合議，一歲所省，率緡錢百萬。

慶曆二年，契丹來求地請婚。公主其使，責以信義，告之利害，客詘服不能發口。執政議使契丹攻元昊。公曰：「契丹許我而有功，則必驕以弱我，而責報無窮已。不，且以我市於元昊矣。且唐中極衰時，聽吐蕃擊朱泚，陸贄尚以爲不可，後乃知吐蕃陰與泚合，而陽言助國。今獨安知契丹計不出此？」❶乃言所以待夷狄者，凡六事。上皆行其策。三年，遂以本官參知政事。四年，以尚書工部侍郎、檢校太傅爲樞密使。五年，以集賢殿大學士、同中書門下平章事兼樞密使。居兩月，拜昭文館大學士，❷監修國史。議祔章惠太后太廟，公言其非禮。及祔獻、懿二后，密敕遷文武位一等，賜外內諸軍特支優給，公又獨奏罷之。既而敕遷兩府官，❸公又不從，乃已。元昊歸石元孫，議賜死，公爭言自古將帥被執歸，多不死。元孫以不死。

七年，上以旱避正殿，貶食自責。公因稽首遜位，章六七入，乃除武勝軍節度使、檢校太傅、同中書門下平章事，判大名府，兼北京留守、河北安撫使。妖人王則謀舉大名，反河南、北，使其黨挾書妄言，冀得近

❶「計」，龍舒本作「許」。
❷「館」，龍舒本無此字。
❸「遷」、「官」，龍舒本無此二字。

公。公疑爲姦，考問具服，則惶恐不及會，❶獨嬰貝州以反。公即使部將王信、孟元、郝質馳兵操攻具往，且請自出搏賊，不許。終賊所以擒滅，功居多。移鎮山南東道，檢校太師，賜爵安國公。❷公因請寬諸吏民爲則所脅者，而捕河南、北妖人，❸治殺之，無所漏。

河決商胡，方暑，公暴隄上，躬親指畫。出倉廩與被水百姓，❹舍其流棄，接以醫藥，所活九十餘萬口。

契丹誘亡卒，號爲南軍，以戰夏人。而邊法：卒亡自歸者死。公變其法，有歸者，❺故拔擢超其伍。❻於是歸者衆，因以知契丹國事。契丹亦因以拒亡卒，❼黜南軍不用。邊人以地外質，公請重禁絶。主不時贖，人得贖而有之，❽地則盡歸，❾邊以不争。

皇祐元年，徙鄭州，❿從公求也。至見，留爲祥源觀使。既而以尚書右僕射、觀文殿大學士判尚書都省。朝會班宰相，視其儀物。歲中又求任外，除山南東道節度使、右僕射、檢校太師兼侍中，判鄭州。固辭僕射、侍中，乃改同中書門下平章事。又欲遷公四子各一官，亦以公辭而止。二年，母燕國太夫人薨，命以故官，不起，賜書寵慰，從

❶「恐」，龍舒本作「急」。
❷「爵」，龍舒本作「號」。
❸「南」，原無，據龍舒本補。
❹「倉廩」，光啓堂本作「貪暴」。
❺「有」，光啓堂本作「自」。
❻「拔」，龍舒本無此字。「伍」，龍舒本作「任」。
❼「以」，原無，據龍舒本補。
❽「人」上，龍舒本有「則聽」二字。
❾「則」，龍舒本無此字。
❿「徙」，龍舒本作「判」。

之。公事燕國以孝聞，上嘗賜銀飾肩輿，士大夫以爲榮。及薨，自鄭歸葬，扶舁蒼然，肩足皆胝，行路瞻望，悲哀歎息。四年，除故官侍講。❶居頃之，❷出治許州。將行矣，仁宗問《易》之乾卦，公既講解，又作書以獻，❸以「亢龍」爲戒。手詔褒答，以公所獻藏太史。

五年，又涖大名，安撫河北。中書議塞商胡決，以公異論，故使建言者專其事。公猶争不已。河果不可塞，建言者得罪，而澶、魏、濱、棣、德、博多水死。公乃請使撫巡賑救，人用歸息。嘉祐元年，進封許國公，又兼侍中。方避未聽，而以樞密使召。卒罷侍中，而以同中書門下平章事爲樞密使。❹三年，以鎮安軍節度使、右僕射、檢校太師兼侍中，❺充景靈宫使，又出許州。❻七年，以保平軍節度陜州大都督府長史移大名，兼安撫。公凡三至魏及許、鄭，皆以寬惠爲治，人安樂之。它將相賜公使錢，多使牟利。公度所賜爲用，故在所尤不擾。

今皇帝即位，❼改節度鳳翔，加左僕射、鳳翔尹，進封魏國公。❽治平元年，求還使、侍中守許州，至六七，❾終不許。二年，乃授許州。入見，又辭，不許，❿使使撫諭，⓫須

❶「侍講」，龍舒本作「侍中」。
❷「之」，原無，據龍舒本補。
❸「以獻」，原無，據龍舒本補。
❹「同」，原作「尚」，據中華校排本引繆氏校改，龍舒本無此字。
❺「度使」，原無，據龍舒本補。
❻「又」，龍舒本無此字。
❼「今」，原無，據龍舒本補。
❽「公」，原無，據龍舒本補。
❾「至」，龍舒本作「凡」。
❿「不許」上，龍舒本有「所辭」二字。
⓫「使使」，原不重，據龍舒本補。

秋乃發。六月告疾，中人將太醫問視相屬。❶又力求解將相，乃以左僕射、觀文殿大學士判尚書都省。七月戊寅，薨于第。❷上親臨哭，發涕，爲不聽朝二日。❸賜龍腦、水銀以斂。制服，出司賓祭弔，別賜黃金給葬。贈司空兼侍中，謚曰「文元」。以九月甲申，葬開封汴陽里晉公墓次。❹

公年六十八，散官開府儀同三司，勳上柱國，號推誠保德崇仁守正忠亮佐運翊戴功臣。食邑萬五千户，❺實封五千六百。❻公所著書，有《春秋要論》十卷、《羣經音辨》十卷、《通紀》八十卷、《本朝時令》十二卷，❼又奏議、文集各三十卷。❽

元配王氏，尚書兵部郎中、集賢殿修撰軫之女，追封莒國夫人。繼配陳氏，武信軍節度使康肅公堯咨之女，封魏國夫人。六男子：章，太常博士、集賢校理，早卒；圭，尚書比部員外郎；田，尚書駕部員外郎；青，尚書司門員外郎；齊，大理寺丞；炎，未仕。三女子：國子博士程嗣弼、大理寺丞宋惠國、太常博士龐元英，公壻也。其後，天子以炎守將作監丞，又官公内外族親凡九人。❾

賈氏自誼及耽，傅王相帝，皆以儒學。至公又以經術致將相，❿出入文武，有謀有

❶「將」，原無，據龍舒本補。
❷「于第」，原無，據龍舒本補。
❸「聽」，龍舒本作「視」。
❹「墓次」，龍舒本作「之墓兆」。
❺「食邑萬五千户」，原作「邑户萬五千」，據龍舒本改。
❻「百」下，龍舒本有「户」字。
❼「春秋要論十卷」，龍舒本無此六字。
❽「各三十卷」，龍舒本作「合二十卷」。
❾「九人」，龍舒本作「若干」。
❿「致」，龍舒本作「取」。

功。當中國治安，四夷集附，寵禄光大，始終褒榮。❶君臣相遭，於是爲盛。銘曰：

於皇仁宗，時宋之隆。奠此中國，四夷來同。孰夾孰承，有宰魏公。帝曰詢爾，群公卿士。朕欲考古，以求亂治。有博六藝，使熙朕志。魏公乃來，錫帝之求。進于殿中，❷登闡沈幽。❸乃尹開封，治民不絿。乃丞御史，督制庶尤。❹膏澤在下，熏烝在上。參國政事，遂都將相。帝巡大塗，公帝之車。帝御廣宫，之屏之墉。文條武鬯，具獻膚功。終徂在天，公則隨邁。廷喪元老，隱加問賚。有銘太史，有謚太常。次詩不誣，斲石墓旁。

初，卜葬公汴陽里，以水故，改卜。熙寧元年八月庚申，葬許州陽翟縣三峯鄉支流村。奉勑改鄉名曰「大儒」，村名曰「元老里」。朝散大夫、右諫議大夫、參知政事、太原郡開國侯，食邑一千一百户，賜紫金魚袋臣王某謹記。❺

檢校太尉贈侍中正惠馬公神道碑

推忠保順同德翊戴功臣、彰德軍節度觀察留後、特進、檢校太尉、使持節相州刺史兼御史大夫、上柱國、扶風郡開國公、食邑六千六百户食實封二千二百户，謚曰「正惠」馬公，以天禧三年十月戊戌，葬開封祥符縣某鄉某里。至嘉祐七年，公孫慶崇始來請銘，以作公碑。序曰：

❶「褒」，龍舒本作「哀」。
❷「進」，龍舒本作「鋌」。
❸「沈」，龍舒本、宋元遞修本、應刻本、光啓堂本作「治」。
❹「庶」，宋元遞修本、應刻本作「度」。
❺「初卜葬公」至「王某謹記」，龍舒本無此八十二字。

馬氏，故扶風人，至公高祖，而徙處雲中。贈太師諱某者，於公爲曾祖；贈太師、中書令諱某者，於公爲祖；龍捷左廂都指揮使、江州防禦使、贈太師、中書令、尚書令蔡公諱某者，❶於公爲父。蔡公從太祖定天下，力戰有功。當是時，雲中已爲契丹所得，故馬氏又徙處浚儀，今開封府祥符也。

公諱某，字子元。蔡公之終也，年七歲，太祖召見禁中，有司言例當補殿直，詔特授西頭供奉官，而賜以名。開寶五年，年十八，監彭州兵馬，以嚴飭見憚如老將。太平興國三年，領兵戍秦州清水。姦人李飛雄乘驛稱詔捕公及秦隴巡檢劉文裕等，將擊之秦州，因盜庫兵以反。公辨其詐，與文裕執飛雄，治殺之。五年，監潭州兵馬，改東頭供奉官。雍熙二年，又監博州兵馬。劉廷讓敗於君子驛，❷而契丹歸矣。公方料丁壯，集芻糧，繕城治械，如寇至。吏民初不悦其生事也，已而契丹果至，度不可攻，乃去。四年，改西京作坊副使，將屯于冀州。

端拱元年，移知定遠軍。時議發河南十三州之民，轉饟河北。公告轉運使樊知古：此軍聚兵少而積粟多，簸其腐，尚可得十七。知古用此得粟五十萬斛，以罷河南之役。事聞朝廷，太宗嘉之。二年，深州新蹂於契丹，城郭廬舍多壞，而流民衆。乃移公知深州。公至數月，則壞者完，流者復。舉州忘其寇戎之故，而以公爲能撫我。會保州不治，移往代之。

淳化二年，又移知慶州。羌萬人以怨

❶「州」，原作「用」，據龍舒本、宋元遞修本改。
❷「劉廷讓」，原作「劉延讓」，據光啓堂本改。

程德元，來寇。公誘其渠帥，諭以威信，即皆引去。四年，遷西京作坊使，知梓州。五年，李順爲亂於蜀之西川，以公往討。又以爲先鋒，平劍州。召還，至三泉，而復以公與王繼恩討賊。繼恩怒公抗直，使守彭州，盡收其軍，而與之羸卒三百。賊率其衆至，號十萬。公力戰一日，亡其卒太半。乃夜獨出，招救兵，復入。賊終不能得城，而以敗去。除成都府兵馬鈐轄，遷洛苑使。五年，除蜀漢九州都巡檢使。已而又兼成都府兵馬鈐轄。真宗即位，改内苑使。蜀卒劉旰聚黨數千人爲亂，所攻數州，至輒取之。公以卒三百，追至蜀州，與戰，旰走卭州。而招安使上官正召公歸成都計事，公爲正畫曰：「賊破卭州，必乘勝劫掠，度江薄我。既息而戰，我軍雖倍，未易敵也。不如迎其弊急擊，破之必矣。」遂行。次方井，與正合，殺旰等無噍類。真宗賜書奬諭，賞以錦袍金帶。

咸平元年，加登州刺史，❶知秦州。諸羌質子，有三十年不釋者，公悉歸之。諸羌德公，訖公去，無一人犯塞。小泉銀坑久不發，掌吏盡産以償歲課，而責之不已。公奏，得釋而歸其産。四年，就除西上閤門使，知成都府，兼本州兵馬鈐轄。有告龍騎士謀爲變者，所引以千數。公捕殺其首七人，而置其餘無所問。自乾德後，歲漕蜀物，以富人爲送吏，多坐漂失，籍其家。公奏擇三班使臣及三司軍大將代之，而課其漕事爲賞罰。至今便之。六年，移鄜延路駐泊兵馬都總管，兼知延州。蜀人於公去，皆環以泣。公至延州，羌方以兵覰邊，會上

❶「登州」，原作「澄州」，據龍舒本改。

元，開門張燈，視以無爲，而羌卒不能爲寇。又移知鎮州，兼本州兵馬都總管。景德元年，契丹入邊，民入保城，公與之約：盜一錢者死。有盜錢二百者，公即殺之。於是自澶以北，城郭皆晝閉。詔使過，公輒留之，而募人間行送詔，皆得其報以聞。又以便宜使所至受諸漕輓給邊之物。故契丹欲虜掠，無所得。車駕次澶州，大將王超提卒數十萬，逗留不赴。公屢趣之，不爲動。移書譙讓，乃始出師，猶辭以中渡無橋。則公先已度材，❶一夕而橋就。上聞，手詔褒之，且知公果可以屬大事也。二年，移知定州，又除東上閤門使、樞密院都承旨。三年，遂以檢校太保簽書樞密院事。

祥符元年，東封泰山，以爲行宫都總管。自此行幸，必以公爲都總管，而皆許之專殺。公部分明，約束審，出入肅然，而未嘗輒戮一人。於是邊將言契丹近塞，大臣議皆請發兵以備。公獨議使邊將移書問狀，從之，契丹解去。遷檢校太傅。四年，加宣徽北院使。五年，除樞密副使。當是時，契丹已盟，中國無爲。大臣方言符瑞，而公每不然之，獨常從容極言天下雖安，不可忘戰去兵之意，及它争議甚衆，真宗多以公言爲是。七年，除潁州防禦使，知潞州。州之税賦，常移以輸邊，公爲論其害，自是所輸不過鄰州而已。

天禧元年，移知大名府，兼駐泊兵馬都總管。使中貴人勞問，賜白金二千兩。居頃之，遂以爲宣徽南院使、知樞密院事，檢校太尉。有足疾，時詔内朝别爲一班，免其蹈舞。二年，疾病，賜告，求去位。真宗不

❶「則」上，龍舒本有「至」字。

許，而數使中貴人勞問。又幸其第，賜白金三千兩。已而度公實病，不可强以事，乃罷以爲彰德軍節度觀察留後。而公固求外鎮，終不許。居久之，稍間入謁。真宗輒使閤門祇候二人，伺公至，即扶以入，因掖其拜起。數屏左右問事，常聽用。三年，又求外鎮，乃以公知貝州，兼本州兵馬都總管。將行矣，召見，又將付以政。固辭謝，久之乃已，而更以公爲本鎮。至五月，公疾作，詔使公子洵美將太醫往視，而魏、潞二鎮之人亦皆奔走來問，❶爲公請禱。已而公疾革，真宗又使公弟之子成美馳驛召公歸京師，❷而公以八月壬寅不起矣。享年六十五。真宗爲之震悼，罷朝，詔贈侍中。録其子孫，賻賜皆加等。

公前夫人丁氏，某郡君。後夫人沈氏，某郡夫人。子男二人：洵美，終西京作坊使、英州刺史；之美，終内殿承制、閤門祇候。孫十六人，其十四人皆已卒，而慶宗今爲右班殿直，慶崇今爲文思院、知恩州。❸

公少忼慨，以武力智謀自喜，又能好書，賓友儒者。所與善，必一時豪傑。有集二十卷，其文長於議論。自始仕以至登用，遇事謇謇，未嘗有所顧憚。王冀公、丁晉公用事，每廷議，得其不直，輒面詆之。真宗初或甚忤，然終以此知公，而天下至今稱其正直。銘曰：

在浚西南，誰封誰樹？有宋正惠，馬公之墓。公當太宗、真宗之時，暨暨諤諤，謀行計施，以羸擊强，以少捕衆，以賤抗貴，

❶「潞」，原作「路」，據龍舒本改。
❷「驛」，龍舒本作「傳」。
❸「院」，龍舒本作「使」。

維公之勇。雖貴雖衆，雖强必克。維公之敏，亦維公直。帝曰直哉，汝予良弼。見國而已，不知家室。内朝十年，典掌機密。暨予一心，綱紀庶物。元功宗謀，莫汝敢匹。❶公曰孤臣，敢曠于榮？讒説不用，是維帝明。士或困窮，莫知其有。既榮以位，正或見醜。公於可願，兩得其尤。不訖大耄，天爲不謀。德歉於年，孰云耇老？有賚後世，公爲壽考。刻趺篆首，作此銘詩。陳之隧道，永矣其詒。

臨川先生文集卷第八十七

❶「匹」，原作「四」，據龍舒本、宋元遞修本、應刻本改。

臨川先生文集卷第八十八

神道碑

護衛忠果功臣侍衛親軍步軍副都指揮使威塞軍節度新州管内觀察處置等使銀青光禄大夫檢校司空使持節新州刺史兼御史大夫上柱國始平郡開國公食邑二千一百户食實封二百户累贈太師中書令兼尚書令追封魯國公謚勤威馮公神道碑❶

馮氏有家於滑州之白馬者，莫知其始所以徙。至魯公，而嘗以功開國於始平曰，❷其本出於漢杜陵，楚相唐之後也。

公諱守信，字中孚。自爲兒童，狀貌嶷然，慷慨有大意，人固已奇之矣。既冠，從其鄉人受學，以三禮舉於鄉。會太平興國初，取兵民間，公出應選。有司以公儒者，欲免之。公曰：「吾以子弟免，而父兄任其勞，此儒者所不爲。」遂行，以才武給宿衛。太宗征河東，公奮身冒兵，數取俘馘以獻于行在。太宗壯而勞之，以功數遷至弓箭直副指揮使，真宗兩駕河北，皆命公帥其所領，先驅以禦契丹。公所斬虜最諸將，❸遷天武軍都指揮使、封州刺史，充御前忠佐馬步軍都軍頭。公雖在軍旅，數以《孝經》《論

❶ 此題，龍舒本作「侍衛親軍步軍副都指揮使勤威馮魯公神道碑」。

❷ 「功」，原作「公」，據中華校排本引繆氏校改。

❸ 「公」，龍舒本作「而」。

語》爲人講説，人尚以儒者目之。至是，真宗召問，出《孝經》使講。公講《天子》一章，❶因言：「自天子至於士，不可以無學，學不必博。《孝經》《論語》皆聖人以誨學者言行之要，臣愚不足以盡識，然所以事陛下，不敢一日而忘此。」真宗嗟嘆者久之。

由封州數遷至捧日天武四廂都指揮使、英州防禦使，❷知瀛州，兼高陽關都部署。由瀛州召還，領步軍司公事。當是時，河決滑州，天子以爲憂。問誰可使者，公自言少長河上，能知河利害。詔以公爲侍衛親軍步軍副都指揮使、容州觀察使，知滑州，兼修河都部署。河怒動埽，埽且陷，公坐其上，指畫自若也。❸遂號其部人，以一日塞之。天子賜手書獎諭，❹召還，❺領步軍如初。已而遷威塞軍節度使。是歲天禧五年也，公年六十六，以八月二日薨于位。天子悼慟，爲之罷朝二日。❻贈太尉，賜錢三百萬。勑宣慶使、蔣州團練使韓守英，禮部郎中、直集賢院石中立，給護其喪事。遂以其年九月二十四日，葬開封之祥符縣黄溝鄉大里之原。

公曾祖諱倫，祖諱筠，皆不仕。考諱藴，贈官至左屯衛大將軍。先夫人劉氏，玉城縣君；後夫人張氏，清河郡夫人。子男十三人：於是文懿左侍禁；文吉、文握、文德、文慶、文顯、文質、文貴、文鋭，❼並右班殿直；文燦、文俊，並右侍禁；文郁、文雅，

❶「公講」，龍舒本無此二字，則此句當屬上。
❷「至」，龍舒本無此字。「天武」，原無，據龍舒本補。
❸「指畫」，龍舒本無此二字。
❹「書」，龍舒本作「詔」。
❺「召」，龍舒本作「詔」。
❻「二」，龍舒本作「三」。
❼「握」，龍舒本作「拙」。

皆已卒。❶

公孝謹忠篤，遇人有恩。❷祖母夫人疾病，公不釋帶以侍，輒數月。常患世醫不足賴以爲養，力學方藥，遂通其術。公弟常欲上其子爲公子，以取高蔭。公對之慨然，曰：「吾自行伍，蒙主上拔擢至此。欲棄軀以報久矣，❸顧未有所，奈何欺之？」是歲并公子無所蔭，曰：「以明吾心於弟，非有愛也。」韋城董方廉直，爲公所友。其卒，有三女，❹無以嫁。公爲選士辦裝嫁之，如己子。❺公將兵治民，寬簡有法，故人人畏愛之，❻而無敢犯。所居有迹，賢士大夫多稱之者。

公葬之三十二年，而以其子故，累贈至中書令兼尚書令，追封魯國公。又二年，始請謚於天子，而天子賜之謚，❼曰「勤威」。又五年，文顯爲西京左藏庫副使、提點開封府界諸縣鎮公事，始作碑以表公墓，而以銘來請。予問諡於太常，問書於太史，問諸故老以考公子之所告，而得公之所爲如此。於是爲銘，曰：

允文真宗，❽俊藝在工。相協予武，有來馮公。馮公頟頟，奮節金革。有聲中邦，外動夷狄。自公在野，手不去經。率其所學，以撫戎兵。公之所撫，貔貅豹虎。指麾進退，妥若兒女。武室以虩，文罷於柔。維時馮公，兩取其優。孰施其文，有壤千里？

❶「已」，龍舒本作「蚤」。
❷「有」，龍舒本作「以」。
❸「欲」上，龍舒本有「予」字。
❹「三」，龍舒本、宋元遞修本、應刻本作「二」。
❺「如」，龍舒本作「若」。
❻「畏」，龍舒本作「便」。
❼「而天子」，龍舒本無此三字。
❽「文」，龍舒本作「顯」。

孰致其武，宿衛天子？帝咨馮公，爾往視河。河決已塞，滑人來歌。帝聞而嘉，勞以手勑。公拜稽首：「匪臣之力。」帝曰：「來爾，予釐爾勤。授之旄節，❶留掌我軍。」方朝告薨，有詔罷視。弔贈賻葬，哀榮終始。追拜爲令，尚書中書。賜爵國公，胙以魯墟。士生顯榮，没則多已。維時馮公，至今受祉。在周方虎，❷咸有褒詩。至漢充國，雄爲之辭。誰能詩公，流示無止？❸刻碑墓門，公實有子。

宋翰林侍讀學士知許州軍州事梅公神道碑❹

宋翰林侍讀學士、正奉大夫、行給事中、知許州軍州事、兼管内堤堰橋道勸農事、上柱國、南昌郡開國公、食邑二千三百户食實封六百户、賜紫金魚袋梅公之墓，在宣州宣城縣長安鄉西山里。公有五子，鼎臣、德臣、寶臣、輔臣、清臣。清臣今獨在，爲尚書司門郎中。以公行狀及樂安歐陽公之銘來請文，以刻墓碑。時熙寧元年八月四日也。銘曰：

公先梅伯，後氏其國。彌周涉秦，不見史策。有鋗有福，著漢名籍。公福之孫，詢字昌言。三世弗仕，陵陽之里。公第廷中，判官利豐。再歲而擢，以丞將作。以宰仁和，人譽用多。主推御史，侍考進士。一見天子，以爲知己。詔曰「試哉」，遂試中書。館之集賢，賜服緋魚。於時繼還，兵我西

❶「旄」，龍舒本作「麾」。
❷「在」，龍舒本作「有」。
❸「流」，龍舒本作「傳」。
❹「宋」，原無，據龍舒本補。

鄙。老弱餽守，丁彊多死。靈州告危，帝視不怡。公請擇人，使潘羅支。兵法所謂，以夷攻夷。帝曰：「誰可？」「無如臣者。」曰：「予汝嘉，閉陷奈何？」公拜且跪，颺言而起：「苟紓西師，臣不愛死。」出書授之，往訖爾謀。至疆勑還，會棄靈州。帝察公藝，可書帝制。相或止之，留佐三司。其後羅支，果窘西賊。論將料敵，皆如所策。或從或違，或擠或推。梧合阻夷，❶神者公尸。黜之倅州，用獄一眚。去杭而蘇，列國東屏。漕輸淛河，就付將領。三年告功，僅得故省。又以讒投，守彼淮州。有僚許公，相得於此。與之欣然，樂以忘徙。使于湖北，還自濠梁。又奪一官，往禆于襄。坐發驛馬，給奔喪者。于鄂于蘇，剖將之符。握關中，使摠其輸。煌煌金章，厥賜特殊。謀復靈武，度兵葫蘆。秦有將瑋，諸公與俱。會瑋召還，公復淪胥。有反咸陽，能名氏朱。始雖弗察，後捕而誅。自懷徂池，再副戎車。真宗新陟，罪垢皆滌。爲郎度支，以將廣德。外更四州，楚壽陝荆。乃還待制，中糾獄刑。有歸龍圖，其唐殖殖。就以學士，專其閣直。輟之銓衡，❷乘傳臨并。超遷郎秩，進直樞密。趣歸封駁，考國中失。申命選事，得權進絀。加職侍讀，改司群牧。移之審官，審是在服。伐閱積遷，給事于中。告疾出許，鼓歌從容。方公少壯，志立人上。談辭慨然，帝悦而嚮。及後晚出，皆爲將相。公則老矣，將歸田里。康定辛巳，六月十日。公七十八，以其官卒。公開南昌，勳爵第一。夫人曰劉，不及郡封。封

❶「梧」，龍舒本、宋元遞修本、應刻本作「牾」。

❷「輟」，宋元遞修本作「輟」。

君彭城，其卒先公。公卒明年，季秋挾日。于州山西，卜祔而吉。公有四子，伯爲進士。丞于殿中，與仲前死。仲賜科名，叔也皆丞。將作、殿中，或廢或興。有顯惟季，時丞衛尉。今爲郎中，論序初終。實來求詩，刻示無窮。

司農卿分司南京陳公神道碑

司農卿分司南京陳公，既以嘉祐七年九月某甲子，葬開封府之祥符縣西韓村皇考魏公之塋。至十二月，❶公子世範等乃來求銘，以作公碑。蓋公昆弟皆從先人游，而某又嘗得識公父子，故爲序其實而繫以銘。序曰：

公諱某，字良器，以贈太師、尚書令兼中書令、衛國公諱嵩者爲曾祖，以贈太師、尚書令兼中書令、燕國公諱光嗣者爲祖，而尚書左丞、集賢院學士諱恕之子也。左丞當真宗時，參知政事，後以其子岐公之貴，而贈至太師、尚書令兼中書令、魏國公。公，岐公之弟也，而於魏公爲少子，年六十八，以嘉祐七年六月得疾分司，而以乙巳棄世于陳州。階至朝散大夫，勳至上柱國，爵至潁川郡開國子，食邑至六百户，賜紫金魚袋，官終於司農卿。而所更者，祕書省正字、太常寺太祝、大理評事、光禄大理寺丞、太子中舍、殿中丞、國子博士、尚書虞部比部駕部員外郎郎中、司農光禄少卿、少府監。任終於知陳州。而所歷者監楚州、衡州酒税，知衢州江山縣，知南恩州，通判江、揚、洪、廬、潭州，知衡州，監江寧府糧料院，

❶「二」，龍舒本作「一」。

知興化軍，知均州，判登聞鼓院，知曹州，判殿中省，知郢州、鄭州。其通判揚州、廬州，皆有所避不赴，知郢州則未赴而徙。凡仕四十三年。

蓋其行事可記者，衆矣。而公子所能記者，在江州，人大饑且疫，公爲具饘粥、醫藥，不足，則取廬山諸佛寺餘財以續之，所活以萬數。有盜刈人之禾而傷其主者，當死。公曰：「古之荒政所以恤人者盡矣，然尚緩刑，況今哉？」即奏貸其死。洪州大水，城之不滅者十五，水得城竇以入。舉城惶擾，不知所爲。公豫具薪藁，不終日以塞。州人德之，曰：「無陳公，吾屬如何矣！」

衡州之南山，廣袤百餘里，與夷接境，大木蒙密。❶中國人逋逃其中，冒稱夷人，數出寇常、寧諸邑。其酋有挾左道者，人傳以爲能致風雨，官軍尤憚之。公誘以恩信，則率衆數百來自占。已而與其甥亡去，又將爲寇，州人皆恐。公設方略，以一日捕得，殺之。天子賜詔書獎諭。公因圖上山川形勢、攻取之策，以爲賊今不除，黨附日衆，夷人謂中國無能爲，必出助之。可須農隙，發千人，使操斧斤，隨以强弩，斬木除道，則賊失所恃，不攻而自窮。又出其材，可以佐經用。奏未報，轉運使害其事，劾公擅擊斷，不聽用佐吏，又嘗稱病，不自祭炎帝。公坐此罷。州人乞留，不得。而賊果侵尋不制。朝廷出使發兵擊之，數年然後定。

興化多進士，就鄉舉者常八九百人，而學舍弊小，無文籍。公至，則新而大之，爲

❶「木」，原作「本」，據龍舒本、宋元遞修本、應刻本改。

之購書，而國子之所有者皆具。均州漢上舟子，❶數溺商旅，取貨財，而以險爲解。公捕案寘法，因取近灘數家，除其徭，使表水險，涉者因此得不死。曹州多盜，亡命之尤凶强者七十餘人。公集重購，得之幾盡。又修律令五家爲保之法，故盜往往逃去，之它境。蓋公施於政者能如此。

公嘗爲書十二篇上之，曰《國政要事》。其説多聽用，而中書欲遷職事以奬之。公乃自言：「外祖王氏葬揚州，無主後，願除淮南所當得之一官，以往視其丘墓而已。」岐公之葬也，天子自曹州召公歸襄事，特詔許公升殿。公謝岐公遭遇始終恩禮之厚，因乞御篆岐公之碑首。上爲動容，賜其首，曰「襃忠之碑」，而公終無一言自及。既分司，無田園，僦官屋以居。自爲棺斂葬埋之制，趣於儉而已。少長好書，以至於老，於篆籀尤善。有集二十卷，其文能世其家者也。

夫人馮氏，江南李氏時宰相延巳之孫。子男五人：世範，前商州洛南縣尉；世安，前廣州新會縣令；世修，大理寺丞；世永，將作監主簿；世弈，太常寺太祝。女四人：長適大理評事柳安期，次適右班殿直王允懿，次尚幼也。

陳氏，漢太丘長諱寔之後，故其望在潁川，而世居洪州之南昌縣。當唐末五代之亂，無仕者。魏公布衣起閭巷，明敏諒直稱天下，仍父子執國柄，而至岐公尤盛。❷公於仕嘗齟齬，然尚至九卿，以榮禄自終。蓋太丘之仁，隱阨於一時，❸而紀、諶、群、

❶「漢上」，龍舒本作「治漢水上」。
❷「尤」，光啓堂本作「光」。
❸「隱」，龍舒本作「德」，當屬上。

泰貴顯者數世。豈魏公之先遭世不治，亦有潛德晦行如太丘者乎？不然，何其後世之興如此？是故不可以無銘也。

銘曰：

虞賓夏商，其後爲陳。屢絶復封，以承聖人。至漢太丘，棄時就德。詒禄魏晉，子孫世食。既又困窮，乃生魏公。魏公之出，魁名碩實。有公有卿，饋祀其室。公則盛矣，天子所思。繩繩維卿，亦顯于時。治官牧民，入出具宜。胡公之虚，❶太丘之里。兩有州國，紹榮本始。歸葬浚郊，皇考在前。峙此銘詩，爲告新阡。

虞部郎中贈衛尉卿李公神道碑

嘉祐八年六月某甲子，制曰：「朕初即位，大賚羣臣陞朝者及其父母。❷具官某父具官某，❸率德蹈義，不躬榮禄，能教厥子，並爲才臣，加賜名命，序諸卿位。所以勸天下之爲人父者，豈特以慰孝子之心哉？可特贈衛尉卿。」翌日，某甲子，中書下其書告第，又副其書賜寬等，以待墓焚。寬等受書，焚其副墓上，乃撰次衛尉官世行治始卒來請，曰：「先人賴天子慶施，賜之官三品矣，而墓碑未刻。惟德善可以有辭于後世者，夫子實聞知。」❹某曰：「然。衛尉公墓隧宜得銘久矣。」於是爲序而銘焉。序曰：

公姓李氏，故隴西人。七世祖諱某，始遷于光山。五世祖諱某，以其郡人王閩，從

❶「胡」，龍舒本作「明」。
❷「陞」，龍舒本無此字。
❸「具官某父」上，龍舒本有「具官某」三字。
❹「知」，龍舒本作「之」。

之,始爲建安人。曾祖諱某、祖諱某,❶皆不仕。考諱某,嘗仕江南李氏,稍顯矣。江南國除,又舉進士中等,以殿中丞致仕。有學行,名能知人,贈其父大理評事,而已亦以子貴,贈至吏部尚書。遊豫章,樂其湖山,曰:「吾必終於此。」於是又始爲豫章人。尚書之子,伯曰虚己,官至尚書工部侍郎,以才能聞天下。其季則公也。

公諱某,字公濟。少篤學,讀書兼晝夜不息。一以進士舉不中,即以兄蔭爲郊社齋郎。再選福州閩清、洪州靖安縣尉,有能名,遷饒州餘干縣令。至則毁淫祠,❷取其材以爲孔子廟。率縣人之秀者,興于學。豪宗大姓,斂手不敢犯法。州將、部使者奏乞與京官,移之劇縣。不報。而坐不覺獄卒殺人以免。當是時,侍郎方以分司就第,公曰:「吾兄老矣,我得朝夕從之游,以灑掃先人廬冢,尚何求而仕?」遂止不復言仕。侍郎之卒也,天子以公試秘書省校書郎,知江州德安縣事,辭不就。後嘗一至京師,大臣交口勸説,欲官之,終以其不可强也。而晏元獻公爲公請,乃除太子洗馬致仕。

初,尚書未老,棄其官以歸。至侍郎及公之退也,亦皆未老。自尚書至公,再世皆有子,而皆以嚴治其家如吏治。江西士大夫慕其世德,稱其家法。蓋近世士多外自藩飾爲聲名,而内實罕能治其家。及老,往往顧利冒恥,不知休息。公獨父子兄弟能如此。嗚呼!其可謂賢於人也已。公事親孝,比遭大喪,廬墓六年然後已。事兄與

❶「祖諱某」,原無,據龍舒本補。
❷「則」,原作「於」,據龍舒本改。

其寡姊，衣食藥物必躬親之。及公老矣，二子就養，如公之爲子弟也。寬嘗爲江浙等路提點鑄錢坑冶，又嘗提點江南西路刑獄。定亦再爲洪州官，不去左右者十二年，皆以才能爲世聞人。以恩遷公官，至尚書虞部郎中，階至朝奉郎，勳至護軍。以嘉祐四年七月某甲子，卒於豫章之第室，年八十九。

夫人長壽縣君趙氏，先公卒八年。既葬矣，五年某月某甲子，以公葬於夫人之墓左，曰雷岡，在新建縣之桃花鄉新里。夫人故衢州人某官湘之女。湘有文行，尚書與爲友，故爲公娶其女。子三人：寬、定、寔。寔守祕書省正字，早世。於公之葬也，寬爲尚書司勳員外郎，定爲尚書庫部員外郎。女子二人，已嫁。孫二十有一人，曾孫十有五人，皆率公教無違者。公既葬，而二子以恩贈公衛尉卿云。銘曰：

李世大家，隴西其先。於唐之季，再世光山。移遯于閩，嶺海之閒。乃生尚書，節行有偉。始來江南，考室章水。繩繩二子，隱顯兼榮。孰多後禄，❶其季維卿。幼壯躬孝，唯君之踐。❷能不盡用，❸止於一縣。退以德義，釐身於家。外内肅雝，人不疵嗟。亦有三子，❹維天子使。父曰：「往矣，致而臣身。」子曰：「歸哉，以寧吾親。」以率其婦，左右恂恂。以官就侍，天子之仁。既具祉福，考終大耄。追榮于幽，乃賜卿號。伐石西山，作爲螭龜。營之墓上，勒此銘詩。

臨川先生文集卷第八十八

❶「禄」，龍舒本作「俸」。
❷「唯君之踐」，龍舒本作「之君踐能」。
❸「能不盡用」，龍舒本作「不盡國用」。
❹「三」，龍舒本作「二」。

臨川先生文集卷第八十九

神道碑

廣西轉運使孫君墓碑

君少學問勤苦，❶寄食浮屠山中。步行借書數百里，升樓誦之，而去其階，蓋數年，而具衆經。後遂博極天下之書，屬文操筆布紙，謂爲方思而數百千言已就。以天聖五年，同學究出身，補滁州來安縣主簿、洪州右司理。再舉進士甲科，遷大理寺丞，知常州晉陵縣。移知潯州。潯當是時，❷人未趣學，乃改作廟學，❸召吏民子弟之秀者，親爲據案講説，誘勸以文藝。居未幾，旁州士皆來學，學者由此遂多。以選，通判耀州。兵士有訟財而不直者，安撫使以爲直。君争之不得，乃奏決於大理。大理以君所争爲是，而用君議，編於勑。慶曆二年，擢爲監察御史裏行。於是彈奏狄武襄公不當沮敗劉滬水洛城事。❹又因日食，言陰盛，以後宫爲戒。

仁宗大獵于城南，衛士不及整而歸以夜。明日，將復出，有雉隕于殿中。君奏疏，即是夜有詔止獵。蠻唐和寇湖南，以

❶「問」，龍舒本無此字。

❷「潯」，龍舒本無此字。

❸「廟」，龍舒本作「廣」。

❹「彈奏」，龍舒本作「奏彈」。「狄武襄公」，龍舒本作「狄青」。

君安撫，❶奏事有所不合，因自劾，乃知復州。又通判金州，知漢陽軍吉州。稍遷至尚書都官員外郎，❷提點江南西路刑獄。有言常平歲凶，當稍貴其粟，以利糴本者，詔從之。君言：「此非常平本意也。」詔又從之。

儂智高反，君即出兵二千於嶺，以助英、韶。會除廣西轉運使，馳至所部。而智高方熾，天子出大臣部諸將兵數萬擊之。君驅散亡殘敗之吏民，轉芻米於惶擾卒急之間，又以餘力，督守吏治城壍、修器械，屬州多完，而師飽以有功，君勞居多，❸以勞遷尚書司封員外郎。初，君請斬大將之北者，發騎軍以討賊。及後賊所以破滅，皆如君計策。軍罷，而人重困，方恃君綏撫。君乘險阻，冒瘴毒，經理出入，啓居無時。以皇祐三年三月初七日卒于治所，❹年五十四。❺官至尚書工部郎中，散官至朝奉郎，勳至上騎都尉。❻

君所爲州，整齊其大體，澗略其細故。與賓客談説，弦歌飲酒，往往終日。而能聽用佐屬，盡其力，事以不廢。在御史言事，計曲直利害如何，不顧望大臣，以此無助。所爲文自少及終，以類集之，至百卷。天德地業人事之治，掇拾貫穿，無所不言。而詩爲多。

君諱抗，字和叔，姓孫氏。得姓於衛，得望於富春。其在黟縣，自君之高祖棄廣

❶「安」，龍舒本作「按」。
❷「尚書」，龍舒本無此二字。
❸「勞居多」，龍舒本無此三字。
❹「三」，龍舒本作「二」。「初」，龍舒本無此字。
❺「四」，龍舒本作「六」。
❻「騎」，龍舒本作「輕車」。

陵以避孫儒之亂，而至君曾大父諱師睦，❶善治生以致富。歲饑，賤出米穀，以斗升付糶者，得驩心於鄉里。大父諱旦，❷始盡棄其産，而能招士以教子。父諱遂良，❸當終時，君始十餘歲。後以君故，贈尚書職方員外郎。君初娶張氏，又娶吴氏，又娶舒氏，封太康縣君。五男子：適、邈、迪、适、遘。適嘗從予遊，年十四，論議著書，足以驚人，❹終永州軍事推官。邈今潞州上黨縣令，❺亦好學能文。狀君行以求銘者，邈也。君之卒也，天子以适試祕書省校書郎。二女子：一嫁太廟齋郎李簡夫，❻一嫁進士鄭安平。❼君以其卒之年十二月二十五日，葬黟縣懷遠鄉上林村。❽歙之爲州，在山嶺澗谷崎嶇之中，自去五代之亂百年，名士大夫亦往往而出，然不能多也。黟尤僻陋，❾中州能人賢士之所罕至。君孤童子徒步宦學，終以就立，爲朝廷顯用。論次終始，作爲銘詩，豈特以顯孫氏而慰其子孫？乃亦以詒其鄉里。❿銘曰：

在仁宗世，蠻跳不制。餽師牧民，實有虜使。踐艱乘危，倏變畫奇。瘭毒既除，膏熨以治。方還既隕，哀暨山夷。維此虜使，文優以仕。禄則不殖，其書滿笥。書藏于家，銘在墓前。以告黟人，孫氏

❶「而」，龍舒本無此字。「師睦」，龍舒本作「某」。
❷「旦」，龍舒本作「某」。
❸「遂良」，龍舒本作「某」。
❹「足」，龍舒本作「見」。
❺「潞州上黨縣」，龍舒本作「某州某縣」。
❻「太廟齋郎」，龍舒本作「試秘書省校書郎」。
❼「嫁進士鄭安平」，龍舒本作「尚幼」。
❽「遠」，龍舒本無此字。
❾「尤」，龍舒本作「居」。
❿「亦」，龍舒本作「可」。

之阡。

故贈左屯衛大將軍李公神道碑銘并序❶

宋故贈左屯衛大將軍李公墓，❷在河中府河東縣陶邑鄉仙觀里紫金山北。初，咸平二年，公以東班殿侍隨彰國軍節度使康保裔部軍于高陽關。契丹内侵，真宗狩于魏。大將恃城，❸千里閉逃。❹保裔以其屬出，公提少卒，所戰輒破。寇摶我疾，❺孤堅弗支，舉軍陷焉，乃以義死。當是時，十二月五日也。❻公年四十六。有詔賻恤，録公子樞以爲西班殿侍。蓋六十九年，而樞以行治勞烈，積官至皇城使、賀州團練使，而嘗一再辭賞，以求追榮其父母。天子亦數推恩，以及朝士大夫之親，❼而公九贈官，自太子左清道率府副率，❽至左監門衛大將軍。逮今上即位，則再至三品。而公夫人朱氏亦封錢塘、仙遊、永安縣太君。太君有美志純行，年六十三，以天聖七年六月六日，❾卒於其子之官舍。而以嘉祐六年十一月十一日，❿與公合葬。

公幼而愿恭，長而敏武，涉書喜謀，將有以爲，而卒不克，蓋知者傷焉。⓫唯忠壯

❶「故」、「并序」，龍舒本無此三字。「左」、「神道碑銘」，龍舒本作「右」、「墓碑」。
❷「左」，龍舒本作「右」。
❸「恃」，龍舒本作「悖」。
❹「閉逃」，龍舒本作「逃閉」。
❺「疾」，龍舒本作「荒」。
❻「十二月五日」，龍舒本作「某月某日」。
❼「以及朝士大夫之親」，光啓堂本作「以及乎其親」。
❽「左」，龍舒本作「右」。
❾「七年六月六日」，龍舒本作「六年六月某日」。
❿「十一日」，龍舒本作「某日」。
⓫「蓋」，龍舒本作「盡」。

不屈，以詒禄于其後世，而團練君實能力承以大厥家。噫，其可銘也哉！

李氏世家鄭之原武。公諱興，❶字仲舉。❷曾祖諱顒，祖諱光，父諱元超，❸皆弗仕。公生一男二女。二女皆早死。❹孫六人，其二人早死。棻今爲尚書都官郎中，餘皆以父廕仕。昌齡終三班差使，蘽今爲右班殿直，蘗今爲左班殿直。銘曰：

李姓之始，❺聃周隱史。厥家鄭邦，代晦其光。公奮自田，啓蹟班行。匪熊匪羆，彼萬其旅。帝徂伐之，孰致予武？操戈以先，所遇斃逃。曰敵可盡，其來滔滔。終沉于戎，唯義之濟。閔有傳禄，追榮以暨。誰無孫子，錫命在幽？我以吾功，克稱無羞。詒詩後觀，❻有石道周。

故淮南江淛荆湖南北等路制置茶鹽礬酒稅兼都大發運副使贈尚書工部侍郎蕭公神道碑

蕭氏，故長沙人也。去馬氏亂，遷江南，又爲廬陵人。公曾祖諱霽，仕李氏，終洪州武寧縣令。祖諱焕，考諱良輔，皆不仕。

公諱定基，字守一。用天禧三年進士補岳州軍事推官，以母夫人陳氏喪罷。後

❶「興」，龍舒本作「某」。
❷「仲舉」，龍舒本作「某」。
❸「元超」，龍舒本作「元起」。
❹「二女」，龍舒本無此二字。
❺「之」，龍舒本作「孰」。
❻「詒」，龍舒本作「銘」。

除虔州觀察推官。人饑，説州將以便宜糶倉米，秋糴償之。所捄活甚多。監納潭州茶米，舉者十八人。遷大理寺丞，知臨江軍新喻縣，移監成都府市買務。蜀引二江漑諸縣田，多少有約。李順爲亂時，成都大豪樊氏盜約，改一晝夜爲六，由此他縣歲賂樊氏縣，乃得其餘水。訟二十年不決，轉運使以屬公，公曰：「約所以爲均，即不均，約不可恃也。」乃親決水，視一晝夜，而樊氏縣水有餘。樊氏即伏罪，諸縣得水如故約。轉運使以爲能，舉知黎州。州近蠻，出善馬。異時勢人多以託守，公一拒絶。蠻大喜。於是累遷至太常博士。以博士召兼監察御史裏行。成都王䶮請鑄小鐵錢爲大錢，當十，鑄十得三，是廢十得三十也。公疏，以爲不便，而䶮議詘。中貴人妄告兩潮轉運使罪，以公往治，直之。蘄州王蒙正恃勢賂横猾，誣屬縣長罪死。又以公往治，告隨吏曰：「蒙正賂汝，受之，以告我。」蒙正果賂吏，直三百萬，公因以正其獄。仁宗欲官公一子，公乃以讓其隨吏，除開封府判官。於是自監察再遷至侍御史，除江西水陸計度轉運使。奏事稱上意，賜三品服。三司税賦鵰鶖羽，民入一尺，費餘百錢。奏以鵝鸛代之。

宜州蠻爲寇，乃移廣西，兼安撫。公馳至，問所以反，曰：「吾知之矣。」乃蒐諸州澄海忠敢士萬人，守要害。戒諸將，賊至乃擊，歸則已。蠻不復動。明年，邕州甲洞與永平寨將秦珏争銀冶，殺珏反，邊大擾。公曰：「蠻何敢？是必珏有以致之。」問之，果然。乃廢銀冶，誅道賊熟户數十人。又移交州，討殺珏者，而邊遂定。仁宗曰：「邊吏好生事，蕭某如此，可召用。」三司度支判官王琪使江淮制議鹽酒事，請公俱往。乃除三司鹽鐵判官，與琪俱使江淮制議鹽酒事。至吉州，除江淮制荊湖制置發運副使。以官卒于家，享年五十四，實慶曆二年五月十四日，以其年九月二十日葬廬陵儒行鄉故舍之原。

公寬厚寡欲，內行孝友，稱於鄉里。尤知爲吏，在所皆有聲績。夫人河陽縣君毛氏。五男子：汝礪、汝諧、汝器、汝士、汝奭，皆進士。汝礪終太常博士，汝器終殿中丞，汝諧今爲尚書屯田員外郎，汝士今爲永州祈陽縣令。故累贈至尚書工部侍郎，而墓碑未刻。汝諧請曰：「先人於王氏有故，子銘士大夫多矣。」某曰：「然，是宜以屬我。」乃銘曰：

蕭氏食酇，漢功之冠。卒成齊梁，以戾于唐。人不絕史，與唐終始。厥遷廬陵，來自長沙。使乎御史，于宋初家。折獄禦戎，有聲無譁。禄則世繼，而年不遐。揚詩墓石，以相哀嗟。

尚書工部侍郎樞密直學士狄公神道碑

狄氏故并人，唐武后時，有以諒直至宰相者，有功中宗以及社稷，是爲梁公。公，梁公之十四世孫也。諱棐，字輔之。曾祖曰崇謙，連州桂陽縣令；祖曰文蔚，全州清湘縣令；考曰希顔，徐州録事參軍，及公貴，贈録事君，至兵部尚書。而公母李氏，封隴西郡太君。蓋梁公之後，有兼耆者，亦有名蹟，至大官。其後禄仕不終，然寖微弗顯。及公，乃以行能爲時用，出使入侍，終尚書工部侍郎，直樞密爲學士，天下稱爲善人長者。

公少孤，力學，中咸平三年進士甲科。其官自大理評事，歷大理寺丞、殿中丞、太常博士、尚書屯田都官、職方員外郎、祠部刑部郎中、太常少卿、右諫議大夫、給事中，其職自直昭文館，歷龍圖閣直學士。其初任知袁州分宜縣，後嘗知開封府司録，通判鄧州、成都府，爲開封府判官，使京西、成都府路轉運，又使制置江淮荆湖，再判吏部流内銓，知審官院，知壁、廣、滑、魏、隨、陝、鄭、同、揚九州，河中、河南二府。其知陝州、河中府，以趙元昊反，擇西方守吏。其知隨州，則坐在魏時軍事有驕不遜者不即治。其知揚州，則不及赴而卒于京師，慶曆三年二月十七日也，享年六十七。

公惇厚篤實，未嘗妄言笑。雖有喜愠，未嘗見色。終身不言人過惡。罷南海，所齎無南物。在陝中，貴人有力者言將援公於上，公爲不聞，接以它語。退而歎曰：「吾束髮至此，得爵禄皆以義，可以老而自污邪？」蓋其廉如此。其治民出於寬仁不忍，雖以此嘗得罪，然自若，弗悔也。當時士大夫聞其死，多歎惜。

累階至中散大夫，勳至上柱國，爵至山陽郡開國公，食邑二千一百户，食實封四百户。夫人武城縣君路氏，左司諫、知制誥振之女。初，公以布衣見路公，路公即譽公文學行治，妻以其子。生六男子：遵道、遵度、遵禮、遵懿、遵路、遵彝。遵度當天聖初，善爲古文，志義甚高，嘗爲襄州襄陽縣主簿，不幸早死，君子莫不傷之。遵路爲太常寺奉禮郎，與遵道、遵懿、遵彝亦皆早死。遵禮今爲尚書虞部員外郎。六女子：嫁衛尉卿王罕、衛尉卿魏琰、樞密直學士何中立、尚書駕部郎中王信民，二人早死。狄氏當五代之亂，占潭之湘潭。至公，始葬武城君於許州陽翟縣張澗里，故以公合葬。葬以慶曆五年。既葬二十年，而遵禮來求銘文，刻之墓碑。銘曰：

維狄先公，開號於梁。扶國舉帝，仁柔義剛。施垂子孫，禄不曠仕。歷世十四，公爲循吏。内行振振，恕以與人。無恚無忌，考終厥身。陽翟古墟，有幽新里。銘詩不磨，彼石之視。

尚書屯田員外郎贈刑部尚書李公神道碑

朝奉郎、尚書屯田員外郎、通判杭州軍州兼管内勸農事、上輕車都尉、賜緋魚袋、贈刑部尚書李公，諱陟，字元昇。少以進士舉太學，衆推才高，不妄交游，獨與故相張文節公友善。淳化中，用甲科補河南府澠池縣尉。羣盜阻殺，以略行人。朝廷出中貴人傳捕，公率其屬捕殺之盡。以故爲轉運使所奏，留再任。方賞，遭父喪去。而契丹犯河北，卒亡命相聚爲寇，所居内黄大擾，❶令、尉初不自保。公爲設方略擒滅，縣賴以無事。改除貝州司理參軍。州將邊公肅知公能，有難，輒以屬公。逐劇賊，用一日馳百里，悉縛取以歸。於是州及轉運使爲論功，驛召見，除大理寺丞、知漢州什邡縣，改殿中丞、知秀州嘉興縣。真宗東封，改太常博士，通判通利軍。又以祀汾陰，改尚書屯田員外郎。河決，奪一官，監真州鹽倉。杭州言淛江隄壞不可治，詔江淮荆淛發運使舉可用者，以公通判杭州。隄成，度用財力甚省，而完且可久，乃復得故官，留

❶「大」，宋元遞修本作「兵」。

再任。當是時，吕文靖公提點刑獄，尤知公，極論薦以爲材，且召除御史矣。會母夫人死。公行内脩，事母尤以孝聞，所收恤親屬多，貧不能北歸，留治喪南京。哀戚毁甚，未及服除而卒，年五十三，天禧三年六月八日也。留守王沂公賻助之，乃能具棺殯。

凡五娶，賈氏、高氏、張氏、耿氏，最後邊氏，封太康縣君。今皆贈郡太君。邊氏則貝州邊公女也。邊公彊明，少所可，知公而好之，故女以其子。太康有賢行，蓋見於國史。公二男四女。男曰中庸，守大理寺丞致仕；曰中師，給事中、天章閣待制、西京留守。女嫁太子中舍聶復、貝州漳南縣令葛初平、尚書比部員外郎張參，其一早死。公初以文藝自進，然喜吏事，所至强果辨治，終以愛利爲人所思。嘉祐七年十一月二十三日，葬于衛州新鄉縣貴德鄉戒海里。至熙寧元年十月，乃始作銘刻之墓碑。李氏故博平人，後徙内黄。曾祖諱祚，弗仕。祖諱守澄，開封府襄邑縣尉。考諱珣，殿中丞。銘曰：

矯矯李公，升自辭科。啓迹澠池，終功澥河。課文曰治，武奏厥多。毁于大喪，曾不及皤。素琴未御，虞殯遂歌。垂延在後，寵禄有那。兆衞西南，彼墳陂陁。追秩榮矣，哀如之何！

贈禮部尚書安惠周公神道碑

公諱某，字某，姓周氏。爲人倜儻有大節，敏於文學，達於政事。真宗初即位，以進士甲科除將作監丞，通判齊州，即有能名。召還，爲著作郎、直史館、提點開封府諸縣鎮公事，歷三司户部度支判官，又皆有能名。遂以右正言知制誥，判吏部流内銓。數進見奏事，真宗以爲材。其後置登聞鼓院，糾察在京刑獄，及考進士以糊名謄録之法，真宗皆自選主者，而輒以屬公。居糾察未幾，遂以樞密直學士知開封府，聽斷明審，無留事。真宗滋以爲材，至嘗幸其府問勞，賦詩樂飲然後去。以公更外事未久，故不即大用，而以公知河中府，又以知永興，移天雄軍。所至輒有聲績，數賜詔書獎諭。於是真宗知公果可付以政，即召還，除給事中，同知樞密院事，既而又以爲尚書禮部侍郎、樞密副使。

真宗得疾，幾不瘉。丁晉公用事，逐去寇萊公，而以公爲黨，亦逐去之，以尚書户部侍郎知青州，既而又以爲太常少卿，知光州。仁宗即位，稍遷祕書監，知杭、揚二州。晉公得罪去，還公禮部侍郎，留守南京。召見之，將復用，公病矣。❶乃請知潁州，自潁徙陳，自陳徙汝。至汝若干年，以某年某月某甲子卒，春秋五十九。訃聞，天子爲震悼，贈禮部尚書，賻賜，録其子孫加等。謚曰「安惠」。

初，公奮白衣，數年遂知制誥，特爲真宗所禮。禁中事大臣所不得聞者，往往爲公道之，公亦慷慨爲上言事，無所撓。而其言祕，世莫得盡聞。東封還，公卿大夫皆獻文章頌功德，公獨上書進戒。及在樞密，進止侃侃，不以丁晉公方盛爲之詘節，故爲所逐。公好收挽後進，士得一善，汲汲如世之夸者爲己進取。未嘗問家人生産。好讀書，善爲文，有文集二十卷。獨奏事諸草，則公既焚之矣，無在者。愛其弟越甚篤，與

❶「公」上，龍舒本有「而」字。

越皆以能書爲世所稱。每書，輒爲人取去。積階至金紫光禄大夫，勳至上柱國，爵至汝南郡開國公，食邑至四千一百户，食實封至九百户。嘗爲東京留守判官、東封考制度副使，亦皆真宗所自選也。

周氏世爲淄州鄒平人。公曾祖考諱某，祖考諱某，皆儒者，以學行知名山東。考諱某，仕歷御史，終尚書都官員外郎。及公貴，贈曾祖考某官，祖考某官，考某官。公夫人王氏，北海郡夫人，先公一年卒。於公之卒也，公子延荷爲大理寺丞，延讓爲太常寺太祝，延壽爲東頭供奉官、閤門祗候，延儁爲大理評事。以某年某月某甲子，葬公鄭州新鄭縣平康鄉之北原，而以王氏祔。其後若干年，公子延儁爲尚書都官郎中，累贈公至某官，始追序公世次閥閲行治來請，曰：「先人名位功德嘗顯矣，而墓碑無刻。諸孤獨延儁爲後死，微夫子許我，則無以詒永久。」嗟乎！公之事遠矣。蓋雖公子，有所不及知，故所次止於如此。然觀公所以進，而公之材可見；視公所以逐，而公之行可知。懍懍乎一世之名臣矣！所次如此，不爲略也。銘曰：

羣獻俣俣，御于帝所。出入百年，將相文武。有如周公，左右真宗。自初筮仕，以至謀國。晦顯險夷，考終一德。公去州郡，無民不思。公來朝廷，天子所知。發論造功，每成無隳。誰私黨讎，用國威福？閒上不豫，❶乃讒乃逐。既投有罪，而以公歸。退施一州，遂隕于腓。美矣邦士，公之季子。銘詩墓門，載以龜趾。

臨川先生集卷第八十九

❶「閒」，龍舒本作「聞」。

臨川先生文集卷第九十

行狀

尚書兵部員外郎知制誥謝公行狀❶

公諱絳，字希深，其先陳郡陽夏人。以試祕書省校書郎起家，中進士甲科，守太常寺奉禮郎，七遷至尚書兵部員外郎以卒。嘗知汝之潁陰縣，校理祕書，直集賢院，通判常州、河南府，爲開封府、三司度支判官，與修真宗史，知制誥，判吏部流内銓。最後以請知鄧州，遂葬於鄧。年四十六，其卒以寶元二年。

公以文章貴朝廷，藏於家，凡八十卷。其制誥，世所謂「常楊元白，不足多也」。而又有政事材，遇事尤劇，常若簡而有餘。❷所至輒大興學舍。莊懿、明肅太后起二陵於河南，不取一物於民而足，皆公力也。後河南聞公喪，有出涕者，諸生至今祠公像於學。鄧州有僧某，誘民男女數百人，以昏夜聚爲妖，積六七年不發。公至，立殺其首，弛其餘不問。又欲破美陽堰，廢職田，復召信臣故渠，以水與民，而罷其歲役。以卒，故不就。於吏部所施置，爲後法。

其在朝，大事或諫，小事或以其職言。郭皇后失位，稱《詩·白華》以諷，争者貶，

❶「尚書」，龍舒本無此二字。

❷「常」，原作「尤」，據龍舒本改。

公又救之。嘗上書論四民失業，獻《大寶箴》，議昭武皇帝不宜配上帝，請罷内作諸奇巧，因災異推天所以譴告之意言時政。又論方士不宜入宫，請追所賜詔。又以爲詔令不宜偏出數易，請繇中書、密院然後下。其所嘗言甚衆，不可悉數。及知制誥，自以其近臣，上一有所不聞，其責今豫我，愈慷慨。欲以論諫爲己事。故其葬也，廬陵歐陽公銘其墓，尤嘆其不壽，用不極其材云。卒之日，歐陽公入哭其堂，椸無新衣；出視其家，庫無餘財。蓋食者數十人，三從孤弟姝皆在，而治衣櫛纔二婢。平居寬然，貌不自持。至其敢言自守，矯然壯者也。

謝氏本姓任，自受氏，至漢魏無顯者，而盛於晉宋之間。至公，❶再世有名爵於朝，而四人皆以材稱於世。先人與公皆祥符八年進士，而公子景初等以歷官行事來，曰：「願有述也，將獻之太史。」謹撰次如右。謹狀。

彰武軍節度使侍中曹穆公行狀

公諱瑋，字寶臣，真定府靈壽縣人。少以蔭爲天平、武寧二軍牙内都虞候。至道中，李繼遷盜據河西銀、夏等州，後又擊諸部，并其衆。李繼隆、范廷召等數出無功，而朝廷終棄靈武。繼遷遂强，屢入邊州爲寇。當是時，公爲東頭供奉官、閤門祗候，年十九，太宗問大臣誰可使當繼遷者，武惠王以公應詔。太宗以知渭州，而欲除諸司使以遺之。武惠王爲公固讓，乃以本官知

❶「公」，龍舒本無此字。

渭州。真宗即位，改内殿崇班、閤門通事舍人、西上閤門副使，移知鎮戎軍。當是時，繼遷虐使其衆，人多怨者。公即移書言朝廷恩信撫納之厚以動之。羌人得書，往往感泣。於是康奴諸族皆内附。咸平六年，繼遷死，其子德明求保塞。公上書言繼遷擅中國要害地，終身旅拒，使謀臣狼顧而憂，方其國危子弱，不即捕滅，後更盛强，無以息民。當是時，朝廷欲以恩致德明，寢其書不用。而河西大族延家妙等，遂拔其部人來歸，諸將猶豫，未知所以應。公曰：「德明野心，去就尚疑。今不急折其羽翮，而長養就之，其飛必矣。」即自將騎士入天都山，取之内徙。德明由此遂弱，而至死不敢窺邊。

大中祥符元年，召還，除西上閤門使、邠寧環慶路兵馬都鈐轄，兼知邠州。東封，遷東上閤門使、高州刺史，再移真定府、定州路都鈐轄。已而又以爲涇原路都鈐轄，兼知渭州。公乃圖涇原、環慶兩路山川城郭戰守之要以獻，真宗留其一樞密院，而以其一付本路，使諸將出兵，皆按圖議事。祀汾陰，遷四方館使。初，章埋驕於武延鹹泊，撥臧掘强於平涼，公皆誅之，而汧、渭之間，遂無一羌犯塞。八年，遷英州團練使，知秦州。秦西南羌唃厮囉、宗哥立遵始大，遵獻方物，求稱贊普。公上書言：「夷狄無厭，足其求，必輕中國。」大臣方疑其事，會得公書，遂不許，而猶以爲保順軍節度使。公曰：「我狃遵矣，又將爲寇，吾治兵以俟爾。」遵使其舅賞樣丹招熟户郭厮敦爲鄉導，公即誘樣丹捕厮敦，而許以一州。樣丹終殺厮敦，公遂奏以爲潁州刺史。而樣丹亦舉南市城以獻。先是，張佶知秦州，❶生事，熟户多去爲遵耳目。❷及公誅樣丹，❸即皆惶恐避逃。公許之入贖自首，還故地，而至者數千人，後遂帖服，皆爲用。至明年，囉、遵果悉衆號十萬，寇三都。公帥三將破之，追北至沙州，所俘斬以萬計。事聞，除客省使、康州防禦使。其後又破滅馬波、叱臘、鬼留等諸羌，囉、遵遂以窮孤逃入磧中，而公斥境隴上，置弓門、威遠凡十寨，自是秦人無事矣。

天禧三年，召還，除華州觀察使。以西人之恃公也，復以爲鄜延路馬步軍都部署。四年，遂除宣徽北院使、鎮國軍節度觀察留後，簽署樞密院事。丁晉公用事，稍除不附己者，既貶寇萊公，即指公爲黨，改宣徽南院使，出爲環慶路都署。又降容州觀察使，知萊州。晉公貶，乃以公爲華州觀察使，知青州。天聖三年，除彰化軍節度觀察留後，知天雄軍。又移知永興軍。而詔使來朝，至則除昭武軍節度使，而復還之。天聖五年，以疾病求知孟州，得之。會言事者以公宿將，有威名，不當置之閒處，乃以爲真定路馬步軍都部署，知定州。七年，换彰武軍節度使。八年正月，薨于位，❹年五十八。皇帝爲罷朝兩日，贈侍中，謚曰「武穆」。公爲將幾四十年，用兵未嘗敗衄，尤有功於西方。舊羌殺中國人，得以羊馬贖死，如羌法。公以謂如此非所尊中國而愛吾人，奏請不許其贖。又請補内附羌百族，❺以爲上

❶「張佶」，原作「張吉」，據《宋史》改。
❷「熟」，原作「熱」，據宋元遞修本、應刻本改。
❸「樣丹」，中華校排本據繆氏校謂當作「厮敦」。按史書記載係厮敦殺樣丹。
❹「位」，光啓堂本作「是」。
❺「百」，光啓堂本作「類」。

軍主，假以勳階爵秩如王官，至今皆爲成法。陝西歲取邊人爲弓箭手，而無所給。公以塞上廢地募人爲之，若干畝出一卒，若干畝出一馬，至其稅斂，❶發兵戍守，至今邊賴以實，所募皆爲精兵。在渭州，取隴外籠干川築城，置兵以守，曰：「後當有用此者。」及李元昊叛，兵數出，卒以籠干川爲德順軍。❷而自隴以西，公所措置，人悉以爲便也。自三都之戰，威震四海。喃厮囉聞公姓名，即以手加額。在天雄，契丹使過魏地，輒陰勒其從人，無得高語疾驅。至，多憚公，不敢仰視。契丹既請盟，真宗於兵事尤重慎。即有邊事，❸手詔詰難，至十餘反，而公每守一議，終無以奪。真宗後愈聽信，有論邊事者，往往密以付公可否。

好讀書，所如必載書數兩。兼通《春秋》《公羊》、《穀梁》、《左氏》傳，而尤熟於《左氏》。

始娶潘氏，馮翊郡夫人，忠武軍節度使、同中書門下平章事、韓國公美之子；後娶沈氏，安國太夫人，故相左僕射倫之孫、光禄少卿繼宗之子。子男四人：僖，禮賓使，知儀州，當元昊叛時，以策說大將，不能用，反罪之，遷韶州以死；倚，終内殿崇班；俣，供備庫副使，拒元昊於瓦亭，戰死，贈寧州刺史；倩，右侍禁。一女子，適四方舘使、榮州刺史王德基。孫五人：諒、諷，東頭供奉官；誼，右侍禁、閤門祇候；謂，三班奉職；諮，右班殿直。

❶「稅」，原作「重」，據光啓堂本改。
❷「軍」上，原衍「將」字，據《宋史・地理志》卷三刪。
❸「事」，原無，據中華校排本引繆氏校補。

魯國公贈太尉中書令王公行狀

公諱德用，字元輔，其先真定人也。世以財雄北邊，而蔣公、邢公皆倜儻，喜赴人急。歲飢，所活以千計。武康公當太宗時貴寵任事，以殿前都指揮使受遺詔，輔真宗。葬其先公河南密縣，縣後分屬鄭州管城，故今爲管城人焉。公先喪其母韓國夫人朱氏，事繼母魯國太夫人張氏，以孝聞。

至道二年，太宗五路出師，以討李繼遷之叛，而武康公出夏州。當是時，公爲西頭供奉官，而在武康之側，年十七，自護兵當前，所俘斬及得馬羊功爲多。及歸，公又請殿。將至隘，公以爲歸之至隘而争先，必亂；亂而繼遷薄我，必敗。於是又請以所護兵馳前，至隘而陣。武康爲公令於軍曰：「至陣而亂行者，斬！」公亦令曰：「至吾陣而亂行者，吾亦如公令。」至陣，士卒帖然以此行，而武康公亦爲之按轡。繼遷兵相隨屬，左右望公莫敢近。於是武康公嘆曰：「王氏有兒矣。」及論功，武康公曰：「吾爲大將，不可使子弟與諸將分功。」絀公不列。三年，遷東頭供奉官。

咸平二年，遷内殿崇班。三年，换御前忠佐馬軍副都頭。景德二年，爲馬軍都頭。大中祥符元年，爲邢、洺、磁、相巡檢提舉捉賊。男子張鴻霸聚黨界中爲盜，朝廷以名捕，久之不得。公以氈車載壯士，僞服爲婦人，誘之於野。於是鴻霸與其黨三十二人皆得。朝廷以爲能，移陝西東路提舉捉賊。❶

❶「能移」，光啓堂本作「充當」。

自陝以東爲盜者，聞公擒鴻霸事，❶皆惴恐逃去。五年，爲環慶路指揮使。奏事上前忤旨，責授鄆州馬步軍都指揮使。是歲，武康公薨，天子命公乘驛護喪，歸京師。已而還其舊職。七年，遷散虞候、散都頭。八年，遷散員内殿直、都虞候。天禧四年，爲殿前左班都虞候、柳州刺史。乾興元年，爲捧日左廂都指揮使、英州團練使。天聖三年，改博州團練使、知康信軍。城壞，公使禁軍爲築。築者久之，而無敢竊言望公使已以非其事者。城成，天子賜書獎諭。五年，移冀州，兼馬步軍都部署。是歲，除康州防禦使、龍神衛四廂都指揮使。又除捧日四廂都指揮使。六年，除侍衛親軍步軍都虞候，歸就職。又除環慶路副都部署，不行。八年，除并、代州馬步軍副都部署，又除殿前都虞候。十年，除桂州觀察使、侍衛親軍步軍副都指揮使、權馬軍都指揮使。諸將皆遷，與士之請馬者，皆不求有司而得。故事，取糞錢於軍以給公使，自公始罷之，使各置庫以待其軍用。

明道元年，除福州觀察使。軍人挾内詔，求爲軍吏。公争曰：「軍人敢挾詔以干軍制，後不可復治；且軍吏不可使求而得，得則軍人必大受其侵。」明肅太后固使與之，公固不奉詔。已而太后亦寤，卒聽公。及太后崩，有司請衛士皆坐甲，公又不奉詔，曰：「故事，無爲太后喪坐甲也。」於是天子心賢公，以爲可用。及閲太后宫，❷得争軍吏事，遂以公檢校太保，簽署樞密院

❶ 「擒鴻」，光啓堂本作「檢點」。

❷ 「及」，光啓堂本作「又」。「宫」，原作「官」，據宋元遞修本、應刻本、光啓堂本改。

事。公固辭：「武人不學，不足以當大任。」天子使中貴人趣公入院。公於朝廷，臨義慷慨，言無所顧計。至於親戚故舊，待之亦皆當理而有恩。故人爲人求官於公，公問其得謝幾何，故人辭窮，以實對，公亦不拒也。歸而使家人以銀與之，曰：「爾所求者在此矣，官非吾有，不可得。」居頃之，除樞密副使。三年，除明州奉國軍節度觀察留後，同知樞密院事。四年，除安德軍節度使。五年，檢校太尉，充宣徽南院使。寶元元年，李元昊叛，公嘗請將以扞邊，天子不許，曰：「吾以公謀，可也。」卒所以鎮撫扞治者，亦多公計策。

始，人或以公威名聞天下，而狀皃奇偉，疑非人臣之相。御史中丞孔道輔因以爲人言如此，公不宜典機密，在上左右。天子不得已，以公爲武寧軍節度使、徐州大都督府長史，赴本鎮，賜手詔慰遣。而言者皆尚論公未止也，❶又以公爲右千牛衛上將軍，知隨州。人爲公懼，恬然，唯不接賓客而已。移曹州，或聞孔道輔死，以告曰：「是嘗害公者，今死矣。」公愀然曰：「孔中丞豈害某者乎？彼其心所以事君，當如此也。惜乎朝廷無一忠臣。」言者服公，以謂有德，而終身自愧其言。曹人喜鬬多盜，佗日獄未嘗空也。公在曹，嘗無一人囚者數矣。

慶曆二年，除檢校司空、保静軍節度使。天子以手詔賜公，曰：「賜卿重地，勉視事，毋以人言爲憂。有傷卿者，朕不聽。」契丹使劉六符過澶州，喜曰：「六符聞公久

❶「者」，原作「曰」，據下文及《文章辨體彙選》卷五五二改。

矣，遇於此，豈非幸也？今此州歲大熟，豈非公仁政之効也？」公謝曰：「明天子在上，固常多豐年，此豈吾力也？今朝廷多賢士大夫可畏者，吾老矣，備位於此，不足以累公稱數。」是歲，移真定府等路駐泊馬步軍都部署，求奏事京師，天子使中貴人諭公入覲，除宣徽南院使，判成德軍。固辭，不得。未行，以契丹使使求周世宗所取三關故地，聚兵幽、薊，爲若侵邊者。乃移公判定州，兼三路都部署，聽以便宜從事。而以楊崇勳知成德軍。❶崇勳使客問公所以戰，公曰：「吾患不仁，不患不威。患不知，不患無功。蓋見敵而後勝可制。吾所戰，豈可以豫言也？」公至定州，則明賞罰以教戰。契丹使人來覘，或以告，勸公執殺。公置之不問，曰：「吾視士卒皆樂戰可用矣，使彼得歸以告其主，是伏人之兵以不戰也。」明日大閱于郊，公提桴鼓誓師，進退坐作，終日不戮一人而畢。乃下令：「具糗糧，聽鼓於中軍。將盡以汝行，唯吾其所鄉。」契丹聞之，震恐。已而天子密詔，問公方略。公上書論近世用兵之失，與今所以料敵制勝之方甚備。會兵罷，徙公知陳州。過都，❷天子使中貴人勞賜，問公欲見否。公辭謝：「備邊無功，幸蒙上恩赦誅，徙內郡，非有公事當對者，不敢見。」三年，移孟州，召還，署宣徽院事。已而出判相州。六年，除同中書門下平章事，判澶州。七年，移鄭州，封祁國公。八年還，除會靈觀使，又除檢校太師，判鄭州。過都，天子召見慰勞。

❶「成」，原作「戊」，據宋元遞修本、應刻本改。
❷「都」，原空闕，據宋元遞修本、應刻本補。

皇祐二年，除集慶軍節度使，進封冀國公。三年，以年老求致仕。詔以太子太師致仕，大朝會綴中書門下班。公威名，雖老矣，尚爲四夷所憚。而天子亦賢公，以爲可屬大事也。四年，復强起公，以爲河陽三城節度使，同中書門下平章事，判鄭州。六年，遂以爲樞密使。契丹使至，公伴射，使曰：「南朝以公使樞密而相富公，可謂得人矣。」天子聞之，賜公御弓一，矢五十，以寵焉。

嘉祐元年，❶進封魯國公，以年老求去位，至六七，天子爲之不得已，猶以爲忠武軍節度使、景靈宮使，又以爲同羣牧制置使。有詔：五日一會朝，給扶者，以一子若孫一人。是歲，公年七十八矣。明年二月辛未，公以疾薨。天子至其第，爲之罷朝一日；又爲之素服，發哀苑中，而以太尉、中書令告其第，又賜以黄金、水銀、龍腦等物，出内人撫其諸子。

公忠實樂易，與人不疑，不詰小過。望之毅然有不可犯之色，及就之，温如也。平生少玩好，不以名位驕人。而所得禄賜，多施之親黨。善治軍旅，寬仁愛士卒，士卒樂爲之盡。與士大夫遊，士大夫亦多服其度，以爲莫能窺也。

夫人宋氏，武勝軍節度使延渥之女也，累封安定郡夫人。先公卒，後以子追封榮國夫人。孝慈恭儉，有助於公。男子咸熙，東頭供奉官，早卒，以子故，累贈至右千牛衛將軍。次咸融，西京左藏庫使、果州團練使。次咸庶，内殿崇班，早卒。次咸英，供

❶「元」，原作「九」，據《歐陽文忠公集》卷二十三所作神道碑改。

備庫副使。次咸康，内殿承制。女四人：長嫁尚書駕部郎中張叔詹，其次嫁太常博士程嗣恭、國子博士寇諲，皆早卒。孫七人：❶澤、淵，皆内殿崇班、閤門祗候；淑，左侍禁；淇，左班殿直；潭，右班殿直；沅、瀛，左侍禁；温未仕。淑、淇皆早卒。曾孫二人：任，左侍禁；价，未仕。公子卜以五月甲申，葬管城之先塋，而國夫人祔。謹具公歷官行事狀，請牒考功、太常議謚，并史館。

墓　表

寶文閣待制常公墓表

右正言、寶文閣待制、特贈右諫議大夫汝陰常公，以熙寧十年二月己酉卒，以五月壬申葬。臨川王某誌其墓曰：❷

公學不期言也，正其行而已；行不期聞也，信其義而已。所不取也，可使貪者矜焉，而非彫斲以爲廉；所不爲也，可使弱者立焉，而非矯抗以爲勇。官之而不事，召之而不赴。或曰：必退者也，終此而已矣。及至公爲今天子所禮，❸則出而應焉。於是天子悦其至，虚己而問焉，使莅諫職，以觀其迪己也；使董學政，以觀其造士也。公所言乎上者無傳，然皆知其忠而不阿；所施乎下者無助，然皆見其正而不苟。《詩》曰：「胡不萬年！」惜乎既病而歸死也。自周道隱，觀學者所取舍，大抵時所好也。違俗而適己，獨行而特起。嗚呼！公賢遠

❶「七」，據下文，疑當作「八」。

❷「某」，龍舒本作「安石」。

❸「至公」，原無，據龍舒本補。

矣。傳載公久，莫如以石。石可磨也，亦可泐也。謂公且朽，不可得也。

太常博士鄭君墓表

德安鄭湜書其父太常博士諱詒字正臣之行治、伐閲、世次，因其妹壻廣陵朱介之以來請曰：

「鄭氏故家滎陽，有善果者，卒於唐江州刺史，而子孫爲德安人。自善果至晊七世，❶生裔，爲樂清縣令，君之大父也。裔生柬，君之父也，以《詩》《書》教授鄉里，而終不仕。君以景祐四年進士，爲洪州都昌縣主簿。於是令老矣，事皆決於君，而都昌至今稱以爲能。又爲廬州合淝縣尉，盜發輒得，故其後無敢爲盜者。又爲同州朝邑縣令，當陜西兵事起，案簿書，度民力所堪，以均賦役，而人不困。又掌集慶軍書記。歲旱，轉運使不欲除民租，以屬其守，而使君出視。君以實除民租如法。又遷祕書省著作佐郎，知南康軍南康縣，❷移知梧州。方是時，儂智高爲亂，吏多避匿，即不往。君獨亟往，治城壍，集吏民以守，而州無事。經略使舉君以知賓州，再遷至太常博士，而歸爲陵臺令。召見，言事稱旨，賜緋衣銀魚。未赴，以嘉祐三年三月二十四日卒，年六十。

「君前夫人張氏，後夫人吴氏。子男三人：其長則湜也，次沿，次深。女四人，其三人已嫁矣，董振、何贇、朱介之，其壻也。

「君爲人孝友諒直，得人一善若己出。

❶「晊」，原作「脛」，據龍舒本、宋元遞修本改。

❷「南康軍」，據《宋史·地理志》，當作「南安軍」。

能振窮急，而自養尤儉約。自賓州歸，所齎無南方一物。其平生所爲如此。今既以某年某月某日葬君德安之永泰鄉谷步里，而未有以碣諸墓也，敢因介之以告。」

介之於余爲外姻，而其妻能道君之實，將懼泯没而無聞，數涕泣屬其夫求得余之一言以表之墓上。蓋余嘗奉使江東，泝九江，上廬山，愛其山川，而問其州人士大夫之賢而可與游者，莫能言也。今湜能言其父之賢如此，問其州人之游仕於此者，乃以爲良然。嗟乎！鄭君誠如此，豈特一鄉之善士歟？而其子男與女子又能如此，故爲序次其説，使表之墓上。

貴池主簿沈君墓表

予先君女子三人，其季嫁沈子也。他日有問予先君之壻，而予告以沈子。其知沈子之家者，必曰：「是其父，能文學。」他日從沈子於銅陵，而游觀其縣。縣人得沈子，必曰：「是其父，能政事。」已而予求其父所爲書於沈子，沈子曰：「先君卒於逆旅，其書悉爲人取去，無在者。」又問其政事，曰：「吾嘗聞於祖母矣。先君爲池州貴池縣主簿，令不能而縣大治者，先君之力也。嘗攝銅陵縣事，縣人有兄弟争財者，先君能爲辨其曲直，而卒使之感寤讓財，相與同居。其去也，兩縣人追送涕泣，遠焉而後去。其施設之方，則吾不得其詳也。」

沈子遂言曰：「先君事生嚴，喪死哀。自族人至於婚友，無所不盡其心。終身好書，未嘗一日不讀。而於酣樂嫚戲，未嘗豫也。循道守官，以不諂其上而幾至於殆者數矣。故其仕嘗有去志，而無留心。唯不得壽考富貴，以卒其學問，究其施設。故其文章不多見而獨爲士友所知，其行義不博聞而獨爲親黨所稱，其政事不大傳而獨爲邑人所記。日月行矣，不即論次，懼將卒於無傳也。吾願以此屬子矣。」予應曰：「然！子之先君固賢，而又有賢子，其後世將必大，不可使無考也。」於是爲之論次，曰：

君諱某，字某，再世家于杭州之錢塘，而其先湖州之武康人也。武康之族顯久矣，至唐有既濟者，爲尚書禮部員外郎。生傳師，爲尚書吏部侍郎，贈吏部尚書。尚書生詢，爲潞州刺史、昭義軍節度使。自昭義以上三世，❶皆有名迹，列於國史。昭義生丹，爲舒州團練判官。舒州生牢，江南李氏時爲饒州刺史。饒州生廷蘋，爲濠州軍事推官。濠州生承誨，入宋爲明州定海縣主簿，❷累贈光禄卿。光禄生玉，尚書屯田郎中，知真州軍州事。君，真州之子，天聖二年以進士起家楚州司法參軍，再調爲池州貴池縣主簿。年三十六，疾卒於京師之逆旅。夫人元氏，生男子伯莊、季長、叔通，皆爲進士。而季長則予先君之壻也。君以某年某月某甲子葬真州城北之原，蓋其行義、文學、政事，皆如其子之言云。

建昌王君墓表

君，建昌南城人，姓王氏，諱某，字君玉。少則貧窶，事親盡力。未嘗佚游慢戲，

❶「三世」，龍舒本作「三代世」。
❷「入」，原作「大」，據龍舒本改。

以棄一日；亦未嘗屈志變節，以辱於一人。故雖食蔬水飲，而父母有歡愉之心；徒步藍縷，而鄉人有畏難之色。及其有子，則盡其方以教子，於是鄉人之子弟皆歸之。君隨少長所能以教，又盡其力。蓋娶邑里周氏女，有賢行，能助君所爲。

生四子：無忌、無咎、無隱、無悔，皆進士。無忌早卒，而無咎獨中第，爲揚州江都縣尉。率君之教，博學能文，篤行不怠。然人以爲君能長者，以有是子，而非特其教之力也。君亦嘗舉進士不中。某年，年六十五，以某月日卒於江都其子之官舍。明年三月二十四日，葬所居縣裏屯之原。葬久矣，無咎始求予文，以表君墓。當時無咎棄台州天台縣令，教授於常州。其學彌勤，其行彌厲，其志蓋非有求於兹世而止。能使君顯聞於後世，庶其在此。以予不肖，而言之不美也，安能有所重以稱君之孝子耶？亦論次之如此。

處士征君墓表

淮之南，有善士三人，皆居於真州之揚子。杜君者，寓於醫，無貧富貴賤，請之輒往。與之財，非義，輒謝而不受。時時窮空，幾不能以自存，而未嘗有不足之色。蓋善言性命之理，而其心曠然，無累於物。而予嘗與之語，久之而不厭也。徐君忠信篤實，遇人至謹。雖疾病召筮，不正衣巾不見。寓於筮，日得百數十錢則止，不更筮也。能爲詩，亦好屬文，有集若干卷。兩人者以醫筮故，多爲賢士大夫所知，而征君獨不聞於世。

征君者，諱某，字某，事其母夫人至孝。

居鄉里，恂恂恭謹，樂振人之窮急，而未嘗與人校曲直。好蓄書，能爲詩。有子五人，而教其三人爲進士。某今爲某官，某今爲某官，某亦再貢於鄉。征君與兩人者，相爲友，至驩而莫逆也。兩人者，皆先征君以死，而征君以某年某月某甲子終于家，年七十七。

噫！古者一鄉之善士，必有以貴於一鄉；一國之善士，必有以貴於一國。此道亡也久矣。余獨私愛夫三人者，而樂爲好事者道之。而征君之子又以請，於是書以遺之，使之鑱諸墓上。杜君諱嬰，字大和；徐君諱仲堅，字某。

鄱陽李夫人墓表

鄱陽處士贈大理評事黃君諱某之妻、太平縣君鄱陽李氏者，今太常博士巽之母也。年若干，以嘉祐五年十一月乙酉終，而以後年十一月丙子從其夫葬鄱陽長順里之西原。葬若干年，而太君之子所與游者臨川王某表其墓，曰：

太君之爲女子，以善事父母，聞於鄉里。及嫁，移所以事父於舅，而致其禮有加焉。凡在舅黨者，無不禮也。移所以事母於姑，而致其愛無損焉。凡在姑黨者，無不愛也。相其夫以正而順，誨其子以義而慈。處士君嘗娶而有子矣，蓋視遇之無異於己子。其後太君之子以進士起爲聞人，而州之士大夫皆曰：「是母非獨能教，亦其爲善也，宜有子。」

初，其子爲尉於宣州之太平，又參虔州錄事，皆欲迎太君以往。太君曰：「吾助汝父享祠春秋於此，❶義終不得獨往。」及爲南劒州順昌縣令，知洪州新建縣事，而處士君已不幸，乃曰：「吾老矣，今而後可以從子。」故其終在新建其子之官寢。太君生一男二女，男即博士，女皆已嫁。其幼蚤卒，其長者少喪其配，事姑以孝聞，而不嫁。州之士大夫又皆曰：「是母能教，非獨施於其一男而已，蓋其女子亦母之力也。」嗚呼，豈不賢哉！

外祖母黄夫人墓表❷

外祖夫人黄氏，生二十二年，歸吴氏。歸五十年而卒。卒三月而葬，康定二年十二月也。夫人淵静裕和，不彊而安。事舅、姑、夫，撫子，皆順適。吴氏内外族甚大，朝夕相與居，歲時以辭幣酒食相綴接，卒夫人之世，戚疏愚良，一無閒言。又喜書史，曉大致，往往引以輔導處士，信厚聞於鄉。子爲士，無虧行，緊夫人之助。夫人資寡言笑，聲若不能出，雖族人亦不知其曉書史也。某，❸外孫也，故得之詳。明道中，過舅家，夫人春秋高矣。視其禮，猶若女婦然；視其色，不知其有喜愠也。病且革，❹以薄葬命子。噫！❺其可謂以正始終也已。舅藩既誌其葬四年，某還自揚州，❻復其墓，復表曰：

聖人之教，必繇閨門始。後世誌於教

❶「祠」，光啓堂本作「祀」。
❷「母」，龍舒本無此字。
❸「某」，龍舒本作「安石」。
❹「革」，龍舒本作「卒」。
❺「噫」，原作「億」，據龍舒本改。
❻「某」，龍舒本作「安石」。

者，亦未之勤而已。天下相重以戾，相蕩以侈，疣然斁矣。自公卿大夫無完德，豈或女婦然？或者女婦居不識廳屏，笑言不聞隣里，是職然也，置則悖矣。然其死也，聞人傳焉以美之，是亦教之熄也，人人之不能然也。傳焉以美之，宜也。矧如夫人者，有不可表耶？於戲！

翁源縣令楊府君墓表

君諱某，字某。故華陰楊氏，其爲臨江軍之清江人，蓋亦已久矣。曾皇祖曰某，仕江南李氏，爲大理評事。皇祖曰某，皇考曰某，真宗時以行義聞，嘗召之，不起。初，宰相王隨少時與友善，仁宗即位，隨知杭州，謀以皇考奉章入賀。既至，度不可屈，乃已。後終推子弟一官，以與其子，得太廟齋郎，君是也。

初任袁州萍鄉縣尉，會令免，獨當一縣。豪猾吏民以君少，共爲十餘獄嘗之。君立斷治，大服。又選饒州德興縣主簿，舉餘干縣令。大水，民乏食，有死者。君以便宜出常平米，❶計口賤糶。又誘富人發錢米，所活人蓋數萬。縣人蘧璉捕笞盜，父因殺子，誣璉以求賂。君治服，語璉曰：「汝歸，以米百石餔貧民，所以謝我。」至州，州吏疑璉大姓持賂。當是時，范文正公爲將，問璉：「汝來時，長官何言？」璉道君語。公曰：「楊某治此不自嫌，可以無疑也。」璉卒得雪，歸餔民如君語。蓋君爲文正公所信如此，而能得民樂輸多此類。❷

❶「米」，原作「未」，據宋元遞修本、應刻本改。
❷「輸」，原作「輪」，據宋元遞修本、應刻本改。

又除韶州翁源縣令。轉運使舉監廣州市舶司，❶至一月卒，年四十二，某年某月某日也。以某年某月某日葬某縣某鄉某里。君事後母孝至，然謹於人喪，或大寒，脱衣買棺以赴之。平生如此不一。既已，未嘗爲人道。死之日，家所有，獨其父書十餘篋。舉者甚衆，然仕終不遂，其可惜也已。娶陳氏。子，曰遽，漳州軍事判官；曰通，❷池州建德縣尉，皆時所謂才士也。天所以報施，蓋將在於是？

臨川先生文集卷第九十

❶「舶」，光啓堂本作「船」。
❷「曰」，原作「四」，據宋元遞修本、應刻本改。

臨川先生文集卷第九十一

墓　誌

太子太傅致仕田公墓誌銘

田氏，故京兆人，後遷信都。晉亂，公皇祖太傅入于契丹。景德初，契丹寇澶州，❶略得數百人，以屬皇考太師。太師哀憐之，悉縱去。因自脱歸中國。天子以爲廷臣，積官至太子率府率以終。爲人沉悍篤實，不苟爲笑語。生八男子，多知名，而公爲長子。

公少卓犖有大志，好讀書，書未嘗去手，無所不讀，蓋亦無所不記。其爲文章，得紙筆立成，而閎博辨麗稱天下。初舉進士，賜同學究出身，不就。後數年，遂中甲科，補江寧府觀察推官。以母英國太夫人喪，罷去。除喪，補楚州團練判官。用舉者監轉般倉，遷祕書省著作佐郎。又對賢良方正策，爲第一，遷太常丞、通判江寧府。數上書言事，召還，將以爲諫官。方是時，趙元昊反，夏英公、范文正公經略陝西，言：「臣等才力薄，使事恐不能獨辦，請得田某自佐。」以公爲其判官，直集賢院，參都總管軍事。自真宗弭兵，至是且四十年，諸老將盡死，爲吏者不知兵法，師數陷敗，士民震恐。二公隨事鎮撫，其爲世所善，多公計策。大將有欲悉數路兵出擊賊者，朝廷

❶「寇」，原無，據龍舒本補。

許之矣，公極言其不可，乃止。又言所以治邊者十四事，多聽用。

還，爲右正言，判三司理欠憑由司，權修起居注，遂知制誥，判國子監。於是陝西用兵未已，人大困，以公副今宰相、樞密副使韓公宣撫。自宣撫歸，判三班院。而河北告兵食闕，又以公往視。而保州兵士殺通判，閉城爲亂，又以公爲龍圖閣直學士、知成德軍、真定府、定州安撫使，往執殺之。論功遷起居舍人，又移秦鳳路都總管、經略安撫使，知秦州。遭太師喪，辭起復者久之，上使中貴人手敕趣公，公不得已，則乞歸葬然後起。既葬，託邊事求見上曰：「陛下以孝治天下，方邊鄙無事，朝廷不爲無人，而區區犬馬之心，尚不得自從。臣即死，知不瞑矣。」❶因泫然泣數行下。上視其貌甚瘠，又聞其言，悲之，乃聽終喪。蓋帥臣得終喪，自公始。

服除，以樞密直學士爲涇原路兵馬都總管、經略安撫使，知渭州。遂自尚書禮部郎中遷右諫議大夫，知成都府，充蜀、梓、利、夔路兵馬鈐轄。西南夷侵邊，公嚴兵憚之，而誘以恩信，即皆稽顙。蜀自王均、李順再亂，遂號爲易動。往者得便宜決事，而多擅殺以爲威，至雖小罪，猶并妻子遷出之蜀，流離顛頓，有以故死者。公拊循教誨，兒女子畜其人，至有甚惡然後繩以法。蜀人愛公，以繼張忠定，而謂公所斷治爲未嘗有誤。歲大凶，寬賦減徭，發廩以救之，而無餓者。事聞，賜書獎諭。遷給事中。以守御史中丞充理檢使召焉，未至，以爲樞密直學士、權三司使。既而又以爲龍圖閣學

❶「知不」，龍舒本作「不知」。

士、翰林學士，又遷尚書禮部侍郎，正其使號。自景德會計，至公始復鈎考財賦，盡知其出入，於是入多景德矣。歲所出，乃或多於入。公以謂厚斂疾費如此，不可以持久。然欲有所掃除變更，興起法度，使百姓得完其蓄積，而縣官亦以有餘，在上與執政所爲，而主計者不能獨任也。故爲《皇祐會計録》上之，論其故，冀以寤上。上固恃公，欲以爲大臣。居頃之，遂以爲樞密副使，又以檢校太傅充樞密使。公自常選，數年遂任事於時。及在樞密爲之使，又超其正，天下皆以爲宜，顧尚有恨公得之晚者。

公行内修，於諸弟尤篤。爲人寬厚長者，與人語，款款若恐不得當其意。至其有所守，人亦不能移也。自江寧歸，宰相私使人招之，公謝不往。及爲諫官，於小事近功有所不言，獨常從容爲上言爲治大方而已。范文正公等皆士大夫所望以爲公卿，而其位未副。公得閒，輒爲上言之。故文正公等未幾皆見用。當是時，上數以天下事責大臣，慨然欲有所爲。蓋其志多自公發。公所設施，事趣可，功期成，因能任善，不必己出，不爲獨行異言，以峙聲名。故功利之在人者多，而事迹可記者止於如此。

嘉祐三年十二月，暴得疾，不能興。上聞悼駭，❶敕中貴人、太醫問視，疾加損，輒以聞。公即辭謝，求去位。奏至十四五，猶不許。而公求之不已，❷乃以爲尚書右丞、觀文殿學士、翰林侍讀學士，提舉景靈宫事。而公求去位終不已，於是遂以太子少傅致仕。致仕凡五年，疾遂篤。以八年二

❶「悼」，光啓堂本作「驚」。

❷「公」，原作「今」，據龍舒本、宋元遞修本、應刻本改。

月乙酉薨于第，享年五十九。號推誠保德功臣，階特進，勳上柱國，爵開國京兆郡公，食邑三千五百户，實封八百户。詔贈太子太傅，❶而賻賜之甚厚。

公諱況，字元均。皇曾祖諱祐，贈太保。皇祖諱行周，贈太傅。皇考諱延昭，贈太師。妻富氏，封永嘉郡夫人，今宰相河南公之女弟也。無男子，以弟之子至安爲主後。女子一人，尚幼。田氏自太師始，占其家開封，而葬陽翟。故今以公從太師，葬陽翟之三封鄉西吴里。❷於是公弟右贊善大夫洵來，❸曰卜葬公利四月甲午，請所以誌其壙者。蓋公自佐江寧以至守蜀，在所輒興學，數親臨之，以進諸生。某少也與公弟游，而公所進以爲可教者也，知公爲審。銘曰：

田室於姜，卒如龜祥。後其孫子，曠不世史。於宋繼顯，自公攸始。奮其華蕤，配實之美。乃發帝業，深宏卓煒。乃興佐時，宰飪調聏。文馴武克，内外隨施。亦有厚仕，孰無衆毁？公獨使彼，若榮豫己。維昔皇考，敢於活人。傳祉在公，不集其身。公又多譽，公宜難老。胡此殆疾，不終壽考。掩詩於幽，爲告永久。

給事中贈尚書工部侍郎孔公墓誌銘

宋故朝請大夫、給事中、知鄆州軍州事兼管内河堤勸農同群牧使、上護軍、魯郡開國侯、食邑一千六百户食實封二百户、賜紫

❶「贈」下，龍舒本有「公」字。「太傅」，龍舒本作「太保」。

❷「占其家開封」至「西吴里」，龍舒本作「占。故今以公從太師葬陽翟，其家開封，而葬陽翟之三封鄉西吴里」。

❸「善」，原作「蓋」，據龍舒本、宋元遞修本、應刻本改。

金魚袋孔公者，尚書工部侍郎、贈尚書吏部侍郎諱勖之子，兖州曲阜縣令、襲封文宣公、贈兵部尚書諱仁玉之孫，兖州泗水縣主簿諱光嗣之曾孫，而孔子之四十五世孫也。其仕當今天子天聖、寶元之間，以剛毅諒直名聞天下。嘗知諫院矣，上書請明肅太后歸政天子，而廷奏樞密使曹利用、尚御藥羅崇勳罪狀。當是時，崇勳操權利，與士大夫爲市，而利用悍彊不遜，内外憚之。嘗爲御史中丞矣，皇后郭氏廢，引諫官、御史伏閤以争，又求見上，❶皆不許，而固争之，得罪然後已。蓋公事君之大節如此，此其所以名聞天下，而士大夫多以公不終於大位爲天下惜者也。

公諱道輔，字原魯。初以進士釋褐，補寧州軍事推官，年少耳，然斷獄議事已能使老吏憚驚。遂遷大理寺丞，知兖州仙源縣事。又有能名。其後嘗直史館，待制龍圖閣，判三司理欠憑由司、登聞檢院、吏部流内銓，糾察在京刑獄，知許、徐、兖、鄆、泰五州，留守南京，而兖、鄆、御史中丞皆再至。所至官治，數以争職不阿，或絀或遷，而公持一節以終身，蓋未嘗自詘也。其在兖州也，近臣有獻詩百篇者，執政請除龍圖閣直學士。上曰：「是詩雖多，不如孔道輔一言。」❷乃以公爲龍圖閣直學士。於是人度公爲上所思，且不久於外矣。未幾，果復召以爲中丞。而宰相使人説公稍折節以待遷，公乃告以不能。於是人又度公且不得久居中，❸而公果出。初，開封府吏馮士元

❶「又」，龍舒本作「之」，當屬上。
❷「道輔」，龍舒本作「某」。
❸「人」，龍舒本無此字。

坐獄，語連大臣數人，故移其獄御史。❶御史劾士元罪，止於杖，又多更赦。公見上，上固怪士元以小吏與大臣交私，汙朝廷，而所坐如此。而執政又以謂公爲大臣道地，故出知鄆州。

公以寶元二年如鄆。道得疾，以十二月壬申卒於滑州之韋城驛，享年五十四。其後詔追復郭皇后位號，而近臣有爲上言公明肅太后時事者，上亦記公平生所爲，故特贈公尚書工部侍郎。公夫人金城郡君尚氏，尚書都官員外郎諱賓之女。生二男子，曰淘，今爲尚書屯田員外郎；曰宗翰，今爲太常博士，皆有行治，世其家。累贈公金紫光禄大夫、尚書兵部侍郎，而以嘉祐七年十月壬寅葬公孔子墓之西南百步。

公廉於財，樂振施，遇故人子恩厚尤篤，而尤不好鬼神禨祥事。在寧州，道士治真武像，有蛇穿其前，數出近人，人傳以爲神。州將欲視驗以聞，故率其屬往拜之，而蛇果出。公即舉笏擊蛇，殺之。自州將以下皆大驚，已而又皆大服。公由此始知名。然余觀公數處朝廷大議，視禍福無所擇，其智勇有過人者，勝一蛇之妖，何足道哉？世多以此稱公者，故余亦不得而略也。銘曰：

展也孔公，維志之求。行有險夷，不改其輈。權彊所忌，讒諂所讎。考終厥位，寵禄優優。維皇好直，是錫公休。序行納銘，爲識諸幽。

❶「御史」，龍舒本無此二字。

司封員外郎秘閣校理丁君墓誌銘❶

朝奉郎、尚書司封員外郎、充祕閣校理、新差通判永州軍州兼管内勸農事、上輕車都尉、賜緋魚袋晉陵丁君卒。❷王某曰：❸「噫！吾僚也。方吾少時，輔我以仁義者。」乃發哭，吊其孤，祭焉，而許以銘。越三月，君壻以狀至，乃叙銘，赴其葬。叙曰：

君諱寶臣，字元珍，少與其兄宗臣皆以文行稱鄉里，號爲二丁。景祐中，皆以進士起家。君爲峽州軍事判官，與廬陵歐陽公游，相好也。又爲淮南節度掌書記。或誣富人以博。州將，貴人也，猜而專，吏莫敢議，君獨力争，正其獄。又爲杭州觀察判官，用舉者兼州學教授。又用舉者遷太子中允，知越州剡縣。蓋其始至，流大姓一人，而縣遂治。卒除弊興利甚衆，人至今言之。於是再遷爲太常博士，移知端州。

儂智高反，攻至其治所。君出戰，能有所捕斬，然卒不勝。乃與其州人皆去而避之。坐免一官，徙黄州。會恩除太常丞，❹監湖州酒。又以大臣有解舉者，遷博士，就差知越州諸暨縣。其治諸暨如剡，越人滋以君爲循吏也。英宗即位，以尚書屯田員外郎編校祕閣書籍，遂爲校理、同知太常禮院。

君質直自守，接上下以恕。雖貧困，未嘗言利。於朋友故舊，無所不盡。故其不

❶「秘」，原作「之」，據龍舒本、宋元遞修本、應刻本改。
❷「都」，龍舒本無此字。
❸「王」上，龍舒本有「臨川」二字。
❹「恩」，龍舒本無此字。

幸廢退，則人莫不憐；少進也，❶則皆爲之喜。居無何，御史論君嘗廢矣，不當復用。遂出，通判永州。世皆以咎言者，謂爲不宜。夫歐未嘗教之卒，臨不可守之城，以戰虎狼百倍之賊。❷議今之法，則獨可守死爾；論古之道，則有不去以死，有去之以生。吏方操法以責士，❸則君之流離窮困，幾至老死，尚以得罪於言者，亦其理也。

君以治平三年待闕於常州，於是再遷尚書司封員外郎。以四年四月四日卒，年五十八。有文集四十卷。明年二月二十九日，葬于武進縣懷德北鄉郭莊之原。君曾祖諱輝，祖諱諒，皆弗仕。考諱柬之，贈尚書工部侍郎。夫人饒氏，封晉陵縣君，前死。子男：隅，太廟齋郎；❹除、隮，爲進士；其季恩兒尚幼。女嫁祕書省著作佐郎、集賢校理同縣胡宗愈。其季未嫁，嫁胡氏者亦又死矣。銘曰：

文於辭爲達，行於德爲充。道於古爲可，命於今爲窮。嗚呼已矣！卜此新宮。

王平甫墓誌❺

君臨川王氏，諱安國，字平甫，贈太師、中書令諱明之曾孫，贈太師、中書令兼尚書令諱用之之孫，贈太師、中書令兼尚書令、康國公諱益之子。自丱角，未嘗從人受學，操筆爲戲，文皆成理。年十二，出其所爲銘、詩、賦、論數十篇，觀者驚焉。自是遂以

❶「進」，龍舒本作「昭」。
❷「百」，龍舒本作「自」。
❸「士」，宋元遞修本作「亡」。
❹「太廟齋郎」，龍舒本無此四字。
❺「王」，龍舒本無此字。

文學爲一時賢士大夫譽歎。蓋於書無所不該，於詞無所不工，然數舉進士不售。舉茂材異等，有司考其所獻序言第一。❶又以母喪不試。君孝友，養母盡力。喪三年，常在墓側。出血和墨，書佛經甚衆。州上其行義，不報。

今上即位，近臣共薦君才行卓越，❷宜特見招選，爲繕書其序言以獻，❸大臣亦多稱之。手詔褒異。召試，賜進士及第，除武昌軍節度推官，教授西京國子。❹未幾，校書崇文院，特改著作佐郎、祕閣校理。士皆以謂君且顯矣，然卒不偶，官止於大理寺丞，年止於四十七，以熙寧七年八月十七日不起，越元豐三年四月二十七日，葬江寧府鍾山母楚國太夫人墓左百有十六步。有文集六十卷。妻曾氏，子旃、旍，女婿葉濤，處者四女。濤有學行，知名；旃、旍亦皆嶷嶷有立。君祉所施，庶在於此。

建安章君墓誌銘

君諱友直，姓章氏。少則卓越，自放不羈，不肯求選舉。然有高節大度過人之材。其族人郇公爲宰相，欲奏而官之，非其好，不就也。自江淮之上，海嶺之間，❺以至京師，無不遊。將相大人、豪傑之士，以至閭巷庸人小子，皆與之交際，未嘗有所忤，亦莫不得其懽心。卒然以是非利害加之，而

❶「言」下，龍舒本有「爲」字。
❷「才」，原作「林」，據龍舒本、宋元遞修本改。
❸「書」，龍舒本作「寫」。
❹「國子」下，龍舒本有「監」字。
❺「海嶺」，龍舒本作「嶺海」。

莫能知其喜愠。❶視其心，若不知富貴貧賤之可以擇而取也，頹然而已矣。昔列禦寇、莊周當文武末世，哀天下之士沈於得喪，陷于毁譽，離性命之情，而自託於人僞，以争須臾之欲。故其所稱述，多所謂天之君子。若君者，似之矣。

君讀書通大指，尤善於相人，然諱其術，不多爲人道之。知音樂、書畫、奕棋，皆以知名於一時。皇祐中，近臣言君文章善篆，有旨召試。君辭焉。於是太學篆石經，又言君善篆，與李斯、陽冰相上下。又召君，君即往。經成，除試將作監主簿，不就也。

嘉祐七年十一月甲子，以疾卒于京師，年五十七。娶辛氏，生二男，存、孺，爲進士。五女子，其長嫁常州晉陵縣主簿侍其璹，早卒，又娶其中女；❷次適歙州祁門縣令黄元；❸二人未嫁。君家建安者五世矣，其先則豫章人也。君曾祖考諱某，仕江南李氏，❹爲建州軍事推官。祖考諱某，皇著作佐郎，贈工部尚書。考諱某，京兆府節度判官。君以某年某月某甲子葬潤州丹陽縣金山之東園。銘曰：

弗績弗彫，弗跂以爲高。俯以狎於野，仰以游於朝。中則有實，視銘其昭。

王補之墓誌銘❺

君，南城人，王氏，諱无咎，字補之。嘉

❶「知」，龍舒本作「見」。
❷「又」上，龍舒本有「璹」字。
❸「歙州祁門縣令」，龍舒本作「蘇州吴縣尉」。
❹「仕」，龍舒本作「佐」。
❺此題，龍舒本作「台州天台縣令王君墓誌銘」。

祐二年進士也。初補江都縣尉。丁父憂，服除，調衛真縣主簿。嘗棄天台縣令，以與予共學。久之，無以衣食其妻子，乃去，補南康縣主簿。會予召至京師，因留教授。上方興學校，以經術造士，予言君可教國子。命且下，而君死。君所在，學者歸焉，賢士大夫皆慕與之游。然君寡合，常閉門治書，唯與予言莫逆。當熙寧初，所謂質直好義，不爲利疚，於回而學不厭者，❶予獨知君而已。君之死，年四十有六，實熙寧二年閏十一月丁巳。至四年二月壬申，妻曾氏、子絪緼始克葬君南城縣禮教鄉長義里。銘曰：

安時所難，學以爲己。於呼鮮哉，可謂君子！

尚書祠部員外郎祕閣校理張君墓誌銘❷

滁全椒張君，諱瑗，字君玉。其先有司泗州法者，諱煦，❸於君爲曾祖。嘗曰：「吾施德於人多矣，後當有顯者。」❹尚書刑部侍郎、參知政事諱洎者，❺於君爲祖。有二子，生君者長子，諱安期，❻官終國子博士。君以進士甲科守祕書省校書郎、簽書平江軍節度判官廳公事。故事，得獻書求試，君無

❶「於」，龍舒本作「勢」。
❷此篇龍舒本重出，一見卷八十九，題「祕閣校理張君墓誌銘」，一見卷九十六，題「張君玉墓誌銘」。
❸「煦」，龍舒本作「某」。
❹「當」，原作「常」，據龍舒本改。
❺「洎」，龍舒本作「某」。
❻「安期」，龍舒本作「某」。

所獻。❶知建昌軍南豐縣，通判鄂州。又將通判梓州，而有以君爲言者，乃召試，以爲祕閣校理，於是自校書五遷爲尚書祠部員外郎。❷

年五十五，以嘉祐五年四月壬申卒京師。❸夫人蓬萊縣君王氏，生三男子：伯孫、仲孫、世孫。三女子，其一嫁試將作監主簿蘇泌，其次尚幼。治平二年九月甲申，❹葬君全椒善政鄉脩仁里。❺於是伯孫主邵武軍光澤縣簿。

君與余善，其能貧而不爲利，余所畏。其於故事，蓋無所問而不知。其好書，天性也。往往日旰，竈薪不屬，而闔門讀書自若。又能爲吏，當官有所守，嶷嶷必得其意。然平居妥言，❻徐視易狎，若無能者。銘曰：

有幽滁山，滁水兩間，縈礴演迤，乃多君子。我儀其蓄，以博厥聞。我肖其滁，以清厥身。書此哀石，永詒崖濱。❼

臨川先生文集卷第九十一

❶「節度判官廳公事」至「所獻」，龍舒本卷八十九無此十八字。「建昌軍」，龍舒本卷八十九無此三字。

❷「校書」下，龍舒本卷八十九有「郎」字。「校」，龍舒本卷九十六作「秘」。

❸「四月壬申」，龍舒本作「八月某甲子」。

❹「九月甲申」，龍舒本作「十一月某甲子」。

❺「善政鄉脩仁里」，龍舒本作「某鄉某里」。

❻「妥」，龍舒本卷八十九作「安」。

❼「崖濱」，龍舒本卷八十九作「後人」。

臨川先生文集卷第九十二

墓誌

户部郎中贈諫議大夫曾公墓誌銘

公諱致堯，❶字正臣。❷其先封鄫，鄫亡，去「邑」爲氏。王莽亂，都鄉侯據棄侯之豫章，家之。蓋豫章之南昌，後分爲南豐，故今爲南豐人。可徒爲宜州刺史，❸再世生仁旺，❹贈尚書水部員外郎，公考也。李氏有江南，撫州上公進士第一，❺不就。太平興國八年，乃舉進士，中第。選主符離簿。歲餘，授興元府司録，道遷大理評事，遷光禄寺丞，監越州酒。召見，拜著作佐郎，知淮陽軍。將行，天子惜留之，直史館，賜緋魚袋，使自汴至建安軍行漕。詔曰：「凡三司州郡事，有不中理者，即驗之。」最鈎得匿貨，以五百萬計。除祕書丞、兩淛轉運副使，改正使。

始，諫議大夫知蘇州魏庠、侍御史知越州王柄不善於政，❻而喜怒從人，❼庠介舊恩以進，柄喜持上。公到，劾之以聞。上驚曰：「曾某乃敢治魏庠，克畏也。」克畏，可畏也，語轉而然。庠、柄皆被絀。楊允恭督

❶「致堯」，龍舒本作「某」。
❷「正臣」，龍舒本作「某」。
❸「故今」至「州刺史」，龍舒本作「人，某爲唐沂州刺史」。
❹「仁旺」，龍舒本作「某」。
❺「撫州」，龍舒本無此二字。
❻「善」，原作「譬」，據龍舒本改。
❼「從人」，原作「縱入」，據龍舒本改。

楊子運，數言事，多可，人厭苦之。❶ 公每得詔，曰：「使在外，便文全己，非吾心也。」輒不果行。允恭告上，上使問公，公以所守言，上繇此薄允恭，不聽。言苛稅一百三十餘條，❷ 罷之。移知壽州。壽俗挾貲自豪，❸ 陳氏、范氏名天下，聞公至，皆迎自戢。公亦盡歲無所罰。既代，空一城人遮行，至夜，乃從二卒騎出城去郡。❹ 轉太常博士、主客員外郎。

章聖嗣位，❺ 常親決細務，公言之。又言民憊甚，宜弛利禁。是時羌數犯塞，大臣議棄銀、夏以解之。公奏曰：「羌虛款屬我，我分地王之，非計也。令羌席此，劫它種以自助，不過二三年，患必復起矣。宜擇人行塞下，先調兵食，待其變而已。」不報。二年羌果反，圍靈州。議臣請去靈州勿事，❻ 公議曰：「羌所以易拒者，以靈州綴其後也。」判三司鹽鐵句院。天子欲以爲知制誥，召試矣，大臣或忌之，遷户部員外郎、京西轉運使。❼ 請限公卿大夫子官京師。陳彭年議遣使行諸部減吏員，下其事京西。公曰：「彭年議無賢愚一切置不用邪？抑擇愚而廢之邪？擇愚而廢之，人材其可以蚤暮驗邪？」上令趣追使還。數論事，上感之，還公。既而王均誅，命公撫蜀，所創更百餘事。

李繼遷再圍清遠、靈武，以丞相齊賢爲邠寧、環慶、涇原、儀渭經略使，丞相引公爲

❶「數言事多可人厭苦之」，龍舒本無此九字。
❷「一」，龍舒本作「二」。
❸「挾」，龍舒本作「富」。
❹「去郡」，龍舒本作「去在郡」，「去」從上讀。
❺「章聖」，龍舒本作「章獻」。
❻「議臣請去靈州」，龍舒本作「議棄靈州」。
❼「遷」，龍舒本作「除」。

判官。公奏記曰：「兵數十萬，王超既以都部署爲之主。❶丞相徒領一二朝士往臨之，❷超肯用吾進退乎？❸吾能以謀付與超，而有不能自將乎？不并將西，❹無補也。超能薄此重事，願更審計。」丞相及公以爲言。❺詔陝西諸經略使追兵，❻皆以時赴。公曰：「將士在空虛無人之處，❼事薄而後追兵，如後何？」遂辭行。上怒，未有所發。會召賜金紫，公曰：「丞相敏中以非功德進官，臣論其不可。甫爾，❽臣受命，事未有效，不敢以冒賜。」固辭，上繇此貶公爲黃州團練副使。既而超果敗，清遠、靈武踵亡。會南郊恩，復官，知泰州。丁母夫人陳氏憂，外除，授吏部員外郎，知泉州。

公常謂選舉舊制非是，請得論改之。陳省華子堯咨受請，殿上爲姦，以第畀舉人，❾敗。省華、堯咨有邪巧材，朝廷皆患惡，而方幸，無敢斥之者。公入十餘疏辯之，移知蘇州。至五日，移知揚州。揚州守職田，歲常得千斛，然遣吏督貧民耕。民苦之，公不使耕。天子方崇符瑞，興昭應諸宫，且出幸祠。公疏言：「昔周成王既卜世三十，卜年七百，然觀於《周禮》，其經緯國體、人事微細無不具，則知王者受命，必脩人事，以稱天所以命之之意，不舉屬之天以

❶「爲之主」，龍舒本作「矣」。
❷「丞相」上，龍舒本有「今」字。
❸「肯」，龍舒本無此字。
❹「將」下，龍舒本有「而」字。
❺「及公以」，龍舒本作「乃以公」。
❻「諸」，原作「即」，據光啓堂本改。
❼「士」，原無，據龍舒本補。
❽「甫爾」，龍舒本作「用今」。則「用」字當屬上。
❾「受請」至「舉人」，龍舒本作「請託，多爲姦，以科弟畀舉人」。

怠人事也。」終曰：「陛下始即位，以爵禄得君子。❶近年以來，以爵禄畜盜賊。」大臣愈不懌，移知鄂州。封泰山，恩遷禮部郎中，始解揚州，受添支差多一月，❷公尋自言。患公者因復絀公監江寧鹽酒。❸西祀，恩遷户部郎中。

以祥符五年五月丁亥疾不起，❹年六十六。階至朝請郎，勳至騎都尉。遺戒曰：「毋陷於俗，媚佛夷鬼以汙我。」❺家人行之。❻所著《仙鳧羽翼》三十卷、《廣中台志》八十卷、《清邊前要》五十卷、《西陲要紀》十卷、《爲臣要紀》三卷、《直言集》五卷、《文集》十卷，❼傳於世。尤長於歌詩云。❽以其年十一月，❾歸葬南豐之東園。水漬墓，天聖元年，改葬龍池鄉之源頭。

始，公娶黃氏，生子男三人：易占嘗爲太常博士，以能文稱。公以博士故，贈至右諫議大夫。公歿八年，而博士子鞏生。生三十五年，❿鞏以博士命，次公生平事，使來曰：「爲我誌而銘之。」某視公猶大父也。⓫其少也，則得公之詳，如其孫之云。

❶「得」，龍舒本作「待」。
❷「差」，龍舒本無此字。
❸「患」，龍舒本作「惡」。
❹「丁亥」，龍舒本作「二十日」。
❺「佛」，龍舒本無此字。
❻「行之」，原作「之行」，據龍舒本、宋元遞修本、應刻本改。
❼「仙鳧」至「《文集》十卷」，龍舒本作「書若干卷」。
❽「尤」，龍舒本作「文」。
❾「其年十一月」，龍舒本作「某年某月日」。
❿「水漬墓」至「生三十五年」，龍舒本作「始，公娶黃氏，生子男七人，仕者三人，某嘗爲太常博士，以能文稱。公以博士故贈諫議大夫。公没八年，而博士子鞏生。生若干年，水漬墓，改葬公龍池鄉之原頭，某年月日也。葬有日」。
⓫「某」，龍舒本作「安石」。

始，公自任以當世之重也，雖人望公則亦然。及遭太宗，愈自謂志可行，❶卒之閉於奸邪。彼誠有命焉，悲夫，亦正之難合也！雖其難合，❷其可少枉乎？雖其少枉，❸合乎未可必也。彼誠有命焉。雖然，其難合也，秪所以見正也。❹孔子曰：「所謂大臣者，以道事君，不可則止。」於戲！公之節，非庶幾所謂大臣者歟？❺銘曰：

既墓而圮，乃升宅原。❻誰來求銘，公子與孫。公初洎終，❼惟義之事。維才之完，而薄于施。❽乃其後人，❾有克厥家。天啓予公，❿非在茲邪？

京東提點刑獄陸君墓誌銘

提點京東諸州軍刑獄公事兼本路勸農事、朝奉郎、尚書司封員外郎、充集賢校理、上輕車都尉、賜緋魚袋借紫陸君，諱廣，字彥博。其先吳郡人也，至君之高祖，始遷福州之候官，以避唐末之亂。曾祖諱景遷，⓫仕吳越，爲驍騎上將軍、檢校太傅。⓬祖諱崇宸，⓭以威武軍觀察推官從其王歸京

❶「愈」，原無，據龍舒本補。
❷「合」，原作「命」，據龍舒本、宋元遞修本、應刻本改。
❸「乎雖其少枉」，龍舒本無此五字。
❹「正」，龍舒本作「士」。
❺「非」，龍舒本無此字。
❻「升」，光啓堂本作「奔」。
❼「洎」，龍舒本作「哀」。
❽「于」，龍舒本作「其」。
❾「乃」，龍舒本作「及」。
❿「予公」，龍舒本作「公子」。
⓫「景遷」，龍舒本作「某」。
⓬「軍」，原作「官」，據龍舒本改。
⓭「崇宸」，龍舒本作「某」。

師。❶官至殿中丞，歷知瀘、道、潮、貴四州以卒。❷考諱中和，❸不仕，以君故，贈官至尚書職方員外郎。君以天聖二年進士起，❹至皇祐四年某月，以使走齊州，❺某甲子，卒於鄆之平陰。君子長倩等以嘉祐四年某月某甲子，葬君杭州之錢塘某所之原，而書君繫世、官職、行能、勞烈、卒葬之地，一時以來求誌墓。❻銘曰：

於惟陸氏，吴郡其始。福之侯官，近自唐徙。君曾大考，❼太傅將軍。實仕吴越，爲皇陪臣。❽太傅有子，始來皇朝。❾丞于殿中，歷將四州。卒葬侯官，實生處士。贈官職方，君實其子。維君諱廣，彦博其字。文辭甲科，四府從事。起家邵武，再選徐州。遂監税酒，滿歲陳留。許昌之招，寧海之從。乃令烏程，乃丞開封。❿始佐著作，去爲尉氏。詠歌仁明，無有壯稺。移邛大邑，⓫告母高年。免蜀就養，税商于泉。又移導江，斗穀千錢。君命振之，以我公田。盜屠民家，⓬尉以囚來。因言實盜，⓭君曰釋之。尉方力争，衆亦莫寤。後得真盜，果如君慮。離堆之江，豪右擅焉。君修偃渠，始詘其專。灌田爲頃，萬有七千。鐫約示

❶「觀察」，龍舒本作「節度」。
❷「貴」，光啓堂本作「廣」。
❸「中和」，龍舒本作「某」。
❹「起」下，中華校排本引繆氏校補「家」字。
❺「走」，中華校排本引繆氏校作「赴」。
❻「一時」，龍舒本作「與時」。
❼「君曾」，龍舒本作「維君」。
❽「皇」，龍舒本作「王」。
❾「始」，龍舒本作「孫」。
❿「丞」，龍舒本作「逐」。
⓫「邛」，龍舒本作「功」。
⓬「屠」，龍舒本作「諸」。
⓭「囚」，龍舒本作「因」。

後，後無凶年。鄭文肅公，來治杭劇。君以通判，往從其辟。州人僦屋，吏代之輸。君爲創法，遂無逋租。中書選君，御史推直。有言朝廷，今以爲勑。冬狩于郊，大講戎兵，❶作箴以獻，逆戒荒萌。召寘集賢，以爲校理。當時名氏，簡在天子。出知婺州，惡吏先鉏。募能拯溺，民以不漁。婺之明年，改命治泉。泉人習君，謡語讙然。爲橋南江，濟者免覆。置廪州學，士懷我育。有告衆叛，當君燕時。命捕立得，坐人不知。蘇饑息窮，❷去害除弊。使臣以聞，守政尤異。智高盤邊，吏不時搏。君書驛上，焯有方略。歸佐三司，廷論南師。帝曰：「可哉，汝言予施。」河京以東，❸再執刑柄，諏囚于齊，至鄆而病。棄世平陰，當五十三。❹有子四人，扶喪而南。長倩惟伯，仲惟長緒，長恕惟叔，季惟長愈。倩掾秀州，敏有辭章，❺緒由君恩，郊社齋郎。又女六人，皆出陳氏。維陳淑慎，善相君子。四男有立，女亦有歸。受封長安，即養無違。爰以嘉祐，四年正月，❻歸君錢塘，范村之穴。❼惟君靜深，不苟笑嘻。隆親篤友，遇物愛慈。讀書慨然，慕古奇偉。顧謂諸子，仕當如此。官止外郎，尚書司封。又不得年，以既厥庸。❽有文藏家，後世之詒。於君所得，可以此窺。有幽斯竁，掩石在下。撰君初終，

❶「大」，原作「太」，據龍舒本、宋元遞修本改。
❷「蘇」，光啓堂本作「避」。
❸「河京以東」，龍舒本作「儂寇以平」。
❹「當」，龍舒本作「壽」。
❺「辭」，龍舒本作「文」。
❻「四」，原作「六」，據龍舒本改。「正月」，龍舒本作「十月」。
❼「范村」，龍舒本作「某所」。
❽「庸」，龍舒本作「用」。

以告來者。

廣西轉運使屯田員外郎蘇君墓誌銘

慶曆五年，河北都轉運使、龍圖閣直學士信都歐陽脩，以言事切直，爲權貴人所怒，因其孤甥女子有獄，誣以姦利事。天子使三司户部判官、太常博士武功蘇君與中貴人雜治。當是時，權貴人連内外諸怨惡脩者爲惡言，欲傾脩鋭甚。天下洶洶，必脩不能自脱。蘇君卒白上曰：「脩無罪，言者誣之耳。」於是權貴人大怒，誣君以不直，絀使爲殿中丞、泰州監税。然天子遂寤，言者不得意，而脩等皆無恙。蘇君以此名聞天下。嗟乎！❶以忠爲不忠，而誅不當於有罪，人主之大戒。然古之陷此者相隨，屬以有左右之讒，而無如蘇君之救，❷是以卒至於敗亡而不寤。然則蘇君一動，其功於天下，❸豈小也哉？蘇君既出逐，權貴人更用事。凡五年之間再赦，❹而君六徙，東西南北，水陸奔走輒萬里。其心恬然，無有怨悔。遇事强果，未嘗少屈。蓋孔子所謂剛者，殆蘇君乎？❺

蘇君之仁與智，又有足稱者。嘗通判陝府，當葛懷敏之敗，邊告急，樞密使使取道路戍還之卒再戍儀渭。於是延州還者千

❶「嗟」，原作「差」，據龍舒本、宋元遞修本、應刻本、光啓堂本改。

❷「救」，原作「寂」，據龍舒本、宋元遞修本、應刻本、光啓堂本改。

❸「功」，龍舒本無此字。「天」，宋元遞修本無此字。

❹「凡」，光啓堂本作「幾」。

❺「乎」，龍舒本作「矣」。

人，至陝，聞再戍，❶大恐，❷即讙聚謀爲變。吏白閉城，城中無一人敢出。君徐以一騎出卒間，諭慰止之，而以便宜還使者。戍卒喜曰：「微蘇君，吾不得生。」陝人亦曰：「微蘇君，吾其掠死矣。」有令，刺陝西之民以爲兵，敢亡者死。既而亡者得，有司治之以死，君輒縱去，而言上曰：「令民以死者，爲事不集也。事集矣，亡者猶不赦，恐其衆相率而爲盜。❸惟朝廷幸哀憐愚民，使得自反。」天子以君言爲然，而三十州之亡者皆不死。其後知坊州，州税賦之無歸者，里正代爲之輸，歲弊大家數十。❹君悉鉤治，使歸其主。坊人不憂爲里正，自蘇君始也。

蘇君諱安世，字夢得。其先武功人，後徙蜀，蜀亡歸家于京師，今爲開封人也。❺曾大考諱進之，❻率府副率。大考諱繼，殿直。考諱咸熙，贈都官郎中。君以進士起家三十二年，❼其卒年五十九。爲廣西轉運使，而官止於尚書屯田員外郎者，以君十五年不求磨勘也。

君娶南陽郭氏，又娶清河張氏，❽爲清河縣君。❾子四人：❿台文，永州推官；祥文，太廟齋郎；炳文，試將作監主簿；彥文，未仕。女子五人，適進士會稽江崧、單州魚臺縣尉江山趙揚，⓫三人尚幼。君既卒之三

---

❶「儀渭」至「聞再戍」，龍舒本無此十五字。
❷「恐」，龍舒本作「怨」。
❸「率」，龍舒本作「聚」。
❹「弊」，原作「幣」，據龍舒本、《皇朝文鑒》改。
❺「爲」，原無，據龍舒本補。
❻「諱進之」，龍舒本作「進」。
❼「起家」，龍舒本作「起起」，兩字當分屬上下句讀。
❽「張」，龍舒本作「某」。
❾「爲清河縣君」，龍舒本無此五字。
❿「四人」，原無，據龍舒本補。
⓫「崧」，龍舒本作「松」。

年，嘉祐二年十月庚午，其子葬君揚州之江都東興寧鄉馬坊村，而太常博士、知常州軍州事臨川王某爲銘，❶曰：

皇有四極，周綏以福。使維蘇君，奠我南服。亢亢蘇君，❷不圜其方。❸不晦其明，君子之剛。其枉在人，我得吾直。誰懟誰愠，祇天之役。日月有丘，其下冥冥。昭君無窮，❹安石之銘。

太子中舍沈君墓誌銘

沈氏世家吴興，其後有陵者，仕吴越王，卒官明州，家之。五世而生公。公諱兼，字子達，❺以五舉進士，得同學究出身，再補尉，有能名。用舉者遷衛尉寺丞，知湖之歸安縣，移知邵武之歸化，又有能名。遷太子中舍、通判蘇州，其以能聞愈甚。公好剛，❻遇事果急不顧計。爲通判日，與守爭可否，不爲之小屈，重犯轉運使，使、守相與害公，人之法，除名。天子薄其罪，免所居官而已。公歸怡怡，❼間爲五字詩自戲娱，無躁戚言。卒于家，年七十三，慶曆六年七月也。子男一人，起；女三人。起好學通政事，能守節法，爲進士，與某同時得科名者也。❽公之坐獄，爲判官滁州，❾立棄官

❶「常州」，原作「當州」，據龍舒本、宋元遞修本、應刻本改。「某」，龍舒本作「安石」。

❷「亢亢」，龍舒本作「元元」。

❸「圜」，龍舒本作「圓」。

❹「昭」，龍舒本作「服」。

❺「達」，原作「逵」，據龍舒本、宋元遞修本、應刻本改。

❻「剛」，原作「開」，據龍舒本、宋元遞修本、應刻本改。

❼「怡怡」，原作「佁佁」，據龍舒本、宋元遞修本、應刻本、光啓堂本改。

❽「某」，龍舒本作「安石」。

❾「滁州」，原作「滁門」，據龍舒本改。

從公，以得罪，❶世以爲孝。將以某年某月葬公某處，以夫人柳氏祔。先三月來求銘，與銘曰：

生也不得，其須而死。死也何有，有嘉者子。嗚呼，已矣夫！

祕書丞張君墓誌銘

君諱某，字某，其先成都之新繁人。曾祖諱某，不仕。祖諱某，太宗時以高貲徙内地，❷除三班奉職，非其好也，❸即辭去不仕。始家真州之揚子，而葬焉。皇考諱某，起進士，終登州軍事判官，贈太常博士。生三子，而君長子也。

君寬和厚重，友愛諸弟甚篤，待朋友以信，而樂棄財物以寬人之急。年七歲，日誦書數百言，操筆爲篇章，立就。及壯，❹舉進士開封第一，遂以釋褐爲宣州寧國縣主簿。會南陵無令，州以君行令事，有能名。用舉者令潁州之沈丘縣，轉著作佐郎，知江寧府上元縣事，又皆有能名。移知英州，遷祕書丞。以嘉祐二年十二月某甲子卒于州寢，是時君年四十七。天子官其一子師軻太廟齋郎。君之疾病也，州人相與爲君奔走請命，至有欲以身代者，蓋其得人心如此。夫人河南縣君丹陽吴氏，生三男子。長即師軻，次某，次某，皆尚幼。五女，皆未嫁。某年某月某甲子，葬君某州之某縣某鄉某所之原。余與君相好，又同年進士也，故與爲銘。曰：

❶「以得罪」，原無，據龍舒本補。
❷「貲」，龍舒本作「資」。
❸「其」，原作「與」，據龍舒本、宋元遞修本、應刻本改。
❹「壯」下，龍舒本有「年」字。

嗚呼張公兮韡矣其光，❶其先蜀産兮後葬于揚。視瞻先人兮兆此新塋，❷深泉高壤兮萬世之藏。

司封郎中張君墓誌銘

君張氏，諱式，字景則。其先建州浦城人，後徙建安，蓋弗仕者三世。諱漢夫者，曾祖也；諱謨者，祖也；諱希顔者，父也。父以君貴，乃贈尚書職方員外郎，有氣節，知君可教，乃付家事長子，而縱君遊學。及長，❸文辭行義，爲鄉里所推。天禧二年，釋進士褐，主福州閩縣簿，又主南劍將樂簿。有銀冶，坐歲課不足，繫者常數百人。君籍其人，使富貧財力相兼，課遂有羨，無繫者。歸，以勞除開封府祥符縣尉。趙稹將并州，辟軍事判官。稹所爲有不可於衆，徐啓諭弗訐，❹稹以故聽，而君亦以此稱長者。未幾，遭母夫人喪。服除，改祕書省著作佐郎，知福州古田縣。耕籍田恩，遷太常博士，知開封府咸平縣。吕許公罷宰相，以許州觀察判官辟，從之，又通判饒州。獄有十數年不決者，君一言而決。會擇河北吏，御史中丞舉君，得洺州，賜緋魚。又以選知虔州。虔於東南州爲最劇，君能鎮撫之以無事。三司市紬絹十餘萬，非經數，君拒弗市，民以君爲有賜也。又知濠、壽二州，人縊其妻，而以自殺告。獄既具，詰立服。舉

❶「張公」，龍舒本作「以公」。「矣」，龍舒本無此字。
❷「兮」，原作「方」，據龍舒本、宋元遞修本、應刻本、光啓堂本改。
❸「及」下，龍舒本有「壯」字。
❹「訐」，原作「許」，據龍舒本改。

州讙，以爲明。居頃之，❶召爲開封府推官，坐榜掠囚死，出知岳州。皇祐二年九月六日卒，享年六十二，官至尚書祠部郎中。

君廉静好書，長於政事。所居官舉，既去而人思。見時事有不便，往往能極言之，無所忌。趙元昊反時，誘人出財助軍，❷誘多得賞。於是吏或劫富人出財，❸君疏罷之。爲開封推官，時宫中以私財爲佛寺置田，又疏以爲亂法。後遂以君言而止。既老矣，終不肯治田宅，所得禄以置書，曰：「吾子業此，足以自活。不然，雖田宅何足？」妻姓徐，濮陽縣君。子六人，丞、志、思、惎、愻、熹。❹丞以君故，得太廟齋郎，與惎同時中進士第。女二人，皆已嫁。某月某日葬君某鄉某里。銘曰：

張祖留侯，世窮久幽。君始士服，起家以學。發於州縣，治見稱舉。有言朝廷，弊事用除。維清厥誨，尚後弗渝。

葛興祖墓誌銘

許州長社縣主簿葛君，諱良嗣，字興祖。其先處州之麗水人，而興祖之父徙居明州之鄞，興祖葬其父潤州之丹徒，故今又爲丹徒人矣。曾大父諱遇，不仕。大父諱旰，贈尚書都官郎中。父諱源，以尚書度支郎中終。仁宗時，度支君三子，❺當天聖、景祐之間，以文有聲赫然進士中。先人嘗受其摯，閲之終篇，而屢歎葛氏之多子也。既

❶「之」，原無，據龍舒本補。
❷「軍」，龍舒本作「邊」。
❸「出」下，龍舒本有「其」字。
❹「惎」，原作「甚」，據龍舒本、宋元遞修本、應刻本改。
❺「支」，原作「文」，據龍舒本、宋元遞修本、應刻本改。

而三子者，伯、仲皆蚤死，獨其季在，即興祖。興祖博知多能，數舉進士，角出其上。而刻勵修潔，篤於親友。慨然欲有所爲，以效於世者也。年四十餘，始以進士出仕州縣。餘十年而卒窮於無所遇以死。

嗟乎！命不可控引，而才之難恃以自見蓋久矣！然興祖於仕未嘗苟。聞人疾苦，欲去之如在己。其所臨視，❶雖細故人不以屬耳目者，必皆致其心。論者多怪之，曰：「興祖且老矣，弊於州縣，而服勤如此。」余曰：「是乃吾所欲於興祖。夫大仕之則奮，小仕之則怠忽以不治，非知德者也。」興祖聞之，以余之言爲然。

興祖娶胡氏，又娶鄭氏。其卒年五十三，實治平二年三月辛巳。其葬，以胡氏祔，在丹徒之長樂鄉顯揚村，即其年十一月某甲子也。興祖四男子：❷蘖、藴皆有文學。蘖，許州臨潁縣主簿；藴，鄧州穰縣主簿；藻、蘋，❸尚幼也。四女子，皆未嫁云。銘曰：

蹇於仕，以爲人尤。不憖施以年，孰主孰謀？無大憾於德，又將何求？

臨川先生文集卷第九十二

❶「所」，原無，據龍舒本補。
❷「四」，原作「三」，據龍舒本改。
❸「藻」，原無，據龍舒本補。

臨川先生文集卷第九十三

墓　誌

太常博士曾公墓誌銘

公諱易占，字不疑，姓曾氏，建昌南豐人。其世出有公之考贈諫議大夫致堯之碑，大夫當太宗、真宗世爲名臣。公少以廕補太廟齋郎，爲撫州宜黄、臨川二縣尉，舉州司法。❶中進士第，改鎮東節度推官。還，改武勝軍節度掌書記、崇州軍事判官，❷皆不往。用舉者監真州裝卸米倉，遷太子中允、太常丞、博士，知泰州之如皋、信州之玉山二縣。知信州錢仙芝者，有所丐於玉山，❸公不與，即誣公。吏治之，得所以誣公者，仙芝則請出御史。當是時，仙芝蓋有所挾，故雖坐誣公抵罪，而公亦卒失博士。歸不仕者十二年。復如京師，至南京，病，遂卒。娶周氏、吴氏，最後朱氏，封崇安縣君。子男六人。曅、鞏、牟、宰、布、肇。女九人。公以端拱己丑生，卒時慶曆丁亥也。後卒之二年而葬，其墓在南豐之先塋。❹

始，公以文章有名，及試於事，又愈以有名。臨川之治，能不以威而使惡人之豪帥其黨數百人皆不復爲惡。在越州，其守

❶ 「州」，原作「三」，據《名臣碑傳琬琰集》所録《曾博士易占神道碑》改。
❷ 上「軍」字，原無，據龍舒本補。
❸ 「所」，原漫漶，據龍舒本、應刻本、光啓堂本補。
❹ 「塋」，原漫漶，據宋元遞修本、光啓堂本改。

之合者，倚公以治；其不合者，有所不可，公輒正之。❶莊獻太后用道士言，作乾明觀，匠數百人，作數歲不成。公語道士曰：「吾爲汝成之。」爲之捐其費太半，役未幾而罷。如皋歲大饑，固請於州，而越海以糴，所活數萬人。明年，稍已熟，州欲收租賦如常，公獨不肯聽。歲盡，而泰之縣民有復亡者，獨如皋爲完。既又作孔子廟，諷縣人興于學。玉山之政既除其大惡，而至於橋梁廨驛無所不治。蓋公之已試於事者能如此。既仕不合，即自放，爲文章十餘萬言，而《時議》十卷尤行於世。《時議》者，懲已事，憂來者，不以一身之窮而遺天下之憂。以爲其志不見於事，則欲發之於文；其文不施於世，則欲以傳於後。後世有行吾言者，而吾豈窮也哉？蓋公之所爲作之意也。

寶元中，李元昊反，❷契丹亦以兵近邊，陽爲欲棄約者。天子獨憂之，詔天下有能言者皆勿諱。於是言者翕然論兵以進。公獨以謂天下之安危，顧吾自治不耳。吾已自治，夷狄無可憂者；不自治，憂將在於近，而夷狄豈足道哉？即上書言數事，以爲事不爾，後當如此。既而皆如其云。

公之遭誣，人以爲冤，退而貧，人爲之憂也。而公所爲十餘萬言，皆天下事，古今之所以存亡治亂，至其冤且困，未嘗一以爲言。公没，而其家得其遺疏，❸曰：「劉向有言：『讒邪之所以並進者，由上多疑心。用賢人而行善政，如或譖之，則賢人捨而善政還。』此可謂明白之論，切於今者。夫夷狄

❶「輒」，原作「輕」，據龍舒本改。
❷「元昊」，原作「元吴」，據龍舒本、應刻本改。
❸下「其」字，原作「真」，據龍舒本、應刻本改。

動於外，百姓窮於下，臣以謂尚未足憂也。臣之所謂可憂者，特在分諸臣之忠邪而已。」其大略如此，而其詳有人之難言者。蓋公既病而爲之，未及上而終云。嗚呼！其尤可以見公之志也。夫諫者貴言人之難言，而傳者則有所不得言。讀其略，不失其詳，後世其有不明者乎？

公之事親，心意幾微，輒逆得之。好學不怠，而不以求聞於世。所見士大夫之喪，葬二人，逆一人之柩以歸，又字其孤。又一人者，宰相舅，嘗爲贊善大夫，死三十年，猶殯。殯壞，公爲增修。又與宰相書，責使葬之。此公之行也。蓋公之試於事者小而不盡其材，而行之所加又近。唯其文，可以見公之所存而名後世。故公之故人子王某取其尤可以銘後世者，而爲銘。曰：

夫辨邪正之實，去萬事之例，而歸宰相之責。破佛與老，❶合兵爲農，以立天下之本。設學校，奬名節，以材天下之士。正名分，定考課，通財幣，❷以成制度之法。古之所以治者，不皆出於此乎？而《時議》之言如此。讀其書以求其志，嗚呼！公之志何如也？

内翰沈公墓誌銘❸

公姓沈氏，諱遘，字文通，世爲杭州錢塘人。曾祖諱某，皇贈兵部尚書。祖諱某，皇贈吏部尚書。父扶，今爲尚書金部員外郎。公初以祖廕，補郊社齋郎。舉進士，於廷中爲第一。大臣疑已仕者例不得爲第

❶「破佛與老」，原無，據龍舒本補。

❷「幣」，原作「弊」，據龍舒本改。

❸此題，龍舒本作「沈内翰墓誌銘」。

一，故以爲第二。除大理評事、通判江寧府。當是時，公年二十，人吏少公，而公所爲卓越，已足以動人。然世多未知公果可以有爲也。祀明堂恩，遷祕書省著作佐郎。歲滿，召歸，除太常丞、集賢校理，判登聞鼓院、吏部南曹，權三司度支判官，❶又判都理欠憑由司。於是校理八年矣，平居閉門，❷雖執政，非公事不輒見也。故雖執政，初亦莫知其爲材。居久之，乃始以同修起居注召，試知制誥。及爲制誥，遂以文學稱天下。金部君坐免歸，求知越州，又移知杭州。鉏治姦蠹，所禁無不改，崇奬賢知，得其歡心。兩州人皆畫像祠之。

英宗即位，召還，句當三班院，兼提舉兵吏司封官告院，兼判集賢院。延見勞問甚悉。居一月，權發遣開封府事。公初至，開封指以相告曰：「此杭州沈公也。」及攝事，人吏皆屏息。既而以知審官院，遂以龍圖閣直學士權知開封府。❸公旦晝視事，日中則廷無留人，出謝諸客，從容笑語。客皆怪公獨有餘日，而畿内翕然稱治，人人如公坐視其左右。於是名實暴燿振發，賢臨一時，自天子大臣皆論以爲國之器，❹而閭巷之士奔走談説，讙呼鼓舞，以不及爲恐。會母夫人疾病，請東南一州視疾。英宗曰：「學士豈可以去朝廷也？」明日，除翰林學士、知制誥，充羣牧使，兼權判吏部流内銓、判尚書禮部。

公雖去開封，然皆以爲朝夕且大用矣。而遭母夫人喪以去。英宗聞公去，尤悼惜。

❶「支」，原作「吏」，據龍舒本、宋元遞修本、應刻本改。
❷「平」，原作「乎」，據龍舒本、宋元遞修本、應刻本改。
❸「閣」，原作「開」，據龍舒本、宋元遞修本、應刻本改。
❹「之」，龍舒本無此字。

特遣使者追賜黄金百兩，❶而以金部君知蘇州。❷公居喪致哀，寢食如禮。以某年某月得疾杭州之墓次。某日至蘇州，而以某日卒，年四十有三。三男子，六女。中男恭嗣，後公六日卒。隆嗣、延嗣與六女皆尚幼。夫人陸氏，封安定郡君。公官右諫議大夫，散官朝散大夫，勳輕車都尉，爵長安縣開國伯，食邑八百户。有《文集》十卷。

公平居不常視書，而文辭敏麗可喜，强記精識，長於議論。世所謂老師宿學無所不讀通於世務者，皆莫能屈也。與人甚簡，而察其能否賢不肖尤詳，視遇之各盡其理。爲政號爲嚴明，而時有所縱舍。於善良貧弱，❸撫恤之尤至。在杭州，待使客多所闕略，而州人之貧無以葬及女子失怙恃而無以嫁者，以公使錢葬嫁之，凡數百人。於其卒，知與不知，皆爲之歎惜。某年某月某日，葬公杭州某鄉某里。銘曰：

沈公儀儀，德義孔時。升自東方，其明孰夷。視瞻歎譽，❹無我敢疵。正晝而隕，嗚呼可悲！序傳有史，亦在銘詩。

王深父墓誌銘

吾友深父，書足以致其言，言足以遂其志，志欲以聖人之道爲己任，蓋非至於命弗止也。故不爲小廉曲謹以投衆人耳目，而取舍進退去就必度於仁義。世皆稱其學問文章行治，然真知其人者不多，而多見謂迂

❶「特」，原作「恃」，據龍舒本改。「百兩」，原無，據龍舒本補。
❷「而」，龍舒本無此字。
❸「弱」，光啓堂本作「窮」。
❹「瞻」，龍舒本作「贍」。

潤，不足趣時合變。嗟乎！是乃所以爲深父也。令深父而有以合乎彼，則必無以同乎此矣。

嘗獨以謂天之生夫人也，殆將以壽考成其才，使有待而後顯，以施澤於天下；或者誘其言以明先王之道，覺後世之民。嗚呼！孰以爲道不任於天，德不酬於人，而今死矣？甚哉，聖人、君子之難知也！以孟軻之聖，而弟子所願，止於管仲、晏嬰，況餘人乎？至於楊雄，尤當世之所賤，簡其爲門人者，一侯芭而已。芭稱雄書，以爲勝《周易》。《易》不可勝也，芭尚不爲知雄者。而人皆曰：「古之人，生無所遇合，至其没久而後世莫不知。」若軻、雄者，其没皆過千歲，讀其書、知其意者甚少，則後世所謂知者，未必真也。夫此兩人，以老而終，幸能著書，書具在，然尚如此。嗟乎深父，其智雖能知軻，其於爲雄雖幾可以無悔，然其志未就，其書未具，而既早死，豈特無所遇於今，又將無所傳於後！天之生夫人也，而命之如此，蓋非余所能知也。

深父諱回，本河南王氏。其後自光州之固始遷福州之候官，爲候官人者三世。曾祖諱某，某官。祖諱某，某官。考諱某，尚書兵部員外郎。兵部葬潁州之汝陰，故今爲汝陰人。深父嘗以進士補亳州衛真縣主簿，歲餘，自免去。有勸之仕者，輒辭以養母。其卒以治平二年七月二十八日，年四十三。於是朝廷用薦者，以爲某軍節度推官、知陳州南頓縣事，書下而深父死矣。夫人曾氏，先若干日卒。子男一人，某；女二人，皆尚幼。諸弟以某年某月某日葬深父某縣某鄉某里，以曾氏祔。銘曰：

嗚呼深父！惟德之仔肩，以迪祖武。❶厥艱荒遐，力必踐取。莫吾知庸，亦莫吾侮。神則尚反，歸形此土。❷

叔父臨川王君墓誌銘

孔子論天子、諸侯、卿、大夫、士、庶人之孝，固有等矣。至其以事親爲始而能竭吾才，則自聖人至於士，其可以無憾焉一也。余叔父諱師錫，字某，少孤，則致孝於其母。憂悲愉樂，不主於己，❸以其母而已。學於他州，凡被服食飲玩好之物，苟可以慰吾母而力能有之者，皆聚以歸，雖甚勞窘，終不廢。豐其母，以及其昆弟姑姊妹，不敢愛其力之所能得。約其身以及其妻子，不敢慊其意之所欲爲。❹其外行則自鄉黨、鄰里及其嘗所與遊之人，莫不得其歡心。其不幸而蚤死也，則莫不爲之悲傷歎息。夫其所以事親能如此，雖有不至，其亦可以無憾矣。

自庠序聘舉之法壞，而國論不及乎閭門之隱。士之務本者，常詘於浮華淺薄之材。故余叔父之卒，年三十七。數以進士試於有司，而猶不得禄賜，以寬一日之養焉。而世之論士也，以苟難爲賢，❺而余叔父之孝，又未有以過古之中制也。以故世之稱其行者亦少焉。蓋以叔父自爲，則由外至者，吾無意於其間可也。自君子之在

❶「祖」，原作「徂」，據龍舒本改。
❷「土」，原作「上」，據龍舒本、宋元遞修本、應刻本、光啓堂本改。
❸「於」，原無，據龍舒本補。
❹「慊」，原作「歉」，據龍舒本改。
❺「苟」，龍舒本無此字。

勢者觀之，使爲善者不得職而無以成名，則中材何以勉焉？ 悲夫！

叔父娶朱氏，子男一人，某；女子一人，皆尚幼。其葬也，以至和四年祔于真州某縣某鄉銅山之原皇考諫議公之兆。爲銘，銘曰：

天孰爲之？ 窮孰爲之？ 爲吾能爲，已矣無悲。

虞部郎中刁君墓誌銘

刁氏於江南爲顯姓。當李氏時，君曾祖諱某甚貴寵，嘗節度昭信軍，卒葬昭信城南。皇祖諱某，亦嘗仕李氏。歸朝廷，以尚書兵部郎中直祕閣，終真宗時，其墓在江寧牛首之北。後祕閣再世不大遂，然多名人在世議中。尚書屯田員外郎諱某者，葬丹徒，於君爲皇考，故君爲丹徒人。

君諱某，字某，嘗舉進士不中，遂用皇祖蔭仕州縣，以尚書虞部郎中知廣德軍。歸，卒于京師，年六十一。後卒之若干日，治平二年二月十五日，葬丹徒樂亭村。君敦厚謹飭，治內外皆嚴以有恩。所居官舉其治，以此多薦者。初娶孫氏，後娶郭氏，封金華縣君。有六男子：珉，試將作監主簿；璹，守某縣令；次玘、瓌、玠、珣，爲進士。三女，❶長嫁尚書屯田員外郎梁昱，餘未嫁。銘曰：

刁氏南祖，奮功以武。詒禄于孫，有蔚有文。❷君以祖芘，厥艱初仕。祗載不惰，有榮于位。徂相名原，窾此新宮。筮云終

❶「女」下，龍舒本有「子」字。
❷「有」，龍舒本作「其」。

吉，銘告無窮。

王會之墓誌銘

君諱逢，字會之，姓王氏，太平州當塗縣人也。嘗舉進士不中，去，以所學教授。於是蘇州士人從轉運使乞君主其學，學者常致數千百人。君所獎養成就者多矣。❶乃始以進士起家，權南雄州軍事判官。歸，試判超等，補袁州軍事判官，留爲國子監直講，兼隴西郡王宅教授。❷李某行内修謹，君蓋有力焉。岐國公主既嫁，❸爲君求遷，有命矣，君辭焉，乃已。

君少以文學知名，於書無所不觀，而尤喜《易》，作《易傳》十卷、《乾德指説》一卷、《復書》七卷，名士大夫多善其書者。於是樞密使張公舉君可試館職，而宰相無知君者，故不用。通判徐州，以疾不赴，求監蘇州酒。以嘉祐八年正月六日不起，年五十九。至太常博士。君爲人樂易，篤於朋友故舊，於勢利無所苟。能愛人，以得其歡心。君皇祖考延嗣、祖考皆不仕，❹而皇考以君故，贈大理評事。前夫人蘇氏，後夫人陳氏，皆無子。陳氏名家子，亦有賢行。以嘉祐八年四月二日葬君蘇州吴縣三玄鄉陸公原，以前夫人蘇氏祔焉。銘曰：

宜壽也，五十而已；宜貴也，止於博士；謂卒有後也，而終無子。嗚呼夫子！命不

❶「多」，原作「少」，據龍舒本、宋元遞修本、應刻本改。
❷「王」，原作「主」，據龍舒本、宋元遞修本、應刻本改。
❸「嫁」，原作「家」，據龍舒本、宋元遞修本、應刻本改。
❹上「考」字，龍舒本無此字。下「祖考」上，龍舒本有「皇」字。

可與謀。其歸其安，永矣茲丘。

袁州軍事推官蕭君墓誌銘

袁州軍事推官新喻蕭君，諱洵，字公美。初，年十五，以父命就學於鄉里。後數舉進士不合，用父蔭試祕書省校書郎，選筠州司法。嘗獨守法爭議，脱數人於幾死。又選吉州吉水縣主簿，遂佐袁州，攝行宜春令事，縣甚治。用舉者十四人，當召對。以治平二年五月十八日卒京師，年四十五。越四年，二月三日，葬新喻鍾山鄉鍾山里，於是夫人張氏前死而別葬。子男一人，錞，郊社齋郎。女六人。其四人既爲士妻，其二尚幼。

蕭氏故長沙人。當李氏時，遷江南，或居廬陵，或新喻，後皆以才力名藝自顯。君曾祖諱紹，有儒學，不仕。祖諱世則，贈光禄卿。父固，嘗以尚書刑部郎中、集賢殿修撰守桂州，經略南方，號稱能臣。已而有所牾，以祠部郎中分司，遂致仕。君惇厚謹密，事親左右不怠。當官廉實以敏，以故多舉者。銘曰：

於嗟蕭君，營此新卜。何性之祥，而命之不穀？匪父匪母，匪子爲憂。自其邑里，皆歎以愀。有銘厥實，藏在中丘。

大理寺丞楊君墓誌銘

君諱忱，字明叔，華陰楊氏子。少卓犖，以文章稱天下。治《春秋》，不守先儒傳注，資他經以佐其說。其說超厲踔越，❶世

❶「踔」，龍舒本作「卓」。

儒莫能及也。❶及其爲吏，披姦發伏，振擿利害，大人之以聲名權勢驕士者，常逆爲君自詘。蓋君有以過人如此。然恃其能，❷奮其氣，不治防畛，以取通於世，故終於無所就以窮。

初，君以父蔭守將作監主簿，數舉進士不中。數上書言事，其言有衆人所不敢言者。丁文簡公且死，爲君求職，君辭焉。後用大臣薦，召試學士院，❸又久之，不就。積官至朝奉郎、行大理寺丞、通判河中府事、飛騎尉，而坐小法絀，監蘄州酒税。未赴，而以嘉祐七年四月辛巳卒於河南，享年三十九。顧言曰：「焚吾所爲書，無留也。以柩從先人葬。」八年四月辛卯，從其父葬河南府洛陽縣平樂鄉張封村。

君曾祖諱津，祖諱守慶，坊州司馬，贈尚書左丞。父諱偕，翰林侍讀學士，以尚書工部侍郎致仕，特贈尚書兵部侍郎。娶丁氏，清河縣君，尚書右丞度之女。子男兩人：❹景略，守太常寺太祝，好書，學能自立；景彦，早卒。君有文集十卷，又别爲《春秋正論》十卷、《微言》十卷、《通例》二十卷。銘曰：

芒乎其孰始，❺以有厥美？昧乎其孰止，以終於此？納銘幽宮，以慰其子。

節度推官陳君墓誌銘

人之所難得乎天者，聰明、辨智、敏給

❶「及」，龍舒本作「難」。
❷「恃」，原作「峙」，據龍舒本改。
❸「召」下，龍舒本有「君」字。
❹「子」，原無，據龍舒本補。
❺「芒」，龍舒本作「世」。

之材。既得之矣，能學問修爲以自稱，而不弊於無窮之欲，此亦天之所難得乎人者也。天能以人之所難得者與人，人欲以天之所難得者徇天，而天不少假以年，則其得有不暇乎修爲，其爲有不至乎成就。此孔子所以歎夫未見其止而惜之者也。

陳君諱之元，❶字某，年二十七，爲武昌軍節度推官以卒。自其爲兒童，强記捷見，能不勞而超其長者。少長，慨然慕古人所爲，而又能學其文章。既以進士起家，則喜曰：「無事於詩賦矣。以吾日力盡之於所好，其庶乎吾可以成材。」於是悉橐其家書之官，而蚤夜讀以思。思而不得，則又從其朋友講解，至於達而後已。❷其材與志如此，使天少假以年，則其成就當如何哉？然無幾何，得疾病，遂至於不起。嗟乎！此亦所謂未見其止而可惜者也。

君某州之某縣人，曾祖曰某，祖曰某，考曰某。以嘉祐某年某月某甲子，其兄之方爲之卜某州某縣某所之原以葬。而臨川王某爲銘，曰：

浮揚清明，升氣之鄉。沈翳濁墨，❸降形之宅。其升遠矣，其孰能追？其降在此，有銘昭之。

臨川先生文集卷第九十三

❶「之元」，龍舒本作「之光」。
❷「達」，龍舒本作「通」。
❸「墨」，龍舒本作「黑」。

臨川先生文集卷第九十四

墓　誌

尚書祠部郎中集賢殿修撰蕭君墓誌銘

區希範誅，廣西困於兵，詔以尚書屯田員外郎蕭君知桂州，兼廣西都巡檢、提舉兵甲溪峒事。至則因其故俗，治以寬大，廣西遂安。而君以材，選爲荆湖南路提點刑獄。未幾，以君之信於南方也，又以君爲廣西水陸計度轉運使。方是時，儂智高蒐兵，誘聚中國亡命，陰以其衆窺邊境。而邊吏士尚皆不寤，君獨憂此，以謂必爲南方之患。乃選遣才辯吏，説智高内屬。上書言狀，請因以一官撫之，使抗交趾，且可以紓患。書下樞密，樞密以智高故屬交趾，納之生事。以詔問君，能保交趾不争智高，智高終無爲寇，則具以聞。君曰：「蠻夷視利則動，必保其往，非臣之所能。顧今中國勢未可以有事於蠻夷，則如智高者，撫之而已。且智高才武强力，非交趾所能争而畜也。就其能争，則蠻夷方自相攻，吾乃所以閒而無事。」争議至五六，而樞密遂絀君言不報。君又奏請擇將吏、繕兵械、修城郭以待變，亦至五六，又皆不報。而君以召歸。智高果反邕州，殺其守將，出入廣東、西十有一州。所至殘破，吏士多走死。樞密乃更歸責於君，以知吉州。一時士大夫紛紛欲爲君訟，君遂絶口無所道。世以此稱君長者，又因知君智謀果可以任邊事。居頃之，遂復以爲廣東轉運使，又以直昭文館知桂州。當是時，儂宗旦聚兵智高故地，無所屬。邕州爲之警，諸將皆議興師。君又獨持招降之議。朝廷用君議，宗旦遂釋兵服，以爲西頭供奉官，而邊無事。於是君積官至尚書刑部郎中，以集賢殿修撰再任。會蠻申紹泰反，巡檢宋士堯戰死，仁宗使中貴人出視，君坐士堯死，降知江州。而提點刑獄因中貴人言君罪狀，朝廷爲置獄，而君所坐止於贖金，諸提點刑獄所言多無之，然猶奪兩官以免。稍除監撫州鹽酒，辭不往，以分司南京就第。諸公多欲薦起之者，君遂告老，即以尚書祠部郎中致仕。

君諱固，字幹臣，初以進士選桂陽監判官、楚州團練推官。用舉者二十三人，改大理寺丞，知開封府陽武、永康軍青城兩縣，通判虔州，以方略擒盜，賜書獎諭，移知江州。所至皆有善狀，推賢舉善，束縛姦吏，明而不殘。於財利尤能開闔斂散，故在廣東收銅鹽課，皆倍前以十萬數。❶治平三年，年六十五，以九月十七日卒於家。初娶隴西縣君李氏，❷再娶彭城縣君劉氏。❸子男二人：洵，袁州軍事推官，前死；泂，試祕書省校書郎，知鄂州嘉魚縣事。女三人，嫁江州湖口縣主簿何正臣、襲州司户參軍歐陽成，其季尚幼也。孫男女十八人。

蕭氏故長沙人，君曾祖諱處鈞，當湖南馬氏時，爲衡州司馬。以馬氏方亂，棄其官，歸李氏江南，不願仕，有賜田百頃袁州之新喻。❹新喻後屬臨江軍，故今爲臨江新

❶「倍」，原作「偣」，據宋元遞修本、應刻本、光啓堂本改。
❷「縣君李氏」，光啓堂本作「某君某氏」。
❸「縣君劉氏」，光啓堂本作「某君某氏」。
❹「袁」，原作「表」，據宋元遞修本、應刻本、光啓堂本改。

喻人。祖諱紹，考諱世，則皆以儒學不仕。而考以君故，贈官至光禄卿。君之疾革也，出其奏議焚之，其子孫所録傳尚二百餘篇。蓋其言詳密，多世務之要。四年九月二十二日，葬君新喻安和鄉長宣里佛子岡。銘曰：

司馬去荆，望此南國。君賁厥趾，蕭宗以殖。致功蠻方，時告厥猶。朝爲弗聞，疆埸用憂。受慝不讓，退安一州。既窮而通，終以無偶。銘詩幽宫，傳載永久。

贈光禄少卿趙君墓誌銘

儂智高反廣南，攻破諸州。州將之以義死者二人，而康州趙君，余嘗知其爲賢者也。君用叔祖蔭試將作監主簿，選許州陽翟縣主簿、潭州司法參軍。數以公事抗，轉運使連劾奏君，而州將爲君訟於朝，以故得無坐。用舉者爲温州樂清縣令，又用舉者就除寧海軍節度推官，知衢州江山縣。斷治出己，當於民心，而吏不能得民一錢。棄物道上，人無敢取者。余嘗至衢州，而君之去江山蓋已久矣，❶衢人尚思君之所爲，❷而稱説之不容口。又用舉者改大理寺丞，知徐州彭城縣。祀明堂恩，改太子右贊善大夫，移知康州。至二月，而儂智高來攻，君悉其卒三百以戰。智高爲之少卻。至夜，君顧夫人取州印佩之，使負其子以匿，曰：「明日賊必大至，吾知不敵，然不可以去。汝留死，無爲也。」明日戰不勝，遂抗賊以死。於是君年四十二。兵馬監押馬貴者

❶「蓋已久」，光啓堂本作「地相交」。
❷「衢」，光啓堂本作「縣」。

與卒三百人亦皆死，而無一人亡者。

初，君戰時，馬貴惶擾，至不能食飲。君獨飽如平時。至夜，貴卧不能著寢，君即大鼾，比明而後寤。夫死生之故亦大矣，而君所以處之如此。嗚呼！其於義與命，可謂能安之矣。君死之後二日，而州司理譚必始爲之棺斂。又百日，而君弟至，遂護其喪歸葬。至江山，江山之人老幼相攜扶祭哭，❶其迎君喪有數百里者。而康州之人亦請於安撫使，而爲君置屋以祠。安撫使以君之事聞，天子贈君光禄少卿，官其一子覲右侍禁，官其弟子試將作監主簿。又以其弟潤州録事參軍師陟爲大理寺丞，❷簽書泰州軍事判官廳公事。

君諱師旦，字潛叔，其先單州之成武人。❸曾祖諱晟，贈太師。祖諱和，尚書比部郎中，贈光禄少卿。考諱應言，太常博士，贈尚書屯田郎中。自君之祖始去成武，而葬楚州之山陽，故今爲山陽人。而君弟以嘉祐五年正月十六日葬君山陽上鄉仁和之原，於是夫人王氏亦卒矣，遂舉其喪以祔。銘曰：

可以無禍，有功於時。玩君安榮，相顧莫爲。誰其視死，❹高蹈不疑。嗚呼康州，銘以昭之。

朝奉郎守國子博士知常州李公墓誌銘

公李氏，諱餘慶，字昌宗，年四十四，官

❶「攜扶」，龍舒本作「扶攜」。

❷「軍」，原作「車」，據龍舒本、宋元遞修本、應刻本、光啓堂本改。

❸「成武」，原作「武成」，據龍舒本改。下同。

❹「死」，龍舒本作「之」。

止國子博士，知常州以卒。然公之威名氣略聞天下，自其卒至今久矣，天下尚多談公之爲有過於人者。余嘗過常州，州之長老道公卒時就葬於横山，州人填道瞻送，歎息爲之出淚；又爲之畫像，寘之浮屠以祭之。於是又知公之有惠愛於常人也。已而與公之子處厚遊，則得公之所爲甚具。

蓋公之爲政，精明强果，事至能立斷而得。久姦宿惡，輒取之不貸，至其化服，則撫循養息，悉有其處，所以威震遠近，而蒙其德者亦思之無窮也。當明肅太后時，嘗欲用公矣，公再上書論事，其言甚直，以故不果用，而出常州。嗚呼！公之自任，豈止於一州而已？此有志者所以爲之惜也。

始，公以叔父任起家應天府法曹參軍，遇事輒争之，留守者不能奪也。卒薦公，改太常寺太祝，知湖州歸安縣。其後通判秀州，州近鹽，公作華亭、海鹽二監，以業盜販之民，歲入緡錢八十萬。又爲石堤，自平望至吴江五十里，以除水患，人至今賴之。其所至處利害多如此，然非公大志所欲以就名成功者，故不悉著，著其利於民尤大而能以久者云。公平生慷慨，好議當世事，其所趣舍，必欲如己意，雖强有勢，終不爲撓。嘗考前世治亂之迹，與其君臣之間議論，編爲七十卷，藏於家，此蓋其大志所存也。

公之先爲開封之陳留人，五代祖爲梁使閩，因避地，家於福之漣江。曾大父周，不仕。大父郁，贈尚書虞部員外郎。考慕玢，祕書省著作佐郎，贈尚書工部員外郎。夫人龔氏，永安縣君。男五人：處常，忠武軍節度推官，與誼、誠皆已卒；處厚，大理寺丞，與處道皆進士。既葬之二十三年，至和元年，余銘其墓曰：

公閎於家，來自陳留。維時方屯，閉蓄函收。其孰有源，而久於幽？自公之考，乃施乃流。其流至公，孰敢泳游？茫洋演迤，小大畢浮。曷蹇于行，使止一州。庶其渙發，在後之修。

左班殿直楊君墓誌銘

東鹿楊闢，狀其先人曰：君諱文詡，❶字巨卿，少孤，鞠於世父。世父戰契丹于常山，君始十七，能以兵入，得甲馬。其後世父爲峽州麻谿寨主，合州兵討蠻之叛者，君以二十五卒馳前，與蠻三千遇。蠻傳畏君勇，悉還走險。其酋據險下射，殺君卒幾盡。君以兩矢自下顛其酋，而後世父軍亦至，遂戡其衆以歸。天子賞世父一官，而以君屬三班爲殿侍。

君曾祖諱淵，祖諱君正，父諱德成，皆以經術教授鄉里。遭五代變擾，皆不仕。君亦少敏强記，通五經、刑名、書數。然負其材武，思一有所奮，成功名，以故爲武吏，稍遷借職，監睦州酒。由借職三遷爲左班殿直，由睦州亦三遷爲邵州武岡寨兵馬監押。由武岡歸京師，以慶曆七年二月二十九日，年七十三而卒。

初，康定中，將相欲五路兵攻夏，故相陳恭公爲陝西招討使，欲君爲用。知君者皆曰：「君嘗有所試，今其時也，勉之矣。」君不應而辭以疾。顧說恭公曰：「吾士卒惰久矣，而數敗以恐，卒然敺之以入不測，戰久講勝悍强之賊，愚不知計策，見其危而已。」恭公默然，而其後兵果不得出。自是

❶「詡」，龍舒本作「翊」。

君亦老矣。更讀書，勸諸子以學，無復言兵事。

方君少壯時，喜兵，彎弓擊劍，❶士莫敢伍。然仁恕愛物，遇人謙謹。麻谿士卒殺戮無所擇，君爲救止，全活甚衆。其在武岡，❷以恩信得諸蠻，❸蠻有嵩、敘、上下誠等州刺史，至呼君爲父，終君去不爲侵竊。

君夫人杜氏，生三男：其長子早卒，次闢爲大理寺丞，次閎。三女子，皆已嫁，其長亦早卒。夫人少君十歲，以嘉祐二年五月二十三日卒于酸棗，而壽與君皆七十三。六月二日，合葬于陳州宛丘縣友于鄉彭陵原。臨川王某曰：「士之以材稱於世而能以義克者少矣。子路，學孔子者也，然怙其勇以不得死。君以此其材至白首無所遇，而恂恂自克，以考厥終。克有名子，載其行治，其可銘。」銘曰：

擐堅挽强，可扞四方。視時弛張，以不悖于常，維士之良。

内殿崇班錢君墓碣

内殿崇班、廣德軍兵馬都監錢君之墓，在和州之歷陽雞籠鄉永昌里。初，錢氏以布衣起，王吴越，當五代時，諸侯王僭悖，獨常順事中國。道閉無所出，則間以其方物取海上輸之天子。至宋受命，欲一天下，吴越王即帥其屬朝京師，而盡獻其地。天子受其地，王之淮海，而褒顯其子孫。❹蓋至於今百年，錢氏之有籍於朝廷者，殆不可勝

❶「擊」，原無，據龍舒本補。
❷「在」，原無，據龍舒本補。
❸「得」，龍舒本作「待」。
❹「顯」，原作「題」，據龍舒本改。

數，而以才稱於世嘗任事者，比比出焉。

君諱某，字某，右屯衛將軍諱某之子，昭化軍節度使諱某之孫，吴越文穆王諱某之曾孫。錢氏以才稱於世者也。其爲子弟也，父昆稱良焉；其爲父兄，又能教其子弟；其爲吏，又能修其職事，而天子嘗任之以爲材。始以季父恩公蔭，❶補三班借職，稍遷至内殿崇班，知欽州。州人甚愛之。歸，奏事殿中，稱旨，遂遷内殿承制、提點廣南西路刑獄。在廣西四年，以功次遷供備庫副使，刺舉當法，賢士大夫多譽之。

當是時，儂智高爲姦，數嫚邊吏。邊吏莫能抗，諸州又皆無兵。君即奏請戍兵以待變。奏至五六，而大臣終不許。即復上書求罷，又不許。而儂智高果反，君坐詘三官，監饒州酒。居久之，稍復遷至内殿崇班、廣德軍兵馬都監。至廣德之明年，嘉祐二年，君年七十一矣，以三月某甲子卒。

昭化之治和州也，凡十八年，有惠愛於州人。其卒，子孫遂留以葬。故君子淇、沂、沃、溥奉君喪，以某年某月某甲子歸葬於永昌先人之兆。而淇、沂以余曾從事於文辭，自君之將葬至於今三年，跋涉而從余以求銘數矣，然不止而愈勤。噫！其若是，余不可以無銘。於是爲之敘次，使歸而鑱諸墓。

吴處士墓誌銘

君吴氏，諱某，字某。其先建安大姓。曾大父諱某，建州長史；大父諱某，館驛巡官、檢校尚書吏部員外郎，皆江南李氏所置

❶「恩」，龍舒本作「思」。

也。方李氏時，吏部府君之父子同時仕江南者以十數，至君之考諱某，始以汀州軍事推官歸選於朝，主鄭之新鄭簿。

君少孤，事母夫人至孝，與其弟軻相愛，春秋祭先人。雖老矣，眡牲省器，皆不以屬子孫，俯仰齋慄，如見其饗之者。已祭，未嘗不悲哀也。讀書取大指通而已。或勸之謀利，曰：「吾貧久矣，人以我爲憂，而我以是爲樂，不能改也。」有子三人，甫、申、冉，皆不使事生産，曰：「士而貧，多於工商而富也。」三人者皆以進士貢於鄉，而申爲太平州軍事推官。君年七十八，某年某月某日卒於太平之官舍。甫等護其柩，歸葬於江州某縣某鄉某原，某年某月日也。夫人前君卒，别葬，實南陽葉氏。始，君所居毁於水，乃奉母夫人來客江州，愛其山川，而遂家之。故其葬也，以歸焉。申之友南陽張頡論次君之事如此，而申以告曰：「先人不幸，力爲善而不獲顯於天下。今其葬，宜得銘，使後世有見焉。」

嗟乎！予不及識君矣，然予之故人多能言君之教諸子盡其道，故卒皆有立，而申之文行尤以知名於世。方今士大夫之列於朝者，天子於其父母皆有以寵嘉之，其官封之卑鉅視其子，所以勸天下之爲父母而慰其子之心。以君之善教而子之材，宜及其身有高爵盛位之報焉。其生也既不及，其没也孰知其不卒享也哉？是故不宜無銘也。銘曰：

士或爲仁，稱止一鄉。至其後興，厥聞迺光。或業以勤，而傳之圮。❶維是不朽，實君有子。

❶「圮」，龍舒本作「記」。

尚書司封員外郎張君墓誌銘❶

君姓張氏，諱彦博，字文叔，其先家齊州之禹城。曾祖諱玘，贈太子洗馬；祖諱制，又徙其家於蔡州，贈尚書吏部侍郎；父諱保雍，仕至尚書刑部郎中、兩淛轉運使。

君以廕爲太廟齋郎，調武昌縣尉。能禁抑淫祠，使盡去境内。再調撫州司法，嘗攝令臨川，始取强悍者一人痛治以威，而皆喜以畏。却使者不急之須，而使者不敢怒。徙亳州酇縣令，用薦者監蘄州石橋茶場。鎖廳應進士舉，中其科。尋丁母憂。服除，調興化軍興化縣令。僧有連結爲姦黨者，久至三十餘年。君悉捕以置於法，而廢其寺。古田縣有劇賊，即遁去。復調黄州黄陂縣令，稍築堤防以利農，告使者更鹽利之法，自是役賴以均。改袁州軍事判官，以治平四年十月六日卒于官，享年四十九。

君少力學問，尤知史書。不憚折節以交賢士大夫，而喜趍人之急。教兄之孤子，至於登第。撫三女，悉得所歸。而其仕也，所爲又能不苟，故前後多薦者。初娶劉氏，又娶方氏。子二人，曰仲偉，曰次賢。君昔去石橋，遂留居於蘄。故其葬也，從劉氏於蘄之安仁鄉芙蓉山，蓋熙寧二年十月六日也。君於文章，尤喜作歌詩，有集四十卷，藏於家。銘曰：

恭惠敏明，交悦以稱。不遂其成，恢曠坦易。或投以累，終以困躓。惟人載德，宜福多錫。得壽亦嗇，曷告其悲？銘續風詩，萬世之貽。

❶「尚書司封員外郎」，宋元遞修本、應刻本無此七字。

尚書屯田員外郎仲君墓誌銘

君仲氏，諱訥，字樸翁，廣濟軍定陶人。曾祖諱環，祖諱祚，皆弗仕。而至君父諱尹，始仕，至曹州觀察支使，贈右贊善大夫。君景祐元年進士，起家莫州防禦推官。年少初官，然上下無敢易者。時傳契丹且大擾邊，朝廷使中貴人來問，知州張崇俊未知所對。公策契丹無他爲，具奏論之。崇俊喜曰：「朝廷必知非吾能爲此，然亦當善我能聽用君也。」又權博州防禦判官，以母夫人喪去。去三年，復權明州節度推官。縣送海賊數十人，獄具矣，君獨疑而辨之，數十人者皆得雪。用舉者改大理寺丞，知大名府清平、印州臨溪兩縣，又通判解州，於是三遷爲尚書屯田員外郎。而以皇祐五年十二月二十一日卒，❶年五十五。

君厚重有大志，不妄言笑。喜讀書，爲古文章。晚而尤好爲詩，詩尤稱於世。所在有聲績，然直道自信，於權貴人不肯有所屈，故好者少，然亦多知其非常人也。其在越蜀，士多從之學。當寶元、康定間，言者喜論兵，其計不過攻守而已，君獨推《書》所謂「食哉唯時，柔遠能邇。惇德允元，而難任人，蠻夷率服」，爲《禦戎議》二篇。嗟乎！此流俗所羞，以爲迂而弗言者也。非明於先王之義，則孰知夫中國安富尊强之爲必出於此？君知此矣，則其自信不屈，宜以有所負而然，惜乎其未試也！

君初娶王氏，尚書駕部郎中蘭之女。又娶李氏，尚書虞部員外郎宋卿之女。三

❶「十二」，龍舒本作「十一」。

男子：伯達爲太常博士，次伯适、伯同，❶爲進士。三女子，嫁殿中丞任庾、并州交城縣尉崔絳、興元府户曹參軍任膺。博士以熙寧元年十一月二十一日葬君於定陶之閔丘鄉，而以余之聞君也來求銘。銘曰：

於戲樸翁，天偶人觭。翔其德音，而躓於時。

臨川吴子善墓誌銘

臨川吴氏有子興宗，字子善。年二十喪母，而其父以生事付之，則先日出以作，後日入以息。日午矣，家一人未飯，其夫婦必尚空腹。天寒矣，家一人未纊，其夫婦必尚單衣。蓋如此者二十年而父終，❷三十年而已死。凡嫁五妹，辦數喪。又以其筋力之餘，及於鄉黨。苟有故，必我勞人佚，先往後歸。而尤篤於友愛，見弟有過，則顔色愈温，須飲酒歡極之間，乃微示以意。既而即泣下，曰：「吾親屬我以汝，吾所以不避艱險者，保汝而已。」其弟終感悟，悔改爲善士，以文學名於世。此待其弟乃爾，若於他人，則絶口不涉其非。然里中少年聞其謦欬之音，往往逃匿。若匿不及，則俛首恐愧。而嘗有所絓，一至訟庭。及着械，同絓數十人爲之皆哭。掌獄者驚起白守，守立免焉。其見畏愛多此類。

某謂其父爲諸舅，甚知其所爲，故於其弟子經孝宗之求誌以葬也，爲道而不辭。子善嘗應進士舉，後專於耕養，遂不復應。其死以治平四年八月九日，而十二月十二

❶「伯同」，龍舒本作「伯囧」。
❷「父」，原無，據《古文辭類纂》卷五補。

日與其母黄氏共葬於靈源村父墓之域中。父諱偃，亦有行義，用疾弗仕。祖諱表微，尚書屯田員外郎。曾祖諱英，殿中丞。初妻姓王氏，❶一男良弼，皆前卒。再娶楊氏，生蕘、适、枉，蕘始九歲。而四女，幼者一歲云。❷

臨川先生文集卷第九十四

❶「妻」，中華校排本引繆氏校謂當作「娶」。
❷「云」，宋元遞修本作「云云」。

臨川先生文集卷第九十五

墓　誌

比部員外郎陳君墓誌銘

陳晉公有子五人，其一人，今宰相是也。公，晉公之中子，而今宰相弟。晉公諱某，事始卒在史官。公諱某，字某，九歲用晉公恩守祕書省校書郎。晉公薨，恩改太常寺奉禮郎。服除，久之，會封禪恩，改大理評事，監鳳翔府酒税。又會祀汾陰，改衛尉寺丞。歸，以最升知邵武之邵武縣。獻文章，得試學士院。宰相才之，議與科名。公固辭親在，願得進官職也，不願得科名。從之。通判秀州，改大理寺丞。歸，又獻文章，表乞治劇郡，得淮陽軍，改太子中舍。今上即位，恩改殿中丞。是歲，賜緋衣銀魚，知臨江軍。還，得睦州，薦者數人。天子以公名屬審官，又徙知遂州。❶以齊國太夫人疾，辭還，改虞部員外郎。上便宜數事，得引對，因自贊。天子欲稍進用之，而遭齊國太夫人之喪以去。居無何，睦州人王稷上書斥公赦前數事。服除，猶坐是，監虔州税。明道元年，恩改比部員外郎，通判建州，改駕部。用舉者徙知吉州，坐法免。起爲比部，監泗州糧料。又坐法免。起爲虞部，監饒州錢監。復得比部。歸，羈居京師。久之，乃出監江陰軍酒税。

❶「又」，龍舒本作「云」。

道疾病，上書自言：「先臣恕得幸先皇帝，至大臣。臣階先臣以得仕，❶屢進所學，蒙記識。方壯少時，頗汲汲欲自奮，收一日之效，以卒事陛下，❷而孤行單立，無黨友之助，又薄命不幸，數遭小人，以見困躓，負先臣餘教，辱陛下器使之恩。今老矣，念終無以報盛德，深自媿恥，❸夙夜憂畏，以故得疾病且死。無田園以歸，無强有力子弟以養，唯男一人世昌，去年爲進士，得嘉慶院解。臣兄在中書，奏不得試禮部，今當爲遠官，去臣旁遠甚。陛下憐之，幸聽臣分司，改世昌蘇、常間一官，以卒養臣，天地之賜也。臣誠窮，即不自言，❹誰當爲臣言者乎？」❺書入，未報，竟卒於江寧，得年若干，時某年月也。夫人某氏。子男兩人：世昌，泉之晉江主簿；次世長，前死。女兩人，皆已嫁。主簿將以某年月日葬公某處，葬有日，使來乞銘。初，公爲臨江軍，先君爲之佐。其後二十五年，某得主簿於淮南，❻而兄事之，仍世有好，義不可以辭無銘也。

公，名臣子，少壯得美任，間以文藝自進。意自以爲且貴富世其家，而遭平世，概以文法持臣下，故其材不得有所肆，而卒以齟齬窮。其感激怨懟，往往見於文辭。主簿離其藁爲二十卷，讀之知其心之所存也。❼而其求分司語，❽尤悲，因掇其大概而存之。噫！其亦可悲也夫！銘曰：

❶ 上「臣」字，原無，據龍舒本補。
❷ 「下」下，龍舒本有「之分」二字。
❸ 「深自」，龍舒本作「除」。
❹ 「不」，龍舒本作「無」。
❺ 「乎」，原無，據龍舒本補。
❻ 「某」，龍舒本作「安石」。
❼ 「讀之」，光啓堂本作「以是」。
❽ 「分」，原作「有」，據龍舒本、應刻本改。

於此有木焉，一本而中分。其材均，樹之時又均。或斷而焚，或剖以爲犧尊。誰令然耶？其偶然耶？吾又何嗟！

贈尚書吏部侍郎句公墓誌銘

公句氏，諱希仲，字袞臣。景德六年，以開封浚儀進士起家，歷選於吏部，爲揚州江都主簿、洪州新建縣尉、權管句洪州奉新縣事、開封府右軍巡判官。其後，除於審官，爲監黄州岐亭鎮茶鹽酒税，監虔州税，知洪州分寧縣，知容州，句當在京左右廂店宅務，知高郵軍，知岳、安、袁、吉、筠五州。又其後，除於中書，爲知隨州。又遂以疾求分司西京。而以皇祐三年四月丁亥卒於安州之傳舍，享年七十一。散官至朝奉郎，職事官至光禄卿，勳至上柱國，賜緋魚袋。

公通訓詁，工篆隸書，能傳其父學。又善爲詩。其在高郵，歲大饑，以便宜振救，所活萬餘人。在鄂州，前吏以逃户諸税責鄰人，至或無桑矣，而猶責其絲。公歎曰：「上恩及於無告，而州縣若此壅之，可乎？」❶即奏除之。在吉州，州素多事，公至，則御之以簡，奸吏、惡民顧不得有爲，至相戒而去。❷公奉寡嫂，畜孤兄子，尤篤於恩禮。自爲郎中，先任其兄子，次及諸從，最後乃蔭公子。兄外孫尹構，幼失父母，公收教之，再舉進士禮部矣。顧言以構名聞，構由此補郊社齋郎。蓋其爲人敦厚長者，詳於施人，而畧於養己如此。

句氏其先京兆人，公曾祖諱同章，始遷

❶「可乎」，龍舒本、宋元遞修本作「何也」。
❷「相戒而去」，龍舒本作「相與戒云以俟其去」。

成都之華陽。祖諱令宣，❶皇贈光禄寺丞。父諱中正，爲孟氏武泰軍節度使掌書記。❷太宗時，自潞州録事參軍召拜著作佐郎、直史館，其後改直昭文。在兩館二十六年，同館士多去爲將相，❸而公脩職守道，未嘗爲之少屈。以尚書屯田郎中卒於真宗之初，而葬浚儀。浚儀，今祥符也。故公卒，❹以某年某月某甲子，葬公開封府之開封縣保安鄉永寧村。❺

公元配清河張氏，❻繼配楚丘邊氏、祥符劉氏。劉氏封延安郡君。三男子：諶，尚書屯田員外郎；詵，早世；請，太廟室長。女子九人，嫁尚書駕部員外郎王正己、湖州德清縣令郭真卿、尚書虞部郎中楊定、殿中丞劉偁、榮州録事參軍張道古、起居舍人鍾鼎臣、❼殿中丞杜師益、泰寧軍節度推官謝京、登州司理參軍王勔。及公之葬也，以公子諶故，張夫人追封仙遊縣太君，邊夫人追封仙源縣太君，劉夫人追封仁壽郡太君，而公亦贈官至尚書吏部侍郎。銘曰：

句宗華陽，世實京兆。來家東都，公考有廟。温温句公，有美有相。不衒不求，卒爲圭璋。考翼在上，公丞在下。❽爲此幽宫，亦浚之野。

❶「宣」，龍舒本作「瑄」。
❷「使」，龍舒本無此字。
❸「士」，原作「事」，據龍舒本改。
❹「卒」，龍舒本作「子」。
❺「府」，原無，據龍舒本補。
❻「元」，龍舒本作「先」。
❼「偁」，宋元遞修本作「稱」。「鍾」，龍舒本作「龔」。
❽「丞」，龍舒本作「承」。

山南東道節度推官贈尚書工部郎中傅公墓誌銘

公姓傅氏，諱立，字伯禮。其先大名内黄人，今鄆須城人也。慶曆二年，以五舉進士，得同三禮出身，主鄭州管城縣簿。用舉者爲滑州靈河縣令，遭母夫人喪。喪除，以山南東道節度推官知磁州昭德縣事。嘉祐四年七月六日，卒于官舍，享年六十六。

公以文行有聲於鄉。❶其志氣甚大，既久困不遂，因不復有仕意。鄉人强之，乃起佐管城。所爲問義理如何，不肯有所顧計。貝州妖人爲亂，吏坐不察者衆。州縣懲艾，有以妖告者，❷輒又致之刑辟。或誣浮屠、道人爲妖，州捕之急，公辯其無罪，即釋之。在昭德，縣人治河隄，摠役者妄怒以立威。諸縣畏其糾劾，莫敢校。及筈公縣人，公奪之縱去。縣人感悦，不督而功自倍，摠役者亦不敢復犯。公所部，其施於政者多如此。故其卒，老稚相扶携，祭哭思慕，久之不怠。

蓋公孝慈忠信，剛毅有守。遇事不爲可愧，其仁心尤至。既病，亟呼其季子告曰：「吾嘗質田於鄆，數十口賴以活者三十年。今田主往往而在，汝兄仕於朝，所不足者非財，可以券還之。」於是長子方官於莫州，及歸遭喪，終以田歸主，如公戒。

公曾祖諱凝，贈尚書庫部員外郎。祖諱世隆，尚書户部員外郎，知邛州。父諱

❶「於」，宋元遞修本作「州」。
❷「妖」下，宋元遞修本有「人」字。

珏，右班殿直。凡三世，皆以經學舉。至公始爲進士，而公子亦皆爲進士，曰：堯俞，尚書兵部員外郎；曰舜俞，郊社齋郎；曰君俞，未仕；餘四人，皆早死。兵部君以才德爲世名人，嘗爲諫官以言事，不合，辭知雜御史，不肯就。

以熙寧二年十月某日，葬公於孟州濟源縣清廉鄉美化里，以夫人長壽縣太君王氏祔於是。公贈官至尚書工部郎中。太君有賢行，方兵部除知雜御史也，適北使未返，而親故皆賀。夫人弗受，治裝爲行。及兵部歸，而果辭不就以出也。銘曰：

惟傅厥先相武丁，告功皇天上比星。公躬服仁世守經，奮發華藻揚芬馨。宜殖福禄引厥齡，摧藏沉淹以濎濙。齎志弗獲終冥冥，爰有美子集帝庭。忠功孝名神所聽，卜塋高原日永寧。

尚書度支員外郎郭公墓誌銘

公諱維，字仲逸，少好學，有大志。年二十五，起爲泰州司理，調泰、真二州判官。以能聞，監真州之酒税。丁母憂。服除，改著作佐郎、知南豐縣。俗喜訟，令始至，豪猾輒搆事入縣，察令能否。公至，即得其姦，窮而徙之，由此無敢犯法。改新都縣，又以治稱。既去，民思之，相與繪公像祠焉。使者薦其材，就知雅州。王蒙正姻明肅太后家，❶侵民田，幾至百家。有訴者，更數獄，無敢直其事。詔公治之。其行也，人爲公憚。公至，則拔根擿節，不漏毫末，以田歸民，蒙正坐除名。既歸，天子目之，賜

❶「姻」下，龍舒本有「連」字。

之朱衣，得尚書屯田員外郎，知常州。至州，索宿姦數人流之，州以無事。移提點淮南刑獄，吏不治，道聞公至，往往豫以事求解，部中肅然。遷度支以卒，慶曆二年正月也。凡仕二十七年。

公剛毅能斷，當事勇，不自恤。繇景德、祥符之間，四海平治，寬文法待吏，而吏乃相習爲遨嬉浮沉者。或按一吏，則交議群詆，以爲暴刻生事，日浸月積，而民敝於下矣。至公始按吏，而獨急於權倖。有大臣出鎮揚，❶不治，曲以禮事公，公奏斥，不報。既代，猶斥之。以是被按，一無憾言。以聲威聞，而所至即有惠愛。某嘗羈游過常，❷里中民有以褻語相罵者，其長者怒曰：「爾欲忘郭屯田邪？」蓋公在常以此治其民，❸時卒已九年矣，猶不忘之。惜乎！朝廷方欲顯用，而公已不幸。其出於治者，猶未足以盡其志，故不悉書，特掇其一二而存之，此足以見公之志也。

祖某，不仕。父某，贈殿中丞。母劉氏，仙源縣太君。妻張氏，南陽縣君。子男三人：先正，烏江縣尉；聰正，舉進士；祥正，星子主簿。女六人。以某年月日葬公於某處，公之里也。將葬，先正等以今司封員外郎趙諴書來乞銘，先人與公祥符八年以進士起，而公子且與某遊，❹有好也，銘不敢讓。銘曰：

翼翼汾陽，子儀始王。德完道粹，❺功蓋于唐。宜享世澤，流如海長。原原南寓，

❶「鎮」，原無，據龍舒本補。
❷「某」，龍舒本作「安石」。
❸「治」，原作「法」，據龍舒本改。
❹「某遊」，龍舒本作「安石道近」。
❺「粹」，龍舒本作「辟」。

孰嗣而昌？公生而明，剛簡自徇。拔身貧羈，誼不辱進。蘇窮斥姦，惠立威振。而年不長，志不時盡。既奮既材，天奚弗憖。刻銘在幽，來者之感。❶

贈尚書刑部侍郎王公墓誌銘

江陵縣有合葬龍山之西者，爲宋龍川令、贈尚書刑部侍郎王公之墓。公之卒，得年七十一，其葬之歲在辛卯，爲皇祐三年十二月甲申，龍川其所卒也。以刑部侍郎贈公者，曰公之子、光禄卿周。公諱文亮，字昭遠。其先，晉丞相導也。丞相十有六世之孫儉，爲唐正議大夫，刺明州，始去長安之萬年，爲明之奉化人。大夫之兄曰潨，潨生紳，紳生韶，韶生公，四世咸爲縣令。方錢氏之王吴越也，公嘗試策入等，爲其屬州之掾。國除，選於京師，復掾密州，尉夔奉節，爲邢之任令。舉者二十餘人，不用。歎曰：「吾既其衰矣，而爲是，是不可以已耶！」即以疾去。去之八年，無復言進仕。黨故强起之，復歎曰：「仕不仕，惟義也。吾敢自必於其間耶？」起令龍川，遂卒。

始，公尚少，以文稱於士友。嘗度浙江，有忘白金百斤於舟。公最後，獨見之，留三日，得忘者歸之而後去，而不告以名。佗日從者以爲言，於是又稱其長者。今兩縣吏民皆曰「賢令」也，既亡，皆哀焉。合葬于龍山者，天水郡太君權氏，善草隸書，誦數經，能略通其説。實唐貞孝公皐之十七世孫云。子男四人，向、頻、高爲進士，充其業；其季，光禄君也。女三人，皆歸閩人。

❶ 「感」，龍舒本作「訊」，宋元遞修本、應刻本作「哉」。

光禄君方潔勤審，下賢好學，人以爲君子之子焉。自晉之亂，而戎夷盜賊穴有中國，且亂且治，至于今歲千年。士大夫之家流落顛頓，不常其世，後雖有振起者，多不知其族之所出。獨光禄君之家，爲世其家，而能自道尤詳。自大夫伯仲至公四世之告命皆具在，命其宗人之子某銘公之墓者，光禄君也。銘曰：

公先籍秦系相導，大夫相孫維作守。兄深遂留家海浦，子紳孫韶公祖考。于東四傳弗甚耀，藏仁厥家以賚後。後蕃而昌其必效，今卿追公爲之兆。

兵部員外郎馬君墓誌銘

馬君諱遵，字仲塗，世家饒州之樂平。舉進士，自禮部至於廷，書其等，皆第一。守祕書省校書郎，知洪州之奉新縣，移知康州。當是時，天子更置大臣，欲有所爲，求才能之士以察諸路。而君自大理寺丞除太子中允、福建路轉運判官，以憂不赴。憂除，知開封縣，爲江淮荆湖兩浙制置發運判官。於是君爲太常博士，朝廷方尊寵其使事，以監六路，乃以君爲監察御史，又以爲殿中侍御史，遂爲副使。已而還之臺，以爲言事御史。至則彈宰相之爲不法者，宰相用此罷，而君亦以此出知宣州。至宣州一日，移京東路轉運使。又還臺，爲右司諫、知諫院。又爲尚書禮部員外郎兼侍御史知雜事、同判流内銓。數言時政，多聽用。

始，君讀書即以文辭辯麗稱天下。及出仕，所至號爲辨治，論議條鬯，人反覆之而不能窮。平居頹然，若與人無所諧。及遇事，有所建，則必得其所守。開封常以權豪請託，不可治。客至，有所請，君輒善遇之無所拒。客退，視其事，一斷以法。居久之，人知君之不可以私屬也，縣遂無事。及爲諫官御史，又能如此。於是士大夫歎曰：「馬君之智，蓋能時其柔剛，以有爲也。」

嘉祐二年，君以疾，求罷職以出。至五六，乃以爲尚書吏部員外郎、直龍圖閣，猶不許其出。某月某甲子，君卒，年四十七。天子以其子某官某爲某官，又官其兄子持國某官。夫人，某縣君鄭氏，以某年某月某甲子葬君信州之弋陽縣歸仁鄉裏沙之原。

君故與予善，予常愛其智略，以爲今士大夫多不能如。惜其不得盡用，亦其不幸早世，不終於貴富也。然世方懲尚賢任智之弊，而操成法以一天下之士，❶則君雖壽考，且終於貴富，其所畜亦豈能盡用哉？嗚呼！可悲也已！既葬，夫人與其家人謀而使持國來以請曰：「願有紀也，使君爲死而不朽。」乃爲之論次，而繫之以辭，曰：

歸以才能兮又予以時，投之遠塗兮使驟而馳。前無禦者兮後有推之，忽稅不駕兮其然奚爲？哀哀煢婦兮孰慰其思？❷墓門有石兮書以余辭。

泰州海陵縣主簿許君墓誌銘

君諱平，字秉之，姓許氏。余嘗譜其世家，所謂今泰州海陵縣主簿者也。君既與兄元相友愛，稱天下，而自少卓犖不羈，善辨說，與其兄俱以智略爲當世大人所器。

❶「操」，龍舒本作「採」。

❷「哀哀」，龍舒本不重。

寶元時，朝廷開方略之選，以招天下異能之士，而陝西大帥范文正公、鄭文肅公争以君所爲書以薦，於是得召試，爲太廟齋郎。已而選泰州海陵縣主簿。貴人多薦君有大才，可試以事，不宜棄之州縣。君亦常慨然自許，欲有所爲，然終不得一用其智能以卒。噫！其可哀也已。

士固有離世異俗，獨行其意，罵譏笑侮，困辱而不悔。彼皆無衆人之求，而有所待於後世者也，其齟齬固宜。若夫智謀功名之士，窺時俯仰以赴勢物之會，而輒不遇者，乃亦不可勝數。辯足以移萬物而窮於用說之時，謀足以奪三軍而辱於右武之國，此又何說哉？嗟乎！彼有所待而不悔者，其知之矣。

君年五十九，以嘉祐某年某月某甲子葬真州之楊子縣甘露鄉某所之原。❶夫人李氏。子男：瓌，不仕；璋，真州司户參軍；琦，太廟齋郎；琳，進士。女子五人，已嫁二人：❷進士周奉先、泰州泰興縣令陶舜元。銘曰：

有拔而起之，莫擠而止之。嗚呼許君！而已於斯，誰或使之？

漢陽軍漢川縣令陳君墓誌銘

陳君之墓，在某州某縣某鄉某所之原，以某年某月某甲子葬。陳君者，諱之祥，字某，家某州之某縣。其業進士、其中等，以皇祐二年。其官，滁州全椒縣主簿、漢陽軍漢川縣令。其爲人，强於學，果於行，能使

❶「甘」，原作「且」，據龍舒本、宋元遞修本、應刻本改。

❷「二」上，龍舒本有「者」字。

爲之長者聽，爲之民者思。其卒年三十二，有一男一女，皆出夫人李氏。其葬，臨川王某爲之銘：

芒乎既壯而能充，忽乎奚去而誰從？歸形幽陰兮窾土以爲宫，聚封其上兮爲記無窮。

臨川先生文集卷第九十五

臨川先生文集卷第九十六

墓　誌

亡兄王常甫墓誌銘

先生七歲好學，毅然不苟戲笑。讀書二十年。當慶曆中，天子以書賜州縣，大置學。先生學完行高，江淮間州争欲以爲師，所留輒以《詩》《書》《禮》《易》《春秋》授弟子。慕聞來者，往往千餘里。磨礱淬濯，成就其器，不可勝數。而先生始以進士下科，補宣州司户。至三月，轉運使以監江寧府鹽院。又三月卒。又七月葬，則卒之明年四月也，實皇祐四年。墓在先君東南五步。先君姓王氏，諱益，官世、行治既有銘。先生其長子，諱安仁，字常甫，年三十七。生兩女。

嗚呼！先生之道德蓄於身，而施於家，不博見於天下。文章名於世，持以應世之須爾，大志所欲論著蓋未出也。而世之工言能使不朽者，又知先生莫能深。嗚呼！先生之所存，其卒於無傳耶？始，先生常以爲功與名不足懷，蓋亦有命焉。君子之學，盡其性而已。然則先生之無傳，蓋不憾也。雖然，先生孝友最隆，委百世之重而無所屬以傳。有母有弟，方壯而奪之，使不得相處以久。先生尚有知，其無窮憂矣！嗚呼，以往而推存，痛其有已耶！痛其有已耶！先生有文十五卷，其弟既次以藏其家，又次行治藏於墓。嗚呼，酷矣極矣，銘止矣，其能使先生傳耶？

主客郎中知興元王公墓誌銘❶

公王氏，諱某，字某。其先著望太原，而公之曾大考諱某、考諱某，皆葬撫州之臨川縣。公少力學，以孝悌稱於鄉里。既壯，起進士，爲漢州軍事推官。至則以材任劇，在上者交舉之，遷大理寺丞，知大名府大名縣。就除通判忻州，又通判真定府。府帥王嗣宗恃氣侮折其屬，爲不法，以故久之莫敢爲通判者。公行，嗣宗固不懌，稍侵公以氣。公恬然不爲校也，以禮示之而已。嗣宗詘服。居十餘日，公請視獄，獄中繫者常數百人。嗣宗意愠，輒久之不問，吏亦不敢言治。公視獄，所當者數十人而已，❷餘悉當釋，無所坐。於是嗣宗趣有司如公指，即日斷出之。自是事無不聽公所爲。公輒分別可否，❸而使其政皆由嗣宗以出。雖府人，或不知公於嗣宗日有助也。一府遂治，而士以此稱公爲長者。

始，公中進士時，❹同進有常陵公者，嫉公，先以被酒，取公敕牒，裂燒之。公爲諱其事，以失亡告有司而已。及後陵公者爲屬吏，❺公舉遷之。或非公以德報怨，公曰：「受詔舉京官，彼今爲吾屬而任京官，吾則舉之，何報怨之謂哉？且吾與彼，乃未始有怨也。」蓋公之行已多如此。

❶ 此題，龍舒本作「主客郎中叔祖墓誌銘」。
❷ 「當」下，龍舒本有「治」字。
❸ 「輒」，原作「賴」，據龍舒本改。中華校排本引繆氏校作「預」。
❹ 「始」，龍舒本作「然」。
❺ 「陵」上，龍舒本有「爲」字。

居一歲，移知保州。又以舉者移知深州。又以選移知齊州。二州之人皆曰：「公愛我。」已而提點刑獄淮南，兼勸農事。公於爲獄，務在寬民，而以課田桑爲急。按渠陂之故，誘民作而修之，利田至萬九十頃，❶天子賜書獎諭，後出氏名付大臣召用。而當是時，丁謂爲宰相，先是謂以二人屬公善視之，曰：「皆能吏也。」至則皆有罪，公發其狀以聞。由此謂欲傷公，不果。❷而久之，公所任吏亦有贓坐，即絀公監池州順安鎮酒税。會今上即位，移滁州，又移知興元府。自丁謂得罪徙南方，論者皆以公宜復用，而公亦且得疾不起矣。享年六十二，官至尚書主客郎中。明年，天聖七年，葬和州之歷陽縣。後若干年，公夫人張氏葬，而公墓墊，乃改卜，合葬於真州楊子縣萬寧鄉銅山之原。公子六人，於是存者二人：曰某，爲殿中丞；曰某，爲進士。其四人皆已卒：曰某，開封士曹參軍；曰某，楚州寶應縣主簿；曰某、曰某，爲進士。而公以殿中君積贈官至右諫議大夫。某，公兄孫也，受命於叔父而爲銘。銘而次公之行事不能詳者，以不得事公，而公之没，叔父皆尚少故也。嗚呼！於公之行事雖不得其詳，而其略所聞如是，蓋可以考公德矣。銘曰：

王亡晉封，遠跡南土。公始有廟，妥其禰祖。孰强而勝，❸孰忌以争？孚予恭寬，在室而亨。嶷嶷之節，因時乃發。曰黜予咎，匪仇予遏。避善不名，亦不隕聞。寘銘新墓，❹維以長存。

❶「萬」上，龍舒本有「五」字。「十」，中華校排本作「千」。
❷「果」下，龍舒本有「用」字。
❸「而勝」，龍舒本作「以傲」。
❹「墓」，原作「基」，據龍舒本改。

胡君墓誌銘

王某之治鄞三月，❶其故人胡舜元凶服立於門。揖入，問弔故，則喪其父五月，❷留而館，意獨怪其來之早也。居數月，語吾弟曰：「吾釋父之殯，跋山浮江，從子之兄于海旁，願有謁也久矣，不敢以言。吾親之生我，學於四方，不得所欲以養。今已不幸卒也，得子之兄誌而銘之，藏之墓中，可以顯於今世，以傳於後。雖吾小人，與榮焉，無悔焉。不知子之兄可不可？」吾弟以告，予歎曰：「審如是，可以爲孝。君子固成人之孝，而吾與之又舊，其何顧而辭耶？」❸取吾所素知者爲之誌而銘之。誌曰：

君諱某，池之銅陵人。生於丁丑，興國之年也；卒於丁亥，是爲慶曆七年。子七人，某，以十月葬君於谷垂山。胡氏世大家，闔門數百人。君有子舜元，獨招里先生教之爲士。其卒也，族分而貲衰。舜元爲善士。銘曰：

壽七十一，不爲不多。吾與之銘，千古不磨。

屯田員外郎邵君墓誌銘

邵公既國燕，其子孫處者猶食其初邑，至後世遂爲邵氏。今有田里丹陽者，獨爲大家，其所出往往稱天下。君，丹陽人也。

❶「某」，龍舒本作「安石」。
❷「父」，龍舒本作「天」。
❸「耶」，龍舒本作「即」，當屬下。

諱某，字某，少敏爽。皇考某欲大就之，爲破貲聚留師賓，以發其材。及壯，行内修，不摽飾爲名，而有譽於爲士者。年四十，始以進士出佐鎮東軍。積功次，入尚書爲屯田員外郎，通判亳州。遭母夫人某氏喪，不行以卒。

君工爲詩歌，喜飲酒。與人交，恬如也。尤不好官爵，至京師，一不問權貴人所舍。事有類君者，自言得遷。或勸君自言，終不許。然起家十九年，❶更三縣，以材奏君者甚衆。卒之明年，皇祐某年某月，弟某葬君某所，以夫人某氏祔。子男兩人，曰某，曰某，一女子，皆尚幼。❷銘曰：

乘於朝，葬於里。厥嬪祔之祭，則子以完歸，親維有祉。

馬漢臣墓誌銘❸

合淝人馬仲舒，字漢臣，其先茂陵人。父皐，爲江東撥發，寘其家金陵，漢臣因入學，齒諸生。爲人喜酒色，其相語以褻私侈爲主。父母不欲之，又隆愛之，不能逆其意以教也。然漢臣亦踈金錢，❹急人險艱，❺不自顧計。於衆中尤慕近予，予亦識其可教，以禮法開之，果大寤，遂自挫刻，務以入禮法，從予學作進士，❻既數月，其辭章粲然

❶「十」下，龍舒本有「有」字。
❷「皆」，原無，據龍舒本補。
❸「銘」，龍舒本無此字。
❹「踈」，龍舒本作「輸」。
❺「艱」，宋元遞修本作「難」。
❻「予」，原作「子」，據龍舒本、宋元遞修本、應刻本改。

充其科者也。漢臣長予四年，予兄弟視之，❶漢臣視予則師弟子如也。嘗助予叔父之喪，若子姓然。❷慶曆六年，漢臣冠五年矣，從予入京師，待進士舉。六月病死。死時，予亦病。其叔父在京師，因得棺斂，歸金陵殯之。某年某月乃葬于某處。孔子曰：「秀而不實者有矣夫。」漢臣幾是矣。噫！誌其墓云。

贛縣主簿蕭君墓誌銘

君諱化基，字子固，實蕭氏。其先有自長沙避地廬陵者，曰霽。方李氏有江南，爲洪之武寧令，於君爲曾大父。其後再世曰煥，曰良輔，皆不仕。至君之兄侍御史定基，始以材起爲名家，而追贈其皇考尚書工部員外郎。君於工部爲少子。少謹厚，能自力，業其世以善富。既御史貴，得任子弟，君猶私其能，不願治民。然御史竟官君爲明之奉化尉，主簿於虔之贛縣，監真州酒。恬慎祇修，在勢者任之。春秋六十二，至和元年四月癸酉，以官卒。其子汝霖、汝能、汝爲、汝正護其柩歸，以十一月壬午葬其縣之儒行鄉白沙原。夫人楊氏，前葬矣，今不祔。先人於御史以弟交。君，予丈人行也。二父皆有子，知名南方，交於予，以故請銘。銘者，所以名前人而燕孝子之心也。於是爲銘。銘曰：

韡矣蕭宗，楚産之良。繩繩主簿，有善其鄉。我脩不苟，寔可爲康。❸圖銘壙石，

❶「視」，龍舒本作「俟」。下「視」字同。
❷「姓」，龍舒本作「姪」。
❸「寔可」，龍舒本作「曰攸」。

維後之藏。

秘書丞謝師宰墓誌銘

君姓謝氏，諱景平，字師宰，尚書兵部員外郎、知制誥、陽夏公、贈禮部尚書諱絳之子，太子賓客、陳留公、贈禮部尚書諱濤之孫，泰寧軍掌書記、贈尚書吏部侍郎諱崇禮之曾孫。❶初以祖父廕，試秘書省校書郎，守將作監主簿。既而中進士第，僉書崇信軍節度判官廳公事，監楚州西河轉般倉。累官至秘書丞。年三十三，以治平元年十二月庚申卒。妻尹氏。生男女四人，皆前死。其兄以某年某月某日葬君鄧州穰縣五隴山南。謝氏故家河南緱氏，君六世祖仕吴越，故自陳留公以上三世葬杭之富陽。至君始葬陽夏公於鄧，爲穰人，而今以君祔葬。

君於忿不忮，於欲不求，雖學之力，亦其天性，故其孝弟忠信，寬柔遜讓，莊静謹潔，稱於兒童，以至壯長。而成不充其志，施不盡其材，此學士大夫所以哀其死，而多爲之出涕也。然君文學、政事、言語已能自達於一時，其於道德之意、性命之理，則求之而不至，聞矣而不疑。嗚呼！可謂賢已。銘曰：

陽夏四子，皆賢而材。季也早死，吾銘其埋。今又銘叔，嗚呼可哀。古之死者，以死爲息。嗟叔方剛，何惕之亟？昭昭者逝，嶷嶷者藏。爲識在斯，銘則不亡。

尚書刑部郎中周公墓誌銘

周氏其先自華陰入蜀，蜀孟氏時，公之

❶「軍」，原作「君」，據中華校排本引繆氏校改。

皇考諱敬述，❶以文章知名，嘗至要官任事矣。孟氏亡，因不復仕，而天子召以爲壽州下蔡令。由下蔡以爲太子中允，知江州，賜紫衣金魚，使撫初附之民。其後爲祕書丞、知泰州以卒，而得州之北原以葬。有子四人，其卒皆位於朝，而公第二。

公諱嘉正，字斡之，少與其昆弟俱以進士甲科起家，爲通州軍事推官。其後通判廣州，提點福建刑獄，知壽州，爲三司鹽鐵判官。故宰相丁謂慮其材，天子以爲河北轉運使，而公不就。已而謂得罪，公坐，出知金州，又知海州，又知濠州，而以工部郎中分司南京。歸，治疾于海陵之第。明道元年，以恩遷刑部。二年，年六十四以卒。

公寬厚而廉清，而其才尤長於政事。自爲推官時，已能有所建易，爲士民所記。及奉使福建，獄有冤輒辨，有疑若可貸，輒以聞，所活至數十人。而其治大抵遇姦吏爲獨急。子男五人，曰象先，❷今爲武康軍節度推官，監台州稅；曰彥先，爲右侍禁，知循州興寧縣；曰茂先，爲泰州司法參軍；曰行先，爲山南東道節度推官，知江州彭澤縣；曰嗣先，爲進士。女七人，皆嫁爲士大夫妻。嘉祐三年三月壬申，公子與孫葬公皇考祕書丞贈尚書工部侍郎之兆東，以安喜縣君錢氏祔。縣君實左右公以有家者也。銘曰：

周遷于蜀，爰自先人。考有四子，發于海濱。公有令聞，❸貴維次子。歸寬民人，施刻在己。方飛方騫，方升于天。❹既錣以

❶「述」，光啓堂本作「遂」。
❷「象」，宋元遞修本、應刻本作「蒙」。
❸「令」，原作「今」，據光啓堂本改。
❹「升」，原爲墨丁，據光啓堂本補。

歸，既隕于泉。有高其後，有光其前。❶作爲銘詩，兆此新阡。

右侍禁周君墓誌銘

君周氏，諱彦先，字師古。曾大父諱瓌，贈大理評事。大父諱述，祕書丞，贈尚書工部侍郎。考諱嘉正，尚書刑部郎中。

君少以郎中君蔭，補三班奉職，監泗州浮橋，又監楚州船場，爲揚、泰州巡檢。而近臣薦君閤門祗候。大臣曰：「周某可用矣。然吾將試之邊。」乃白以爲瀛、莫等七州軍沿邊巡檢。邊人兩界上爲羣盜，君得姓名以白安撫使，移之契丹。契丹悉捕斬之。自是久之，邊無盜也。已而君上書言漕事，又言邊將使人耕邊以給公使，不即禁止，往往能生事。於是邊將大怒，而君所部卒有犯法者，因詆君以不詰。坐是，監廣州清遠縣鹽場。轉運使留君以監市舶，它吏方習爲姦賕事，而君獨不買舶中一物。轉運使嘗數稱君，以媿它吏，而薦君以知循州之興寧縣。至則相縣南三十里寧昌驛以爲治所，而吏自此得不以瘴死。然君既得疾於興寧矣，遂卒。卒時年四十二。縣人以君爲能撫我，思之也。

君先夫人盛氏，尚書工部侍郎諱京之子；後夫人王氏，尚書主客郎中諱貫之之子，皆有賢行。五子：濤、洵、淯、渥、澥，皆爲進士。二女子：嫁如臯史堪、德安鄭汾，亦皆爲進士。而濤今爲著作佐郎，知汝州梁縣，以嘉祐三年三月壬申葬君皇考郎中之兆次，而以先夫人祔。臨川王某爲銘曰：

❶「光」，原空闕，據光啓堂本補。

君弟吾嫂，夫人吾姑。君能有家，不失疾徐。治兵與民，威愛之孚。銘昭子孫，以告不誣。

泰州司法參軍周君墓誌銘

君周氏，諱茂先，字去華。其先成都人，至君大父諱述爲祕書丞，知泰州以卒，始葬泰州之北原，而子孫遂爲州人不去。父諱嘉正，尚書刑部郎中。君以父蔭爲楚州司户參軍，又爲泰州司法參軍，皆有能名。明道二年五月，刑部君終于第，君思慕哭泣，至其年十月亦卒。於是君年三十二。夫人南陽張氏，守其孤不嫁。其後孤涣以進士起家洪州南昌縣主簿。二女子，嫁池州貴池縣尉宣城查塾、進士建安吴觀。而以嘉祐三年三月壬申，葬君北原之兆。銘曰：

綿綿之孤，屬于單妻。既恃而殖，黽錫告命。❶曰維孝子，從先人宅。

尚書屯田員外郎周君墓誌銘

君周姓，諱濤，字幾道。中慶曆六年進士甲科，歷亳州觀察推官、撫州軍事推官、著作佐郎、祕書丞、太常博士、尚書屯田員外郎，知汝州梁、杭州錢唐二縣。内行敏能，爲政壹自急飭，視民疾如在己，不肯釋事實爲名聲要利，所在民愛譽甚於士大夫。治平三年六月在京師，授簽書梓州判官事。七月十三日，以官卒，年四十有四。曾祖諱述，故郫人，皇祕書丞、贈工部侍郎，始占海陵以葬。祖諱嘉正，皇刑部郎中。父諱彦

❶「告」，宋元遞修本、應刻本作「吉」。

先，終右侍禁，贈右監門衛將軍。妻曰昭德縣君錢氏。子男五人：稃、穜、秩、穆、稌。以其年十月十六日葬君揚州江都縣同軌南鄉東武里。銘曰：

於勢與聲，蹲循弗争，無忌其生。於善與恥，操終如始，有哀其死。

虞部郎中晁君墓誌銘

尚書虞部郎中晁君，諱仲參，字孝先。以治平四年五月九日，卒於通判舒州事。其子以熙寧二年正月二十九日，卜濟州任城縣諫議鄉吕村之原以葬。狀君之行來乞銘，掇其語爲銘。曰：

晁望潁川，衛有卿丙。錯以術用，作漢家令。魏晉南北，史無傳人。良正官唐，仍不大振。開封于家，徙鉅野縣。辟時蕝屯，出宋而顯。迴奮布衣，❶太子太師。宗愨秉政，父子一時。三朝四世，錫榮丘墓。佺令中書，爲君曾祖。有子迪者，刑部侍郎。乃生宗簡，世德孔揚。使京東西，郎于刑部。君實其嗣，少則多譽。仲父保任，主簿上虞。宰墨隳政，易君仕初。從容調聏，吏莫玩法，❷墨以廉終，弱伸强懾。按察擾獄，夙如我謀。君不爲奪，械囚于州。將范文正，歎愛而謂。畏宜繩私，公勇勿畏。君願持此，畢身無尤。薦監越酒，旋宅父憂。判官于滁，擢丞大理。汝州郟城，來知縣事。富姓賕吏，寓田勢家。役煩且窘，中户愁嗟。君裒僞券，應手即辨。完蠹嘘枯，俗戒以勸。秦王諸孫，上冢入郛。卒榜驛隸，君擒

❶「迴」，龍舒本作「迴」。
❷「吏」，原作「史」，據龍舒本改。

而誅。將劾中人，匿車夜遁。移内侍省，罪令即訊。迄明年至，徒御無譁。能聲震越，號稱其家。易曹濟陰，太子贊善。督尉索盜，里閭宴衎。馬入罷牧，地租于民。厨傳費劇，輸之殆貧。君曰閔哉，責豈無豫？操書鐫守，多絀其數。❶遷官博士，去領開州。大築學校，率衣冠游。温湯之鹽，實不酬課。歲蠲五萬，奏自君可。氓疾不治，謁巫代醫。教以餌藥，盡投詭祠。失怙恃者，予其娶嫁。坐堂朝晡，飲酒閒暇。英宗纂極，員外于虞。比駕二部，閲最而除。今天子恩，始正郎位。攝舒耆年，條教逾肆。殍來鄰邦，賑使無僵。扶携飽去，又遺之種。❷敦於除害，未始愛力。取樅陽河，避羅刹石。析池口征，❸合于銅陵。官不失算，舟無危行。人幸是爲，曠數十載。趨令驩呼，無有稚艾。孤山馬當，歲漂百航。鑿秋口浦，直走雷江。脱險風濤，幾五百里。章隨驛聞，就付其事。❹方冬告役，君夏而徂。壽五十五，識者歎吁。齊公孫氏，作配甚似。封永康君，誕惟四子。端仁、端義，端禮、端智。仁中進士，常州司理。義郊社郎，餘則未仕。五女四人，歸爲士妻。石端俣彦，俣歸而嫠。范胡二壻，純粹、僧孺。幼處于家，君孫有五。男節、符、籛，其二則女。惟君平生，外晦内明。忤出不意，默無與争。禄賙族婣，❺恩稱疏戚。庖無朝炊，笑語如昔。晚尤静曠，病不告遺。極談性命，方絶之時。子丐埋辭，衰麄走汴。掇其緒餘，以質

❶「絀」，龍舒本作「出」。
❷「種」，中華校排本引繆氏校作「糧」。
❸「析」，光啓堂本作「折」。
❹「付」，光啓堂本作「計」。
❺「賙」，光啓堂本作「周」。

幽竁。

度支郎中葛公墓誌銘❶

葛，公姓也；源，名也；宗聖，字也。處州之麗水，公所生也。明州之鄞，後所遷也。貫，曾大考也。遇，大考也。旺，累贈都官郎中，考也。進士，公所起也。洪州左司理參軍、吉州太和縣主簿、江州德化縣令、監興國茶場、威武軍節度推官、知廣州四會縣、著作佐郎、知開封府雍丘縣、祕書丞、知泉州同安縣、太常博士、通判建州、屯田員外郎、知慶成軍、都官員外郎、知南劍州、司封員外郎、祠部郎中、江浙荆湖福建廣南提點銀銅坑冶鑄錢、度支郎中、荆湖北提點刑獄，此公之所閲官也。

州將之甥與異母兄毆人，而甥殺之。州將脅公曰：「兩人者皆吾甥，而殺人者乃其兄也。我知之，彼大姓也，無爲有司所誤。不然，此獄也將必覆。」公劾不爲變，此公之爲司理參軍也。州符徙吉水，行令事。他日，令始至，大猾吏輒誘民數百訟庭下，設變詐以動令。如此數日，令厭事，則事常在吏矣。公至，立訟者兩廡下，取其狀，視有如吏所爲者，使自書所訴。不能書者，吏授之，往往不能如狀，窮，輒曰：「我不知爲此，乃某吏教我所爲也。」悉捕劾致之法，訟以故少，吏亦終不得其意。毛氏寡婦告其子，以恩義説之不得，即使人微捕，得之與閒語者，驗其對，乃書寡婦告者也。窮治，具服爲私謀誣其子孫。距州溪水惡，而歲租幾千萬，磧舟善敗，民以輸爲愁。公始議

❶ 「度支」上，龍舒本有「尚書」二字。

縣置倉以受輸，則官漕之亦便。州不聽，公論之不已。倉成，至今賴其利。此公之爲主簿也。中貴人擊驛吏取所給，過家以言府，府不敢劾。公曰：「中貴人何憚？爲吾民而有陵之者，吾亦恥之。」上書論其事，中貴人坐絀。此公之爲縣於雍丘也。屬吏常有隙於公，同進者因譏之，公察其旨，不聽以爲舉首。此公之爲州於南劍也。鑄錢歲十六萬，其所施置後以爲法程。此公之爲銀銅坑冶鑄錢也。鄂州崇陽大姓，與人妻謀而殺其夫。州受賕，出之。公使再劾，劾者又受賕，獄如初。而公終以爲不直。其弟訴之轉運使，雖他在事者亦莫不以爲冤，復置之獄，卒得其姦賕狀，論如法。此公之爲提點刑獄也。

甲子四百三十五，公所享年也。至和元年六月乙未，卒之年月日也。潤州之丹徒縣長樂鄉顯陽村，公所葬也。嘉祐元年十月壬申，葬之年月日也。鄉邑孫氏，今祔以葬者，公元配也。萬年縣君范陽盧氏，公繼配也。良肱、良佐、良嗣，公子也。妻太常博士黃知良，曰金華縣君，公女也。起進士爲越州餘姚縣尉，主公之喪而請銘以葬者，良嗣也。論次其所得於良嗣而爲之銘者，臨川王某也。❶銘曰：

士窾以養交兮弛官之不忌，維公之所至兮樂職嗜事。彼能顯聞兮公則不晰，不銘示後兮孰勸爲瘁？

臨川先生文集卷第九十六

❶「某」，龍舒本作「安石」。

臨川先生文集卷第九十七

墓　誌

王逢原墓誌銘

嗚呼！道之不明邪，豈特教之不至也，士亦有罪焉。嗚呼！道之不行邪，豈特化之不至也，士亦有罪焉。蓋無常産而有常心者，古之所謂士也。士誠有常心，以操聖人之説而力行之，則道雖不明乎天下，必明於己；道雖不行於天下，必行於妻子。內有以明於己，外有以行於妻子，則其言行必不孤立於天下矣。此孔子、孟子、伯夷、柳下惠、揚雄之徒所以有功於世也。

嗚呼！以予之昬弱不肖，固亦士之有罪者，而得友焉。❶余友字逢原，諱令，姓王氏，廣陵人也。始予愛其文章，而得其所以言。中予愛其節行，而得其所以行。卒予得其所以言，浩浩乎其將沿而不窮也；得其所以行，超超乎其將追而不至也。於是慨然歎以爲可以任世之重而有功於天下者，將在於此，余將友之而不得也。嗚呼！今棄予而死矣，悲夫！

逢原，左武衛大將軍諱奉諲之曾孫，大理評事諱珙之孫，而鄭州管城縣主簿諱世倫之子。五歲而孤，二十八而卒。卒之九十三日，嘉祐四年九月丙申，葬于常州武進縣南鄉薛村之原。夫人吴氏，亦有賢行。

❶「得」，光啓堂本作「亦」。

於是方娠也，未知其子之男女。銘曰：

壽胡不多？天實爾嗇！曰天不相，胡厚爾德？厚也培之，嗇也推之。樂以不罷，不怨以疑。嗚呼天民！將在于茲。

宋尚書司封郎中孫公墓誌銘

公諱錫，字昌齡。曾祖釗，祖易從，父再榮，皆弗仕。及公仕，贈其父至尚書兵部侍郎。公以天聖二年進士，起家和州歷陽、無爲巢二縣主簿，部使者及兩制以御扎舉者十餘人，❶改鎮江軍節度推官，知杭州仁和縣。籍取兇惡，戒以不改必窮極案治，而治其餘一以仁恕，故縣人畏愛之。以兵部喪去。三年，乃用舉者，以集慶軍節度掌書記充國子監直講，豫校《史記》、前後《漢書》、《南》《北史》，脩《集韻》。選蘇王宮伴讀，教導有法。宗室召燕飲，未嘗往。居頃之，改著作佐郎。當罷矣，又留爲國子監丞講讀。七年，乃用舉者召試集賢校理，同知太常禮院，判吏部南曹、登聞鼓院，爲開封府推官，賜緋魚。坐考鏁廳進士舉籍中有不中格者兩人，降監和州清酒務。

當是時，龐宰相爲樞密使，薦宜侍講禁中。方召，而公以謫去。久之，會明堂恩，召還，同判尚書刑部。先時，主者多持事往決於中書，公獨視法如何，不往。戎州人向吉等操兵賈販，恃其衆，所過不輸物稅。州縣捕逐，皆散走。成都鈐轄司奏請不以南郊赦除其罪，從之。逮捕親屬繫獄，至更兩赦。有詣闕訴者，刑部詳覆官以爲特勑遇赦不原者，雖數赦，猶論如法。公獨奏釋

❶「扎」，原作「孔」，據龍舒本、宋元遞修本、應刻本改。

之，凡釋百二十三人。公於議法多如此。復爲開封府推官，當隨尹奏事，仁宗問大辟幾何，且以慎刑愛人爲戒。公因奏開封敕有重於編敕而當改者數事，仁宗皆以爲然。它日問尹以公姓名，稱之。於是貴戚女使有奏讞，上薄其罪，付公監決，曰：「此人平昵，可任也。」道士趙清貺出入龐宰相家，受賕。御史以劾龐，府治，實清貺自爲，龐不知也。清貺坐杖配沙門島，行兩日死。御史又劾府希宰相指，故杖清貺殺之滅口。仁宗亦疑，乃悉罷知府、推判官，而以公知太平州。初，清貺事獨判官王礪劾決，公不自辨也。未幾，仁宗即寤，罷者皆復，而以公提點淮南路刑獄。在淮南二年，所活大辟十三人，考課爲天下第一。所舉多善士，未嘗聽人請屬。還，爲三司户部判官，求知宣州，許之，特詔秩禄視轉運使。至則召五縣令，約以州所下書有不便，封還。故縣得自爲政，而州無事。且滿，州人詣轉運使、提點刑獄乞留。還，又知舒州，發常平、廣惠倉以活陳、許、潁、蔡流人，及歸，計口量遠近，給食遣去。去者率錢買香，焚之府門以祝公，至或感泣。初，提點刑獄恐聚流人爲盗，又惜常平、廣惠倉，數牒止公，不聽。申以手書，又不聽。佐屬皆争曰：「不可。」公行之自若。比代去，州人闔城門留之。薄暮與争門，乃得出，遂以告老致仕。❶於是官至尚書度支郎中，散官至朝奉郎，勳至上柱國。今上即位，遷司封，賜金紫。以熙寧元年正月十二日卒，年七十八。

孫氏世爲廣陵富姓。兵部兄弟五人，

❶「告老致仕」，龍舒本作「老告致事」。

其季婦有子寡，欲分財，以義譬解不得，乃悉推田宅與諸兄弟，脱身携公居建安軍揚子，故今爲真州人。諸兄弟後破産，而兵部居揚子，又卒爲富姓。爲公千里迎師，立學舍，市書至六七千卷。公感勵奮激，誦習忘寢食。年十九，舉進士開封第二，坐同保匿服罷。而再舉，又第一。❶當是時，以文學稱天下。及仕，號爲忠厚正直，終身未嘗言利。老而貧，不以爲悔，鄉人尤歸其長者。有文集二十卷。初娶莊氏，早卒。又娶裴氏、刁氏。刁氏封壽安縣君，亦前死。子湜、澄、泳、淵、淑、湘，早卒。溱，太廟齋郎，後公數月死。澄，楚州寶應主簿。洙，祕書丞、集賢校理。漸，太廟齋郎。女十人，一人嫁，三人未嫁，三人嫁而卒，三人未嫁而卒。九月十六日，葬公揚子縣懷民鄉北原。銘曰：

於戲孫公！有直其道。爲之少時，以濟壯老。人信公行，承趨薦保。天順公德，與公壽考。維公有子，喪事哀祇。慰其孝思，❷用此銘詩。

荆湖北路轉運判官尚書屯田郎中劉君墓誌銘并序

治平元年五月六日，荆湖北路轉運判官、尚書屯田郎中劉君，年五十四，以官卒。三年，卜十月某日，葬真州揚子縣蜀岡。而子洙以武寧章望之狀來求銘。噫！余故人也，爲序而銘焉。序曰：

君諱牧，字先之。其先杭州臨安縣人。

❶「一」，龍舒本、宋元遞修本、應刻本作「二」。
❷「孝」，原作「考」，據龍舒本改。

君曾大父諱彥琛，爲吴越王將，有功，刺衢州，葬西安，於是劉氏又爲西安人。當太宗時，嘗求諸有功於吴越者録其後，而君大父諱仁祚辭以疾，及君父諱知禮又不仕，而鄉人稱爲君子。後以君故，贈官至尚書職方郎中。君少則明敏，年十六，求舉進士，不中。曰：「有司豈枉我哉？」乃多買書，閉户治之。及再舉，遂爲舉首，起家饒州軍事推官。與州將争公事，爲所擠，幾不免。及後將范文正公至，君大喜，曰：「此吾師也。」遂以爲師。文正公亦數稱君，勉以學。君論議仁恕，急人之窮，於財物無所顧計，凡以慕文正公故也。弋陽富人爲客所誣，將抵死，君得實以告。文正公未甚信，然以君故，使吏雜治之。居數日，富人得不死。文正公由此愈知君，任以事。歲終，將舉京官，君以讓其同官有親而老者。文正公爲歎息，許之，曰：「吾不可以不成君之善。」及文正公安撫河東，乃始舉君可治劇。於是君爲兖州觀察推官。又學《春秋》於孫復，與石介爲友。州旱蝗，奏便宜十餘事。其一事，請通登、萊鹽商，至今以爲賴。改大理寺丞，知大名府館陶縣。中貴人隨契丹使往來，多擾縣。君視遇有理，人吏以無所苦。先是多盜，君用其黨推逐，有發輒得，後遂無爲盜者。詔集强壯，刺其手爲義勇，多惶怖不知所爲，欲走。君諭以詔意，爲言利害，皆就刺，欣然曰：「劉君不吾欺也。」留守稱其能，雖府事，往往咨君計策。用舉者通判廣信軍，以親老不行。通判建州。

當是時，今河陽宰相富公以樞密副使使河北，奏君掌機宜文字。保州兵士爲亂，富公請君撫視，君自長垣乘驛至其城下，以三日。會富公罷出，君乃之建州。方并屬縣諸里，均其徭役，人大喜。而遭職方君喪以去。通判青州，又以母夫人喪罷。又通判廬州，朝廷弛茶榷，以君使江西，議均其税。蓋期年而後反。客曰：「平生聞君敏而敢爲，❶今濡滯若此，何故也？」君笑曰：「是固君之所能易也，而我則不能。且是役也，朝廷豈以爲它，亦曰愛人而已。今不深知其利害，而苟簡以成之，君雖以吾爲敏，而人必有不勝其弊者。」及奏事，皆聽，人果便之。除廣南西路轉運判官。於是修險阸，募丁壯，以減戍卒，徙倉便輸，考攝官功次，絶其行賕。居二年，凡利害無所不興廢，乃移荆湖北路。至踰月，卒。家貧，無以爲喪。自棺椁諸物，皆荆南士人爲具。

君娶江氏，生五男二女。男曰洙、沂、汶，爲進士。洙以君故，試將作監主簿，餘尚幼。

初，君爲范、富二公所知，一時士大夫争譽其才，君亦慨然自以當得意。已而屯邅流落，抑没於庸人之中。幾老矣，乃稍出爲世用。若將有以爲也，而既死。此愛君者所爲恨惜，然士之赫赫爲世所顯者，❷可睹矣。以君始終得喪相除，亦何負彼之有哉？銘曰：

嗟乎劉君！宜壽而顯。何畜之久，而施之淺？雖或止之，亦或使之。唯其有命，故止於斯。

廣西轉運使李君墓誌銘并序

君諱寬，字伯强，姓李氏。其先隴西

❶「平」，光啓堂本作「愚」。

❷「顯」，原作「願」，據中華校排本引繆氏校改。

人，後移光山。至君六世祖，又移建安。今爲南昌人者，以君大皇考爲鼻祖。君皇考諱某，以太子洗馬致仕，終尚書虞部郎中，其贈官至衛尉卿。大皇考諱某，以殿中丞致仕，其贈官至吏部尚書。曾大皇考諱某，當五代之亂，無爵禄，以尚書故贈大理評事。

君始以世父蔭守將作監主簿，監洪州鹽院，用歲課倍，得知袁州宜春縣，改知福州福清縣。當是時，能聞朝廷矣，就除通判桂州，又通判江州，二州皆治，遂知吉州。請於天子，立學以教學者，常三百人。施方略捕盜賊，無衆寡遠近必得。以至米鹽酒榷，皆爲除弊致利。移衡州，不赴。改江州。州人曰：「是嘗涖我矣。」不待至而服。未幾，移潤州，不赴。改信州，又不赴。改太平州。轉運使言饒大劇，州將不能治，而太平不足用君，乃换饒州。屬縣惡吏聞且至，有棄其官而去。至則禁巫醫之罔民，案畜蠱者，遂以無事。安撫使言：「治行於江南爲第一。」母夫人終，去位。

三年，知虔州。將行，三司請君制置糧草河北，一歲減緡錢八十七萬，由此提點江浙等路鑄錢坑冶。以衛尉老，奏徙治所南昌，從之。移提點荆湖北刑獄，辭不往。又請便官以養，乃改江西。居一月，遭衛尉喪。服除久之，尚不忍去墓所。詔就起君提點江東刑獄，又移京西，除廣西轉運使。自儂智高反，宿軍邕州，歲漕不足，乃多治船，設賞罰，而邕軍食以有餘。所部攝官以三十四員爲額，待攝常數十百人。一員闕，皆争賕吏。君第其課爲三等，有闕，以次補攝。官不賕吏，由此始。

二廣使者故不以春夏出，會有詔閱邊卒，君即出。道遇瘴，歸卒，年六十，治平二年九月二十三日也。

初，李氏既居江南，尚書未老，致其事歸養。其子侍郎以分司歸，亦未老。當侍郎之歸，衛尉又以從其兄弗仕，仍世德義，爲南人所慕。君既生，有美質，而積習名教，自爲兒童侍衛尉側，不惰終日。及壯，砥礪以材能自顯。其於吏治，精壯果敏，機張鍵閉，姦不可知。目所指取，必得其情狀。故所在豪人猾吏重手累足，以終君去不敢有所觸。君視遇其屬士大夫賢者尤謹，所拔舉過百人，後多知名云。

夫人胡氏，仁和縣君。子男五人：長曰承勉，宣州旌德縣令，早卒；次曰亞夫，太廟齋郎；曰獻夫，試將作監主簿；曰渭夫，試祕書省校書郎；曰太平奴，方晬而夭。女二人，長適蘇州常熟縣主簿余公弼，次適大理寺丞田真卿。孫男三人。君與弟尚書司門郎中定相友愛尤篤，遺奏以司門之子簡夫聞。詔除司門知太平州，補簡夫郊社齋郎。又詔君喪所過州發卒護送。以明年二月歸殯于洪州，某月某日葬新建縣桃花鄉曹山，去先墓五里，君所自爲壽藏也。君積散官至朝奉郎，職事官至尚書金部郎中，勳至護軍，賜服佩至三品。銘曰：

李姓章浦，自君考祖。棄閩徂還，望此荆楚。君於治人，無有黨讎。部我千里，如農一丘。薅姦鉏彊，以殖善柔。均之利澤，深蒔平穫。❶乃登禄實，❷尚饋春秋。君能

❶「深蒔」，光啓堂本作「及時」。「穫」，原作「擭」，據龍舒本改。

❷「乃」，光啓堂本作「所」。

孝祀，君則多子。有來無窮，其視章水。

國子博士致仕李君墓誌銘

朝奉郎、國子博士致仕、騎都尉、賜緋魚袋廣陵李君者，諱問，字某。以數舉進士，賜同學究出身。嘗爲韶州樂昌、無爲軍廬江二縣主簿，河中府臨晉縣令，以昭德軍節度推官知邢州平鄉縣，以大理寺丞知蘇州吴江、衢州江山二縣，又以太子中舍、殿中丞監在京箔場、太平州蕪湖縣酒税，遂告老。會今上即位，遷博士。至明年而卒。又明年十二月二十五日，葬廣陵某鄉某里。

君善爲詩。當時名人柳開、王禹偁稱之。少貧，幾不自存。有姊氏與田宅，❶弗取也。及爲吏，所在推誠愛人，人至不忍有所負以累君，去輒遮泣挽留。及老矣，而彌貧，然終不以貧故變節有所取。年九十，精悍如此。及將卒，尚讀書，與家人笑語自若。投其書若將寐者，遂卒。卒時治平元年十一月十一日也。

李氏故金陵人，其後遷高郵，又遷廣陵。君曾祖諱某，祖諱某，考諱某，以君故贈殿中丞。君娶開封浩氏。有兩男子：察，山南東道節度推官，蚤卒；定，集慶軍節度推官。一女，嫁杭州新城縣令許仲蔚。定有文行，❷從余遊，故與爲銘。銘曰：

斬曠平，窾幽密。工相方，史諏日。於惟君，考此室，猶其永寧尚終吉。

❶「與」，原作「以」，據龍舒本改。

❷「行」，龍舒本作「學」。

朝奉郎守殿中丞前知興元府成固縣楊君墓誌銘❶

楊氏自太尉震守節於漢以死，而將相名臣之族，多出於華陰，歷八九百年，以至於今不絕，爲士大夫家，而尚能譜太尉之昭穆。當五代之亂，君曾祖諱某者，❷在吴越，因相其王。王遷國除於太宗之時，而國相之子孫歸仕於天子，又多賢顯。尚書刑部郎中諱某者，君皇祖也；尚書司封郎中諱某者，君皇考也。楊氏之爲江都人者，自君皇考始。

君諱某，字公適，幼詳敏，知好文學，故我叔祖興元府君嫁之以其子。及長而仕，號爲能吏。所在官治，多舉者。自太廟齋郎更九官，而以殿中丞知興元府成固縣事。治平元年歸，得疾於楚州，二月二十一日卒，年六十五。夫人王氏，即興元府君尚書主客郎中諱某之女。五男子：湜、洙、治、滁、浡。湜，宿州符離縣尉，餘皆進士。洙、治前死。四女子，其已嫁者二人。太常少卿呂璹、試將作監主簿孫綖者，君壻也。其一人未嫁，而前死。諸子孫以二年十一月四日葬君江都東興鄉之北原。以某嘗得侍君，❸而君知之於少時者也，故屬以銘。銘曰：

赫赫太尉，窮于季世。華陰之楊，終煽而昌。艱難徂遷，亦相其王。王以家朝，相隨内屬。有子有姓，尚多顯服。君勱厥

❶「君」，龍舒本作「公」。
❷「曾」下，龍舒本有「皇」字。
❸「某」，龍舒本作「安石」。

紹，❶考終世禄。書銘在京，兆實初卜。

都官郎中致仕周公墓誌銘❷

尚書都官郎中、南康周公卒之明年，皇祐五年，葬某所。子蘊、詠使請銘。次其語曰：

公諱某，字某，其先占蔡之汝陽。唐末遇亂於光、蘄，遷江州之星子鎮。太平興國中，以鎮爲縣，又以爲南康軍，故今爲南康人焉。曾大父某、大父某，當李氏時，皆以學行爲處士家。皇考某，累贈尚書職方郎中。

始以進士起，至尚書屯田郎中，求監池之永豐監，遂致仕。已而今天子大享，明堂恩除都官于家，以卒。嘗令岳之沅江、壽之霍丘、池之建德、邛之依政、河南之洛陽，凡五縣，通判池州，守二州：曰蓬、曰安。其治之寬嚴，視事劇易，尤惠於池、蓬。蓬人愛思，至爲公畫像。在洛陽，明肅太后使中貴人用事者來，留守傾身媚附之。中人諷公請己，獨拒之不往。故相張士遜薦公説書國學，且諭公見執政。公固謝之。其篤學果行，蓋有世士夫所難者。卒時春秋七十七，戒喪葬無用浮屠説。有文十卷，世傳之。先夫人王氏，封仁壽縣君。二子：蘊，保信軍節度推官；詠，太廟齋郎。銘曰：

余聞異時宦官之幸，雖隆名尊爵，有紀於時者，往往爲之詘焉。又觀古之士，能無折身以市於貴勢，蓋亦少也。信公之所守，則其賢遠矣。我銘公藏，不刻其他，惟兹之

❶「勱」，光啓堂本作「勵」。
❷此篇龍舒本卷九十三有目無文。

存，以勸毋邪。

張常勝墓誌銘

君湖州烏程縣人，姓張氏，名文剛，字常勝。好學能文，孝友順祥。再舉進士不第。年二十七，熙寧五年九月九日卒，以六年二月十日葬于鳳凰山。曾祖任，祖維，贈刑部侍郎。父先，尚書都官郎中致仕。女三人。君妻，予從父妹也，故君從予學。銘曰：

才足以貴，而莫之知。善足以壽，而止於斯。嗚呼逝矣兮，銘以哀之。

臨川先生文集卷第九十七

臨川先生文集卷第九十八

墓誌

尚書都官員外郎侍御史王公墓碣銘

慶曆五年，天子以尚書都官員外郎、通判荆南府王公爲侍御史。居一年，以入三司爲户部判官。又一年，還之，爲言事御史。頃之，奏事殿中，疾作歸，翌日卒。其家以不起聞，天子悼閔，走中人賻之金帛，又官其一子。先是，御史有物故者，不賻，由公故，乃敕有司并賻。蓋天子之所以録其忠如此。

自公舉進士時，已能力學自立，以經術游於江淮之南，爲學者所歸。至爲許州司理參軍，❶則以其職與强貴人抗曲直。獄疑當死，賴以活者至數人。再主簿於杭之臨安、開封之扶溝，遂選開封府法曹參軍。令皆不能出其治，尹亦不敢侵其守，❷而薦者以十數。歲當遷，府推官惡不順己，持其奏不肯書，欲詘公請己。公故不詘，推官度終無可奈何，乃卒任公，遷祕書省著作佐郎。已而覃恩，遷祕書丞，乃出知洪州分寧縣。及佐荆南，能以義憚其守，錯諸不法事。嘗入爲審刑詳議官，數以疑似辨上前，輒釋。上書論南方用師討傜蠻，不如撫而降之利。

先是，公在京師，天子以災異詔百官言事，公所言有以儆世者。其後，御史府惡老

❶「司理」，宋元遞修本作「法曹」。

❷「亦」，宋元遞修本作「第」。

者在，事不能自已，以言趣之去位。公以謂於老者薄，非所以廣仁孝於天下，且養之非其道，使至於無恥，而專以法格之，滋所以使人薄也。乃推三代禮意，爲《養老頌》以諷。凡公之行己治民，及所以論於上者，皆出於寬厚誠恕，而其言易直以明，故其召而爲御史也，未至而好公者已信其能稱職矣。同時御史，聞一事皆争言塞職。其已嘗言，公未嘗繼以言，曰：「可悟上意足矣。」然排黨幸爲獨切，其言多同時御史所不能言者。每承上，間言：「人不能無過，若以古繩墨治之，世殆無全人。爲國家用者，要之忠信而已。忠信雖有過，尚足用也。」其大指所存如此。嗚呼！古所謂淑人君子者，公於是可以當之矣。公既行内修，其大者爲世所稱，至其施於小，亦皆敏而盡力，顧余不得盡載也。然讀余之所載，則亦概足以知公矣。

公諱某，字某，其先爲漢鴈門太守者，曰澤。澤後十八世雄，爲唐東都留守，封望太原，族墓在河南，而世宦學不絶，爲聞姓。至唐之將亡，雄諸孫頗陵夷，始自缺。其譜亡，不知幾傳而至護，始居福之候官，曰：「本河南人雄之後也。」護生伸，伸生廷簡，當閩王審知時，被署爲安遠使，有勞烈於其國。審知死，遂置其官以老。安遠二子，其季居政，娶邑里姚氏女，生公。自護四世至公，始以文行發名，追官皇考至祕書丞，而以昭德縣太君封其母。夫人曾氏，贈尚書兵部侍郎會之女，封金華縣君。婦順母嚴，公所以紀其家，蓋有助焉。生五男子：回、向、固、同、冏，❶皆爲士。其文學行義有過絶人者，故人莫不知公後世之將大顯以蕃，

❶「冏」，光啓堂本作「問」。

而以公之仕不充其志爲無憾也。公年六十三。以既卒之三年，葬潁州之某鄉某原。初，公嘗過游潁之樂，故諸孤御其母家焉，而以公於葬。至是，回之友臨川王某追銘墓上，實至和二年也。銘曰：

顯姓維王，出不一宗。公先河南，實祖於雄。來閩四世，乃挺以生。其來則否，其去而亨。歸忠于君，播惠在甿。配時前人，駿發以升。世不載德，孰爲榮名？謂公有後，其豈公卿？

孔處士墓誌銘

先生諱旼，字寧極。睦州桐廬縣尉諱詢之曾孫，贈國子博士諱延滔之孫，尚書都官員外郎諱昭亮之子。自都官而上至孔子，四十五世。先生嘗欲舉進士，已而悔曰：「吾豈有不得已於此邪？」遂居于汝州之龍興山，而上葬其親於汝。汝人争訟之不可平者，不聽有司，而聽先生之一言；不羞犯有司之刑，而以不得於先生爲耻。慶曆七年，詔求天下行義之士，而守臣以先生應詔。於是朝廷賜之米帛，又勑州縣除其雜賦。嘉祐三年，近臣多言先生有道德，可用，而執政度以爲不肯屈，除守祕書省校書郎致仕。四年，近臣又多以爲言，乃召以爲國子監直講。先生辭，乃除守光禄寺丞致仕。五年，大臣有請先生爲其屬縣者，於是天子以知汝州龍興縣事。先生又辭，辭未聽。而六月某日，先生終於家，年六十七。大臣有爲之請命者，乃特贈太常丞。至七年月日，弟晦葬先生於堯山都官之兆，而以夫人李氏祔。李氏，故大理評事昌符之女。生一女，嫁爲士人妻，而先物故。

先生事父母至孝，居喪如禮，遇人恂恂，雖僕奴不忍以辭氣加焉。衣食與田桑有餘，輒以賙其鄉里。貸而後不能償者，未嘗問也。未嘗疑人，人亦以故不忍欺之。而世之傳先生者多異，學士大夫有知而能言者。蓋先生孝弟忠信，無求于世，足以使其鄉人畏服之如此，而先生未嘗爲異也。先生博學，尤喜《易》。未嘗著書，獨《大衍》一篇傳於世。考其行，殆非有得於内，❶其孰能致此耶？當漢之東徙，高守節之士，而亦以故成俗，故當世處士之聞，獨多於後世，乃至於今。知名爲賢而處者，蓋亦無有幾人。❷豈世之所不尚，遂湮没而無聞？抑士之趨操亦有待於世邪？若先生固不爲有待於世，而卓然自見於時，豈非所謂豪傑之士者哉？其可銘也已。銘曰：

有入而不出，以身易物。有往而不反，以私其佚。嗚呼先生！好潔而無尤。匪佚之爲私，維志之求。

右領軍衛將軍致仕王君墓誌銘

君王氏，諱乙，字次公。其望在太原，而實家大名之元城，不知其始所以徙。曾祖諱安，當周世宗時，爲閤門通事舍人。祖諱廷温，開寶中，泰寧軍節度副使。考諱奉諲，右班殿直，贈左武衛大將軍。君嘗舉進士不中，因獻其所藏書祕閣，而上書言：「先臣某，逮許王，於先皇帝，有一日之幸，臣實其子。」天子下其問驗，以爲三班借職，累遷至内殿崇班、閤門祇候、淮南東路都巡

❶「殆」，龍舒本、宋元遞修本作「治」。
❷「有幾人」，光啓堂本作「百十人」。

檢使。皇祐二年，年七十三，以右領軍衛將軍致仕。卒於海州。而以嘉祐二年葬真州之揚子縣某鄉某原，以後夫人劉氏祔。於是，先夫人林氏既葬矣。

君强記博聞，剛毅而聰明，好讀書，雖老矣，讀書未嘗少止。於窮人賤士，苟義所在，樂與之爲膠漆。一欲以不直加我，雖嚴貴人，義終不爲受也。數上書言事，皆中世病。而用事者多不聽，聽者兩言耳，又事之小者，然當時蒙其利。言楚州可去堰爲牐，歲省卒二十二萬七千人，❶錢一百三十萬，米六萬八千石。又言河陰可以茶鹽募入穀，而漕之河北。爲十説以排三司之難，三司不能絀其一。此當時蒙其利者也。

宋興百年，大定於太宗，至真宗，内外富矣，内外自是遂務以無爲養息天下。朝廷所尚賢良進士，而將相大臣之世用。君方慨然懷古人趨赴功業之意，欲起貧賤，不勢左右，而以其辯智當人主。衆圓獨方，用非其時，卒以不合。嗚呼，甚可悲也！然天下不肖多畏惡君，以其伉直，而幸其齟齬不得意以老，獨賢者哀之耳。君子越石，秦州觀察判官；其次子仁傑，爲進士。女二人，嫁進士林度、陳州項城主簿宋造。余嘗爲君僚，而與其子越石同年進士也。銘其葬曰：

强能吾嬴，吾與之爲抗；嬴者惴惴，吾與之爲讓。卒嬴于强，以窒于行。維其心之享，以實其聲也。

朝奉郎尚書司封員外郎張君墓誌銘

朝奉郎、尚書司封員外郎、知安州軍州

❶「二十二」，宋元遞修本作「二十一」。

兼管内勸農事、騎都尉、賜緋魚袋借紫張君，年五十六，以皇祐二年十二月十一日卒，以熙寧元年某月某日葬。君諱徇，字聖休，餘杭人。曾祖曰浩，祖曰文寶，弗仕。考曰延遇，仕至左侍禁，贈官至左驍騎將軍。

君少孤，與其弟祗皆文行知名，以布衣教授宗室。後中進士第，歷宣州宣城縣主簿、撫州司法參軍。用舉者遷大理寺丞，知雅州名山、洪州奉新兩縣，監海州榷貨務，通判池、廣兩州。乃自尚書屯田員外郎召拜殿中侍御史，用磨勘遷侍御史。劾奏殿前都指揮使郭承祐恃恩驕嫚；論宦官雖高，不當坐侍燕，而謫請求者；又論不當禁諫官、御史風聞言事。仁宗皆以爲然。

君之爲吏也，數決疑獄，所至稱辨治。及是言事，又能舉其職。方是時，爲御史者拔舉多不次。君素寛裕静退，耻以彈治人得用。未幾，即稱疾求出，乃知安州，州大治。會卒，人追喪車慟哭。

初，驍騎府君監湖州兵，遂葬卞山。至是，君從葬，以夫人京兆縣君施氏祔。施氏生一子稚恭，爲進士。一女，適信州司理參軍王汶。孫：大正、大成、大亨、大鈞，今尚幼。君事母孝，友其弟甚篤，於權勢財利能廉，吏治尤可紀。在廣州，奏請城之，未及築外郛而召。後儂智高反，州人賴君所築活，以不卒功爲恨。銘曰：

有嘉張君，質静寛徐。進非所好，人用稱譽。視利在前，蹲循弗趨。退施一州，用智之餘。嘻其葬矣，次有銘書。

謝景回墓誌銘

君姓謝氏，諱景回，字師復。以泰寧軍節度掌書記諱崇禮者爲曾大父，以太子賓客、陳留公諱濤者爲大父，而兵部員外郎、知制誥、陽夏公諱絳者之少子也。幼好學，有大志，聰明卓然，不類童子。年十九，所爲文辭已可傳載。於是得疾，不可治。以嘉祐四年十二月丙子棄世於漢東，人莫不爲謝氏哀之。諸兄以八年十月乙酉，葬君鄧州穰縣五壟原之兆，而臨川王某爲銘曰：❶

攻乎其爲良，汰乎其爲精。吾見其質，吾聞其聲。如或毀之，用不既於成。哀以銘詩，亦慰其兄。

真州司法參軍杜君墓誌銘❷

真州司法京兆杜渙濟叔，年三十七，以皇祐四年四月辛酉卒。子男某，尚穉。自將以下，❸合貨財以葬於北城之野，而留其孥以處。杜氏世占永寧之博野。父詢，嘗歷江寧府司録參軍，遂葬，家焉。有子五人，濟叔最少，實慶曆六年進士。臨川王某銘其葬焉。❹銘曰：

猗嗟杜氏，博野之良。有官于南，遂宅以藏。是生司法，以節自强。頎而陽陽，翼

❶「某」，龍舒本作「安石」。
❷此題，龍舒本作「杜渙墓誌銘」。
❸「自」，龍舒本作「州」。
❹「某」，龍舒本作「安石」。

翼而才。❶其生可懷，死矣皆傷。江之北垣，南墓在望。奚葬不歸，卜者曰祥。後有子孫，既實而昌。求藏厥初，來考銘章。

金溪吳君墓誌銘

君和易罕言，外如其中。言未嘗極人過失，❷至論前世善惡，其國家存亡、治亂成敗所繇，甚可聽也。嘗所讀書甚衆，尤好古而學其辭，其辭又能盡其議論。年四十三，四以進士試於有司，而卒困於無所就。其葬也，以皇祐六年某月日，葬撫州之金溪縣歸德鄉石廩之原，❸在其舍南五里。當是時，君母夫人既老，而子世隆、世範皆尚幼。三女子，❹其一卒，其二未嫁云。嗚呼！以君之有與夫世之貴富而名聞天下者計焉，其獨慊彼耶？❺然而不得禄以行其意，以祭以養，以遺其子孫以卒，此其士友之所以悲也夫。學者將以盡其性，盡性而命可知也。知命矣，於君之不得意，其又何悲耶？❻銘曰：

蕃君名，字彥弼，氏吳，其先自姬出。以儒起家世冕黻，獨成之難幽以折，❼厥銘維甥訂君實。

❶「傾而陽陽，翼翼而才」，龍舒本作「翼翼而才，傾而陽陽」。
❷「極」，中華校排本引繆氏校謂當作「及」。
❸「葬」，原無，據龍舒本補。
❹「三」，龍舒本作「五」。
❺「慊」，原作「歉」，據龍舒本改。
❻「何」，龍舒本作「可」。
❼「難」，龍舒本作「艱」。

太常少卿分司南京沈公墓誌銘

皇祐三年十一月庚申，太常少卿、分司南京錢塘沈公卒。明年，子披、子括葬公錢塘龍居里先公尚書之兆。❶卜十月甲戌吉，與其宗謀銘，則書公官壽行世來，以請予論次。其書曰：

沈氏自沈子逞以身屬社稷，書於《春秋》，文學、賢勞、功名，❷不曠于史。而武康之族，尤獨顯於天下。至公高祖，始徙去，自爲錢塘人。大王父某，當錢氏時，匿不仕。王父某，官咸平、端拱間，至大理寺丞。父某，學行顯聞，早世無爵位，由長子同及公，贈兵部尚書。

公諱周，字望之。少孤，與其兄相踵爲進士，起家掾漢陽，從事高郵。用舉者入大理爲丞，監蘇州酒。知簡之平泉縣，縣人銘其政於石，遂自封州守佐蘇州，由蘇州爲侍御史。有以丞相指謁公者，不爲聽。居頃之，出刺潤州，又刺泉州。其爲治取簡易，訟有可已者，輒諭以義，使歸思之。獄以故少。泉州舊多盜，日暮市門盡閉，禁民勿往來。公至，除其禁，而盜亦以止。佐開封，訟數年不遣者以百數，公斷治立盡。嘗代其尹爭獄於上，大臣爲公自絀。三司使請鑄大錢，下其書議，議者無敢忤。公爲其判官，獨曰：「壞四錢爲之，可以當十。民盜變舊錢且盡鑄之，爲誘民死耳。不如無鑄。」議上，如公言。於是天子以江東之按察爲已悉，聞公寬厚，即以爲使。盡歲無所

❶ 「錢塘」，龍舒本作「邑」。
❷ 「學」，龍舒本無此字。

劾，而部亦以治稱。然公已老，不樂事權，❶自請得明州。明年遂以分司歸第。三月，❷卒。

夫人許氏，六安縣君。兩男，❸世其家。一女子，已嫁。公廉靜寬慎，貌和而內有守。春秋七十四，更十三官，而不一挂於法。鄉黨故舊聞其歸則喜，喪，哭之多哀，而無一人恨望者。銘曰：

公生四方，卒於故里。先君之從，祭則孫子。有櫝有松，有鬱其岡。不陁不騫，萬世之藏。

吴録事墓誌

君諱賁，字成之，世爲撫州金谿人。曾祖某，不仕。祖德筠，尚書屯田員外郎。父敏，尚書都官員外郎。君以蔭入官，任吉州太和、袁州萍鄉縣主簿，尉蘄州石橋茶場，廬州司理，亳、壽州、江寧府録事參軍。以某年月日卒于家，享年若干。

君事親孝，友于兄弟。與厥侈父母兄弟，寧窮困身妻子。故老妻長子，人不勝憂也。義不忍貲親遺産，悉推兄弟。比没世，妻子遵約，鄉人賢以爲難。君嘗議獄，上官指教再三，君弗許再三。上官顧歎許，舉京官，君弗謝，乃終弗舉。後他上官率以質直，弗舉也。二男子：偉、豪，長有志，行如君。二女子，歸晏脩睦、王令。季有特操，如令。豪養寡姊妹，嫁孤甥，夫婦孳孳，鄉人又以爲難。卜以元豐八年某月日，葬于唐州桐

❶「事」下，龍舒本有「利」字。
❷「三」上，龍舒本有「歸」字。
❸「兩」上，龍舒本有「子」字。

栢縣淮源鄉，妻李祔。❶臨川王某誌。

宋贈保寧軍節度觀察留後追封東陽郡公宗辯墓誌銘❷

公諱宗辯，字慎微。祖諱元佐，是爲魏恭憲王。考諱允升，太師、平陽郡王，謚曰「恭懿」。公，平陽第十三子。生數歲而平陽薨，事母孝，友于兄弟。好讀書，不舍晝夜。常獻所爲文，得試學士院。兄弟四人，皆中優等，遷官。而仁宗遇公甚寵，嘗親書「近親才賢，❸好文博古」八字賜之。公既好書，又嗜醫方，所蓄方甚衆。每躬自治藥，以振人之疾。其惻隱不倦，蓋天性也。以熙寧元年七月己卯，❹終于睦親北宅，享年四十六。官至右衛大將軍、金州防禦使，爵天水郡開國公，食邑三千户食實封五百户，贈保寧軍節度觀察留後，追封東陽郡公。夫人李氏，封德安郡君，贈尚書中書令漢瓊之孫。子男十五人：仲富，右内率府副率；仲尋，右羽林軍大將軍、黎州團練使；仲綰，右武衛大將軍、雅州刺史；仲瑝，右武衛大將軍、彭州刺史；仲緘，右千牛衛將軍；仲汧，右監門率府率；仲琨，右内率府副率；仲富，前公卒；餘亦皆蚤死。女子十九人，嫁者四人，未嫁而死者九人，餘尚幼也。二年二月十七日，葬河南永安縣。銘曰：

猗歟賢公，蓄此皇國。耀其藻章，以賁明德。能不外勸，維家之飭。厥承詵詵，魄

❶「妻」，原作「實」，據中華校排本引繆氏校改。
❷「寧」，原作「慶」，據龍舒本改。
❸「才賢」，龍舒本作「賢才」。
❹「己」，龍舒本作「乙」。

我無射。如何不怡？遂永窀穸。

贈虔州觀察使追封南康侯仲行墓誌銘

公諱仲行，字德之。故婺州觀察使諱宗迥之子，❶贈節度使、同中書門下平章事蔡國公諱允言之孫，魏王諱元佐之曾孫。母曰齊安郡君梁氏。慶曆四年賜名，除太子右衛率府率、右監門衛大將軍，爵天水郡開國侯，食邑一千三百户。年二十二，以治平四年八月二十九日卒，贈虔州觀察使，追封南康侯。夫人張氏，封壽昌縣君。子男：士仡，早卒；士泉，右監門率府率。其季與女，皆尚幼。君仁而好學，其卒也，宗室皆憐傷。其葬也，以熙寧二年二月十七日，葬河南府永安縣。銘曰：

爵之尊，禄之殖，維年之卑不配德。

贈華州觀察使追封華陰侯仲厖墓誌銘

公諱仲厖，字子厚。濮國公宗樸之子，濮安懿王諱允讓之孫，魯恭靖王諱元份之曾孫也。母曰蕭國夫人王氏。以皇祐元年賜名，除太子右内率府副率。二年，改太子右監門率府率。嘉祐五年，改右千牛衛將軍。八年，改右監門衛大將軍。治平二年，領嘉州刺史。四年，❷改右武衛大將軍，領雅州團練使。熙寧元年，年二十四，以三月三日卒。上爲不視朝一日，内出司賓祭弔，贈華州觀察使，追封華陰侯。

公生而秀麗，長而聰敏，於宗室爲好

❶「迥」，光啓堂本作「迵」。

❷「年」，原無，中華校排本據《四庫考證》補，今從。

學。上承下撫，無不得意。故其卒，哭者皆爲盡哀。妻馬氏，封安平縣君。女一人，尚幼。公以熙寧二年二月十七日，葬河南府永安縣。銘曰：

維濮世封，實承安懿。公緒厥慶，尚終有嗣。奄其喪矣，一女之存。歸銘幽宮，以慰公魂。

贈奉寧軍節度使追封祁國公宗述墓誌銘

公諱宗述，字子耆。韓恭懿王諱元偓之孫，而東平郡王名允弼之子也。以天聖元年生，以景祐元年賜名。除右侍禁，歷太子右司禦率府、右監門衛將軍、左屯衛大將軍、廉州刺史、隰州團練使、濰州嘉州防禦使。❶熙寧元年正月十八日，以不起聞。上幸其第奠哭之，贈奉寧軍節度使，追封祁國公。越明年，二月十七日，葬河南永安縣。

公重厚寡笑言，内行治，未嘗有謫。樂振施，知音樂，善射，尤爲東平王所愛。妻任氏，樂安郡君。子男七人：仲璆、仲俶、仲誘、仲尪、仲疇。仲璆早卒，兩人未名而死。銘曰：

維德之嘉，維能之多。惟命之不遐，宗室之嗟。

右千牛衛將軍仲夔墓誌銘

君諱仲夔，字彦之。曾祖諱元佐，是爲魏恭憲王；祖諱允言，贈安遠軍節度使、同中書門下平章事，封密國公；父宗悦，前左

❶「右監」，原作「在監」，據宋元遞修本、應刻本改。

屯衛大將軍、池州團練使、祁國公。君官至右千牛衛將軍，❶坐法廢。熙寧元年，年二十二，以五月二十五日卒。至某年某月某日，葬河南府永安縣。妻郭氏。有六男子，死者四人。士殭，今爲右監門率府率。一人尚幼。銘曰：

託靈皇宗慶之多，終以無禄傷如何，棄此白日營山阿。

贈右屯衛大將軍世仍墓誌銘

君諱世仍，字季遷。宣城郡公從審第十子。宣城以越懿王諱德昭爲祖，以安定郡公諱惟和爲考。君母曰渤海郡夫人吴氏，實山南東道節度使元扆之孫。娶潘氏，鄭王美之孫也。年二十二。生二男子、一女。以熙寧元年八月二十三日卒。於是官至右千牛衛將軍，制以右屯衛大將軍告其第。用二年二月十九日，葬于河南府永安縣。君授《尚書》，能通章句。遇人恭謹有恩，然喜飲酒，以故得疾死。銘曰：

有昭其明，有韡其榮。維其弗馮，以隕其生。

臨川先生文集卷第九十八

❶「右」，原作「又」，據宋元遞修本、應刻本改。

臨川先生文集卷第九十九

墓　誌

仙源縣太君夏侯氏墓碣

仙源縣太君夏侯氏，濟州鉅野人，尚書駕部員外郎諱晟之子，翰林侍讀學士、尚書户部侍郎譙公諱嶠之孫，贈太子太師諱浦之曾孫，尚書兵部員外郎、知制誥、知鄧州軍州事、陽夏公謝氏諱絳之夫人，太常博士、通判汾州軍州事景初之母。年二十三卒。後五年，葬杭州之富陽。於是時，陽夏公爲太常丞、祕閣校理，博士生五歲矣，而其女兄一人亦幼。又十五年，康定二年，博士舉夫人如鄧，以合於陽夏公之墓，而臨川王某書其碣。曰：

夫人以順爲婦，而交族親以謹；以嚴爲母，而撫媵御以寬。陽夏公之名，天下莫不聞，而曰：「吾不以家爲恤，六年於此者，夫人之相我也。」故於其卒，聞者欲其有後，而夫人之子果以才稱於世。嗚呼！陽夏公之事在太史，雖無刻石，吾知其不朽矣。若夫夫人之善，不有以表之隧上，其能與公之烈相久而傳乎？此博士所以屬予之意也。

予讀《詩》，惟周士大夫侯公之妃，修身飭行，動止以禮，能輔佐勸勉其君子，而王道賴以成。蓋其法度之教非一日，而其習俗不得不然也。及至後世，自當世所謂賢者，於其家不能以獨化。而夫人卓然如此，惜乎其蚤世也。顧其行治，雖列之於《風》，以爲後世觀，豈愧也哉？

揚州進士滿夫人楊氏墓誌銘

揚州進士滿涇之夫人楊氏者，著作元賓之女也。年六十有一，以治平四年十月庚戌卒，而以熙寧二年八月庚申葬，其墓在江都縣馬坊里之南原。有子七人：建中、居中、執中、存中、方中、閎中、求中，皆嚮學。建中，壽州壽春縣令；執中，潁州萬壽縣令；居中，舉進士。女二人。孫男女八人。

夫人性温恭静約，事當意與否，未嘗形於喜愠。以止有吾母也，故思其父，愈久而猶悲；以不逮吾姑也，故事其舅，愈勞而不懈。承其夫以順，勵其子以善。而汎接於族人也，又能以惠振其貧，以慈撫其賤，以恕掩其過，以篤悛其悍。老矣，歲時尚先諸婦以莅祭祀。蓋夫人之性行可稱者，多至如此。而其子又貇貇不已，以求余銘，故勉爲之。銘曰：

滿氏有家，保族衍大。夫人來嬪，德協内外。夫喜而謂，偕我鮐背。子祈以耋，温清之愛。奚命之畸，使棄弗逮。維前之祥，德則弗諼。惟後之祥，有子才賢。銘慰諸幽，亦賁新阡。

曾公夫人萬年太君黄氏墓誌銘

夫人江寧黄氏，兼侍御史、知永安場諱某之子，南豐曾氏贈尚書水部員外郎諱某之婦，贈諫議大夫諱某之妻。凡受縣君封者四：蕭山、江夏、遂昌、雒陽；受縣太君封者二：會稽、萬年。男子四，女子三。以慶曆四年某月日，卒於撫州，壽九十有二。明年某月，葬于南豐之某地。

夫人十四歲無母，事永安府君至孝，修家事有法。二十三歲歸曾氏，❶不及舅水部府君之養。以事永安之孝事姑陳留縣君，以治父母之家治夫家。事姑之黨，稱其所以事姑之禮。事夫與夫之黨，若嚴上然。眎子慈，眎子之黨若子然。每自戒不處白人善否，有問之，曰：「順爲正，婦道也。吾勤此而已。處白人善否，靡靡然爲聰明，非婦人宜也。」以此爲女與婦，其傳而至於没，與爲女婦時弗差也。故内外親，無老幼踈近，無智不能，尊者皆愛，輩者皆附，卑者皆慕之。爲女婦在其前者多自歎不及，後來者皆曰可矜法也。其言色在視聽則皆得所欲，其離別則涕洟不能捨。有疾皆憂，及喪來弔哭，皆哀有餘。於戲！夫人之德如是，是宜有銘者。銘曰：

女子之德，煦願愉愉。教隳弗行，婦妾乘夫。趨爲亢厲，勵之顓愚。猗嗟夫人，惟德之經。媚于族姻，柔色淑聲。其究女初，不傾不盈。誰疑不信，來監于銘。

太常博士楊君夫人金華縣君吴氏墓誌銘 并序❷

錢塘楊蟠將合葬其母，縗絰以走晉陵，而問銘於其守臨川王某。❸王某曰：「古者諸侯大夫有德善功烈，其子孫必爲器以銘，

❶「二」，原作「三」，據宋元遞修本、應刻本、光啓堂本改。
❷「太常博士楊君夫人」、「并序」，龍舒本無此十字。
❸「某」，龍舒本作「安石」。下「某」字同。

而國之人必能爲之辭。越國而求銘，予未之聞也。今杭大州，以文稱於時者蓋有，而蟠也釋其殯，千里以取銘於予，蓋所以嚴其親之終而欲信其善於後世，如此其慎也。予豈敢孤其意，以愛不腆之辭乎？」於是爲之序曰：

故太常博士、知婺州東陽縣事楊君諱翺字翰之之夫人、金華縣君吴氏，世爲婺州之金華人。自其大父文顗始有籍於杭州之錢塘，而楊君亦自其父徵，始去處州之麗水，而爲錢塘人，而葬於錢塘之履泰鄉龍井之原。楊君之卒也，年六十七，以慶曆二年十二月二十一日從其先人以葬。而夫人後君十六年以卒，卒時嘉祐二年，年七十三。而以明年二月二十日祔于楊君之墓。

楊君少以文學中進士甲科，而晚以廉静不苟合窮於世。夫人有馴德淑行，協于上下，内外無怨。楊君有子十一人，其一人則孽也。夫人母其孽子猶吴氏之甥，雖鄉人之習於楊君者，不知爲異母。既楊君卒，教養嫁娶，皆各不失其時。而子端、子蟠同時以進士起家，爲密、和二州推官。隣里歎慕，以爲夫人榮，然夫人不爲之喜也。至楊君之弟子完及進士第，乃喜曰：「吾姒老矣，此亦足以慰其心也。」蓋其仁如此。夫人生男女十人，卒時，子輔國、子端與其女子七人皆已卒，而蟠獨在，爲泗州軍事推官。銘曰：

博士有家，夫人實紹。博士有子，夫人實教。遊其門庭，弦誦之聲。御其堂奥，賓祭齋明。皇命淑人，維君郡縣。問名考德，夫人實踐。歸哉萬年，博士之丘。銘以昭之，無有春秋。

長安縣太君王氏墓誌❶

長安縣太君臨川王氏，尚書都官員外郎、贈太師中書令兼尚書令、潭國公諱益之女，尚書左丞致仕、贈太尉張公諱若谷之婦，❷尚書比部郎中贈衛尉少卿諱奎之妻，❸國子博士覞、開封府雍丘尉視之母，❹十四而嫁，五十一而老，五十六而卒。其卒在潁州子覞官舍，實元豐三年正月己酉。君爲婦而婦，爲妻而妻，爲母而母，爲姑而姑，皆可譽歎，莫能閒毁。工詩善書，强記博聞，明辨敏達，有過人者。循循恭謹，不自高顯。晚好佛書，亦信踐之。衣不求華，食不厭蔬。慈哀所使，不治小過。欲歸歸之，欲嫁嫁之。君二女，❺長不慧，不可以適人；其季，殿中丞龔原妻也。卜六年葬江州德化縣某鄉某里之原。❻兄安石爲誌如此。弟安上書丹。

永安縣太君蔣氏墓誌銘

毗陵錢公餗、公謹、公輔、公儀、公佐，以皇祐六年三月戊子，葬其母永安縣太君蔣氏。方是時，太君年七十矣。公謹爲鄭州新鄭尉，公輔爲太常丞、集賢校理。五子者卜明年之三月壬午，祔于皇考府君屯田員外郎、贈兵部員外郎諱冶之墓，而具書使

❶「王氏」，龍舒本無此二字。「誌」，龍舒本作「表」。
❷「致仕贈太尉」五字，原無，據龍舒本補。
❸「贈衛尉少卿」五字，原無，據龍舒本補。
❹「視」，龍舒本作「覞」。
❺「二」，龍舒本作「三」。
❻「某鄉某里之原」六字，原無，據龍舒本補。

圖所以昭後世者。敘曰：

蔣氏，常之宜興人，世以財傑其鄉，❶而其族人有以進士至大官者。太君年二十一歸于錢氏，與兵部君致其孝。❷兵部君没，太君進諸子於學，惡衣惡食，御之不慍。均親嫡庶，有《鳲鳩》之德。終不以貧故使諸子者趨於利以適己。既其子官於朝，豐顯矣，里巷之士以爲太君榮，而家人卒亦不見其喜焉。自其嫁至於老，中饋之事，親之惟謹；自其老至於没，紉縫之勞猶不廢。子婦嘗諫止之，曰：「吾爲婦，此固其職也。」子婦化服，循其法。嗚呼！不流於時俗，❸而樂盡其行己之道，窮通榮辱之接乎身，而不失其常心。今學士大夫之所難，而以女子能之，是尤難也。女六人，皆有歸。孫七人皆幼云。銘曰：

《詩》始《關雎》，士莫不知。孰能其家，内外無違？聞豈在多，善成於好。於惟夫人，孰輔而告？婦功之修，母道之行。宜休而勸，不耄以明。紹良配淑，式穀爾後。勖哉其興，以克有廟。

建陽陳夫人墓誌銘

夫人建陽陳氏，嫁同縣人余君爲繼室。余君諱楚，有子四人，其二人則夫人之子。夫人之少子翼，生三歲而余君卒。余氏世大姓也，夫人盡其産以仁先母之子，而使翼之四方遊學，戒曰：「往成汝志必力，無以吾貧爲恤。」於是翼年十五。蓋在外十

❶「傑」，龍舒本作「桀」。
❷「與」，光啓堂本作「以」。
❸「時」，光啓堂本作「世」。

二年，而後以進士起家爲吏，歸見夫人於鄉里。方此時，夫人閉門窮寠，幾無以自存。母子相泣，閭巷聚觀，歎息曰：「賢哉是母！有子食其禄，宜也。」蓋食其子之禄十四年，翼尉宿松，而夫人年七十八，以某年某月卒於宿松之官舍。某年某月某日，葬宣州宣城縣鳳林鄉竹塘里。夫人之子，長曰某，死矣。翼有文學，善議論。雖久困無所合，然一時文人多知之者。❶其卒能追榮夫人乎！於其葬，臨川王某銘曰：

在句之陰，有幽新宅。誰筮葬母？瘞銘斯石。子閩余姓，母氏惟陳。煢煢其行，婉婉其仁。善禄有終，名則不泯。

李君夫人盛氏墓誌銘

夫人盛氏，其先錢塘人。曾大父諱某，某官，贈某官。父諱某，某官，贈某官。實始去吴，有里籍於汴。夫人之幼，季父文肅公稱其智，曰：「宜以某字。」遂名之。年二十三，歸隴西李某，爲某官。以後生三男子，❷皆進士。某，某官；其季曰某。女子四人，其長嫁某官某，次嫁某官某，處者其季也。春秋若干，先李君卒，卒於寧海之官舍。卒之某年，葬某所，實皇祐四年。

夫人事舅姑以孝聞，持喪哀臞，事齋

❶「文」，龍舒本作「聞」。「知」，龍舒本作「稱」。

❷「以」，龍舒本作「其」。

飭，❶卑衣食，以其餘推親黨。能讀《易》、《論語》、《孝經》、諸子之書，親以教子。子男女娶嫁必問賢否。有挾貴以請者，李君輒不聽，維夫人有助云。銘曰：

夫人之德，順慎明祇。來胥有家，婦子師師。維師之難，我敏爲之。誰爲女史？視此銘辭。

金太君徐氏墓誌銘❷

夫人天性篤於孝謹，女工婦事，不懈以敏。恭儉有節，仁於宗族。故以事其舅而順，以相其君子而宜，以臨其子孫而治。以有賢子，大其家室，其享諸福，終于壽考。銘曰：

婉婉女工，彼徐之子。來嬪金宗，有衍其始。鄱人大家，相望而有。誰則無父，無姑無母？帝嘉汝子，服位在朝。賜邑用書，象首錦槖。孝祗順慈，俯仰皆宜。考終榮禄，於慶有施。偉歟夫人，叶此銘詩。

楚國太夫人陳氏墓誌銘

夫人陳氏，故鎮安軍節度使、檢校太師、同中書門下平章事、贈太師、中書令兼尚書令、定國文簡程公諱琳之妻也。陳氏世家壽春，其先潁川人，漢太丘長寔之後也。夫人曾皇考諱謂，❸左班殿直；皇祖考諱誨，皇考諱京，皆不仕。而皇考愛賢夫人，不欲以妻鄉邑，乃徙居京師，擇所居，得

❶「事」，龍舒本無此字。
❷此篇爲本書卷一百《仁壽縣太君徐氏墓誌銘》之片斷，係重複編入者。
❸「謂」，龍舒本作「淵」。

定公以嫁。當時，❶夫人年十九，定公尚爲進士。其後，公至將相，❷終于位。夫人用公，自臨潁縣君九封而爲衛國夫人，用公子加號陳國夫人，❸再封而得楚國夫人。莊而仁，儉而禮，上承下御，無不得宜。故在父母家爲淑女，既嫁爲令妻，其卒有子爲賢母。

公薨六年，當嘉祐七年，夫人年七十一，以十一月戊午薨于開封武成坊之第室。至明年二月甲申，而公子以夫人祔于河南伊闕縣神陰鄉定公之墓。於是公子四人：嗣隆，爲尚書屯田員外郎；嗣弼，爲國子博士；嗣恭，爲尚書屯田員外郎；嗣先，爲大理寺丞。女子五人。❹公壻：榮諲，爲尚書刑部郎中；韓縝，爲侍御史；晁仲綽，爲尚書屯田郎中；潘士龍，爲殿中丞；王偁，爲試將作監主簿。銘曰：

程公克壯，萬夫所嚮。奮功發名，乃取將相。云誰公配？嬀姓氏陳。文武自出，太姬之孫。歸佐休顯，自公初屯。序歷爵邑，爲君夫人。公既樹纛，以相爲伯。帝曰咨矣，夫人好德。能勸其夫，使有嘉績。往以朕命，賜封大國。出書五色，玳首金葩。褒之重錦，來告于家。有豫不怠，有盈不侈。致好內外，具宜福履。侔仁鳲鳩，以母諸子。歲時振振，爲壽在廷。手笏腰章，亦有公甥。維子之才，而甥又獻。❺維貴維富，而兼壽善。嗟此婉娩，考終得願。作詩

❶「時」，原作「是」，據龍舒本改。中華校排本據繆氏校謂當作「當是時」。
❷「至」，龍舒本作「致」。
❸「用」上，龍舒本有「又」字。
❹「女子」上，龍舒本有「公」字。
❺「獻」，龍舒本作「彥」。

并藏，爲識新窆。

寧國縣太君樂氏墓誌銘

尚書屯田員外郎、通判河南府、西京留守司事陳君諱見素之夫人樂氏，太常博士諱黄裳之子，尚書職方員外郎、直史館、贈尚書兵部侍郎諱史之孫，而贈尚書刑部郎中諱璋之曾孫也。其先自京兆遷江南，爲臨川人。至李氏國除，而史館君歸仕於皇朝，子孫多顯者。於是又遷其家，爲河南人焉。夫人以祥符八年歸嬪陳氏，封萬年縣君，又以其子封寧國縣太君。年七十五，以嘉祐八年二月辛巳卒于京師。卜以三月丙寅，祔葬河南唐興鄉屯田君之墓。於是夫人之子男三人，其一人爲大常博士、集賢校理，其一人爲祕書丞、集賢校理，其一人爲祕書省著作佐郎、開封府户曹參軍。女子六人，存者三人，皆已嫁。諸孫男女十九人。曾孫一人，尚幼也。

夫人少知讀書，能略識其大指，微諫數當。故博士君特愛而賢之，❶欲有所爲，多與之謀。及歸陳氏，不逮養皇姑矣。屯田君二弟皆尚幼也，夫人鞠視如己子。出匳中物以助施族人游士之貧者，蓋其家蕭然也，而無愠色。治諸子有節法，誨厲教督，造次必於文學，故諸子皆以藝自奮，名稱一時。以至諸孫，亦多有爲善士。先人與屯田君皆祥符八年進士，昆弟又與夫人子爲同年友，故其葬，來屬以銘。銘曰：

夫人既嚴兮又順以祥，來配君子兮是

❶「博」，原作「搏」，據龍舒本、宋元遞修本、應刻本、光啓堂本改。

生三良。以才自致兮名聲之揚，慶暨諸孫兮學問文章。象服命書兮寵禄方將，氣魂天游兮體魄在牀。往營新宫兮嶷洛之陽，作詩幽石兮示後無疆。

仙居縣太君魏氏墓誌銘

臨川王某曰：俗之壞久矣，自學士大夫多不能終其節，況女子乎？當是時，仙居縣太君魏氏抱數歲之孤，專屋而閒居，躬爲桑麻，以取衣食。窮苦困阨久矣，而無變志。卒就其子，以能有家，受封于朝，而爲里賢母。嗚呼！其可銘也。於其葬，爲序而銘焉。序曰：

魏氏其先江寧人，太君之曾祖諱某，光禄寺卿；祖諱某，池州刺史；考諱某，太子諭德，皆江南李氏時也。李氏國除，而諭德易名居中，退居于常州。以太君爲賢，而選所嫁，得江陰沈君諱某，曰：「此可以與吾女矣。」於是時，太君年十九，歸沈氏。歸十年，生兩子，而沈君以進士甲科爲廣德軍判官以卒。太君親以《詩》《論語》《孝經》教兩子。兩子就外學，時數歲耳，則已能誦此三經矣。其後，子迵爲進士，❶子遵爲殿中丞、知連州軍州，而太君年六十有四，以終于州之正寢。時皇祐二年六月庚辰也。嘉祐二年十二月庚申，兩子葬太君江陰申港之西懷仁里。於是，遵爲太常博士，通判建州軍州事，而沈君贈官至太常博士。銘曰：

山朝于躋，❷其下惟谷。纘我博士，夫

❶「迵」，龍舒本、宋元遞修本作「迥」。

❷「于」，原作「千」，據龍舒本、宋元遞修本、應刻本、光啓堂本改。

人之淑。其淑維何？❶博士其家。二子翼翼，萼跗其華。詵詵諸孫，其實其葩。孰云其昌？其始萌芽。皇有顯報，曰維在後。碩大蕃衍，封牲以告。視銘考施，夫人之效。

宋右武衛大將軍黎州刺史世岳故妻安喜縣君李氏墓誌銘❷

安喜縣君李氏，連州刺史、贈太師、中書令、尚書令繼昌之曾孫，鎮國軍節度使、駙馬都尉、贈太師、中書尚書令、秦國文和公遵勉之孫，供備庫使、贈安武軍節度使端憲之子，是爲皇族右武衛大將軍、黎州刺史世岳之妻。温柔静恭，内外親稱之。治平四年，年二十五，以十一月二十四日感疾死。至二年二月十七日，葬河南府永安縣。銘曰：

懿懿獻穆，下歸以祉。有來肅雍，施及孫子。厥嬪皇宗，莫醜具美。噫乎終藏，兆此新里。

仁壽縣君楊氏墓誌銘❸

太子中允致仕、晉陵孫君貫之之夫人仁壽縣君楊氏者，其先青州千乘人。曾祖諱元，祖諱從，皆不仕。父諱霖，爲進士，數舉不遂，初徙其家常州之無錫。夫人年十七，歸孫氏。舅姑曰：「吾婦之承我也孝。」夫曰：「吾妻之助我也仁。」至生子，而成爲士，能賢以有名，則又曰：「吾母之

❶「何」，光啓堂本作「葩」。
❷「宋」，原無，據龍舒本補。
❸此題下，龍舒本有小注「并序」二字。

能誨我也。」自内外族親以至州里之言，則又皆以其舅姑、夫、子之言爲信。嗚呼！可謂賢矣。夫人生三男子，伯曰舜卿，季曰昌言，皆早死；曰昌齡，簽書建康軍節度判官廳公事，治平三年，自尚書屯田員外郎召爲御史。五月十四日，次高郵，而夫人卒，享年六十四。以某月某日葬某縣某鄉某里。銘曰：

猗嗟夫人，女德之茂。中允之妻，御史之母。孝其舅姑，以順其夫。又善教子，終成御史。官封偕老，禄養卒齒。歸安新丘，送者空里。其哀無窮，榮則多已。

臨川先生文集卷第九十九

臨川先生文集卷第一百

墓　誌

鄞女墓誌銘❶

鄞女者，知鄞縣事臨川王某之女子也。❷慶曆七年四月壬戌，前日出而生。明年六月辛巳，後日入而死。壬午日出，葬崇法院之西北。吾女生，惠異甚，吾固疑其成之難也。噫！

仙遊縣太君羅氏墓誌銘

仙遊縣太君羅氏，世家南劍州之沙縣，祕書少監陳君諱某之妻，❸比部員外郎儼、古田縣尉侃、衛尉寺丞佩、同學究出身偉、殿中丞偁之母，年八十三，以某年某月某甲子卒。女一人，適張氏。孫男女若干人。太君有賢行，事皇姑蕭氏順焉。諸姒慕其所爲，❹後亦皆稱孝婦。經紀内治，能勤不懈，以至於老。少監君行治勞烈稱天下，有施於後世，其子孫蕃衍，能中其家法，皆由

❶「銘」，龍舒本無此字。
❷「某」，龍舒本作「安石」。
❸「君」，原爲墨丁，據龍舒本、宋元遞修本、應刻本、光啓堂本補。
❹「姒」，原作「姒」，據龍舒本改。

太君善相其夫而能教子。陳氏之所以興，太君與有力焉。銘曰：

嗚呼夫人，有德有祉。婦于嚴姑，酒食燕喜。乃相君子，陳宗以興。乃教衆兒，有以賢稱。樂其室家，以暨孫曾。巋然壽寵，❶宜後之承。

壽安縣君王氏墓誌銘

江淮荆湖兩浙制置發運使、少府監廣陵孫君之夫人，壽安縣君太原王氏，其先自滄州之清池徙河南，世有顯人。太府卿諱某者，皇曾祖也；庫部員外郎贈禮部侍郎諱某者，皇祖也；屯田郎中、贈吏部侍郎諱某者，皇考也。至夫人諸兄，亦皆爲郎、尚書，而多以材藝稱當世。

夫人好讀書，善爲詩，静專而能謀，勤約以有禮。吏部君愛之尤，而擇所嫁。於是少府君爲大理評事，簽書淮南節度判官廳公事，以夫人歸焉。皇姑曰：「自兒有婦，内外族人加親，而吾食寢甘焉。」少府君材能爲朝廷所信，以至休顯，其盡心外事、不以家爲卹者，以夫人爲之内也。

嘉祐四年某月某甲子，夫人卒，年五十三。明年某月某甲子，葬揚州之天長縣博陵鄉皇姑之兆。子男二人，某、某。女六人，一嫁蘇州節度推官毗陵張誨，一尚幼，四先夫人卒。銘曰：

竭竭少府，有儀有聲。誰相其祁，❷以迄休成？維王淑女，順婦慈母。内諧尊

❶「巋」，原作「歸」，據龍舒本改。

❷「祁」，龍舒本作「初」。

卑，燕及婚友。錦韜象軸，告命之華。❶序章爵邑，維榮有家。方大茀禄，以宜寵服。嗚呼其徂，❷葬有吉卜。

河東縣太君曾氏墓誌銘

尚書都官員外郎、臨川吴君諱某之夫人，河東太君南豐曾氏，尚書吏部郎中、贈右諫議大夫諱某之子。諫議君伉直以擯死，而都官君尤孝友忠信，鄉里稱爲長者。夫人於財無所蓄，於物無所玩，自司馬氏以下，史所記世治亂、人賢不肖，無所不讀。蓋其明辨智識，當世游談學問知名之士，有不能如也。雖内外族親之悍强頑鄙者，猶知嚴憚其爲賢。而夫人拊循應接，親踈小大，皆有禮焉。嘉祐三年某月某甲子，年七十四，❸終于寢。有子四人：芮，秘書丞；蕡，亳州録事參軍；其次蕃、蒙，曾出也，皆進士。而蒙爲濠州司户參軍，於是蕡、蕃皆已卒。芮、蒙以某年某月某甲子，葬夫人某縣某鄉某所之原。某實夫人之外孫，而夫人歸之以其孫者也，涕泣而爲銘。曰：

静專幽閒，女子之方。閎覽博考，乃士之常。猗歟夫人，學問明智。其德女子，其能則士。我求于往，❹孰與比齊？❺嗚呼公父，穆伯之妻。

❶「華」，光啓堂本作「章」。
❷「徂」，宋元遞修本、光啓堂本作「祖」。
❸「四」，龍舒本無此字。
❹「于」，宋元遞修本作「子」。
❺「齊」，龍舒本、宋元遞修本作「儕」。

曾公夫人吳氏墓誌銘

夫人吳氏，太常博士南豐曾君之配，世家臨川。二十四歸曾氏，三十有五以病終。子男三：鞏、牟、宰，女一。時博士方爲越州節度推官，某年月日，乃啓其殯臨川，葬南豐之某地。前葬，鞏謀於宗之長者，而請於博士，曰：「夫人事皇姑萬壽太君，承顔色教令，一主於順。斟酌衣服飲食，盡其力。皇姑愛之如己女。於大人得輔佐之宜，於族人上下適其分。今其葬，宜得銘祕之墓中，於以永永延夫人之德，無不可者。」博士曰：「然。」乃來求銘。夫人固早没，不及見其存時。雖然，博士，先人行也，而又鞏於友莫厚焉，於夫人之葬而銘也，其何讓？銘曰：

宋且百年，江之南有名世者先焉。是爲夫人之子，葬夫人於此。於戲！

故樂安郡君翟氏墓誌銘并序❶

尚書主客員外郎錢塘沈君名扶之夫人翟氏者，鄂州節度推官諱希言之子，太子左清道率府率致仕諱守序之孫，利州葭萌縣令諱令圖之曾孫。少則賢孝，父母稱之。及嫁爲婦，則舅姑稱之如父母。處娣姒，能和以有禮；畜妾御，能正以有仁。閨門雝雝，上下順治。自皇舅尚書公以才爲時用，繼以主客及夫人之子，而沈氏日大矣。夫人之德善亦日以顯，内外親皆悦服而歸之，以謂其必大享爵禄，終於壽考。

❶「故」，原無，據龍舒本補。

乃以治平三年九月十日，卒于京師，享年五十七。

初，主客自河北提點刑獄移知明州，而長子方領開封府事，治有異狀，爲上所禮。以夫人久疾，請於上，留主客京師。詔特聽留，以佐三司。於是諸名醫治夫人，無所不爲，然終不起。始封長安縣君，進京兆、樂安二郡君。生五男三女。男曰遘，❶翰林學士右諫議大夫知制誥；曰迥，❷泰州軍事判官；曰遼，將作監主簿、監壽州酒；曰邀，漳州漳浦縣主簿；曰逌，試將作監主簿。女適祕書省著作佐郎顔處恭、邢州堯山縣令王子韶、太常博士監察御史裹行蔣之奇。

翟氏濟州金鄉人，商州團練使守素者，當太祖時，親信任事，族人因多爲武吏。而皇考獨好文學，舉進士中第。負材任氣，不肯有所屈，以終不得意。夫人之兄嚴，亦知名，又早卒。夫人傷其家替，每獨歎息。今上即位，翰林守杭州，其季舅惟康以奉獻得仕，今爲道州寧遠縣主簿。夫人既卒，詔以主客知蘇州。十二月某日，葬夫人杭州錢塘縣龍居山舅姑之兆。銘曰：

沈侯世獻，得相惟媛。歸嬪于宗，誨子而彥。相之斯何，德則有儀。誨之斯何，慶則有貽。始周姓姬，後氏爲翟。於梁曰璜，實佐其國。至漢高陵，又以才稱。世降弗嗣，乃隮女子。許公之妻，公武之母。昭於銘詩，無盛與夷。彼暴而興，亦遄其沮。我以吾仁，其昌孰禦？梴梴中丘，萬木如茨。

❶「遘」，原爲空格，據龍舒本、光啓堂本補。

❷「迥」，龍舒本、光啓堂本作「迴」。

往從舅姑，協我初龜。

故高陽郡君齊氏墓誌銘 并序❶

夫人，故翰林侍讀學士、贈開府儀同三司王公諱洙之妻，❷故光禄寺丞力臣、今太常寺太祝欽臣、祕書省著作佐郎陟臣、祕書省正字曾臣之繼母也。❸齊氏好讀書，能文章，有高節美行。治平二年，年五十五，以五月初三日終于亳州其子之官舍。❹治平三年十月初八日，❺祔葬於南京虞城縣孟諸鄉田丘里。❻

初，夫人自哀早孤，誓不嫁以養母。及公失初妻，諸子幼，聞夫人賢行，❼求之曰：「是必能母吾子。」於是母兄强嫁之。及歸，果能母諸子。聰明而仁，恭儉以有禮。閨門欣欣，無一異言。始封縣文安，又封郡高陽。❽而公卒，即舉家政屬之子婦，齋居素服，不御酒樂，以至没齒。雖時爲詩，然未嘗以視人。及終，乃得五十四篇。其言高潔曠遠，非近世婦人女子之所能爲。又得《遺令》一篇，令薄葬，其言死生之故甚有理。

❶「故」、「并序」，原無，據龍舒本補。
❷「贈開府儀同三司」，龍舒本作「某官」。「洙」，龍舒本作「某」。
❸「光録寺丞」、「太常寺太祝」、「祕書省著作佐郎」、「祕書省正字」，龍舒本均作「某官」。「也」，龍舒本作「姓」，當屬下。
❹「五月初三日」，龍舒本作「某月某日」。「于」，龍舒本無此字。
❺「治平」，龍舒本無此二字。「初八日」，龍舒本作「某日」。
❻「虞城縣孟諸鄉田丘里」，龍舒本作「某縣某鄉某里」。
❼「賢行」，龍舒本作「行賢」。
❽「封郡高陽」，龍舒本作「封高陽郡君」。

齊氏祁州蒲陰人。夫人曾祖諱某，故不仕。❶祖諱安，❷故不仕。❸考諱永清，莫州防禦推官。兄恢、弟惲，皆知名。公四男一女，女嫁尚書職方員外郎陳安道。夫人既善撫諸子，而諸子亦多賢能致孝。於葬，來求銘。銘曰：

在冀中山，有孝季齊。少孤恃母，悲不忍離。及以義行，乃終順慈。顯顯王公，學問文章。族爲大家，爵禄寵光。來繼來助，其賢則譽。銘詩幽宮，以告齊終。齊終有始，自其爲子。

同安郡君劉氏墓誌銘

尚書户部侍郎致仕、廬陵王公贄之夫人，❹同縣劉氏女也。父諱某，祖諱某，曾祖諱某，三世皆弗仕，然常爲州大姓。方公少時，夫人父知公必貴，故歸以其子。夫人之在父母家既以孝聞，及嫁，舅姑又稱其孝，能相其夫以順，又能畜其婦子以慈。公當仁宗時以御史見聽用，閲天章、龍圖、樞密三學士，夫人亦累封爲同安郡君。治平四年十一月七日，終於廬陵宣化坊之私第。有二子：儀，殿中丞，前死；億，今爲尚書都官員外郎。女一人，嫁撫州軍事推官蕭迅。公之告老，詔以億通判本州以養。及是喪夫人，能自致焉。明年某月某日，葬某縣某鄉某里。銘曰：

於美夫人，明祇順飭。來嬪王宗，時蓺其德。公榮在朝，皇命所特。出使入侍，往

❶「故不仕」，龍舒本無此三字。
❷「安」，龍舒本作「某」。
❸「故不仕」，龍舒本無此三字。
❹「贄」，龍舒本作「某」。

來赫赫。登爲大家，自我承翼。有田有廬，偕老而息。亦有孝子，媚于朝夕。噫乎終哉，兆此幽宅。❶

仁壽縣太君徐氏墓誌銘

夫人徐氏，饒州浮梁縣人。曾祖諱某，某官；祖諱某，父諱某，皆不仕。夫曰尚書屯田郎中金君，諱某，同縣人也。生子十一人，男四人：君著、君佐、君卿、君佑，皆進士。君卿今爲尚書職方員外郎。女七人，皆適士族。孫十九人：男六人；女十三人，已嫁者十二人。曾孫男女十四人，外孫四十七人。夫人以職方故，封金堂、壽安二縣君，又封仁壽縣太君。後郎中之没九年，享年七十七，卒於池州官舍，實治平三年八月十三日。以四年某月某日藏柩于某鄉某里，祔郎中之葬。

夫人天性篤於孝謹，❷女功婦事，不懈以敏。躬儉有節，仁於宗族。故以事其舅姑而順，以相其君子而宜，以臨其子孫而治。以有賢子，大其家室，具享諸福，終于壽考。臨川王某銘其葬，曰：

婉婉女工，❸彼徐之子。來嬪金宗，有衍其始。鄱人大家，相望而有。誰則無父，❹無姑無母？帝嘉汝子，服位在朝。賜邑用書，象首錦囊。❺孝祇順慈，俯仰皆

❶「兆」，原作「凡」，據龍舒本、宋元遞修本、應刻本改。
❷「篤於」，龍舒本無此二字。
❸「工」，龍舒本作「士」。
❹「父」，龍舒本作「婦」。
❺「帝嘉汝子，服位在朝，賜邑用書，象首錦囊」十六字，龍舒本在「有衍其始」句下。

宜。❶考終榮禄，於慶有施。❷偉歟夫人，
協此銘詩。

永嘉縣君陳氏墓誌銘

陳氏於蘇州爲大姓。夫人者，太子中允諱之武之子，某官、贈太常卿諱郁之孫，左贊善大夫諱質之曾孫，而太常博士王君諱逢之妻也。聰明順善，動有禮灋。以不及養舅姑也，故於祭祀尤謹。博士禄賜，盡之宗族朋友。不足，則出衣服簪珥助之而不言。選飾妾御，進之不忌，然博士終無子。蓋吾聞於博士者如此。撫博士之兄子如己子，哭博士三年，未嘗如陳氏。除喪大貧，顯者求以爲妻。族人强之，不可；又强之，則涕泣自誓。居頃，感疾以死。蓋吾聞於博士之兄子景元者如此。然夫人之行，非特出於二人之言，凡習陳氏、王氏者，皆知其爲賢，而哀其志。其封曰永嘉縣君，其卒於蘇州，以治平二年十一月九日，年三十八。其葬以三年十一月某日，從博士於閶門之西原。銘曰：

穀也從於此，喪也隨以死。歸義與命，
奚傷乎無子？

王夫人墓誌銘

右侍禁知循州興寧縣事海陵周君諱彦先之夫人王氏，我叔祖尚書主客郎中、贈右諫議大夫諱貫之之子。年二十三，嫁周氏。嫁六年，生一子瀞而周君卒。後十八年，子

❶「俯仰」，龍舒本作「仰俯」。
❷「施」，龍舒本作「詒」。

濤爲祕書省著作佐郎，知汝州梁縣事，而夫人年四十八，以疾棄世於梁縣。子濤等護其喪歸。以嘉祐四年十一月二十九日庚申，葬海陵城北之兆。夫人心莊而行厲，氣和而色婉，撫接内外親疏皆有恩意，而於人終身不校。嗚呼！其賢如此！銘曰：

於嗟夫人少憫憂，祗專静嘉好衆仇。克協婦子祠春秋，方胥有家裕厥修。❶不永于享其何尤？序哀以銘款諸幽。

宋右監門衛大將軍世耀故妻仁壽縣君康氏墓誌銘❷

皇族右監門大將軍世耀之妻康氏，故内殿崇班、閤門祗候遵度之子。祖曰廷翰，皇任磁州防禦使；曾祖曰碩，皇贈左千牛衛大將軍。以嘉祐三年爲宗婦，封仁壽縣君。生一子令優，爲右千牛衛將軍。而以熙寧元年六月九日疾病死，享年二十有六。自爲女子以至於爲母，卑尊幼長，無所非議。故於其死，皆哀憐。二年二月十七日，葬河南永安。銘曰：

芒乎其孰致而來？奄乎其孰推而往？爲之幽宫，❸覆以新壤。魂浮氣游，變化惚恍。宛其德音，尚可追想。

壽安縣太君李氏墓誌銘

新喻蕭渤狀其母，授息緫，使來求銘以葬。惟夫人姓李氏，於邑里實大姓。曾祖

❶「修」，原作「羞」，據宋元遞修本改。
❷「宋」，原無，據龍舒本補。
❸「宫」，原作「官」，據龍舒本、宋元遞修本、應刻本改。

諱某，祖諱某，考諱某，皆弗仕。而曾祖以其孫憲成公故，贈官至太子太師。夫人柔順静專，仰俯有儀。年十有五而嫁，是爲鼎州團練推官蕭君諱賁之妻。年二十有二，生渤、淇、澈三男一女子而寡，執節不嫁。父母欲奪之，不得。卒就其男宦學，歸其女爲士妻。孫曾詵詵，饋祀裕如。鄉人歸高，稱諺歎息。治平三年，渤用尚書駕部員外郎選主廣濟河漕，而夫人年六十有八，以九月八日卒于東都之私寢。越明年，某月十有一日，合葬新喻某鄉某里。於是推官君以渤故贈右諫議大夫，夫人封壽安縣太君。銘曰：

有幽新宮，在阜之陽。慶既造家，乃終同藏。共伯之妻，文伯之母。於嘉夫人，亦緒厥後。磨石摛丹，詒銘永久。

宋右千牛衛將軍仲焉故妻永嘉縣君武氏墓誌銘❶

皇族右千牛衛將軍仲焉之妻故永嘉縣君武氏，内殿崇班掖之子，故左班殿直昭遜之孫，贈尚書工部侍郎崇亮之曾孫。年十八，以熙寧元年十二月十四日棄世，以明年二月十七日葬河南永安縣。縣君在襁褓，❷父母以爲婉。及嫁，節儉慈仁，人稱之。銘曰：

象服之粲兮，容車之皖兮。歸于陵陂，哀歌以相挽兮。摛銘壙石，識幽以告遠兮。

❶「宋」，原無，據龍舒本補。
❷「縣」，原無，據龍舒本補。

鄭公夫人李氏墓誌銘

尚書祠部郎中、贈户部侍郎安陸鄭公諱紓之夫人，追封汝南郡太君李氏者，尚書駕部郎中、贈衛尉卿文蔚之子也，光州仙居縣令、贈工部員外郎諱岵之孫。以祥符九年嫁，至天聖九年，年三十二，以八月壬辰卒於其夫爲安州應城縣主簿之時。後三十七年，爲熙寧元年八月庚申，祔於其夫安陸太平鄉進賢里之墓。於是夫人兩子：獬爲祕書丞，知潭州攸縣；獬爲翰林學士、尚書兵部員外郎、知制誥。一女子，嫁郊社齋郎張蒙山。

夫人敏於德，詳於禮，事皇姑稱孝，内諧外附，上下裕如。鄭公大姓，嘗以其富，主四方之游士。至侍郎，則始貧，而專於學。夫人又故富家，盡其資以助賓祭，補紉澣濯，饎爨朝夕，人有不任其勞苦，夫人歡終日，如未嘗貧。故侍郎亦以自安於困約之時，如未嘗富。鄭氏蓋將日顯矣，而夫人不及其顯禄。嗚呼！良可悲也。於其葬，臨川人王某爲銘曰：

於嗟夫人，歸孔昭兮。窈其爲德，婉有儀兮。命云如何？壯則萎兮。烝烝令子，悲慕思兮。有嚴葬祔，祭配祇兮。告哀無窮，銘此詩兮。

臨川先生文集卷第一百

外　集

韻文　古詩　五言古詩

揚　雄❶

孔孟如日月，委蛇在蒼旻。光明所照耀，萬物成冬春。揚子出其後，仰攀忘賤貧。衣冠渺塵土，文字爛星辰。歲晚天禄閣，强顔爲《劇秦》。趨舍跡少邇，行藏意終鄰。壤壤外逐物，紛紛輕用身。往者或可返，吾將與斯人。

（龍舒本《王文公文集》卷三十八）

澶　州 此詩係續添，與四十七卷内一首意同。

津津北河流，❷嶭嶭兩城峙。春秋諸侯會，澶淵乃其地。書留後世法，豈獨譏當世？野老豈知此，爲予談近事。邊關一失守，北望皆胡騎。黄屋親乘城，穹廬矢如蝟。紛紜擅將相，誰爲開長利？焦頭收末功，尚足誇一是。歡盟自此數，日月行人至。馳迎傳馬單，走送牛車弊。征求事供給，廝養猶琛麗。❸戈甲久已銷，澶人益憔悴。能將大事小，自合文王意。語翁無嘆嗟，《小雅》今不廢。

（龍舒本《王文公文集》卷四十一）

❶ 此首爲龍舒本卷三十八《揚雄三首》之第一首。

❷「北河」，李注本卷二十作「河北」。

❸「琛」，李注本作「珍」。

望皖山馬上作❶

亘天青鬱鬱，千峰互峭崒。收馬倚長崖，❷烟雲争吐没。遠疑嵩華低，近豈潛衡匹？奚爲鮮眺覽，過者輒倉卒。吾將凌其巔，震盪睨溟渤。旁行告予言，世孰於兹忽？❸邃深不可俯，諸藏盡妖物。踴躍狼虎群，蜿蜒蛇虺窟。惜哉危絶山，歲久沉汩没。誰將除茀塗？萬里遊人出。

（龍舒本《王文公文集》卷四十五）

汝癭和王仲儀❹或云梅聖俞詩。

汝水出山險，汝民多病癭。或如烏粻滿，或若猿嗛並。女慚高掩襟，男大闊裁領。飲水擬注壺，吐詞侔有梗。樗里既已聞，杜預亦不幸。秦人號智囊，吴瓠掛狗頸。膃肭常拄頤，伶仃安及脛。秖欲仰問天，無由俯窺井。挾帶歲月深，冒犯風霜冷。厭惡雖自知，割剖且難肯。不惟羞把鏡，仍亦愁弔影。内療煩羊靨，外砭廢針穎。在木曰楠榴，刳之可曰皿。此誠無所用，既有何能屏？膨脝厠元首，臃腫異顱頂。難將面目施，可與胎胞逞。❺賢者臨汝守，世德調金鼎。氓俗雖醜乖，教令日脩整。風土恐隨改，晨昏憂屢省。儻欲覲慈顔，名城不難請。

（龍舒本《王文公文集》卷四十六）

❶ 此題下，李注本卷二十一有小注：「此詩疑非公作。」

❷ 「收」，李注本作「放」。

❸ 「兹」，李注本作「此」。

❹ 此詩又見梅堯臣《宛陵集》卷二十七，題作「和王仲儀詠癭」。

❺ 「胎胞」，李注本卷二十一作「胞胎」。

東城❶

昔予出東城，初見壟上耕。忽忽日北至，歲月良可驚。雖云一草死，萬物尚華榮。誰能當此時，歎息微陰行。❷

（龍舒本《王文公文集》卷四十七）

哀賢亭

《黄鳥》哀子車，强埋非天爲。天奪不待老，還能使人悲。馬侯東南秀，鞭策要路馳。歸骨萬里州，乃當强壯時。墓門閉空原，白日無履綦。蒼蒼柏與松，浩浩山風吹。我初羞夷吾，鮑叔亦我知。終欲往一慟，詠言慰孤嫠。

（龍舒本《王文公文集》卷四十八）

梁王吹臺

繁臺繁姓人，埋滅爲蒿蓬。况乃漢驕子，魂遊誰肯逢？緬思當盛時，警蹕在虚空。蛾眉倚高寒，環珮吹玲瓏。大梁千萬家，回首雲濛濛。仰不見王處，雲間指青紅。賓客有司馬，鄒枚避其風。❸灑筆飛鳥上，爲王賦雌雄。惜今此不傳，《楚辭》擅無窮。空餘一丘土，千載播悲風。

（龍舒本《王文公文集》卷四十八）

---

❶ 此詩又見王令《廣陵集》卷八。

❷ 「行」，李注本卷二十一作「生」。

❸ 「風」，李注本卷二十一作「鋒」。

靈山寺

靈山名誰自？波濤截孤峯。何年佛子住？四面憑危空。折椽與裂瓦，委棄填西東。庫廊行抑首，居者莽誰容？吾舟維其側，落日生秋風。瞰崖聊寄目，萬物極纖穠。震蕩江海思，洗滌堙鬱中。胡爲喜遊人？❶過此無留蹤。景起龍遊殊，❷盛衰浩無窮。吾聞世所好，樓殿浮青紅。那知山水樂，豈在豪華宮？世好萬事爾，❸感激難論工。❹

（龍舒本《王文公文集》卷四十八）

白鷗

江鷗好羽毛，玉雪無塵垢。滅没波浪間，生涯亦何有？雄雌屢驚矯，機弋常紛糾。顧我獨無心，相隨如得友。飄然紛華地，此物乖隔久。白髮望東南，春江緑如酒。

（龍舒本《王文公文集》卷四十九）

詠風

風從北海起，至此南海上。問風來何事，去復欲何向？誰遣汝而號，誰應汝而唱？汝於何時息，汝作無乃妄？風初無一言，試以問雲將。

（龍舒本《王文公文集》卷四十九）

---

❶「喜」，李注本卷二十一作「嬉」。
❷「起」，李注本作「豈」。
❸「事」，李注本作「變」。
❹「論」，李注本作「爲」。

寓言六首

其 一❶

父母子所養，子肥父母充。欲富摧其子，惜哉術之窮。霸者擅一方，窘彼足自豐。四海皆吾家，奈何不知農。

其 二❷

小夫謹利害，不講義與仁。讀書疑夷齊，古豈有此人？其才一莛芒，所欲勢萬鈞。求多卒自用，餘禍及生民。

其 三❸

瞢瞢俗所共，察察與世違。違世有百善，一疵惡皆歸。就求無所得，猶以好名譏。彼哉負且乘，能使正日微。

其 四❹

始就詩賦科，雕鐫久才成。一朝復棄

❶ 此首爲龍舒本卷五十《寓言十五首》之第四首。李注本同，在卷十五。

❷ 此首爲龍舒本卷五十《寓言十五首》之第六首。李注本同。

❸ 此首爲龍舒本卷五十《寓言十五首》之第七首。李注本同。

❹ 此首爲龍舒本卷五十《寓言十五首》之第八首。李注本同。

之，刀筆事刑名。中材蔽末學，斯道苦難明。忽貴不自期，何施就升平？

其　五❶

明者好自蔽，況乃知我匹。每行悔其然，所見定萬一。不求攻爾短，欲議世之失。耘而舍其田，辛苦亦何實。

其　六❷

好樂世所共，欲禁安能捨。孰將開其淫，要在習以雅。歐人必如己，墨子見何寡。惜哉後世音，至美不如野。

（龍舒本《王文公文集》卷五十）

七言古詩

寄平甫弟衢州道中

淺溪受日光炯碎，❸野林參天陰翳長。幽鳥不見但聞語，小梅欲空猶有香。長年無可自娱戲，遠遊雖好更悲傷。安得東風一吹汝，❹手把詩書來我旁。

（龍舒本《王文公文集》卷四十三）

❶ 此首爲龍舒本卷五十《寓言十五首》之第十首。李注本同。

❷ 此首爲龍舒本卷五十《寓言十五首》之第十三首。李注本同。

❸ 「淺」下，李注本卷二十有小注：「一作洩，非。」

❹ 「東」，李注本作「冬」。

寄慎伯筠或云王逢原詩。❶

世網掛士如蛛絲，大不及取小綴之。宜乎倜儻不低斂，醉脚踏倒青雲低。❷前日才能始誰播？一口驚張萬誇和。雷公訴帝喘似吹，咸恐聲名塞天破。文章喜以怪自娱，不肯裁縮要有餘。多爲峭句不姿媚，天骨老硬無皮膚。人傳書染莫對當，破卵驚出鸞鳳翔。人間下筆不肯屈，鐵索急纏蛟龍僵。少年意氣强不羈，虎脇插翼白日飛。欲將獨立誇萬世，笑誚李白爲癡兒。四天無壁才可家，醉膽憤癢遺酒拏。欲偷北斗酌竭酒，力拔太華鑣鯨牙。世儒口軟聲似蠅，好於壯士爲忌憎。我獨久仰願一見，浩歌不敢兒女聲。

（龍舒本《王文公文集》卷四十三）

三月十日韓子華招飲歸城❸

清明曉赴韓侯家，自買白杏丁香花。雀眼塗金銀篋籠，貯在當庭呼舞娃。舞娃聊捧笑向客，不顧插壞新烏紗。朝來我舍報生子，賀勸太白浮紅霞。酒狂有持梧桐板，暴謔一似鄱陽槎。❹祖裼擊鼓禰處士，當時偶脱猛虎牙。褊衷不容又何益？鸕鷀洲上空蒹葭。

（龍舒本《王文公文集》卷四十六）

---

❶ 此詩又見王令《廣陵集》卷二，題作「贈慎東美伯筠」。「詩」，李注本卷二十一作「作」。

❷ 「雲」，李注本作「天」。

❸ 此詩又見梅堯臣《宛陵集》卷十七。

❹ 「鄱陽槎」，李注本卷二十一作「漁陽撾」。

鳳凰山❶

歡樂欲與少年期，人生百年常苦遲。白頭富貴何所用，氣力但爲憂勤衰。願爲五陵輕薄兒，生在正觀開元時。鬭雞走犬過一生，天地安危兩不知。

（龍舒本《王文公文集》卷四十七）

白雲

英英白雲浮在天，下無根蔕旁無連。西風來吹欲消散，落日起望心悠然。顧回羲和借光景，常使秀色留簷邊。時來不道能爲雨，直以無心最可憐。

（龍舒本《王文公文集》卷四十九）

江鄰幾邀觀三館書畫❷一云梅聖俞作。

五月祕府始曝書，一日江君來約予。世間雖有古畫筆，可往共觀臨石渠。我時冒熱跨馬去，開廚發匣鳴鏁魚。羲獻墨跡十一卷，水玉作軸排疏疏。最奇小楷《樂毅論》，永和題尾付官奴。又有四山絶品畫，戴嵩吴牛望青蕪。李成寒林樹半枯，黄筌工妙《白兔圖》。不知名姓皃人物，二公對奕旁觀俱。黄金錯鏤爲投壺，粉障復畫一病夫。❸後有女子執巾裾，床前紅毯平火

❶ 此首爲龍舒本卷四十七《鳳凰山二首》之第二首。李注本同，在卷八。

❷ 此詩又見梅堯臣《宛陵集》卷十八，題作「二十四日江鄰幾邀觀三館書畫録其所見」。

❸ 「障」，李注本卷二十一作「幛」。

爐。床上二妹展氍毹，遶床屏風山有無。堂上列畫三重鋪，此幅巧甚意思殊。孰真孰假丹青模，世事若此還可吁！

（龍舒本《王文公文集》卷五十）

律詩　五言律詩

次韻張子野秋中久雨晚晴

天沉四山黑，池漲百泉黃。苦濕欲千里，願晴非一鄉。埽除供晚色，洗刷放秋光。菊泣花猶重，秔肥穗稍長。積陰消户牖，返照媚林塘。想見陽臺路，神歸髮彩涼。

（龍舒本《王文公文集》卷五十四）

次韻留題僧假山

態足萬峰奇，功纔一簣微。愚公誰助徙？靈鷲却愁飛。竇雪藏銀溢，簷曦散玉輝。未應頹蟻壤，方此鎮禪扉。物理有真僞，僧言無是非。但知名盡假，不必故山歸。

（龍舒本《王文公文集》卷五十四）

寄王補之

平居相值少，況復道塗留。令我思揮麈，❶逢君爲艤舟。人情方慕貴，吾道合歸休。吏責真難塞，聊爲泮水游。

（龍舒本《王文公文集》卷六十）

❶「令」，李注本卷二十五作「今」。

寄謝師直

湖海三年隔，相逢塞路中。黃金酌卯酒，白髮對春風。所願乖平日，何知即老翁。悠悠越溪水，好在釣魚筒。（龍舒本《王文公文集》卷六十）

射亭

因射構茲亭，序賢仍閱兵。庶民觀禮教，羣寇避威聲。城壘前相壯，谿山勢盡傾。宜哉百里地，桴鼓未嘗鳴。（龍舒本《王文公文集》卷六十七）

七言律詩

和金陵懷古❶

懷鄉訪古事悠悠，獨上江城滿目秋。一鳥帶煙來別渚，數帆和雨下歸舟。蕭蕭暮吹驚紅葉，慘慘寒雲壓舊樓。❷故國凄涼誰與問，人心無復更風流。（龍舒本《王文公文集》卷五十二）

❶ 此詩又見王珪《華陽集》卷三，爲《金陵懷古二首》之第一首。

❷ 「舊」，李注本卷三十七詩末有小注：「別本『舊』一作『故』。」

次韻王禹玉平戎慶捷❶或云王禹玉詩。

熙河形勢壓西陲，不覺連營列漢旗。天子坐籌星兩兩，將軍歸佩印累累。稱觴別殿傳新曲，銜璧名王按舊儀。❷《江漢》一篇猶未美，周宣方事伐淮夷。

（龍舒本《王文公文集》卷五十三）

豫章道中次韻答曾子固

離別何言邂逅同？今知相逐似雲龍。蒼煙白霧千山合，緑樹青天一水容。已謝道途多自放，將歸田里更誰從？龐公有意安巢穴，肯問簞瓢與萬鍾？

（龍舒本《王文公文集》卷五十五）

答孫正之

無才處處是窮途，兩地誰傳萬里書？節物峥嶸催歲暮，溪山蕭灑入吾廬。南歸猶喜尋同志，北去還聞困索居。佳句不須論舊約，相隨陽羨有籃輿。

（龍舒本《王文公文集》卷五十五）

送福建張比部

畫船簫鼓出都時，萬里驚鷗去不追。却望塵沙應駐節，會逢山水即吟詩。長魚

---

❶ 此詩又見王珪《華陽集》卷三，題作「依韻和蔡樞密岷洮恢復部落迎降」，文字略有出入。

❷ 「名」，原作「寧」，據李注本卷三十七改。

俎上通三印，新茗齋中試一旗。只恐遠方難久滯，莫愁風物不相宜！

（龍舒本《王文公文集》卷五十七）

送孫立之赴廣西

十年一别兩相過，前想悲歡慷慨歌。窮去始知風俗薄，静來猶厭事機多。相期鼻目傾肝膽，誰伴溪山避網羅。萬里辛勤君舊識，重江應亦畏風波。

（龍舒本《王文公文集》卷五十七）

送致政朱郎中東歸❶

平生不省問田園，白首忘懷道更尊。已上印書辭北闕，稍留冠蓋餞東門。馮唐老有爲郎戀，疏廣終無任子恩。今日榮歸人所羡，兩兒腰綬擁高軒。

（龍舒本《王文公文集》卷五十七）

别雷周輔❷

侍郎憂國最賢勞，太尉西州第一豪。家廟比來聞澤厚，公孫今果見才高。明時尚使龍蛇蟄，壯志空傳虎豹韜。莫厭皖山窮絶處，不妨雲水助風騷。

（龍舒本《王文公文集》卷五十八）

❶ 此詩又見歐陽脩《歐陽文忠公集》卷五十六《外集》卷六，題作「送致政朱郎中」。

❷ 此題，李注本卷三十七作「别雷國輔之皖山」。

寄程給事❶

憶昔都門手一携，春禽初向苧羅啼。夢回金殿風光別，吟到銀河月影低。舞急錦腰迎十八，酒酣金盞照東西。何時得遂扁舟去，邂逅從君訪剡溪？

（龍舒本《王文公文集》卷五十九）

寄勝之運使

蕭然生事委江皋，壯志何嘗似釣鼇？千里得書來見約，一朝乘興去忘勞。已將流景休談笑，❷聊爲知音破鬱陶。正是東風將欲發，湖山春色助揮毫。

（龍舒本《王文公文集》卷五十九）

得孫正之詩因寄兼呈曾子固

一歲已闌人意勸，出門風物更蕭然。水摇踈樹荒城路，日帶浮雲欲雪天。未有詩書論進退，謾期身世託林泉。因思漠北離羣久，此日窮居賴見賢。

（龍舒本《王文公文集》卷五十九）

---

❶ 此題下，李注本卷三十七有小注：「恐非公作。」此詩又見鄭獬《鄖溪集》卷二十七，題作「寄程公闢」；《淮海後集》卷三，題作「寄公闢」；王珪《華陽集》卷四，題作「寄公闢」。

❷ 「休」下，李注本卷三十七有小注：「一作供。」

離北山寄平甫❶

日月沄沄與水争，披襟照見髮華驚。少年憂患傷豪氣，老去經綸誤半生。休向朝廷論一鶚，因知田里守三荆。❷青溪幾曲春風好，❸已約歸時載酒行。

（龍舒本《王文公文集》卷五十九）

道中寄黄吉甫❹

白霧青山入馬蹄，❺朝寒瑟瑟樹聲悲。平山斷隴回環失，鳴鳥游魚上下隨。廟算未聞收策士，瘴鄉誰與擇軍麾？憂時自欲尋君語，行路何妨更有詩？

（龍舒本《王文公文集》卷六十）

寄孫正之

南游忽忽與誰言？共笑謀生識最昏。萬事百年能自信，一簞五鼎不須論。友中惟子長招隱，世上何人可避喧？❻千里秋風相望處，皖公溪上正開樽。

（龍舒本《王文公文集》卷六十）

❶「甫」，李注本卷三十七作「父」。
❷「因」，李注本作「只」。
❸「青」，李注本作「清」。
❹「黄吉甫」，李注本卷三十七作「吉父」。
❺「山」，李注本作「煙」。
❻「可」下，李注本卷三十七有小注：「一作肯。」

宿土坊驛寄孔世長

燒夜郊原百草荒，弊裘朝去犯嚴霜。殘年意象偏多感，回首風煙更異鄉。往返自非名利役，辛勤應見友朋傷。章江猶得同遊處，最愛梅花蘸水香。

（龍舒本《王文公文集》卷六十）

將至丹陽寄表民

曉馬駸駸路阻脩，春風漠漠上衣裘。三年銜恤空餘息，一日忘形得舊遊。末路悲歡隨俯仰，此生身世信沉浮。寄聲德操家人道，炊黍吾今願少留。

（龍舒本《王文公文集》卷六十）

寄國清處謙❶

三江風浪隔天台，想見當時賦詠才。近有高僧飛錫去，更無餘事出山來。猿猱歷歷窺香火，日月紛紛付劫灰。我欲相期談實相，東林何必謝劉雷？

（龍舒本《王文公文集》卷六十）

杭州呈勝之❷

游觀須知此地佳，紛紛人物敵京華。林巒臘雪千家水，城郭春風二月花。彩舫

❶ 此詩收入南宋人所輯《天台集》，題爲趙湘撰。

❷ 此詩收入陳思《兩宋名賢小集》，題爲王安國撰。《瀛奎律髓》云：「此王安國詩。今《王校理集》行於世，誤入其兄荆公集中。」

笙簫吹落日，畫樓燈燭映殘霞。如君援筆宜摹寫，寄與塵埃北客誇。

（龍舒本《王文公文集》卷六十一）

寶應二三進士見送乞詩

少喜功名盡坦塗，那知干世最崎嶇？❶草廬有喜歌《梁甫》，❷狗監無人薦子虛。解玩山川消積憤，静忘歲月賴羣書。慚君車蓋如平昔，❸不笑謀生萬事踈。

（龍舒本《王文公文集》卷六十一）

聞和甫補池掾

遭時何必問功名？自古難將力命争。萬户侯多歸世胄，五車書獨負家聲。才華汝尚爲丞掾，老懶吾今合釣耕。外物悠悠無得喪，春郊終日待相迎。

（龍舒本《王文公文集》卷六十一）

奉招吉甫

經綸無地委蓬蒿，凜凜胸懷且自韜。誰奮長謀平嶺海？猶將餘力寄風騷。名慚隨俗貧中役，恨未收身物外高。永夜西堂霜月冷，邀君相伴有松醪。

（龍舒本《王文公文集》卷六十二）

謝郟亶秘校見訪於鍾山之廬

誤有聲名只自慚，煩君跋馬過茅簷。

❶「干」，原作「十」，據李注本卷三十七改。
❷「喜」，李注本作「客」。
❸「車」，李注本作「枉」。

已知原憲貧非病，更許莊周智養恬。世事何時逢坦蕩，人情隨分值猜嫌。誰能胷臆無塵滓，使我相從久未厭。

（龍舒本《王文公文集》卷六十二）

同長安公鐘山望❶

解裝相值得留連，一望江南萬里天。殘雪離披山韞玉，新陽杳靄草含煙。餘生不足償多病，樂事應須委少年。惟有愛詩心未已，東歸與續棣華篇。

（龍舒本《王文公文集》卷六十四）

題正覺相上人籜龍軒

風玉蕭蕭數畝秋，籜龍名爲道人留。不須乞米供高士，但與開軒作勝遊。此地七賢誰笑傲，何時六逸自賡酬？侵尋衰境心無著，尚有家風似子猷。上人請予命名。

（龍舒本《王文公文集》卷六十七）

垂虹亭

坐覺塵襟一夕空，人間似得羽翰通。暮天窈窈山銜日，爽氣騷騷客御風。草木韻沉高下外，星河影落有無中。飄然更待乘桴伴，一到扶桑興未窮。

（龍舒本《王文公文集》卷六十七）

題友人壁

茆簷前後欠松蘿，百里乘閑向此過。

❶「公」，李注本卷三十七作「君」，題下有小注：「公之女弟也。」

澗水遶田山影轉，野林留日鳥聲和。蕭條雞犬逢人少，想象乾坤發興多。世事不如閑静處，知君出處意如何？

（龍舒本《王文公文集》卷六十八）

清明輦下懷金陵

春陰天氣草如煙，時有飛花舞道邊。院落日長人寂寂，池塘風慢鳥翩翩。故園回首三千里，新火傷心六七年。青蓋皂衫無復禁，可能乘興酒家眠。

（龍舒本《王文公文集》卷七十）

松江❶

宛宛虹霓墮半空，銀河直與此相通。五更漂渺千山月，萬里淒涼一笛風。鷗鷺稍回青靄外，汀洲時起緑蕪中。騷人自欲留佳句，忽憶君詩思已窮。

（龍舒本《王文公文集》卷七十一）

閒居遣興

慘慘秋陰緑樹昏，荒城高處閉柴門。愁消日月忘身計，静對溪山憶酒樽。南去干戈何日解？東來馹騎此時奔。誰將天下安危事，一把詩書子細論？

（龍舒本《王文公文集》卷七十四）

西帥

吾君英睿超光武，良將西征捍隗囂。

❶ 此首爲龍舒本卷七十一《松江》二首之第一首。

誓斬郅支聊出塞，生擒頡利始歸朝。一丸豈慮封函谷？千騎無由飲渭橋。好立功名摽竹素，莫教空説霍嫖姚。

（龍舒本《王文公文集》卷七十六）

到家

五年羈旅倦風埃，舊里依然似夢回。猿鳥不須懷悵望，溪山應亦笑歸來。身閑自覺貧無累，命在誰論進有材。秋晚吾廬更蕭灑，沙邊煙樹緑洄洄。

（龍舒本《王文公文集》卷七十六）

五言絶句

春怨❶

掃地待花落，惜花輕著塵。遊人少春戀，踏去却尋春。

（龍舒本《王文公文集》卷七十二）

七言絶句

寄李道人

李生富漢亦貧兒，人不知渠只我知。跳過六輪中耍峭，養成三界外愚癡。

（龍舒本《王文公文集》卷六十）

謝微之見過

此身已是一枯株，所記交朋八九無。唯有微之來訪舊，天寒幾夕擁山爐。

（龍舒本《王文公文集》卷六十二）

❶ 此詩又見王令《廣陵集》卷十。

樓上望湖

樓上人腸渴欲枯，樓前終日望平湖。
無舟得入滄浪去，爲問漁人得意無？
（龍舒本《王文公文集》卷六十六）

蓬萊詩 蓬萊縣君，荆公長女。❶

西風不入小窗紗，秋氣應憐我憶家。
極目江南千里恨，依前和淚看黄花。
（龍舒本《王文公文集》卷六十七）

晚春 或云盧秉詩。❷

春殘葉密花枝少，睡起茶多酒盞疎。
斜倚屏風搔首坐，滿簪華髮一床書。
（龍舒本《王文公文集》卷七十二）

惜春

滿城風雨滿城塵，蓋紫藏紅謾惜春。
春去自應無覓處，可憐多少惜花人！
（龍舒本《王文公文集》卷七十二）

子貢

一來齊境助姦臣，去誤驕王亦苦辛。
魯國存亡宜有命，區區飜覆亦何人。
（龍舒本《王文公文集》卷七十三）

❶ 此詩已見本書卷三十一《次吴氏女子韻》題下小注，當係王安石女蓬萊縣君撰。

❷ 此首爲龍舒本卷七十二《晚春》二首之第一首。

憶江南

城南城北萬株花，池面冰消水見沙。迴首江南春更好，夢爲蝴蝶亦還家。

（龍舒本《王文公文集》卷七十四）

雜詠絶句❶

百年禮樂逢休運，千里江山極勝遊。那似鮑昭空寫恨，不爲王粲秖消憂。

（龍舒本《王文公文集》卷七十五）

樂府

勿去草❷

或云是楊次公詩。

勿去草，草無惡，若比世俗俗浮薄！君不見長安公卿家，公卿盛時客如麻。公卿去後門無車，惟有芳草年年佳。又不見千里萬里江湖濱，觸目悽悽無故人，惟有芳草隨車輪。一日還舊居，門前草先鋤。草於主人實無負，主人於草宜何如？勿去草，草無惡，若比世俗俗浮薄！

（龍舒本《王文公文集》卷四十七）

河北民

河北民，生近二邊長苦辛。家家養子學耕織，輸與官家事夷狄。今年大旱千里赤，州縣仍催給河役。老小相攜來就南，南

❶ 此首爲龍舒本卷七十五《雜詠絶句十五首》之第九首，又見劉敞《公是集》卷二十三，爲七律《臨崑亭》之頸聯、尾聯。

❷ 此詩又見楊傑《無爲集》卷三。

人豐年自無食。悲愁白日天地昏，路旁過者無顏色。汝生不及貞觀中，斗粟數錢無兵戎！

（龍舒本《王文公文集》卷五十一）

君難託

槿花朝開暮還墜，妾身與花寧獨異？憶昔相逢俱少年，兩情未許誰最先？感君綢繆逐君去，成君家計良辛苦。人事反復那能知？讒言入耳須臾離。嫁時羅衣羞更著，如今始痞君難託。君難託，妾亦不忘舊時約。

（龍舒本《王文公文集》卷五十一）

詞曲

宮詞❶

六宅新粧促錦，三宮巧仗叢花。一片黄雲起處，内人遥認官家。

（龍舒本《王文公文集》卷七十六）

雨霖鈴

孜孜矻矻，向無明裏，强作窠窟。浮名浮利何濟？堪留戀處，輪回倉卒。幸有明空妙覺，可彈指超出。緣底事抛了全潮，認

❶ 此題下，李注本卷四十有小注：「此王建宮詞，初非公作。」

一浮漚作瀛渤？　本源自性天真佛，秪些些、妄想中埋没。貪他眼花陽豔，信道本來無物。一旦茫然，終被閻羅老子相屈。便縱有千種機籌，怎免伊唐突！

（龍舒本《王文公文集》卷八十）

千秋歲引 秋景

別館寒砧，孤城画角，一派秋聲入寥廓。東歸燕從海上去，南來鴈向沙頭落。楚臺風，庾樓月，宛如昨。　無奈被些名利縛，無奈被它情擔閣。可惜風流總閑却。當初謾留華表語，而今誤我秦樓約。夢闌時，酒醒後，思量著。

（宋黄昇《花庵詞選》卷二）

西江月❶ 紅梅

梅好惟嫌淡泞，天教薄與臙脂。真妃初出鳳皇池，酒入瓊肌半醉。　東閣詩情易動，南樓玉管休吹。北人渾作杏花疑，惟有青枝不似。

（宋黄大輿《梅苑》卷八）

傷春怨❷

雨打江南樹，一夜花開無數。緑葉漸成陰，下有遊人歸路。　與君相逢處，

❶ 此詞又見宋王安禮《王魏公集》卷一。

❷ 此詞初見載於《能改齋漫録》卷十六，未著詞牌名，後世各本著録皆題作「傷春怨」，唯中華校排本《臨川先生文集補遺》題作「生查子」。

不道春將暮。把酒祝東風，且莫恁、匆匆去。（宋吴曾《能改齋漫録》卷十六）

謁金門 ❶

春又老，南陌酒香梅小。偏地落花渾不掃，夢回情意悄。　紅牋寄與煩惱，細寫相思多少。醉後幾行書帶草，淚痕都揾了。（宋吴曾《能改齋漫録》卷十六）

漁家傲 斷句。❷

隔岸桃花紅未半，枝頭已有絲兒亂。惆悵武陵人不管，清夢斷，亭亭佇立春宵短。（宋方勺《泊宅編》卷一）

集句

菩薩蠻 ❸

海棠亂發皆臨水，君知此處花何似？涼月白紛紛，香風隔岸聞。　囀枝黄鳥近，隔岸聲相應。隨意坐莓苔，飄零酒一杯。（宋王明清《揮麈録·餘話》卷二）

❶ 此詞初見載於《能改齋漫録》卷十六，未著詞牌名，此據明陳耀文《花草粹編》卷六補。

❷ 《泊宅編》卷一載「介甫嘗晝寢，謂葉濤曰：『適夢三十年前所喜一婦人，作長短句贈之，但記其後段』」云云，未著詞牌名。今審其句，當爲《漁家傲》下半闋。

❸ 此詞初見載於《揮麈録·餘話》卷二，謂「明清嘗於王瑩夫瓘處見王荆公手書集句詞」云云，未著詞牌名，此據清《佩文齋廣群芳譜》卷三十六補。

賦

首善自京師賦 崇勸儒學，爲天下始。

王化下究，人文内崇。緊京師首善之教，自太學親民之功。闓承師論道之基，先繇轂下；廣成俗化民之誼，甫暨寰中。古之聖人，君有天下，治遠於近，制衆以寡。不用文何以修飾政教，非設校何以崇明儒雅？ 迺建左學，率先諸夏。在郊立制，繫一人之本焉；養士興仁，形四方之風也。本仁祖義，取材斂賢。講制量于中土，巹聲明於普天。始于邦家，用廣師儒之衆；行乎鄉黨，斯爲庠序之先。是何拳拳諸生，亹亹先覺，所傳者道德仁義，所隸者詩書禮樂。以言乎功，則萬世用乂；以言乎化，則八紘匪遐。其流及於三代，率以明倫；此理達於諸侯，誰其廢學？ 故曰校官者，庶俗之原本；京邑者，羣方之表儀。養源於上，則庶俗流被；設表於内，則羣方景隨。惟時於變，緊上之爲。三王四代惟其師，使人知化；兆姓黎民輯於下，自我興基。向若俗敗隄防，朝隳統紀，教化之宫衰落，禮義之官廢弛，鄉風者無以勸於善，隸業者不能官其始。則撫封之主，毁鄉校者有之；承學之民，在城闕者多矣。必也啓胄子之祕宇，據神邦之奥區，憲先王而講道，風下國以恢儒。邑翼翼以宅中，契商人之詠；士彬彬而蒙化，參漢室之謨。噫！ 孝武，逸王也，而有興置之謀；公孫，具臣也，而有將明之論。矧睿明之主紹起，俊乂之僚並建。宜乎隆儒舘以視方來，使元元之敦勸。

（宋吕祖謙《皇朝文鑑》卷十一）

文論書啓　制誥表劄

沈德妃姪授監簿

敕某：京官，吾所重也，故設磨勘之法，以待吏部之選，非有勞而無罪及有任舉之官，則不可以得之。爾由外戚，以孩幼入官，得吾之所重，其强勉學問，求爲成人，以稱吾待爾之意。

（龍舒本《王文公文集》卷十二）

覃恩轉官一道

敕某等：永惟先帝君臨天下，餘四十年，功德之所及博矣！非夫在廷文武之士，宣力中外，亦何以致此哉？眇然之躬，嗣守成業，敢忘大賚，以勞衆工。爾等各以才選，序於朝位。膺踐禄次，往其丕欽！

（龍舒本《王文公文集》卷十三）

吴省副轉官

朕設考課之令，以待萬官之衆，不欲使一介之賤，有勤而不察，有善而不知，又況於左右任信才良之臣，校功數最，當以敘進者乎？以爾具官某，學足以知前人，智足以議當世。比更選用，皆以才稱。三司地征，使務爲劇。往貳厥事，不勞而能。疇其積功，遷位一等。是雖有司之常法，然非夫效實之如此，則何以稱焉？

（龍舒本《王文公文集》卷十三）

士度支轉官

爾才能行義，多爲士大夫所稱，故起爾於貶斥，而歲餘超遷，以佐三司。今有司考績，又當增位。朕爵賞樂與士共，而嘉爾之有勞。往其欽哉，永稱厥職！

（龍舒本《王文公文集》卷十三）

賀生皇子表

其一❶

祉扶宗祏，慶襲宫闈。凡預照臨，惟胥鼓舞。中謝。臣聞有秩秩幽幽之德，所以考室而見祥；有詵詵揖揖之風，所以宜家而多子。克參盛美，允屬昌時。伏惟皇帝陛下，膺命上天，紹休烈祖。本支方茂，用光世德之求；功業能昭，永賴孫謀之燕。適追來孝，申錫無疆。臣久玷恩私，外叨屬任。四方來賀，望雙闕以無階；萬福攸同，撫微軀而有賴。

其二❷

本支浸衍，實爲萬世之休；遐邇同欣，胥賴一人之慶。中謝。臣聞王懋厥德，則后妃無嫉妒之心；天錫之祺，則子孫有衆多之美。蕃蠢有繼，垂裕無窮。伏惟皇帝陛下，躬睿智之姿，撫休明之運。教由内始，

❶ 此篇爲龍舒本卷十五《賀生皇子表》之第五表。

❷ 此篇爲龍舒本卷十五《賀生皇子表》之第六表。

正自身先。治既格於人和，誠遂膺於帝祉。乃占我夢，實多考室之祥；則百斯男，克紹刑家之慶。臣叨榮特厚，竊抃尤深。雖接武縉紳，莫預造庭之列；而瞻威咫尺，唯傾就日之誠。

（龍舒本《王文公文集》卷十五）

賀正表

其一❶元豐六年

人正肇序，歲事更端。物乘引達之期，朝布始和之令。臣中謝。伏惟皇帝陛下，動稽天若，道與時行。一德紹休，新又新而弗息；萬靈隤祉，朔復朔以無期。臣久誤聖知，外叨方任。奉觴稱慶，踵弗繼於朝紳；嚮闕傾心，目如瞻於天仗。

其二❷元豐七年

伏以肇天德於青陽，群生以遂；憲邦經於正歲，百度惟新。臣中謝。伏惟皇帝陛下，妙用勑於時幾，大仁參於化育。于帝其訓，既格神人之寧；維春之祺，遂如山阜之固。惟仰祈於壽祝，思自致於誠心。

（龍舒本《王文公文集》卷十五）

賀冬表❸元豐五年

陽舒以復，陰極而終。視履考祥，乃見行中之吉；對時育物，以滋衆萬之生。

❶此篇爲龍舒本卷十五《賀正表》七首之第五表。
❷此篇爲龍舒本卷十五《賀正表》七首之第六表。
❸此篇爲龍舒本卷十五《賀冬表》七首之第四表。

恭惟皇帝陛下，心玩神明，誠參天地。保大和而率豫，介百福以來崇。臣比解繁機，叨承外寄。莫預稱觴之列，但深存闕之思。

（龍舒本《王文公文集》卷十五）

賀南郊禮畢表❶

臣某言：伏覩今月二十七日南郊禮畢者。熙事備成，湛恩汪濊。上格三靈之祐，俯臻萬物之和。中謝。臣聞致孝以顯親，而其仁極於配天；隆禮以尊上，而其義盡於饗帝。迪前王之能事，考有司之盛儀。作民恭先，唯聖時克。伏惟皇帝陛下，紹膺丕緒，懋建大中。飭齋戒之誠心，稱燎煙之吉禮。四表率籲，皆致寧神之驩；多士具來，悉秉在天之德。既受釐於元祀，遂均惠於寰區。凡在觀瞻，孰不呼舞？臣夙叨睿獎，親值休辰。雖進趨無預於相儀，而欣幸實同於賴慶。臣無任！

（龍舒本《王文公文集》卷十五）

乞皇帝御正殿復常膳表❷

臣某等言：伏覩手詔，彗出東方，自今月十一日，更不御正殿，減常膳如故事者。太史瞻文，告星躔之表異；中宸軫慮，順天道以變常。凡暨臣工，靡遑夙夜。臣某等中謝。竊以天人相與，精祲交通，厥維至誠，乃有嘉應。伏惟皇帝陛下，欽文繼統，恭儉在躬，因世久安，革時大弊。運聖神之化，鼓

❶ 此篇爲龍舒本卷十五《賀南郊禮畢表》二首之第一表。

❷ 此篇爲龍舒本卷十六《乞皇帝御正殿復常膳表》三首之第三表。

動於群生；建文武之功，緝成於大業。雖有異星之變，何傷盛德之明？顧乃徹膳避朝，深念畏天之實；赦過宥罪，廣敷惠下之仁。精誠式孚，妖象既殞。伏願趨傳清蹕，肆陳路寢之儀；復御珍羞，中飭内饗之職。冀垂淵聽，俯徇輿情。臣等無任祈天俟命激切屏營之至！

（龍舒本《王文公文集》卷十六）

辭使相第三表

臣某言：兼榮將相，托備藩維。雖皆序爵以稱功，乃以辭榮而竊寵。自惟忝冒，彌積淩兢。中謝。伏念臣晚值聖時，久陪國論。詢謀下逮，或有誤合之片言；睿智日躋，實爲難逢之嘉會。所願備殫其智力，以圖稍就於事功。末學短能，固知易竭，要官重任，終懼顛隮。遂當引分以避嫌，重以罹憂而成疹。冒聞已瀆，敢逃逋慢之誅；聰察俯加，更溢褒延之數。此蓋伏遇皇帝陛下，懋昭大德，灼見俊心。謂其陳力之已疲，及此籲天而賜閔。并包之度，示無替於始終；報稱之心，冀不忘於夙夜。臣無任！

（龍舒本《王文公文集》卷十六）

乞免使相充觀察使第一表

臣某言：近累具表乞以本官外除一宫觀差遣，伏奉勅命，就除充集禧觀使，權於江寧府居住，仍放朝謝者。以病自陳，庶全於私分；蒙恩幸許，尚竊於隆名。淪肌雖荷於優容，省己終難於叨昧。輒披情素，上冒聰聞。伏念臣久玷近司，迄無明效，終蒙解免，實賴保全。自顧衰骸，已難勝於勞勩；數違明詔，實仰冀於矜憐。號兼將相之崇，身就里閭之逸。誤恩若此，前載所無。非惟私義之難安，固亦公論之弗與。伏望陛下深垂簡照，俯徇虔祈。特回涣號之已孚，許以本官而充使。如此，則上足以成陛下循名之政，下足以免愚臣冒寵之輕。臣無任！

（龍舒本《王文公文集》卷十六）

乞免使相充觀察使第三表

溫厚之辭，屢加褒勉，顓愚之守，尚冀矜憐。敢逃冒責之誅，願獲終辭之志。伏念臣衰殘控訴，寵獎優從。休其疲勩之餘，賜以燕閒之樂。叨恩已厚，序爵更崇。且名器不以假人，而乃繆當非次；餼牢欲其稱事，而乃坐享不貲。是將危身，亦以累國。伏惟陛下公聽以揆萬事，原省以通衆情。因忘反汗之嫌，俾遂籲天之欲。庶安愚分，用厭師言。

（龍舒本《王文公文集》卷十六）

謝賜生日表

臣某言：伏蒙聖慈特差臣女婿前守常州江陰縣主簿蔡卞，沿路押賜生日禮物：衣一對、衣著一百匹、金花銀器一百兩、馬二匹、金鍍銀鞍轡一副者。寬假之恩，幸從於私欲；匪頒之寵，尚玷於常科。知報稱之良難，積驚慚而實厚。伏念臣見收末路，承乏近司。犬馬之力已殫，訖無補報；螻蟻之誠自列，竊幸退藏。尚兼將相之崇，且受藩維之託。叨逾已極，賜與更蕃。此蓋伏遇皇帝陛下仁冒海隅，禮優臣庶，宥衆尤之積累，示全度之并包。爰及微生，具膺殊獎。致養以樂，永懷弗洎之悲；移孝則忠，敢怠進思之義？臣無任！

（龍舒本《王文公文集》卷十九）

進二經劄子

臣蒙恩免於事累，因得以疾病之餘日，覃思内典。切觀《金剛般若》、《維摩詰所説經》，謝靈運、僧肇等注多失其旨，又疑世所傳天親菩薩、鳩摩羅什、慧能等所解，特妄人竊藉其名，輒以己見爲之訓釋。不圖上徹天聽，許以投進。伏惟皇帝陛下，宿殖聖行，生知妙法，方册所載，象譯所傳，如天昭曠，靡不幬察，豈臣愚淺所敢冒聞？然方大聖以神道設教，覺悟群生之時，羽毛皮骼之物，尚能助發實相。況臣區區嘗備顧問，又承制旨，安敢蔽匿？謹繕録上進，干浼天威。臣無任惶愧之至！

（龍舒本《王文公文集》卷二十）

論孫覺令吏人薦章疏劄子

臣今日蒙宣召，諭以孫覺令吏人寫論列大臣章疏。臣初亦怪其不能謹密，但疑此朋友所當誨責，非人主所當譴怒。既又反復思惟，陛下以覺爲可聽信，故擢在諫官，進賢退不肖，自其職分所當論列，雖揚言於朝以迪上心，於義未爲失也。但令吏人書寫章疏，誠不足以加譴怒。凡人臣當謹密者，以君子小人消長之勢未分，言有漏泄，或能致禍。如其不密，則害於其身。若遭值明主，危言正論無所忌憚，亦何謹密之有乎？惟有姦邪小人，以枉爲直，懼爲公論之所不容，則惟恐其言之不密。若得此輩在位，陛下何所利乎？若陛下疑覺有交黨之私、招權之姦，則恐盛德之世，不宜如此。魏鄭公以爲上下各存形迹，則國之廢興或未可知。若陛下不考察邪正是非，而每事如此猜防，則恐善人君子各顧形迹，不敢盡其忠讜之言，而姦邪小人得伺人主之疑，以行讒慝也。若陛下恐陳升之聞此或不自安，❶臣亦以爲不然。漢高祖，雄猜之主也，然鄂秋明論相國蕭何功次，而高祖不疑，乃更加賞，亦不聞蕭何以此爲嫌。陛下聖明高遠，自漢以來，令德之主，皆未有能企及陛下者。每事當以堯舜三代爲法，奈何心存末世褊吝之事乎？《書》曰：「任賢勿貳，去邪勿疑。」不明知其賢而任之以爲賢，不明見其邪而疑之以爲邪，非堯舜三代之道也。陛下以臣爲可信，故聖問及之，臣敢不盡愚。今日口對，未能詳悉，故謹具劄子以聞。（《皇朝文鑑》卷五十一）

論議雜著

性論

古之善言性者，莫如仲尼。仲尼，聖之粹者也。仲尼而下，莫如子思。子思，學仲尼者也。其次莫如孟軻。孟軻，學子思者也。仲尼之言，載於《語》。子思、孟軻之說，著於《中庸》，而明於「七篇」。然而世之學者見一聖二賢「性善」之説，終不能一而信之者，何也？豈非惑於《語》所謂「上智

❶「升」，原空闕，據宋趙汝愚編《國朝諸臣奏議》卷五十二補。

下愚」之説歟？ 噫！ 以一聖二賢之心而求之，則性歸於善而已矣。 其所謂愚智不移者，才也，非性也。 性者，五常之謂也；才者，愚知昏明之品也。 欲明其才品，則孔子所謂「唯上智與下愚不移」之説是也；欲明其性，則孔子所謂「性相近，習相遠」，《中庸》所謂「率性之謂道」，孟軻所謂「人無有不善」之説是也。 夫有性、有才之分何也？ 曰：性者，生之質也，五常是也，雖上智與下愚，均有之矣。 蓋上智得之之全，而下愚得之之微也。 夫人生之有五常也，猶水之趨乎下而木之漸乎上也。 謂上智者有之，而下愚者無之，惑矣。 或曰：所謂上智得之之全，而下愚得之之微，何也？ 曰：仲尼所謂「生而知之」，子思所謂「自誠而明」，孟子所謂「堯舜先得我心之所同」，此上智也，得之之全者也。 仲尼所謂「困而學之」，子思所謂「勉强而行之」，孟子所謂「泰山之於丘垤，河海之於行潦」，此下愚也，得之之微者也。 曰：然則聖人謂其不移，何也？ 曰：謂其才之有大小，而識之有昏明也。 至小者不可强而爲大，極昏者不可强而爲明，非謂其性之異也。 夫性猶水也，江河之與畎澮，小大雖異，而其趨於下同也。 性猶木也，楩楠之與樗櫟，長短雖異，而其漸於上同也。 智而至於極上，愚而至於極下，其昏明雖異，然其於惻隱、羞惡、是非、辭遜之端則同矣。 故曰：仲尼、子思、孟軻之言有才、性之異，而荀卿亂之。 揚雄、韓愈惑於上智下愚之説，混才與性而言之。

（《聖宋文選》卷十）

性命論

天授諸人則曰命，人受諸天則曰性。性命之理，其違且異也。故曰「保合太和，各正性命」，是聖人必用其道以正天下之命也。然命有貴賤乎？曰：有。有壽短乎？曰：有。故賢者貴，不賢者賤。其貴賤之命正也。抑貴無功而賤碩德，命其正乎？無憾而壽，以辜而短，其壽短之命正也。抑壽偷容而短非死，命其正乎？故命行則正矣，不行則不正。是以堯舜四門無凶人，而比户可封。此其行貴賤壽短之命于天下也。降及文王興，而《棫樸》之詩作，則士不僥倖，而貴賤之命正矣。成王刑措，而《假樂》之詩作，則民不憾死，而壽短之命正矣。以至仁及草木，而天下之命其不正乎？其後幽王有聖人之勢，而不稱以德，故君子見微而思古，小人播惡而思高位。《詩》曰：「謀之其臧，則具是違。謀之不臧，則具是依。」夫有德者舉窮，不德者舉達，則貴賤之命行乎哉？抑小人進用，而刑罰不當，故惡有所容，而善斯以戮。《詩》曰：「此宜無罪，女反收之。彼宜有罪，女覆說之。」夫是善者殺，不善者或生，則壽短之命行乎哉？此知命，非聖人不行也。去周之遠，又不明情生於性，分出於命，而有命授分定之説。是以漢唐之治，亦曰堯舜之治。堯舜以君子知命，民下知分。漢唐之治，亦以君子知命，民不知分。然曰命與分則同矣，其所以知之則異，豈概於振古乎？振古，聖人行於上者也。所謂君子知命，則侯奉上，卿奉官，士奉制，没而後止。夫然，貴賤壽短，未始不悉以禮義上下也。

漢唐則不然，其間陰陽之術熾而運數之惑興，讖緯之説侵而報應之訛起。其所謂命者，非曰性命也，則命授分定也。所謂行命者，非曰聖人也，則曰冥有所符，默有所主也。故朝耕漢壠，暮踰三國之魏；晨籍唐版，夕歸五代之梁。此不曰不臣不民，而曰命授分定者，豈不瞽惑哉？然亦誰階之乎？其階賞罰不當，而德眚無歸，民厭其勢，而一歸于命。悲夫！

（《聖宋文選》卷十）

名實論上

事有異同，則情有逆順，故好惡而毁譽不能已。是名生於天下之好惡，而成於天下之貴賤。時之所好，果是也歟？時之所惡，果非也歟？士不顧其傷志害德，隨物而上下，故棄世之所惡，而趨世之所好，則天下貴之；棄世之所好，而趨時之所惡，則天下賤之。故曰：不如鄉人之善者好之，而不善者惡之。是名生於好惡，而好惡之情未嘗辨也。是以近義則行，何衆惡之足畏也？遠義則止，何衆好之能順也？士有不得乎名，則不急乎爲善，故名雖高於其鄉，而行不信於友，立其朝而忠不盡於君，是以不實之弊，其所以有者也。然得名而行於世，則所惡而安。故以名爲事者，身樂而意放，此名出於人之所甚欲，而得之不辭也。是好名必求勝，必用强。好名則諱過而善不進，求勝則幸人之不及而徒欲以自見也，用强則過惟恐在己而善惟恐在人。若然，則争能忌才之士，並處於世，而更爲强弱。嗟夫！求名所以自厚，適所以自薄；好勝所以自高，乃所以自下。以身狥物，則内輕而外重，非自薄歟？信己不足，而求人之必信，非自下歟？如能潔其身則全其内，行其志而不求乎外，天下歸之不爲悦，天下去之不爲憾。顧天下或違或從，蓋無有已，又奚毁之可加而得喪之存壞也？故士無守名之累者，所以得其實。然勢不行，法不立，賢者少而不肖者多，紛綸擾攘，布處天下。强者自其己强而樂其善，弱者困於己弱而人樂其有過。此人情之至惡，因其疑心而有不能以自盡。君子于斯，其果可以不察乎？况欲爲治則以得人爲先，用人則以名實爲本。然名實之弊如此，其可以苟取而不慎乎？

（《聖宋文選》卷十）

名實論中

一鄉之人不能辨，則可欺以言；一國之人不能察，則可欺以行；天下之士不能知，則可欺以名。蓋聽有所不至，則巧言勝；俗有所不能，則僞行尊；道有所不明，則虚名立。然而巧言雖傳，不中理則尚有可辨；僞行雖固，不中義則尚或可察。名不得其實，而欲得其僞，則雖縻歲月，殫思慮，有不能盡之者。故名亂實而欲求其僞，則先王於道未嘗存而不講，於政未嘗存而不議也，是亦無所苟而已。然近世之士，矜名而自是，好高而不能相下也。不知自虚所以有取，自下所以有得，故道失而無求，政荒而無問。自知不審，而志欲求問於人，如販夫之售貨，耕人之待穫，其役物而失性，要時而喪己，有待于外也如此，是可悲已。

古者明於自得而無所蔽，故常反身而觀其實。其能可以居卑，方其居卑，則勞而不怨；有志可以用大，方其用大，則安而不矜。故居卑者不愧勞，用大者不易事，遠近相維，本末相應，而天下之治畢舉。斯蓋名不浮實，則實不可以妄加，多而不可以妄損。故名徹於朝廷公卿大夫之間，而士不遺於窮邦陋壤之遠。得之無疑，用之必稱。其名非有以欺世也。及至誠之道亡，而天下苟於從事，上無以得下之情，下無以應上之實，名愈高則其詭譎愈多，行愈隆則其養僞文飾愈甚，進退不以誠相懷，利害不以情相收，求欲之心多而及物之志寡，故其任重則顛覆，任輕則怨誹。是四方之士，其意莫不以天下自任之患也，奈何隨而用之，則有喪而無得，彼皆欲爲其大，則將孰一二爲之小，則天下功薄而不脩，業廢而不補。蓋好名之士衆，而去取之計昏。雖有可用之士，莫得而見，疑足以亂實也。好高而不適於用，士雖有所取而恥事其已能，而務爲其所不至，遂亦喪其所而效不立，此其甚弊也。然而才有餘而治其寡，則事舉而功倍；才無餘而專其多，則智寡而易敗。此好名無實必至之勢也。

今工伎力役猶有所不奪也。以伎從利，雖不售則不怨，易業而相爲事，惜其業之不專，而亡其勢之必取也。故函人不以治弓矢，陶人不以治輪輿。巧有所偏，智有所盡，不以其所不習自名，而欺世取名也。以力事人者，雖不用，終不以其所不能而求役于人，自信其能而有待也。故善於御車者不善操舟，習於用陸者不習於用川，其致力各得其至，而所趨相反，所效不同也。故名實不亂，不如工伎力役。然士之好名，舉欲兼天下之能，盡天下之務，意欲與聖人並遊於世，而爭相先後。故天下恃名而不恃實，求勝而不求義，傲侮當世而無所憚，尊隆自許而無所愧。然而天下從之，而公論滅矣。是以軒冕爵禄不及善士，而天下無勸，矯僞澆浮之風起而不可禦。其爲惑天下也，有甚于此乎？

（《聖宋文選》卷十）

名實論下

自古深患莫大於不智，而輕與次之。不智則天下用巧，直道隱而至論廢矣。輕與則天下苟於妄合而幸於偶遇，其俗浮而其行偷矣。是天下不明，而名也亂實。惟至智則不以理惑，兼衆人之所不能明，盡衆人之所不能察，觀所舉則知所志，審所守則知所用，天下至隱之情無所施于上。如此則何名之可加，而何實之可誣？然而智有所强，而不能盡於物，則其可取者益疏，其所棄者益密。是故僞起於動止之間而莫之察，奸出於俯仰之近而莫之辨。至使貪者託名以肆欲，夸者託名以擅權，辨者託名以行説，暴者託名以殘物，實不足而名有餘，則其爲患也如此。

事有不容於天下，則大無過於盗國，小無賤於盗貨。然盗國之雄、盗貨之强，數旅之師可掩而獲，匹夫有勇則擒而戮。至於盗名之士，則雖有萬乘之尊，百里之封□，❶不敢與爲君帥，不敢與友。貴無驕而禮無敢亢，悻悻然嘗恐天下以失□而議己矣。❷故盗名之士，無王公之尊、命令之重，而屈人之勢、移人之俗，蓋善爲奇言異行以爲高

❶「封」下，《四庫全書》本《宋文選》作「土」。
❷「失」下，《四庫全書》本《宋文選》作「上」。

世獨立之人，以驚駭愚俗之耳目，是以合徒成羣，而天下俗向，責其效則官學不足以成業，從政不足以經世。然公卿大夫無以窺其非，而國人士民無以措其議，名出於人上而有以伏其心故也。蓋亦求名有獲，則利亦隨至，故志於禄，則僞辭以養安；志於進，則僞退以要寵。世之人不知求其心，而徒得其跡，則天下稱之而不衰，彌久而彌盛。使好名之俗成，而比周黨起。安坐而觀，則莫知其志之所在。雖能摧衆口之辨，屈百家之知，奚足以勝其衆、破其僞？故名者，天下之至公，而用之以至私；僞者，天下之至惡，而處之以至美。故上失於所任，下失於所望。故自古亂者無他，因名以得人則治，因名以失人則亂。故不智而且輕與，則名實相疑而不明，則有以養天下之大患。然則無實之譽，其可使獨推於世，而居物之先哉！

（《聖宋文選》卷十）

荀卿論❶

楊墨之道，未嘗不稱堯舜也，未嘗皆不合於堯舜也。然而孟子之所以疾之若是其至者，蓋其言出入於道而已矣。荀卿之書，備仁義忠信之道，具禮樂刑政之紀，上祖堯舜，下法周孔，豈不美哉？然後世之名遂配孟子，則非所宜矣。夫堯、舜、周、孔之道，亦孟子之道也。孟子之道，亦堯、舜、周、孔之道也。荀卿能知堯、舜、周、孔之道，而乃以孟子雜于楊朱、墨翟之間，則何

❶ 此篇爲《聖宋文選》卷十《荀卿論》上篇，其下篇見本書卷六十八。

知彼而愚於此乎？昔墨子之徒亦譽堯舜而非桀紂，豈不至當哉？然禮樂者，堯舜之所尚也，乃欲非而棄之，然則徒能尊其空名爾，烏能知其所以堯舜乎？

荀卿之尊堯、舜、周、孔，亦誠知所尊矣。然孟子者，堯、舜、周、孔之徒也，乃以雜於楊朱、墨翟而并非之，是豈異於譽堯舜而非禮樂者耶？昔者聖賢之著書也，將以昭道德於天下，而揭教化於後世爾，豈可以託尊聖賢之空名，而信其邪謬之説哉？今有人於此，殺其兄弟，戮其子孫，而能盡人子之道以事其父母，則是豈得不爲罪人耶？荀卿之尊堯、舜、周、孔而非孟子，則亦近乎是矣！昔告子以爲性猶杞柳也，義猶桮棬也。孟子曰：「率天下之人而禍仁義者，必子之言矣。」夫杞柳之爲桮棬，是戕其性而後可以爲也。蓋孟子以謂人之爲仁義，非戕其性而後可爲，故以告子之言爲禍仁義矣。荀卿以爲人之性惡，則豈非所謂禍仁義者哉？顧孟子之生，不在荀卿之後焉爾。使孟子出其後，則辭而闢之矣。

（《聖宋文選》卷十）

周秦本末論

周强末弱本以亡，秦强本弱末以亡，本末惟其稱也。周有天下，疆其地爲千八百國，制方伯、連率之職，諸侯有不享者，舉天下之衆以臨之；有不道者，合天下之兵以誅之，自以爲善計也。及其敝，巨吞細，盛憑弱，而莫之能禁也，以至於亡，無異焉，强末弱本之勢然也。秦戒周之亡，郡而不國，削諸侯之城，銷天下之兵聚咸陽，使姦人雖有覦心，無所乘而起，自以爲善計也。及其敝，役夫窮匠操鉏耰棘矜以鞭笞天下，雖欲全節本朝，無堅城以自嬰也，無利兵以自衛也，卒頓顙而臣之。彼驅天下之衆以取區區孤立之咸陽，不反掌而亡，無異焉，强本弱末之勢然也。

後之世變秦之制，郡天下而不國，得之矣，聖人復起，不能易也。銷其兵，削其城，若猶一也，萬一逢秦之變，可勝諱哉？

（龍舒本《王文公文集》卷三十）

國風解

《周南》、《召南》者，文王之詩。曰：言文王之化被民深，則詩人歌者其志遠，以見聖人之風，而屬之周公，故爲《周南》也。言文王之教化人淺，則詩人歌者其志近，以見賢人之風，而屬之召公，故爲《召南》也。然其詩則文王，其事則后妃、夫人，不言美。而《甘棠》美召伯，《江有汜》美媵，《何彼襛矣》美王姬，而皆言美者，蓋召伯也、媵也、王姬也，各主於一人而美之也。若后妃、夫人，則皆文王教化之所致，其美不足以爲言也。故先以《周南》，而《召南》次之也。

《邶》、《鄘》、《衛》，皆衛詩。三國本商紂之地，而武王伐紂，裂其地以封紂子武庚并管、蔡者。及其叛而周公誅之，乃以餘民封康叔。而後之刺美其君者，三國之人咸有所賦，是以分《邶》、《鄘》、《衛》焉。故《邶》、《鄘》之詩序必曰衛者，以别其《衛》詩爾，至於《衛》則無所言衛矣。有《凱風》、《定之方中》、《干旄》、《淇澳》、《木瓜》以美文公、桓公、武公，而《凱風》、《木瓜》雖非其君，然國之淫風流行而有盡孝道以慰其母心之子，國爲狄人所滅而有救而封之之齊桓公，則所以美之者，其君亦與焉，故次《召南》也。

《王》者，周也。自平王東遷，其後政不足以及天下，而止於一國，於是爲《風》而不《雅》矣。不言周者，蓋平、桓、莊王德之不修，政之不講，非周之罪也，故次《衛》也。

《鄭》有《緇衣》，武公之美，而次於《王》後者，蓋王之皆刺而不能加於多美之諸侯者，天下之公義也。若諸侯之少美矣，雖《王》之皆刺而不足以勝之，豈非君與臣善惡不相遠，則君得以先其臣，而理所可也，故次《王》也。

《唐》皆刺也，❶然有《木瓜》美桓公，繫於《衛》詩之末，故次《鄭》也。

《魏》皆刺也，而無所主名，言爲魏之君者皆甚惡爾。夫序《詩》者，豈以一端而已？皆美而無所主名則先之，好其善之盛也，《周南》是也；皆刺而無所主名則先之，醜其惡之極也，《魏》是也，故次《齊》也。

《唐》本晉詩，而美武公者《無衣》也。然武公始并晉國，而大夫爲之請命于天子之使而作是詩也。夫不請命于天子，雖云美而君子所不與，猶若武公無美焉爾。或曰：「魯之有《頌》，亦請命於周，乃列於《周》、《商》之間，而於此詘晉，何也？」曰：「魯請於天子，而史克作《頌》，與夫請天子之使而爲之者異矣，弟賢于無美者也，故次《魏》也。」

《秦》之《車鄰》，美秦仲，《駟驖》、《小戎》，美襄公。雖賢於唐，然本西垂，秦仲始大，至於襄公方列於諸侯，故次《唐》也。

《陳》皆刺也，而所刺主於幽公、僖公之徒，言其餘君或不至於是，然刺詩多矣，故

❶「唐」，依文意，當爲「齊」字之誤。

次《秦》也。

《檜》皆刺也，而無所主名，猶《魏》也，故次《陳》也。

《曹》皆刺也，然所刺止於昭公、共公，猶《陳》也，故刺《檜》也。❶

《豳·七月》，周公攝政之詩也，所美見於《東山》、《破斧》、《伐柯》、《九罭》、《狼跋》也。其《七月》陳王業，《鴟鴞》以遺王者，皆公所自爲，故不言美也。然名之以《雅》，則公非王也，次之以《周南》，則公非諸侯。因其陳王業、先公之所由，乃以屬於《豳》也。不屬於《周》者，周，王國也，周公何所繫焉？所以居《小雅》之前，而處變風之後，故次《豳》也。❷

或曰：「《國風》之次，學士大夫辨之多矣，然世儒猶以爲惑，今子獨刺美序之，何也？」曰：「昔者聖人之於《詩》，既取其合於禮義之言以爲經，又以序天子諸侯之善惡而垂萬世之法，其視天子諸侯，位雖有殊，語其善惡則同而已矣。故余言之甚詳。而十有五國之序，不無微意也。嗚呼！惟其序善惡以示萬世，不以尊卑小大之爲後先，而取禮之言以爲經，此所以亂臣賊子知懼而天下勸焉！」

（龍舒本《王文公文集》卷三十）

論舍人院條制

準月日中書劄子，奉聖旨指揮，今後舍人院不得申請除改文字者。竊以爲舍人者，陛下近臣，以典掌誥命爲職司，所當參

❶「刺」，依文意，當爲「次」字之誤。
❷「豳」，依文意，當爲「檜」字之誤。

審。若詞頭所批事情不盡，而不得申請，則是舍人不復行其職事，而事無可否，聽執政所爲。自非執政大臣欲傾側而爲私，則立法不當如此。

前日具論，冀蒙陛下省察，而至今未奉指揮。臣等不知陛下以今月八日指揮爲是而不改乎？將不必以爲是，而特以出於執政大臣所建而不改乎？將陛下視臣等所奏未嘗可否，而執政大臣自持其議而不肯改乎？以爲是而不改，則臣等考尋載籍以來，未有欲治之世而設法蔽塞近臣論議之端如此者也。不必爲是，而特以出於執政大臣所建而不改，是則陛下不復考問義理之是非，一切苟順執政大臣所爲而已也。若陛下視臣等所奏，未嘗有所可否，而執政大臣自持其議而不肯改，則是政已不自人主出，而天下之公議廢矣。此所以臣等倦倦之義不能自已者。

臣等竊觀陛下自近歲已來，舉天下之事屬之七八大臣，天下之初亦翕然幸其所能爲救一切之弊。然而方今大臣之弱者，則不敢爲陛下守法以忤諫官、御史，而專爲持祿保位之謀；大臣之彊者，則挾聖旨造法令，恣改所欲，不擇義之是非，而諫官、御史亦無敢忤其意者。陛下方且深拱淵默，兩聽其所爲而無所問，安有朝廷如此而能曠日持久而無亂者乎？自古亂之所生，不必君臣爲大惡，但無至誠惻怛求治之心，擇利害不審，辨是非不早，以小失爲無傷而不改，以小善爲無補而不爲，以阿諛順己爲悦而其説用，以直諒逆己爲諱而其言廢，積事之不當而失人心者衆矣，乃所以爲亂也。陛下以臣等所言爲是，則宜以至誠惻怛，欲治念亂之心考覈大臣，改修政事，則今月八日指揮爲不，當先改矣。若以臣等所言爲非，則臣等狂瞽不知治體而誣謗朝廷政事，當明加貶斥以懲妄言之罪，則別選才能通達之士以補從官。臣等受陛下寵禄，典領朝廷職事，不得其守，則義不得不言，而朝廷以爲非也，則義不敢辭貶斥。伏乞詳酌，早賜指揮。

（龍舒本《王文公文集》卷三十一）

祭先聖文

惟王之道，内則妙萬物，而外則爲王者，爲緒餘於一時，而鼓舞於萬世。學者範圍於覆燾之中，而不足以酬高厚之德。今與諸生釋奠而不敢後者，兹學校之儀，而興其所以愛禮之意也。

（龍舒本《王文公文集》卷八十一）

祭先師文

外物不足以動心而樂者，可謂知性矣，然後用舍之際，始可以語命。而三千之徒，聖人獨以公預，此所以學校有釋菜之事而以公配享焉。

（龍舒本《王文公文集》卷八十一）

書啓

上蔣侍郎書

某嘗讀《易》，見《晉》之初六曰：「晉如摧如，貞吉。罔孚，裕，無咎。」此謂離明在上，己往應之。然處卦之初，道未章著，上雖明照而未之信，故摧如不進，寬裕以待其時也。又《比》之上六曰：「比之無首，凶。」此謂九五居中，爲上下之主，衆皆親比，而己獨後期，時過道窮，則人所不與也。斯則聖人賾必然之理，寓卦象以示人事，欲人進退以時，不爲妄動。時未可而進謂之躁，躁則事不審而上必疑；時可進而不進謂之緩，緩則事不及而上必違。誠如是，是上之人非無待下之意，由乎在下者動之不以時，干之不以道，不得中行而然耳。

夫讀聖人之書，師聖人之道，約而爲事業，奮而爲文辭，而又胸中所蘊，異乎世俗之所尚，凡聞當世賢公卿大夫之名，則必蘄一見，以卜特達之知，庶乎道有所聞，而志有所展。其於進退之理，可以不觀時乎？故自執事下車受署，於兹數月，士之籍於郡者，皆獲見於左右。然某獨以區區之質，保在逆旅，適當宇下，屏息退處，終未能伏謁麾棨。豈無意乎？蓋以聲跡沉下，最處疏賤，舊未爲執事之知。加公庭兼視之初，賓游接武之際，雖神明之政，尚或未周。某當是之時，苟一而進，則才之與否，竊慮未察，故《晉》之義，有「摧如」之退也。

今執事聰明，視聽悉已周洽，風俗之美惡，士流之能否，皆得而知之矣。況復側聆執事屢以羈齒掛於餘論。某當此之時，苟不自進，是在《比》之義，有「後夫」之凶也。故竊自蹈於二卦之象，當可進之時，得其中而行之，則或幾于聖人之訓矣。

恭惟執事，禀天正氣，爲朝名臣，以文雅蹇諤簡在上意。是以出入臺閣，踐履中外。朝廷百執事，天下之人，孰不憚執事之威名，服執事之德望，謂師尹庶士，坯冶群品，天子用之，期於匪久。雖某居喪之制，越在草土，厭冠苞屨，不入公門，苟候外除，然後請於左右。倏然朝廷走一封之傳，升執事於嚴近，與諸公對掌機政，召和氣於天下，則必廉隅之上，體貌之殊絶，廊廟之間，貴賤之不接。某於是時，願拜風采，則無因而至前矣。今所以道可進之時，不以喪禮自忌，直詣鈴下，期一拜伏者，誠以斯時之難得會也。

執事必以某進得其時，於道無所戾，賜之坐次，察其言行。若乃時政之得失，國家之大體，雖不能盡識其所底，至於前古之盛鑒，聖賢之大意，亦少見其素藴焉。而某受知於執事，豈止於兹乎？冀異時執事陶熔之下，庶或裨於均政之萬一。言質意直，干浼英聽，無任惶越之至！

（龍舒本《王文公文集》卷二）

上龔舍人書

閏八月七日，具位王某謹白書於安撫諫院舍人：某讀《孟子》，至於「不見諸侯」，然後知士雖阨窮貧賤，而道不少屈於當世，其自信之篤、自待之重也如此。是皆出處之義，上下之合，不可苟也。爲人上者而不以是，不足與有爲；爲人下者而不以是，雖有材，不足以有爲，其進幾於禍矣。在上不驕，在下不諂，此進退之中道也。某嘗守此言，退而甘自處於爲賤，夜思晝學，以待當世之求，而未嘗懷一刺，吐一言，以干公卿大夫之間，至於今十年矣。已而思之，方孟子之時，天下紛亂，諸侯皆欲自以爲王，强攻弱，大并小，戰伐侵入，無歲無之。此乃存亡得失之秋，所謂得士則興、失士則亡之時也。故下得以自重，而上不可以不求焉。方今席奕世之基業，治雖未及三代、兩漢，然亦可以謂之亡事矣。其選才取士，外則賢良、進士諸科之舉，内則公卿、提轉、郡守之薦。然皆士自媒紹其所長，以干於當世，然後得充其選，未嘗聞公卿大夫能自察其賢而薦之者。則士之包羞冒恥，栖栖屑屑，伺人之顔色，徇時之好尚，以謀進退者，世未嘗爲辱也。又豈知論出處進退之義者哉？

今公卿大夫之取士，無問賢否，而媚於己者好之。今士之進退不以義，而惟務苟合而已。吁！可悲也。方公卿大夫據高明之勢，外以富貴自尊，内以智能自負，必不欲求於人，欲人之求己。士不欲求於人，如此則上下之合，無時可得矣。某是以翻然改曰：「苟一往公卿大夫之門，與之議論，察其爲人，可與言則進，不可與言則退，於道宜未爲屈也。」由是頗欲虚游於當世公卿大夫之間，以觀可否而去就之。方自竄於窮遠僻陋之地，其勢不得以往也。

比聞天子念東南之民困於昏墊，輟侍從之臣，親至其地以勞徠安集之。某私切自喜，以其所謂當世之公卿大夫將得而見之矣。既而問某者果誰邪，又有以閣下名告之者，而因含笑大喜曰：「以閣下之勢，方用於朝廷；以閣下之賢，嘗聞於天下。則某不待接其議論，察其爲人，而後知其可以説干之也。」矧閣下官曰諫諍，出宣霈澤，當思所以副朝廷待之之意。則天下之利害，生民之疾苦，未宜忽之而不以夙夜疚懷也。儻有意於此，則非夫士君子不可與論焉。然則某之言，可冀其合矣。輒冒尊嚴，以進其説，閣下其擇焉。某再拜。

（龍舒本《王文公文集》卷二）

再上龔舍人書

閏八月九日，具位王某再白書於安撫舍人閣下：某前日輒以狂瞽之言，有聞於下吏。伏蒙閣下不問疏賤，借之以顔色，接之以從容，使極論而詳説之，是其可以吐胸中之有，發露于左右之時也。然辭有所未盡，意有所未竭，蓋將有以。何哉？前日所與某言者，不過欲計校倉廪，誘民出粟，以紓百姓一時之乏耳。某之所欲言者，非此之謂也。願畢其説，閣下其擇焉。

某嘗聞善爲天下計者，必建長久之策，興大來之功。當世之人，涵濡盛德，非謂苟且一時之利，以邀淺鮮之功而已。夫水旱者，天時之常有也。倉廪財用者，國家常不足也。以不足之用，以禦常有之水旱，未見其能濟焉，甚非治國養民之術也。某不敢遠引古昔，止於近者十數年間耳目之所經者論之。頃自慶曆八年，河北、山東饑；皇祐二年、三年，兩浙、淮南饑；三年、四年，江南饑；嘉祐五年，兩浙饑；四年，福建饑；今年，淮南、兩浙又饑。其川、廣、夔、陝、京西、河東，則某聞見所不及，不可得而言也。

某竊計之，歷年纔一紀，而歲之空匱，民至流亡殍死，居其太半，卒未聞朝廷有救之之術，豈非政失於苟且，而不建長久之策者哉？伏自慶曆以來，南北饑饉相繼，朝廷大臣、中外智謀之士，莫不惻然不忍民之流亡殍死，思所以存活之。其術不過發常平、斂富民，爲饘粥之養，出糟糠之餘，以有限之食，給無數之民。某原其活者百未有一，而死者白骨已被野矣。此有惠人之名，而無救患之實者也。

某竊謂百姓所以養國家也，未聞以國家養百姓者也。《記》曰：「君者所養，非養人者也。」有子曰：「百姓不足，君孰與足？」此之謂也。昔者梁惠王嘗移粟以救饑饉，孟子論而非之，所謂「徒善不足以爲政，徒法不能以自行」。若夫治不由先王之道者，是徒善、徒法也。且五帝、三王之世，可謂極盛最隆，亦不能使五穀常登，而水旱不至，然而無凍餒之民者，何哉？上有善政，而下有儲蓄之備也。

某歷觀古者以還，治日常少，而亂日多。今宋興百有餘年，民不知有兵革，四境之遠者至萬餘里，其間可桑之野，民盡居之，可謂至大至庶矣。此誠曠世不可逢之嘉會，而賢者有爲之時也。今朝廷公卿大夫，不以此時講求治具，思所以富民化俗之道，以興起太平，而一切惟務苟且，見患而後慮，見災而後救，此《傳》所謂「轂既破碎，乃大其輻；事已敗矣，乃重太息」，其云益乎？

某於閣下，無一日之好，論其相知，固已疏矣。然自閣下之來，以説干閣下再矣。某固非苟有覬於閣下者也。某嘗謂大丈夫有學術才謀者，常患時之不遭也，既遭其時，患言之不用也。今閣下勢在朝廷，不可謂時不遭矣；居可言之地，不可謂言不用矣。惟閣下未爲之爾。某故感激而屢干於左右者以此，閣下其亮之。某再拜。

（龍舒本《王文公文集》卷二）

與沈道原書

某啓：知在長蘆，營造功德，無緣一造，豈勝鄉往！見黄吉父，説四姐甚瘦悴，❶恐久蔬食而然，切須斟量，勿使成疾。一切如夢，不須深以概懷，但精心祈嚮，亦不必常斷肉也。每欲與七弟到長蘆，相要會聚數日，然頭眴多痰，動輒復劇，是以未果。稍寒自愛。念二謝書，思憶不可言也。某啓上。（龍舒本《王文公文集》卷四）

與沈道原第二書

某啓：承眷恤，重以感慰，衰莫眩昏，幸而獲愈。然槁骸殘息，待盡朝夕，頓伏牀枕，無足言者。十四、念二並煩存問，感愧，感愧！四妹且時時肉食，恐久而成疾也。相去雖近，無緣會晤，良食自愛。疲倦書不及悉。某啓上。（龍舒本《王文公文集》卷四）

與沈道原第三書

某啓：比承誨問，豈勝感慰！腫瘍雖未潰，度易治，不煩念恤。推官到此，深喜闔門吉慶。疲困，不宣悉。冀倍自愛。某啓上。（龍舒本《王文公文集》卷四）

與耿天騭第一書

某啓：比得誨示，以無便，不即馳報，然鄉往何可勝言也！歲月如流，日就衰薾。今夏復感眩瞀如去秋，偶復不死，然幾

❶「四姐」，據李壁注，沈道原爲王安石妹婿，下第二書亦呼「四妹」，此「四姐」當作「四妹」。

如是而能復久存乎！旁婦已别許人，亦未有可求昏處，此事一切不復關懷。陶淵明所謂「身如逆旅舍，我爲當去客」，於未去間，凡事緣督應之而已。藿香散并方附去，或别要應病藥，不惜諭及。臺上草木茂密，芙蕖極盛，未知何時可復晤語。千萬自愛！

（龍舒本《王文公文集》卷四）

與耿天騭第二書

某啓：承誨示勤勤，并致美梨，極荷不忘。純甫事失於不忍小忿，又未嘗與人謀，故至此。事已無可奈何，徒能爲之憂煎耳。旁每荷念恤，然此須渠肯，乃可以謀，一切委之命，不能復計校也。藥封上。未審營從何時能如約見過，日以企竚。稍涼自愛，貴眷各吉慶。不宣。某啓上。

（龍舒本《王文公文集》卷四）

與郭祥正太博第四書❶

某啓：近承屈顧，殊不得從容奉顔色，遽此爲别，豈勝區區愧恨！乍遠，千萬自愛！承行李朝夕當復來此，諸須面訴乃悉。許詩不惜多，以稿副見借爲幸。

（龍舒本《王文公文集》卷四）

與郭祥正太博第五書

某頓首：比承手筆，尤劇欣慰。時序

❶ 此篇及下篇爲龍舒本卷四《與郭祥正太博書五》之第四、五書。

感心，不能自釋。咫尺無由奉見，鄉往尤深。蒙許寄詩，幸甚！尚此留連，不惜數賜教也。冬寒自愛。舍弟近出，歲盡乃歸，承書所以不得報也。

（龍舒本《王文公文集》卷四）

與孟逸秘校手書❶

某頓首仲休兄足下：辱手筆，感尉！跋涉溪山之遠，亦勞矣。然足以尉二邑元元之望，惟寬中自愛也。人求還急，修答不謹，幸見亮！有不逮，見教。

（龍舒本《王文公文集》卷四）

與柳承議書

某啓：承誨示，感愧！公方護喪歸里，應接必多，豈敢費煩厚饋？糖冰謹已拜貺，餘輒納還，冀蒙亮悉也。

（龍舒本《王文公文集》卷四）

再答呂吉甫書

承誨示勤勤，豈勝愧感！聞有太原新除，然不知果成行否？想遂治裝而西也。示及法界觀文字，輒留玩讀，研究義味也。觀身與世，如泡夢幻，若不以此洗心而沈於諸妄，不亦悲乎！相見無期，惟刮摩世習，共進此道，則雖隔闊，常若交臂，雖衰薾瞢眊，敢不勉此？猶冀未死間或得晤語，以究所懷。未爾，良食爲時自愛。令弟各想安裕，必同時西上也。惠及

❶ 此篇爲龍舒本卷四《與孟逸秘校手書十》之第四書。

海物，愧荷不忘，村落無物將意，栗二篚馳獻。某今年雖無大病，然年彌高矣，衰亦滋極，稍似勞動，便不支持。向著《字説》，粗已成就，恨未得致左右。觀古人意，多寓妙道於此，所惜許慎所傳止此，又有僞謬，故於思索難盡耳。

（龍舒本《王文公文集》卷六）

答田仲通書

某再拜仲通兄足下：鄉時在京師，欲走陽翟見顔色，以事卒不果，至今悔恨，非復可自解釋。自得從足下游，私心未嘗一日忘。羈窮不幸，不得常從以進道藝，其恨豈有忘時哉！而足下於交遊中，亦最見愛。云云。

（龍舒本《王文公文集》卷六）

答杭州張龍圖書

某啓：阻闊歲久，豈勝鄉往！承誨示，乃知輿衛近在京口，動止多福，重增企仰。無緣會晤，唯冀爲時倍自壽重。衰疾，書不宣悉。某啓上知府龍圖。

（龍舒本《王文公文集》卷六）

賀杭州蔣密學啓

右某近者伏審拜命徽章，陞榮北省，伏惟慶慰。竊以上大夫爲内諫，漢擢忠良；府學士統要藩，唐稱優顯。逮宋兼任，非賢不居。某官天與粹温，❶岳儲靈哲。夙抱經

❶「某」上，《聖宋名賢五百家播芳大全文粹》卷二十二有「恭惟」二字。

濟，游天子之彤庭；首見推明，爲士林之高選。斷直躬以自處，仗大節而不回。名動一朝，官歷兩省。望之補外，理固非宜；陽城拜官，賀者甚衆。上方圖任，夕有召書。某展慶未遑，抃心竊倍，顧言塵冗，將幸坯陶，依戴所深，翰墨難致。云云。

（龍舒本《王文公文集》卷二十二）

回皇親謝及第啓

伏審校藝中程，霈恩移鎮，凡兹有識，皆謂至榮。今國家興學校以養育天下之材，而材猶未能有成；革科舉以新美天下之士，而士或未盡去故。況於以公子之樂善，而能先儒者以試經，儻匪非常之才，孰能出類如此？伏惟某官，世綿瓜瓞，材韡棣華，不以富貴而自驕矜，而爲貧賤之所求取。決科異等，有光漢族之文章；進秩重藩，益壯周家之屏翰。非特爲榮於宗室，蓋將有激於士風。某限列諫垣，莫趨宮屏，未能馳謝，乃枉賜言。惟荷眷之至深，非多辭之可喻。云云。

（龍舒本《王文公文集》卷二十二）

請秀長老疏二

伏以性無生滅，不出於如；法有思修，但除其病。故牟尼以無邊闡教，諸祖以直指明宗，雖開方便之多門，同趣涅槃之一路。知言語之道斷，凡爾忘緣；悟文字之性空，熾然常説。至於窮智之所不能到，諭言之所不可傳，苟非其人，曷與於此？秀公早種多識，獨悟惟心，或以群言開有學之迷，或以一指應無窮之問。雲門法印，既所親承；正覺道場，誠資演暢。宜從衆志，來嗣一音。

二

伏以正法眼藏，諸祖之所親傳；大甘露門，衆生之所祈嚮。非由開士，曷振宗源？伏惟某人，性悟無生，識趨有學，喻法常知於捨筏，陶真已得於遺珠。靈焰無窮，能作千生之續；妙音普振，同霑一雨之滋。願臨真覺之道場，親受雲門之法印。仰惟慈證，俯徇衆求。

（龍舒本《王文公文集》卷二十四）

賀太守正啓

獻歲發春，自天降祉。方竦瞻於治所，阻交致於壽觴。伏以某官，德履端方，才猷敏妙。久鎮臨於邊劇，已茂著於勞能。諒因正始之辰，倍享宜新之祐。某首承榮翰，第切感悰。方履濡寒，冀加珍護。

（宋魏齊賢《五百家播芳大全文粹》卷二十六）

序

送丘秀才序

古之人以婚姻爲兢兢，合異德以復萬世之故。春秋世，此禮始寖廢。不親迎者，吾聞之矣；先配而後祖者，吾聞之矣。時其遂不復振，人皆直情而徑行，烏識所謂兢兢者乎？至隋，文中子喟然傷之曰：「昏禮廢，天下無家道矣。」始采周公、孔子之舊，續而存之。賈瓊者乃曰：「今皆亡，焉用續？」夫瓊何人也，世之所謂賢人也，親炙子之教也。賢而親炙子之教，然且云爾，其不在於程、仇、董、薛之列也宜。今世之讀《中説》者，皆知瓊之言非是，然而不爲瓊之所爲者亦末矣。夫人萬一有喜事者，追古之昏禮而行之，世必指目以怪迂之名被之矣，若之何其肯拂所習而從之也？於戲！古既往，後世不可期，安得法度士，與之奮不顧世獨行古之所行也？南丘子學於金陵，以親之命歸逆婦，吾望其能然，以是諗之。

（龍舒本《王文公文集》卷三十六）

墓　銘

屯田員外郎致仕虞君墓誌銘

祥符八年，真宗第進士於廷，先人與上饒虞君俱在其選。其後慶曆二年、皇祐元年，虞君之諸子相繼以進士起，而先人之孤亦在焉，故安石嘗與虞君之諸子遊，而諸子稱君之所爲甚悉。

君廉於進取，寬厚長者，人可欺以其方，而君未嘗輒欺人也。自爲進士時，能以文學知名於鄉里，三爲舉首。嘗獻其所爲書于天子，天子以爲能，欲特召試，而以君方試於有司，乃止。及君起家爲建州司理參軍、福州觀察推官，轉運使奏君監福州之寶積銀場。君爲創法，而銀大溢。歲終當遷，有司使人喻君求賂，君謝不與，曰：「與其以賂遷，吾寧困以終身也。」終以此不得遷，而復爲軍事判官郴州。州嘗失入人罪，吏方被劾而有赦除其罪。君初在告，不與斷其獄而與奏其按也，刑部遂書君爲失入，坐是坎壈不得意，以至於老，而君初未嘗自訟也。自郴州歸，而爲邵州防禦判官，又爲杭州節度推官，又爲台州軍事判官，所至輒以治行爲在勢者所稱，章交於朝廷，而天子終以其嘗失入不用。已而右諫議大夫李宥特薦之，召赴京師，又不用。流内銓以爲言，乃以君知明州之慈溪縣，縣得君以無事，而君日與處士講學賦詩飲酒，恬如也。淮南轉運使吴遵路、兩浙轉運使段少連、葉清臣皆一時名人，交薦君以爲材，而朝廷又以君爲台州軍事判官，不用。

及李元昊反，近邊皆騷動，有詔舉能吏可以爲河北、河東、陝西諸縣者，於是君始得遷，爲太子中允，知河中府猗氏縣。今并州故相國龐公經略陝西，欲辟公爲其判官，君不肯就而辭以老，龐公賢其意，亦不强也。後遷太常丞，知越州山陰縣、太常博士、尚書屯田員外郎，通判滁州。間從容語諸子曰：「吾嘗遊宜興，甚愛其山水，兒爲我築室荆溪上，吾且休於此矣。」時皇祐二年也。明年，遂致仕，諸子爲築室荆溪上，如其志。以至和三年七月戊戌卒，享年八十。

君既不急於仕進，亦未嘗問家人生産。士友多哀君困阨。及其老，諸子皆孝友能致其力以養，而多以文學稱於世。其長子太微爲潤州司理參軍，次太寧爲和州防禦推官，太熙爲蘇州吴江縣尉，太沖爲通州静海縣主簿，太蒙爲進士。女子五人，皆嫁爲士大夫妻。諸孫男女凡十八人。内外詵詵，人不以公初不得意爲可憐，而顧以其後子孫慈良衆多爲可願也。

君諱肅，字元卿，其先自會稽遭亂避徙江南。曾大父諱瞻，大父諱璡，當李氏時，爲李氏將兵上饒以拒閩人，兵罷，因留家之不去，故至今爲上饒人。父諱戩，博學善屬文，嘗求進士第不得，遂止不復言仕，以君故贈殿中丞。君子以嘉祐二年某月日葬君常州宜興縣永定鄉某山，而以夫人福昌縣君周氏祔。夫人有賢行，君所以得毋恤其家，亦以其夫人也。將葬，君子使來告曰：「宜銘吾先人莫如子。」於是爲銘曰：

蹈汙而陵巇，又左右以窺，以徼其私，人趨爲之，而公謝不爲。秀髮而豪眉，子孫頎頎，以榮其歸，維帝之詒。

（龍舒本《王文公文集》卷九十五）

附録

一、傳記年譜

王荆公安石傳

元祐元年四月癸巳，觀文殿大學士、守司空、充集禧觀使、荆國公王安石薨。安石字介甫，撫州臨川人。父益，都官員外郎。安石少有大志，慶曆二年登進士甲科，簽書淮南節度判官廳公事。代還，例當進所業，試舘職。安石獨不進，特召試，亦固辭。知明州鄞縣。通判舒州。除知建昌軍，不赴，召爲群牧判官，差提點府界諸縣鎮公事，出知常州，提點江南東路刑獄。入爲三司度支判官，獻萬言書，極陳當世之務。居頃之，除直集賢院。累辭不獲，始就職。嘉祐五年四月，除同修起居注，固辭不拜。十一月，申前命，章又五上，不許，遂除知制誥，糾察在京刑獄，移判三班院。同知嘉祐八年貢舉，丁母憂。服除，英宗朝累召不赴。神宗在藩邸，見其文，異之。及即位，就除知江寧府，召爲翰林學士。初入對，上曰：「方今治當何先？」安石曰：「以擇術爲先。」上曰「唐太宗何如？」安石曰：「陛下當以堯舜爲法，太宗所知不（近）［遠］，所爲不盡合先王，但乘詐取，❶子孫又皆昏惡，所以獨見稱述。堯舜所爲至簡而不煩，至要

❶「詐取」，原爲墨丁，據《四庫全書》本《名臣碑傳琬琰之集》補。

而不迂，至易而不難，但末世學者不能通知，常以爲高不可及，不知聖人經世立法，以中人爲制也。」上曰：「卿可謂責難於君，朕自視渺然，恐無以副卿此意。可悉意輔朕，同濟此道。」一日講席，羣臣退，上留安石坐，曰：「有欲從容與卿議論者。」因言：「唐太宗必得魏鄭公，劉備必得諸葛亮，然後可以有爲。二子誠不世出之人也。」安石曰：「陛下誠能爲堯舜，則必有皐、夔、稷、契；陛下誠能爲高宗，則必有傅説。魏鄭公、諸葛亮皆有道者所羞，何足道哉？以天下之大，人民之衆，百年承平，學者不爲不多，然常患無人可以助治者，以陛下擇術未明，推誠未至，雖有皐、夔、稷、契之賢，亦必爲小人所蔽，因卷懷而去耳。自古患朝廷無賢者，以人君不明，好近小人故也。好近小人，則賢人雖欲自達，無由矣。」上曰：「自古治世，豈能使朝廷無小人？雖堯舜之時，豈能無四凶？」安石曰：「唯能辨四凶而誅之，此乃所以爲堯舜也。若使四凶得肆其讒慝，則皐、夔、稷、契亦豈能苟食其禄以終身乎？」未幾，除諫議大夫、參知政事。

安石既執政，上曰：「人皆不能知卿，以爲卿但知經術，不可以經世務。」安石曰：「經術者，所以經世務也。後世所謂儒者，大抵皆庸人。故世俗皆以爲經術不可施於世務。」上曰：「朕察人情，比於卿，有欲造事傾搖者。朕嘗以呂誨爲忠實，嘗毀卿於時事不通。趙抃、唐介數以言扞塞，惟恐卿進用。卿當力變此風俗。不知卿所施設以何爲先？」安石曰：「變風俗，立法度，最方今所急也。」於是青苗、市易、坊場、保甲、保馬、導河、免役之政相繼並興。設制置三司條例司，與知樞密院事陳升之同領之。御史中丞吕誨論安石十事，以爲慢上無禮，見利忘義，要君取名，用情罔公，以私報怨，怙勢招權，專政害國，凌轢同位，朋姦害政，商摧財利，以動摇天下。疏奏，安石求去位。上爲出誨。知雜御史劉述、侍御史劉琦、侍御史裏行錢顗又交論安石專肆胸臆，輕易憲度，與陳升之合謀侵奪三司吏柄，願罷免以慰天下，殿中侍御史孫昌齡亦繼言，皆坐貶。同知諫院范純仁既抗疏論辨，又申中書，謂安石「欲求近功，忘其舊學，尚法令則稱商鞅，言財利則背孟軻，鄙老成爲因循之人，棄公論爲流俗之語，異己者指爲不肖，合意者即謂才能」，且謂宰相曾公亮依隨，參知政事趙抃不能力救，請罷安石機務，留之經筵。詔罷純仁諫職。吕公著代吕誨爲中丞，亦請罷條例司，并青苗等法。諫官孫覺、李常、胡宗愈，御史張戩、王子韶、陳襄、程顥皆論列安石變法非是，以次罷去。前宰相韓琦上疏論青苗法，乞罷諸路提舉官，委提點刑獄官依常平舊法行之。奏至，安石稱疾求分司。上不許。時翰林學士司馬光當批答，安石指言有「士大夫沸騰」、「黎民騷動」之語。上以手詔諭曰：「詔中二語，乃爲文督迫之過，而朕失於詳閲，當令吕惠卿諭指。」翌日，安石入謝，因爲上言中外大臣、從官、臺諫、朝士朋比之情，且曰：「陛下欲以先王之正道勝天下流俗，故與流俗相爲輕重。流俗權重則天下之人歸流俗，陛下權重則天下之人歸陛下。權者與物相爲輕重，雖千鈞之物，所加損不過銖兩而移。今姦人欲敗先王之正道以沮天下，與流俗之權適争輕重之時，加銖兩之力，則用力至微，而天下之權已歸於流俗矣，此所以紛紛也。」上以爲然。安石乃視事。

熙寧三年十二月，拜禮部侍郎、同中書門下平章事、監修國史。御史中丞楊繪陳免役有難行者五，御史劉摯陳十害，坐黜。御史林旦、薛昌(朋)[朝]、范育皆以言李定忤安石，罷。知雜御史謝景[温]，初附安石，亦以不合去。六年三月，命知制誥呂惠卿修撰《經義》，以安石提舉，而子雱兼同修撰。固辭，弗聽。王韶取熙、河、洮、岷、疊、宕等州，安石率羣臣入賀，上解所服玉帶賜安石，遣内侍諭旨曰：「洮、河之舉，小大並疑，惟卿啓迪，迄有成功。今解所御帶賜卿，以旌卿功。」安石再拜固辭，不許。安石益自任，時論卒不與。上疑之。慈聖光獻、宣仁聖烈皇后間見上，流涕言新法之不便者，且曰：「王安石亂天下。」上亦流涕，退命安石議裁損之。安石重爲解，乃已。熙寧七年四月，上以久旱，百姓流離，憂形顔色。每輔臣進見，嗟歎懇惻，益疑法之不便。安石不悦，求避位。上固留之，請愈堅。遂拜吏部尚書、觀文殿大學士，知江寧府。仍詔出入如二府儀，大朝會綴中書門下班，依舊提舉修撰經義。明年二月，拜同中書門下平章事，昭文館大學士。六月，《三經義》成，拜尚書左僕射、門下侍郎。

初，呂惠卿爲安石所知，驟引至執政。安石去，惠卿遂背之。安石再相，於是起華亭詔獄，而徐禧、王古、蹇周輔三輩按之，惠卿情不得，緣練亨甫、呂嘉問以鄧綰所條惠卿事交鬭其間，復爲惠卿所中，語連安石子雱，既病，坐此憤恚而卒。安石憂傷，益不堪，祈解機務。九年十月，拜檢校太傅，依前尚書左僕射、鎮南節度、同中書門下平章事、判江寧府。安石懇辭，丐以本官領宫觀。上遣内侍王從政齎詔敦諭，須視事乃還。從政留金陵累月，安石請不已，許以使相爲集禧觀使。又累辭使臣，乃以本官爲觀文殿大學士，領使如故。元豐三年九月，拜特進，封荆國公。

哲宗即位，拜司空。明年四月癸巳，薨，年六十六。再輟視朝，贈太傅，推遺表恩七人。詔所在給葬事。紹聖初，謚文公，配享神宗廟廷。用子旁郊祀恩，贈太師。崇寧二年，詔配祀文宣王廟。政和三年，封舒王。靖康元年，從諫議大夫兼國子祭酒楊時言，停文宣王廟配享，列於從祀。

建炎二年夏，以久陰不解，詔百執事赴都堂，給札條具時政闕失。司勳員外郎趙鼎言：「自紹聖以來，學術政事敗壞殘酷，禍貽社稷，其源實出於安石。今安石之患未除，不足以言政。」於是罷安石配享神宗廟廷。靖康初，廷臣有建議乞罷安石配享者，争議紛然，卒無定論。至是始决。紹興四年八月，吏部員外郎吕聰問請奪安石謚，有詔追所贈王爵。

初，安石提舉修撰《經義》，訓釋《詩》《書》《周官》，既成，頒之學官，天下號曰「新義」。晚歲居金陵，爲《字説》二十四卷，學者争傳習之，凡以經試於有司，必宗其説，少異輒不中程。先儒傳注既盡廢，士亦無復自得之學，故當時議者謂王氏之患在好使人同。靖康初，始詔有司取士擇經説優長者，無專主王氏。

安石早有盛名，其學以孟軻自許，苟況、韓愈不道也。性强忮，遇事無可否，信所見，執意不回。司馬光謂其泥古，所爲迂濶。吴奎謂嘗與安石同領羣牧，備見其自用護前。嘉祐末，韓琦作相，安石糾察在京刑獄，争刑名不當，有旨釋罪，安石堅不入謝，意琦抑之。會以憂去職，服除，三召，終琦在相位不至。神宗謂：「人言安石姦邪則過，但太執不曉事耳。」唐介謂安石好學，惟護前。

初，除安石爲翰林學士，命下數日，琦罷相，安石始造朝。其初執政也，宰相在告，進除目出侍從官，趙抃引故事争，安石辨益强，卒從之。至議變法，上未嘗不疑，在廷臣交執不可。安石傳經義，出己意，辨論輒數百言，衆人不能詘。甚者謂「天變不足畏，祖宗不足法」，又以人言是非一歸之流俗。故二年間，遍諫官、御史以安石去者凡二十人，而安石不恤也。久之，上聞兩宫言意感悟，安石因旱引去。洎復相，歲餘罷。終神宗朝，不復召者凡八年云。子雱、旁。

（宋杜大珪《名臣碑傳琬琰之集》下卷十四）

王安石傳

王安石，字介甫，撫州臨川人也。父益，都官員外郎。安石蚤有盛名，博闻强记，爲文動筆如飛，觀者服其精妙。舉進士高第，僉書淮南節度判官。召試館職，固辭。乃知鄞縣。安石好讀書，三日一治縣事。起堤堰，決陂塘，爲水陸之利。貸穀于民，立息以償，俾新陳相易。興學校，嚴保伍，邑人便之。通判舒州。文彦博爲相，薦安石恬退，不次進用，可以激奔競之風。尋再召試，又固辭，乃以爲羣牧判官，出知常州，由是名重天下。提點江東刑獄，入爲三司度支判官，獻書萬餘言，極陳當世之務。

居頃之，除直集賢院。累辭不獲命，始就職。除同修起居注，固辭不拜，遂除知制誥。自是不復辭官矣。以母憂去。服除，英宗朝累召不起。

神宗即位，除知江寧府，召爲翰林學士。初入對，神宗曰：「方今治當何先？」安石曰：「以擇術爲先。」神宗曰：「唐太宗何如？」安石曰：「陛下當以堯舜爲法，太宗所知不遠，所爲不盡合先王，但乘隋亂，子孫又皆昏愚，所以獨見稱述。堯舜所爲至簡而不煩，至要而不迂，至易而不難。但末世學者不能通知，常以爲高不可及，不知聖人經世立法，以中人爲制也。」神宗曰：「卿所謂責難於君，朕自視眇然，恐無以副卿此意。可悉意輔朕，庶同濟此道。」一日講席，羣臣退，神宗留安石坐，曰：「有欲從容與卿論議者。」因言：「唐太宗必得魏鄭公，劉備必得諸葛亮，然後可以有爲，二子誠不世出之人也。」安石曰：「陛下誠能爲堯舜，則必有臯、夔、稷、卨。陛下誠能爲高宗，則必有傅説，魏鄭公、諸葛亮皆有道者所羞，何足道哉？以天下之大，人民之衆，百年承平，學者不爲不多，然常患無人可以助治者，以陛下擇術未明，推誠未至，雖有臯、夔、稷、卨、傅説之賢，亦必爲小人所蔽，因卷懷而去耳。自古患朝廷無賢者，以人君不明，好近小人故也。好近小人，則賢人雖欲自達，無由矣。」神宗曰：「自古治世，豈能使朝廷無小人？雖堯舜之時，不能無四凶。」安石曰：「惟能辨四凶而誅之，此乃所以爲堯舜也。若使四凶得肆其讒慝，則臯、夔、稷、卨亦安肯苟食其禄以終身乎？」未幾，除右諫議大夫，參知政事。

安石既執政，神宗曰：「人皆不能知

卿，以爲卿但知經術，不可以經世務。」安石曰：「經術者所以經世務也。後世所謂儒者，大抵皆庸人，故世俗皆以經術不可施於世務。」神宗曰：「朕察人情，比於卿，有欲造事傾摇者，朕常以吕誨爲忠，實毁卿於時事不通。趙抃、唐介數以言扞塞，惟恐卿進用。卿當立變此風俗，不知卿所施設以何爲先？」安石曰：「變風俗，立法度，最方今所急也。」於是設制置三司條例司，與知樞密院陳升之同領之，而青苗、免役、市易、保甲等法，相繼興矣。常平倉法，以豐歲穀賤傷農，故增價收糴，使蓄積之家無由抑塞農夫，須令賤糴；凶歲穀貴傷民，故減價出糶，使蓄積之家無由邀勒貧民，須令貴糴。物價常平，公私兩利也。安石以常平法爲不善，更將糴本作青苗錢散與人户，令出息二分，置提舉官以督之。古者百姓出力以供在上之役，安石以爲百姓惟苦差役破産，不憚增税。乃請據家貲高下，各令出錢雇人充役。鄉者役人皆上等户得之，其下等單丁、女户及品官、僧道，本來無役，安石乃使之一概輸錢，於是賦斂愈重。市易之法，聽人賒貸縣官貨財，以田宅或以金帛爲抵當。三人相保，則給之，皆出息什分之二。過期不輸，息外每月更加罰錢百分之二。保甲之法，始因戎狄驕傲，侵據漢唐故地，有征伐開拓之志，故置保甲，乃藉鄉村之民，二丁取一，皆授以弓弩，教之戰陣；又令河北、陝西、河東三路皆五日一教閲，每一丁教閲，一丁及諸縣弓手，亦皆易以保甲。其保甲習於游惰，不復務農。京東西兩路保甲養馬，仍各置提舉官，權任比監司。自是四方争言農田水利，古陂廢堰，悉務興復。又立賒貸之法，又令民封狀增價，以買坊場。又增茶鹽之額，又設措置河北糴便司，廣積糧穀於臨流州縣，以備饋運。而天下騷然矣。

自安石變法以來，御史中丞吕誨首論其過失。安石求去位，神宗爲出誨。御史劉琦、錢顗、劉述又交論安石專肆胷臆，輕易憲度；殿中侍御史孫昌齡亦繼言，皆坐貶。同知諫院范純仁亦論安石欲求近功，忘其舊學，罷諫職。吕公著代吕誨爲中丞，亦力請罷條例司并青苗等法，諫官孫覺、李常、胡宗愈，御史張戩、王子韶、陳襄、程顥皆論安石變法非是，以次罷去。前宰相韓琦上疏論青苗之害，乞罷諸路提舉官，依常平舊法行之。奏至，安石稱疾，求分司。神宗不許。時翰林學士司馬光當批答，安石指言光有「士夫沸騰」、「黎民騷動」之語，神宗諭安石曰：「詔中二語，乃爲文督迫之過，而朕失於詳閲，當令吕惠卿諭旨。」翌日，安石入謝，因爲神宗言中外大臣、從官、臺諫、朝士朋比之情，且曰：「陛下欲以先王之正道勝天下流俗，故與流俗相爲輕重。流俗權重則天下之人歸流俗，陛下權重則天下之人歸陛下。權者與物相爲輕重，雖千鈞之物，所加損不過銖兩而移。今姦人欲敗先王之正道，以沮陛下之所爲，是於陛下與流俗之權適争輕重之時。加銖兩之力，則用力至微，而天下之權已歸於流俗矣，此所以紛紛也。」神宗以爲然，安石乃視事。

熙寧三年，拜禮部侍郎、同中書門下平章事、監修國史。御史中丞楊繪、御史劉摯陳免役之害，坐黜。御史林旦、薛昌朝、范育皆以忤安石罷。知雜御史謝景温初附安石，亦以不合去。六年，命知制誥吕惠卿修撰《經義》，以安石提舉，而以子雱兼同修撰。王韶取熙、河、洮、岷、疊、宕等州，安石率羣臣入賀，神宗解玉帶賜之，以旌其功。慈聖光獻皇后、宣仁聖烈皇后閒見神宗，流涕言新法之不便者，且言王安石亂天下。神宗亦流涕，退命安石裁損之。安石重爲解，乃已。七年，神宗以久旱，益疑新法之不便。安石不悦，求避位。遂拜吏部尚書、觀文殿大學士，知江寧府。明年，復拜同中書門下平章事、昭文館大學士。《三經義》成，拜尚書左僕射兼門下侍郎。

初，吕惠卿爲安石所知，驟引至執政。安石去位，惠卿遂叛安石。洎安石再相，苟可以中安石，無不爲也。會安石子雱卒，安石力求去。九年，拜鎮南軍節度使、同平章事，判江寧府。安石丐奉祠，以使相爲集禧觀使，封舒國公。又辭使相，乃以左僕射爲觀文殿大學士。元豐三年，封特進，改封荆國公。安石退居金陵，始悔恨爲吕惠卿所誤，每嘆曰：「吾昔交游，皆以國事相絶。」意甚自愧也。

哲宗即位，拜司空。明年薨，年六十六，贈太傅。紹聖初，謚曰「文」，配享神宗廟廷。崇寧二年，配享文宣王廟。政和三年，封舒王。靖康元年，停文宣王配享，列于從祀。後又罷安石配享神宗廟，而奪其王爵。初，安石提舉修撰《經義》，訓釋《詩》《書》《周官》，既成，頒之學官，天下號曰「新義」。晚歲爲《字説》二十四卷，學者争傳習之，日以經試于有司，必宗其説，少異輒不中程。先儒傳注既盡廢，士亦無復自得之學，故當時議者謂，王氏之患，在好使人同己。安石又著《日録》七十卷，如韓琦、富弼、文彦博、司馬光、吕公著、范鎮、吕誨、蘇軾及一時之賢者，重爲毀詆，而安石不卹也。安石性强忮，遇事無可否，自信所見，執意不回。至議變法，而在廷交執不可，安石傳經義，出己意，辨論輒數百言，衆皆不能詘。甚者謂「天變不足畏，祖宗不足法，人言不足卹」。罷黜中外老成人幾盡，多用門下儇慧少年。久之，以旱引去，洎復相，歲餘罷。終神宗世，八年不復召，而恩顧不久衰云。弟安國、安禮，子雱。

（宋王稱《東都事略》卷七十九）

宋史王安石傳

王安石字介甫，撫州臨川人。父益，都官員外郎。安石少好讀書，一過目終身不忘。其屬文動筆如飛，初若不經意，既成，見者皆服其精妙。友生曾鞏攜以示歐陽脩，脩爲之延譽。擢進士上第，簽書淮南判官。舊制，秩滿許獻文求試館職，安石獨否。再調知鄞縣，起堤堰，決陂塘，爲水陸之利；貸穀與民，出息以償，俾新陳相易，邑人便之。通判舒州。文彦博爲相，薦安石恬退，乞不次進用，以激奔競之風。尋召試館職，不就。脩薦爲諫官，以祖母年高辭。脩以其須禄養言於朝，用爲羣牧判官，請知常州。移提點江東刑獄，入爲度支判官，時嘉祐三年也。

安石議論高奇，能以辨博濟其說，果於自用，慨然有矯世變俗之志。於是上萬言書，以爲：「今天下之財力日以困窮，風俗日以衰壞，患在不知法度、不法先王之政故也。法先王之政者，法其意而已。法其意，則吾所改易更革，不至乎傾駭天下之耳目，囂天下之口，而固已合先王之政矣。因天下之力以生天下之財，收天下之財以供天下之費，自古治世，未嘗以財不足爲公患也，患在治財無其道爾。在位之人才既不足，而閭巷草野之間亦少可用之才，社稷之託，封疆之守，陛下其能久以天幸爲常，而無一旦之憂乎？願監苟且因循之弊，明詔大臣，爲之以漸，期合於當世之變。臣之所稱，流俗之所不講，而議者以爲迂闊而熟爛者也。」後安石當國，其所注措，大抵皆祖此書。

俄直集賢院。先是，館閣之命屢下，安石屢辭；士大夫謂其無意於世，恨不識其面，朝廷每欲畀以美官，惟患其不就也。明年，同修起居注，辭之累日，閤門吏賫敕就付之，拒不受；吏隨而拜之，則避於廁；吏置敕於案而去，又追還之；上章至八九，乃受。遂知制誥，糾察在京刑獄，自是不復辭官矣。

有少年得鬥鶉，其儕求之不與，恃與之昵輒持去，少年追殺之。開封當此人死，安石駁曰：「按律，公取、竊取皆爲盜。此不與而彼攜以去，是盜也；追而殺之，是捕盜也，雖死當勿論。」遂劾府司失入。府官不伏，事下審刑、大理，皆以府斷爲是。詔放安石罪，當詣閤門謝。安石言：「我無罪。」不肯謝。御史舉奏之，置不問。

時有詔舍人院無得申請除改文字，安石爭之曰：「審如是，則舍人不得復行其職，而一聽大臣所爲，自非大臣欲傾側而爲私，則立法不當如此。今大臣之弱者不敢爲陛下守法；而彊者則挾上旨以造令，諫官、御史無敢逆其意者，臣實懼焉。」語皆侵執政，由是益與之忤。以母憂去，終英宗世，召不起。

安石本楚士，未知名於中朝，以韓、呂

二族爲巨室，欲藉以取重，乃深與韓絳、絳弟維及吕公著交，三人更稱揚之，名始盛。神宗在潁邸，維爲記室，每講説見稱，輒曰：「此非維之説，維之友王安石之説也。」及爲太子庶子，又薦自代。帝由是想見其人，甫即位，命知江寧府。數月，召爲翰林學士兼侍講。熙寧元年四月，始造朝。入對，帝問爲治所先，對曰：「擇術爲先。」帝曰：「唐太宗何如？」曰：「陛下當法堯舜，何以太宗爲哉？堯舜之道，至簡而不煩，至要而不迂，至易而不難。但末世學者不能通知，以爲高不可及爾。」帝曰：「卿可謂責難於君，朕自視眇躬，恐無以副卿此意。可悉意輔朕，庶同濟此道。」

一日講席，羣臣退，帝留安石坐，曰：「有欲與卿從容論議者。」因言：「唐太宗必得魏徵，劉備必得諸葛亮，然後可以有爲，二子誠不世出之人也。」安石曰：「陛下誠能爲堯舜，則必有臯、夔、稷、卨；誠能爲高宗，則必有傅説。彼二子皆有道者所羞，何足道哉？以天下之大，人民之衆，百年承平，學者不爲不多，然常患無人可以助治者，以陛下擇術未明，推誠未至，雖有臯、夔、稷、卨、傅説之賢，亦將爲小人所蔽，卷懷而去爾。」帝曰：「何世無小人，雖堯舜之時，不能無四凶。」安石曰：「惟能辨四凶而誅之，此其所以爲堯舜也。若使四凶得肆其讒慝，則臯、夔、稷、卨亦安肯苟食其禄以終身乎？」

登州婦人惡其夫寢陋，夜以刃斮之，傷而不死。獄上，朝議皆當之死，安石獨援律辨證之，爲合從謀殺傷，減二等論。帝從安石説，且著爲令。

二年二月，拜參知政事。上謂曰：「人

皆不能知卿，以爲卿但知經術，不曉世務。」安石對曰：「經術正所以經世務，但後世所謂儒者，大抵皆庸人，故世俗皆以爲經術不可施於世務爾。」上問：「然則卿所施設以何先？」安石曰：「變風俗，立法度，最方今之所急也。」上以爲然。於是設制置三司條例司，命與知樞密院事陳升之同領之。安石令其黨吕惠卿任其事，而農田水利、青苗、均輸、保甲、免役、市易、保馬、方田諸役相繼並興，號爲新法，遣提舉官四十餘輩，頒行天下。

青苗法者，以常平糴本作青苗錢，散與人户，令出息二分，春散秋斂。均輸法者，以發運之職改爲均輸，假以錢貨，凡上供之物，皆得徙貴就賤，用近易遠，預知在京倉庫所當辦者，得以便宜蓄買。保甲之法，籍鄉村之民，二丁取一，十家爲保，保丁皆授以弓弩，教之戰陣。免役之法，據家貲高下，各令出錢雇人充役，下至單丁、女户，本來無役者，亦一概輸錢，謂之助役錢。市易之法，聽人賒貸縣官財貨，以田宅或金帛爲抵當，出息十分之二，過期不輸，息外每月更加罰錢百分之二。保馬之法，凡五路義保願養馬者，户一匹，以監牧見馬給之，或官與其直，使自市，歲一閱其肥瘠，死病者補償。方田之法，以東、西、南、北各千步，當四十一頃六十六畝一百六十步爲一方，歲以九月，令、佐分地計量，驗地土肥瘠，定其色號，分爲五等，以地之等，均定税數。又有免行錢者，約京師百物諸行利入厚薄，皆令納錢，與免行户祇應。自是四方争言農田水利，古陂廢堰，悉務興復。又令民封狀增價以買坊場，又增茶鹽之額，又設措置河北糴便司，廣積糧穀于臨流州縣，以備饋運。由是賦斂愈重，而天下騷然矣。

御史中丞吕誨論安石過失十事，帝爲出誨，安石薦吕公著代之。韓琦諫疏至，帝感悟，欲從之，安石求去。司馬光答詔，有「士夫沸騰，黎民騷動」之語，安石怒，抗章自辨。帝爲巽辭謝，令吕惠卿諭旨，韓絳又勸帝留之。安石入謝，因爲上言中外大臣、從官、臺諫、朝士朋比之情，且曰：「陛下欲以先王之正道勝天下流俗，故與天下流俗相爲重輕。流俗權重，則天下之人歸流俗；陛下權重，則天下之人歸陛下。權者與物相爲重輕，雖千鈞之物，所加損不過銖兩而移。今姦人欲敗先王之正道，以沮陛下之所爲。於是陛下與流俗之權適争輕重之時，加銖兩之力，則用力至微，而天下之權已歸于流俗矣，此所以紛紛也。」上以爲然。安石乃視事，琦説不得行。

安石與光素厚，光援朋友責善之義，三詒書反覆勸之，安石不樂。帝用光副樞密，光辭未拜而安石出，命遂寢。公著雖爲所引，亦以請罷新法出潁州。御史劉述、劉琦、錢顗、孫昌齡、王子韶、程顥、張戩、陳襄、陳薦、謝景温、楊繪、劉摯，諫官范純仁、李常、孫覺、胡宗愈皆不得其言，相繼去。驟用秀州推官李定爲御史，知制誥宋敏求、李大臨、蘇頌封還詞頭，御史林旦、薛昌朝、范育論定不孝，皆罷逐。翰林學士范鎮三疏言青苗，奪職致仕。惠卿遭喪去，安石未知所託，得曾布，信任之，亞於惠卿。

三年十二月，拜同中書門下平章事。明年春，京東、河北有烈風之異，民大恐。帝批付中書，令省事安静以應天變，放遣兩路募夫，責監司、郡守不以上聞者。安石執不下。

開封民避保甲，有截指斷腕者，知府韓維言之。帝問安石，安石曰：「此固未可知，就令有之，亦不足怪。今士大夫睹新政，尚或紛然驚異；況於二十萬户百姓，固有惷愚爲人所惑動者，豈應爲此遂不敢一有所爲邪？」帝曰：「民言合而聽之則勝，亦不可不畏也。」

東明民或遮宰相馬訴助役錢，安石白帝曰：「知縣賈蕃乃范仲淹之壻，好附流俗，致民如是。」又曰：「治民當知其情僞利病，不可示姑息。若縱之使妄經省臺，鳴鼓邀駕，恃衆僥倖，則非所以爲政。」其彊辯背理率類此。

帝用韓維爲中丞，安石憾曩言，指爲善附流俗以非上所建立，因維辭而止。歐陽脩乞致仕，馮京請留之，安石曰：「脩附麗韓琦，以琦爲社稷臣。如此人，在一郡則壞一郡，在朝廷則壞朝廷，留之安用？」乃聽之。富弼以格青苗解使相，安石謂不足以阻姦，至比之共、鯀。靈臺郎尤瑛言天久陰，星失度，宜退安石，即黥隸英州。唐坰本以安石引薦爲諫官，因請對極論其罪，謫死。文彦博言市易與下争利，致華嶽山崩。安石曰：「華山之變，殆天意爲小人發。市易之起，自爲細民久困，以抑兼并爾，於官何利焉。」閼其奏，出彦博守魏。於是吕公著、韓維，安石藉以立聲譽者也；歐陽脩、文彦博，薦己者也；富弼、韓琦，用爲侍從者也；司馬光、范鎮，交友之善者也：悉排斥不遺力。

禮官議正太廟太祖東嚮之位，安石獨定議還僖祖於祧廟，議者合争之，弗得。上元夕，從駕乘馬入宣德門，衛士訶止之，策其馬。安石怒，上章請逮治。御史蔡確言：「宿衛之士，拱扈至尊而已，宰相下馬非其處，所應訶止。」帝卒爲杖衛士，斥内侍，安石猶不平。王韶開熙河奏功，帝以安石主議，解所服玉帶賜之。

七年春，天下久旱，饑民流離，帝憂形於色，對朝嗟嘆，欲盡罷法度之不善者。安石曰：「水旱常數，堯、湯所不免，此不足招聖慮，但當修人事以應之。」帝曰：「此豈細事，朕所以恐懼者，正爲人事之未修爾。今取免行錢太重，人情咨怨，至出不遜語。自近臣以至后族，無不言其害。兩宫泣下，憂京師亂起，以爲天旱更失人心。」安石曰：「近臣不知爲誰，若兩宫有言，乃向經、曹佾所爲爾。」馮京曰：「臣亦聞之。」安石曰：「士大夫不逞者以京爲歸，故京獨聞此言，臣未之聞也。」監安上門鄭俠上疏，繪所見流民扶老攜幼困苦之狀，爲圖以獻，曰：「旱由安石所致。去安石，天必雨。」俠又坐竄嶺南。慈聖、宣仁二太后流涕謂帝曰：「安石亂天下。」帝亦疑之，遂罷爲觀文殿大學士，知江寧府，自禮部侍郎超九轉爲吏部尚書。

吕惠卿服闋，安石朝夕汲引之，至是，白爲參知政事，又乞召韓絳代己。二人守其成模，不少失，時號絳爲「傳法沙門」，惠卿爲「護法善神」。而惠卿實欲自得政，忌安石復來，因鄭俠獄陷其弟安國，又起李士寧獄以傾安石。絳覺其意，密白帝請召之。八年二月，復拜相，安石承命，即倍道來。《三經義》成，加尚書左僕射兼門下侍郎，以子雱爲龍圖閣直學士。雱辭，惠卿勸帝允其請，由是嫌隙愈著。惠卿爲蔡承禧所擊，居家俟命。雱風御史中丞鄧綰，復彈惠卿與知華亭縣張若濟爲姦利事，置獄鞫之，惠卿出守陳。

十月，彗出東方，詔求直言，及詢政事之未協於民者。安石率同列疏言：「晉武帝五年，彗出軫；十年，又有孛。而其在位二十八年，與《乙巳占》所期不合。蓋天道遠，先王雖有官占，而所信者人事而已。天文之變無窮，上下傅會，豈無偶合。周公、召公豈欺成王哉？其言中宗享國日久，則曰『嚴恭寅畏，天命自度，治民不敢荒寧』。其言夏、商多歷年所，亦曰『德』而已。裨竈言火而驗，欲禳之，國僑不聽，則曰『不用吾言，鄭又將火』。僑終不聽，鄭亦不火。有如裨竈，未免妄誕，況今星工哉？所傳占書，又世所禁，謄寫僞誤，尤不可知。陛下盛德至善，非特賢於中宗，周、召所言，則既閱而盡之矣，豈須愚瞽復有所陳。竊聞兩宫以此爲憂，望以臣等所言，力行開慰。」帝曰：「聞民間殊苦新法。」安石曰：「祁寒暑雨，民猶怨咨，此無庸恤。」帝曰：「豈若并祁寒暑雨之怨亦無邪？」安石不悦，退而屬疾卧，帝慰勉起之。其黨謀曰：「今不取上素所不喜者暴進用之，則權輕，將有窺人間隙者。」安石是其策。帝喜其出，悉從之。時出師安南，諜得其露布，言：「中國作青苗、助役之法，窮困生民。我今出兵，欲相拯濟。」安石怒，自草敕牓詆之。

華亭獄久不成，雱以屬門下客吕嘉問、練亨甫共議，取鄧綰所列惠卿事，雜他書下制獄，安石不知也。省吏告惠卿于陳，惠卿以狀聞，且訟安石曰：「安石盡棄所學，隆尚縱横之末數，方命矯令，罔上要君。此數惡力行於年歲之間，雖古之失志倒行而逆施者，殆不如此。」又發安石私書曰「無使上知」者。帝以示安石，安石謝無有，歸以問雱，雱言其情，安石咎之。雱憤恚，疽發背死。安石暴綰罪，云「爲臣子弟求官及薦臣婿蔡卞」，遂與亨甫皆得罪。綰始以附安石居言職，及安石與呂惠卿相傾，綰極力助攻惠卿。上頗厭安石所爲，綰懼失勢，屢留之於上。其言無所顧忌；亨甫險薄，諂事雱以進，至是皆斥。

安石之再相也，屢謝病求去，及子雱死，尤悲傷不堪，力請解幾務。上益厭之，罷爲鎮南軍節度使、同平章事，判江寧府。明年，改集禧觀使，封舒國公。屢乞還將相印。元豐二年，復拜左僕射、觀文殿大學士。換特進，改封荆。哲宗立，加司空。

元祐元年，卒，年六十六，贈太傅。紹聖中，謚曰文，配享神宗廟庭。崇寧三年，又配食文宣王廟，列于顔、孟之次，追封舒王。欽宗時，楊時以爲言，詔停之。高宗用趙鼎、呂聰問言，停宗廟配享，削其王封。

初，安石訓釋《詩》、《書》、《周禮》，既成，頒之學官，天下號曰「新義」。晚居金陵，又作《字説》，多穿鑿傅會。其流入於佛、老。一時學者，無敢不傳習，主司純用以取士，士莫得自名一説，先儒傳註一切廢不用。黜《春秋》之書，不使列於學官，至戲目爲「斷爛朝報」。

安石未貴詩，名震京師，性不好華腴，自奉至儉，或衣垢不澣，面垢不洗，世多稱其賢。蜀人蘇洵獨曰：「是不近人情者，鮮不爲大姦慝。」作《辯姦論》以刺之，謂王衍、盧杞合爲一人。

安石性强忮，遇事無可否，自信所見，執意不回。至議變法，而在廷交執不可，安石傅經義，出己意，辯論輒數百言，衆不能詘。甚者謂「天變不足畏，祖宗不足法，人言不足恤」。罷黜中外老成人幾盡，多用門下儇慧少年。久之，以旱引去，洎復相，歲餘罷，終神宗世不復召，凡八年。子雱。

雱字元澤。爲人慓悍陰刻，無所顧忌。性敏甚，未冠，已著書數萬言。年十三，得秦卒言洮、河事，歎曰：「此可撫而有也。使西夏得之，則吾敵彊而邊患博矣。」其後王韶開熙河，安石力主其議，蓋兆於此。舉進士，調旌德尉。

雱氣豪，睥睨一世，不能作小官。作策三十餘篇，極論天下事，又作《老子訓傳》及《佛書義解》，亦數萬言。時安石執政，所用多少年，雱亦欲預選，乃與父謀曰：「執政子雖不可預事，而經筵可處。」安石欲上知而自用，乃以雱所作策及注《道德經》鏤板鬻于市，遂傳達於上。鄧綰、曾布又力薦之，召見，除太子中允、崇政殿説書。神宗數留與語，受詔撰《詩》《書義》，擢天章閣待制兼侍講。書成，遷龍圖閣直學士，以病辭不拜。

安石更張政事，雱實導之。常稱商鞅爲豪傑之士，言不誅異議者法不行。安石與程顥語，雱囚首跣足，攜婦人冠以出，問父所言何事。曰：「以新法數爲人所阻，故與程君議。」雱大言曰：「梟韓琦、富弼之頭于市，則法行矣。」安石遽曰：「兒誤矣。」卒時纔三十三，特贈左諫議大夫。

論曰：朱熹嘗論安石「以文章節行高一世，而尤以道德經濟爲己任。被遇神宗，致位宰相，世方仰其有爲，庶幾復見二帝三王之盛。而安石乃汲汲以財利兵革爲先務，引用凶邪，排擯忠直，躁迫强戾，使天下之人囂然喪其樂生之心。卒之羣姦嗣虐，流毒四海，至於崇寧、宣和之際，而禍亂極矣」。此天下之公言也。昔神宗欲命相，問韓琦曰：「安石何如？」對曰：「安石爲翰林學士則有餘，處輔弼之地則不可。」神宗不聽，遂相安石。嗚呼！此雖宋氏之不幸，亦安石之不幸也。

（《宋史》卷三百二十七）

宋詹大和《王荆文公年譜》

真宗皇帝天禧五年辛酉

公生於是年。

仁宗皇帝慶曆二年壬午

公二十二歲，楊寘牓中甲科。以祕書郎簽書淮南節度判官廳公事。時韓魏公作鎮，公後有《入瓜步望楊州》詩：「白頭追想當時事，幕府青衫最少年。」又魏公挽詞亦有述。

慶曆三年癸未　四年甲申

在揚州，有《憶昨示諸外弟》等詩。

慶曆五年乙酉

有《與徐兵部書》。

慶曆六年丙戌

《馬漢臣墓誌》曰：「慶曆六年，漢臣從余入京待進士舉。」蓋揚州官滿，是年方趨京師，尋授明州鄞縣宰。

慶曆七年丁亥

曾子固作《喜似贈黃御史》曰：「五年時，送別介父於洪州。」又曰：「介父時爲縣於鄞。」蓋慶曆七年也。公有「自縣出，屬民使浚渠川」等語及《經遊記》《鄞女墓誌》并詩。

慶曆八年戊子

作縣齋詩：「收功無路去無田，竊食窮城度兩年。」又：「到得明年官又滿，不知誰見此花開。」

皇祐元年己丑

二月二十八日，刻《善救方》，立之縣門外。

皇祐二年庚寅

《別鄞女》詩：「年登三十已衰翁。」公生辛酉，是歲庚寅，三十矣。

皇祐三年辛卯

改殿中丞，通判舒州。是年，召試館職，有狀免試，發赴舒州。

皇祐四年壬辰

到舒，有《答平甫》等詩：「只愁地僻經過少，舊學從誰得指南？」晚封舒國，謝表亦云：「惟茲邦土之名，昔者宦游之壤。」

皇祐五年癸巳

是年，歐陽文忠公奏：「伏見殿中丞王安石，德行文學，爲衆所推；守道安貧，剛而不屈；久更吏事，兼有時材。曾召試館職，久而不就。乞用此人充補諫官。」公以祖母年高辭之。是年，祖母吴氏卒，曾子固誌其墓，亦載此。

至和元年甲午

免試，特除集賢校理。公有狀，以私計辭。歐陽公言羣牧司領内外坊監判官，比他司俸入最優。乃以公兼羣牧司判官。

至和二年乙未

王逢原寄公詩：「借使牛羊雖有責，獨於鳳鳥豈無嗟？」是年，有酬答等詩。

嘉祐元年丙申

公《上執政書》，曰：「方今仁聖在上，而安石得以此時被使畿内，而有不樂於此」云云。王逢原有送公行畿縣詩，公亦有酬答。

嘉祐二年丁酉　三年戊戌

改太常博士，知常州。謝表云：「比在羣牧，常求外官。伏蒙朝廷改職畿縣，未試賢勞之力，已纏悸眩之痾。區區本懷，懇懇自訴。」遂承優詔，特與便州。

嘉祐四年己亥

有《酬提刑邵學士》詩：「曾詠常州送主人，豈知身得兩朱輪？」蓋先曾有詩送沈康知常州也。

嘉祐五年庚子

改江東提刑，有《寄沈鄱陽》并《度麾嶺寄孫莘老》等詩。

嘉祐六年辛丑

除三司度支判官，尋除直集賢院。

嘉祐七年壬寅

除同修起居注，力辭，不許。尋除工部郎中，知制誥，糾察在京刑獄，管幹三班院。

嘉祐八年癸卯

仁宗皇帝登遐。

英宗皇帝即位。是年八月，丁母憂，事見《送陳和叔》詩引。

治平元年甲辰　二年乙巳

公持服。

治平三年丙午

十一月，有狀辭赴闕，乞分司於江寧府居住。

治平四年丁未

英宗皇帝登遐。

神宗皇帝即位。起以故官，知江寧府。狀辭。赴闕，且乞分司。又狀辭江寧府，若未許分司，則乞一留臺宮觀差遺。不許。冬，方就職，謝表云「先帝登遐，既不獲奔馳道路；陛下即位，又未嘗瞻望闕廷」云云。

熙寧元年戊申

除翰林學士。

熙寧二年己酉

以右諫議大夫參知政事。

熙寧三年庚戌

十月，自參知政事拜同中書門下平章事、史館大學士。

熙寧四年辛亥　五年壬子　六年癸丑

作相。

熙寧七年甲寅

以觀文大學士知江寧府。

熙寧八年乙卯

自金陵復拜平章事、昭文館大學士。

是年，以《經義》成，進加左僕射兼門下侍郎。未幾喪子雱，復求去位。

熙寧九年丙辰

以使相再鎮金陵。到任未幾，納節與平章事。懇請數四，乃改右僕射。未幾，又求宮觀，累表得會靈觀使。

熙寧十年丁巳

是年，大禮加恩，特授開府儀同三司、舒國公。再恩，方改特進，封荆國公。

元豐元年戊午

食觀使禄，居鍾山。有《示蔡元度》詩、《寄吴氏女》等詩。

元豐二年己未

有《半山園即事》、《歌元豐》等詩。

元豐三年庚申　四年辛酉

元豐五年壬戌

是年，《字説》成，進表，繫銜「觀文殿大學士、集禧觀使、特進、上柱國、荆國公」。

元豐六年癸亥

是年冬，公被疾。

元豐七年甲子

公引病奏乞以住宅爲寺。有旨，賜名「報寧」。既而疾愈，税城中屋以居，不復別造。

元豐八年乙丑

神宗皇帝登遐。

哲宗皇帝即位。

覃恩，公守司空。謝表曰：「居竊萬鍾，初未知於辭富；坐彌九載，方有俟于黜幽。」蓋自熙寧十年至是食觀使禄，適九年矣。又有《寄吴氏女子》等詩。

元祐元年丙寅

是年四月，公薨，贈太傅。

（影印朝鮮活字本《王荆文公詩李壁注》）

明王鳳翔光啟堂《新刊宋荆公王介甫先生事略》

荆公文章蓋世，業已列之八大家矣。然公寔八大家之祖，緣以新法，故疑信參半，致不得徧睹其全璧，亦大可慨已。愚謂行事稍疵，猶不以人廢言，矧攷公新法所建，識見高奇，爲人之不能爲。特以賦性執拗，引用非人，未能無失焉。要其心，皆富國强兵之意，不得過督以奸邪也。則新法何足爲公諱？而文章亦豈以新法損？稽其本傳，鹿門茅先生概述之，然事未大明，秖恐其惑滋甚。即當年所創十有八事，雖衆口呰議，無如青苗一法，始而倣效陝西，既而决意京東，皆因其利而行也，非有意以殘民也。使調停得人，安知不足國足民歟？至於諸法中，如保甲、保馬、科舉之類，迄今垂行不朽，豈可行於今日而獨不可行於昔日乎？則大略可想見已。是以舉《綱目》所載、名公所評者，叙列于後，使賢人志士便覽其事，推原其心，而益以重其文。則斯文有賴，且有以破千古之疑。

一、神宗熙寧二年二月，察農田水利賦役于天下。

從三司條例司之請，遣劉彝、謝卿材、侯叔獻、程顥、盧秉、王汝翼、曾伉、王廣廉八人行諸路，相度農田水利、税賦科率，徭役利害。明道在當時而與其列者，必有所處也。惜乎不能知其所以處之之道焉。

一、熙寧二年七月，行均輸法。

發運使領之。凡上供之物，皆得徙貴就賤，因近易遠，預知在京倉庫所當辦者，得以蓄買，而制其有無。按漢武帝置大農屬，有均輸令丞。孟康曰：諸州郡所當輸於官者，皆令輸其土地所饒，平其所在時價，官自轉運於所無之地賣之。輸者自便，而官有利，故曰均輸。

一、熙寧二年九月，行常平給斂法。

初，陝西轉運使李參以部内多戍兵，而糧儲不足，令民自隱度麥粟之贏，先貸以錢，俟穀熟還官，號青苗錢。經數年，廪有餘糧。至是條例司請以諸路常平、廣惠倉錢穀依陝西青苗錢例，願預借者給之，令出息二分，隨夏秋税輸納。願輸錢者從其便。如遇災傷，許展至豐熟日納。非惟足以待凶荒之患，民既受貸，則兼併之家不得乘新陳不接以邀倍息。又常平、廣惠之物，收藏積滯，必待年儉物貴，然後出糶，所及者不過城市遊手之人。今通一路有無，貴發賤斂，以廣蓄積，平物價，使農人有以赴時趨事，而兼併不得乘其急。凡此皆以爲民，而公家無所利其入。是亦先生散惠興利，以爲耕斂補助之意也。今既具，出示蘇轍等曰：「此青苗法也。」轍曰：「以錢貸民，使息二分，本以救民，然出納之際，吏緣爲姦，雖有法不能禁；錢入民手，雖良民不免妄用；及其納錢，雖富民，不免踰限。如此，則恐鞭箠必用，州縣之事不勝煩矣。」安石欲止。會京東轉運使王廣淵乞留本道錢帛五十萬，貸之貧民，歲可獲息二十五萬。其事與青苗法合。於是遂決意行焉。

一、熙寧三年十二月，立保甲法。

安石言：「先王以農爲兵。今欲公私財用不匱，爲宗社長久計，當罷募兵，用民兵。」乃立保甲。其法十家爲保，有保長；五十家爲大保，有大保長；十大保爲都保，有都保正、副。主客户兩丁以上，選一人爲保丁、附保丁。附保兩丁已上，有餘丁以壯勇者，亦附之。内家資最厚、材勇過人者，亦充保丁。授之弓弩，教之戰陣。每一大保，夜輪五人警盜。凡告捕所獲，以賞格從事。同保犯强盜、殺人、强姦、略人、傳習妖教、造蓄蠱毒，知而不告，依律伍保法。餘事非干己，又非彀律所聽糾，皆毋得告。雖知情，亦不坐。若依法鄰保合坐罪者，乃坐之。其居停强盜三人，經三日，保鄰雖不知情，科失覺罪，逃移、死絶，同保不及五家，併地保。有自外入保者，收爲同保，户數足則附之。俟及十家，則别爲保，置牌以書其户數姓名，提點刑獄。

一、熙寧三年十二月，以同平章事行募役法。

先是，詔條例司講立役法。條例司言：「使民出錢，募人充役，即先王致民財以禄庶人在官者之意。」於是計民之貧富，分五等輪錢，名免役錢。若官户、女户、寺觀、單丁、未成丁者，亦等第輪錢，名助役錢。凡敷錢，先視州若縣應用雇直多少，隨户等均取雇直。又增取二分，以備水旱欠缺，謂之免役寬剩錢。

一、熙寧四年二月，更定科舉法，專以經義、論策試士。

神宗篤意經學，深憫貢舉之弊，且以西北人才多不在選，遂議更法。安石謂：「古之取士，俱本於學，請興建學校以復古。其明經諸科欲行廢罷。」詔近臣雜議，久而不決。他日，安石言於帝，曰：「進士科試詩賦，亦多得人。自緣仕進，别無他路，其間不容無賢。若謂科法已善，則未也。士少壯時，正當講求天下正理，乃閉門學作詩賦，及其入官，世事皆所未習。此科法敗壞人才致不如古。」既而中書門下言：「今欲追復古制，則患於無漸，宜先除去聲律對偶之文，使學者得專意經術，以俟朝廷興建學校，然後講求三代所以教育選舉之法，施之天下，則庶幾可以復古矣。」於是改法，罷詩賦、帖經、墨義，士各占治《易》、《詩》、《書》、《周禮》、《禮記》一經，兼《論語》、《孟子》。

每試四場，初本義，初兼經大義，凡十道，次論一首，次策三道。禮部試即增二道。中書撰《大義式》頒行，試義者須通經有文采，乃爲中格，不但如明經、墨義麄解章句而已。其殿試則專以策，限千字以上。分五等，第一等、二等賜進士及第，第三等賜進士出身，第四等賜同進士出身，第五等賜同學究出身。舊制，進士入朝謝恩，銀百兩，至是亦罷之，仍賜錢二千，爲期集費。

一、熙寧五年三月，行市易法。

自王韶倡爲緣邊市易之説，安石善之，以爲與漢平準法同，可以置物低昂而均通之。遂用草澤魏繼宗議，以内藏庫錢帛，置市易務于京師。凡貨之可市及滯於民而不售者，平其價市之；願以易官物者，聽。若次市於官者，則度其田宅或金帛爲抵當，而貸之錢，責期使償。半歲輸息十一，及歲倍之。如過期不輸，息外每月更加罰錢。

一、熙寧五年五月，行保馬法。

詔開封府界諸縣保甲，願牧馬者聽，仍令以陝西所市馬選給之。或官與其直，令自市，歲一閱其肥瘠。三等以上，十户爲一保；四等以下，十户爲一社，以待病斃逋償者。保户馬死，保户獨償之。社户馬死，社户半償之。其後遂徧行于諸路焉。

一、熙寧五年八月，行方田均税法。

神宗患田賦不均，詔司農重定方田及均税法，頒之天下。方田之法，以東、西、南、北各千步，當四千一頃六十六畝一百六十步爲一方，歲以九月，縣委令佐分地計量，隨波原平澤而定其地，因赤、淤、黑、壚而辨其色。方量畢，以地及色參定肥瘠，而分五等，以定其税。則至明年三月畢，揭以示民。一季無訟，即書户帖連莊帳付之，以爲地符。均税之法，縣各以其租額税數爲限，舊嘗收蹙奇零，如米不及十合而收爲升，絹不薄十分而收爲寸之類，今不得用其數均攤增展，致溢舊額。凡越額增數，皆禁。若瘠鹵不毛，及衆所食利山林、陂塘、溝路、墳墓，皆不立税。凡田方之角，立土爲峰，植其野之所宜木，以封表之。有方帳，有莊帳，有甲帳，有户帖。其分烟析産、典賣割移，官置契，縣置簿，皆以今所方之田爲正。令既具，乃以鉅野縣尉王曼爲指教官，先自京東路行之，諸路倣焉。

一、熙寧九月，初策武舉之士。

凡武舉，試義策于秘閣，武藝于殿前司。及殿試，則又試騎射及策于庭。策、武藝俱優，爲右班殿直。武藝次優，爲三班奉職。又次借職。末等，三班差役。初，樞密院修武舉法，不能答策者，答兵書墨義。安石曰：「武舉而試墨義何？墨義究誦書不曉理者，無補於事。先王收勇力之士，皆屬於車右者，欲以備禦侮之用，則記誦何所施？」帝從之。至是始策武舉之士。《説苑》曰：「夫有文無武，無以威下。有武無文，民畏不親。文武俱行，威德乃成。既成威德，民親乃服。用是而觀，則知有天下者，文武之道可以並用，而不可以相無者也。宋世未嘗策武舉之士，至神宗而始策之，其庶幾不忘武事者矣。

一、熙寧七年六月，上《三經新義》，詔頒于學宫。

安石以所訓釋《詩》、《書》、《周禮》三經上進，神宗謂之曰：「今談經者人人殊，何以一道德？卿所著經，其以頒行，使學者歸一。」遂頒于學宫，號曰《三經新義》。

王敬所斷曰：「宋儒如王安石，絶世之操，卓越之學，堯舜君民之志，出而用世，得君如彼其專，乃竟不能成功，而紛紛見尤，至以爲宋基禍之人。考安石學術之偏，執拗之性，舉動乖剌，使天下囂然，至於引用小人，以圖快意，使其根蔓枝連，遂爲宗社不拔之黨，以迄于靖康未已也。安石誠有不得辭其責者。雖然，亦有不幸焉。余觀宋之創國，其君則厚於養士，而綱維體勢不立，朝夕恬熙，一二三大臣以遲鈍雍容爲德度，一二臺諫以議論攻擊爲盡職，曾無一事行之數年。後世習以爲常，而於國事之尤急，視爲無可奈何，而不加料理。料理則羣起而議之，以爲好事喜功矣。安石突起得君，惻然以軍國財賦爲念，非羣議而更張之，彼遲鈍雍容者相視以爲詭異。老成者既已爲疑，則後生者吠聲羣起，其中間所更之法，豈無有利害相半，可以斟酌損益而施于民者？乃一指以爲不善，而動氣相攻，彼此不平，宜安石之無成也。是時歲幣輸遼，女直未盛，靖康之禍，出自徽宗昏淫，而歸其罪於公，朱子尤深非之。此余所以謂不幸也。」

茅鹿門評《上仁宗皇帝言事書》曰：

「荆公以王佐之學與王佐之才自任，故一生措注，已盡于此書中。所以結知主上，亦在此書中。然其學本經術，所言非漢唐以來宰相所能見，而其偏拗自用，大較與商鞅所欲變法處相近。故其功業亦遂大壞，而反不如近世浮沉者之得。學者須具千古隻眼看之。且此書幾萬餘言，而其絲牽繩聯，如提百萬之兵，而鉤考部曲，無一不貫。」

萬曆壬子歲長至日，金陵光啓堂述。

（明萬曆四十年王鳳翔光啟堂刻《王臨川文集》）

明撫州府誌書王文公祠記

王文公祠，在府治東南鹽步嶺。宋崇寧五年，郡守田登因公舊宅創祠，肖公像而祀之。淳熙中，郡守錢象祖修葺，比舊加壯，爲之管鑰，隸于學宫，歲時祀焉。事見象山陸文安公記中。元至順初，祠圮。草廬吴先生就養郡庠，過其祠而太息，言於鹽郡塔不台，重加繕治，虞邵菴爲之記。不知廢自何時，祠宇爲居民侵削，僅有存者。臨川七十九都有上池王氏者，譜諜相沿爲公弟安尚後。國初，有名孟演者，爲本府教授，遂主公祠。天順、成化間，其孫宗璉兩以遺祠轉典與千户所王表者，并以公及夫人二像附之。公像且數百年，鮮完如故，若有呵護者。每一拜觀，斂容起敬。有城北王某者忽認安禮之後，嘉靖廿五年，請托千户熊邦傑，以力奪之，知縣應雲鸑遂祭于其家。廿六年，府同知陳一貫復以米二石易荆國夫人像，并付之守祠者。猶記歲月，直書其事于祠壁云。

（明萬曆四十年王鳳翔光啟堂刻《王臨川文集》）

二、序跋題記

宋王珏《臨川先生文集》題辭

曾大父之文，舊所刊行，率多舛誤。政和中門下侍郎薛公、宣和中先伯父大資皆被旨編定，後罹兵火，是書不傳。比年臨川、龍舒刊行，尚循舊本。珏家藏不備，復求遺稾於薛公家，是正精確，多以曾大父親筆石刻爲據；其間參用衆本，取捨尤詳。至於斷缺，則以舊本補校足之，凡百卷，庶廣其傳云。紹興辛未孟秋旦日，右朝散大夫提舉兩浙西路常平茶鹽公事王珏謹題。

（宋紹興二十一年刻《臨川先生文集》）

宋黄岑父《紹興重刊臨川文集敘》

紹興重刊《臨川集》者，郡人王丞相介父之文，知州事桐廬詹大和甄老所譜而校也。藝祖神武定天下，列聖右文而守之。江西士大夫多秀而文，挾所長與時而奮。王元之、楊大年篤尚音律，而元獻晏公臻其妙；柳仲塗、穆伯長首唱古文，而文忠歐陽公集其成。南豐曾子固、豫章黄魯直，亦所謂編之乎詩書之册而無媿者也。丞相旦登文忠之門，晚躋元獻之位，子固之所深交，而魯直稱爲不朽。

近歲諸賢舊集，其鄉郡皆悉刊行，而丞相之文流布閩浙，顧此郡獨因循不暇，而詹子所爲奮然成之者也。紙墨既具，久而未出。一日謂客曰：「讀書未破萬卷，不可妄下雌雄。讎正之難，自非劉向、楊雄，莫勝其任。吾今所校本，仍閩、浙之故耳。先後失次，訛舛尚多，念少遲之，盡更其失，而慮歲之不我與也，計爲之何？」客曰：「不然。皋、蘇不世出，天下未嘗廢律；劉、楊不世出，天下未嘗廢書。凡吾所爲，將以備臨川之故事也。以小不備而忘其大不備，士夫披閲，終無時矣。明牕净榻，永晝清風，日思誤書，自是一適。若覽而不覺其誤，孫而不能思，思而不能得，雖劉、楊復生，將如彼何哉？」詹子曰：「善。客其爲我志之。」十年五月戊子，豫章黄次山季岑父叙。

（明嘉靖三十九年何遷刻《臨川先生文集》）

宋魏了翁《臨川詩注序》

國朝列局修書，至崇、觀、政、宣而後，尤爲詳備。其書則經史、圖牒、樂書、禮制、科條、詔令、記注、故實、道史、内經。而臣下之文，鮮得列焉。時惟臨川王公遺文獲與編定，薛肇明諸人寔董其事，以至張官置吏，咸軼故常。是雖曰出於一時之好尚，然其鍛鍊精粹，誠文人之巨擘。以元祐諸賢號與公異論者，至其爲文，則未嘗不推許之。然肇明諸人所編，卒以靖康多難，散落不全。今世俗所傳，已非當時善本。故其後先舛差，簡帙間脱，亦有他人之文淆亂其間。雖然，是猶未足多辨者。而公博極羣書，蓋自經子百史以及於《凡將》、《急就》之文，旁行敷落之教，稗官虞初之説，莫不牢籠搜攬，消釋貫融。故其爲文，使人習其讀而不知其所由來，殆詩家所謂秘密藏者。

石林李公，曩寓臨川，❶嗜公之詩，遇與意會，往往隨筆疏於其下。涉日既久，命史纂輯，固已粲然盈編，特未書出以示人也。了翁來守眉山，得與寓目，見其闖奇摘異，抉隱發藏，蓋不可以一二數。則爲之舍然嘆曰：是固異乎世所謂箋訓者矣。箋訓之病，黨枯護朽，守缺保殘，有不非服鄭之陋，無是正左、班之忠。今石林之於公，則有不然。其豐容有餘之詞，簡婉不迫之趣，既各隨義發明；若博見彊志，廋詞險韻，則又爲之證辯鉤析，俾覽者皆得以開卷瞭然。然公之學，亦時有專己之癖焉。石林於此，蓋未始隨聲是非也。《明妃曲》之二章曰：「漢恩自淺胡自深，人生樂在相知心。」則引范元長之語以致其譏。❷《君難託》之詩曰：「人事反復那得知，讒言入耳須臾離。」則明君臣始終之義以返諸正。自餘類此者尚衆，姑摘其一二以明之。則詩注之作，雖出於肆筆脱口，若不經意之餘，而發揮義理之正，將以迪民彝，厚世教，夫豈箋訓云乎哉？石林嘗參預大政，今以洞霄之禄里居，其爲文章，固已施諸朝廷，編之金鐀。此殆公得之游戲者。而其門人李西美醇儒，必欲以是書板行，而屬了翁叙所以作，迺書以授之。嘉定七年十一月庚午，臨邛魏了翁謹序。

（影印朝鮮活字本《王荆文公詩李壁注》）

❶「臨川」下，《鶴山集》卷五十一有「息遊之餘」四字。

❷「君難託」上，《鶴山集》卷五十一有「日出堂上飲之詩其亂曰爲客當酌酒何預主人謀則引鄭氏考槃之誤以寓其貶」三十二字。

元吴澄《臨川王文公集序》

唐之文，能變八代之弊、追先漢之蹤者，昌黎韓氏而已，河東柳氏亞之。宋文人視唐爲盛，唯廬陵歐陽氏、眉山二蘇氏、南豐曾氏、臨川王氏五家，與唐二子相伯仲。夫自漢東都以逮于今，駸駸八百餘年，而合唐宋之文可稱者，僅七人焉。則文之一事，誠難矣哉！

荆國文公，才優學博而識高，其爲文也，度越輩流；其行卓，其志堅，超超富貴之外，無一毫私欲之汩，少壯至老死如一。其爲人如此，其文之不易及也固宜。宋政和間官局編書，諸臣之文，獨臨川集得預其列。靖康之禍，官書散失，私集竟無完善之本，弗如歐集、曾集、老蘇、大蘇集之盛行於時也。公絶類之英，間氣所生。同時文人雖或意見素異，尚且推尊公文，口許心服，每極其至。而後來卑陋之士不滿其相業，因并廢其文。此公生平所謂流俗，胡乃於公之死後而猶然也！

金谿危素好古文，慨公集之零落，搜索諸本，增補校訂，總之凡若干卷，比臨川、金陵、麻沙、淛西數處舊本頗爲備悉。請予序其成。噫！公之文，如天之日星，地之海嶽，奚資於序？而公相業所或不滿者，亦鮮究其底裏，何也？公負蓋世之名，遇命世之主，君臣密契，殆若管、葛。主以至公至正之心，欲堯舜其民；臣以至公至正之心，欲堯舜其君。然而公之學雖博，所未明者，孔孟之學也；公之才雖優，所未能者，伊周之才也。不以其未明未能自少，徒以其已明已能自多，毅然自任而不回，此其蔽也。一時之議公者，非偏則私，不惟無以開其蔽，而亦何能有以愜公論哉？ 論之平而當，足以定千載是非之真者，其唯二程、朱、陸四子之言乎！ 吴澄幼清序。

（明嘉靖二十五年應雲鸑刻《臨川王先生荆公文集》）

元劉將孫《王荆文公詩注序》

洛學盛行，而歐、蘇文如不必作；江西派接，而半山詩幾不復傳。諸老心相服，各有在，而世俗剽耳附聲者往往可歎也。開禧參政鴈湖李氏，獨箋臨川詩於共懲荆舒之後，與象山記祠堂磊磊恨意相似。文章行義，固各有必不可概揜者。然東南僅刻兩本，看久廢，撫亦落，士大夫或白首不及見，以是藏本極少，亦牽聯没没至此。李箋比註家異者，間及詩意；不能盡脱窠臼者，尚襲常眩博，每句字附會膚引，常言常語亦跋涉經史。先君子須溪先生於詩喜荆公，嘗點評李註本，删其繁以付門生兒子。安成王士吉往以少俊及門，有聞，日以書來訂，請曰：「刻荆公詩，以評點附句下，以鴈湖注意與事確者類篇次，願序之。」於是荆公詩當粲然行世矣。

公詩爲宋大家，非文人詩，而具用文法，抑光耀以樸意，融制作爲裁體，陶冶古今而呼吸如今，精變塵秕而形神俱妙。其覈也如老吏之約三尺，其麗也又如一笑之可千金。歷選百年，亦東京之子美也。獨其不得如子美之稱於唐者，相業累之耳。嗚呼！ 使公老翰林學士，韙然一代詞宗，亦何必執政耶？ 論詩文與論人物異，論行事意見又異。鴈湖箋此詩，尚以明君怨置議論，蓋共正之。然彼詠明君耳，何與大節，而刺剟玼之？因士吉刻本，記先君子所嘗爲荆公感歎者於此，而非敢評公詩也。大德辛丑冬至，嗣子將孫謹書于汀泮之如舟軒。

（影印朝鮮活字本《王荆文公詩李壁注》）

元毋逢辰《王荆文公詩注序》

詩學盛於唐，理學盛於宋，先儒之至論也。其論諸賢大家數，甚而有五言七言散文之誚，獨於臨川王文正公之詩，莫有置其喙者。及觀文正公選唐百家詩序，有云：「廢日力於此，良可悔也。然欲觀唐詩者，觀此足矣。」公於選詩廢日力且如此，況作詩乎？又楊蟠後序云：「文正公道德文章，天下之師，於詩尤極其工。雖嬰以萬務，而未嘗忘之。」則知公之作詩，坐費日力而未始以爲悔，宜其法度嚴密，音律諧暢，而無異時五七言散文之弊。予故謂公之詩非宋人之詩，乃宋詩之唐者也。後之學詩者能作如是觀，當自有得於吾言之外。方今詩道大昌，而建安兩書坊竟缺是集。予偶由臨川得善本，鋟梓于考亭，輒摭所聞者以繫其集端云。大德丙午仲秋，龍門毋逢辰序。

（影印朝鮮活字本《王荆文公詩李壁注》）

明章衮《書臨川文集後》

嘉靖丙午秋八月，臨川邑侯象川應君刻荆國王文公集成，謂衮邑人也，宜有以序其事。昔我象山陸文安公序公祠堂於宋，草廬吴文正公序公文集於元，二公皆命世大儒，其事核而精，其文直而肆，公之純疵得失，猶方員之囿於規矩也。予末小子，安敢復有所贅？然竊惟公之相業所以未能成先資之信、快人心之公者，直以變法之故爾。二公之言，雖已抉發隱義，提挈宏綱，而其端緒曲折，尚若有未暇及者。故雖不敏，不敢過避焉。

夫善觀人者必驗乎心跡，善爲治者必核乎名實。心跡不明則名實不正，名實不正則爵禄廢置。生誅予奪，皆失其道，而天下之治靡矣。若公與神宗之事，豈非千萬世名實不正之最甚者乎？宋之有天下，燕雲盡失，契丹已强於北，元昊繼起，兵力又奪於西，不能數戰，則其勢不得不出於求和。轉輸金繒，每歲不貲；卑禮甘言，惟恐挑禍。漢之文、景，國辱而民不困。時則有文、景之辱，而無文、景之利，此蓋凜然不可恃以常安之勢也。治平、熙寧之際，上刓下弊，綱紀法度，根本枝葉，無不受病。譬如中年之人，雖容色言動，無異少時，然縱恣之餘，腹心肝鬲之疾，纏綿膠錮，待時而發。此蓋斷然不容怠忽玩愒之時也。神宗深知天下之勢，將欲大有所爲，而又不御游畋，不治宫室，眷求義德，與圖治理，誠曠世一出、人臣所當效力致死之君也。乃公之節行文章既已大過於人，而道德經濟又獨惓惓以身任之。當仁宗在位之日，使回一書，究極治體，直欲化裁三代，以趣時變，與區區隨世遷就諸人規模夐别。繼論時政，則語意益切，岌然如禍亂之逼乎其後。賈太傅之痛哭，劉賢良之剴切，可謂異世同符矣。有臣如此，蓋亦曠世一出，人君所當虚己委任共享天心者也。夫其君臣相遇之盛如此，而時勢所值，又當否泰安危往來消長之際，然則公與神宗所以悉心謀議，創制立法，而將以伸其大有爲之志於天下，豈但君臣之分義則然，固亦天命人心所不容已也。

今考當時常平倉，司馬公所謂三代之良法，放青苗錢之害小，廢常平倉之害大者也。然積滯不散，侵移他用，平時既無補於貧民，必待年凶物貴，然後出糶，而所及者又皆城市游手之輩。況穀貴則減價而糶，惟富民爲能應其糴；穀賤則增價而糴，惟富民爲能應其糴。貧民下户既無可糴，又不能糴，勢不免於借貸。蘇潁濱曰：「天下之人，無田以爲農，無財以爲商，禁而勿貸，不免轉死於溝壑。使富民爲貸，則用不仁之法收太半之息。不然，亦不免脱衣避屋以爲質。民受其困而上不享其利。《周官》之法，使民之貸者與其有司辨其貴賤，而以國服爲息。今可使郡縣盡貸而任之以其土著之民。」潁濱此論，則公所行青苗錢之法也。考之於古，景公之於齊，子皮之於鄭，司城子罕之於宋，既皆以貸而得民；驗之於今，則前此陝西一路已翕然稱便矣。然則青苗錢之放，乃所以救常平之失，而修耕斂補助之政也。

古者民多則國强，民少則國弱，兵無非民故也。宋自雍熙、端拱以來，西北多事，朝廷争言募兵。既募征行之兵，又募力役之兵，大率非游手之徒，則亡命之輩。於是始聚百萬之兵，而仰食於縣官，非如漢、唐之初，有事則擐甲胄以蹈行陳，無事則服田積穀以廣軍儲。冗而無制，則老弱參半而不堪戰鬭；聚而不散，則偃蹇驕惰而易於爲亂。而上下以爲得計，方且盡用衰世棓刻之術，剥吾民以啗之。及不可用，則又爲之俛首以事驕虜，而使此輩自安於營伍之中。況是時京東、京西、淮南諸路劇盜如王倫、張海輩，肆意横行，建旗鳴鼓，官吏逢迎入城，與之宴飲。雖有番戍之兵，如入無人之境。兵制之壞，莫甚於此。此公保甲之法所由行也。其要在於訓練齊民，使皆可戰，稍復府兵之舊，以減募兵，紓民力。當時蘇東坡極言養兵之害，而欲訓練州縣之土兵以省禁兵，意亦如此。然必畿甸就緒，乃以漸推之於天下。始但隸於司農，以捕盜賊相保任，繼乃肄習武事，定其賞罰，而隸於兵部，其政令一聽於樞密。蓋公所以計之者審矣。

民情莫不欲富，亦莫不欲逸也。宋至中葉，役法大壞，産破家亡，視爲常事。而衙前州役爲甚。韓絳則言民有父自經死，冀免其子，逐嫁祖母，與母析居，以圖避免者。司馬公則言自置鄉户衙前以來，民益困乏，不敢營生。多種一桑，多置一牛，畜二年之糧，藏十疋之帛，則已目爲富户，抉充衙前。吴充則言鄉役之中，衙前爲重，至有家貲已竭而逋負未除，子孫既没而隣保尤逮，田地不敢多耕，骨肉不敢義聚者。然則當役之家，出錢以雇役；坊郭女户品官之家，斂錢以助役，官又爲之賣坊場、給閒田以充雇直，固先王致民財以禄庶人在官之意也。況公之爲是法也，揭示一月，民無異詞，乃著爲令。令下之日，物情大快，於是始行諸天下，而亦各從其便以爲法。此則雇役法之大畧也。

諸路上供，歲有定數。年有豐凶，故出辦有難易；道有遠近，故勞費有多寡。典領之官，專務取贏，内外不相知，饒乏不相補，四方有倍蓰之輸，中都有半價之鬻。徒使富商大賈乘公私之急以擅輕重斂散之權，而農民重困，國用無餘。於是均輸之法行焉。

先王之於商也，未嘗不欲抑之以懲游末，亦未嘗不欲厚之以通貨賄。其於民也，固嘗補助於耕斂之時，又欲周給於祭祀喪紀困迫之日，此《周官》泉府之法，所以爲厚也。今雖萬室之邑，然貨之滯而不售，民之欲賒且貸者已不貲矣，而況都會之地哉！公之所以創爲市易之法者，固將抑兼并以厚商賈，備經制以利民用。而必量取一分二分之息者，亦欲其仁可繼爾。

諸監既廢，賦牧地以佐芻粟，諸兵騎戰，仰給市馬，而義勇保甲之馬復從官給。番部養馬既不常行，各邊市馬又患不足。此户馬、保馬之法所由以行也。然户馬則蠲科賦，保馬則蠲征役，而馬又皆從官級也，藉使尤或少厲於民，則亦斟酌脩改之而已。國固可使乏馬，馬顧可使獨在邊番？而成周丘甸所出之馬，豈皆官養之邪？若夫熙河一帶，西控吐番，東蔽涇凉，夏人右臂，實維兹地。若使彼間而取之，則豈惟鄜延一路不解甲哉，將秦隴復受兵矣！而西域之不可通，無論也。此公所以鋭意於王韶之策歟？

宋之於北虜，雖慚於納賂，亦怯於用兵。惟怯，故彼得肆無厭之求；惟慚，故此常懷憤恨之意。然既不能攻之以雪其慚，則亦驕之以圖其後。未有不能攻之又不能驕之，而睢盱以幸目前之安者。此公所以割地界遼，且曰：「將欲取之，必固與之也。」他如銷并軍營，脩復水利，罷詩賦，頒《經義》，與夫方田之法之類，雖若紛然，並出於一時，然君以堯舜其民之心，堅主之於上，臣以堯舜其君之心，力贊之於下，要皆以爲天下而非私己也。

諸臣若能原其心以議其法，因其得以救其失，推廣以究未明之義，損益以矯偏勝之情，務在協心一德，博求賢才，以行新法，宋室未必不尚有利也。而乃一令方下，一謗隨之。今日鬨然而攻者安石也，明日譁然而議者新法也。臺諫借此以賈敢言之名，公卿藉此以徼恤民之譽。遠方下吏，隨聲附和，以自托於廷臣之黨，而政事之堂，幾爲交惡之地。且當是時，下則未有不逞之民指新法以爲倡亂之端，遠則未有二虜之使因新法而出不遜之語，而搢紳之士先自交搆横潰，洶洶如狂，人挾勝心，牢不可破。祖宗之法概以爲善，其果皆善乎？新創之法概詆爲惡，其果皆惡乎？抑其爲議，有一人之口而自相牴牾，如蘇潁濱嘗言官自借貸之便，而乃力詆青苗錢之非。司馬公在英宗時，嘗言農民租税之外當無所與，衙前當募民爲之，而乃力詆雇役之非。蘇東坡嘗言不取靈武則無以通西域，西域不通則契丹之强未有艾，而乃力詆熙河之役之非。又如已非雇役不可行，而他日又力争雇役不可罷之類是也。有事體相類，自來行之則以爲是，公行之則以爲非。如河北弓箭社，實與保甲相表裏，蘇東坡請增脩社約，并加存恤，而獨深惡保甲法之類是也。青苗錢之放，專爲資業貧民，不使富民乘急以邀倍稱之息。司馬、韓、歐諸公既極言此錢不可放，則亦求所以抑兼并而振貧弱可也，乃徒訟此之非利，而不顧彼之爲害，何邪？蘇東坡論雇役，至謂士夫宣力之餘，亦欲取樂，若厨傳蕭然，則似危邦之陋風，恐非太平之盛觀。似此之類，既非真知是非之定論，亦非曲盡利害之訏謨，宜公概謂流俗，而主之益堅，行之益力也。

一時議論既如此矣，而左右記注之官，異時紀載之筆，又皆務爲巧詆，至或離析文義，單摭數語而張皇之。如「三不足」之説，公之所以告君者何嘗如是也？然則當時所以攻新法者，非實攻新法也，惡公而并反其法爾。昔者桓公舉夷吾於士師，而委之以國。夷吾乃爲之作内政，興鹽筴，委幣以斂州縣之穀，守準以御輕重之權，舉齊國之政而更張其太半，且曰：「國之重器，莫重於令。虧令者死，益令者死，不行令者死，留令者死，不從令者死。」桓公卒賴其計，以成九合之功。子産之相鄭也，使都鄙有章，上下有服，田有封洫，廬并有伍，作丘賦，制參辟，鑄刑書，舉鄭國之政而更張其太半。雖國人「孰殺子産」之謡，叔向「將亡多制」之書，士文伯「火未出而作火以鑄刑器，不火何爲」，又六月火現而鄭果災之先見明驗，亦鋭然行之，而無所疑畏。卒之鄭賴以安，雖晋楚之强莫能加焉。又其下如衛鞅之於孝公，盡取秦法而更爲之，盡取秦民而束縛馳驟之，雖甘龍辨説之煩，秦民言令不便者以千數，而鞅終不爲沮。卒之國内大治，諸侯重足屏息，争西嚮而割地。彼數子，諸侯之貴臣爾，然皆以其計數之審，果敢堅忍，大得逞於其國。而公以世不常有之材，當四海爲家之日，君臣相契，有如魚水，乃顧落落如彼者，時勢異而媢忌衆故也。夫國内多故，四竟多敵，譬彼舟流，不知所届，惟才與智，衆必歸之。此管仲諸人所以得志也。宋之治體，本涉優柔，真、仁而降，此風寖盛。士大夫競以含糊爲寬厚，因循爲老成，又或高談雅望，不肯破觚解攣，以就功名。而其小人晏然如終歲在閑之馬，雖或芻豆不足，一旦圉人剪拂而燒剔之，必將趯然蹄而斷然鬣。當此時而欲頓改前轍，以行新法，無惑乎其駭且謗矣。公之所以不俚於口者此也。賈誼年少美才，疏遠之臣，慨然欲爲國家改制立法。當時絳、灌之徒雖甚害之，而未至若是之甚者，以誼未嘗得政，而文帝直以衆人待之也。公令問廣譽傾一世，既已爲人所忌，加以南人驟貴，父子兄弟蟬聯禁近，神宗又動以「聖人」目之，而寄以心膂；及撗議蠭起，公又悍然以身任天下之怨，力與之抗而不顧。公之所以不俚於口者此也。古人自脩身、正家以至治國、平天下，莫不有法，而懿德善道實行於其間，未有捨法度而可以爲仁義者也。或乃謂公不務其本，而專事法度，然則孟子「不以仁政，不能平治天下」之説非邪？古者水土初平，即底慎則壤，以制國用。《周官》一書，理財最備，而《大易》，明著「理財正辭」、「禁民爲非」之訓，蓋古之人未嘗諱理財也，後儒始忌諱爾。而或病公專言理財，然則國非其國可耶？宋之儒者，大率據經泥古，尊三代而羞漢、唐，至有欲復井田封建之法者。然亦幸其未試爾，如其試焉，能不如公之叢謗乎？當時一伊川在朝，其事權視公不啻十分之一而已，不勝其醜詆之多，則於公又何言哉？

元豐之末，公既罷相，神宗相繼徂落，群議既息，事體亦安。元祐若能守而不變，循習日久，膏澤自潤，孰謂非繼述之善也？乃毅然追懟，必欲盡罷熙、豐之法。公以瞑眩之藥攻治之於先，司馬公又以瞑眩之藥潰亂之於後，遂使國論屢搖，民心再擾。夷想當時，言新法可不罷者，當不止於范純仁、李清臣數子，特史氏排公不已，不欲備存其説爾。不然，哲宗非漢獻、晉惠比也，何楊畏一言而章惇即相，章惇一來而黨人盡逐、新法復行哉？ 悲夫！ 始也群臣共爲一黨以抗君，終也君子小人各自爲黨以求勝。糾紛決裂，費時失事，至於易世而尤不知止。從古以來，如是而不禍且敗者，有是理哉？ 公昔言於仁宗，謂晉武帝因循苟且，不爲子孫長遠之謀，當時在位亦皆偷合苟容，棄禮義，捐法制，後果海内大擾，中國淪於夷狄者二百餘年。又謂可以有爲之時莫急於今日，過今日則恐有無及之悔。由此觀之，靖康之禍，公已逆知其然，所以苦心戮力，不畏艱難，不避謗議而每事必爲者，固公曰「天未陰雨，綢繆牖户」之心也。況熙、豐之用章惇，公爲之也；元祐之用章惇，亦公爲之乎？ 而古今議者乃以靖康之禍，之獄獨歸於公，無亦秦人梟轘參夷之習未忘乎？

名實者，政事之本，治亂之原也。春秋二百四十二年之間，諸侯卿大夫之心跡，莫不詳其本末，權其輕重，而折諸天，以正名議，辟美惡，功罪不相掩也。夫是以天理明而王法著，禮樂刑政可得而措焉。由公而前，若唐、晉、兩漢之世，由公而後，若崇、觀、宣、靖、紹興、開禧之間，大臣之賢不肖可知也。然或幸而得免於司寇之議，或雖議而未盡其罪，或適得本罪而未誅其意。乃公獨以體國之忠，救時之志，而蒙衆惡皆歸之謗，使後世幹蠱興事之臣戒於覆轍，而妬賢嫉能之輩引以藉口。此吾所以痛悼於千萬世名實之不正也。

雖然，公亦不得無罪焉。夫天地之道浸言以漸也，況於人事哉？ 而公乃謂論善俗之方，始欲徐徐而變革，思愛日之義，又將汲汲於施爲。坐此蔽而欲速之弊不免矣。古者謀及乃心，謀及卿士，謀及庶人，謀及卜筮，聖人於革之時，必以「巳日乃孚」、「革言三就」爲訓。而公乃謂以物役己，則神志有交戰之勞；以道狥衆，則事功無必成之望。坐此蔽而自用之弊不免矣。當世之患，上之人畏下太甚，而不能果斷；下之人持上太急，而動生謗議。公之意見，偶蔽於此，故於異議之人，概以讒説罷之。然禹、臯吁咈，反以相和；周、召異同，不妨共政。公不以此自勉，而欲以誅罰勝之，豈子産安定國家必大焉先之道邪？公嘗謂洪水之患，不可留而俟人，而諸臣之才，惟鯀優於治水，故雖妨命圮族，而不能捨鯀。其平昔議論如此，所以不恤衆論而用章、吕者，亦曰：「姑取其才以濟吾事爾。」然豈有欲求善治而用小人，既用小人而無後悔者邪？數者，公之罪也。雖不無不幸於其間，然律以皇極無有偏黨好惡之義，誰能爲公諱也？

公之文集凡百卷，邑以公重，故集以地名。自宋以來，文章名家累數十，往往退讓下風，而莫敢争列。草廬「日星海嶽」之喻，蓋定論也。夫以公所立之高、所任之大既如彼，其文之不易及又如此，徒以大中未協，偏蔽尤存，不能不競不絿，不剛不柔，以通天下之志，涣天下之群。故雖遭逢誼辟，而沮撓牽奪之餘，非惟不足以酬其堯、舜君民之志，反以增重異議者之勢，使之勇於附和，以抑蔽其君臣相與之至情正義於天下後世。然則後之儒者，其毋以影響未試之學，而自許太過也夫。其尚克偏去蔽，以爲王治之本，而毋以議論勝事實也夫。或曰：使神宗享國比於殷武，而公之行政得如管仲，將群疑終不亡而事功終無成乎？

予曰：嘻！此予所以重爲公嘅也，此予所以知天之無意於宋也。不然，以彼之君臣，乘崇高富貴之勢，而久於其道，乃顧出齊桓、管仲諸人之下耶？是爲序。

嘉靖丙午秋八月望日，邑後學章衮汝明謹書。

（明嘉靖三十九年何遷刻《臨川先生文集》）

明陳九川《王臨川文集後序》

邑侯應君象川刻荆公集成，既屬介菴章子序之矣，余適東探禹穴，窺石梁、鴈蕩而歸，復俾序其後。嗚呼，是文獻之所存也，夙志繫焉，雖不敏，其何敢辭？

公文章發於經術，長雄一代，然其未嘗刻意，殆亦天授，視昌黎所誌子厚者遠矣。乃顧寥落，不得與歐、蘇諸集並流天下。撫雖公桑梓之區，而亦無梓焉，豈非世儒疵公相業，横議不明使然耶？夫公之相業，明道、象山之論公矣，精矣。或疑明道不非新法，而訾陸黨焉，此與兒童之見何異？然嘗竊怪之。公以間世之英，氣魄蓋世，負伊、周之志，宗孔、孟之學，其不邇聲色，不殖貨利，難進易退之介，固已信於天下。遇大有爲之君，而師行先王之法，意雖其條理弛張，或未盡善，彼其志蓋昭然可覩也。然而新法一行，羣議鼎沸，一時攻訐成風，至詆爲奸邪，其故何哉？聖道絶而學術裂也。夫聖人，是非之準也。《春秋》賢卿大夫，其見稱於孔子者不少矣，而獨多管仲之功，曰：「民到于今受其賜，微管仲，吾其被髮左衽矣。」及其攝相未幾而誅亂政大夫，勤師郈、費，彼亦睿聖獨見治亂之原耳，固非羣情之所趨也。況夷狄之逼中國，豈魯三都比耶？乃有以先王之道匡天下而不爲管仲者，非夫子之所深與哉？世喪道微，千有餘年，非實得其墜緒，如濂溪、明道者，固難優於《春秋》賢卿大夫。其束私見而攣故習，雖賢者不免焉，則是非之謬於聖人久矣。何者？見有所囿則蔽於覩遠，意有所詑則樂於黨同，其勢然也。昔充國平羌之策，裴度伐蔡之議，此特一事耳，自其成而觀之，雖庸人無疑也，而其始舉朝異之，況大取天下之弊法而更張之者哉？

宋之中葉，國勢寖弱，民志不振，夷狄交侵，遼夏爲急，猶人癰疽並發于肩臂，而神力俱疲，咸以其無甚作楚，因謂之安。公既洞見天下之勢，逆知夷狄之禍，而獨憂之。故每啓昭陵以至誠惻怛憂天下之心，而拳拳以晉武、梁武趍過目前爲戒，蓋欲早爲之所也。其相裕陵以更化，蓋將通壅滯、實臟腑而攻潰之，洗瘡痍而登之泰和也。諸賢既罔或齊公之見，怪其作用，而乘客氣勝心以逞者，又復攘臂其間。訐以爲直，不遜爲勇，夫子之所惡也，而世以爲賢。甚至攖人心、挾天變以要其上，而黨排之，必使公不得究其志，至元祐盡罷新法而後快。則彼雖幽、厲之政，宜可反而中興，復文、武之境土矣。乃顧自貽紹聖之戚，因循坐致靖康之禍，卒使中國淪於夷狄，一如公所憂者，果誰執其咎？而顧横加諸公，是尚爲有是非之心乎？使公罷而繼相明道，以大公之學善其後，則于公有光矣，豈至淪胥以敗哉？而問相之對，博舉而不一及之者，豈獨不知明道邪？亦以其素不排公故耳。雖然，公自謂用志精則知人明，乃亦不知薦明道，何耶？公謂其忠信而學如捉風，則於知人也亦不可謂哲矣。且公相時，濂溪亦未艾也，公欲大有爲於天下，而不與王佐才共之，其克有濟乎哉？ 然則公雖非蔽賢，庸亦自有所蔽矣。 一時英望之去，多所素與，公意爲天下忍之，欲俟法行，還之與樂成耳。「知者行之，仁者守之」之説，明道已不可之，而公卒貽後悔，則蔽之爲害也。然謂蔽於其末，然乎哉？ 夫子之學，毋意、必、固、我，而周公，聖之才者，以無驕吝也。公謂未有不得先王之道，而能行先王之法者，彼其憂斯民之左衽，不以身家貳其志，而汲汲於施爲，固自任以至誠惻怛得先王之道矣，而不知其倚於獨立，果於行法，卑羣言而爲所激者，乃流於意、必、驕吝之私，其心不免之於哀矜而有所忿懥矣，烏能得其正而不辟邪？ 是亦務聖道而不精之過也，於諸賢何獨尤哉？ 至其洞見幽遠，圖患於未形，雖聖人不易也。 其後忠定因水災而憂虜變，蓋公之餘明也，而天下服其忠知，欽、高相之，不下裕陵之倚公者以此，然其禦擊、恢復諸策，亦卒奪於讒議而幾危其身。於乎，有宋夷狄之禍極矣，使公不能制之於未亂之前，而忠定不能救之於既變之後，則横議之禍流也。 夫學術不明，使下無公論，上無信史，蔽人心而奪國是，卒亡宋於虜，豈獨使公負重毁於後世哉？ 悲夫！此余所以重爲千古發慨而不能已也。

若夫新法之未始不善也，介菴辯之詳矣，後世亦多祖而用之。 故余畧焉，特取其大而隱者著之耳。 昔陳申公序忠定奏議，述鄭亞稱李衛公之言，謂其藴「開物」「致君」之才，居丞弼、上公之位，建靖難、平戎之策，垂經天緯地之文，余於公亦姑云然爾。 善讀公集者，當自得其志之所宗。 應侯，寧波人，公嘗令其邑，稱循吏，而廟食焉，至今神之。其青苗諸法，多試於邑，而民便之者，侯習知其法施於民也，故梓其集於吾臨川云。

嘉靖丙午秋九月既望，邑後學陳九川謹序。

（明嘉靖二十五年應雲鸑刻《臨川王先生荆公文集》）

明應雲鸑《臨川先生文集跋》

荆國文公古詩十三卷，律詩二十一卷，挽詞一卷，集句、歌曲二卷，四言詩、古賦、樂章、銘、讃一卷，書疏一卷，奏狀一卷，劄子四卷，内制四卷，外制七卷，表六卷，論議九卷，雜著一卷，書七卷，啓三卷，記二卷，序一卷，祭文、哀詞二卷，神道碑三卷，行狀、墓表一卷，墓誌十卷。舊閩、浙、蘇、吴俱有刻，公梓里臨川顧缺無傳。予忝牧以來，每用爲慨，謀梓之，購善本而無從也，走取家藏舊本，讐校而翻刻焉。於乎！公之文，取材百氏，附翼六經，與韓、柳、歐、蘇、曾氏卓然成七大家，並傳海内，當與日月争光，豈以刻不刻爲公重哉？

憶予少小時，侍先君古愚公，論《宋史》至熙寧，奮袂誚公，先君厲聲曰：「稺兒毋乃勦説！」時慚退不知所云。異時遊四明，泛鑑湖，公撰述吟咏，勒在木石，璀璨陸離，與山光水色争雄競麗。心目眩瞀，不可攬結。蓋私極愛慕，願爲執鞭久矣。既而族金陵，得公全集，昕夕讀，不忍去手。然直謂公文章家丈人身。徐考公宰鄞諸政，青苗、保甲、市易、水利種種，有成蹟可按，鄞民至今賴之，乃喟然嘆曰：「若公者，豈獨長于文已乎！豈獨能於宰已乎？」夫隆汙者道也，成敗者數也，公動稽堯舜，心表天日，乘時遇主，謂《周官》往軌，運掌可脩，而靡所究竟，此豈專任自信之過哉？一時名賢，弗克和衷，胥匡變而之道，此何咎焉？矧公學本經術，才弘經濟，志存周、孔，行比夷、由，固傑然一人豪也。一咻衆排，甚者冤以靖康禍本，此非所謂勦説者耶？

公墓不知所在，謀所以專祠公而不獲。公二十二世孫王生瑞從予乞祀田，予既刻公文，復稍助之，以延公祀云。

嘉靖丙午九月既望，臨川縣知縣後學象山應雲鸑謹識。

（明嘉靖二十五年應雲鸑刻《臨川王先生荆公文集》）

明王宗沐《臨川文集序》

古之相其君而成不世之業者，其皆與天下共焉，而不以己與者乎？未嘗無所立，而泊然其不敢居；不能無所長，而慊然其不敢恃。虚懷夷氣，受天下若壑，而其精强轉運，嘗行於韜光挫鋭之中。守此而猶有意外不可盡覩之情撓乎其間，則雖有不韙之名，涉似之迹，猶受而甘之，益外礱其所未融，而内濬其所未至。此非獨以求濟其事也，君子之道，合天地萬物爲一體，以己與焉，則阻隘閡隔，不聯不貫。而況相天下者，其物情國經，殊才積勢，取給於贊決，有非以一己能偏察而獨承者，其不敢居焉且恃，道固然也。操瑰瑋孤特之行，竣於矜己，以收其聲；持剸決督厲之用，必於責人，以速其效。是卑處散地，效一官者則可爾。據宰相之尊，將奉其君以釐新大業，天下方狃其舊而不吾信，而欲以是道行之，即其雅度夷氣能收其形於外，而潛伏未艾之根有一毫厠於胸臆，則幾微不能自掩，聲音笑貌無以漬灌於物，始而矜，中而勝，終而固争。迨夫情憤惋而詞乖激，才易事憤，而天下始不勝其弊矣。矜己而卒於謗，責人而卒於叛，背於道而求濟，宜其難矣。

宋荆國王文公嘗相神宗，憫日弱之勢，覩積弊之時，方欲變法更制，舉其主於堯舜。而公以平生卓絶之行，精博之學，處得君之地。觀其注意措手，規局旨趣，三代以來，一人而已。然其時每一法出，則天下皆駭而争，攻擊疏分，曾無虚日。比公不安而去，雖其所嘗薦引者，皆起而攻之，至謂爲邪。而靖康之禍，或歸其鄭於公。庸常守成，苟以自度，猶得辭其過於後，而公以堯、舜、伊、周之心，卒用爲罪，其亦宜公之不服而天下後世幾稱過乎。嗟夫！如公者，豈非所謂瑰瑋孤特之行，欲勝天下以長，而剸決督厲之用，欲暴天下以所立者與？公既以其高自處，而視天下莫並己，才智老成咸背而去，去而莫與共吾事者。斯奸人乘間而入，反復排擊之餘，法制數易。民眩於聽，官易其常，始嚣然索其平和敦龐之氣。獨程淳公嘗有「天下事非一家」之語，誠深知公所爲病。若是而歸基禍之過於公，於情未稱，亦抑有由也。

公文章根抵六經而貫徹三才，其體簡勁精潔，自名一家。平生展錯，無出於《使還》一書，讀之有古人畎畝翻然之志，而後世顧以公相業疑之。然公業所以不就，其失自有在，亦安得而并疑其書也？德安吉陽何先生，巡撫江西，悉釐百工，表章往哲，刻公集於撫州而命沐爲序。沐嘗從先生得聞天地萬物一體之學，輒以此序公文，且用以告後之相天下者。嘉靖三十九年四月吉，賜進士出身、亞中大夫、江西布政司右參政、前奉勅提督江廣兩省學政、刑部郎臨海後學王宗沐書。

（明嘉靖三十九年何遷刻《臨川先生文集》）

鳴謝

《儒藏》精華編惠蒙善助，共襄斯文；謹列如左，用伸謝忱。

本焕法師　壹佰萬元

智海企業集團董事長　馮建新先生　壹佰萬元

NE·TIGER時裝有限公司董事長　張志峰先生　壹佰萬元

張貞書女士　壹佰萬元

北京大學《儒藏》編纂與研究中心

本册审稿人　陳　斐
本册責任編委　谷　建

圖書在版編目(CIP)數據

儒藏.精華編.二一一：全二册/北京大學《儒藏》編纂與研究中心編.—北京：北京大學出版社，2018.6

ISBN 978-7-301-11929-7

Ⅰ.①儒…　Ⅱ.①北…　Ⅲ.①儒家　Ⅳ.①B222

中國版本圖書館CIP數據核字（2018）第046930號

書　名	儒藏（精華編二一一）（上下册） RUZANG
著作責任者	北京大學《儒藏》編纂與研究中心　編
責任編輯	王　應
標準書號	ISBN 978-7-301-11929-7
出版發行	北京大學出版社
地　址	北京市海淀區成府路205號　100871
網　址	http://www.pup.cn　　新浪微博:@北京大學出版社
電子信箱	dianjiwenhua@126.com
電　話	郵購部62752015　發行部62750672　編輯部62756449
印 刷 者	北京中科印刷有限公司
經 銷 者	新華書店
	787毫米×1092毫米　16開本　96.25印張　932千字
	2018年6月第1版　2018年6月第1次印刷
定　價	1200.00元（上下册）

ISBN 978-7-301-11929-7
9 787301 119297 >
定價：1200.00元
（上下册）